绿色低碳发展转型中的关键管理科学问题与政策研究

张希良 耿 涌 田立新 范 英 陈文颖 等／著

科学出版社
北 京

内 容 简 介

针对我国绿色低碳发展转型所呈现的新特征，本书采用系统建模、行为建模、实证研究、案例分析等研究方法，从经济转型、能源变革、社会参与、国际合作和政策干预等方面，全面系统地研究我国绿色低碳发展转型中的重大管理科学问题与政策，探讨经济绿色低碳转型的特征与模式、企业和居民的绿色低碳行为、能源体系变革的规律与驱动机制、国际气候治理与合作机制、绿色低碳发展转型路径与政策，并提出我国实现绿色低碳发展转型、引领全球气候治理的政策建议，为提升我国绿色低碳转型管理水平提供管理理论和方法。

本书适合对绿色低碳发展转型、应对气候变化经济学等感兴趣的读者参考和阅读。

图书在版编目（CIP）数据

绿色低碳发展转型中的关键管理科学问题与政策研究/张希良等著. —北京：科学出版社，2023.2
ISBN 978-7-03-071453-4

Ⅰ. ①绿… Ⅱ. ①张… Ⅲ. ①绿色经济-低碳经济-经济发展-研究-中国 Ⅳ. ①F124.5

中国版本图书馆 CIP 数据核字（2022）第 023252 号

责任编辑：郝 悦 / 责任校对：贾娜娜
责任印制：霍 兵 / 封面设计：有道设计

科学出版社 出版
北京东黄城根北街 16 号
邮政编码：100717
http://www.sciencep.com

中国科学院印刷厂 印刷
科学出版社发行 各地新华书店经销

*

2023 年 2 月第 一 版　开本：720×1000　B5
2023 年 2 月第一次印刷　印张：25 1/2
字数：510 000

定价：298.00 元
（如有印装质量问题，我社负责调换）

撰写组作者名单

第1章： 张希良　张　达　黄晓丹　德吉旺珍
第2章： 耿　涌　戴瀚程　郝　瀚　董会娟　田　旭
第3章： 田立新　董高高　肖　江　万冰越　张广永
　　　　王　凡
第4章： 范　英　衣博文　李　政　刘　培　段宏波
　　　　薛韶芳　李天枭
第5章： 段茂盛　彭怡然　滕　飞　周　剑　周　丽
　　　　周　胜　王　宇　陈文颖
第6章： 张希良　张　达　欧训民　郭偲悦　黄晓丹
　　　　杨　玺　余润心　曲晨菲　张鸿宇　李岱巍

目 录

第 1 章 引言 ········· 1
1.1 研究背景 ········· 1
1.2 国内外研究进展及发展动态分析 ········· 3
1.3 研究框架 ········· 7
参考文献 ········· 9

第 2 章 经济绿色低碳转型的特征与模式 ········· 13
2.1 我国经济绿色低碳发展的制约因素和特征研究 ········· 13
2.2 重点产业绿色低碳转型的模式、路径与机制研究 ········· 30
2.3 经济绿色低碳转型路径及协同效益研究 ········· 41
2.4 进出口贸易对经济绿色低碳转型的影响研究 ········· 55
参考文献 ········· 73

第 3 章 企业和居民的绿色低碳行为 ········· 75
3.1 碳中和场景下绿色低碳行为汲取的增长动力 ········· 75
3.2 多主体协同交互下绿色低碳行为濡化发展研究 ········· 103
3.3 绿碳转型发展的阈值理论 ········· 134
参考文献 ········· 157

第 4 章 能源体系变革的规律与驱动机制 ········· 169
4.1 世界能源演化规律和驱动机制 ········· 170
4.2 能源技术扩散与能源系统中长期演化建模 ········· 196
4.3 我国能源系统转型的路径优化和政策模拟 ········· 211
参考文献 ········· 237

第 5 章　国际气候治理与合作机制 ……………………………………… **240**

5.1 《巴黎协定》下的国际气候治理进程 …………………………… 240
5.2 全球排放权配额分析 ……………………………………………… 241
5.3 温控目标模拟 ……………………………………………………… 251
5.4 地球系统模式模拟 ………………………………………………… 262
5.5 国际气候治理的资金机制 ………………………………………… 275
5.6 国际气候治理的技术机制 ………………………………………… 282
5.7 全球碳市场连接 …………………………………………………… 288
参考文献 …………………………………………………………………… 298

第 6 章　绿色低碳发展转型路径与政策 ………………………………… **302**

6.1 碳中和愿景下的能源经济转型路径优化与政策评价 …………… 303
6.2 中国分区域绿色低碳转型协同效益评估 ………………………… 335
6.3 碳排放权交易市场中的委托拍卖机制研究 ……………………… 366
参考文献 …………………………………………………………………… 396

第1章 引言

1.1 研究背景

全球应对气候变化开启新征程，碳中和目标倒逼各国加速绿色低碳转型。2013年公布的联合国政府间气候变化专门委员会（Intergovernmental Panel on Climate Change，IPCC）第五次评估报告进一步强调人为活动的温室气体排放是当前气候变暖的主要原因[1]，为各国加大碳减排力度提供了新的科学依据。2015年召开的巴黎气候大会促使全球各国确立了21世纪末的全球减排目标，并力争在21世纪下半叶实现碳中和，达成了2020年后以各国国家自主决定贡献为基础的全球应对气候变化新机制[2]。截至2021年4月，全球已有191个国家提出了各自的国家自主贡献（Nationally Determined Contributions，NDC）[3]，其中8个国家已更新其NDC；与此同时，包含中国在内的60个国家已提出或者已实现碳中和[4]（覆盖全球约54%的温室气体），正在酝酿提出碳中和目标的国家达上百个。为了实现碳中和愿景，各国应加快绿色低碳发展转型。

中国经济发展进入新常态，传统发展模式势必难以为继。改革开放以来，我国经济建设成就非凡，但也面临着前所未有的资源环境问题和挑战。2020年我国以占全球17%左右的GDP（gross domestic product，国内生产总值），消耗全球将近一半的钢铁和水泥、将近1/4的能源，温室气体排放占比高。我国提出到2035年基本实现社会主义现代化、2050年全面建成社会主义现代化强国的目标，届时人均GDP将在当前基础上翻番达到中等发达国家水平乃至更高。这种情况下，传统发展模式势必难以为继，构建绿色低碳循环发展的经济体系成为必然选择。现阶段中国的生产模式已经由过去的产能稀缺转变为产能过剩，经济发展的质量代替发展的规模成为中国经济未来发展的首要目标；消费模式也由过去的保障型需求转变为改善型需求，经济产出最大化不再是经济发展的唯一诉求，生态文明指引下自然环境与社会经济的和谐发展已成为中国未来发展的新目标。

绿色低碳发展体现了我国新的发展理念，绿色低碳发展转型已成为国家重大战略决策。2012年，党的十八大报告把"绿色发展、循环发展、低碳发展"作为生态文明建设的重要途径①。2015年，党的十八届五中全会强调"十三五"期间要牢固树立并贯彻实施"创新、协调、绿色、开放、共享"的发展理念②。2017年，党的十九大报告进一步指出"建立健全绿色低碳循环发展的经济体系"③，这是我国进入新时代社会主义建设的战略选择。2020年，习近平在第七十五届联合国大会一般性辩论中提出，中国"二氧化碳排放力争于2030年前达到峰值，努力争取2060年前实现碳中和"④。2021年，中央财经委员会第九次会议强调，要"以经济社会发展全面绿色转型为引领，以能源绿色低碳发展为关键，加快形成节约资源和保护环境的产业结构、生产方式、生活方式、空间格局，坚定不移走生态优先、绿色低碳的高质量发展道路"⑤。不难看出，绿色低碳发展转型已成为我国的国家重大战略决策。

绿色低碳发展转型作为一项复杂的系统工程，有很多的挑战和不确定性，需要系统统筹和科学管理。绿色低碳发展转型包括个人和组织行为改变、经济转型和产业升级、能源系统变革和国际气候制度创新等内容，涵盖经济、社会、能源、环境、技术、国际合作等诸多方面，不仅会涉及当代人的利益，也会涉及子孙后代的利益，还会受未来国际气候制度安排的制约，因而是一项复杂的系统工程，存在很多的挑战和不确定性。为了尽可能地降低转型的成本及有效管控转型过程中出现的风险和不确定性，需要全球性的视野和前瞻性的布局，需要在国家宏观战略层面上进行不同空间和时间尺度的统筹协调，提出不同阶段的转型目标和指标要求，优化转型路径，实施及时有效的政策干预，也就是说要对转型进行管理。这就需要从经济转型、能源变革、企业和居民的参与行为、国际气候治理结构与合作、转型路径与政策等方面，对中国绿色低碳发展转型中的管理问题进行系统深入的研究。

---

① 《中国共产党第十八次全国代表大会报告(全文)》，https://news.jcrb.com/jxsw/201211/t20121118_988590.html[2021-08-03]。

② 《中共十八届五中全会在京举行》，http://cpc.people.com.cn/n/2015/1030/c64094-27756155.html [2021-08-03]。

③ 《习近平：决胜全面建成小康社会 夺取新时代中国特色社会主义伟大胜利——在中国共产党第十九次全国代表大会上的报告》，http://news.cnr.cn/native/gd/20171027/t20171027_524003098.shtml[2021-08-03]。

④ 《习近平在第七十五届联合国大会一般性辩论上的讲话（全文）》，http://www.qstheory.cn/yaowen/2020-09/22/c_1126527766.htm [2021-08-03]。

⑤ 《习近平主持召开中央财经委员会第九次会议》，http://www.gov.cn/xinwen/2021-03/15/content_5593154.htm [2021-08-03]。

1.2 国内外研究进展及发展动态分析

1.2.1 产业绿色低碳转型研究

产业转型是经济实现绿色低碳发展的重要因素，也是文献研究的热点领域。产业转型与低碳发展相互关系的研究是产业绿色低碳转型研究的基础，主要包括三种理论：环境库兹涅茨曲线理论、排放转移理论及环境倒逼理论。然而，当前文献对产业转型与低碳发展关系的研究主要集中在对两者关系验证的层面，尚未从理论层面深入分析绿色低碳转型与产业调整之间的关联机理与驱动机制，缺少从宏观经济与重点产业发展规律的角度充分阐明绿色低碳发展与产业转型之间内在关系的研究。

供给侧结构性改革是实现产业绿色低碳转型的重要内容。大量文献从区域产业发展差异、要素资源禀赋特点及区域间产业转移等角度对不同地区如何实现产业绿色低碳发展做出了分析[5]，核心结论是依托市场与政府对劳动力、资本、土地、技术等生产要素进行优化配置，通过资源引导与政策规制来共同促进产业转型[6]。但是，现有研究主要侧重于供给侧结构性改革的理论分析，研究过程中缺少对当前经济发展新常态下中国经济转型趋势与特征的考量，缺少从经济、产业、能源与环境等多方面对供给侧结构性改革的实施路径与影响进行的量化分析，缺少对绿色低碳转型和供给侧结构性改革政策设计进行有机融合的研究。

产业转型的影响研究也是经济绿色低碳发展研究的重要方向。研究[7]表明产业结构调整对中国减排的贡献可达到60%左右。当前文献主要围绕产业转型对经济增长、区域协调发展及国际贸易等相关问题的影响展开研究。然而，现有文献专注于产业转型对经济发展等个别方面的局部影响分析，缺少将经济增长、区域协调发展及国际贸易等因素进行综合的系统性研究，同时贸易隐含资源流动的评价指标也存在一定局限，相关研究内容亟须进行拓展。

1.2.2 企业和居民绿色低碳行为研究

行为理论研究是企业和居民绿色低碳行为管理的重要基础。企业层面，文献对于企业生产行为理论的研究主要经历了传统经济理论、工业经济理论及环境约束理论三个阶段。居民层面，居民（包含个体与家庭）在能源消耗、消费上的行为变化已经成为气候变化缓解策略的一个重要环节[8]。现有研究理论包括：前景理论[9]、齐当别理论[10]等。行为决策理论指出人们在行为选择中存在一些非理性特征；社会心理学和环境心理学理论指出，人们对绿色低碳的态度与认知、居民价值取向等因素均影响着民众的绿色低碳消费行为[11]；信息加工理论[12]、社会表征理论[13]等揭示了个体消费行为的心理特征；而理性选择理论[14]、计划行为理论[15]等则指导居民理性低碳消费行为。综上所述，现有文献对企业和居民行为理论的研究主要将环境及相关政策作为约束条件进行分析，而缺乏将环境要素作为生产要素内生化到生产决策当中的理论研究，缺少考虑市场调节、政府引导和社会参与等多主体交互影响下的企业和居民绿色低碳行为系统理论分析。

企业和居民绿色低碳行为的管理与传播机制研究是实现企业与居民绿色低碳行为转变的重要内容。企业层面，当前文献主要从提高碳生产率与改进管理绩效考核体系两个方面开展研究；居民层面研究热点则主要包括居民消费行为的异质性分析和政策工具的研究。现有对企业与居民低碳行为管理研究的主要不足是缺少对中国不同地区企业和居民生产消费行为异质性的深入研究，缺少从社会交互、经营管理及政策影响等多视角下对企业和居民行为管理与传播机制的综合研究。

行为干预对促进企业和居民绿色低碳行为转型的效果研究也是当前研究的热点领域。研究表明行为干预的确能够直接、快速、有效地促进企业和居民绿色低碳行为的转变[16]。然而，国内对企业和居民低碳行为干预的研究尚处于起步阶段，现有研究主要局限于利用调查、实验的方法进行分析，缺乏对于行为干预策略的作用机理研究，缺乏考量不同干预手段之间相互激励、协同影响的优化策略研究。

1.2.3 绿色低碳能源体系变革研究

能源体系演变规律的研究是能源系统变革研究的基础。能源体系是指一国能源资源开发、生产、配置、消费，以及能源分品种分地区的供需平衡、跨区调运等活动，能源体系的变革和发展就是一个不断寻求产品供给与需求在时间与空间尺度实现均衡的过程[17]。已有文献大多关注能源体系演变的描述性分析，或能源消费与经济系统之间的联系[18]，但大多基于中国过去能源与经济结构特点，缺乏对经济发展新常态下中国能源结构转型与能源生产消费特征的刻画与分析，缺乏综合考量能源战略、能源结构、供需平衡和跨区调运等因素下的中国能源体系演变规律的研究。

能源系统建模作为量化评估能源体系变革影响的重要工具一直是文献研究的热点。随着能源体系理论覆盖的范围不断扩大，能源系统模型已经从单纯的能源与经济关系的研究[19]，扩展到包含能源、经济、环境等多元目标的系统模型[20]，并进一步拓展到将能源经济模型与技术经济模型相耦合的能源系统综合评估模型（integrated assessment model，IAM）来对能源体系变革和低碳转型发展的相互影响进行分析[21]。传统能源与替代能源技术间的耦合机制和新能源的技术进步机制一直是能源系统理论建模与应用研究的两大热点。然而，现有国内能源系统建模大多基于发达国家构建的模型框架与参数假设，缺少反映中国能源系统变革趋势与规律的模型框架设计和基于中国本土数据的重要参数校核，对能源技术扩散和多种能源技术协同演化的刻画非常有限，需要在模型框架与建模方法上进行改进。

能源系统绿色低碳转型的路径研究是实现能源系统变革的核心内容，也是文献研究的重要领域。现有文献对中国低碳转型目标下能源系统的优化路径从地理覆盖范围、部门划分、时间维度，以及不同分析框架等方面进行了大量情景模拟[22]，但研究过于依赖能源系统模型的成本优化分析，使得研究结果对于参数假设过于敏感，忽略了对能源体系演化规律和技术扩散条件的考量；同时现有研究大多基于国家层面或单个地区层面，缺少考虑地区差异与区域协调发展的中国多区域能源转型路径研究。

1.2.4 国际气候治理与合作机制研究

减排义务的分担是全球气候新治理制度的重要问题，同时也是当前的研究热点。《巴黎协定》确定了 2020 年后全球气候治理的新机制。新机制基于 NDC 的实现情况，结合全球 21 世纪末 2℃和 1.5℃温控目标对全球碳排放进行盘点[23]，并对 NDC 进行更新和加强。各国基于自身发展阶段及公平正义观，提出了多种义务分担的原则与方案。不同方案的设计体现了国际减排合作中各国博弈的结果[24]。然而，当前关于全球减排义务分担的研究大多局限于各国自身立场，缺乏新气候治理体系下基于各国国家自主贡献减排目标的博弈行为研究，缺少基于各国利益差异的国际气候合作博弈策略分析。

实现特定温升控制目标的减排路径研究是气候政策领域的研究重点[25]。针对 2℃和 1.5℃温控目标，现有的减排路径研究主要聚焦于全球减排路径和具体国家或地区减排路径两个方面[26-27]，通过运用综合评估模型、计量模型、一般均衡方法、局部均衡方法、系统动力学、成本效益分析方法等，研究者刻画了不同技术和政策情景下的全球碳减排路径[28]，但由于具体假设不同，研究结论存在较大差异[29-30]。这种"自上而下"的减排责任分配及路径研究，没有考虑技术转移障碍和发展中国家实际国情，对全球减排行动的借鉴意义有限。《巴黎协定》确定的新气候制度下各国的 NDC 在减排承诺形式、减排目标、基准年和目标年选择等方面存在显著差异[31-32]，其中部分国家更是采取了有条件的减排目标[33]，相较之前的责任分担机制，这种"自下而上"的义务分担方案更多地考虑技术要素及各国实际情形，使全球减排路径的不确定性大幅增加[34]。现有基于 NDC 减排路径的温升控制影响研究较少，已有的少量研究基于各国 NDC 外推的政策情景得出全球距离 2100 年实现 2℃温升控制目标仍有 0.6~1.1℃的差距[33]。综上所述，当前基于 NDC 减排路径的全球温升影响研究尚处于发展阶段，现有的少量研究结果表明 NDC 减排路径无法满足全球 2℃和 1.5℃的温控目标，各国需要进一步加强控排措施，《巴黎协定》确定的全球盘点机制尚处于概念框架阶段，缺乏对全球盘点实施机制的细致研究与影响分析，相关研究亟须开展。

全球气候治理的国际合作机制是落实全球减排行动的关键因素。现有研究重点关注国际气候治理的资金分摊机制、技术转让机制及构建全球碳市场等方面。然而，现有国际合作机制研究缺乏对《巴黎协定》新气候制度下发达国家资金和技术转移机制研究，缺乏对发达国家资金和技术转移义务履行不确定性及其影响评价，缺乏对新气候制度下全球碳市场构建的可能性评估及其对我国影响的研究。

1.2.5 绿色低碳转型路径与政策综合研究

转型路径与政策的成本效益综合评价是中国绿色低碳转型研究的重要管理科学问题，需要从经济、能源、环境和气候等不同维度进行多时空的研究。站在全面建成小康社会的新起点，中国 2030 年前碳排放达峰是当前中国实现绿色低碳转型的首要任务。已有大量文献对中国碳排放达峰的时间和水平进行了研究，判断中国碳排放峰值时间集中在 2030 年左右[35-36]，一些研究认为伴随中国经济增速放缓与低碳转型进程的加快，中国碳排放有望实现提前达峰[37]。这些研究多采用自下而上的技术模型，缺乏对能源部门和用能部门间关联关系的描述，不能有效追踪政策与各经济部门之间的响应和反馈。同时由于情景假设的不同，现有研究对实现达峰的最优减排路径与所需条件的结论差异较大，对达峰减排行动的影响评估也具有较大差别[38-39]。部分采用自上而下模型的研究多从全球的视角出发，分析中国国家层面碳排放路径及其综合影响[40-41]，少数聚焦中国个别地区达峰路径研究[42-43]，缺少考量地区差异与区域关联的中国分区域转型与达峰路径研究。综上所述，现有研究对中国 2030 年前绿色低碳转型大多采用自下而上的局部均衡模型方法，未充分考虑能源部门和用能部门的关联关系；少数采用一般均衡模型方法的研究多以全球视角研究中国国家层面碳排放路径及其影响，缺少综合考量各地区差异与区域关联的中国分区域转型与达峰路径研究。

《巴黎协定》提出 21 世纪下半叶全球实现净零排放[44-45]，中国如何在 21 世纪下半叶实现净零排放是中国中长期绿色低碳发展的重要问题。截至 2022 年，已发表的针对净零排放的研究不多，大多集中在全球层面分析应对气候变化长期减排路径及其对温升的影响[44,46]。现有文献聚焦中国长期减排路径的研究并不多，且多由发达国家主导完成，其对中国的经济增长假设同其他发展中国家相似[47]，因而并未进行详细校核，不能反映中国经济发展的实际情况，与经济发展新常态下的中国社会经济能源发展趋势有较大出入[48]。国内关于中国的中长期减排路径研究主要集中在 2050 年以前[49]，研究时间尺度聚焦在 2050 年以后甚至到 2100 年的长期研究非常有限。而且国内研究大多基于单国模型，不能充分考虑中国与世界其他国家或地区之间的相互影响和关联，也没有对 21 世纪下半叶实现净零排放这一目标进行考虑[50-51]。综上所述，当前文献对中国 2050 年后排放路径的研究较少，且多由国外研究机构主导，能源经济等关键假设缺少对中国实情的详细校核，与中国社会经济能源发展的趋势存在较大脱节；而国内开展的中国减排路径研究多集中于 2050 年以前，且研究范围多局限于中国，缺乏全球视角，忽略了应对气候变化全球共同行动的重要性及不同国家减排行动与路径的相互作用和影响。

对中国绿色低碳转型政策成本效益的全面分析也是当前研究的热点领域。已有文献主要从减排成本的角度分析低碳政策对经济与社会福利损失的影响，缺少对减排行动的协同效益评价。与发达国家相比，中国空气污染水平仍然较高，气候政策对于改善空气质量和提升公众健康水平的协同效益更为显著[52-53]，对气候政策成本和效益进行科学全面评估十分必要。相关研究侧重于分析气候政策对于污染物排放、区域空气质量或公众健康水平的影响[54-57]，大多忽视了气候政策下空气质量改善引起的发病率、死亡率减少所产生的累计效应及市场资源配置优化所避免的间接损失，缺乏在协调一致的模型框架内对气候政策的成本和效益进行完整闭合分析。此外，中国经济能源系统的区域差异较大，已有研究尚未从分省尺度上对气候政策的成本和效益进行系统评估。综上所述，现有文献主要关注碳减排政策的经济与社会福利损失成本分析，缺乏对减排行动在污染物排放、区域空气质量和公共健康等方面协同效益影响的综合研究，缺乏分省尺度上对气候政策成本和效益的系统评估。

通过对国内外绿色低碳转型研究文献的梳理与分析，不难发现，绿色低碳发展转型管理是应对气候变化与能源管理研究领域的一个重要学科方向和研究聚集点。大量研究都围绕绿色低碳转型管理这一主题展开，研究重点涵盖经济转型、产业升级、能源变革、企业与消费者行为及政策评价等诸多方面。全球绿色低碳转型管理研究处于快速发展的过程中，但尚未形成系统性的科学体系。我国的绿色低碳发展转型管理研究在重要方向上与国外的研究同步，有自己的特点和亮点，并在国际上形成了一定的影响，但仍存在很多的空白点亟待填补，尤其缺乏对中国绿色低碳发展转型管理中深层次的关键科学问题的系统深入研究。

1.3 研究框架

针对我国绿色低碳发展转型所呈现的新特征，本书将采用系统建模、行为建模、实证研究、案例分析等研究方法，从经济转型、能源变革、社会参与、国际合作和政策干预等方面，全面系统地研究我国绿色低碳发展转型中的重大管理科学问题与政策，探讨经济绿色低碳转型的特征与模式、企业和居民的绿色低碳行为、能源体系变革的规律与驱动机制、国际气候治理与合作机制、绿色低碳发展转型路径与政策，并提出我国实现绿色低碳发展转型、引领全球气候治理的政策建议。本书为我国绿色低碳转型管理水平的提高提供了管理理论和方法，助力我国优化资源配置、加快提升我国产业国际竞争力和全球气候治理能力；为推进经济持续增长和环境保护双赢目标的实现提供了支撑。

　　本书由 6 章组成，研究框架如图 1.1 所示。其中，第 2 章将研究经济绿色低碳转型的特征与模式，其核心是厘清经济增长与资源消耗、环境污染和碳排放的相互影响，以及重点产业发展、供给侧结构性改革、进出口等因素在绿色低碳转型中发挥的作用。第 3 章将研究企业和居民的绿色低碳行为，构建绿色低碳生产和消费行为方式改变的管理学新体系。第 4 章将围绕能源体系变革的规律与驱动机制，核心是在识别能源演化规律的基础上，对能源发展的供给–需求动态响应和变化趋势进行研究，结合政策分析给出能源系统低碳发展的最优路径。第 5 章将研究《巴黎协定》所确定新气候治理体系的有效性及关键国际合作机制的形态和模式，提出我国参加并引领新国际气候治理的具体方案，为我国参加气候变化国际谈判提供科学支撑。第 6 章将重点识别经济、能源、环境和气候多目标下，在不同的时间和空间尺度上，经济能源系统转型的优化路径和政策组合。

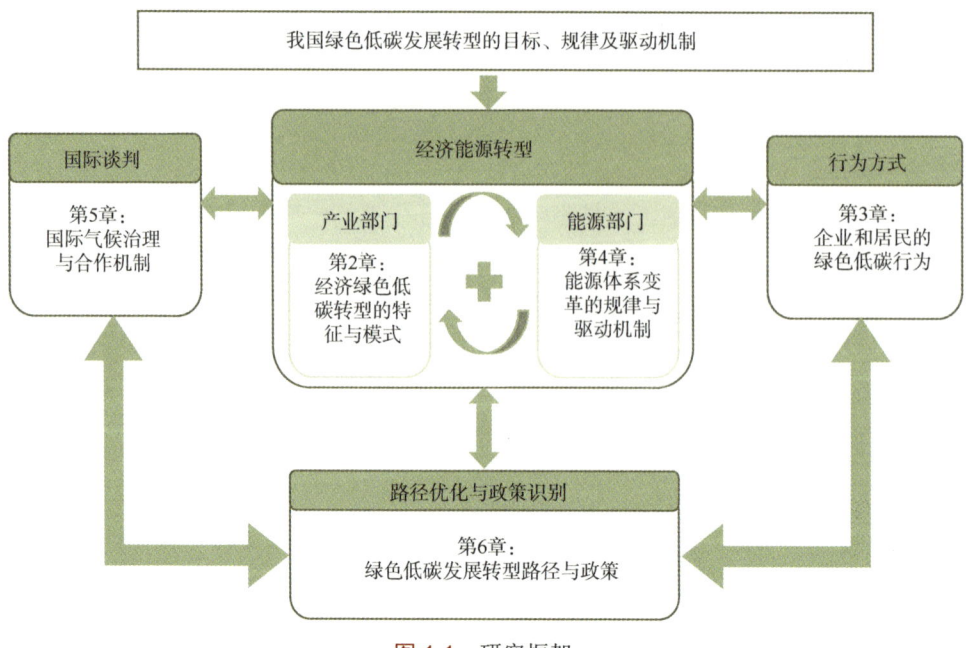

图 1.1　研究框架

参 考 文 献

[1] IPCC.Climate Change 2013：The Physical Science Basis[M]. Cambridge：Cambridge University Press，2014.

[2] 韩一元，姚琨，付宇. 《巴黎协定》评析[J]. 国际研究参考，2016，（1）：37-41.

[3] UNFCCC. NDC registry[EB/OL]. https://unfccc.int/NDCREG[2022-12-03].

[4] Climate Watch. Net-Zero Tracker[EB/OL].https://www.climatewatchdata.org/net-zero-tracker [2022-01-24].

[5] 向琳. 发展低碳经济背景下产业结构优化路径研究——以湖北省为例[J]. 才智，2013，(31)：8-9.

[6] 冯飞，石耀东，邓郁松，等. 深化我国价格改革的基本思路与措施[J]. 中国发展评论：中文版，2013，（4）：73-77，199-205.

[7] 张雷，李艳梅，黄园淅，等. 中国结构节能减排的潜力分析[J]. 中国软科学，2011，（2）：42-51.

[8] Sovacool B K, Ryan S E, Stern P C, et al. Integrating social science in energy research[J]. Energy Research & Social Science，2015，6：95-99.

[9] Pratarelli M E, Johnson S M. Exploring the paradox in hardin's "tragedy of the commons"：a conservation psychology classroom exercise[J]. Ecopsychology，2012，4（2）：158-165.

[10] Whitmarsh L，Seyfang G，O'Neill S. Public engagement with carbon and climate change：to what extent is the public "carbon capable"？[J]. Global Environmental Change，2011，21（1）：56-65.

[11] Vugt M V. Averting the tragedy of the commons：using social psychological science to protect the environment[J]. Current Directions in Psychological Science，2009，18（3）：169-173.

[12] Kahneman D, Tversky A. Prospect theory：an analysis of decision under risk[J]. Econometrica，1979，47（2）：263-292.

[13] 李纾. 决策心理：齐当别之道[M]. 上海：华东师范大学出版社，2016.

[14] Bai Y，Liu Y. An exploration of residents' low-carbon awareness and behavior in Tianjin, China[J]. Energy Policy，2013，61：1261-1270.

[15] Chen H，Long R Y，Niu W J，et al. How does individual low-carbon consumption behavior occur？—an analysis based on attitude process [J]. Applied Energy，2014，116：376-386.

[16] Bernstad A，Jansen J C，Aspegren A. Door-stepping as a strategy for improved food waste recycling behaviour—evaluation of a full-scale experiment[J]. Resources Conservation & Recycling，2013，73：94-103.

[17] 张雷，黄园淅. 中国西部地区一次能源供应时空格局变化及其影响[J]. 地理科学进展，2009，（3）：321-328.

[18] 肖宏伟. "十三五"时期我国能源需求研究[J]. 宏观经济管理，2015，（9）：51-53.

[19] Zwaan B C C，Gerlagh R，Klaassen G，et al. Endogenous technological change in climate

change modelling[J]. Energy Economics, 2002, 24（1）: 1-19.

[20] Nordhaus W D. Estimates of the social cost of carbon: background and results from the RICE-2011 model[R]. Cambridge: NBER Working Paper, 2011.

[21] Nordhaus W D. Optimal greenhouse-gas reductions and tax policy in the "DICE" model[J]. American Economic Review, 1993, 83（2）: 5-7.

[22] IPCC.IPCC special report on renewable energy sources and climate change mitigation[R]. Cambridge: Cambridge University Press, 2011.

[23] 薛冰, 黄裕普, 姜璐, 等. 《巴黎协议》中国家自主贡献的内涵、机制与展望[J]. 阅江学刊, 2016, （4）: 21-26, 144.

[24] 张文松. 全球环境合作: 气候变化《巴黎协议》的双层博弈分析[J]. 南京工业大学学报（社会科学版）, 2016, 15（1）: 56-66.

[25] IPCC. Climate Change 2014: Mitigation of Climate Change[M]. Cambridge: Cambridge University Press, 2014.

[26] Liu Z, Geng Y, Lindner S, et al. Uncovering China's greenhouse gas emission from regional and sectoral perspectives[J]. Energy, 2012, 45（1）: 1059-1068.

[27] Mamun A, Sohag K, Mia A H, et al. Regional differences in the dynamic linkage between CO_2 emissions, sectoral output and economic growth[J]. Renewable and Sustainable Energy Reviews, 2014, 38: 1-11.

[28] Henriet F, Maggiar N, Schubert K. A stylized applied energy-economy model for France[J]. The Energy Journal, 2014, 35（4）: 1-37.

[29] Meinshausen M, Hare B, Wigley T M M, et al. Multi-gas emissions pathways to meet climate targets[J]. Climatic Change, 2006, 75: 151-194.

[30] Vuuren D P, Kok M, Esch S, et al.Roads from Rio+ 20: pathways to achieve global sustainability goals by 2050[R]. Hague: PBL Netherlands Environmental Assessment Agency, 2012.

[31] Yann R, Jeffery M L, Gütschow J, et al. National contributions for decarbonizing the world economy in line with the G7 agreement[J]. Environmental Research Letters, 2016, 11（5）: 054005.

[32] de Araújo S M V G, Leite H P S. The Brazilian Intended National Determined Contribution （INDC） and energy policy[M]. Rio de Janeiro: Brazilian Center for International Relations: edição especial, 2016.

[33] Rogelj J, Elzen M D, Höhne N, et al. Paris Agreement climate proposals need a boost to keep warming well below 2°C[J]. Nature, 2016, 534: 631-639.

[34] Solomon S, Daniel J S, Sanford T J, et al. Persistence of climate changes due to a range of greenhouse gases[J]. Proceedings of the National Academy of Sciences of the United States of America, 2010, 107（43）: 18354-18359.

[35] Chai Q M, Xu H Q. Modeling an emissions peak in China around 2030: synergies or trade-offs between economy, energy and climate security[J]. Advances in Climate Change Research, 2014, 5（4）: 169-180.

[36] Niu S W, Liu Y Y, Ding Y X, et al. China's energy systems transformation and emissions

peak[J]. Renewable and Sustainable Energy Reviews，2016，58：782-795.

[37] 姜克隽，贺晨旻，庄幸，等. 我国能源活动CO$_2$排放在2020—2022年之间达到峰值情景和可行性研究[J]. 气候变化研究进展，2016，12（3）：167-171.

[38] Wang Y，Zou L L. The economic impact of emission peaking control policies and China's sustainable development[J]. Advances in Climate Change Research，2014，5（4）：162-168.

[39] Yuan J H，Xu Y，Hu Z，et al. Peak energy consumption and CO$_2$ emissions in China[J]. Energy Policy，2014，68：508-523.

[40] Duan H B，Zhang G P，Zhu L，et al.How will diffusion of PV solar contribute to China's emissions-peaking and climate responses？[J]. Renewable and Sustainable Energy Reviews，2016，53：1076-1085.

[41] Geng Y，Wei Y M，Fischedick M，et al. Recent trend of industrial emissions in developing countries[J]. Applied Energy，2016，166：187-190.

[42] Gao C C，Liu Y H，Jin J，et al. Driving forces in energy-related carbon dioxide emissions in east and south coastal China：commonality and variations[J]. Journal of Cleaner Production，2016，135：240-250.

[43] 王金南，蔡博峰，曹东，等. 中国10km二氧化碳排放网格及空间特征分析[J]. 中国环境科学，2014，（1）：1-6.

[44] Fawcett A A，Iyer G C，Clarke L E，et al. Can Paris pledges avert severe climate change？[J]. Science，2015，350（6265）：1168-1169.

[45] IPCC.Climate Change 2014：Synthesis Report：Contribution of Working Groups Ⅰ，Ⅱ and Ⅲ to the Fifth Assessment Report of the Intergovernmental Panel on Climate Change[M]. Cambridge：Cambridge University Press，2015.

[46] Nordhaus W D. Economic aspects of global warming in a post-Copenhagen environment[J]. Proceedings of the National Academy of Sciences，2010，107（26）：11721-11726.

[47] Paltsev S，Morris J，Cai Y X，et al. The role of China in mitigating climate change[J]. Energy Economics，2012，34：S444-S450.

[48] Vuuren D V，Zhou F Q，Vries B D，et al. Energy and emission scenarios for China in the 21st century—exploration of baseline development and mitigation options[J]. Energy Policy，2003，31（4）：369-387.

[49] Li W，Li H，Sun S. China's low-carbon scenario analysis of CO$_2$ mitigation measures towards 2050 using a hybrid AIM/CGE model[J]. Energies，2015，8（5）：3529-3555.

[50] Zhou N，Fridley D，Mcneil M A，et al. China's energy and carbon emissions outlook to 2050[R]. Berkeley：Lawrence Berkeley National Laboratory，2011.

[51] Zhang X L，Karplus V J，Qi T Y，et al. Carbon emissions in China：how far can new efforts bend the curve？[J]. Energy Economics，2016，54：388-395.

[52] Bollen J，Zwaan B，Brink C，et al. Local air pollution and global climate change：a combined cost-benefit analysis[J]. Resource and Energy Economics，2009，31（3）：161-181.

[53] Cuevas S，Haines A. Health benefits of a carbon tax[J]. Lancet，2016，387（10013）：7-9.

[54] Amann M，Cofala J，Klimont Z. Linkages in emissions and control options between air pollution and greenhouse gases[J]. Gerión，2004，16：49-84.

[55] Bain P G, Milfont T L, Kashima Y, et al. Co-benefits of addressing climate change can motivate action around the world. [J]. Nature Climate Change, 2016, 62: 154-157.

[56] Chen Y Y, Ebenstein A, Greenstone M, et al.Evidence on the impact of sustained exposure to air pollution on life expectancy from China's Huai River policy[J]. Proceedings of the National Academy of Sciences of the United States of America, 2013, 110 (32): 12936-12941.

[57] West J J, Smith S J, Silva R A, et al. Co-benefits of mitigating global greenhouse gas emissions for future air quality and human health[J]. Nature Climate Change, 2013, 3: 885-889.

第 2 章
经济绿色低碳转型的特征与模式

2.1 我国经济绿色低碳发展的制约因素和特征研究

2.1.1 经济绿色低碳发展的制约因素和特征研究

在经济绿色发展过程中,识别制约中国经济绿色低碳转型的关键因素,并阐明经济增长与资源消耗、环境污染和碳排放的宏观演进规律,以及预测经济发展新常态下绿色低碳转型的成本和效益是至关重要的。本节主要基于可计算一般均衡(computable general equilibrium,CGE)模型等生态经济学手段和方法,从国家尺度、区域尺度和城市尺度识别了我国经济绿色低碳转型的主要影响因素,并识别了经济增长与资源消耗、碳排放(国家、区域及行业)、污染物排放与健康之间的耦合关系,最后分析了经济发展新常态下绿色低碳转型的成本和效益。

1. 识别了中欧循环经济政策的差异

先从国家尺度探索循环经济政策的制定和发展对低碳转型的影响,并提出为应对经济发展和环境保护的挑战,中国和欧洲均施行了循环经济政策以提升资源效率,实现自然资源的可持续利用。但由于二者经济发展阶段及形式不同,其施行的循环经济政策各具特色,对比分析其中的差异、取长补短,有利于促进我国循环经济的良性发展。在此背景下,研究从政策文件、媒体文章和学术研究三方面,定性和定量两个角度,分析了中国和欧洲循环经济的差异,由此总结出欧洲可供中国借鉴的宝贵经验。

研究描述了关于中国和欧洲循环经济相关文章中提及污染、资源、废弃物或可持续发展的比例对比情况。分析表明中国和欧洲对循环经济的看法有共同的概念基础,并在寻求提高资源效率方面表现出许多相似的关注。然而,其各自的侧重点也有所不同。中国的循环经济理念与可持续发展战略、生态文明建设之间的联系更紧密,而欧洲的循环经济关注的是比较狭窄的环境层面,比较重视废弃物、资源和商业机会。

2. 提出了中国特大城市循环经济评估体系

研究主要是对特大城市循环经济体系进行评估，循环经济政策是实现可持续发展的有效途径之一，该政策在中国已施行十多年，评估其施行效果，谋求改善和提升显得尤为重要。在此背景下，本节综合考虑地理位置和发展因素，选取中国的 4 个代表性特大城市，即北京、上海、重庆、乌鲁木齐，运用统一的指标体系对其循环经济发展状况进行了评估。宏观层面的循环经济评价指标体系包括 22 个指标，分为资源消费强度、废弃物排放强度、废弃物循环和利用率、废弃物处置率 4 大类（表 2.1）。研究发现 4 个案例区循环经济的发展轨迹和内部结构差异明显，各项指标显示东部的特大城市（北京、上海）循环经济的表现好于西部的特大城市（重庆、乌鲁木齐）。

表 2.1 本节的循环经济评价指标体系

维度	指标
1. 资源消费强度	单位地区生产总值能耗
	单位工业增加值能耗
	单位地区生产总值水耗
	单位工业增加值水耗
2. 废弃物排放强度	单位工业增加值的工业废物产生量
	人均城市固体垃圾产生量
	单位地区生产总值污水排放量
	单位地区生产总值关键污染物排放
3. 废弃物循环和利用率	工业固体废物的综合利用率
	工业污水再利用率
	城市污水回收率
4. 废弃物处置率	城市固体废物安全处置率
	城市废水处理率
	工业废水 COD（chemical oxygen demand，化学需氧量）去除率
	工业 SO_2 去除率

北京和上海等东部特大城市的循环经济发展表现明显优于乌鲁木齐和重庆等西部特大城市。北京的循环经济开发绩效明显优于其他 3 个特大城市，乌鲁木齐和重庆的循环经济开发绩效低于 4 个特大城市的平均水平，上海的循环经济开发绩效与 4 个特大城市的平均水平基本一致。此外，北京、重庆和上海的循环经济发展指数增长速度比乌鲁木齐更稳定。

3. 提出了区域可持续发展的综合评估方法

随着中国工业化与城市化进程的推进，中国经济快速发展，并对世界经济的稳健发展有着积极的促进作用。然而，中国经济快速发展的同时伴随着严峻的资源消耗与生态系统破坏。因此，有效地识别区域可持续发展现状，对可持续发展的实现有积极作用。在此背景下，研究选用区域可持续发展评价常用分析法——能值分析法进行评价，并利用基于能值的可持续评价指标体系以云南省为研究对象对可持续发展现状进行评价，研究提出了基于当地资源禀赋现状的促进可持续发展的对策建议。研究确定了系统的边界并绘制了系统图，从图中可以看出驱动能值系统的主要部件和流量。

研究提出了一系列可以表征云南省经济绩效的常用能值指标。例如，能值率可以代表一个生产过程开发当地资源的能力。环境负荷比是评价投资对当地环境压力的指标。它是当地不可再生能源流动和外部投入系统内可再生资源的比率。研究还提出了能值可持续性指数，它从环境压力和经济效益两个方面直接反映了一个系统的可持续性水平。此外，还计算了能值密度、人均能值和能值与货币的比值。能值密度是用于支撑系统的总能值与被研究系统面积的比值，能值密度值越大，说明当地生态系统受到的压力越大。同样，人均能值是用于支持系统的总能值与其总体的比率，它通常被用来衡量当地居民的生活质量。新兴市场是衡量货币购买能值能力的指标。一般而言，发展中地区拥有更高的新兴市场价值，因为这些经济体以更直接的方式涉及自然资源使用而不需要货币兑换。上述指标可以说明能值强度或转换效率的基本特征。

4. 识别了我国可持续发展示范区的评估指标缺陷

关于区域尺度的绿色低碳发展制约因素的分析是从可持续发展示范区进行展开的，可持续发展的研究主要是通过国家可持续发展示范区来分析，该部分的研究识别了我国可持续发展实验区的评估指标的缺陷。我国在西部也有一些试点项目，但大部分试点项目是分布在华东和华中地区的。研究结果表明，现行指标体系反映了政治倾向，评价了公共政策的有效性，对帮助不同社区走向可持续发展提供了有价值的指导。然而，由于该体系缺乏对不同方面的整合，如对地区差异的充分考虑，缺乏数据收集和计算的通用方法，因此无法对可持续社区的整体性质进行评价。进一步的改进应该让更多的利益相关者参与进来，以便能够解决他们关切的不同问题。此外，应制定具体区域的指标，并就如何在现实中执行这些指标提供明确的官方指导。该部分的研究，探讨了未来优化国家示范可持续发展实验区的途径及方向，为制定国家可持续发展社区评价指标体系提供了科学依据。

2.1.2　经济增长与资源消耗、碳排放和环境污染的宏观演进规律

本节从经济增长对资源消耗的影响着手研究，并进一步分析经济的不断发展对环境污染和碳排放的影响及演化过程，探寻能源和环境对经济发展的响应机制，明确彼此之间的内在联系，为今后的发展和政策制定提供理论依据。

1. 经济增长与资源消耗的耦合关系

研究采用深度物质流分析的方法来探究资源效率物质流的现状、趋势及驱动因素，并在核算过程中加入反映资源使用强度和效率的设计指标，以进一步应用修正的环境库兹涅茨曲线来进行非物质化分析。研究可以厘清资源消耗与经济增长的脱钩状态和趋势，阐明提升资源利用效率对稳定经济发展的重要性、经济与资源消耗和利用的内在关系。在所有研究国家（包括菲律宾、中国、日本、印度尼西亚和马来西亚）中，中国的人均资源消费变化呈现出典型的反"U"形曲线的前半部分，即从最低点开始，随着人均 GDP 和资源勘探增长实现快速增长。

通过对比研究发达国家钢铁、水泥和铜的饱和演化进程，探索经济发展和资源消耗之间的耦合关系及重要临界点。研究发现我国的钢铁和铜初步具有饱和效应，水泥即将达到饱和效应。铝人均表观国内消费量已经达到高收入国家水平，但库存量只有 1/3，未来铝金属资源消耗会持续增加，致使社会经济系统中的存量不断累积增长。由于资源效率较低，我国单位 GDP 物质消耗强度并未像发达国家一样达到饱和效应。建议以循环经济形式弥补资源效率差距，并且建议采用表观国内消费指标进行研究以提出合适的政策建议得出饱和指标。

分析经济增长与水资源之间的耦合关系对中国未来合理利用水资源至关重要。随着中国工业化与城市化进程的推进，我国欠发达丰水地区在全球虚拟水贸易背景下存在着机遇和挑战。研究基于区域水足迹的核算，量化了影响区域水足迹的驱动因素，指出经济规模是影响区域水足迹消耗的正向驱动因素，而经济结构和技术进步对于区域水足迹的降低具有重要的作用。欠发达丰水地区可以通过虚拟水贸易为全球水资源管理做出更大贡献。对当地水足迹进行综合分析，有助于设计合理的虚拟水战略，从而在不损害当地水安全的前提下提高经济效益，实现可持续发展。研究以云南省为例，采用投入产出分析和结构分解分析相结合的方法，研究了云南省水足迹特征和水可持续途径。结果表明，欠发达富水地区应优化产业结构，提高资源利用效率，采用更为可行的节水技术，调整贸易方式，实现水资源的可持续管理。

2. 经济增长与碳排放的关系

研究识别了区域尺度经济发展与碳排放之间的关系，提出了低碳发展路径。针对中国节能减排潜力弹性的研究提出了关于节能减排潜力的弹性值的概念并对全国 30 个省区市进行了核算和比较，并对单位化石能源减排量、不同地区节能减排效率进行核算，通过不同省区市间弹性值的核算与比较，提出了适合我国加快低碳转型的分地区调控的路径，在东部地区鼓励化石能源节约，在中部和西部地区加快推进清洁能源（如水电气和太阳能）的使用，图 2.1 显示了中国 2006～2012 年弹性值在不同地区间的变化趋势，表 2.2 显示了中国 2006～2012 年 30 个省区市的弹性值。

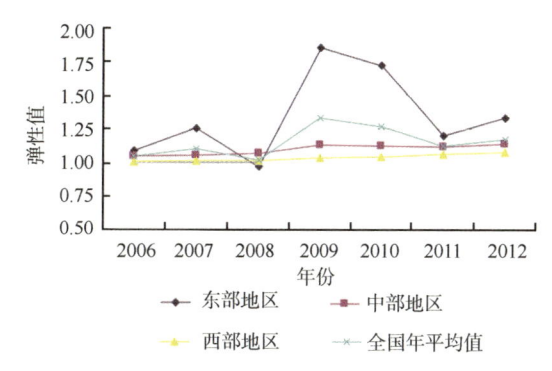

图 2.1　中国 2006～2012 年弹性值在不同地区间的变化趋势

表 2.2　中国 2006～2012 年 30 个省区市的弹性值

省区市	2006 年	2007 年	2008 年	2009 年	2010 年	2011 年	2012 年	均值	排名
福建	2.07	3.39	—	8.63	6.40	2.07	2.96	4.25	1
广西	1.17	1.18	1.28	1.52	1.34	1.19	1.16	1.27	2
江西	1.06	1.08	1.08	1.18	1.20	1.23	1.27	1.16	3
湖南	1.06	1.07	1.09	1.18	1.20	1.21	1.25	1.15	4
江苏	1.06	1.07	1.03	1.18	1.21	1.19	1.20	1.13	5
浙江	1.06	1.06	1.08	1.14	1.14	1.18	1.25	1.13	6
湖北	1.06	1.07	1.09	1.17	1.14	1.15	1.17	1.12	7
云南	1.04	1.05	1.06	1.08	1.10	1.15	1.18	1.09	8
安徽	1.05	1.06	1.06	1.08	1.10	1.11	1.12	1.08	9
重庆	1.02	1.03	1.03	1.08	1.09	1.13	1.16	1.07	10
河南	1.03	1.04	1.04	1.07	1.06	1.10	1.14	1.07	11
四川	1.00	1.01	1.02	1.06	1.05	1.11	1.15	1.06	12
吉林	1.01	1.02	1.02	1.05	1.08	1.08	1.11	1.05	13
河北	1.03	1.03	1.03	1.05	1.07	1.07	1.07	1.05	14

续表

省区市	2006年	2007年	2008年	2009年	2010年	2011年	2012年	均值	排名
天津	1.03	1.02	1.05	1.10	1.02	1.05	1.09	1.05	15
山东	1.02	1.03	1.00	1.05	1.04	1.07	1.07	1.04	16
贵州	1.01	1.02	1.02	1.03	1.03	1.05	1.05	1.03	17
内蒙古	1.02	1.02	1.02	1.02	1.04	1.03	1.04	1.03	18
黑龙江	1.00	1.01	1.01	1.03	1.02	1.04	1.04	1.02	19
陕西	1.00	1.00	1.00	1.01	1.03	1.04	1.04	1.02	20
山西	1.01	1.01	1.01	1.02	1.02	1.03	1.03	1.02	21
宁夏	1.01	1.01	1.01	1.01	1.01	1.01	1.01	1.01	22
甘肃	0.99	0.99	1.10	1.00	1.00	1.02	1.03	1.01	23
辽宁	0.99	0.99	0.99	1.01	1.00	1.01	1.01	1.00	24
新疆	0.98	0.98	0.99	1.00	1.01	1.02	1.02	1.00	25
青海	0.97	0.98	0.99	1.00	0.98	1.02	1.03	1.00	26
海南	0.68	0.91	0.91	0.91	0.89	0.95	0.97	0.89	27
北京	0.83	0.78	0.68	0.60	—	—	—	—	—
上海	—	—	—	—	—	—	—	—	—
广东	—	—	—	—	—	—	—	—	—

注："—"表示弹性值不存在

通过研究中国不同地区在 2006~2012 年的弹性值发现，东部地区的弹性最高；例外的是 2008 年，其弹性值（0.97）低于中部和西部的数值（1.07 和 1.01）。2006~2012 年东部地区的平均弹性值为 1.34，2009 年，东部地区的弹性值（1.85）显著大于中部地区（1.13）和西部地区（1.02）。中部地区年平均弹性值为 1.10，一直高于西部地区（1.03）。因此，我们发现化石能源节能对东部地区的减排效果大于中部和西部地区。这为我国节能减排路径的选择提供了思路：东部地区应鼓励化石能源节约，中部和西部地区应推广清洁能源（如水电气和太阳能）的使用。在 2006 年到 2012 年期间，全国的年平均值是 1.15。这表明中国应继续减少化石能源的使用，以实现减排目标。

3. 经济增长与环境健康效益的关系

随着中国经济的发展，空气污染成为我国面临的重要环境问题，尤其是在京津冀地区。大气污染物尤其是 $PM_{2.5}$（particulate matter 2.5，细颗粒物）会引起严重的健康问题。污染物控制政策和气候政策都会对污染物排放产生影响。研究分别从行业和区域层面上评估污染物控制和气候政策对污染物排放和健康的影响，并对比分析 $PM_{2.5}$ 和 O_3 的健康影响。对上海空气污染控制政策和气候政策的污染物排放和健康影响研究发现，空气污染控制和气候减缓措施对上海未来空气质量和 $PM_{2.5}$ 相关健康风险有着十分重要的影响。2030 年，在基准情景（BaU0）下上海 $PM_{2.5}$ 浓度将超过 300 微克/米^3，空气污染导致的疾病每年人均发病率将为 0.31 例，过早死亡人数将为 19.24 万人。而采取强污染控制（BaU3）和减缓措施（NDC1 和 NDC2）的情景下，$PM_{2.5}$、SO_2 和 NO_x 的一次排放量显著降低，2030 年 $PM_{2.5}$ 浓度最低可降至 71.7 微克/米^3；NDC1、NDC2、BaU3 情景可分别避免 10.15 万、10.82 万、15.92 万人过早死亡和一半以上的致病例数。

两类气候减缓措施的实行将很大程度上避免空气污染相关的经济和福利损失，具有高效益–成本比。2020 年，除 NDC2 情景的货币化效益接近但略低于减排成本外，所有情景的经济效益均超过了减排成本；2030 年，各减缓政策情景的净 GDP 收益将接近或超过 1%。此外，区域协同控制也十分重要，到 2030 年，仅上海本地采取空气污染控制或气候减缓措施所能获得的空气质量和人群健康改善有限；浙江和江苏也采取控制措施将可进一步避免一半以上的经济损失，价值相当于 348 亿元。通过对比分析 $PM_{2.5}$ 和 O_3 的健康影响，我国东部地区面临着 $PM_{2.5}$ 污染的严重健康影响，收入较低的西部省份面临着 O_3 污染的严重健康影响，O_3 对健康的影响远小于 $PM_{2.5}$，但是也更难减少。我国东部地区 $PM_{2.5}$ 导致的经济和健康损失较为严重，也可由空气污染控制获得更大的收益；而西部地区则更多受到 O_3 污染导致的影响。南部和中部地区所受的健康影响相对较轻。在 woPol（无污染治理政策）情景下，2030 年，$PM_{2.5}$ 污染导致人均劳动时间损失最多的省市为上海（99 小时）、天津（98 小时）、北京（88 小时）和河南（83 小时），而 O_3 污染导致人均劳动时间损失最多的省区则为青海（5.7 小时）、四川（5.5 小时）、甘肃（4.3 小时）和新疆（3.3 小时）。到 2030 年，若不采取空气污染控制措施，中国 $PM_{2.5}$ 和 O_3 健康影响导致的经济损失可分别达到 GDP 的 2%和 0.09%，统计生命价值损失将分别为 38 万亿和 2.3 万亿美元；而在采取控制措施的情况下，相关损失明显降低。同时，研究还发现，虽然 O_3 污染在中国导致的健康和经济影响相对 $PM_{2.5}$ 而言较低，但是更难通过空气污染控制措施减轻，因此 O_3 污染引发的长期的健康风险也应得到足够的政策关注。

4. 碳减排对资源消费的协同效益

随着经济的发展，中国已经超过美国成为最大的温室气体排放国和自然资源消耗国。中国碳减排会显著影响化石燃料的消费和资源密集型行业，从而对资源消费产生间接影响。因此，碳减排对资源消费产生的协同效益是值得关注的重要问题。基于研究所建立的 CGE 模型，其结构如图 2.2 所示，预测不同经济发展方式下未来中国二氧化碳排放和资源需求，分析碳减排的资源协同效益。

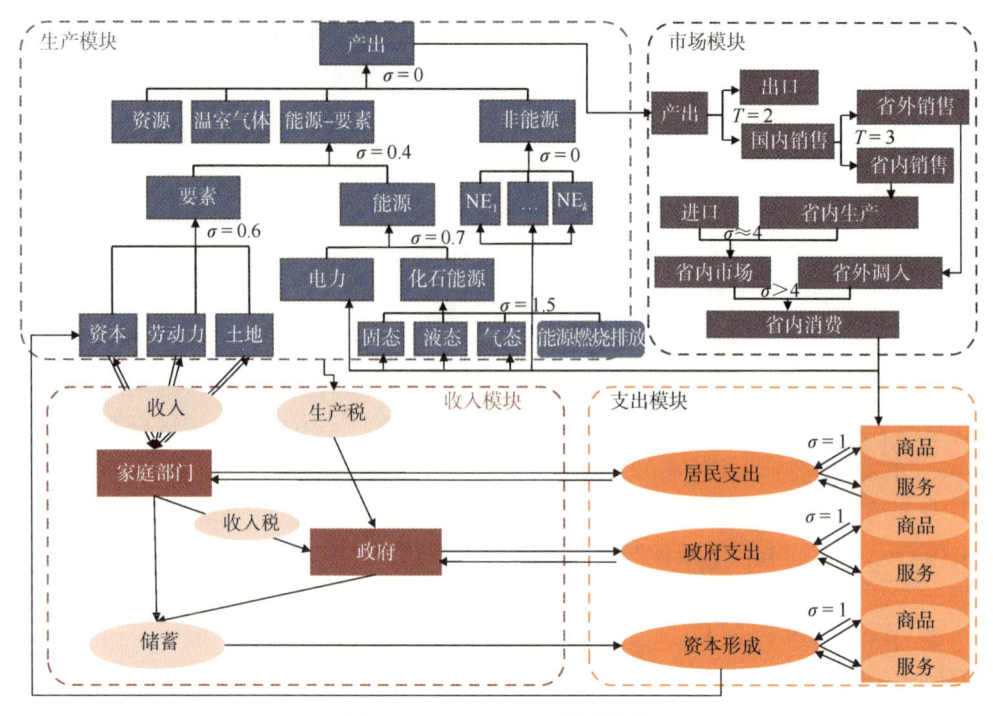

图 2.2　IMED│CGE 模型结构

IMED：integrated model of energy, environment and economy for sustainable development, 能源、环境和经济可持续发展综合模型

通过研究 2012~2030 年中国二氧化碳排放和资源消费变化及碳减排对资源消费的协同效益发现，2012~2030 年，在不实施低碳政策时，中国的二氧化碳排放量将从 78 亿吨增加到 163 亿吨，资源（生物质、金属、非金属和化石燃料）消费将会显著增加，由 324 亿吨上升为 554 亿吨。

随着中国 NDC 和 2℃温控目标政策的实施，2030 年中国二氧化碳排放量将分别下降 26.8%和 47.0%（图 2.3），资源需求量分别下降 7.4%和 14.6%，低碳政策能够显著减少中国二氧化碳排放并且能够协同减少资源需求量。碳减排政策的制定通常缺乏对水资源影响的充分考虑。以深圳为例，评估碳减排政策是会增加还是会减少当地工业用水量，研究发现，碳减排能够通过限制碳和能源密集型行业进而促进当地产业升级。这些行业中有许多行业同时也是水资源密集型行业，因此，碳减排能够对当地工业取水带来协同效益,对不同部门用水量产生不均衡的影响。无 NDC 政策时，2030 年深圳用水量增长为 12.52 亿吨，实施 NDC 政策能够减少 4700 万吨（约 4%）总取水量。电力部门是中国最大的二氧化碳排放及水资源消费部门，与发电量的增长趋势形成了鲜明的对比，未来电力部门用水量将逐渐下降，发电结构和耗水技术对未来用水量具有显著影响，2030 年中国发电用水量为 17.8~36.2 亿吨。

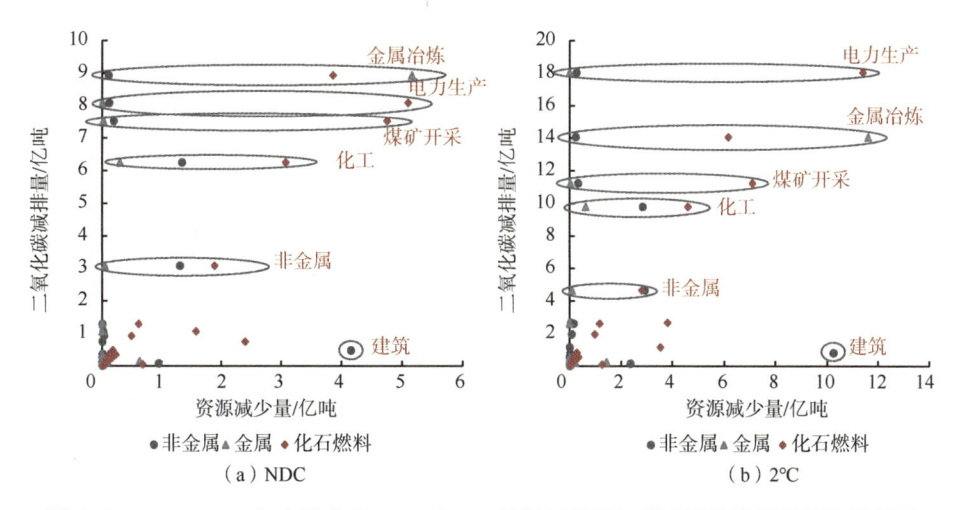

图 2.3　2012~2030 年中国实现 NDC 和 2℃目标下各部门碳减排的资源节约协同效益

5. 新能源政策与碳排放交易对实现中国 NDC 目标的经济影响

碳排放权交易市场是我国实现 NDC 的重要政策工具，而发展新能源也是我国实现能源结构转型的重要举措，这两种政策将如何互相影响呢？研究采用一个单区域（中国）、多部门的递归动态 IMED|CGE 模型，以考察新能源政策、初始限额分配和碳交易市场推广等三大类政策的环境、经济综合影响，并依照以上三类政策的自由组合设置了共 14 个情景，情景设置如图 2.4 所示。

碳强度目标			无	在2005年的水平上，2020年碳强度减少45%左右，2030年减少65%		
排放交易安排			BaU	EToff		ETall
责任共享机制	可再生能源目标					
	REfix	BaUREfix				
	REtag	BaUREtag				
BSshr	REtag			BSshrREfixEToff		BSshrREfixETall
	REtag			BSshrREtagEToff		BSshrREtagETall
BSrat	REtag			BSratREfixEToff		BSratREfixETall
	REtag			BSratREtagEToff		BSratREtagETall

图 2.4　情景设置

D1：是否施加碳限额。D2：初始排放权分配方式。D3：新能源发展程度。D4：碳交易程度。BSshr：各部门基于基准年碳排放比例设置未来年份碳排放限额。BSrat：各部门碳强度在 2020 年和 2030 年相比于 2005 年分别同步下降 45%和 65%。REfix：可再生能源的利用量固定为基年水平。Retag：可再生能源的使用按照相关政策发展。，EToff：没有碳排放交易。ETall：所有部门参与碳排放交易

从宏观经济方面分析发现，碳减排会对 GDP 造成一定的损失，但新能源发展程度越高、参与碳交易的部门数量越多，GDP 损失越小。另外，以"一刀切"的形式制定各部门减排份额会比按照历史排放比例分配减排份额的方式造成更大的 GDP 损失。

从碳减排成本分析，实行碳交易，且参与部门越多，综合碳价越低，从数量上来说，综合碳价可以因政策的施行由原先的 420 美元/吨降至 140 美元/吨左右。

以碳市场发展的角度分析，若能将碳交易在全国所有部门推广，2030 年碳交易总量将可以从原先 5 亿吨左右上升至 30 亿吨左右，而一旦实施较高程度的新能源政策，2030 年碳交易总量将下降 2 亿～5 亿吨。在全部门参与情景下，电力部门是最大买方（交通部门、采矿部门紧随其后），2030 年买入额能达到 20 亿吨左右，但若实施新能源政策，电力部门却能成为主要卖方，2030 年卖出额能达到 3 亿吨。其他制造业、化学和煤炭等部门也会在不同的分配方式下成为主要卖方。

以上海为例，分析国家碳排放交易市场对地区的影响。研究采用多区域、多部门 IMED|CGE 模型以考察碳交易和碳限额对上海乃至全国的综合影响。对此，本章依据无政策（BaU）、碳限额[CAPsec（部门限额）、CAPreg（地区限额）]和碳交易[ETsec（部门交易）、ETreg（地区交易）]设立 5 种情景，如表 2.3 所示。

表 2.3　情景设置

情景名	情景描述
BaU	无碳排放限额、无碳交易市场
CAPsec	对 ETS（emission trading scheme，排放交易体系）部门进行碳排放限额，无碳交易
CAPreg	对上海及其他地区进行碳排放限额，无碳交易
ETsec	对 ETS 部门进行碳排放限额，允许区域内各部门进行碳交易
ETreg	对上海及其他地区进行碳排放限额，允许区域间进行碳交易

研究结果从四个方面分析，在碳排放方面表明所有碳减排政策均能使上海乃至全国碳排放和碳强度下降。但碳交易政策可能会使上海单区域无法在 2030 年达到碳强度下降 65%的目标，而在全国碳市场上，上海倾向于成为一个庞大的买家。

从宏观经济角度分析，碳交易扩展范围越大，GDP 损失越低，部门总产出损失越低。从部门来看，金属冶炼和化学的产出损失最大，而食品部门和纺织部门是总产出唯二增加的部门。从碳市场发展的角度进行研究发现，在上海的碳交易中，买方部门数量大于卖方，其中电力与航空是主要买方，购买额度分别由 2020 年的近 1000 万吨和 250 万吨，变为 2030 年的 1800 万吨和 100 万吨。而金属冶炼部门将成为主要卖方，额度在 1600 万吨（2020 年）、3200 万吨（2030 年）左右。相反，在其他地区的碳交易市场中，卖方数量要多于买方。电力部门仍是最主要买家，额度能达到 2.5 亿吨（2020 年）和 7 亿吨（2030 年）左右，而金属冶炼部门也仍是主要卖家，但造纸、航空和化学等部门都成了卖方。

研究选取两区域（上海与中国其他地区）、多部门，递归动态的 IMED|CGE 模型来考察碳交易、碳限额程度和初始排放分配方式对上海乃至全国的系统性影响。本章依据是否存在碳交易、碳约束程度（P55、P65、P75 分别代表上海 2030 年相较于 2005 年碳强度应下降 55%、65%、75%）和初始排放权分配形式（SHRbau 代表初始分配按照 BaU 预测的 2030 年排放量比例进行分配，SHR07 代表初始碳排放配额按 2007 年各部门碳排放比例进行分配）三类政策划分情景（表 2.4）。

表 2.4 情景划分

划分依据	情景名
基准情景	BaU
是否存在碳交易	CAP，ET
碳约束程度	P55，P65，P75
初始排放权分配形式	SHRbau，SHR07

从碳排放角度分析发现，减排目标越严格，碳排放总量越低。2030 年上海在 P55、P65、P75 情景下，碳排放量依次为 4.10 亿吨、3.66 亿吨、3.37 亿吨。此外，若按照 SHRbau 的趋势，电力部门得到了最多的初始排放权：电力部门为 32.1%，化工部门为 14.7%，水运部门为 8.5%，金属冶炼部门为 8.3%。

从宏观经济方面研究得出碳交易政策可以减轻碳限额带来的 GDP 损失和部门总产出损失，而不同的初始权分配方式对 GDP 损失有影响，但对社会总福利几乎没有影响，总的来看，按照 BaU 预测值的方式分配减排额度所造成的损失更小。另外，因航空业在模型模拟中有稳定的需求，所以其部门产出不降反升。从减排成本的角度分析得出，初始排放额度越高，自然减排潜力越大，减排成本越低。典型如减排成本最低的金属冶炼部门，相比于 BaU 情景，其碳强度下降率最高，达到 41%。同时，在 SHR07 的初始额度下，该部门碳减排成本为 0 美元/吨，而一旦让该部门承受更少的额度（即在 SHRbau 下），它的碳减排成本便上升至 100 美元/吨左右。从碳市场视角研究得出不同的初始分配对碳市场规模存在影响，根据 BaU 预测量分配部门碳初始额度的方式所产生的碳市场交易总量将远小于按照 2007 年固定比例分配的方式，2030 年在 P65 下两者之比达到近两倍（1500 万吨和 3000 万吨左右），占总排放量分别为 3%和 7.1%左右。若以货币价值量衡量，P65 SHRbau 下上海碳交易总量约为 20 亿美元（约占当年 GDP 的 0.25%），而在 SHR07 下碳交易总量能达到 43 亿美元左右（约占当年 GDP 的 0.51%）。

6. 碳税对工业部门碳排放的影响研究

研究阐明碳税对我国省级工业部门碳排放影响。研究采用了包含我国 30 个省

区市和 22 个经济部门的多区域递归动态 IMED|CGE 模型，探究碳税给各省份带来的经济和环境综合影响。根据不同的碳税价格水平设置了 1 个无碳税的基准情景（BaU）和 6 个不同水平的碳税政策情景 TAX20、TAX40、TAX60、TAX80、TAX100 和 TAX120，分别表示 2030 年每吨二氧化碳征税 20 美元、40 美元、60 美元、80 美元、100 美元和 120 美元。

研究发现，所征收的碳税越高，碳减排效果就越明显，但 GDP 损失越大。在 TAX120 情景下，2030 年我国碳排放总量较基准情景低 43.2%，GDP 损失为 5%。部门层面，作为碳排放量最大的部门，电力部门减排潜力最大，相较于基准情景 TAX120 情景下减排潜力约为 19 亿吨。

从省级层面分析发现各省份地区生产总值规模与碳排放呈正相关，但碳减排潜力与地区生产总值没有明确关系。在 TAX120 情景下，广东、江苏和山东地区生产总值最高，同时也是碳排放前三位省份，但化石燃料消费占比较高的内蒙古和山西碳减排潜力最大。同时，碳税对各省份的宏观经济将产生一定的负面影响，如宁夏、贵州、新疆和内蒙古是损失较为严重的几个省区，而东部地区虽然损失绝对值大，但相对值都不大。

此外，碳税政策的实施也将对各省份能源消费结构产生一定影响，具体来说将主要使各省份的煤炭消费在不同程度上降低，其中甘肃、四川、青海、吉林和内蒙古降幅最大，在 TAX120 情景下，这五个省区的煤炭占比分别减少 19.03%、2.85%、12.71%、12.35% 和 12.23%。由于模型中天然气价格高于原油，大部分省份减少的煤炭消费份额将被原油所替代。

7. 硫税及可再生能源开发对二氧化碳、NO_x、SO_2 排放的影响

研究采用 IMED|CGE 模型，选取了我国最大的城市群及空气污染严重的地区之一，即京津冀地区作为研究对象，探究硫税与可再生能源政策对该地区的能源、环境和经济影响。研究设置了六种情景，包括没有任何硫税与可再生能源政策的基准情景（BaU）、单独实施低硫税政策情景（TAX1）、高硫税政策情景（TAX2）和可再生能源鼓励政策情景（RE），以及这三种政策的不同组合情景（TAX1RE、TAX2RE）。

在高硫税和可再生能源鼓励政策同时实施的情景（TAX2RE）下，碳减排与空气污染物治理效果最好。可再生能源的发展在降低能源强度方面作用有限，但是可以显著降低碳强度，而硫税政策则有助于同时降低能源强度和碳强度。在 TAX2RE 情景下，2020 年北京碳强度下降超过 55%，在地区层面可以实现我国的哥本哈根目标，而天津和河北仅分别下降 34%、17%，需要更严格有效的政策。

在部门层面，征收硫税可以同时降低各部门二氧化碳、NO_x 和 SO_2 的排放，且硫税越高，减排效果越好。其中，电力部门是三个地区二氧化碳和空气污染物

排放贡献最大的部门，也是减排潜力最大的部门。

同时需要注意的是，征收环境税是降低空气污染物与二氧化碳排放的有效政策，但也会对各省市宏观经济产生一定的负面影响。2020年天津的地区生产总值损失最高，其次为北京和河北。当环境税与可再生能源发展相结合时，地区生产总值损失将低于单独实施环境税下的地区生产总值损失，其中河北在TAX1RE情景和TAX2RE情景下地区生产总值甚至还会增加（分别为0.34%和0.22%），可见发展可再生能源有助于京津冀地区的低碳发展。

2.1.3 经济发展新常态下绿色低碳转型的成本和效益

为了促进中国的低碳转型，中国政府发布了一系列的政策和措施。本节从绿色低碳转型发展的成本和效益两方面进行综合评估，分析绿色低碳转型发展对中国社会经济、环境及人群健康的影响。

1. 绿色低碳转型的成本分析

为了促进中国的低碳转型，中国政府发布了一系列的政策和措施。我们分别从不同的地区和不同的角度评估了实施这些政策措施的成本。中国采取低碳政策实施低碳转型将对经济发展造成负面影响。对台湾实现碳减排目标的影响进行研究发现，通过设置排放上限但不允许排放权交易实现碳减排目标的地区生产总值损失为1.2%~2.2%，而碳排放权交易市场的地区生产总值损失为1.8%，碳交易机制能够通过交易提升经济效率，减少低碳转型的经济损失。碳交易市场的初始免费排放额的分配规则及市场参与部门的数量都会影响GDP损失。

碳税是一种直接有效的减少碳排放的价格措施，是对化石燃料的含碳量或燃烧过程中的碳排放进行征税，这会增加生产者的化石燃料成本和生产成本，会对生产者和消费者同时产生影响，因此实施碳税会减少GDP。一方面，产品价格上升会减少产品需求，同时会削弱产品在国际市场中的竞争力，减少出口；另一方面，由于生产活动减少，生产者支付给居民的工资也会减少，这会削弱购买力。通过研究碳税对中国经济的影响发现，当碳价定为120美元/吨时，2030年GDP减少5.4万亿元（5%）。对重庆征收碳税（2015~2030年碳税线性增长，从14.36美元/吨增长到110.89美元/吨）时，会使其地区生产总值下降1.54%~2.5%，当对重庆和中国其他地区征收有差异碳税时，重庆和中国其他地区通过省际贸易有着很强的经济联系，在CGE模型中通过价格效应和规模效应，重庆的地区生产总值在很大程度上受到中国其他地区的影响。

基于CGE模型评价了中国碳交易政策下交易量、交易金额的主要影响因素，结果表明配额分配方式和可再生能源对其影响重大，研究指出碳交易将显著降低实现 NDC 目标的经济成本；显示了碳交易不同政策情景下对宏观经济的影响，从理论上表明，碳减排成本和 GDP 损失并不依赖于初始配额分配，而是可以通过碳交易计划的实施而降低到最优点。所有部门参与碳交易比只允许部分部门参与碳交易更有效；可再生能源将进一步降低经济代价。

2. 绿色低碳转型的效益分析

减排政策能够通过减少空气污染物排放进而减少相关健康影响从而带来相关经济效益。本节从不同地区层面、不同行业和不同角度定量分析了低碳转型的效益，包括空气污染物治理政策和碳减排政策对健康和经济带来的效益。

1）"煤改电"政策的成本效益分析

对京津冀地区"煤改电"（清洁住宅采暖政策）政策的健康和经济效益研究发现，京津冀地区"煤改电"政策可显著减轻京津冀地区由空气污染带来的健康影响和相应的经济负担。仅考虑室外空气污染的减缓，2020 年该政策为京津冀地区整体带来的净效益就达到了 195.6 亿元，其中，北京和天津是主要的受益者，分别为 189.9 亿元和 7.0 亿元，河北的效益最低，低于其成本。由于暴露人口数问题，室外空气质量改善带来的效益远高于室内。"煤改电"政策实施能够减少过早死亡、降低发病率，进而导致劳动力供给增加，由此带来京津冀地区地区生产总值 2020 年和 2030 年分别增加 0.04%~0.09%和 0.12%~0.30%。其中北京增加最多，2020 年和 2030 年地区生产总值分别增加 0.12%和 0.40%。政策在京津冀三地有着截然不同的成本效益比，北京的健康效益最大，享受最大的三地区联合控制的协同效益，河北所获得的人群健康改进的货币化效益不足以抵消政策成本。这种异质性在京津冀大气污染联防联控中需要得到充分的关注。

实现2℃以内温升控制目标能同时显著减轻全国$PM_{2.5}$污染程度和污染导致的健康与经济损失，而道路交通行业将在其中扮演着重要的角色。在 2℃情景下，道路交通部门的温室气体和空气污染物的减排将能够使全国 $PM_{2.5}$ 平均浓度下降 10.6%左右，帮助减轻全国 10%的疾病负担、贡献 10.6%的净经济效益。同时，社会经济发展情况的不同将使得中国各省份实现 2℃目标的受益程度存在较为明显的异质性，人口和产业较多的省份将受益更多。这启示决策者应当认识到不同省份公路运输部门发展情况和减排难度的差异，采取更灵活的政策措施。

研究还发现，在交通部门，实现 2℃气候目标的各类措施能显著降低交通源贡献的 $PM_{2.5}$ 浓度。更为重要的是，相较于仅采取最严格空气污染控制措施的 TECH 情景，气候减缓措施所能减轻的 $PM_{2.5}$ 浓度达到 TECH 情景对应值的 72.7%，所避免的过早死亡人数和劳动损失时间分别达到对应值的 72.9%和 88.0%。这意味着气候减缓的目标和政策与大气污染防控有非常强的协同性,气候目标的实现能够对中国的"蓝天保卫战"起到十分重要的帮助。

2) 减排政策对空气质量和居民健康改善的协同效益

研究基于空气–健康–经济模型,评估了中国道路交通部门产生的环境–健康–经济效应,预测分析了省级尺度道路交通部门相关空气污染控制技术带来的健康及经济效应,为我国行业绿色低碳发展路径研究提供了参考和依据,如图2.5所示。

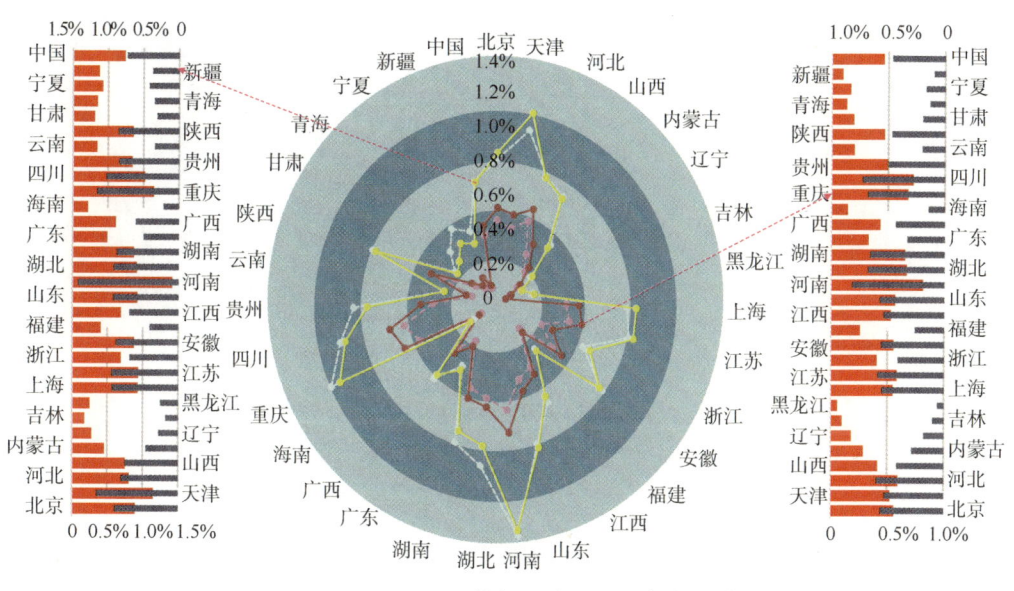

■TECH ■TECL ·· GDP损失2015年 -·- GDP损失2030年
—福利损失2015年 — 福利损失2030年

图2.5 不同空气污染技术措施的宏观经济影响

研究发现,道路交通排放是 $PM_{2.5}$ 污染的一个重要来源。在2015年,道路交通源对湖南、安徽、湖北、江西、重庆等地 $PM_{2.5}$ 浓度的贡献尤其重要(均超过了6微克/米^3),在这些省市,交通排放造成的过早死亡人数超过10 000人、疾病支出达到1亿元以上。如果仍维持现有控制措施而不采用额外的控制技术,则到2030年,中国绝大部分省份的道路交通源贡献和污染导致的健康影响程度将进一步上升。采用一定的空气污染控制技术(TECL)能够减少的交通源一次污染物排放量可达数万吨;而更高技术渗透的情景下各类污染物排放量还能进一步下降至少34%,对应 $PM_{2.5}$ 浓度下降1微克/米^3 以上。在TECL情景下,有6.04万人的过早死亡、1330.5亿元生命价值损失和0.012%的GDP损失可避免,减少的疾病开支达到13.9亿元;在TECH情景下,相关健康影响还将进一步减轻。在全国层面和半数的省份,空气污染控制的净效益均为正,意味着在道路交通领域采取措施控制空气污染具有经济可行性。

3）气候变化与资源消耗的协同效益

研究成果结合了一般均衡模型和物质流分析，定量化评估了中国碳减排在减少资源消耗方面带来的协同效益（图2.6、图2.7）。

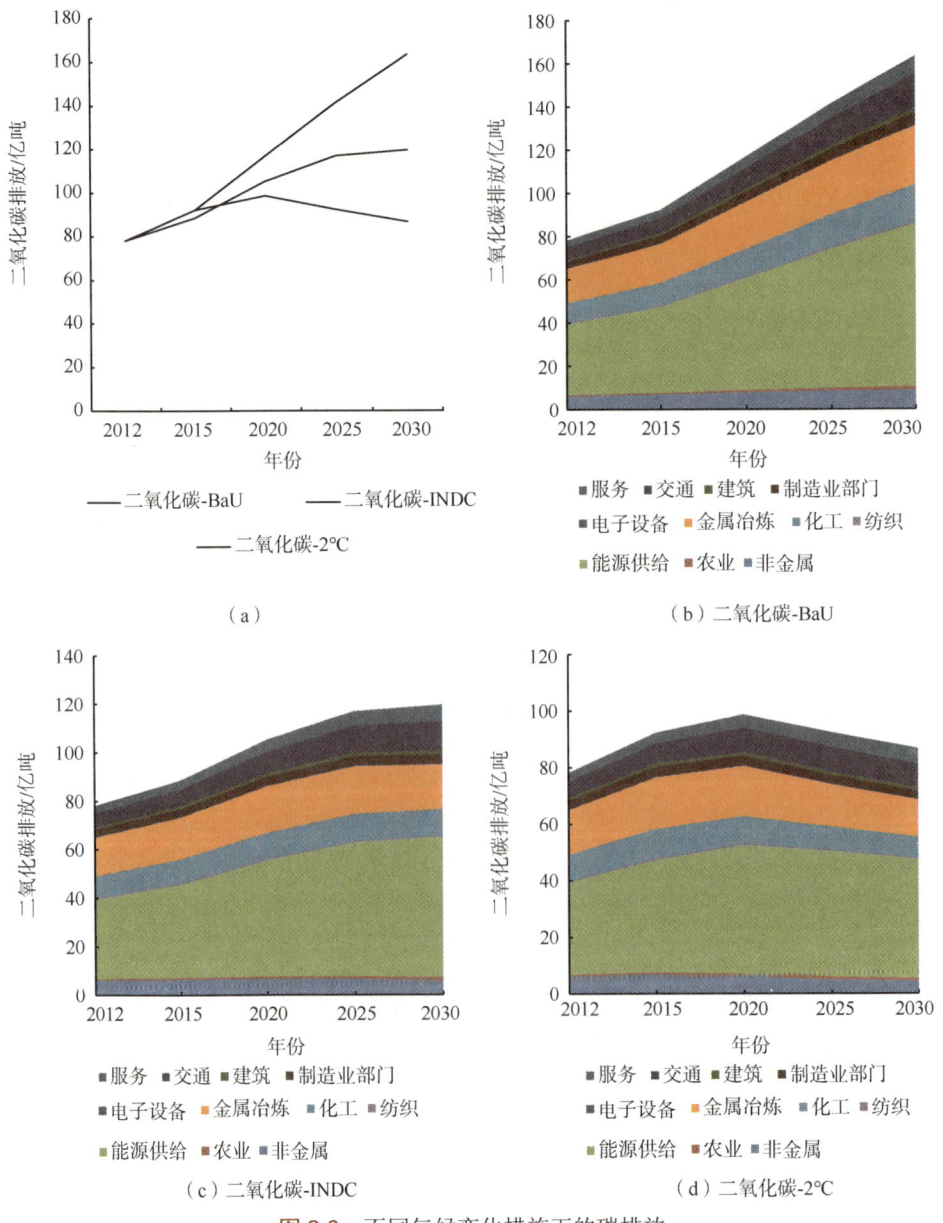

(a)

(b) 二氧化碳-BaU

(c) 二氧化碳-INDC

(d) 二氧化碳-2℃

图 2.6 不同气候变化措施下的碳排放

第 2 章 经济绿色低碳转型的特征与模式

图 2.7 不同气候变化措施下的资源消耗

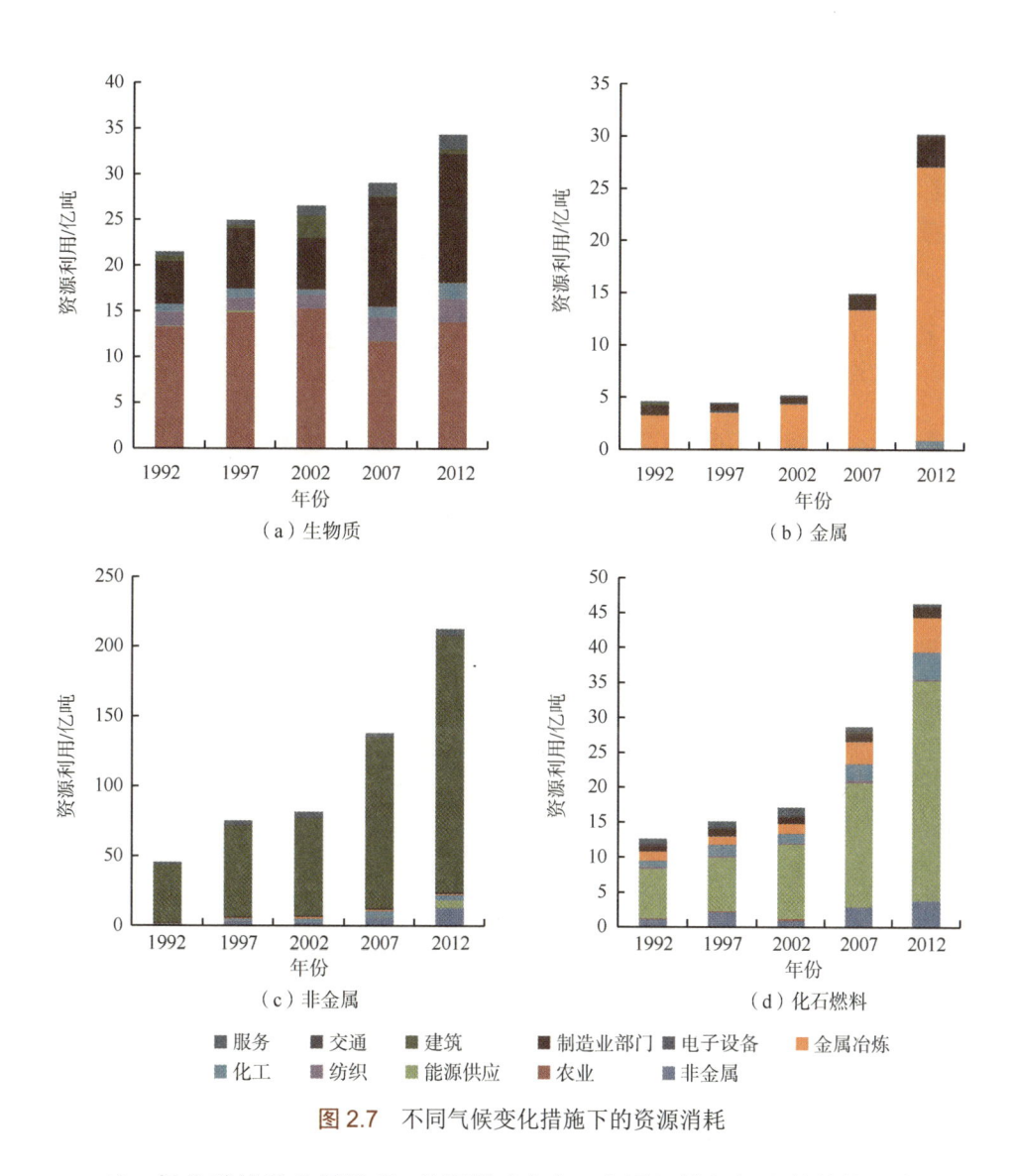

(a) 生物质　(b) 金属　(c) 非金属　(d) 化石燃料

图例：服务　交通　建筑　制造业部门　电子设备　金属冶炼　化工　纺织　能源供应　农业　非金属

对二氧化碳排放分析发现，能源供应部门、交通运输部门和传统第二产业（如金属冶炼、化工产品和非金属产品）是排放的主要贡献者，它们也具有很大的减排潜力。因此，针对这些部门需要制定出具体的减排目标。

从部门角度来看，农业和制造业（特别是食品加工和制造）占资源消耗总量的 80% 左右，比重最高，并且占比也从农业不断地向制造业转移。金属冶炼和制造业几乎主导了金属矿石的消费，占比超过 90%，建筑行业消费了非金属矿物的 85% 以上。能源供应占化石燃料消费的一半以上，1992～2012 年能源供应的比例有所增加。金属冶炼、非金属和化工部门是化石燃料消费的其他主要贡献者,各占 8% 左右。

研究指出,中国可以在经济损失较小的前提下完成 NDC 目标和《巴黎协定》要求的 2℃ 目标,这一减排行动将会同时减少对金属、非金属和化石燃料的消耗。而高耗能、高排放的行业在减排行动中获利最多,成本也最低,因此应该承担更多的减排责任。研究为我国经济转型中资源环境可持续发展提供了重要参考。

2.2 重点产业绿色低碳转型的模式、路径与机制研究

2.2.1 经济发展新常态下重点产业发展特征

工业部门产生的二氧化碳排放在中国总二氧化碳排放中占据了绝大部分。2002～2020 年,中国的工业部门经历了快速的发展,工业增加值增长了约 5 倍(图 2.8)。高能耗产品的产量增加也使得中国成为世界上最大的钢铁、水泥、化工制品生产国。但是,随着中国经济迈入"新常态",工业发展逐步趋缓。2013 年后工业增加值的增长率低于 8%,达到了 21 世纪的最低值。工业增加值在 GDP 中的占比从 2006 年 42% 的峰值下滑到了 2017 年的 33%[1]。

图 2.8 工业增加值、工业增加值增长率及工业增加值在 GDP 中的占比

在 2014 年,很多工业产品开始经历发展的转折点(图 2.9),如在 2013 年达

到 4.0×10^9 吨的峰值之后，煤炭的产量经历了多年的下降。类似地，水泥、粗钢等产品的生产在 2014~2017 年增长较小乃至减少。尽管如此，有色金属在这一阶段的产量仍然保持了 9.4% 的增长。

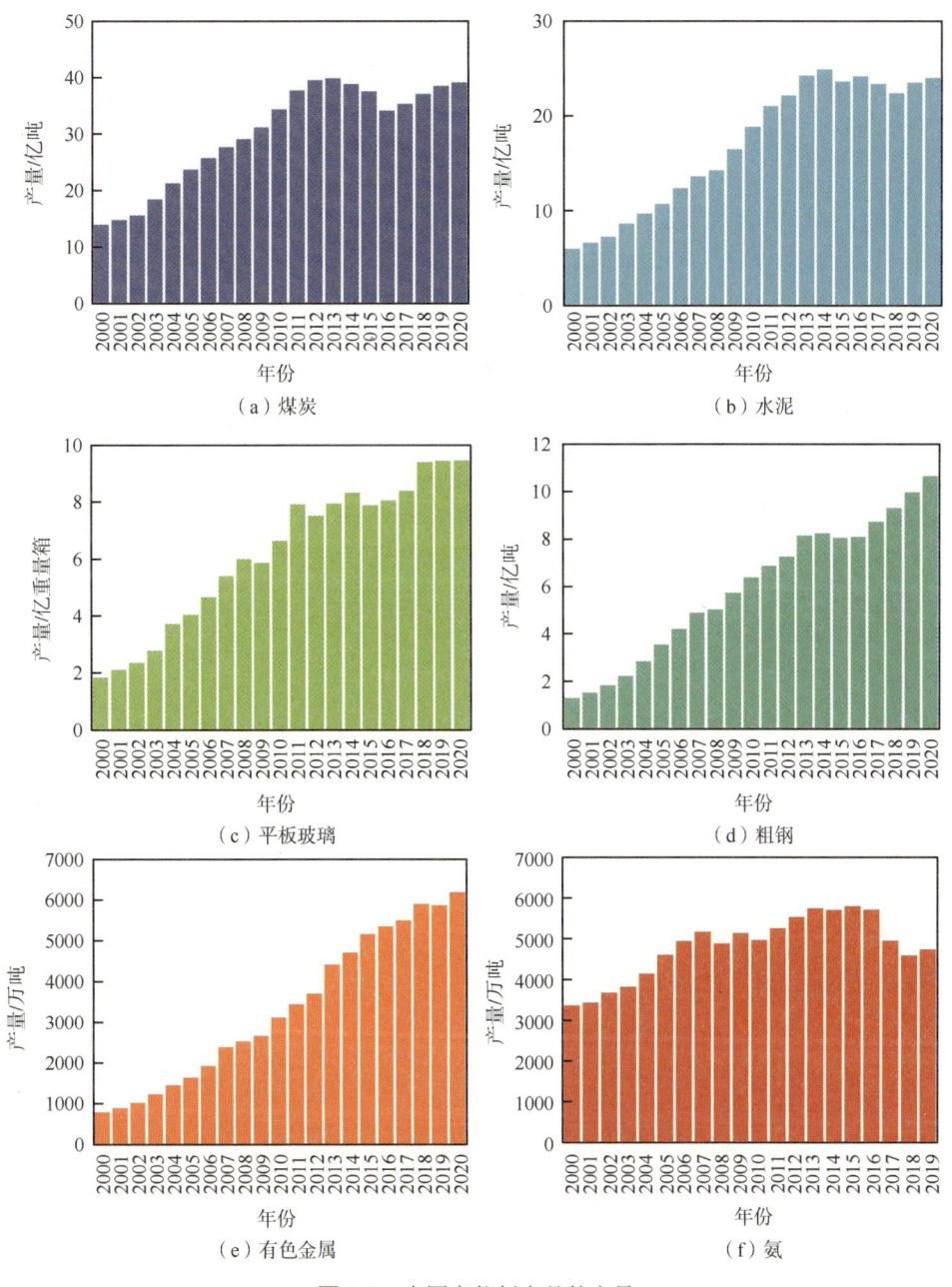

图 2.9　中国高能耗产品的产量

高速的工业发展也带来了更高的二氧化碳排放。中国工业部门总二氧化碳排放在 1991~1997 年稳定增长。在 1998~2002 年经济危机之后，碳排放从 2003 年开始出现了巨大增长[2-3]。通常，工业活动的增加会带来更高的碳排放，而能耗强度的下降会抵消排放的增长。但在 2002~2005 年，重工业部门（如钢铁、水泥陶瓷及燃料处理过程等）的能耗强度回升提升了整体的能耗强度[4-5]。一些研究者研究了在排放中占比较高的高能耗部门，揭示了排放改变的内在驱动力[6-7]。此外，工业过程的二氧化碳排放，如水泥[8]、石灰[9]、氨及钙的碳化物等，也出现了快速增长。

研究者利用不同的方法，结合不同的能源数据及排放参数，对中国工业部门的碳排放进行了估算。一些研究通过排除工业部门所耗电力的生产所产生的排放，缩减了工业部门中与能源相关的二氧化碳排放的范围，尽管这一部分的排放占据了总排放的 40%。此外，一些研究在计算时利用了整体的而不是最终的能源消耗数据，高估了能源部门的二氧化碳排放，如石油精炼等。

研究者对工业部门二氧化碳的区域性差异进行了深入研究。结果表明：2000~2015 年，更多的二氧化碳产生于沿海地区而不是内陆地区。但是，由于中国发展不平衡的特点，很多高碳排放强度的工业部门被转移到了内陆地区，如内蒙古、新疆、宁夏及山西等，使得这些地区的碳排放强度出现增长。在沿海地区，长三角地区相比于京津冀地区和珠三角地区具有更高的二氧化碳排放。此外，在 21 世纪，除新疆和宁夏之外的所有地区均实现了工业部门碳排放强度的下降。

本节利用最新的能源及经济数据，从部门及区域的角度，对工业部门二氧化碳排放的变化趋势进行了计算与分析，识别了中国工业部门碳排放增长趋缓的内在原因，为政策的制定提供了依据与支撑。

2.2.2　分析方法

1. 排放估算与数据来源

本节汇编了 2010 年至 2016 年期间所有工业部门的二氧化碳清单。清单涵盖了能源使用和工业过程产生的二氧化碳排放。在本节中，部门能源相关排放的范围包含了最终能源消耗的二氧化碳排放，即最终用户消耗的能源，包括一般能源的排放及终端使用部门消耗的电力和热量。能源部门的最终能源消耗不包括直接用于能源转换的化石燃料。这种方法的优点是排除了非工业部门的发电发热所产生的二氧化碳排放，并识别出了工业子部门发电发热产生的大规模排放的占比。本节利用式（2.1）计算了部门 i 对应的与能源相关的二氧化碳排放。

$$E_i = \sum_j F_{ij} \times \text{NCV}_j \times \text{CC}_{ij} \times O_{ij} \times \frac{44}{12} + \text{EL}_i \times \frac{E_p}{\sum_i \text{EL}_i} + H_i \times \frac{E_h}{\sum_i H_i} \quad (2.1)$$

其中，E_i 为部门 i 的能源使用产生的二氧化碳排放；F_{ij} 为部门 i 对于燃料 j 的最终消耗；NCV_j 为燃料 j 的净发热量；CC_{ij} 为部门 i 内燃料 j 的碳含量；O_{ij} 为部门 i 内燃料 j 的二氧化碳因子；EL_i 为部门 i 的电力最终能源消耗；E_p 为热力发电产生的二氧化碳排放；H_i 为部门 i 的热力最终能源消耗；E_h 为热力产生的二氧化碳排放。

IPCC 的部门方法要求区分运输活动和工业生产的二氧化碳排放。然而，中国的官方统计数据并没有关于用于运输活动的能源的单独统计数据。为了从整体能源消耗中消除运输的能源消耗，我们假设根据之前的研究，工业行业 79% 的汽油消耗和 26% 的柴油消耗用于运输活动。

对于水泥、石灰、钙的碳化物、苏打及镁矿生产，二氧化碳排放量可以根据它们的生产量计算，如式（2.2）所示。

$$E = \text{AD} \times \text{EF} \quad (2.2)$$

其中，E 为工业过程产生的二氧化碳排放；AD 为熟料、石灰、电石、纯碱或镁的产量；EF 为熟料、石灰、电石、纯碱或镁生产的排放因子。

玻璃生产的二氧化碳排放可以根据式（2.3）进行计算。

$$E_g = \text{AD}_g \times \text{EF}_g \times (1 - \text{CR}) \quad (2.3)$$

其中，E_g 为玻璃生产过程的二氧化碳排放；AD_g 为玻璃的生产数量；EF_g 为单位玻璃产出的排放因子；CR 为碎玻璃比例。

钢铁生产的二氧化碳排放可以根据式（2.4）进行计算。

$$E_{is} = \text{AD}_i \times \text{CC}_i - \text{AD}_s \times \text{CC}_s \times \frac{44}{12} + \text{AD}_{se} \times \text{EF}_{se} + \text{AD}_{ag} \times \text{EF}_{ag} \quad (2.4)$$

其中，E_{is} 为钢铁部门生产过程的二氧化碳排放；AD_i 为用于制作钢的铁产量；CC_i 为铁的碳含量；AD_s 为钢产量；CC_s 为钢的碳含量；AD_{se} 为通过电熔炉制作的钢产量；EF_{se} 为电熔炉制钢的排放因子；AD_{ag} 为结块物的产量；EF_{ag} 为结块物的排放因子。

整个工业部门进一步分为 39 个子部门，包括 6 个采矿和采石部门，30 个制造业部门，3 个电力、天然气和水的生产和供应部门。能源部门的最终能源消耗，如电气部门、成品油和炼焦部门的最终能源消耗不仅包括公共能源转化厂的能源消耗，还包括隶属于非能源部门的企业的能源转化厂的能源消耗。

2. 指标分解分析

为了了解经济、环境和其他社会经济指标的历史变化趋势背后的驱动力，有两种方法有助于评估影响因素的贡献：结构分解分析（structural decomposition analysis，SDA）和指标分解分析（index decomposition analysis，IDA）方法。SDA 方法使用输入–输出表，而 IDA 方法只聚合部门信息。与 SDA 相比，IDA 需要的数据更少，而且更容易解释结果。由于这些优势，本节利用 IDA 来揭示关键驱动力。如式（2.5）所示，本节进一步分解了中国工业部门中与能源相关的二氧化碳排放。

$$C = \sum_i A \times \frac{A_i}{A} \times \frac{E_i}{A_i} \times \frac{C_i}{E_i} = \sum_i A \times S_i \times I_i \times T_i \quad (2.5)$$

其中，C 为与能源相关的二氧化碳排放；A_i 为部门 i 的增加值；E_i 为部门 i 的能量消耗；A 为总工业增加值；S_i 为部门 i 在总工业增加值中的占比；I_i 为部门 i 的能耗强度；T_i 为部门 i 的排放强度。

对于特定的 IDA 方法，对数平均迪氏指数（logarithmic mean Divisia index，LMDI）方法在以往的研究中被广泛使用，因为它有两个优点：当数据集中的零值被一个小的正数替换时，它不给出残余并收敛。在 LMDI 的附加形式中，可以用式（2.6）计算二氧化碳在 0 年和 T 年之间的变化量。

$$\Delta C = C^T - C^0 = \sum_i \omega_i \ln\left(\frac{A^T}{A^0}\right) + \sum_i \omega_i \ln\left(\frac{S_i^T}{S_i^0}\right) \\ + \sum_i \omega_i \ln\left(\frac{I_i^T}{I_i^0}\right) + \sum_i \omega_i \ln\left(\frac{T_i^T}{T_i^0}\right) \quad (2.6)$$

其中，ω_i 为对数平均；0 与 T 分别为基准年份及最终年份。

2.2.3 重点产业的碳排放发展趋势

21 世纪的第一个十年，中国工业部门的二氧化碳排放出现了快速的增长，并占据了碳排放增量的绝大部分。但是，这一趋势从 2012 年开始出现停滞，2012 年、2013 年、2014 年的年增长率分别为–0.2%、3.6%、0.3%。碳排放在 2014 年达到了峰值，之后在 2015 年及 2016 年均呈下降趋势（图 2.10）。大约 86%的二氧化碳排放与能源使用相关，14%的碳排放发生在工业过程中。同时，从 2012 年开始，工业部门碳排放在中国整体能源使用和工业过程产生的碳排放中的占比逐渐下降，从 2010 年的 75.3%下降到了 2018 年的 70.2%。这一变化与其在经济结构中的占比下滑相关，如图 2.8 所示，中国的产业结构逐渐向服务型经济转型。

图 2.10 工业部门二氧化碳排放及其在总排放中的占比和能源使用二氧化碳排放

中国工业部门的碳排放主要来源于六个高能耗的子部门，包括石油精炼、化工、非金属、钢铁、有色金属及电气。这些部门的碳排放在总排放中占据了较高的比例，且占比仍在不断增长。

钢铁部门是最大的二氧化碳排放部门（图 2.11），在总排放中占了接近 1/3 的比例。该部门的排放从 2000 年开始出现了显著增长，在 2014 年达到峰值 21 亿吨

(a) 各部门二氧化碳排放占比　　(b) 能源相关二氧化碳排放占比

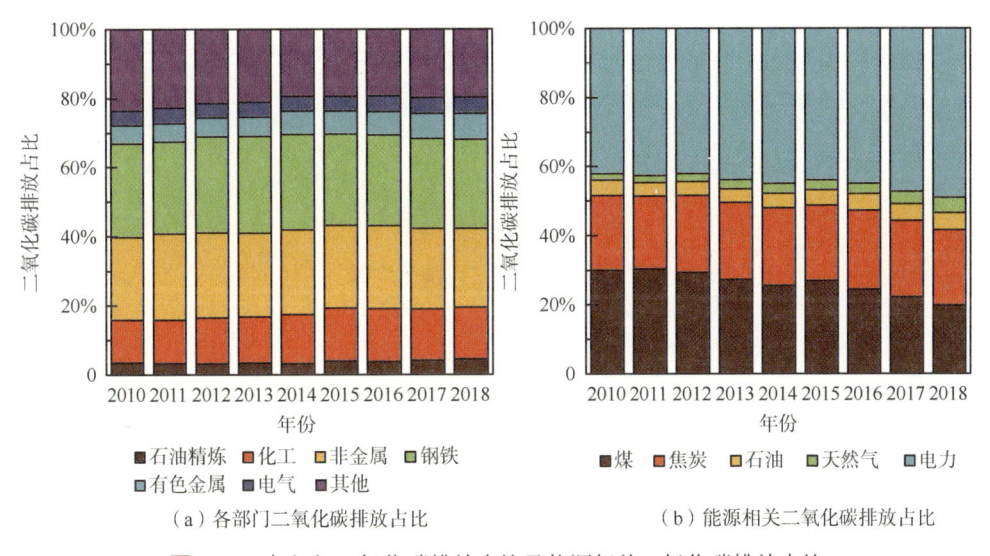

图 2.11 各部门二氧化碳排放占比及能源相关二氧化碳排放占比

（图 2.12），之后在 2015 年及 2016 年出现了下降。非金属部门是第二大排放部门，占据了 22%~24% 的比例，其中一半排放产生于工业生产过程中，如水泥生产等。由于 2003~2008 年中国加快了城镇化进程，这一部门的排放从 2002 年之后出现了显著增长，在 2014 年达到了 18 亿吨的峰值，之后两年出现了下降。化工部门是第三大排放部门，占据了 10%~12% 的比例。这一部门的二氧化碳排放在 2000~2015 年（除 2008 年外）出现了快速增长。在 2000~2015 年，该部门的二氧化碳排放增长了 41%，之后在 2016 年下降了 1.5%。有色金属是增长最快的排放部门，在 2010~2016 年增长了 44%，但是从 2016 年起年增长率降到了 0.9%。这一排放变化趋势很大程度上受到了有色金属产量的影响。电气部门在总二氧化碳排放中的占比为 4%，从 2001 年开始该部门的排放出现了大规模增长，这是由工业发展

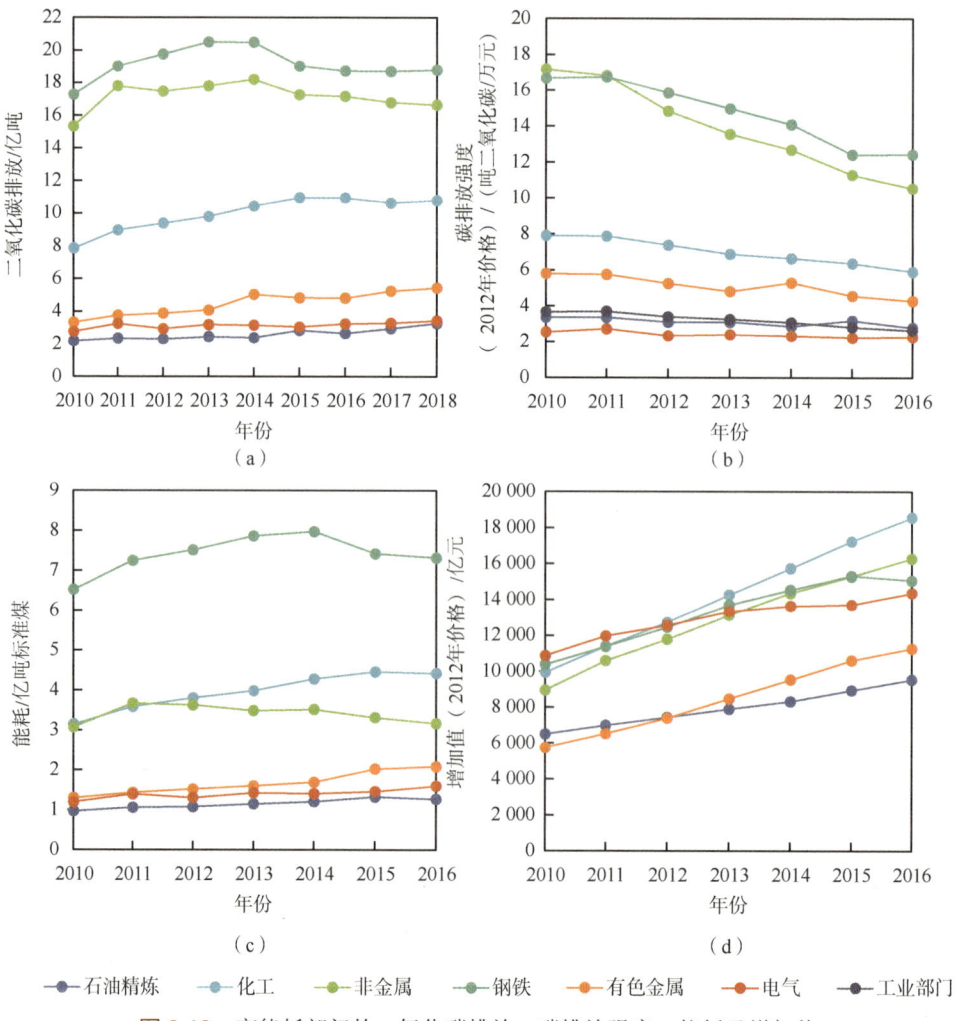

图 2.12 高能耗部门的二氧化碳排放、碳排放强度、能耗及增加值

带来的电能需求增加造成的。在 2011 年增长了 18%之后，该部门的排放在 2012~2016 年保持相对稳定。经过了 1995~2009 年的快速增长，石油精炼部门的碳排放在 2010~2016 年保持相对稳定，在总排放中占比为 3%。

图 2.11 给出了二氧化碳对应的能源来源结构。虽然占比出现下降，但是在 2010 年及 2016 年，煤和焦炭相关的排放在整体与能源相关的排放当中占比达到了 52.6%及 48.0%。电力系统产生的间接二氧化碳排放是另一个重要来源，其占比从 2010 年的 41.4%提升到了 2016 年的 44.7%。石油与天然气的二氧化碳排放在 2016 年分别达到了 4.5%与 2.7%的比例，这说明它们对于整个工业部门的二氧化碳排放影响较小。

从政策的角度，中国承诺在 2020 年实现工业增加值的碳排放强度相比于 2005 年的水平下降 50%，工业部门的碳排放强度在 2010~2016 年大幅下降了 27%，因此最终实现这个目标的可能性较高。对于那些高能耗的部门，非金属、有色金属、化工、钢铁、石油精炼及电气部门的碳排放强度分别降低了 40%、27%、25%、21%、20%及 10%。

2.2.4 低碳转型驱动因素分析

工业部门与能源相关的二氧化碳排放改变的驱动力分析如图 2.13 所示。研究利用最新的能源和经济数据，从部门和区域层面对中国近期碳排放增长趋缓的原因进行了分析。结果表明，工业部门二氧化碳排放随时间的变化量主要来源于经济增长与能耗强度的博弈。能耗强度是工业二氧化碳排放增长趋缓的最大影响因素。

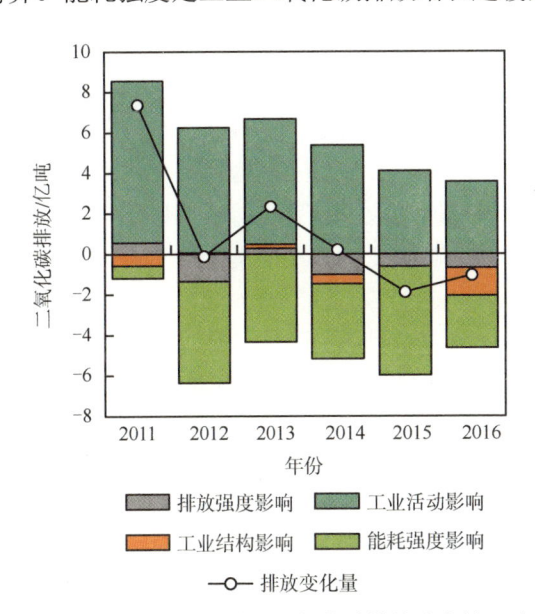

图 2.13 工业部门与能源相关的二氧化碳排放改变的驱动力分析

从 2011 年到 2016 年，能耗强度下降了 25%。这等效于每年减少二氧化碳排放 4.20 亿吨。能耗强度的下降主要来源于能源效率的提升。中国从 2006 年开始设定了节能计划，这推动了高能耗部门向更高能源效率的转型（图 2.14）。同时，经济发展的趋缓也是碳排放增长趋缓的一个重要原因。中国在这一时期仍然实现了工业增加值的增长，但是从 2010 年开始，工业增加值的增长速率逐渐下降。

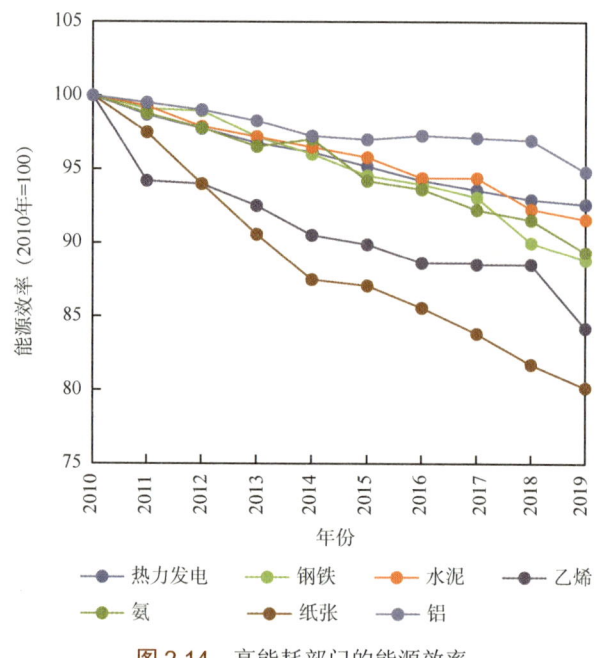

图 2.14 高能耗部门的能源效率

工业结构的改变对 2011~2015 年中国碳排放的影响较小。但是在 2016 年，工业结构的改变对于降低排放贡献巨大，达到了 1.37 亿吨。主要原因是钢铁部门占比的下降。因此，工业结构改变对于碳排放的影响取决于高能耗部门的占比。但是，当前工业部门结构性改变的速度缓慢。六个高能耗部门在工业增加值中的占比仅仅从 2010 年的 31.7%下降到了 2016 年的 30.7%。尽管钢铁、电气及石油精炼等部门的占比分别从 2010 年的 6.3%、6.6%及 3.9%下降到了 2016 年的 5.4%、5.2%及 3.4%，但是化工、非金属及有色金属等部门的占比从 2010 年的 6.0%、5.4%及 3.5%分别提升到了 2016 年的 6.7%、5.9%及 4.1%。

最后，排放强度对于碳排放下降的影响较小，且相对不稳定。在 2016 年，排放强度的下降贡献了 0.68 亿吨的二氧化碳减排量。排放强度的降低主要来源于一次能源结构的改变，如清洁能源占比的增加（图 2.15），以及热力发电效率的提升（图 2.14）。

图 2.15　中国电力系统能量来源

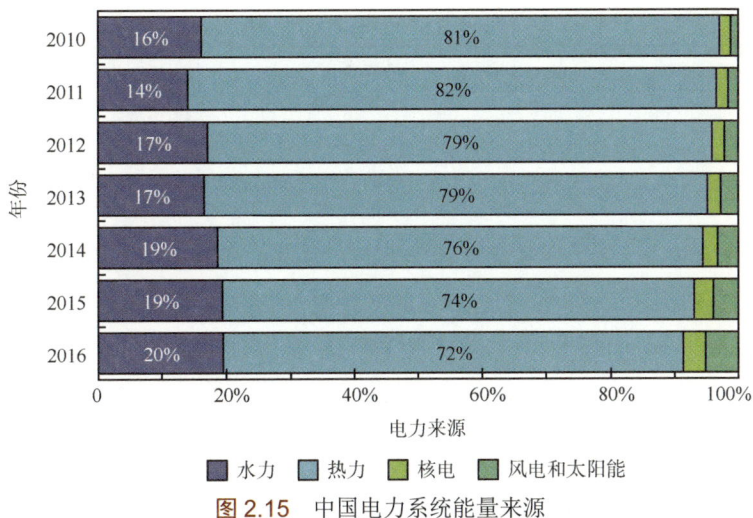

结果阐释了 2014 年到 2016 年 3.2 亿吨（4.0%）的二氧化碳排放减少中，分部门及能源的贡献程度。从部门的角度，39 个部门中的 26 个降低了其二氧化碳排放，包括所有采矿部门及 20 个制造部门。钢铁及非金属部门，贡献了大部分二氧化碳减排量，分别达到了 1.9 亿吨及 1.4 亿吨。煤炭及有色金属部门的二氧化碳排放降低了 0.7 亿吨。作为对比，有色金属部门的排放降低了 0.6 亿吨，电气部门的排放降低了 0.2 亿吨。从能源来源角度，排放的降低是煤炭消耗量减少的结果，有色金属部门及电气部门分别贡献了 2.7 亿吨及 0.5 亿吨的减排量。

2.2.5　中国碳排放的区域差异性分析

本节对中国碳排放的分部门影响进行了分析，对 10 个主要的工业子部门（包括 6 个高能耗部门及 4 个其他部门）进行了具体分析。表 2.5 显示了 2010～2016 年 10 个部门的排放、产量及能耗强度变化趋势，历史变化趋势的深层原因及短期内排放变化趋势展望。

表 2.5　2010～2016 年 10 个工业部门的排放特征及短期变化趋势展望

部门	排放变化趋势	产量变化趋势	能耗强度变化趋势	历史变化趋势的深层原因	短期内排放变化趋势展望
石油精炼	保持稳定	保持稳定	保持稳定	焦炭的需求下降	保持稳定
化工	升高	升高	下降	需求升高	升高
非金属	2014 年达峰	2014 年达峰	下降	需求下降	下降
钢铁	2014 年达峰	2013 年开始保持稳定	下降	需求下降及能耗强度下降	下降

续表

部门	排放变化趋势	产量变化趋势	能耗强度变化趋势	历史变化趋势的深层原因	短期内排放变化趋势展望
有色金属	升高	升高	保持稳定	需求升高	升高
电气	保持稳定	升高	下降	效率提升及更高的清洁能源占比	保持稳定
采矿	2013年达峰	2013年达峰	下降	需求下降	下降
食品	升高	升高	下降	产量提升	升高
纺织	保持稳定	升高	下降	产量提升及能耗强度下降	保持稳定
纸张	2011年达峰	升高	下降	能耗强度下降	下降

本节对中国碳排放的区域差异性进行了深入分析。中国工业部门的二氧化碳排放在各省份之间的分布呈现不均匀的特征。研究结果表明：高排放的省份均位于沿海地区，包括山东（2016年79 800万吨的二氧化碳排放）、河北（73 600万吨的二氧化碳排放）、江苏（65 900万吨的二氧化碳排放）及广东（45 100万吨的二氧化碳排放），这是由于这些省份具有更大的工业规模。

在2014~2016年，30个省区市中的16个省份的工业部门二氧化碳排放出现了下降，其中绝大多数位于中国西部和东北部。作为中国最大的钢铁生产地，河北关停了小型钢铁厂来缩减过剩产能，控制京津冀地区的空气污染，最终降低了3700万吨的二氧化碳排放。四川、辽宁及吉林也分别实现了3600万吨、3200万吨及2500万吨二氧化碳排放的下降。尽管全国碳排放整体下降，接近一半的省份仍然出现了工业碳排放升高的情况。一些较发达的沿海省份，包括江苏、山东、广东、河南及浙江，没有显示出工业碳排放下降的趋势。山东甚至出现了5600万吨的增长，取代河北成为了中国碳排放最多的省份。此外，能源大省，如新疆、内蒙古及宁夏，分别出现了最高的14%、11%及11%的增长。

2.2.6 讨论

摆脱高能耗的工业结构将是至关重要的。过往的整个工业部门的工业结构调整对于降低工业碳排放的作用有限，这是由于高能耗的部门仍然在整个工业部门中占据高比例。尽管过往的研究表明，在2013~2016年，中国的二氧化碳排放出现了结构性的下降，但是我们对工业部门的研究中没有发现类似的趋势。中国政府设定了降低高能耗部门在工业中占比的目标，计划从2015年的27.8%下降到2020年的25%。但是其实际占比在2016年及2017年分别提升到了28.1%及29.7%。因为需求的下降，高能耗部门的产能利用率是较低的，这些部门也遭受了巨大损失。因此,政府部门需要提高供给侧结构性改革的力度,大力去除高能耗部门的过剩产能。

针对区域分布特征,对于高速工业化发展的地区,如新疆、内蒙古及宁夏,加强碳排放的控制是必要的。从 2010 年以来,高能耗的企业逐步向西部省份迁移,也正因此,这些地区的碳排放出现了显著增长。这些地区逐渐出现了高能耗、高碳排放强度的工业结构特征。在这样的背景下,地方政府需要限制高能耗部门的扩张,引进更加高效的技术提升其能源效率。此外,对于高能源效率技术的投资也通常会在短期内产生回报。而沿海省份也需要进一步在技术和经济层面给予对口的西部省份以帮助。

最后,基于对象时间段,认为中国工业部门的二氧化碳排放已经达到峰值还为时尚早。中国整体的二氧化碳排放还远没有达到峰值。据研究,中国与能源相关的二氧化碳排放在 2017 年出现了回升。类似地,中国的工业增加值在 2017 年也增加了 6.4%,高于 2015 年及 2016 年 6.0% 的增长速率。如果工业增加值在 2018～2020 年的增长速率为 6%～7%,同时碳排放强度按照中国政府的计划,在 2015～2020 年降低 22%,则 2020 年的二氧化碳排放与 2015 年的水平相比会增长 4.8%～7.8%。因此,这表明了中国工业部门的二氧化碳排放会出现回升。

2.3 经济绿色低碳转型路径及协同效益研究

2.3.1 中国工业部门产能过剩特征分析

自改革开放以来,中国经历了工业化和城镇化高速发展的黄金年代,但同时也涌现了盲目投资、低效扩张、资源浪费、环境污染等问题[10],过剩经济成为中国宏观经济发展的"痼疾"。2013 年 10 月,《国务院关于化解产能严重过剩矛盾的指导意见》,指出我国"传统制造业产能普遍过剩,特别是钢铁、水泥、电解铝等高消耗、高排放行业尤为突出",如不及时治理,将"造成行业亏损面扩大、企业职工失业、银行不良资产增加、能源资源瓶颈加剧、生态环境恶化等问题,直接危及产业健康发展,甚至影响到民生改善和社会稳定大局"①。因此,"化解产能严重过剩矛盾是当前和今后一个时期推进产业结构调整的工作重点"[11]。

对于产能过剩问题的定性研究和量化分析是关乎我国经济发展前景的重要课

---

① 《国务院关于化解产能严重过剩矛盾的指导意见》,http://www.scio.gov.cn/32344/32345/32347/33367/xgzc33373/Document/1447657/1447657.htm[2021-08-03]。

题[12]。分析相关行业产能利用状况，有利于政府对产能过剩的行业进行指导和调控，降低社会资源损失和行业运营发生危险的可能性。因此，本节着重于对中国各省份41个工业部门的产能利用率进行测度，总结分析我国目前工业部门产能过剩分布特征。

1. 产能过剩的概念界定

产能过剩是经济低效运行的体现，最终必然导致产业组织恶化、利润下降、亏损增加、金融风险加大、资源浪费严重等问题，使资源、环境约束矛盾更加突出，使经济结构不协调问题更为严重，影响国民经济的持续、健康和协调发展[13]。从微观层面来看，产能过剩是指厂商或市场实际产出低于生产能力达到一定程度时而形成生产能力过剩；从中观层面来看，产能过剩是指在一定时期内，某行业的实际产出在一定程度上低于该行业的生产能力；从宏观层面来看，产能过剩主要是指由于受到社会总需求的限制，经济活动没有达到正常限度的产出水平，从而使资源未得到充分利用，生产能力（或称产能产出）在一定程度上出现了闲置。

2. 产能过剩的判断和度量

产能过剩的判断和度量是定量研究的核心，是提出有效的针对性治理政策的前提和基础。产能过剩程度的判断和度量问题主要包括两个方面：一是产能过剩问题的度量指标和判断标准，二是产能过剩程度的测算方法和数据源。

1）度量指标和判断标准

从现有文献来看，学者普遍采用产能利用率——实际产值与产能产值之比来度量产能过剩程度，实际产值与产能产值之比越大，产能过剩程度越小。从理论上讲，产能利用率只要低于100%就存在产能过剩的情况，但实际生产中生产设备投资、企业市场预期等多种因素都会导致企业存在一定的过剩产能，因此并不是产能产出大于实际产出就一定出现了产能过剩，而应该是实际产出低于产能产出的程度超过该行业正常水平范围，产生的负面效应大于积极效应时才判定为出现产能过剩问题。而且并非所有的产能过剩都不利于经济可持续增长，适度的产能过剩反而能够促进企业提高技术创新能力、改进企业管理水平，有利于激发市场竞争活力[14]。从国际经验来看，欧美一些国家认为产能利用率的正常值应该在79%～82%，低于79%则出现产能过剩，日本为83%～86%，印度为70%，中国目前常引用的合意产能利用率是75%[15]，也是本节所设定的临界值标准。

对产能利用率最直接的度量方法是直接调查法，对于有设计生产能力的行业，比较企业的实际产出与其设计的生产能力，即可得到企业的产能利用率，此种方法主要为国家统计局所使用。2017年底，国家统计局首次公布了2013年第一季度以来每个季度的中国工业产能利用率；然而，除2017年第三季度个别行业的数字以外,国家统计局并未系统披露具体到行业层面的产能利用率的数值。即使对于工业整体的产能利用率,2013年之前也没有系统的数字披露。因此,对于更一般的产能利用率相关研究,只能借助已有的微观数据来推测工业企业的产能利用率。现有文献中基于微观数据衡量产能利用率的方法包括生产函数法、成本函数法、数据包络分析法和随机前沿面法等,本节主要采用数据包络分析法,将可变投入不受限制时生产设备的最大生产能力定义为潜在产能。数据包络分析法作为一种非参数方法,通过求解生产前沿面,估计出偏离生产前沿面的无效率部分,进而测算产能利用率,是技术意义上的生产能力。目前中国工业的落后产能普遍存在,而且非市场因素影响作用较大,考虑这些因素时,采用技术意义上生产能力测算的产能利用率可能更符合中国的现实情况[16]。

2)测算方法和数据源

用 Y 表示有效产出,对于给定固定投入 F,生产能力可表示为 $Y(F)$。生产能力在多大程度上转化成实际产出 y,主要受可变投入 V 及技术水平 TECH 制约。因此,实际产出可表示为式(2.7):

$$y = Y(F,V,\text{TECH}) \tag{2.7}$$

产能利用率 CU 为实际产出与生产能力的比值,见式(2.8)。

$$\text{CU} = \frac{y}{Y(F)} \tag{2.8}$$

对于式(2.8)的有效产出函数 $Y(F)$,使用数据包络分析法进行测算,测算公式具体见式(2.9)和式(2.10)。

$$\text{Max } Y_j^t(F_j^t) = \sum_{i=1}^n \lambda_i^t y_i^t \tag{2.9}$$

$$\text{s.t.} \quad \sum_{i=1}^n \lambda_i^t y_i^t \geqslant y_j^t, \quad \sum_{i=1}^n \lambda_i^t F_i^t \leqslant F_j^t, \quad \sum_{i=1}^n \lambda_i^t = 1, \quad \lambda_i^t \geqslant 0 \tag{2.10}$$

在式(2.9)和式(2.10)中,$Y_j^t(F_j^t)$ 为以 t 期生产技术衡量的被考察单元 j 的有效产出;λ_i^t 为权重向量;n 为生产单元个数;y_i^t 和 F_i^t 分别为 t 期生产单元 i 的实际产出和固定投入;y_j^t 和 F_j^t 分别为 t 期被考察单元 j 的实际产出和固定投入。约束条件 $\sum_{i=1}^n \lambda_i^t F_i^t \leqslant F_j^t$ 为被考察生产单元的固定投入大于有效的固定投入;$\sum_{i=1}^n \lambda_i^t y_i^t \geqslant y_j^t$ 为被考察生产单元的实际产出小于有效产出。两个约束条件结合在一起表示被考察单元生产组合位于 t 期的生产可能集之内。$\sum_{i=1}^n \lambda_i^t = 1$ 为规模报酬可变。

在计算得到分省份分行业的产能利用率后，可加和计算出全国各行业、各省份工业整体及全国工业整体的产能利用率。用 i 表示省份，用 j 表示行业，三者分别表示为式（2.11）至式（2.13）：

$$CU_l = \frac{y_l}{Y_l} = \sum_k y_{k,l} / \sum_k Y_{k,l}(F_{k,l}) \quad (2.11)$$

$$CU_k = \frac{y_k}{Y_k} = \sum_l y_{k,l} / \sum_l Y_{k,l}(F_{k,l}) \quad (2.12)$$

$$CU = \frac{y}{Y} = \sum_k \sum_l y_{k,l} / \sum_k \sum_l Y_{k,l}(F_{k,l}) \quad (2.13)$$

本节使用的生产函数包括一种产出——工业总产值，一种固定投入——固定资本。考虑数据的实时性和可获得性，我们构建了 2018 年 31 个省区市 41 个工业行业的投入产出数据。这样，对于每个行业而言，生产单元为 31 个省区市的行业数据，被考察单元为各省份任意行业的具体数据，利用上述方法即可测算分省份分行业的产能利用率。

关于投入产出数据的具体说明：工业总产值选取经各省份工业品出厂价格指数调整后的工业总产值作为衡量指标；固定资本存量采用永续盘存法估测[17]，对于各省份的任意行业，见式（2.14）：

$$K_t = K_{t-1}(1-\delta_t) + I_t / P_t \quad (2.14)$$

其中，K_{t-1} 与 K_t 分别为 $t-1$ 期与 t 期固定资本存量；δ_t 为 t 期折旧率；I_t 为 t 期新增投资额；P_t 为投资品价格指数。但限于分省份分行业的数据可得性，此处进行进一步说明。①每年新增投资额，使用相邻两年的固定资产原价差值作为替代；②投资品价格指数，使用各省份的固定资产投资价格指数作为替代；③基期资本存量，使用 2015 年固定资产原价与累计折旧的差值作为基期数据；④折旧率，将各年份累计折旧额与上年累计折旧额的差值视为本年固定资产折旧，与上年固定资产原价相比得到折旧率。

数据来源为《中国经济普查年鉴》、《中国统计年鉴》、《中国工业统计年鉴》、各省份地方统计年鉴及中国经济社会大数据研究平台等。

3. 中国工业部门产能过剩的分布特征

根据上述数据及测算公式，首先计算得出全国 31 个省区市分行业的产能利用率数据，进而得到全国各行业、各省份工业整体及全国工业整体的产能利用率。分省份分行业来看，产能利用率较高的行业主要为轻工业和精细制造业，且集中分布在沿海地区的经济发达省份。

整体来看，2018 年中国工业平均产能利用率为 64.13%，低于 75% 的合意值，未来仍有较大的调整空间。接下来具体阐述分行业和各省份的分析结果。

1）行业比较

图 2.16 展示了 2018 年各行业的产能利用率。整体来看，采矿业（煤炭开采和洗选业、黑色金属矿采选业、有色金属矿采选业等），电力、热力生产和供应业，燃气生产和供应业，以及水的生产和供应业的产能利用率普遍偏低。制造业中，轻工业产能利用率普遍较高，重工业产能利用率普遍较低。金属制品业、纺织业、仪器仪表制造业、电气机械和器材制造业、化学纤维制造业位居前五，有色金属矿采选业，其他制造业，金属制品、机械和设备修理业，废弃资源综合利用业和黑色金属矿采选业行业排名最末，产能利用率普遍低于 60%。

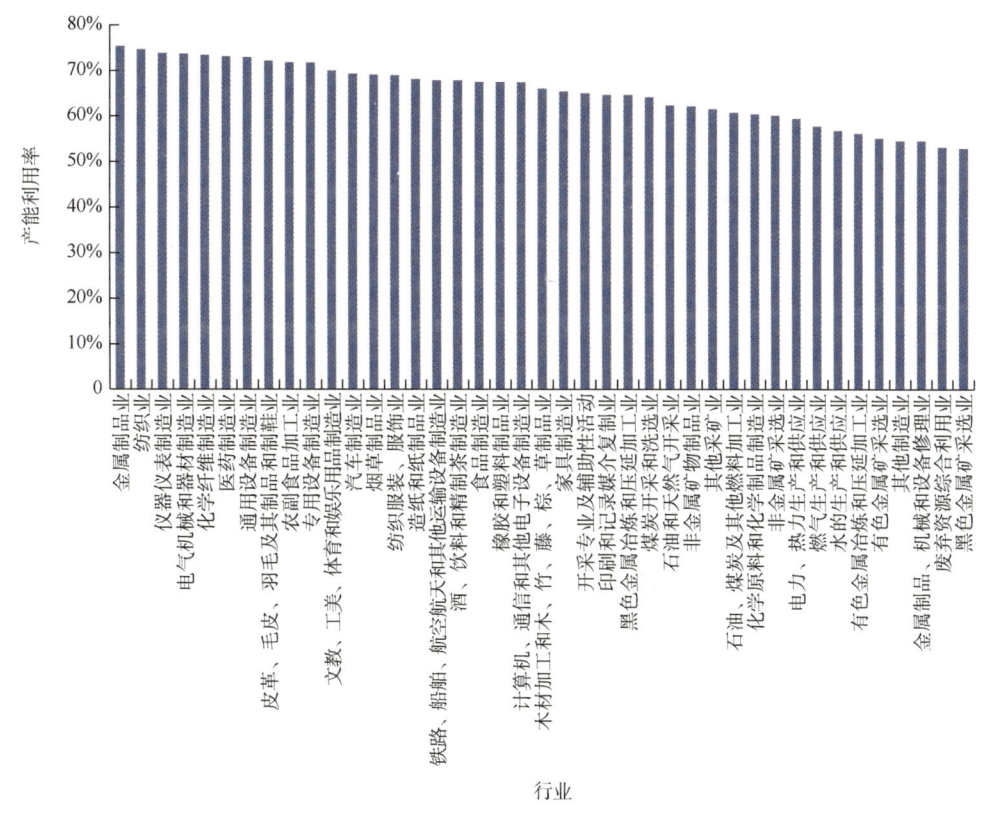

图 2.16　2018 年各行业产能利用率

行业划分按照《国民经济行业分类》（GB/T 4754—2017）执行

2）地区比较

中国工业产能利用率不仅存在显著的行业差异，同时还存在着较大的地区差异。图 2.17 展示了 2018 年各省区市工业整体产能利用率。整体来看，中国东部地区整体产能利用率明显高于其他地区,其中广东、江苏、福建、山东、浙江、上海和北京包揽前七;甘肃、青海、宁夏、新疆和西藏的产能利用率最低,普遍低于 40%。

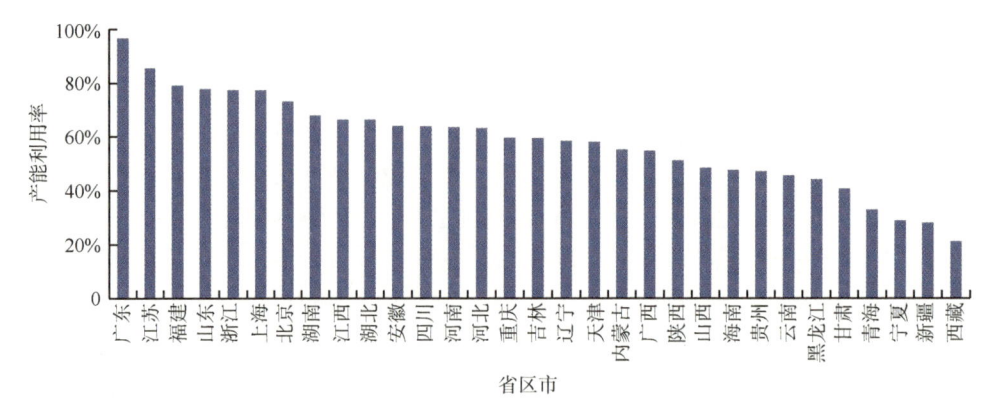

图 2.17 2018 年各省区市工业整体产能利用率

4. 产能过剩调整的低碳协同效益

根据国内学者提出的符合中国国情的 75%产能过剩合意值[6],为 31 个省区市各行业确定产能过剩调整阈值。产能利用率介于 50%~75%的行业,假设其产能利用率能在 2050 年提升至 75%;产能利用率低于 50%的行业,去产能难度较大,因此假设其产能利用率能在 2050 年提升至 50%。利用 GAINS-China 模型对产能过剩水平调整的碳减排潜力进行评估,结果如图 2.18 所示。

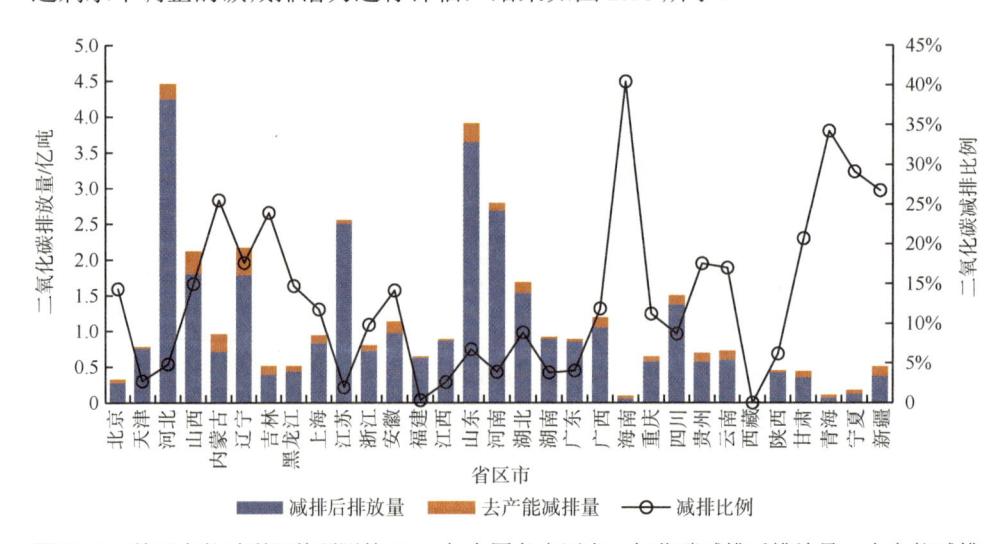

图 2.18 基于产能过剩调整预测的 2050 年全国各省区市二氧化碳减排后排放量、去产能减排量及减排比例

可以看出，河北、山西、内蒙古、辽宁、山东等高碳排产业集中的省区碳减排潜力较高，吉林、海南、贵州、云南、甘肃、青海、宁夏、新疆等产能利用率较低的省区由于本身碳排放基数较小，碳减排总量不多但是比例非常可观。到2050年，基于产能过剩调整预测的全国工业部门碳减排总量预计可达3.42亿吨，相当于当年工业部门排放量35.6亿吨的9.6%。

2.3.2 城市产业共生绿色低碳协同效益

1. 城市产业共生理论框架

城市产业共生的概念是在产业生态学和产业共生思想基础上提出来的。传统产业共生理论促使工业企业生产过程产生的废料、废水、废热、副产品及各种闲置资源可以被其他企业利用，从而更有效地利用资源并减少废物的排放，是实现工业废物资源化的创新途径[18-20]。因此，生态工业园作为产业共生的应用实体在世界范围内得到了迅速发展。然而产业共生的资源化对象主要是工业废弃物，较少关注居民消费领域的城市固体废弃物。为此，van Berkel根据日本"生态城"的发展经验进一步延伸提出城市共生的概念，将城市废弃物作为工业生产的原料或能源，创造更多的共生机会，提高整个城市的资源效率[21-22]。

基于此，本节提出将城市生活系统和工业生产系统耦合的城市产业共生体系概念（图2.19），主要是指在工业园区企业间建立产业共生网络的基础上，进一

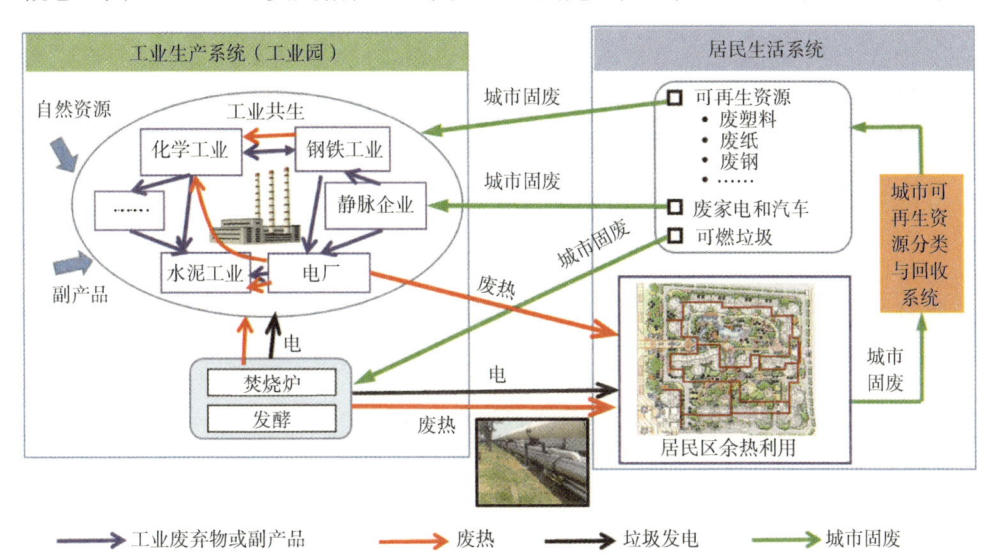

图 2.19 城市产业共生体系网络概念图

"静脉企业"指垃圾回收和资源化再利用产业，如电子垃圾拆解企业、汽车拆解企业、废塑料再生企业等。固废是固体废弃物的简称

步纳入居民生活系统，考虑生活废物的循环化利用，将城市废物通过分类回收后分别进行物理或化学处理后作为工业生产的原材料或能源进行再利用；此外，工业余热和焚烧发电等资源化后的产物也可以进一步反馈至居民生活系统进行利用。因此，通过城市产业共生体系的构建可以将城市生活系统和工业生产系统耦合起来，从而减少原生材料的消耗和废物的产生，有效推动全社会生产消费体系的闭环流通，极大促进物质循环型社会的建设，提高资源利用效率。城市产业共生理念可以认为是供给侧结构性改革和需求侧管理的重要创新路径之一，也是实现绿色低碳经济转型的重要途径之一。

城市产业共生体系将城市分为工业生产系统和居民生活系统两大部分，要实现城市产业共生主要是完成这两大系统内部共生及系统间共生网络的构建。工业生产系统可以认为是工业园区，其中包括不同类型的工业企业，各个企业之间构建废物/副产品/废热等的共生利用网络，从而减少工业生产对原生资源的消耗。比较传统的工业共生网络是电厂的电渣和炼铁的炉渣可以被其他企业利用，如可以被水泥行业利用；电厂和化工企业的余热可以被其他行业利用。对于居民生活系统，城市生活垃圾通过分类回收体系分为可再生资源（废纸、废塑料、废钢等）、可燃垃圾、废家电和汽车等，不同的生活垃圾进入工业生产系统进一步作为工业生产的原材料。例如，可燃垃圾通过焚烧进行发电或发热等为工业企业或居民生活系统提供能源，废旧家电和汽车等通过静脉企业拆解后将回收的废钢铁和废塑料作为钢铁等企业生产的原材料，可再生资源通过不同的工业企业或静脉企业进行再利用。工业生产系统的废热也可以被居民生活系统直接利用，作为集中供暖的热源。总之，通过构建城市产业共生系统可以实现生产侧和消费侧的耦合，尽量减少对原生资源和能源的消耗，同时尽量减少废物的排放，从而实现城市系统和经济的可持续发展。

2. 城市产业共生的绿色低碳贡献潜力评价方法

构建完善的城市产业共生系统是一个复杂的系统工程，需要涉及很多方面，共生路径也各不相同。考虑到学术界尚未有足够的关于这个方向的研究，仍缺少成熟的方法，本节提出了相应共生情景下的碳减排潜力评价方法。

1）可再生资源回收的节能减排效果计算

回收垃圾不仅可以减少垃圾填埋场的垃圾总量，还可以在生命周期角度上减少自然资源的消耗并减少相应的生产过程产生的污染。因此，本节从生命周期的角度评估了节能减排的效果。隐含能是产品和服务在生命周期中所消耗的全部能量的总和，包括材料提取、加工、运输到最终利用的能量消耗。它在确定设备或产品的节能有效性时是一个很有用的参数。与隐含能的概念类似，隐含碳可以解决产品生命周期上二氧化碳排放的问题，并确定产品是否有助于缓解全球变暖。隐含能/隐含碳方法已在建筑和建筑材料中得到了特别广泛的应用。此外，一些研究还量化分析了使用可回收材料成分来减少隐含能和隐含碳的潜力。

式（2.15）至式（2.17）显示了如何使用隐含能/隐含碳方法来计算可再生资源回收利用的节能和碳排放减量（ΔE）。

$$E_{raw} = M_{raw} \times f_{raw} \tag{2.15}$$

$$E_{recy} = M_{recy} \times f_{recy} \tag{2.16}$$

$$\Delta E = E_{raw} - E_{recy} \tag{2.17}$$

其中，E_{raw} 和 E_{recy} 分别为原材料和可再生资源的隐含能/隐含碳；M_{raw} 和 M_{recy} 分别为原材料和可再生资源的数量；f_{raw} 和 f_{recy} 分别为生产一单位原材料和可再生资源的隐含能/隐含碳。该方法的关键是获得两种类型的数据，即不同原材料或回收材料的数量（M）和系数（f）。数量可从调查或统计数据获得，而系数隐含碳和隐含能的数值可从英国巴斯大学的ICE（Inventory of Carbon and Energy）数据库获得。

ICE数据库是一个开放获取的可靠数据库，可以获取涵盖200多种不同类型的材料的隐含能/隐含碳的系数数据。ICE数据库中包含系数的默认边界是"从摇篮到大门"，其中包括直到产品离开工厂大门为止的总能量（碳），也就是说，不考虑使用寿命的结束。本节使用的系数选自ICE数据库1.6a版。表2.6列出了这些系数的详细值。

表2.6 原材料和可再生资源的隐含系数

材料	原材料 隐含能 /（焦耳/千克）	原材料 隐含碳 /（千克二氧化碳/千克）	可再生资源 隐含能 /（焦耳/千克）	可再生资源 隐含碳 /（千克二氧化碳/千克）
黑色金属	3.53×10^7	2.75	9.5×10^6	0.43
有色金属（铝）	2.24×10^8	11.78	1.79×10^7	0.94
纸	3.55×10^7	1.89	2.57×10^7	1.36
废塑料	1.10×10^8	2.28	2.19×10^7	0.46
玻璃	1.80×10^7	1.02	6.63×10^6	0.38
橡胶	1.02×10^8	3.18		
木	3.74×10^7	2.03	3.43×10^6	0.19

2）RPF的节能减排效果计算

除了可再生资源外，仍然存在大量不可再生资源，需要进行更好的管理。例如，城市固体垃圾中混有很多废纸和塑料，这些垃圾被送往垃圾填埋场。但是，这些垃圾可以通过利用 RPF（refuse paper&plastic fuel，废纸和废塑料衍生固体燃料）技术变成一种固体燃料颗粒进行再利用。RPF 是一种由不可回收的废纸和废塑料炭化制成的固体燃料颗粒，其热值几乎与煤炭相同，而碳排放系数则低得多，仅相当于煤炭的约 40%。此外，RPF 技术还具有操作简便、颗粒尺寸控制灵活、热值可调节、成本低和质量稳定等优点。RPF 技术在日本等国家应用较成熟，已在印染、钢铁、化工等工业部门中代替化石燃料作为能源使用。

RPF 技术的节能效果（E_{RPF}）可通过式（2.18）计算。

$$E_{RPF} = M_{RPF} \times f_{RPF} = M_{waste} \times 0.67 \tag{2.18}$$

其中，M_{RPF} 是 RPF 生产的数量；M_{waste} 是用于生产 RPF 的不可回收废塑料、废纸和木材等的总量；f_{RPF} 是 RPF 的节能系数，由于 RPF 和煤的发热量相同，可假设 1 单位 RPF 可以节省 1 单位标准煤，即 f_{RPF} 为 1。根据研究，1 吨废塑料、废纸和木材等可以制成 0.67 吨 RPF，即 M_{RPF} 等于 0.67 M_{waste}。

RPF 技术的碳减排量（C_{RPF}）可通过式（2.19）计算。

$$C_{RPF} = M_{RPF} \times 2.062 \tag{2.19}$$

其中，2.062 是 RPF 与煤相比的生命周期二氧化碳减排系数（图 2.20）。

图 2.20 RPF 的生命周期二氧化碳减排效果[23]

3）数据来源

本节以上海为例开展了城市产业共生情景下的绿色低碳效益评估。使用的数据包括 2002 年至 2016 年上海生活垃圾的数量和组成，2014 年至 2016 年可回收固体垃圾的回收数量和回收率。城市生活垃圾数据取自《上海统计年鉴》，各种垃圾的回收量摘自上海市再生资源回收利用行业协会发布的《上海市再生资源回收行业分析报告》。城市生活垃圾成分的数据仅适用于 2002~2003 年，2007 年和 2013 年，为了进行可靠的分析，假定 2004~2011 年的这些成分具有与 2007 年相同的值。类似地，假定 2012~2016 年的这些成分具有与 2013 年相同的值。此外，上海没有回收率数据，因此，我们使用了全国平均回收率（表 2.7）。

表 2.7　中国可再生资源的回收率

指标	废钢铁	废有色金属	废纸	废塑料	废橡胶	废玻璃
回收率	75%	85%	20%	25%	47%	13%

3. 城市产业共生体系的碳减排潜力

1）现有回收体系的节能与二氧化碳减排效应

2014 年、2015 年和 2016 年回收可再生资源的节能效果分别约为 780 万吨标准煤、880 万吨标准煤和 870 万吨标准煤（图 2.21）。废钢铁和废有色金属的回收对节能总量的贡献较大，2014 年节能占比均值分别为 44%和 42%。对废有色金属而言，其隐含能非常高，从而形成了较高的节能效果。而对黑色金属而言，较高的可回收量是其节能贡献大的原因。

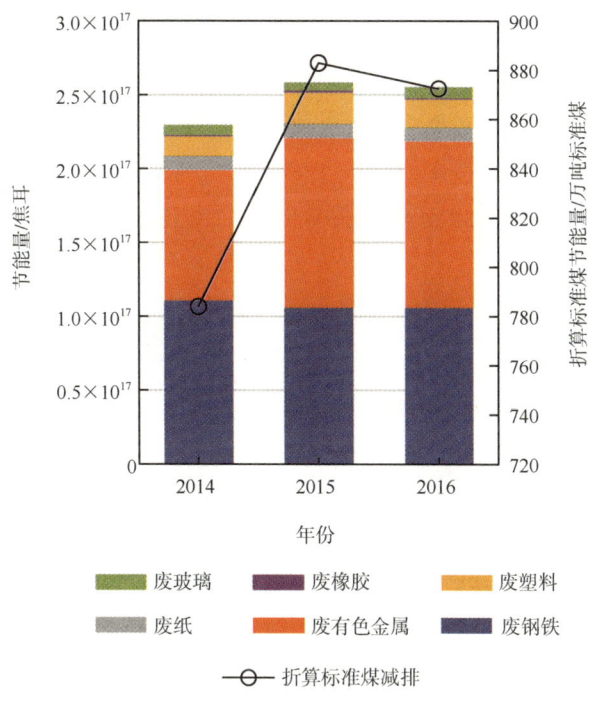

图 2.21　上海垃圾回收的节能效果

上海可再生资源回收的二氧化碳减排效果如图 2.22 所示，其中 2014 年、2015 年和 2016 年回收垃圾的二氧化碳减排总量分别为 1580 万吨、1687 万吨和 1681 万吨。回收废钢铁和废有色金属可显著减少二氧化碳排放。2014 年至 2016 年，废钢铁回收对二氧化碳减排的贡献约为 1000 万吨/年，约占二氧化碳减排总量的 60%。其次是废有色金属，2014～2016 年废有色金属回收对二氧化碳减排的贡献约为 550 万吨/年，平均约占二氧化碳减排总量的 33%。此外，通过对比可知，废有色金属回收的节能效果相对高于其二氧化碳减排效果。

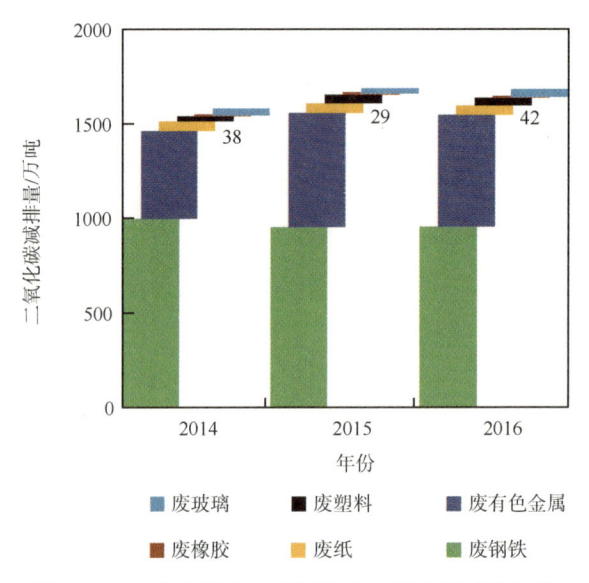

图 2.22　上海可再生资源回收的二氧化碳减排效果

2）城市共生情景 1 的节能和二氧化碳减排潜力

中国的垃圾回收体系还不成熟，总体回收率很低，因此提高可再生资源（可回收垃圾）的回收率至关重要。图 2.23 显示了假设所有可再生资源/可回收垃圾都能回收，即回收率为 100%的情景（情景 1）下的节能和二氧化碳减排潜力。结果显示：此情景将节约 645 万吨标准煤并减少 1001 万吨的二氧化碳排放。废玻璃、废塑料和废纸是影响节能潜力的关键因素，分别占 26%、24%和 20%左右。废钢铁和废有色金属也分别贡献 19%和 11%左右。废玻璃、废塑料、废纸等节能潜力大的主要原因是其潜在的回收量巨大，而废钢铁、废有色金属等节能潜力相对较大的原因则是其节能强度高。在二氧化碳减排潜力方面，废钢铁、废玻璃和废纸是三个主要贡献因素，分别占 32%、28%和 20%左右。与节能潜力相比，废钢铁的二氧化碳减排潜力要大得多，而废塑料的二氧化碳减排潜力则较小。这主要是由于废钢铁的二氧化碳排放强度大，而废塑料的二氧化碳排放强度相对较低。

第 2 章　经济绿色低碳转型的特征与模式

■ 废钢铁　■ 废有色金属　■ 废纸　■ 废塑料　■ 废橡胶　■ 废玻璃

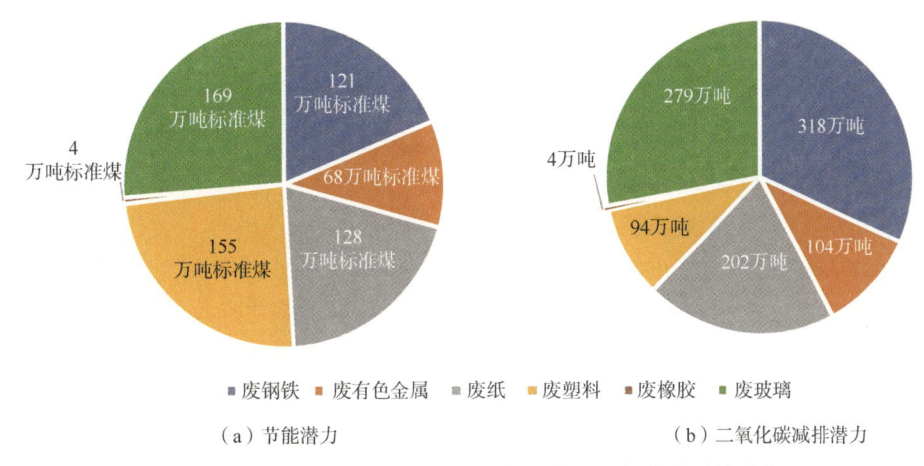

（a）节能潜力　　　　　　　　　　（b）二氧化碳减排潜力

图 2.23　提高回收率情景下的节能潜力和二氧化碳减排潜力

3）城市共生情景 2 的节能和二氧化碳减排潜力

情景 2 假设采用 RPF 技术实现低值垃圾的共生利用，其节能和碳排放减排效应如图 2.24 所示。由图 2.24 可知，总节能效果从 2002 年的约 55 万吨标准煤增加到 2015 年的 111 万吨标准煤。2016 年二氧化碳减排量约为 276 万吨，其中燃料燃烧阶段的直接减排量约占 53%，燃料生产和垃圾处理阶段的间接减排量约占 47%。通过 RPF 技术，情景 2 中不可回收废塑料、废纸的节能潜力（124 万吨标准煤）仅不到情景 1 中可回收废塑料、废纸（283 万吨标准煤）的一半，而情景 2 中不可回收废塑料、废纸的二氧化碳减排潜力（276 万吨二氧化碳）与情景 1 中可回收废塑料、废纸的二氧化碳减排潜力（296 万吨二氧化碳）十分相近。

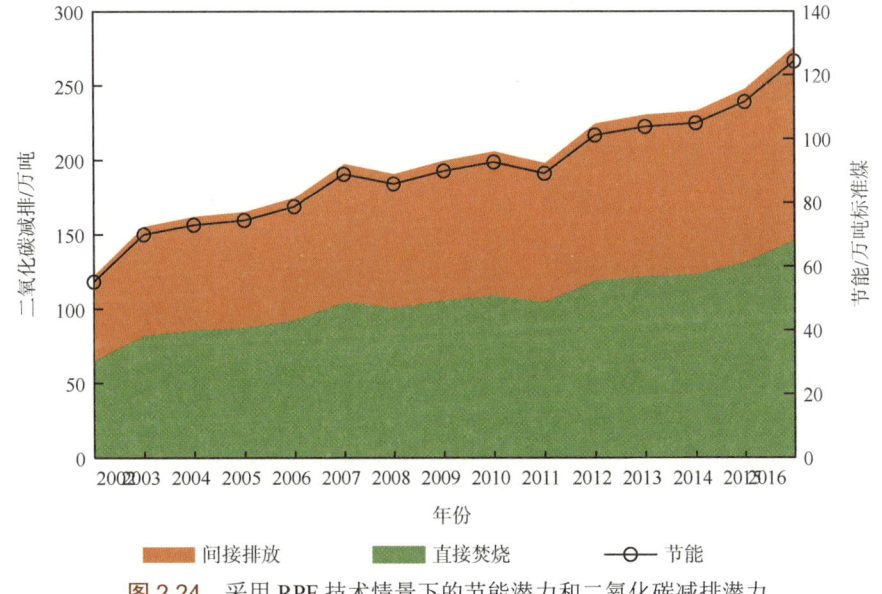

■ 间接排放　■ 直接焚烧　—○— 节能

图 2.24　采用 RPF 技术情景下的节能潜力和二氧化碳减排潜力

4）上海城市共生的低碳减排潜力分析

表 2.8 列出了上海可再生资源 100%回收及低值垃圾做 RPF 固体燃料两种情景下的节能和二氧化碳减排协同效益。可知：2014~2016 年，现有系统的节能和二氧化碳减排量分别为 784 万吨、883 万吨和 872 万吨标准煤及 1580 万吨、1687 万吨和 1681 万吨二氧化碳，可以看出在这三年间垃圾回收的环境效益相对稳定，变化较小。而对于节能和二氧化碳减排潜力，2014~2016 年分别为 677 万~769 万吨标准煤和 1172 万~1278 万吨二氧化碳。这表明通过强化回收系统和推广 RPF 技术，上海的垃圾回收利用可以进一步挖掘出 85%~88%的节能潜力和 74%~76%的二氧化碳减排潜力。同时发现，情景 1（可再生资源 100%回收）的减排潜力远高于情景 2（低值垃圾做 RPF 固体燃料），说明提高回收率比应用 RPF 技术更有效。主要原因是情景 1 包括了废钢铁、废玻璃、废塑料、废纸和废橡胶等多种垃圾的减排量，而 RPF 技术只关注废塑料和废纸。

表 2.8 节能和二氧化碳减排潜力

项目	年份	上海总量	现状 总量	现状 百分比	城市产业共生后 总量	城市产业共生后 百分比
节能	2014	11 085 万吨标准煤	784 万吨标准煤	7.07%	677 万吨标准煤	6.11%
节能	2015	11 387 万吨标准煤	883 万吨标准煤	7.75%	729 万吨标准煤	6.40%
节能	2016	11 712 万吨标准煤	872 万吨标准煤	7.45%	769 万吨标准煤	6.57%
二氧化碳减排	2014	24 685 万吨	1 580 万吨	6.40%	1172 万吨	4.75%
二氧化碳减排	2015	25 360 万吨	1 687 万吨	6.65%	1182 万吨	4.66%
二氧化碳减排	2016	26 083 万吨	1 681 万吨	6.44%	1278 万吨	4.90%

与上海的结果对比分析可知，2016 年两种共生情景共可减少上海 6.57%的能源消耗和 4.90%的二氧化碳排放。

2.3.3 主要结论

经济绿色低碳转型路径具有多样性，本节选择去产能和城市产业共生两条绿色低碳转型路径，并开展了系统的低碳协同效益方法学构建和案例研究。主要结论如下。

（1）整体来看我国产能利用率较低，产能过剩率很高，2018 年工业平均产能利用率约为 64%，远低于 75%的合意值。从行业分布来看，重工业产能过剩尤其严重；从地区来看，西部地区明显产能过剩严重高于东部地区。通过提高现有产能过剩率，预计 2050 年可减少约 9.6%（3.42 亿吨）的碳排放。

（2）城市产业共生作为绿色低碳转型路径是本书里提出的创新思想之一，也是循环经济实施的重要创新路径之一，构建一个完善的城市产业共生体系是一项复杂的系统工程。对上海的城市产业共生低碳协同效益分析显示：2016年进一步提升可再生资源回收率和RPF技术可进一步有769万吨标准煤的节能潜力和1278万吨的二氧化碳减排潜力，相当于上海2016年能源排放的约6.57%和二氧化碳排放的约4.90%。

2.4 进出口贸易对经济绿色低碳转型的影响研究

2.4.1 我国进出口贸易中资源和环境影响研究

自从改革开放以来，进出口贸易推动了我国经济的快速发展，居民收入和生活水平也得到了相应的提高和改善[24]。然而，一方面，由于我国技术水平相较于发达国家仍然较低，并且我国长期以来依赖资源密集型及污染密集型的产业进行加工制造，由此从生产端来看，在我国经贸增长的背后付出了潜在的资源和环境代价；另一方面，从消费端来看，由于供给和需求的双重影响，并且随着全球化进程的加速，全球贸易将我国的资源和环境影响在全球国家间进行了再分配，"生态不平衡交换"及"碳泄露"等问题不断凸显[25-27]。因此，揭示我国进出口贸易中隐含资源和环境特征并挖掘其关键的影响因素是我国进出口贸易可持续发展的重要议题，同时也是推进我国经济绿色低碳转型的重要一环。

基于以上背景，本节尝试以推动我国经济绿色低碳转型为目标，基于生态经济学相关模型和方法，对我国历史数据进行剖析与梳理，识别我国经济发展进程中进出口贸易引发的生产端及消费端的隐含资源和环境影响，挖掘贸易引起的隐含资源和隐含环境转移的驱动要素，重点模拟分析贸易结构调整对我国进出口贸易产生的资源和环境影响，进而提出进出口贸易促进我国经济绿色低碳转型的对策建议。

2.4.2 中国进出口贸易中隐含流特征及驱动因素研究

1. 生产端

从生产端来看，一国为了生产其出口商品需要投入不同种类的自然资源及人力劳动，同时在生产过程中也会产生温室气体或空气污染物的排放。当两国进行商品贸易交易时，隐含在贸易商品中的各类资源和环境也随之交易。基于此，在前期文献综述的基础上，本节侧重以进出口贸易中隐含资源要素为例，提出基于能值分析的进出口贸易可持续发展的评估体系，揭示我国进出口贸易中隐含资源的流动特征及驱动因素。

1) 初级产品贸易中隐含资源

初级商品蕴含较多的自然资源，然而由于在商品定价的过程中往往忽略蕴含在商品中的自然资源，将它们看作"公共物品"，因此在贸易交换过程中商品的价值是失真的。在这样的情况下，会带来如下的资源和环境影响。例如，①由于贸易商品的价值仅仅包括其市场价值，长此以往，人们会进一步忽略真正蕴含在商品中的其他资源，这将进一步加剧人们对自然资源的开发，资源耗竭及环境污染等问题会接踵而至。②由于初级资源的市场价值较加工商品的价值低，并且由于国家间的经济发展水平不同，经济发达的经济体通过低价购进初级资源，然后加工成制成品以高价卖出。在这个过程中，发达经济体不仅获取了自然资源的利益，而且获取了可观的经济利益。由此，贸易不平衡交换将会在国家间愈演愈烈，不利于国家的可持续发展。③由于如今对于贸易的利益得失评估大多聚焦在经济利益层面，鲜有指标可量化贸易背后的资源环境影响。

基于以上背景，研究基于2000年及2008年的中国对外初级商品贸易，提出了量化自然资源对于经济系统贡献的贸易评估体系，并且识别了我国与主要贸易体间资源利益和经济利益的转移特征，进而提出了促进我国贸易可持续发展的政策建议。

表2.9展示了2000年和2008年中国进出口初级产品的物质量、贸易额及能值。从贸易额来看，2000年和2008年中国的出口比进口的比率分别为0.69和0.33，说明中国的进口大于出口，从经济的角度来看中国属于损失了经济利益。从物质量来看，中国的进口量大于出口量。从能值结果来看，中国的进出口能值均呈增长趋势，2000年和2008年中国的能值交换率分别为0.58及0.26，说明中国呈净进口资源的趋势。

表2.9 2000年和2008年中国进出口初级商品贸易流情况

商品	原始物质量 2000年	原始物质量 2008年	单位	贸易额/美元 2000年	贸易额/美元 2008年	能值（不含人力劳务）/sej 2000年	能值（不含人力劳务）/sej 2008年	能值（含人力劳务）/sej 2000年	能值（含人力劳务）/sej 2008年
农业	2.41×10^{13}	6.38×10^{13}	克	8.80×10^{9}	4.71×10^{10}	1.15×10^{23}	3.74×10^{23}	1.35×10^{23}	4.70×10^{23}
畜牧业	8.59×10^{12}	2.87×10^{13}	克	1.05×10^{10}	1.87×10^{10}	2.12×10^{23}	3.61×10^{23}	2.36×10^{23}	3.99×10^{23}
林业	1.71×10^{13}	4.30×10^{13}	克	8.32×10^{9}	3.22×10^{10}	4.34×10^{22}	1.62×10^{23}	4.34×10^{22}	2.27×10^{23}
渔业	1.25×10^{12}	2.36×10^{12}	克	1.22×10^{9}	3.72×10^{9}	1.31×10^{22}	2.23×10^{22}	1.59×10^{22}	2.98×10^{22}
原始矿物	8.21×10^{13}	5.35×10^{14}	克	5.18×10^{9}	9.86×10^{10}	1.33×10^{23}	8.26×10^{23}	1.45×10^{23}	1.03×10^{24}

续表

商品	原始物质量 2000年	原始物质量 2008年	单位	贸易额/美元 2000年	贸易额/美元 2008年	能值（不含人力劳务）/sej 2000年	能值（不含人力劳务）/sej 2008年	能值（含人力劳务）/sej 2000年	能值（含人力劳务）/sej 2008年
能源	9.85×10^{13}	2.74×10^{13}		2.07×10^{10}	1.69×10^{11}	5.84×10^{23}	1.47×10^{24}	6.32×10^{23}	1.81×10^{24}
总进口	2.32×10^{14}	9.47×10^{14}		5.47×10^{10}	3.69×10^{11}	1.10×10^{24}	3.21×10^{24}	1.21×10^{24}	3.96×10^{24}
农业	2.59×10^{13}	3.08×10^{13}	克	1.17×10^{10}	3.38×10^{10}	7.67×10^{22}	1.42×10^{23}	1.92×10^{23}	3.65×10^{23}
畜牧业	1.00×10^{13}	1.62×10^{13}	克	9.16×10^{9}	1.88×10^{10}	1.70×10^{23}	2.57×10^{23}	2.61×10^{23}	3.81×10^{23}
林业	4.76×10^{12}	5.53×10^{12}	克	3.68×10^{9}	2.10×10^{10}	1.24×10^{22}	3.81×10^{22}	4.87×10^{22}	1.77×10^{23}
渔业	1.48×10^{12}	2.87×10^{12}	克	3.66×10^{9}	1.01×10^{10}	1.53×10^{22}	2.58×10^{22}	5.14×10^{22}	9.23×10^{22}
原始矿物	3.60×10^{13}	5.39×10^{13}	克	1.84×10^{9}	6.42×10^{9}	9.89×10^{22}	1.23×10^{23}	1.17×10^{23}	1.66×10^{23}
能源	9.64×10^{13}	9.05×10^{13}		7.86×10^{9}	3.18×10^{10}	2.70×10^{23}	2.57×10^{23}	3.47×10^{23}	4.66×10^{23}
总出口	1.75×10^{14}	2.00×10^{14}		3.79×10^{10}	1.22×10^{11}	6.43×10^{23}	8.44×10^{23}	1.02×10^{24}	1.65×10^{24}

2）资源平衡趋势

研究结果表明，亚洲是中国最大的能值流交易的地区。2000年大洋洲是中国净进口能值最大的区域，2008年亚洲是中国净进口能值最大的区域。上述结果的原因可能在于一些经济体出口了能值密度丰富的初级产品到中国，但它们却没有从中国进口类似的商品。没有进口相应商品的原因可能与这些经济体的经济规模小、市场机制不成熟及货币购买力不同有关。尤其是经济体的货币购买力，它代表了经济体的生产效率。例如，对于经济发展程度低的经济体来说，单位GDP消耗的初级资源较多。那么经济发展程度高的经济体就会用相同的钱从这些国家购买更多的资源。

当中国与不同经济体之间进行能值交换时，对于高能值货币比率的组来说，中国与大部分的国家进行贸易时，其能值交换率小于1，表明中国呈净进口资源的趋势。但是，2000年，中国与乌克兰及墨西哥的贸易中，中国呈净出口资源的趋势。关于中国的净进口能值，中国的净进口国主要是阿曼、苏丹、刚果、伊朗及沙特阿拉伯，中国主要从这些国家进口价格便宜的化石燃料。

对于能值货币比率与中国相当的组，中国从委内瑞拉、埃及及印度获得较多资源，是由于这些国家主要为中国提供油及矿物商品。中国出口较多的资源到巴拿马，主要是由于巴拿马的经济严重依赖中国的出口。比利时和菲律宾从中国获取些许资源利益。

对于能值货币比率低于中国的组，除了安哥拉、澳大利亚及阿根廷之外，中国是净资源出口国。中国呈现这样结果的原因与经济体的能值货币比率有关。例如，由于日本的能值货币比率较低，因此它的货币购买能力较强，可以获取更多中国的初级资源。美国也是一个特殊的案例，虽然美国的能值货币比率较高，但是由于中国从美国进口农产品的量较大，因此中国从美国获取了更多的资源利益。

表2.10展示了2000年和2008年中国进出口能值的商品结构。对于这两个年份来说，中国进口的能值最大的商品是能源。日本是最大的能值出口国，中国最大的能源商品能值的进口国是阿曼（2000年）及沙特阿拉伯（2008年）。2000年，我国的农产品、畜牧产品、林产品、渔产品及初级原材料产品的能值主要出口的经济体分别为我国香港地区、美国、日本及日本。对于两个年份来说，中国的农产品、畜牧产品、林产品、渔产品及初级原材料产品的能值主要进口的经济体分别为马来西亚、澳大利亚、美国、俄罗斯及澳大利亚。

表2.10　2000年和2008年中国进出口能值的商品结构

国家和地区	农产品	畜牧产品	林产品	渔产品	初级原材料	能源
2000年						
安哥拉	0.00	0.00	1.05	0.00	0.00	0.00
阿根廷	0.001	0.04	418	0.003	88.5	0.00
澳大利亚	0.14	0.01	0.48	0.24	0.01	0.22
比利时	2.71	1.59	0.10	481	0.65	574
巴西	0.05	0.15	0.06	0.002	0.001	2.08
加拿大	0.06	0.17	0.03	0.12	0.07	99.2
智利	7.17	1.15	0.07	0.001	0.001	0.00
刚果	0.00	0.00	0.06	0.00	0.00	0.00
埃及	8.26	7.03	930 000	0.00	0.08	0.13
芬兰	4.96	0.09	0.39	0.00	0.05	2 630
法国	0.16	0.38	0.26	25.5	3.24	11
德国	0.44	5.55	0.27	6.25	0.63	24.5
中国香港	3.07	7.82	0.33	50.7	309	52.9
匈牙利	55.7	1.14	1.27	70.9	182	230
印度	0.20	0.53	9.31	0.000 4	0.23	19.1
印度尼西亚	0.20	0.89	0.04	0.18	1.66	0.24
伊朗	1.49	0.75	0.49	0.05	0.05	0.02
意大利	4.44	0.25	2.65	2260	2.63	484
日本	1.70	1.51	1.37	10.2	18.2	19.4
韩国	8.40	1.13	0.40	8.25	10.9	1.04
科威特	20 400	156	111	0.00	0.006	0.000 2
马来西亚	0.11	0.52	0.01	0.97	1.88	0.09
墨西哥	480	0.99	0.75	0.49	0.53	40 600

续表

国家和地区	农产品	畜牧产品	林产品	渔产品	初级原材料	能源
荷兰	0.46	0.48	0.32	0.90	219	228
尼日利亚	210	220	1.36	0.00	4.44	0.04
阿曼	40.5	1 080	24 100	0.00	0.000 3	0.00
巴基斯坦	0.03	0.26	807	0.000 5	0.15	0.00
巴拿马	0.00	149	5 430 000	0.31	0.00	0.00
秘鲁	5.87	0.03	185	0.00	0.001	0.00
菲律宾	1.10	21.6	0.57	11.3	8.17	2.60
波兰	25.4	3.76	3.49	726	3.29	0.00
俄罗斯	9.05	0.49	0.02	0.02	0.99	0.12
南非	22.4	0.87	0.35	0.48	0.01	2.29
沙特阿拉伯	207	791	2 230	0.01	2.03	0.001
新加坡	2.70	10.5	0.68	1.25	9.36	0.71
西班牙	6.66	2.00	3.01	9.92	0.15	142
苏丹	0.08	2.90	0.00	0.00	0.00	0.00
瑞典	2.98	0.19	0.14	70.1	0.21	1.00
瑞士	6.47	2.95	0.37	2 420	2.63	80.7
中国台湾	0.19	0.09	0.31	2.46	30.6	9.25
泰国	2.49	3.45	0.01	0.03	0.98	0.50
土耳其	25.0	4.46	73.8	0.00	0.26	76.5
乌克兰	374	111	1.23	6.60	4.20	0.00
英国	7.44	1.24	0.91	4.30	6.51	0.13
美国	0.36	0.23	0.49	2.83	11.00	8.68
委内瑞拉	0.00	7.20	384 000	0.06	0.11	0.004
越南	0.66	3.63	0.14	0.06	1.18	0.18
2008 年						
安哥拉	0.00	0.00	3 680 000	0.00	6.09	0.00
阿根廷	0.008	0.09	3.70	0.001	0.82	0.04
澳大利亚	0.30	0.03	0.09	2.53	0.001	0.04
比利时	21.9	2.32	0.15	415	0.85	37.7
巴西	0.07	0.43	0.16	78.9	0.003	0.26
加拿大	0.06	0.26	0.11	0.24	0.03	0.47
智利	6.35	0.43	0.05	0.05	0.001	0.00
刚果	0.00	1530	0.30	0.00	0.12	0.00

续表

国家和地区	农产品	畜牧产品	林产品	渔产品	初级原材料	能源
埃及	8.51	15.9	1 300	0.00	0.05	0.06
芬兰	21.6	4.82	0.25	19 400	0.007	231
法国	1.17	0.10	0.40	10.3	2.65	21.7
德国	18.7	0.80	0.24	8.02	0.18	17.6
中国香港	5.06	23.1	0.17	2 280	2 280	59.6
匈牙利	32.5	1.93	11.20	0.00	16.1	1 370
印度	0.16	0.59	0.83	0.002	0.008	5.43
印度尼西亚	0.01	0.73	0.05	0.54	0.06	0.14
伊朗	7.13	8.88	16	0.49	0.004	0.004
意大利	7.90	0.63	0.35	5 790	1.03	11.30
日本	3.39	2.39	0.34	5.15	3.59	1.92
韩国	6.18	2.41	0.38	4.18	2.08	0.78
科威特	3 620	31 000	23.7	0.00	0.27	0.00
马来西亚	0.02	0.67	0.07	1.78	1.03	0.11
墨西哥	2.29	4.48	0.61	5.05	0.07	2 060
荷兰	2.10	17.80	0.10	0.35	10.30	7.65
尼日利亚	48.30	5.95	43.50	0.00	0.06	0.01
阿曼	56 800	273	35 400	0.30	0.005	0.001
巴基斯坦	0.07	5.91	2 600	0.002	0.02	68 400 000
巴拿马	204	6.62	62.10	0.12	27.60	0.00
秘鲁	20.90	0.09	16.80	0.005	0.00	0.03
菲律宾	1.22	14.90	1.60	14.90	0.11	1.55
波兰	41.50	11.60	1.56	20.80	0.08	84 200
俄罗斯	221	4.24	0.09	0.11	0.02	0.02
南非	17.40	0.37	1.40	4.53	0.004	0.97
沙特阿拉伯	234	65.20	19.60	0.32	0.07	0.00
新加坡	30.40	17.20	2.51	7.78	55.80	0.34
西班牙	3.79	2.12	0.19	12.80	0.13	4.96
苏丹	0.79	23.90	7 130	0.00	0.78	0.00
瑞典	3.93	0.78	0.28	116	0.14	3.34
瑞士	7.67	1.02	0.21	2 720	0.003	34.90
中国台湾	0.44	0.21	0.29	1.62	27.80	1.48
泰国	4.12	3.10	0.05	0.48	0.27	0.13
土耳其	8.06	2.48	9.89	67.80	0.02	4 310

续表

国家和地区	农产品	畜牧产品	林产品	渔产品	初级原材料	能源
乌克兰	8.58	26.00	182	0.00	0.006	0.02
英国	23.40	0.90	0.19	2.79	7.43	3.90
美国	0.19	0.28	0.34	1.72	1.16	2.31
委内瑞拉	161	4.97	11 700	0.00	0.02	0.001
越南	4.64	4.06	0.24	0.39	0.64	0.16

2. 消费端

随着加入世界贸易组织（World Trade Organization，WTO），我国经济融入世界经济的进程不断加速。长期以来我国出口加工贸易的导向使得我国成为"世界工厂"。从需求侧的角度来看，我国在生产端产生的环境污染及资源消耗，也许是供给贸易伙伴国的消费而产生的，因此，有必要揭示需求侧我国进出口贸易中的隐含资源流动的特征，进而识别其关键的影响因素。在本节，我们重点梳理了我国进出口贸易中的隐含水资源、隐含土地资源及隐含能源的贸易流动特征。

1）虚拟水贸易

a. 我国的水足迹和虚拟水贸易特征

从1995年至2009年，全球的水足迹增长了1.4倍。大约90%的水足迹来源于国内的水资源消费，10%的水足迹是通过国际贸易进行转移的。绿水足迹是国内消费及贸易转移的主要水足迹。

从1995年至2009年，中国的水足迹呈增长的趋势，由1995年占全球水足迹的11.2%到2009年占全球水足迹的13.6%。在1995年至2009年期间，中国的国内水足迹、虚拟水进口及虚拟水出口分别增长了1.6倍、2.9倍及2.2倍。

对于虚拟水进口来说，虚拟蓝水、绿水和灰水分别增长了2.9倍、2.9倍及3.7倍。绿水占进口虚拟水的比例最大，然后是蓝水及灰水。

对于虚拟水出口来说，虚拟蓝水、绿水和灰水分别增长了2.3倍、1.9倍及3.0倍。绿水占出口虚拟水的比例最大，然后是灰水及蓝水。

分国别来看，为了满足中国的最终消费需求，中国主要从美国、澳大利亚、印度、印度尼西亚、日本、韩国、巴西、俄罗斯和加拿大进口虚拟水。为了满足贸易伙伴国的最终消费需求，中国虚拟水的主要出口国是美国、澳大利亚、日本、韩国、加拿大、意大利、德国、英国和法国。表 2.11 展示了中国与贸易伙伴间进出口虚拟水的比率，结果表明，除了 1998～2007 年与巴西的贸易，以及 1995～1997 年、2000～2001 年与印度的贸易以外，中国在其他年份均呈净出口虚拟水的趋势。

表 2.11 中国与贸易伙伴间进出口虚拟水的比率

贸易伙伴	1995年	1996年	1997年	1998年	1999年	2000年	2001年	2002年	2003年	2004年	2005年	2006年	2007年	2008年	2009年
AUS	0.54	0.53	0.47	0.49	0.55	0.51	0.55	0.38	0.40	0.24	0.18	0.10	0.11	0.10	0.12
AUT	0.04	0.02	0.02	0.03	0.05	0.07	0.10	0.14	0.09	0.06	0.05	0.04	0.04	0.08	0.10
BEL	0.07	0.09	0.09	0.09	0.10	0.12	0.16	0.15	0.09	0.06	0.05	0.05	0.05	0.05	0.07
BGR	0.29	0.20	0.58	0.06	0.09	0.25	0.43	0.09	0.07	0.06	0.03	0.07	0.06	0.07	0.07
BRA	0.42	0.39	0.73	1.06	2.44	2.24	2.78	3.34	3.53	2.76	1.62	1.40	1.27	0.13	0.17
CAN	0.05	0.07	0.11	0.11	0.09	0.12	0.13	0.10	0.08	0.07	0.08	0.07	0.07	0.08	0.11
CYP	0.04	0.06	0.04	0.02	0.04	0.15	0.17	0.17	0.08	0.11	0.05	0.05	0.02	0.004	0.01
CZE	0.02	0.01	0.01	0.01	0.02	0.02	0.02	0.03	0.03	0.04	0.03	0.02	0.03	0.03	0.04
DEU	0.02	0.02	0.02	0.03	0.04	0.05	0.07	0.08	0.07	0.06	0.05	0.05	0.04	0.06	0.07
DNK	0.04	0.07	0.14	0.11	0.10	0.17	0.20	0.22	0.22	0.16	0.10	0.09	0.12	0.23	0.21
ESP	0.03	0.04	0.04	0.05	0.06	0.07	0.07	0.07	0.06	0.04	0.03	0.03	0.03	0.02	0.03
EST	0.04	0.04	0.14	0.22	0.06	0.13	0.06	0.07	0.03	0.04	0.11	0.03	0.03	0.03	0.08
FIN	0.09	0.09	0.10	0.24	0.25	0.28	0.24	0.22	0.16	0.17	0.11	0.08	0.08	0.12	0.12
FRA	0.07	0.07	0.11	0.08	0.08	0.09	0.11	0.10	0.07	0.06	0.05	0.06	0.07	0.08	0.08
GBR	0.03	0.04	0.03	0.03	0.03	0.03	0.03	0.03	0.02	0.02	0.02	0.02	0.02	0.02	0.02
GRC	0.003	0.003	0.004	0.003	0.01	0.01	0.01	0.01	0.01	0.01	0.004	0.004	0.004	0.003	0.003
HUN	0.07	0.08	0.11	0.06	0.15	0.17	0.12	0.14	0.07	0.07	0.07	0.11	0.12	0.14	0.20
IDN	0.47	0.34	0.48	0.95	0.58	0.60	0.78	0.51	0.46	0.59	0.63	0.38	0.46	0.25	0.18
IND	1.22	1.04	1.01	0.97	0.96	1.63	1.34	0.86	0.74	0.63	0.42	0.38	0.33	0.16	0.18
IRL	0.03	0.03	0.03	0.04	0.07	0.16	0.25	0.09	0.08	0.08	0.08	0.05	0.04	0.03	0.05
ITA	0.08	0.12	0.09	0.09	0.10	0.11	0.12	0.11	0.08	0.06	0.04	0.05	0.05	0.06	0.07

续表

贸易伙伴	1995年	1996年	1997年	1998年	1999年	2000年	2001年	2002年	2003年	2004年	2005年	2006年	2007年	2008年	2009年
JPN	0.01	0.01	0.01	0.01	0.01	0.01	0.02	0.02	0.03	0.02	0.02	0.02	0.03	0.04	0.03
KOR	0.10	0.09	0.09	0.14	0.08	0.08	0.10	0.10	0.11	0.11	0.09	0.08	0.08	0.14	0.17
LTU	0.08	0.13	0.02	0.02	0.17	0.05	0.12	0.23	0.16	0.07	0.03	0.02	0.01	0.02	0.03
LUX	0.05	0.06	0.04	0.07	0.08	0.08	0.07	0.19	0.16	0.15	0.15	0.05	0.14	0.08	0.07
LVA	0.04	0.01	0.01	0.001	0.01	0.01	0.04	0.07	0.06	0.02	0.01	0.01	0.01	0.004	0.03
MEX	0.10	0.12	0.10	0.06	0.08	0.09	0.07	0.06	0.05	0.03	0.03	0.03	0.03	0.03	0.03
MLT	0.02	0.04	0.08	0.02	0.003	0.01	0.02	0.02	0.01	0.03	0.07	0.04	0.04	0.01	0.01
NLD	0.08	0.10	0.12	0.11	0.12	0.14	0.16	0.15	0.16	0.14	0.11	0.10	0.09	0.09	0.09
POL	0.02	0.04	0.04	0.03	0.03	0.03	0.03	0.03	0.02	0.02	0.02	0.02	0.02	0.01	0.02
PRT	0.06	0.08	0.09	0.08	0.07	0.11	0.14	0.24	0.15	0.15	0.09	0.11	0.11	0.05	0.06
ROU	0.31	0.10	0.23	0.04	0.12	0.32	0.24	0.50	0.15	0.29	0.03	0.02	0.02	0.05	0.08
RUS	0.10	0.06	0.08	0.15	0.32	0.27	0.22	0.15	0.10	0.10	0.06	0.06	0.06	0.03	0.06
SVK	0.02	0.01	0.004	0.002	0.003	0.01	0.01	0.02	0.03	0.03	0.04	0.06	0.10	0.12	0.12
SVN	0.01	0.04	0.01	0.02	0.04	0.04	0.05	0.07	0.05	0.11	0.08	0.13	0.09	0.03	0.04
SWE	0.05	0.07	0.10	0.17	0.14	0.16	0.17	0.15	0.14	0.11	0.08	0.07	0.07	0.12	0.15
TUR	0.14	0.19	0.14	0.15	0.18	0.17	0.26	0.28	0.13	0.08	0.04	0.03	0.02	0.01	0.01
USA	0.09	0.10	0.13	0.10	0.09	0.09	0.09	0.07	0.07	0.05	0.05	0.05	0.06	0.06	0.07

注：AUS-澳大利亚；AUT-奥地利；BEL-比利时；BGR-保加利亚；BRA-巴西；CAN-加拿大；CYP-塞浦路斯；CZE-智利；DEU-德国；DNK-丹麦；ESP-西班牙；EST-爱沙尼亚；FIN-芬兰；FRA-法国；GBR-英国；GRC-希腊；HUN-匈牙利；IDN-印度尼西亚；IND-印度；IRL-爱尔兰；ITA-意大利；JPN-日本；KOR-韩国；LTU-立陶宛；LUX-卢森堡；LVA-拉脱维亚；MEX-墨西哥；MLT-马耳他；NLD-荷兰；POL-波兰；PRT-葡萄牙；ROU-罗马尼亚；RUS-俄罗斯；SVK-斯洛伐克；SVN-斯洛文尼亚； SWE-瑞典；TUR-土耳其；USA-美国

对于不同类型的虚拟水来说，它们总体的进出口趋势是趋同的，即中国是净虚拟水出口国，并且中国出口净虚拟灰水的比例较大，这意味着中国出口的商品中隐含的污染比较高。总体来看，欧盟是中国主要的净虚拟水出口地区。

b. 中国部门的虚拟水转移特征

图 2.25 展示了中国部门的虚拟水转移特征。结果表明，农业部门、食品加工部门、车辆销售部门及纺织部门是中国四大净出口虚拟水的部门。

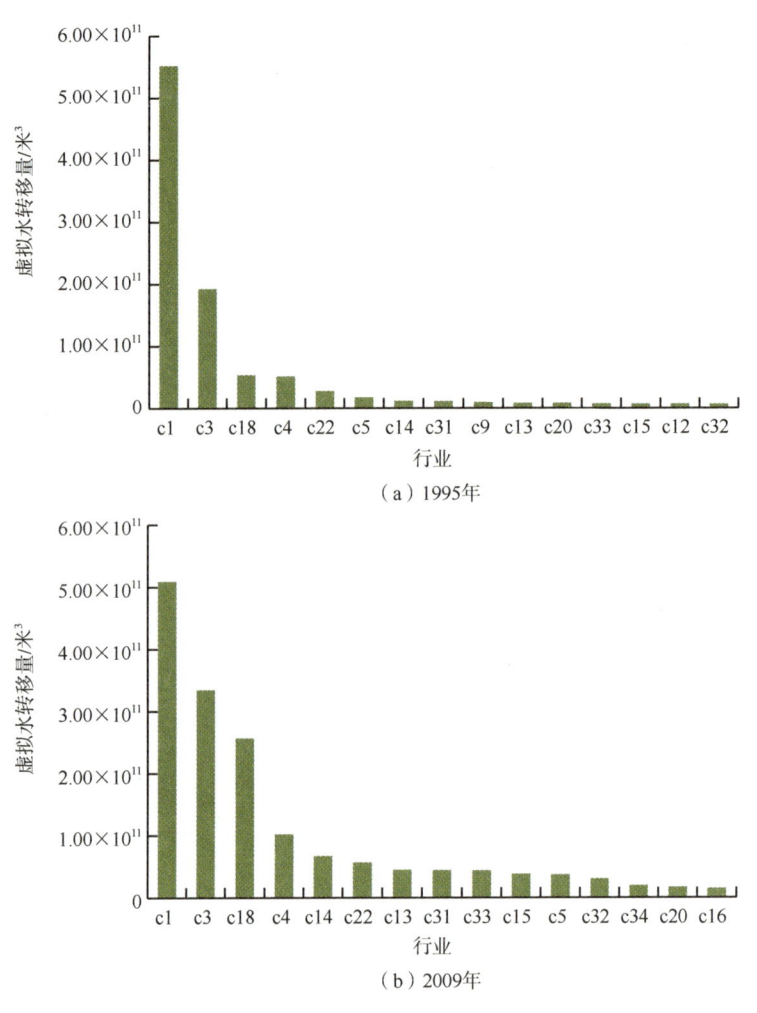

图 2.25 中国部门的虚拟水转移特征

c1-农业部门；c3-食品加工部门；c4-纺织部门；c5-皮革部门；c9-化学部门；c12-金属部门；c13-机器设备部门；c14-电力设备部门；c15-交通运输设备部门；c16-制造回收部门；c18-车辆销售部门；c20-销售部门；c22-其他陆地交通部门；c31-教育部门；c32-健康和社会工作部门；c33-其他服务业部门；c34-私人雇佣部门

  本节进一步选取了与中国虚拟水贸易排名前 13 的贸易伙伴进行了具体的剖析。对于中国的进口虚拟水来说，出口到中国的虚拟水量较大的国家是美国、澳大利亚、印度、印度尼西亚、日本、韩国、巴西、俄罗斯及加拿大。不同国家出口的部门特点不同。例如，1995 年，美国、印度尼西亚、日本出口到中国的虚拟水量最大的部门分别为农业部门、其他陆地交通部门及机器设备部门。由此可以看出国家之间的不同最终需求及多样化的贸易商品结构。

  对于中国的虚拟水出口而言，中国虚拟水主要的出口国是美国、澳大利亚、日本、韩国、加拿大、意大利、德国、英国及法国。总体来看，食品加工部门和纺织部门是中国虚拟水出口的最大部门。一般来讲，从 1995 年至 2009 年，中国最大的虚拟水出口部门较稳定，只在美国、日本和加拿大有例外。例如，1995 年中国出口到美国的虚拟水量最大的部门是纺织部门，2009 年，最大的出口部门却变为电力设备部门。

c. 讨论

（1）基于研究结论可以看出，虚拟水战略是国家改善自身水资源稀缺的有效措施。但是，鉴于国际生态转移的不平衡话题，国家应谨慎对待类似政策。为了更好地开展国家的水资源管理，可以尝试如下的措施：制定某一产业部门或者商品的水足迹生态标签。它可以帮助人们实现可持续消费、提升生产的环境意识。同时，要提升中国政府部门的建设能力，可通过电视、广播、互联网、小册子、公共标语等手段提升公众的节约意识、改善公民的消费行为。此外，也可以考虑采取一些经济措施，如征收水资源税。在税收的约束下，可以让公众意识到水不是免费的商品，它具有一定的经济价值。

（2）在研究中的一个有趣的发现是，对于中国的进口虚拟水来说，蓝水比灰水多。但是对于中国的出口虚拟水来说，却是相反的趋势。研究结果表明中国需要投入更多的使用水来稀释在生产过程中产生的污染排放。因此，对于中国来说提高产业的清洁生产技术尤为重要。一些运营工具也可以帮助产业降低灰水，如产业过程整合及水夹点分析技术。同时，也可以考虑生态设计，如有公司开展产品生态设计来减少灰水足迹。

（3）由于土地、能源、水资源及污染物排放等生态指标之间存在相互关联，因此在制定相关节约政策时需要引入协同效益或者溢出效益进行分析，以此来量化政策措施的影响。此外，开展产业尺度的循环经济，如生态工业园建设，可以帮助相关产业降低水资源消耗。例如，天津经济技术开发区在工业园区内的企业间建设了水回收网络，这一措施为园区内节水和水污染治理带来了正向影响。

2）虚拟土地贸易

土地是国家经济活动的必要生产要素，人口增长、居民生活质量提高及经济全球化导致了土地扩张[28-29]。土地资源的耗竭不仅带来生态系统功能下降及生物多样性下降等问题，同时也影响了全球碳循环，因此寻求可持续的土地管理是应对当下资源环境危机的首要任务[30-31]。

中国土地的不可持续利用近些年也受到了特别的关注，尤其是土地资源耗竭引起的经济和生态损失问题，如中国每年由于土地退化造成的损失达到了 370 亿美元[32-33]。因此，研究旨在梳理三个科学问题：①中国不同类型的土地足迹及虚拟土地贸易的时间序列特征是什么？②中国土地足迹及虚拟土地贸易网络的演化特征是什么？③中国土地足迹及虚拟土地贸易的驱动因素是什么？

基于以上问题，研究选取了 1995 年至 2015 年的土地利用数据，基于全球投入产出模型识别中国不同类型的土地足迹及虚拟土地转移格局；基于指数分解分析识别中国土地足迹及虚拟土地变化的驱动因素；基于社团分析识别中国土地足迹及虚拟土地变化的潜在动态变化特征和因素。

a. 中国土地足迹的演变趋势

从全球尺度来说，1995 年全球的土地消耗为 6.1×10^7 亩[①]，2015 年为 5.6×10^7 亩，下降了 8.2%。中国的土地在时间序列也增长了 66.5%。中国的 1995 年、2000 年、2005 年、2010 年及 2015 年的土地资源消耗分别占全球土地资源消耗的 8.8%、9.8%、10.0%、12.8% 及 15.7%。对于不同类型的土地资源来说，中国在 1995 年至 2000 年间消耗最多的是草地资源，然而，自 2005 年以后，中国消耗最多的是林地资源。

总体上来说，中国的土地资源消耗 69.2% 是由国内的土地资源供给的，30.8% 是进口的。为了满足中国的最终消费需求，其国内供给的比例在下降，从 1995 年的 4.7×10^6 亩下降到 2015 年的 4.3×10^6 亩。然而，其进口的比例却在上升，从 1995 年的 5.8×10^5 亩增长到 2015 年的 4.6×10^6 亩，由此可以看出，中国消耗国外土地资源的趋势在增强。

中国消耗国内土地资源的商品结构发生了明显的变化。对于耕地来说，1995 年至 2005 年间，"蔬菜、水果、坚果"是主要的消耗商品，而 2010 年至 2015 年间，"建筑工作"是主要的土地资源的消耗商品。对于草地来说，1995 年至 2010 年间，"牛""初级牛奶"是主要的消耗商品，然而从 2010 年以后发生了变化。对于林地资源来说，"林业产品"及"建筑工作"一直是时间序列里的最大消耗商品，"健康社会服务"及"家具"是增长最快的商品。对于中国的虚拟土地进口来说，"油料种子"及"建筑工作"是最大的耕地资源商品，"建筑工作"及"牛"是最大的草地资源商品。

从净贸易角度来看，中国是时间序列里净进口虚拟土地资源的国家，其净进口虚拟土地资源从 1995 年的 9.4×10^4 亩增长到 2015 年的 3.4×10^6 亩。对于耕地来说，美国、巴西和加拿大是中国净虚拟土地进口的主要来源国。中国的净虚拟土地出口主要流向日本、韩国、德国、英国和意大利。对于森林来说，俄罗斯和澳大利亚是中国的净虚拟土地的主要进口来源国，然而中国的净虚拟土地主要出口到美国、日本及英国。对于草地来说，澳大利亚和南非是中国的主要进口国，美国和日本是中国的主要出口国。

[①] 1 亩≈666.67 平方米。

b. 中国土地足迹及虚拟土地的驱动因素

对于中国本土的土地足迹来说，财富效应是中国土地足迹增加的主要原因。土地密度的变化对于土地足迹的下降起到了关键的作用。

对于中国的虚拟土地进口来说，经济规模是导致中国进口虚拟土地增长的主要因素。依存度效应及技术效应在时间序列所起的作用不稳定。

对于中国的虚拟土地出口来说，经济规模仍是导致中国出口虚拟土地增长的主要因素。技术效应虽然对虚拟土地消耗的减少起作用，但是作用程度较小。

3）隐含能源贸易

能源是国家经济增长的重要资源，然而，由于自然资源分布的不均衡性，国家间须通过进出口贸易进行相关能源商品的交换来满足国家的最终需求。虽然已有研究从国家尺度量化了中国的能源足迹，但是鲜有研究从国家的部门尺度开展研究来量化国家之间的能源部门联系。在此背景下，本节主要基于全球多区域投入产出模型，量化了为了满足中国某个部门的需求，其他国家的不同类型的部门的能源贡献；为了满足我国贸易伙伴国的最终消费需求，我国的哪些部门贡献了能源消耗。此项工作的开展，为国家产业政策制定提供了支撑和依据。

a. 1995～2009 年中国的能源足迹

从国家层面来看，中国是世界上第二大能源消费国，1995 年和 2009 年中国的能源消耗分别占世界能源消耗的 7.6%和 15.2%。中国的能源消耗由 1995 年的 3.87×10^{19} 焦耳增长到 2009 年的 1.00×10^{20} 焦耳。从能源足迹的消费来源看，中国国内的能源足迹消耗占 97.4%。

从全球尺度来看，美国、日本、韩国和德国是中国能源足迹的主要来源国。中国的能源主要输出到美国、日本、德国及英国。

b. 部门尺度中国的能源消耗路径

中国的最终能源消耗可分为国内的能源消耗（消耗的能源来自中国）和进口的能源。

中国的能源足迹主要来自中国国内。中国能源消费的前五部门见表 2.12。时间序列里，这 5 个部门是在变化的。例如，中国的车辆销售部门是时间序列里最大的能源供给部门。农业部门在 1995 年至 2005 年间是排名前五的部门，但是它的地位在 2006 年至 2009 年间发生了改变。中国的机器设备部门和交通运输设备部门是能源供给增长最快的两个部门。教育部门是 1995 年至 2006 年间能源消耗排名前五的部门。上述的现象可以总结为：中国的制造业和服务业是中国能源消耗的主要驱动部门。

表 2.12　中国能源消费的前五部门

年份	部门				
1995	c18（28.2%）	c1（8.7%）	c3（7.2%）	c13（5.0%）	c31（4.0%）
1996	c18（28.4%）	c1（8.6%）	c3（7.3%）	c13（4.6%）	c31（4.2%）
1997	c18（27.6%）	c1（8.5%）	c3（7.4%）	c13（5.0%）	c31（4.6%）
1998	c18（29.5%）	c1（8.2%）	c3（6.9%）	c31（4.6%）	c13（4.6%）
1999	c18（29.1%）	c1（8.0%）	c3（6.5%）	c17（5.0%）	c31（4.6%）
2000	c18（29.1%）	c1（7.6%）	c3（6.1%）	c17（5.7%）	c31（4.6%）
2001	c18（29.3%）	c1（7.2%）	c17（5.7%）	c3（5.7%）	c31（4.6%）
2002	c18（30.8%）	c1（6.8%）	c17（5.8%）	c3（5.3%）	c31（4.5%）
2003	c18（32.9%）	c1（5.9%）	c17（5.3%）	c3（5.0%）	c31（4.8%）
2004	c18（33.7%）	c13（6.2%）	c1（5.7%）	c17（5.0%）	c31（4.8%）
2005	c18（36.2%）	c13（6.7%）	c15（5.0%）	c31（4.8%）	c1（4.7%）
2006	c18（38.0%）	c13（6.8%）	c33（5.0%）	c3（4.8%）	c31（4.8%）
2007	c18（38.6%）	c13（6.2%）	c33（5.4%）	c3（5.1%）	c15（5.0%）
2008	c18（40.0%）	c33（5.3%）	c13（5.3%）	c15（5.1%）	c3（5.0%）
2009	c18（41.8%）	c13（6.1%）	c15（5.2%）	c33（5.1%）	c14（4.6%）

注：c18-车辆销售部门；c1-农业部门；c3-食品加工部门；c13-机器设备部门；c31-教育部门；c17-能源供应部门；c15-交通运输设备部门；c33-其他服务业部门；c14-电力设备部门

对于时间序列来说，车辆销售部门是最大的能源消耗部门。车辆销售部门的消耗能源最高的部门路径是相同的，其路径是能源供应部门—能源精炼部门—其他非金属矿物部门—金属部门—车辆销售部门，即车辆销售部门的能源消耗。这一路径在 2009 年占中国总能源消耗的 41.8%。

时间序列里最快的能源路径是能源供应部门—金属部门—能源精炼部门—机器设备部门—化工部门，即机器设备部门的能源消耗。这一路径在 2009 年占中国总能源消耗的 6.1%。

中国能源足迹的主要来源部门主要包括韩国的能源精炼部门/化工部门、俄罗斯的能源供应部门/能源精炼部门、美国的能源精炼部门和日本的能源精炼部门。

2.4.3　进出口贸易推动我国经济-绿色低碳转型路径研究

随着中国经济的发展及贸易可持续发展，新阶段的经济发展模式需要贸易转型。贸易结构的调整会进一步影响国家的经济、社会及资源和环境的发展。贸易结构调整带来的影响还具有很多的不确定性。因此，在贸易可持续发展目标下，本节着重考量如下问题：①进出口贸易结构的调整对于中国经济和社会雇用的影响是什么？②对于中国而言，当经济水平在 2030 年达到发达国家水平后，我们应采用哪个国家的贸易结构才能实现经济、社会及资源和环境的协调发展？③随着全球化的深入，中国贸易结构的调整对于全球的碳减排及能源消耗有哪些影响，影响程度如何？为了回答上述科学问题，本节采用 CGE 模型开展中国进出口贸易结构调整的仿真分析。

我们选取德国、日本和美国的出口结构作为中国出口结构调整的参考标准。德国和日本都是制造业出口导向型的国家，尤其是日本，电子设备在其出口中占的比重较高，这与中国的出口结构很类似。美国的出口特点是服务业占的比例较高。

表 2.13 展示了研究的情景设置。在研究中，共设置四种出口类型即 chn、ger、jpn 及 usa。

表 2.13　出口结构调整的情景设置

部门	chn	ger	jpn	usa
农业	0.15%	0.83%	0.11%	2.83%
煤矿开采	0.20%	0.12%	0.06%	0.45%
原油及天然气	0.69%	0.26%	0.13%	0.92%
其他采矿业	0.22%	0.26%	0.13%	0.93%
食品加工	0.73%	4.52%	0.55%	3.92%
纺织	6.07%	1.65%	0.66%	0.67%
造纸	2.98%	2.92%	1.06%	2.49%
石油	1.28%	2.02%	2.09%	6.58%
化工	9.24%	14.25%	11.24%	9.95%
非金属	1.54%	1.09%	1.20%	0.56%
金属加工和压延	6.56%	3.71%	8.02%	1.61%
金属	3.52%	3.15%	4.83%	2.25%
机器设备	8.37%	12.58%	8.18%	5.64%
交通运输设备	3.24%	19.99%	22.31%	11.91%
电子设备	35.20%	10.35%	21.01%	7.49%
其他制造业	12.26%	1.78%	0.52%	1.32%
电力	0.12%	0.45%	0.03%	0.06%
燃气制造	0	0	0	0.02%
水供给	0	0.06%	0.01%	0
建筑	0.15%	0.17%	0	0.01%
交通	2.86%	2.60%	4.73%	5.83%
服务业	4.62%	17.26%	13.12%	34.57%

情景 chn 是参考情景，它假设中国的出口结构没有调整。在这个情景中，电

子设备部门是主要的出口部门（占中国出口的35.20%），其他主要的出口部门包括其他制造业部门（占中国出口的12.26%）、化工部门（占中国出口的9.24%）、机器设备部门（占中国出口的8.37%）。

我们参照德国、日本和美国2014年的出口结构，调整了2030年中国的三种不同出口类型。从2002年起，部门比例线性插值到2030年的目标数量。

德国的出口模式（ger）主要为交通运输设备（占出口的19.99%）、服务业（占出口的17.26%）、化工行业（占出口的14.25%）、机器设备（占出口的12.58%）及电子设备（占出口的10.35%）。

日本的出口模式（jpn）主要为交通运输设备（占出口的22.31%）、电子设备（占出口的21.01%）、服务业（占出口的13.12%）及化工行业（占出口的11.24%）。

美国的出口模式（usa）主要为服务业（占出口的34.57%）、交通运输设备（占出口的11.91%）及化工行业（占出口的9.95%）。

除此之外，中国的气候变化政策也考虑在情景设置中。我们设置了两种碳减排的情景：bau和ndc。在bau路径下，中国将不实施任何的气候变化减排措施，经济按照既有的模式增长。在ndc的路径下，中国将在2030年实现单位碳排放密度比2005年下降65%。

基于减排政策情景及出口结构调整情景，我们进一步设置了8个情景，具体见表2.14。

表2.14 减排政策与出口调整结合的情景设置

情景	出口调整	出口类型	气候政策
bau_chn	否	chn	否
bau_ger	是	ger	否
bau_jpn	是	jpn	否
bau_usa	是	usa	否
ndc_chn	否	chn	自主减排
ndc_ger	是	ger	自主减排
ndc_jpn	是	jpn	自主减排
ndc_usa	是	usa	自主减排

1. 国家尺度影响

与基准情景相比，中国出口结构调整导致中国出口贸易额下降。2030年，在bau_ger、bau_jpn及bau_usa三个情景下，中国整体的出口贸易额将下降12%、9%及15%。尽管如此，中国的GDP在上述三个情景下却呈增长的趋势，其分别增长0.7%（bau_jpn）、0.6%（bau_ger）及0.5%（bau_usa）。这个结果表明中国的国内需求将成为驱动中国经济增长的主要因素。在三个情景下，消费将分别增长 2.0%（bau_jpn）、2.1%（bau_ger）及 2.2%（bau_usa）。

对于碳排放来说，在 bau_ger 和 bau_usa 情景下将分别下降 0.4%和 1.6%。然而，在 bau_jpn 情景下却呈上升的趋势，增长了 0.2%。这个研究结果表明，中国出口结构的调整将降低中国的碳排放密度。在 bau_usa 情景下，中国的碳减排程度最大。此外，所有的情景都会由于出口结构的调整产生雇用的损失，这种损失在 2025 年和 2030 年会持续加大。在 2030 年，在 bau_ger、bau_jpn 及 bau_usa 情景下，雇用的损失将会分别下降 0.3%、0.5%及 0.3%。

总体来说，GDP、消费和雇用的影响在三种出口结构调整模式下趋同，但是碳排放在 bau_usa 情景下是最低的。

适宜的气候政策对于碳减排作用明显。研究结果表明：如果实施碳减排政策，2030 年总体碳排放将降低 42%～43%，碳排放密度将降低 40%～41%。总体碳排放量及碳排放密度在 4 个气候变化情景下趋同。与基准情景相比，气候变化政策情景将降低出口（4.4%～6.0%）、GDP（2.9%～3.1%）及消费（4.8%～5.1%），但是却会增加雇用（0.4%～0.5%）。实施气候变化政策后，在 ndc_usa 情景下，中国的 GDP 和消费是最高的，并且雇用损失是最低的。这样的结果表明，当实施气候变化政策时，ndc_usa 情景的出口结构调整是最优化的。

2. 部门影响

交通运输设备在不同情景下将增长 311%（bau_jpn）、277%（bau_ger）及 143%（bau_usa）。服务业出口也将呈显著的增长，尤其是在 bau_usa 情景下（增长了 249%）。此外，在 bau_usa 情景下能源部门的出口贸易额也增长了 100%左右。这些部门的出口增长导致了中国对于海外市场需求的增长。然而，纺织业及其他制造业部门将会下降 60%左右。

出口结构变化会进一步影响部门产出，大多数部门的产出变化在±5%。对于交通运输设备行业和服务业来说，从绝对意义上讲，它们的产出将比出口增加更多，因为在所有三种情况下国内需求也都将增加。对于纺织行业来说却呈相反的趋势。对于电子设备产业及其他制造业来说，它们的产出没有出口下降得多，因为它们的国内需求是呈增长趋势的。

碳排放的趋势与部门产出的变化趋势趋同。由于出口的增加，交通运输设备部门在 bau_jpn、bau_ger 及 bau_usa 情景下将会分别增加 18%、16%及 9%。在 bau_usa 情景下，原油及石油部门也将增加 10%及 6%。然而，由于出口的下降，纺织部门及其他制造业部门的碳排放在三个情景下将会有所下降，分别下降约 13%～14%及 7%。在出口结构调整情景下，大多数部门的碳密度都会有所增加，尤其是在气候变化政策情景下。但是，由于部门附加值结构的调整，中国整体的碳密度是有所下降的。对于大部分的部门来说，它们的碳密度变化在−1%和2%之间。然而，对于像碳减排较大的部门，如纺织部门及电子设备部门来说，出口结构调整将导致它们的碳密度增加2%左右。

对于雇用来说，它们的变化一般来讲与部门产出变化趋同。在出口结构调整情景下，纺织业及其他制造业部门的雇用将会下降7%~8%及4%左右。金属冶炼部门在 bau_usa 情景下的雇用下降得非常明显，大概降低9%。

气候变化政策将显著降低能源密集部门的出口，如原油部门、金属冶炼部门及电力部门。气候变化政策将导致电力部门出口下降87%左右。然而，气候变化政策将导致农业部门、食品加工部门、其他制造业部门及服务业部门的出口贸易额显著增长。此外，大多数部门的产出将会受气候变化政策的影响而显著下降，尤其是能源部门，如煤矿开采（下降50%）、原油（下降17%）、石油（下降17%）、电力（下降29%）及工业煤气（下降52%）。

对于碳排放来说，所有部门都会有所下降，下降的范围在 26%~77%。碳密度的下降趋势几乎与碳排放相同。

2.4.4 主要的研究结论及对策建议

1. 主要研究结论

我国进出口贸易虽然拉动了经济增长，但却引发了不同程度的资源和环境影响。从生产端来看，中国的隐含资源要素主要输出到美国、欧洲及日本等发达国家和地区，中国与不发达的国家开展贸易时获取的隐含资源利益较大。从消费端来看，为了满足不同国家的消费需要，中国是主要的净虚拟水出口国、隐含能源净出口国、净虚拟土地的进口国。我国出口结构调整一方面会降低相关行业的出口贸易额及就业人数，但却有利于降低碳排放密度。在绿色低碳转型的约束下，应对气候变化会降低我国的出口量、GDP 增长及消费量，但就业质量会有所提升。气候变化政策将显著降低能源密集部门的出口，如原油部门、金属冶炼部门及电力部门。气候变化政策也会促进农业部门、食品加工部门、其他制造业部门及服务业的出口贸易额显著增长。

2. 主要对策建议

我国目前行业生产中产生的资源消耗和环境排放的密度较高，因此在进出口商品贸易中转移的资源环境影响较大，为了推进我国经济绿色低碳转型的工作，需要采用绿色低碳的发展理念和相关理论来指导实际的生产，可考虑加大行业技术的自主研发力度，进而促进行业生产的资源节约及低碳化发展，或可考虑基于贸易政策引进相关国家发达的技术，进而降低行业生产中产生的资源和环境影响。

随着人均收入水平的提高，消费中产生的隐含资源和环境需求也不容忽视。对于高隐含资源和环境的商品需求，可考虑通过适宜的贸易进出口政策加以调整。同时，也应大力推进绿色消费行为转变的相关工作。

进出口贸易与我国经济绿色低碳发展的耦合关联较为复杂，虽然贸易结构调整可以使我国实现绿色低碳的经济发展，但同时要注意社会、资源和环境的因素调控，以免失衡。

参 考 文 献

[1] National Bureau of Statistics of China. China Statistical Yearbook 2006-2018[M]. Beijing：China Statistics Press，2006-2018.

[2] Ouyang X L，Lin B Q. An analysis of the driving forces of energy-related carbon dioxide emissions in China's industrial sector[J]. Renewable and Sustainable Energy Reviews，2015，45：838-849.

[3] Wang Q，Li R R，Jiang R. Decoupling and decomposition analysis of carbon emissions from industry：a case study from China[J]. Sustainability，2016，8：1059.

[4] Liu L C，Fan Y，Wu G，et al. Using LMDI method to analyze the change of China's industrial CO_2 emissions from final fuel use：an empirical analysis[J]. Energy Policy，2007，35：5892-5900.

[5] Liu N，Ma Z J，Kang J D. Changes in carbon intensity in China's industrial sector：decomposition and attribution analysis[J]. Energy Policy，2015，87：28-38.

[6] Lin B Q，Tan R P. Sustainable development of China's energy intensive industries：from the aspect of carbon dioxide emissions reduction[J]. Renewable and Sustainable Energy Reviews，2017，77：386-394.

[7] Du G，Sun C W，Ouyang X L，et al. A decomposition analysis of energy-related CO_2 emissions in Chinese six high-energy intensive industries[J]. Journal of Cleaner Production，2018，184：1102-1112.

[8] Shen W G，Cao L，Li Q，et al. Quantifying CO_2 emissions from China's cement industry[J]. Renewable and Sustainable Energy Reviews，2015，50：1004-1012.

[9] Shan Y L，Liu Z，Guan D B. CO_2 emissions from China's lime industry[J]. Applied Energy，2016，166：245-252.

[10] 孙晓华，王昀. 企业规模对生产率及其差异的影响——来自工业企业微观数据的实证研究[J]. 中国工业经济，2014，（5）：57-69.

[11] 国务院.国务院关于化解产能严重过剩矛盾的指导意见[J]. 江苏建材，2013，（6）：1-6.

[12] 纪志宏. 我国产能过剩风险及治理[J]. 新金融评论，2015，（1）：1-24.

[13] 江飞涛，耿强，吕大国，等. 地区竞争、体制扭曲与产能过剩的形成机理[J]. 中国工业经济，2012，（6）：44-56.

[14] 唐雪松，周晓苏，马如静. 政府干预、GDP增长与地方国企过度投资[J]. 金融研究，2010，（9）：99-112.

[15] 钟春平，潘黎. "产能过剩"的误区——产能利用率及产能过剩的进展、争议及现实判断

[J]. 经济学动态，2014，（3）：35-47.
[16] 梁泳梅，董敏杰，张其仔. 产能利用率测算方法：一个文献综述[J]. 经济管理，2014，36：190-199.
[17] 张军，吴桂英，张吉鹏. 中国省际物质资本存量估算：1952—2000[J]. 经济研究，2004，（10）：35-44.
[18] Chertow M R. Industrial symbiosis：literature and taxonomy[J]. Annual Review of Energy and the Environment，2000，25：313-337.
[19] Frosch R A，Gallopoulos N E. Strategies for manufacturing[J]. Scientific American，1989，261：144-153.
[20] 刘光富，鲁圣鹏，李雪芹. 产业共生研究综述：废弃物资源化协同处理视角[J]. 管理评论，2014，（5）：149-160.
[21] van Berkel R，Fujita T，Hashimoto S，et al. Industrial and urban symbiosis in Japan：analysis of the eco-town program 1997–2006[J]. Journal of Environmental Management，2009，90：1544-1556.
[22] van Berkel R，Fujita T，Hashimoto S，et al. Quantitative assessment of urban and industrial symbiosis in Kawasaki，Japan[J]. Environmental Science & Technology，2009，43：1271-1281.
[23] Dong H J，Geng Y，Yu X M，et al. Uncovering energy saving and carbon reduction potential from recycling wastes：a case of Shanghai in China[J]. Journal of Cleaner Production，2018，205：27-35.
[24] 田旭，耿涌，马志孝，等. 中国对外贸易中隐含流研究综述[J]. 生态经济，2015，31：27-32.
[25] 汪凌志. 自然资本视角下贸易开放的环境效应——基于长江经济带的生态足迹分析[J]. 贵州财经大学学报，2015，（6）：70-79.
[26] 杨怡婷，王军. 资源环境可持续发展视角下我国对外贸易发展问题探析[J]. 经济研究导刊，2015，（5）：108-110.
[27] Liu L，Ma X M. CO_2 embodied in China's foreign trade 2007 with discussion for global climate policy[J]. Procedia Environmental Sciences，2011，5：105-113.
[28] Giljum S，Hinterberger F，Lutz C，et al. Accounting and modelling global resource use[C]//Sangwon S. Handbook of Input-Output Economics in Industrial Ecology. Berlin：Springer Netherlands，2009：139-160.
[29] Weinzettel J，Hertwich E G，Peters G P，et al. Affluence drives the global displacement of land use[J]. Global Environmental Change，2013，23（2）：433-438.
[30] Salvo G，Simas M S，Pacca S A，et al. Estimating the human appropriation of land in Brazil by means of an input–output economic model and ecological footprint analysis[J]. Ecological Indicators，2015，53：78-94.
[31] Bruckner M，Fischer G，Tramberend S，et al. Measuring telecouplings in the global land system：a review and comparative evaluation of land footprint accounting methods[J]. Ecological Economics，2015，114：11-21.
[32] Qiang W L，Liu A M，Cheng S K，et al. Agricultural trade and virtual land use：the case of China's crop trade[J]. Land Use Policy，2013，33：141-150.
[33] Nkonya E，Anderson W，Kato E，et al. Global Cost of Land Degradation[M]. Berlin：Springer International Publishing，2016.

第 3 章
企业和居民的绿色低碳行为

《巴黎协定》后，自下而上的减排行动正在推动企业、个人、团体、联盟的自发绿色低碳行为，成为实现《巴黎协定》的基础。一方面，绿色低碳行为正在成为时尚潮流、社会公德、生活习惯；另一方面，绿色低碳行为的深入研究趋势增强，成为学科发展前沿。在全球应对气候变化进程出现新转折的时代背景下，统筹国内国际两个大局，形成对我国企业和居民的绿色低碳行为的特征、规律、路径、机制及关键不确定性的科学描述，建立我国绿色低碳发展转型的科学理论方法是极其重要的。企业和居民都是社会生产和经济活动的基本主体，是影响绿色低碳经济发展的决定性力量。只有通过对企业和居民的绿色低碳行为进行正确管理，才能真正实现我国经济的绿色低碳发展。但当前我国企业和居民的绿色低碳理念与行为仍然无法适应国家的绿色低碳发展战略。

3.1 碳中和场景下绿色低碳行为汲取的增长动力

本节基于企业与居民主动、自觉、自律践行绿色低碳行为视角，引入绿色碳中和及绿色低碳行为的碳中和水平，研究经济系统在碳中和水平提升下的内生增长规律及其碳中和的价值实现能力。本节将绿色低碳行为的碳中和分为两个层面：个人层面的绿色低碳行为的碳中和与企业层面的绿色低碳行为的碳中和。企业层面的绿色低碳行为的碳中和聚焦于技术的创新，研发及生产出一系列绿色低碳产品；个人层面的绿色低碳行为的碳中和是居民主动、自觉、自律践行绿色低碳行为及购买与使用这些绿色低碳产品。

本书提出的绿色碳中和是指通过不断践行绿色低碳行为直接或间接减少碳排放，或抵消因为没有绿色低碳行为的渗透而引起的碳排放。绿色碳中和是碳中和的一部分，为方便，本书简称绿色碳中和为碳中和。

绿色行为的碳中和是指通过自然环境的自我净化和因为主动、自觉、自律践行绿色低碳行为而减少碳排放，实现直接或间接减少碳排放或抵消因为没有绿色低碳行为的渗透而引起的碳排放。本节将减少碳排放的投入能力及自然环境的自我净化能力称为绿色低碳行为的碳中和水平，并将其作为内生因素纳入增长的动力范围，旨在分析碳中和的要求对长期经济增长与企业产出的影响。本节的减少碳排放的投入能力是由企业与居民主动、自觉、自律践行绿色低碳行为的动机、资本、管理、政策等而产生的。碳中和与企业与居民主动、自觉、自律践行绿色低碳行为的动机、资本、管理、政策等密切相关。

3.1.1 碳中和及生产函数的相关动态分析

要实现碳中和，前人提供了多种方法：通过特殊的方式去除温室气体，如碳补偿；使用可再生能源，减少碳排放，也就是碳抵消[1-2]。宋杨[3]指出通过市场化手段，可以用最小的社会成本实现碳中和。以市场为主导的减排机制是最有效的，既能实现减排目标，也能让企业自主选择减排手段，给企业足够的灵活度，减少企业压力，平衡企业成本。他还指出除了碳市场，另一个重要市场手段是碳税。碳税有自己的独特优势。从碳排放管制的角度看，将碳税纳入环境保护税法之内，与生态环境领域的排放许可制度紧密结合，能够充分获得现有体制机制的支撑。从碳排放主体的角度看，碳税能够提供稳定的价格信号，有利于企业的投资与经营决策。企业的碳中和活动一般需要经历三个步骤：碳足迹的核算，碳节能减排及购买碳减排量[4]。由此可以生产出碳中和产品，并出售给公众，而公众对碳中和产品也有着自己的支付意愿，所谓的支付意愿就是人们愿意为获得指定的公共物品供应而支付的货币价值[5]。Zhao 和 You[6]开发了一个自下而上的能源转型优化框架，揭示了利用可再生能源、储能和节能技术实现碳中和能源转换的可行性。

基于上述研究，提出两个问题。

第一，基于企业与居民主动、自觉、自律践行绿色低碳行为视角，如何构建碳中和场景的新经济系统下的内生增长理论？

第二，在新经济系统中碳中和水平演化下，如何寻求绿色低碳行为的价值实现能力？

通常在经济系统中考虑生产和消费两个过程，在生产部门中进行生产，在家庭中进行消费。前人对经济系统也做了大量的研究，如表 3.1 所示，他们在生产部门的生产函数中，主要考虑了资本、技术水平、劳动[7-9]、能源、环境质量和减少碳排放的投入能力[7-11]。Bretschger 等[13]把产品分成特定部门的中间产品和其他部门的中间产品，而后对于特定部门的中间产品依据常数替代弹性（constant elasticity of substitution，CES）函数考虑了劳动与能源两个要素。Thompson[14]给出了产品关于创新部门中间产品和服务的生产函数，并额外考虑了资本、技术水平和劳动三个要素。Romero 等[15]在生产函数中考虑了资本、技术水平、劳动和能源四个要素。

表 3.1　生产部门中生产函数的研究进展

相关文献	资本	技术水平	劳动	能源	环境质量	减少碳排放的投入能力
Jones 和 Schneider[7]	Y	Y	Y	N	N	N
Klump 等[8]	Y	N	Y	N	N	N
Lin 和 Xie[9]	Y	N	Y	Y	N	N
Chu 和 Lai[10]	Y	Y	Y	N	Y	Y
Ssozi 和 Asongu[11]	Y	Y	Y	N	N	N
Juhro 等[12]	Y	Y	Y	N	N	N
Bretschger 等[13]	N	N	Y	Y	N	N
Thompson[14]	Y	Y	Y	N	N	N
Romero 等[15]	Y	Y	Y	Y	N	N
本节	Y	Y	Y	N	Y	Y

注：Y 表示 Yes，即已经考虑在内的因素；N 表示 No，即并未考虑在内的因素

我们在已有文献的基础之上，依据扩展的迪克西特-斯蒂格利茨（Dixit-Stiglitz，D-S）生产函数，给出了绿色低碳产品关于绿色低碳中间产品的生产函数，在绿色低碳产品总量生产函数中考虑了环境质量、用于绿色低碳产品生产的劳动力、减少碳排放的投入能力、减排研发与技术创新部门的数量这四个因素，在绿色低碳中间产品中，除了考虑减排研发与技术创新部门研发绿色低碳中间产品所产生的创新知识存量，还考虑了企业与居民主动、自觉、自律践行绿色低碳行为产生的知识存量，同时还在创新知识存量中考虑到了自然环境的自我净化能力，并以此作为内生因素纳入增长的动力范围。

对于减排研发与技术创新这个因素，前人也做了大量的研究。他们构建了许多模型，如基于搜寻的创新与经济增长模型[16]、减排要求下的内生经济增长模型[17]等，强调了减排技术的研发对经济可持续发展的作用，认为社会管理者应分别加收碳税和补贴研发解决市场失灵造成的温室效应和研发的溢出效应。Luttmer[18]用另一种方式整合 Kortum[16]、Lucas[19]的研究，他使用布朗运动作为随机技术冲击的来源，描绘技术的演化。Chu 和 Lai [10]将经济系统分成了生产、家庭和研发部门三个部分，并在研发部门中考虑了生产力参数和研发活动的劳动投入。而后将减排分成了公共减排和私人减排两个部分并分别进行了讨论。Buera 和 Oberfield [20]整合 Kortum[16]研发驱动与 Lucas [19]交流驱动的知识增长框架，利用该模型研究国际贸易对技术进步和扩散的影响，很好地拟合了历史现实。Wu 等[21]基于协同理论，构建了由技术创新、节能效率、减排效率三个子系统组成的协同

发展评价模型，并进行了实证分析。分析发现企业通过技术创新手段进行减排促进了经济发展。Thompson[14]在生产方面考虑了创新部门，讨论了创新对经济发展的影响，并发现平衡增长率受创新折旧率正向的影响，较高的创新折旧率增加创新活动和产出，导致更快的经济增长。Zhang 等[22]提出技术创新是制造企业保持竞争力的必要条件。企业作为国家创新体系的核心，必须避免重复的研发投入和盲目竞争，因此，引导企业研发团队的技术共享至关重要。

与已有文献不同的是我们在生产部门中的减排研发与技术创新部分考虑了社会资本，并且我们还给出了企业与居民主动、自觉、自律践行绿色低碳行为所产生的创新知识积累的运动方程，并考虑了与此对应的社会资本。

同样地，对于资本前人也做了大量的研究，如表 3.2 所示。主要考虑了人力资本[23-27]与物质资本[28-30]，将人力资本用于环境保护和社会资本积累[31]，并且通过实证考察，认为中国人力资本要素的集聚对于区域经济增长的促进效果显著，且对经济增长的贡献率不断增大[32-33]。除此之外，部分学者还对社会资本进行了研究，Yan 和 Tang [34]在社会资本积累中考虑了人力资本和社会资本存量，发现在没有人力资本投入的情况下，现有的社会资本存量也能够强有力地推动社会资本的增长，从而推动经济发展；当存量社会资本阻碍经济增长时，就需要投入人力资本才可能增加社会资本的积累。

表 3.2　生产部门中资本的研究进展

相关文献	人力资本	物质资本	社会资本
Simon[23]	Y	N	N
Rotemberg 和 Saloner[24]	Y	N	N
Berry 和 Glaeser [25]	Y	N	N
Alcácer 和 Chung[26]	Y	N	N
Nathaniel 等[27]	Y	N	N
Forslid [28]	Y	Y	N
Gong 等[29]	N	Y	N
de Visscher 等[30]	Y	Y	N
Roseta-Palma 等[31]	Y	N	Y
陈得文和苗建军[32]	Y	N	N
胡艳和张桅[33]	Y	N	N
Yan 和 Tang[34]	Y	N	Y
本节	Y	Y	Y

注：　Y 表示 Yes，即已经考虑在内的因素；N 表示 No，即并未考虑在内的因素

对于资本，我们在已有文献的基础上，不仅考虑了物质资本与劳动资本，还考虑了社会资本。生产绿色低碳产品需要劳动力，同样对于减排研发与技术创新部门生产绿色低碳中间产品也需要劳动力，因此我们将劳动资本分成两个部分：用于企业绿色低碳产品生产的劳动资本与用于减排研发与技术创新部门的绿色低碳中间产品生产的劳动资本。对于物质资本，我们则分成了三个部分，除了用于绿色低碳产品和用于减排研发与技术创新部门所生产的绿色低碳中间产品的物质资本，还有企业与居民在主动、自觉、自律的动机下践行绿色低碳行为产生的直接投入资本、在管理与政策引导下的投入资本。对于社会资本，它既会对减排研发与技术创新部门的创新知识积累产生影响，也会对企业与居民主动、自觉、自律践行绿色低碳行为所产生的创新知识积累产生影响。因此，我们将社会资本分成了两类。

在家庭部分，对于家庭效用函数，前人也做了大量的研究，如表 3.3 所示，他们在家庭效用函数中考虑了消费[35-39]及环境质量[10]。而在家庭效用函数中，我们不仅在已有文献的基础上讨论了消费和环境质量，还添加了消费产品的碳排放量。而后根据这样的一个家庭效用函数，利用 Hamilton 函数求得了增长率（欧拉方程）。将减少碳排放的投入能力与自然环境的自我净化能力作为内生因素纳入增长的动力范围，并称这种能力为绿色低碳行为的碳中和水平，而后依据绿色低碳行为的碳中和水平、生产部门得到的技术方程和家庭部分得到的欧拉方程，实现绿色低碳行为在生产与消费过程中的演变价值。

表 3.3　家庭中家庭效用函数的研究进展

相关文献	消费	环境质量	碳排放量
Baldwin 等[35]	Y	N	N
Chu 和 Lai[10]	Y	Y	N
Suphaphiphat 等[36]	Y	N	N
Donadelli 和 Grüning[37]	Y	N	N
Valente[38]	Y	N	N
Akimoto 和 Morimoto[39]	Y	N	N
本节	Y	Y	Y

注：Y 表示 Yes，即已经考虑在内的因素；N 表示 No，即并未考虑在内的因素

对于对经济增长的分析方法，前人也做了大量研究。李艳和徐伟[40]依据柯布–道格拉斯（Cobb-Douglas）生产函数，在规模收益不变假设前提下将生产函数两边同时除以资本存量，并对式子两边取自然对数，而后进行线性回归分析处理。

张海锋和张卓[41]通过经济能力、环保能力和社会能力三个维度考察绿色技术竞争力，利用 PSR（pressure-state-response，压力–状态–响应）生产函数模型阐明三个能力之间的关系及对绿色技术竞争力的影响。Romero 等[15]用面板数据法来估算企业水平转移对数生产函数。

我们则是在经济系统中考虑了生产和消费两个部分，在生产部分通过对数关于时间求导得到了技术方程，同样地，在消费部分，依据 Hamilton 函数，并通过对数关于时间求导得到了欧拉方程，将减少碳排放的投入能力与自然环境的自我净化能力作为内生因素纳入增长的动力范围，并作用于所得到的欧拉方程与技术方程，以此获得绿色低碳一般均衡增长率，进而实现绿色低碳行为的价值，并得出碳中和水平内生效应与碳中和的价值实现效应。

本节的研究与以往研究的主要区别有以下几点。①本节的研究基于企业与居民主动、自觉、自律践行绿色低碳行为。对于生产过程，在已有文献的基础上，在绿色低碳产品部分，考虑了减少碳排放的投入能力，将外部性内部化，因为减少碳排放投入会造成市场失灵，因此需要将生产者通过技术创新减少碳排放投入所产生的费用考虑进他们的生产和消费中，从而弥补外部成本与社会成本的差额，以解决减少碳排放外部性问题；在绿色低碳中间产品部分，除了考虑减排研发与技术创新部门研发绿色低碳中间产品所产生的创新知识存量，还考虑了企业与居民主动、自觉、自律践行绿色低碳行为产生的知识存量，同时还在创新知识存量中考虑到了自然环境的自我净化能力；在资本积累部分，将资本分成人力资本与物质资本，并且认为减排研发与技术创新部门绿色低碳中间产品的投入、企业与居民主动、自觉、自律践行绿色低碳行为的投入及消费都需要消耗一部分产出；在减排研发与技术创新部分，考虑了社会资本对减排研发与技术创新的创新知识积累的影响及对企业与居民主动、自觉、自律践行绿色低碳行为所产生的创新知识积累的影响。②引入绿色低碳行为的碳中和水平，将减少碳排放的投入能力与自然环境的自我净化能力作为内生因素纳入增长的动力范围，用碳中和水平来测量企业与居民主动、自觉、自律践行的绿色低碳行为。③依据绿色低碳行为的碳中和水平、技术方程、欧拉方程，研究碳中和的价值实现能力，并得出了碳中和效应，即碳中和水平内生效应与碳中和的价值实现效应。本节的绿色低碳行为的均衡理论框架图如图 3.1 所示。

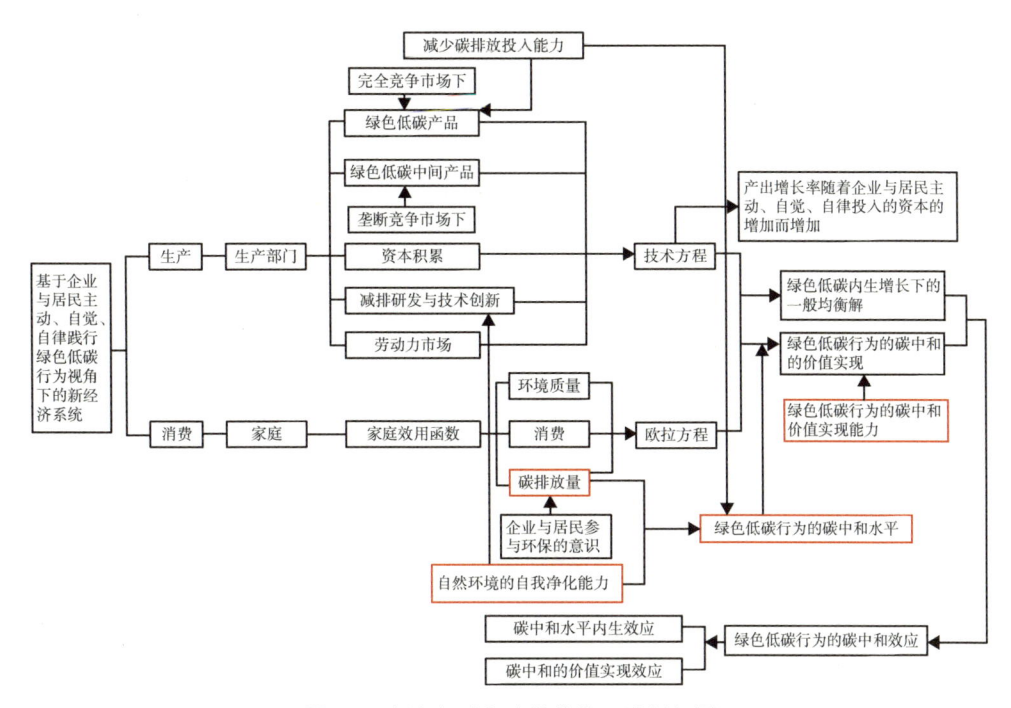

图 3.1　绿色低碳行为的均衡理论框架图

3.1.2 绿色低碳行为内生增长模型

企业与居民的绿色低碳行为的普遍形态，直接影响企业与居民主动、自觉、自律践行绿色低碳行为的转型。从企业端看，行为转型重在技术创新。从居民端看，行为转型重在提升活力。一方面，自然环境自我净化能促进碳循环，贡献碳中和；另一方面，行为转型改变资本、劳动、资源的优化配置，直接或间接减少碳排放，更有效促进碳中和。

绿色低碳产品是指生产、使用及处理过程符合环境要求，对环境无害或危害极小，有利于资源再生和回收利用，具备节能、减排作用的产品。本节将企业与居民主动、自觉、自律践行绿色低碳行为视为企业生产绿色低碳产品和居民消费绿色低碳产品。

假设 1：本节所讨论的经济系统是企业与居民主动、自觉、自律践行绿色低碳行为成为普遍形态的经济系统，这一新的经济系统由生产和消费两个部分构成。生产部分生产出新的绿色低碳产品而后进入市场出售，消费部分则是由家庭购买所出售的绿色低碳产品。

在模型部分，我们基于企业与居民绿色低碳行为的普遍形态，构建了一个非规模的、两部门的绿色低碳行为驱动下的减排研发的长期增长模型，研究新经济系统在绿色低碳行为驱动下的内生增长规律。这两个部门分别是生产部门和家庭。

在生产部门中，我们考虑了六个部分：绿色低碳产品、绿色低碳中间产品、资本积累、减排研发与技术创新、劳动力市场、技术方程。最后这一部分的技术方程是基于前五个部分得出的。在绿色低碳产品部分考虑了减少碳排放的投入能力，将外部性内部化，因为减少碳排放投入会造成市场失灵，因此需要将生产者通过技术创新减少碳排放投入所产生的费用考虑进他们的生产和消费过程，由他们自己承担，从而弥补外部成本与社会成本的差额，以解决减少碳排放外部性问题；在减排研发与技术创新部分考虑了自然环境的自我净化能力。

在家庭中，我们构建了家庭效用函数，并在家庭效用函数中考虑了环境质量、消费和碳排放量，而后依据 Hamilton 函数求得增长率（欧拉方程）。基于主动、自觉、自律践行绿色低碳行为视角，本节将减少碳排放的投入能力与自然环境的自我净化能力作为内生因素纳入增长的动力范围，并将这种能力称为绿色低碳行为的碳中和水平，而后依据绿色低碳行为的碳中和水平、生产部门得到的技术方程和家庭部分得到的欧拉方程，实现绿色低碳行为在生产与消费过程中的演变价值。考虑环境与绿色低碳排放约束下的效用函数，通过求最优解，得出绿色低碳内生增长下的一般均衡解及绿色低碳一般均衡增长率，并对技术方程进行分析，发现产出增长率随着企业与居民主动、自觉、自律投入的资本的增加而增加。进一步通过数值模拟，得到了碳中和效应，即碳中和水平内生效应与碳中和的价值实现效应。

1. 新经济系统的生产部门

在生产部门中，我们将其分成了六个部分：绿色低碳产品、绿色低碳中间产品、资本积累、减排研发与技术创新、劳动力市场、技术方程。最后这一部分的技术方程是基于前五个部分得出的。

假设 2：绿色低碳产品是在完全竞争市场下生产的，绿色低碳中间产品是在垄断竞争市场下生产的。

1）新经济系统的绿色低碳产品

在绿色低碳产品部分，因为中间生产商会为绿色低碳产品 $Y(t)$ 提供减排研发与技术创新部门所生产出的绿色低碳中间产品和相关服务，所以我们给出了绿色低碳产品关于绿色低碳中间产品的生产函数，并在总量生产函数中考虑了环境质量、用于绿色低碳产品生产的劳动力、减少碳排放的投入能力、减排研发与技术创新这四个因素。因此，依据扩展的 D-S 函数，得到了总量生产函数：

$$Y(t) = A(N) L_Y(t)^\beta e(t)^{1-\alpha-\beta} \left(\int_0^{D(t)} x_i(t)^\gamma \, \mathrm{d}i \right)^\phi \quad (3.1)$$

其中，A 为环境生产力函数；N 为环境质量；$L_Y(t)$ 为用于绿色低碳产品生产的劳动力；$e(t)$ 为减少碳排放的投入能力；$D(t)$ 为减排研发与技术创新部门的数量；$x_i(t)$ 为减排研发与技术创新部门所研发出的绿色低碳中间产品；β 为用于绿色低碳产品生产的劳动力的产出份额；$\alpha = \phi\gamma$ 为减排研发与技术创新部门所生产的绿色低碳中间产品的产出份额；γ 为 i 部门绿色低碳中间产品的产出份额；ϕ 为第 i 个减排研发与技术创新部门的产出份额；$1-\alpha-\beta$ 为减少碳排放的投入能力的产出份额。这里，由于每个减排研发与技术创新部门都是一个新技术的拥有者，体现在其中的知识资本的价值构成了企业的价值，这种价值在这个经济中是一种资本，因此资本与绿色低碳中间产品的关系如下：$K = \int_0^{D(t)} x_i(t) \mathrm{d}t$。

假设 3：生产技术是规模报酬不变的，那么生产函数的任何规模的不变收益都需要参数 $\phi\gamma = \alpha$ 的约束。此外，假设 $\phi > 1$。

方程（3.1）表明：所有绿色低碳中间产品均为对称的，而且对绿色低碳中间产品的每一种要素的投入要求都是相同的。

2）新经济系统的绿色低碳中间产品

在 Chu 和 Lai[10] 的基础上，考虑到企业与居民主动、自觉、自律践行绿色低碳行为，所以在这一部分，除了考虑减排研发与技术创新部门研发绿色低碳中间产品所产生的创新知识存量，我们还考虑了企业与居民主动、自觉、自律践行绿色低碳行为所产生的知识存量。因此，在企业生产绿色低碳中间产品的过程中所减少的碳排放量为

$$p(t) = \left(\frac{e(t)}{H(t)+h(t)}\right)^{\frac{1}{\varepsilon}} \tag{3.2}$$

其中，$e(t)$ 为减少碳排放的投入能力；$H(t)$ 为减排研发与技术创新部门研发绿色低碳中间产品所产生的创新知识存量；$h(t)$ 为企业与居民主动、自觉、自律践行绿色低碳行为产生的知识存量；$\frac{1}{\varepsilon}$（$\varepsilon > 0$）为碳排放的弹性系数。在方程（3.2）中，企业在生产绿色低碳中间产品的过程中所减少的碳排放量 $p(t)$ 与减排研发与技术创新部门研发绿色低碳中间产品所产生的创新知识存量 $H(t)$ 和企业与居民主动、自觉、自律践行绿色低碳行为产生的知识存量 $h(t)$ 负相关，与减少碳排放的投入能力 $e(t)$ 正相关。

根据方程（3.2），我们可以得到：

$$e(t) = p(t)^\varepsilon (H(t)+h(t)) \tag{3.3}$$

在这里，影响减排研发与技术创新部门研发绿色低碳中间产品所产生的创新知识存量变化的因素有很多。自然界中的环境具有自我净化能力，能够自动地吸收空气中的碳，因此在这里我们考虑自然环境对碳的吸收这一因素。我们假设自然环境对碳的吸收率为 a，那么减排研发与技术创新部门研发绿色低碳中间产品所产生的创新知识存量和企业与居民主动、自觉、自律践行绿色低碳行为产生的知识存量的运动方程为

$$\dot{H}(t) = p(t) - aH(t) \tag{3.4}$$

$$\dot{h}(t) = d \tag{3.5}$$

其中，$a > 0$ 为自然环境的自我净化能力；d 为一个常数。

注 1：在这里，减排研发与技术创新部门会在使用新的技术生产绿色低碳中间产品的过程中减少一定的碳排放，企业与居民主动、自觉、自律践行绿色低碳行为也会减少碳排放，因此在这一部分，除了考虑减排研发与技术创新部门研发绿色低碳中间产品所产生的创新知识存量，我们还考虑了企业与居民主动、自觉、自律践行绿色低碳行为所产生的知识存量，而这里所考虑的企业与居民主动、自觉、自律践行绿色低碳行为所产生的知识存量也是以往的文献中所没有考虑过的。

因此，方程（3.1）可以改写成：

$$Y(t) = A(N)L_Y(t)^\beta p(t)^{\varepsilon(1-\alpha-\beta)} (H(t)+h(t))^{1-\alpha-\beta} \left(\int_0^{D(t)} x_i(t)^\gamma \, \mathrm{d}i \right)^\phi \tag{3.6}$$

我们根据 Tahvonen 和 Kuuluvainen[42]、Bovenberg 和 Smulders[43]、Fullerton 和 Kim[44]，将自然环境视为一种可再生资源，因此，可以按照以下方式生长和消耗：

$$\dot{N} = b_1 N(1-N) + b_2 p(t) \tag{3.7}$$

其中，点为随时间的变化率；b_1 为一个捕获生态再生程度的参数；$b_1 N(1-N)$ 为环境的再生能力，它一开始会以较大的 N 增加，但当 N 超过阈值时会最终下降；$p(t)$ 为减排研发与技术创新部门生产绿色低碳中间产品及企业与居民主动、自觉、自律践行绿色低碳行为减少的碳排放量；b_2 为减少的碳排放量对环境的影响参数。方程（3.7）说明：环境质量与减少的碳排放量成正比，减少的碳排放量越多，环境质量越高。

在这里，通过计算可以得出平衡增长路径（balanced growth path，BGP）解决方案需要的参数限制：

$$\xi = \frac{\phi}{1-\alpha} \tag{3.8}$$

绿色低碳产品的生产企业是绿色低碳中间产品市场的价格接受者。在完全竞争均衡中，每个投入的价格 $R_i(t)$ 等同于其边际生产力。$Y(t)$ 的价格标准化为 1。然后，每个中间生产企业所面临的逆需求函数是

$$\frac{\partial Y(t)}{\partial x_i(t)} = \alpha A(N) L_Y(t)^\beta p(t)^{\varepsilon(1-\alpha-\beta)} (H(t)+h(t))^{1-\alpha-\beta} \left(\int_0^{D(t)} x_i(t)^\gamma \mathrm{d}i\right)^{\phi-1} x_i(t)^{\gamma-1} D(t)$$
$$= R_i(t) \tag{3.9}$$

中间生产企业一旦进入市场，均希望在每一个时间段内最大化其利润，因此中间生产企业不能仅依靠已有的技术知识存量与社会资本存量，还应该进行减排研发与技术创新以提高自己的研发能力，从而创造更大的经济利润与价值。为了使整个经济体能够达到市场均衡，绿色低碳产品部门的垄断利润必须用于购买减排研发与技术创新部门的技术成果，即绿色低碳中间产品。这样，绿色低碳产品部门的垄断利润抵消了减排研发与技术创新部门的投入成本，均衡时整个经济体的利润为零。否则，绿色低碳产品部门会有更多的厂商进入瓜分垄断利润，减排研发与技术创新部门也没有动力进行研究。依据 Romer 等[45]、Thompson[46]和 Romer[47]，产生减排研发与技术创新部门的绿色低碳中间产品投入的想法取决于净收入的贴现流与新研发的绿色低碳中间产品的初始投资成本之间的比较。由于减排研发与技术创新部门具有竞争性，研发出的绿色低碳中间产品的价格被抬高，直到等于垄断者可以获得的净收入的现值。这里 $p_D(t)$ 为减排研发与技术创新部门新研发出的绿色低碳中间产品的初始投资成本，减排研发与技术创新部门和企业与居民主动、自觉、自律践行绿色低碳行为会对绿色低碳中间产品的生产产生影响，因此，$D(t)^\zeta$ 为减排研发与技术创新部门的附加成本。除此之外，企业与居民会在主动、自觉、自律的动机下践行绿色低碳行为，如直接投入资本、管理与政策引导投入资本等，因此，在这里还需要考虑企业与居民主动、自觉、自律投入的资本 $p_h(t)$。而后，依据 Thompson[14]，我们可以得到中间生产企业的动态零利润条件：

$$P_D(t)(D(t)^\zeta + p_h(t)) = \int_{\tau=t}^{\infty} \exp^{-r(\tau-t)} \pi_i(\tau) \mathrm{d}\tau \tag{3.10}$$

方程（3.10）的左边为减排研发与技术创新部门的投入成本；右边为绿色低碳产品的垄断利润。这里，$p_h(t) = p_{h_0} t$。$p_h(t)$ 为企业与居民在 t 时刻主动、自觉、自律的动机下投入的资本，这个资本随着时间的增加而增加，在这里不妨设为线性的。其中，r 为资本利率；t 为时间；π 为利润；p_{h_0} 为企业与居民主动、自觉、自律的动机下投入的初始资本。

注 2：为了使整个经济系统能够达到市场均衡，绿色低碳中间产品部门的利润必须用于购买减排研发与技术创新部门所研发的新技术成果。这样，绿色低碳中间产品生产的垄断利润抵消了研发新技术的投入成本，均衡时整个经济系统的利润为 0。在这里，减排研发与技术创新部门所研发的新技术成果不仅依赖于以往文献所考虑到的减排研发与技术创新部门的投入成本，还依赖于企业与居民主动、自觉、自律践行绿色低碳行为动机下投入的资本，这也是以往文献所没有考虑到的。

两边取对数再关于时间求导后，得

$$g_{P_D} + g_{(D^\xi + p_h)} = r - \frac{\pi}{p_D(D^\xi + p_h)} \tag{3.11}$$

中间生产企业决定进入市场之后，均希望在每一时刻利润最大化。因此，在每一时刻，我们最大化中间生产企业的利润，给出了其产品的逆需求函数：

$$\max_{x_i(t)} \pi_i(t) = R_i(t)x_i(t) - rx_i(t) \tag{3.12}$$

这里，$R_i(t)$ 为绿色低碳中间产品的价格。

利润最大化 $\dfrac{\mathrm{d}\pi_i(t)}{\mathrm{d}x_i(t)} = 0$，得

$$R_i(t) = \frac{r}{\gamma} \tag{3.13}$$

模型的对称性意味着 $R_i(t) \equiv R(t)$，$x_i(t) \equiv x(t)$，$\pi_i(t) \equiv \pi(t)$。

在下文中，我们令 $R(t) = R$，$L_Y(t) = L_Y$，$p(t) = p$，$H(t) = H$，$x(t) = x$，$D(t) = D$，$h(t) = h$，$\pi(t) = \pi$。

然后方程（3.13）被改写为

$$R = \frac{r}{\gamma} \tag{3.14}$$

同样地，方程（3.6）被改写为

$$Y = A(N)L_Y^\beta p^{\varepsilon(1-\alpha-\beta)}(H+h)^{1-\alpha-\beta}D^\phi x^\alpha \tag{3.15}$$

方程（3.9）被改写为

$$R = \alpha A(N)L_Y^\beta p^{\varepsilon(1-\alpha-\beta)}(H+h)^{1-\alpha-\beta}x^{\alpha-1}D^\phi \tag{3.16}$$

此时，$x(t)$ 变成：

$$x = \left(\frac{\alpha}{R}\right)^{\frac{1}{1-\alpha}} A(N)^{\frac{1}{1-\alpha}} L_Y^{\frac{\beta}{1-\alpha}} p^{\frac{\varepsilon(1-\alpha-\beta)}{1-\alpha}} (H+h)^{\frac{1-\alpha-\beta}{1-\alpha}} D^{\frac{\phi}{1-\alpha}} \tag{3.17}$$

根据方程（3.8）中的参数限制，方程（3.17）可以改写成：

$$x = \left(\frac{\alpha}{R}\right)^{\frac{1}{1-\alpha}} A(N)^{\frac{1}{1-\alpha}} L_Y^{\frac{\beta}{1-\alpha}} p^{\frac{\varepsilon(1-\alpha-\beta)}{1-\alpha}} (H+h)^{\frac{1-\alpha-\beta}{1-\alpha}} D^\xi \tag{3.18}$$

依据方程（3.12）～方程（3.16），利润 $\pi(t) = R(t)x(t) - rx(t)$ 被改写成：

$$\pi = (1-\gamma)\alpha A(N)L_Y^\beta p^{\varepsilon(1-\alpha-\beta)}(H+h)^{1-\alpha-\beta}D^\phi x^\alpha \tag{3.19}$$

该模型的对称性还意味着方程 $K = \int_0^{D(t)} x_i(t)\mathrm{d}t$ 可以写成：

$$K = Dx \tag{3.20}$$

3）新经济系统的资本积累

在传统的产业经济中，物质资本占据主导地位，但随着经济的发展，知识经济的到来，人力资本不论是在数量上还是收益上都远远超过了物质资本，从而取代了在经济发展中物质资本所一度占据的主导地位。如今，企业的组织形式取决于物质资本和人力资本的合作关系。随着市场规模不断扩大、专业化分工程度的深化、金融市场的效率不断提高，物质资本越来越容易被复制，而人力资本和创新的重要性越来越高。

考虑到企业与居民主动、自觉、自律践行绿色低碳行为，我们将资本分成了两个部分：人力资本和物质资本。对于人力资本部分，人力资源既可以用于生产减排研发与技术创新部门的绿色低碳中间产品，也可以用于生产最终产品部门的绿色低碳产品，因此我们将人力资本分成了上述两个部分。对于物质资本部分，物质资本既可以用于生产减排研发与技术创新部门的绿色低碳中间产品，也可以用于生产最终产品部门的绿色低碳产品，同样地，企业与居民在主动、自觉、自律的动机下也会践行绿色低碳行为，直接投入资本、在管理与政策引导下投入资本，因此我们将物质资本分成了上述三个部分。

因此，在我们的模型中，将企业的生产资本分成了物质资本和人力资本两个部分，且服从柯布-道格拉斯生产函数：

$$K = A k_1^{\chi} k_2^{1-\chi} \tag{3.21}$$

其中，k_1 为物质资本；k_2 为人力资本；χ 为物质资本的产出弹性；$1-\chi$ 为人力资本的产出弹性；A 为企业的技术水平。

若 nk_2 是投入企业的绿色低碳产品生产中的人力资本的数量，其中 $0<n<1$，根据方程（3.18）、方程（3.20）、方程（3.21），得

$$nk_2 = n \frac{D^{\frac{\xi+1}{1-\chi}} \left(\frac{\alpha}{R}\right)^{\frac{1}{(1-\alpha)(1-\chi)}} A(N)^{\frac{1}{(1-\alpha)(1-\chi)}} L_Y^{\frac{\beta}{(1-\alpha)(1-\chi)}} p^{\frac{\varepsilon(1-\alpha-\beta)}{(1-\alpha)(1-\chi)}} (H+h)^{\frac{1-\alpha-\beta}{(1-\alpha)(1-\chi)}}}{A^{\frac{1}{1-\chi}} k_1^{\frac{\chi}{1-\chi}}} \tag{3.22}$$

方程（3.22）说明：当减排研发与技术创新部门相对于初始投资成本而言的附加成本增加时，投入企业的绿色低碳产品生产中的人力资本就会增加，那么投入减排研发与技术创新部门的绿色低碳中间产品生产的人力资本就会减少。

资本及其积累在经济增长中具有非常重要的作用，资本积累促进分工细化和生产专业化，提升技术和知识水平，提高劳动使用频率，资本的积累能扩大社会生产力，提高社会产出水平。减排研发与技术创新部门对绿色低碳中间产品研发的投入，企业与居民主动、自觉、自律践行绿色低碳行为的投入和消费都需要消耗一部分产出。

假设 4：零资本折旧。

依据 Thompson[14]，资本积累是由式（3.23）给出：

$$\dot{K}(t) = Y(t) - C(t) - K_D(t) - K_F(t) \tag{3.23}$$

其中，$C(t)$ 为消费；$K_D(t)$ 为减排研发与技术创新部门对绿色低碳中间产品研发的投入；$K_F(t)$ 为企业与居民主动、自觉、自律践行绿色低碳行为的投入。

这里，对于物质资本部分，物质资本既可以用于生产减排研发与技术创新部门的绿色低碳中间产品，也可以用于生产最终产品部门的绿色低碳产品，同样地，企业与居民在主动、自觉、自律的动机下也会践行绿色低碳行为，如直接投入资本、在管理与政策引导下投入资本，因此我们将物质资本分成了上述三个部分。为了简便分析，减排研发与技术创新部门对绿色低碳中间产品研发的投入和企业与居民主动、自觉、自律践行绿色低碳行为的投入与物质资本成比例 m，因此，$K_D(t) + K_F(t) = mk_1$。这样，方程（3.23）可以写成：

$$\dot{K} = Y - C - mk_1 \tag{3.24}$$

注 3：减排研发与技术创新部门对绿色低碳中间产品研发的投入，企业与居民主动、自觉、自律践行绿色低碳行为的投入，以及消费都需要消耗一部分产出，因此在资本积累方程中，我们将这三项都考虑在内。这里，企业与居民主动、自觉、自律践行绿色低碳行为的资本投入是以往的文献中所没有考虑在内的。

4）新经济系统的减排研发与技术创新

碳排放的减排技术作为知识可以随着时间积累，知识的创造需要时间和努力。减排研发与技术创新部门使用一定数量的劳动力进行减排研发与技术创新，并且减排研发与技术创新部门的生产力取决于原有社会资本的存量，因此，依据 Smulders[48]，我们知道创新和发明是投资的行为。基于 Romer[47]、Jones[49]、Chu 和 Lai[10]，新的想法依赖于劳动投入和现有创新思想存量。

假设 5：假设创新的增长率负依赖于减排研发与技术创新部门相对于初始投资成本而言的附加成本。

因此，减排研发与技术创新部门的创新知识积累的运动方程可以由式（3.25）给出：

$$\dot{D}(t) = \delta_1(1-n)k_2 D(t)^{1-\xi}S(t) = \delta_1 D(t)^{1-\xi}L_D(t)S(t) \tag{3.25}$$

其中，δ_1 为减排研发与技术创新部门的创新生产力参数，并且 $\delta_1 > 0$；$L_D = (1-n)k_2$ 为用于减排研发与技术创新部门的劳动力；$S(t)$ 为社会资本的存量。

同样地，企业与居民主动、自觉、自律践行绿色低碳行为所产生的创新知识积累的运动方程如下：

$$\dot{F} = \delta_2 F L_F \pi \qquad (3.26)$$

其中，δ_2 为企业与居民主动、自觉、自律践行绿色低碳行为的创新生产力参数，并且 $\delta_2 > 0$；F 为企业与居民主动、自觉、自律践行绿色低碳行为的创新知识；L_F 为主动、自觉、自律践行绿色低碳行为的企业与居民劳动力数量；π 为利润。

在上文中，我们提到了物质资本，这里的社会资本与物质资本既有区别又有联系。社会资本对经济发展具有重要的影响。在经济发展过程中，社会资本是对物质资本和人力资本的必要的补充。事实表明，缺乏社会资本的支撑，丰富的人力资本也很难发挥其最大的潜力。同样，社会资本的积累对中间生产商的利润也产生了积极的影响。因此，依据 Thompson[14]，社会资本积累方程由式（3.27）给出：

$$\dot{S}(t) = \psi_1 S(t) + \psi_2 \pi(t) \qquad (3.27)$$

其中，ψ_1 为减排研发与技术创新部门之间对信任建立的偏好；ψ_2 为主动、自觉、自律的企业和居民之间对信任建立的偏好；并且 $\psi_1 > 0$，$\psi_2 > 0$；$S(t)$ 为减排研发与技术创新部门的社会资本。

注 4：在社会资本这一部分，我们除了考虑减排研发与技术创新部门的社会资本，还考虑了企业与居民主动、自觉、自律践行绿色低碳行为的社会资本，这也是以往文献没有考虑到的。

5）新经济系统的劳动力市场

假设总劳动力 L 是恒定的，在这里劳动力既可用于企业中的总量生产函数，又可用于减排研发与技术创新，因此：

$$L = L_Y + L_D \qquad (3.28)$$

其中，L_Y 为用于绿色低碳产品生产的劳动力；L_D 为用于减排研发与技术创新部门的劳动力。

方程（3.28）意味着：

$$g_{L_Y} = -\frac{L_D}{L_Y} g_{L_D} \qquad (3.29)$$

绿色低碳产品生产企业的利润最大化条件 $\dfrac{d\pi_Y}{dL_Y} = 0$ 给出了用于绿色低碳产品生产的劳动力的工资：

$$\omega_Y = \beta A(N) L_Y^{\beta-1} p^{\varepsilon(1-\alpha-\beta)} (H+h)^{1-\alpha-\beta} D^\phi x^\alpha \qquad (3.30)$$

减排研发与技术创新中的利润最大化条件 $\dfrac{d\pi_D}{dL_D} = 0$ 给出了用于减排研发与技

术创新部门中绿色低碳中间产品生产的劳动力的工资：

$$\omega_D = p_D D \delta_1 S \tag{3.31}$$

因为劳动力市场是均衡的，所以有 $\omega_D = \omega_Y$。由此我们得到：

$$p_D = \frac{\beta A(N) L_Y^{\beta-1} p^{\varepsilon(1-\alpha-\beta)}(H+h)^{1-\alpha-\beta} D^{\phi-1} x^\alpha}{\delta_1 S} \tag{3.32}$$

6）新经济系统的技术方程

技术方程将经济增长的恒定增长率和利率(g,r)结合在一起。在 BGP 中，利率是恒定的，因此 $R = \dfrac{r}{\gamma}$ 也是如此。

对于方程（3.18），两边取对数再关于时间求导后，得

$$g_x = \frac{1}{1-\alpha} g_{A(N)} + \frac{\beta}{1-\alpha} g_{L_Y} + \frac{\varepsilon(1-\alpha-\beta)}{1-\alpha} g_p + \frac{1-\alpha-\beta}{1-\alpha} g_{H+h} + \xi g_D \tag{3.33}$$

根据方程（3.18）和方程（3.20），得到资本的增长率：

$$g_K = \frac{1}{1-\alpha} g_{A(N)} + \frac{\beta}{1-\alpha} g_{L_Y} + \frac{\varepsilon(1-\alpha-\beta)}{1-\alpha} g_p + \frac{1-\alpha-\beta}{1-\alpha} g_{H+h} + (\xi+1) g_D \tag{3.34}$$

根据方程（3.15），得到了产出增长率：

$$g_Y = g_{A(N)} + \beta g_{L_Y} + \varepsilon(1-\alpha-\beta) g_p + (1-\alpha-\beta) g_{H+h} + \phi g_D + \alpha g_x \tag{3.35}$$

结合方程（3.33）和方程（3.35），得

$$g_Y = g_x \tag{3.36}$$

根据方程（3.25），减排研发与技术创新部门的创新知识积累的增长率为

$$g_D = \frac{\dot{D}}{D} = \delta_1 D^{-\xi} L_D S \tag{3.37}$$

这意味着在 BGP 解决方案中：

$$g_S = \xi g_D - g_{L_D} \tag{3.38}$$

根据方程（3.26），企业与居民主动、自觉、自律践行绿色低碳行为所产生的创新知识积累的增长率为

$$g_F = \frac{\dot{F}}{F} = \delta_2 L_F \pi \tag{3.39}$$

这意味着在 BGP 解决方案中：

$$g_\pi = -g_{L_F} \tag{3.40}$$

根据方程（3.27），社会资本的增长率为

$$g_S = \frac{\dot{S}}{S} = \psi_1 + \psi_2 \frac{\pi}{S} \tag{3.41}$$

意味着在 BGP 解决方案中，减排研发与技术创新部门的绿色低碳中间产品的利润和社会资本的增长速度相同：

$$g_\pi = g_S = \xi g_D - g_{L_D} = -g_{L_F} \tag{3.42}$$

根据方程（3.32），得

$$\begin{aligned} g_{p_D} = & g_{A(N)} + (\beta-1)g_{L_Y} + \varepsilon(1-\alpha-\beta)g_p \\ & + (1-\alpha-\beta)g_{H+h} + (\phi-1)g_D + \alpha g_x - g_S \end{aligned} \tag{3.43}$$

结合方程（3.33）、方程（3.39）、方程（3.42）、方程（3.43）后，得

$$\begin{aligned} g_{p_D} = & \frac{1}{1-\alpha} g_{A(N)} + (\beta-1+\frac{\alpha\beta}{1-\alpha})g_{L_Y} + (1-\alpha-\beta)\frac{\varepsilon}{1-\alpha} g_p \\ & + (1-\alpha-\beta)\frac{1}{1-\alpha} g_{H+h} + \frac{1}{\xi} g_{L_F} + \frac{\xi-1}{\xi} g_{L_D} \end{aligned} \tag{3.44}$$

根据方程（3.11）、方程（3.42）、方程（3.44），得

$$g_{L_D} = 0 \tag{3.45}$$

由此，方程（3.42）可以改写成：

$$g_\pi = g_S = \xi g_D \tag{3.46}$$

根据方程（3.11）、方程（3.35）和方程（3.36），得

$$g_Y = r - \frac{\pi}{p_D(D^\xi + p_h)} \tag{3.47}$$

而后，依据方程（3.19）、方程（3.32）和方程（3.47），我们可以得到：

$$g_Y = r - \frac{(1-\gamma)\alpha\delta_1 SL_Y D}{\beta(D^\xi + p_h)} \tag{3.48}$$

这也是我们最终的技术方程。

对技术方程进行分析，发现 $\frac{\partial g_Y}{\partial p_h} > 0$，说明产出增长率随着企业与居民主动、自觉、自律的绿色低碳投入的资本的增加而增加。

2. 新经济系统的家庭

在这一部分，我们考虑了家庭效用函数，并在家庭效用函数中考虑了环境质量、消费和碳排放量。

在 Chu 和 Lai[10]、Chen 等[50]的基础上，我们的家庭效用函数可由当前消费水平 C、环境质量 N 和碳排放量 T 共同决定。因此，家庭效用函数表示为

$$U = \frac{(CN^\eta)^{1-\sigma}-1}{1-\sigma} - \theta\frac{T^{1+\omega}-1}{1+\omega} \tag{3.49}$$

其中，U 为家庭的瞬时效用；C 为消费；N 为环境质量；T 为碳排放量；ω 为企

业与居民参与环保的意识；σ 为相对风险厌恶系数；η 为与环境有关的效用的权重；θ 为转换系数，将对二氧化碳的感知效用转化为货币单位，使消费与对环境的感知具有可加性；$\sigma, \omega, \eta, \theta > 0$。

对于我们而言，关心的不仅仅是实现当期效用的最大化，更应是实现跨期效用的最大化，即

$$\max \int_0^\infty \left(\left(\frac{(CN^\eta)^{1-\sigma}-1}{1-\sigma} - \theta \frac{T^{1+\omega}-1}{1+\omega} \right) \exp(-\rho t) \right) dt \tag{3.50}$$

其中，ρ 为主观时间贴现率（对当期消费与未来消费之间选择的时间偏好率）。当 ρ 变小表示当期消费与未来消费之间的差异小，当 ρ 变大表示更加偏好当期消费。

3.1.3 绿色低碳内生增长下的一般均衡

在这一部分，对于家庭效用函数，我们给出了绿色低碳与环境约束条件，而后依据 Hamilton 函数得到了增长率（欧拉方程），考虑环境与绿色低碳排放约束下的效用函数，通过求最优化解，得出绿色低碳内生增长下的一般均衡解及绿色低碳一般均衡增长率，并对技术方程进行分析发现产出增长率随着企业与居民主动、自觉、自律投入的资本的增加而增加。

1. 绿色低碳与环境约束下的一般均衡解

效用最大化，得到

$$\max_C \int_0^\infty \left(\left(\frac{(CN^\eta)^{1-\sigma}-1}{1-\sigma} - \theta \frac{T^{1+\omega}-1}{1+\omega} \right) \exp(-\rho t) \right) dt$$

$$\text{s.t.} \begin{cases} \dot{N} = b_1 N(1-N) + b_2 p \\ \dot{H} = p - aH \\ \dot{h} = d \\ \dot{K} = Y - C - mk_1 = A(N) L_Y^\beta p^{\varepsilon(1-\alpha-\beta)} (H+h)^{1-\alpha-\beta} D^{\phi-\alpha} K^\alpha - C - mk_1 \\ \dot{D} = \delta_1 D^{1-\xi} L_D S \\ \dot{F} = \delta_2 F L_F \pi = \delta_2 F L_F (1-\gamma) \alpha A(N) L_Y^\beta p^{\varepsilon(1-\alpha-\beta)} (H+h)^{1-\alpha-\beta} D^{\phi-\alpha} K^\alpha \\ \dot{S} = \psi_1 S + \psi_2 \pi = \psi_1 S + \psi_2 (1-\gamma) \alpha A(N) L_Y^\beta p^{\varepsilon(1-\alpha-\beta)} (H+h)^{1-\alpha-\beta} D^{\phi-\alpha} K^\alpha \\ \dot{T} = T^\vartheta (H+h)^{-\varsigma} - aT \end{cases} \tag{3.51}$$

其中，T 为碳排放量；ϑ 为碳排放对污染的弹性；ς 为减排研发与技术创新部门研发绿色低碳中间产品所产生的创新知识存量和企业与居民主动、自觉、自律践行绿色低碳行为产生的知识存量对碳排放的弹性；a 为环境自治系数，也就是自

然环境的自我净化能力。

而后，依据 Hamilton 函数我们求得增长率（欧拉方程）：

$$g_C = \frac{\dot{C}}{C} = \frac{r-\rho}{\sigma} \tag{3.52}$$

因此，利率 r 在 BGP 平衡中是恒定的。

在我们的模型中，长期增长是可行的和可持续的，BGP 在稳定状态的特点是

$$\frac{\dot{C}}{C} = \frac{\dot{Y}}{Y}, \dot{N} = \dot{p} = 0$$

即 $g_C = g_Y$。

BGP 一般均衡解是通过求解方程（3.48）和方程（3.52）的两个未知数 r 和 g，得到：

$$\begin{cases} g = \dfrac{r-\rho}{\sigma} \\ g = r - \dfrac{(1-\gamma)\alpha\delta_1 SL_Y D}{\beta(D^\xi + p_h)} \end{cases} \tag{3.53}$$

添加约束条件 $r > g > 0$，可以使得我们的解具有正的利率和增长率。

命题 3.1：BGP 存在唯一的稳态解 $\sigma > 1$ 和 $\dfrac{(1-\gamma)\alpha\delta_1 SL_Y D}{\beta(D^\xi + p_h)} > \rho$。

证明：如图 3.2 所示，对于方程 $g = \dfrac{r-\rho}{\sigma}$，$\dfrac{dr}{dg} = \sigma$ 即为斜率，当 $g = 0$ 时，$r = \rho$；当 $r = 0$ 时，$g = -\dfrac{\rho}{\sigma}$。为了确保 $r > g$，需要添加 $\sigma > 1$ 这一条件，所以方程位于

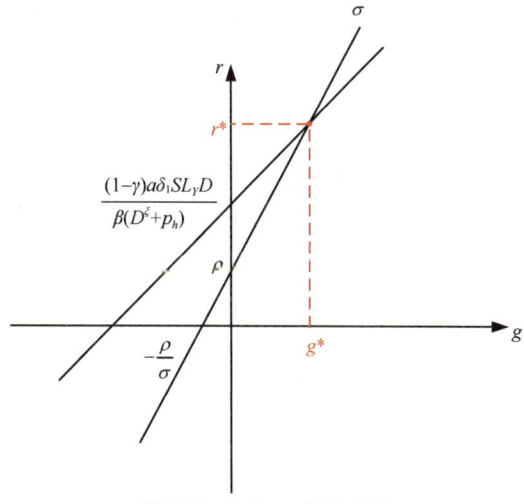

图 3.2 BGP 一般均衡解

45 度线上方。对于方程 $g = r - \dfrac{(1-\gamma)\alpha\delta_1 SL_Y D}{\beta(D^\xi + p_h)}$，$\dfrac{\mathrm{d}r}{\mathrm{d}g} = 1$ 即为斜率，当 $g = 0$ 时，$r = \dfrac{(1-\gamma)\alpha\delta_1 SL_Y D}{\beta(D^\xi + p_h)}$。

然后，设若①$\sigma > 1$ 和② $\dfrac{(1-\gamma)\alpha\delta_1 SL_Y D}{\beta(D^\xi + p_h)} > \rho$，欧拉方程和技术方程在 (r, g) 空间的第一象限中只有一个交点，因此，BGP 平衡是唯一的。

2. 绿色低碳一般均衡增长率

命题 3.2：绿色低碳一般均衡增长率为

$$g = \dfrac{\dfrac{(1-\gamma)\alpha\delta_1 SL_Y D}{\beta(D^\xi + p_h)} - \rho}{\sigma - 1} \tag{3.54}$$

证明：通过求解方程组（3.53），即可求出 g 值，即绿色低碳一般均衡增长率。如图 3.2 中红色虚线所标注。

3. 绿色低碳内生增长下的经济增长与产出增长

1）绿色低碳与环境约束下的效用函数

效用最大化，得到

$$\max_C \int_0^\infty \left(\left(\dfrac{(CN^\eta)^{1-\sigma} - 1}{1-\sigma} - \theta \dfrac{T^{1+\omega} - 1}{1+\omega} \right) \exp(-\rho t) \right) \mathrm{d}t$$

$$\text{s.t.} \begin{cases} \dot{N} = b_1 N(1-N) + b_2 p \\ \dot{H} = p - aH \\ \dot{h} = d \\ \dot{K} = Y - C - mk_1 = A(N)L_Y^\beta p^{\varepsilon(1-\alpha-\beta)}(H+h)^{1-\alpha-\beta} D^{\phi-\alpha} K^\alpha - C - mk_1 \\ \dot{D} = \delta_1 D^{1-\xi} L_D S \\ \dot{F} = \delta_2 FL_F \pi = \delta_2 FL_F (1-\gamma)\alpha A(N)L_Y^\beta p^{\varepsilon(1-\alpha-\beta)}(H+h)^{1-\alpha-\beta} D^{\phi-\alpha} K^\alpha \\ \dot{S} = \psi_1 S + \psi_2 \pi = \psi_1 S + \psi_2 (1-\gamma)\alpha A(N)L_Y^\beta p^{\varepsilon(1-\alpha-\beta)}(H+h)^{1-\alpha-\beta} D^{\phi-\alpha} K^\alpha \\ \dot{T} = T^\vartheta (H+h)^{-\varsigma} - aT \end{cases} \tag{3.55}$$

其中，控制变量为 C，状态变量为 N、H、h、K、D、F、S、T。

2）Hamilton 函数

构造 Hamilton 函数：

$$J = \left(\frac{(CN^\eta)^{1-\sigma}-1}{1-\sigma} - \theta\frac{T^{1+\omega}-1}{1+\omega}\right) + \lambda_1\left(b_1N(1-N)+b_2p\right) + \lambda_2(p-aH)$$
$$+ \lambda_3 d + \lambda_4\left(A(N)L_Y^\beta p^{\varepsilon(1-\alpha-\beta)}(H+h)^{1-\alpha-\beta}D^{\phi-\alpha}K^\alpha - C - mk_1\right)$$
$$+ \lambda_5(\delta_1 L_D D^{1-\xi}S) + \lambda_6\delta_2 FL_F(1-\gamma)\alpha A(N)L_Y^\beta p^{\varepsilon(1-\alpha-\beta)}(H+h)^{1-\alpha-\beta}D^{\phi-\alpha}K^\alpha \quad (3.56)$$
$$+ \lambda_7\left(\psi_1 S + \psi_2(1-\gamma)\alpha A(N)L_Y^\beta p^{\varepsilon(1-\alpha-\beta)}(H+h)^{1-\alpha-\beta}D^{\phi-\alpha}K^\alpha\right)$$
$$+ \lambda_8\left(T^\vartheta(H+h)^{-\varsigma} - aT\right)$$

其中，λ_1、λ_2、λ_3、λ_4、λ_5、λ_6、λ_7、λ_8 为对应变量的影子价格。

3）计算求解

在平衡状态下，各变量的平衡增长率均为常数。假设任意变量 X 的增长率为 $g_X = \frac{\dot{X}}{X}$。

在我们的模型中，增长是可行的和可持续的，因此，在平衡状态下：

$$\frac{\dot{C}}{C} = \frac{\dot{K}}{K} = \frac{\dot{Y}}{Y}, \dot{N} = 0$$

即 $g_C = g_K = g_Y = $ 常数。

根据方程（3.51）中的约束条件，得到：

$$g_D = \delta_1 L_D D^{-\xi}S$$

因为 g_D 为常数，所以 $g_S = \xi g_D - g_{L_D} = \xi g_D$；$g_H = \frac{p}{H} - a$。

因为 g_H 为常数，所以 a 为常数，$\frac{p}{H}$ 为常数，因此 $g_p = g_H$；$g_N = b_1(1-N) + b_2\frac{p}{N}$。

因为 g_N 为常数，所以 b_1、b_2 为常数，$\frac{p}{N}$ 为常数，因此 $g_p = g_N$；$g_S = \psi_1 + \psi_2\frac{\pi}{S}$。

因为 g_S 为常数，所以 ψ_1、ψ_2 为常数，$\frac{\pi}{S}$ 为常数，因此 $g_\pi = g_S$；$g_F = \delta_2 L_F \pi$。

因为 g_F 为常数，所以 δ_2 为常数，因此 $g_\pi = -g_{L_F}$；$g_T = \vartheta T^{\vartheta-1}(H+h)^{-\varsigma} - a$。

因为 g_T 为常数，所以 a 为常数，因此 $(\vartheta-1)g_T = \varsigma g_{H+h}$。

结合上述分析及方程（3.51），得到：

$$g_{H+h} = \frac{\vartheta-1}{\varsigma}g_T = \frac{\vartheta-1}{\varsigma}\left(\vartheta T^{\vartheta-1}(H+h)^{-\varsigma} - a\right) \quad (3.57)$$

根据方程（3.35）和方程（3.36），得

$$g_Y = \frac{1}{1-\alpha}g_{A(N)} + \frac{\beta}{1-\alpha}g_{L_Y} + \frac{\varepsilon(1-\alpha-\beta)}{1-\alpha}g_p + \frac{1-\alpha-\beta}{1-\alpha}g_{H+h} + \frac{\phi}{1-\alpha}g_D \quad (3.58)$$

根据方程（3.4）、方程（3.57）和方程（3.58），得

$$g_Y = \frac{1}{1-\alpha}g_{A(N)} + \frac{\beta}{1-\alpha}g_{L_Y} + \frac{\varepsilon(1-\alpha-\beta)}{1-\alpha}\left(\frac{p}{H}-a\right)$$
$$+ \frac{1-\alpha-\beta}{1-\alpha} \times \frac{\vartheta-1}{\varsigma}\left(\vartheta T^{\vartheta-1}(H+h)^{-\varsigma}-a\right) + \frac{\phi}{1-\alpha}\delta_1 L_D D^{-\xi} S \quad (3.59)$$

结合方程（3.59）与方程（3.2），可以得到：

$$g_Y = \frac{1}{1-\alpha}g_{A(N)} + \frac{\beta}{1-\alpha}g_{L_Y} + \frac{\varepsilon(1-\alpha-\beta)}{1-\alpha}\left(\frac{e^{\frac{1}{\varepsilon}}}{(H+h)^{\frac{1}{\varepsilon}}H}-a\right)$$
$$+ \frac{1-\alpha-\beta}{1-\alpha} \times \frac{\vartheta-1}{\varsigma}\left(\vartheta T^{\vartheta-1}(H+h)^{-\varsigma}-a\right) + \frac{\phi}{1-\alpha}\delta_1 L_D D^{-\xi} S \quad (3.60)$$

4）经济增长与产出增长分析

通过对方程（3.60）进行分析，我们发现：① $\frac{\partial g_Y}{\partial L_D} > 0$，这说明投入减排研发与技术创新部门中的人力资本 L_D 越多，产出增长率 g_Y 越高；② $\frac{\partial g_Y}{\partial S} > 0$，这说明投入减排研发与技术创新部门中的社会资本 S 越多，产出增长率 g_Y 越高。

3.1.4 碳中和效应及其数值模拟

在这一部分，将减少碳排放的投入能力与自然环境的自我净化能力作为内生因素纳入增长的动力范围，并将这种能力称为绿色低碳行为的碳中和水平，而后依据绿色低碳行为的碳中和水平、生产部门得到的技术方程和家庭部分得到的欧拉方程，实现绿色低碳行为在生产与消费过程中的演变价值。进一步通过数值模拟，得到了碳中和效应，即碳中和水平内生效应与碳中和的价值实现效应。

1. 技术方程中的产出增长率

现根据方程（3.48），并且依据 Chu 和 Lai[10]、Wan 等[51]、Gao 和 Tian[52]、Tian 等[53]、余梦晴和罗昌财[54]及《中国统计年鉴2020》[55]，得到参数值：$\alpha = 0.000\,003$，$\phi = 0.0223$，$\gamma = 0.000\,13$，$D = 0.0035$，$H = 0.014$，$h = 0.0045$，$\frac{1}{\varepsilon} = 0.84$，$\beta = 0.275$，$r = 0.2361$，$p_h = 61.515\,13$，$T = 39.7452$，$\vartheta = 0.54$，$\zeta = 0.1323$，$\delta_1 = 0.0541$，$L_D = 0.048\,01$，$S = 560\,874$，$\xi = 0.0223$，$L_Y = 2.1305$。现在讨论技术方程中的产出增长率（$g_Y$）和企业与居民主动、自觉、自律投入的资本（$p_h$）之间的关系，如图3.3所示。

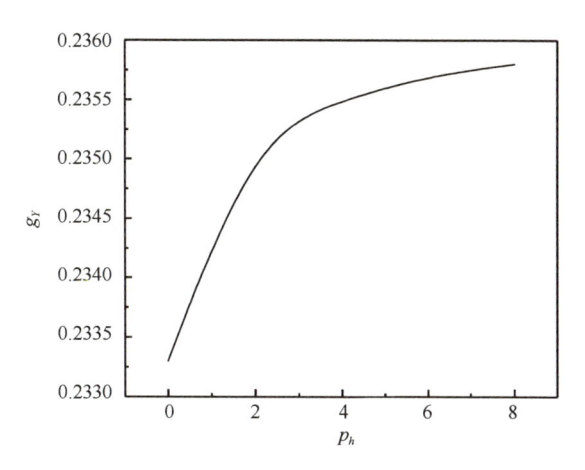

图 3.3　企业与居民主动、自觉、自律投入的资本和产出增长率之间的关系

在图 3.3 中固定 D、L_Y 与 S，发现产出增长率随着企业与居民主动、自觉、自律投入的资本的增加而增加。

2. 碳中和水平内生效应及其数值模拟

定义 3.1：基于企业与居民主动、自觉、自律践行绿色低碳行为，将减少碳排放的投入能力与自然环境的自我净化能力作为内生因素纳入增长的内生动力范围，并称这种绿色低碳行为的能力，即减少碳排放或抵消因为没有绿色低碳行为的渗透而引起的碳排放为绿色低碳行为的碳中和水平，用于度量绿色低碳行为的碳中和价值实现。其中，这里的减少碳排放的投入能力是由企业与居民主动、自觉、自律践行绿色低碳行为的动机、资本、管理、政策等而产生的。

定义 3.2：随着生态环境发展的需要，企业与居民主动、自觉、自律践行绿色低碳行为，伴随着生产、消费过程中绿色低碳行为的碳中和水平的提升，系统的碳排放相对减少，即减排投入也相对减少。这里所谓的绿色低碳行为的碳中和的价值实现指：一方面是通过减少碳排放的投入能力，减少一部分原本会产生的碳排放；另一方面是通过自然环境的自我净化吸收掉一部分碳排放，因此减少了一些负的经济价值，而这部分减少与净化掉的碳排放投入和负的经济价值实现了绿色低碳行为的碳中和价值。

定义 3.3：除了企业与居民主动、自觉、自律践行绿色低碳行为而减少的二氧化碳排放，自然环境自我净化掉一部分二氧化碳，使得碳排放量的增长率下降，直至实现负增长。我们用碳排放量的增长率反映绿色低碳行为的碳中和的价值实现能力。绿色低碳行为的碳中和的价值实现能力的强弱体现在：若碳排放量的增长率大于 0，价值实现能力较弱；若碳排放量的增长率小于 0，价值实现能力较强。

在这里我们将对绿色低碳行为的碳中和水平进行一个详细的讨论。

在绿色低碳行为的碳中和水平 $\varGamma$ 中，我们考虑了减少碳排放的投入能力 e 和自然环境的自我净化能力 a，因此可以用式（3.61）表示：

$$\varGamma = a + e \qquad (3.61)$$

在我们所采用的数据下，结合方程（3.2）、方程（3.4）和方程（3.60），可以得到：

$$\varGamma = \begin{cases} a + 4.605a^{0.6}, & \text{自然环境的自我净化能力场景下} \\ e + 0.0785e^{1.6667}, & \text{减少碳排放的投入能力场景下} \end{cases} \qquad (3.62)$$

方程（3.62）给出了碳中和水平与自然环境的自我净化能力及减少碳排放投入的能力之间的关系，发现当自然环境的自我净化能力 a 越高，绿色低碳行为的碳中和水平越高；反之，绿色低碳行为的碳中和水平越低。当企业与居民主动、自觉、自律践行绿色低碳行为减少碳排放的投入能力越高，绿色低碳行为的碳中和水平越高；反之，绿色低碳行为的碳中和水平越低。

下面给出自然环境的自我净化能力与绿色低碳行为的碳中和水平之间的关系，如图 3.4（a）所示，发现绿色低碳行为的碳中和水平 $\varGamma$ 随着自然环境的自我净化能力 a 的增加而增加。给出减少碳排放的投入能力与绿色低碳行为的碳中和水平之间的关系图如图 3.4（b）所示，发现绿色低碳行为的碳中和水平 $\varGamma$ 随着减少碳排放的投入能力 e 的增加而增加。这也就是我们所说的绿色低碳行为的碳中和水平内生效应。

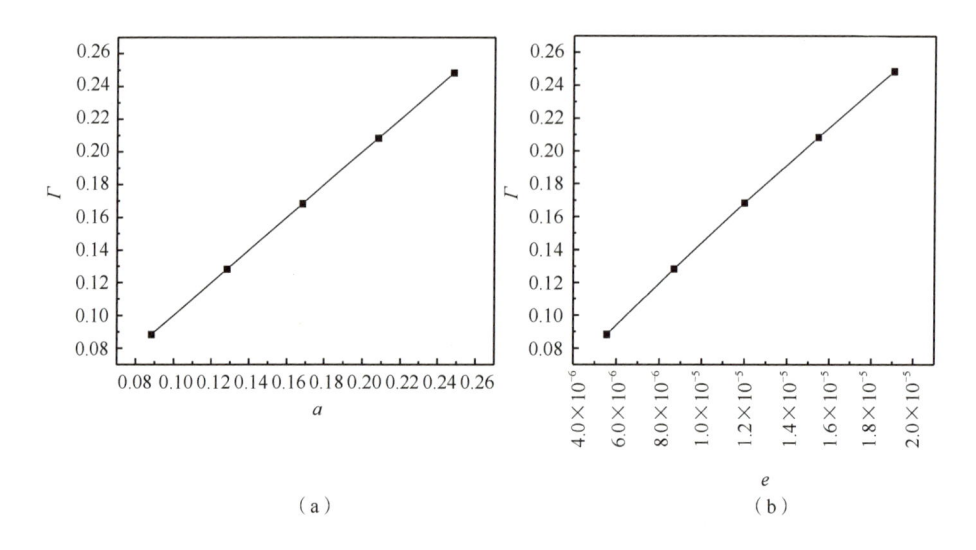

(a)

(b)

图 3.4　绿色低碳行为的碳中和水平

因此，碳中和水平内生效应，即自然环境的自我净化能力越高，绿色低碳行为的碳中和水平越高；反之，绿色低碳行为的碳中和水平越低。企业与居民主动、自觉、自律践行绿色低碳行为所产生的减少碳排放能力越高，绿色低碳行为的碳中和水平越高；反之，绿色低碳行为的碳中和水平越低。

3. 碳中和的价值实现效应及其数值模拟

将绿色低碳行为的碳中和水平作用于生产部门得出的技术方程与家庭部分得出的欧拉方程，最终可以得出碳中和的价值实现效应。在本节中，价值实现能力的强弱体现在：若碳排放量的增长率大于 0，价值实现能力较弱；若碳排放量的增长率小于 0，价值实现能力较强。对此，我们进行数值模拟。

依据何永贵和于江浩[56]，得到：$\vartheta = 0.7476$；依据曹军新和姚斌[57]与国际货币基金组织（International Monetary Fund，IMF）研究，得到：$\varsigma = 0.6$。在这里我们令 $h = 0.5$。接下来，我们主要探讨自然环境的自我净化能力与碳排放量增长率、自然环境的自我净化能力与产出增长率、减少碳排放投入的能力与碳排放量增长率、减少碳排放投入的能力与产出增长率之间的关系，如图 3.5 所示。图 3.5 中的虚线就是一个临界状态，即 $a = c_1$，$e = c_{11}$ 时的状态。图 3.5（a）描述了自然环境的自我净化能力与碳排放量增长率之间的关系，发现随着自然环境的自我净化能力的提高，碳排放量的增长率在下降，当 $a > c_1$ 时，碳排放量的增长率为负，此时绿色低碳行为的碳中和的价值实现能力较强，当 $a < c_1$ 时，碳排放量的增长率为正，此时绿色低碳行为的碳中和的价值实现能力较弱；图 3.5（b）描述了减少碳排放的投入能力与碳排放量增长率之间的关系，发现随着减少碳排放的投入能力的增加，碳排放量增长率在减少，当 $e > c_{11}$ 时，碳排放量的增长率为负，此时绿色低碳行为的碳中和的价值实现能力较强，当 $e < c_{11}$ 时，碳排放量的增长率为正，此时绿色低碳行为的碳中和的价值实现能力较弱；这也就是我们所说的碳中和的价值实现效应。图 3.5（c）描述了自然环境的自我净化能力与产出增长率之间的关系，发现随着自然环境的自我净化能力的提高，产出增长率在上升。图 3.5（d）描述了减少碳排放的投入能力与产出增长率之间的关系，发现随着减少碳排放的投入能力的增加，产出增长率在上升。此时根据我们所采用的数据，在这一时刻，$c_1 = 0.1683$，$c_{11} = 0.1199 \times 10^{-4}$。

因此，碳中和的价值实现效应，即碳排放量的增长率随着自然环境净化能力和减少碳排放的投入能力的增加而下降，产出增长率随着自然环境净化能力和减少碳排放的投入能力的增加而上升，自然环境的自我净化能力在不同时期存在不

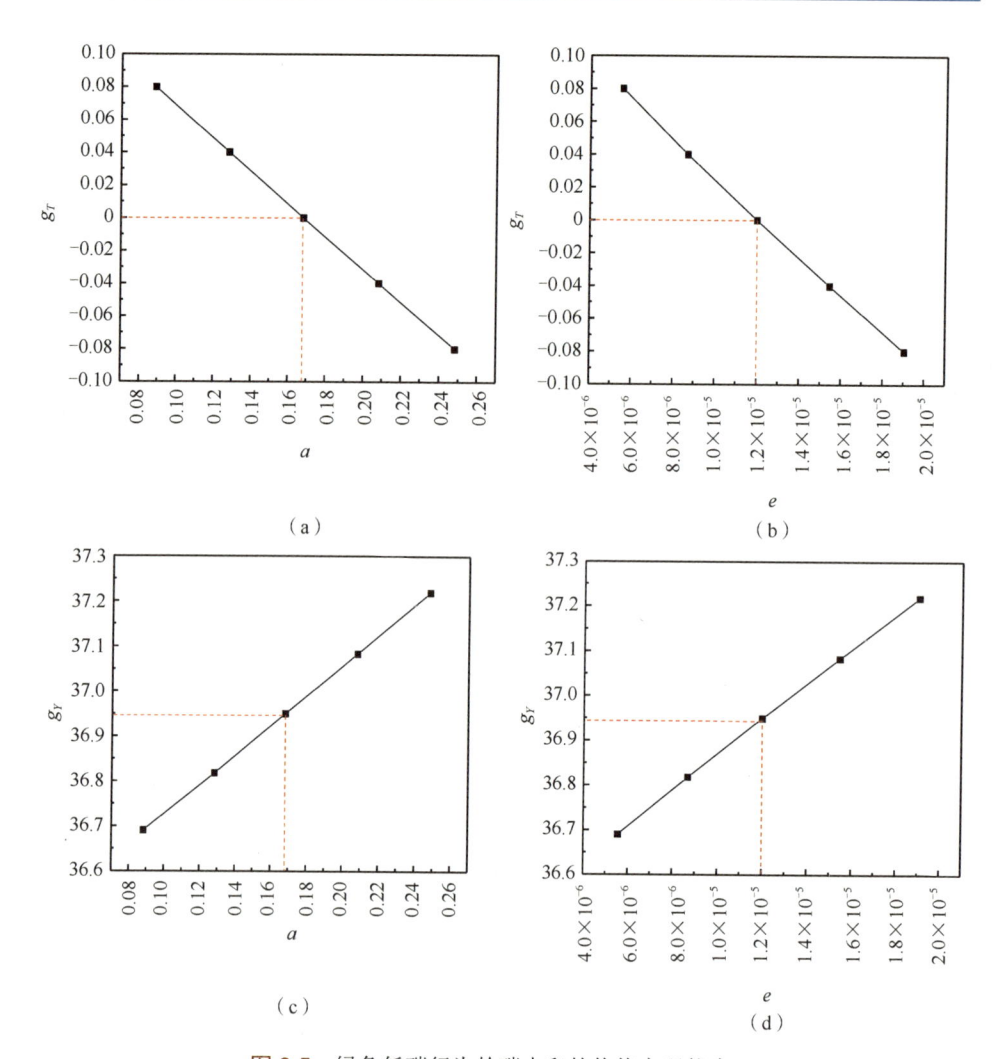

图 3.5 绿色低碳行为的碳中和的价值实现能力

同的临界值 c_1，减少碳排放的投入能力在不同时期存在不同的临界值 c_{11}，当自然环境的自我净化能力大于 c_1，减少碳排放的投入能力大于 c_{11} 时，碳排放量的增长率为负，此时绿色低碳行为的碳中和的价值实现能力较强，当自然环境的自我净化能力小于 c_1，减少碳排放的投入能力小于 c_{11} 时，碳排放量的增长率为正，此时绿色低碳行为的碳中和的价值实现能力较弱。

4. 绿色低碳行为的碳中和水平与绿色低碳行为的碳中和的价值实现能力之间的关系

结合上述碳中和水平内生效应与碳中和的价值实现效应，以及图 3.4 和图 3.5，我们可以得到图 3.6。图 3.6 中的虚线就是一个临界状态。即 $\varGamma = c_2$ 时的状态。图 3.6（a）描述了绿色低碳行为的碳中和水平与碳排放量增长率之间的关系，可以发现碳排放量的增长率随着绿色低碳行为的碳中和水平的提高而下降，当 $\varGamma > c_2$ 时，碳排放量的增长率为负，此时绿色低碳行为的碳中和的价值实现能力较强，当 $\varGamma < c_2$ 时，碳排放量的增长率为正，此时绿色低碳行为的碳中和的价值实现能力较弱。图 3.6（b）描述了绿色低碳行为的碳中和水平与产出增长率之间的关系，可以发现产出增长率随着绿色低碳行为的碳中和水平的提高而增加。根据我们所采用的数据，在这一时刻，$c_2 = 0.168\,311\,99$。

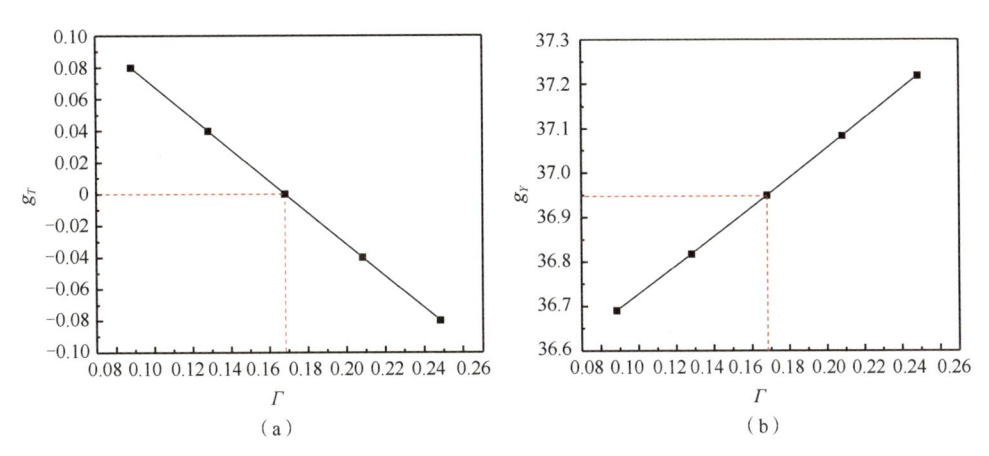

图 3.6　绿色低碳行为的碳中和水平与绿色低碳行为的碳中和的价值实现能力

因此，结合碳中和水平内生效应与碳中和的价值实现效应，我们可以得出：碳排放量的增长率随着绿色低碳行为的碳中和水平的提高而下降，产出增长率随着绿色低碳行为的碳中和水平的提高而增加，绿色低碳行为的碳中和水平在不同时期存在不同的临界值 c_2，当绿色低碳行为的碳中和水平大于 c_2 时，碳排放量的增长率为负，此时绿色低碳行为的碳中和的价值实现能力较强，当绿色低碳行为的碳中和水平小于 c_2 时，碳排放量的增长率为正，此时绿色低碳行为的碳中和的价值实现能力较弱。

3.1.5　结论

本节基于企业与居民主动、自觉、自律践行绿色低碳行为视角，构建了一个非规模的、包含生产部门与家庭这两个部分的绿色低碳行为驱动的减排研发的长期增长模型，研究经济系统在碳中和水平提升驱动下的内生增长规律及其增长过程中的碳中和的价值实现。在生产部门中，我们将其分成了六个部分：绿色低碳产品、绿色低碳中间产品、资本积累、减排研发与技术创新、劳动力市场、技术方程。最后这一部分的技术方程是基于前五个部分而得出的。这里，绿色低碳产品是在完全竞争市场下生产的，绿色低碳中间产品是在垄断竞争市场下生产的。对于绿色低碳产品，考虑了减少碳排放的投入能力，将外部性内部化，因为减少碳排放的投入能力会造成市场失灵，因此需要将生产者通过技术创新减少碳排放的投入能力所产生的费用考虑进他们的生产和消费中，从而弥补外部成本与社会成本的差额，以解决减少碳排放外部性问题；对于绿色低碳中间产品，除了考虑减排研发与技术创新部门研发绿色低碳中间产品所产生的创新知识存量，还考虑了企业与居民主动、自觉、自律践行绿色低碳行为产生的知识存量；对于减排研发与技术创新部分，考虑了自然环境的自我净化能力。在家庭中，我们构建了家庭效用函数，并在家庭效用函数中考虑了环境质量、消费和碳排放量，而后依据 Hamilton 函数求得增长率。本节将企业与居民主动、自觉、自律践行绿色低碳行为贯彻整个模型。基于主动、自觉、自律践行绿色低碳行为视角，本节将减少碳排放的投入能力与自然环境的自我净化能力作为内生因素纳入增长的动力范围，并将绿色低碳行为的渗透能力，即减少碳排放或抵消因为没有绿色低碳行为的渗透而引起的碳排放称为绿色低碳行为的碳中和水平，而后依据绿色低碳行为的碳中和水平、生产部门得到的技术方程和家庭部分得到的欧拉方程，实现绿色低碳行为在生产与消费过程中的演变价值。考虑环境与绿色低碳排放约束下的效用函数，通过求最优化解，得出绿色低碳内生增长下的一般均衡解及绿色低碳一般均衡增长率，并对技术方程进行分析发现产出增长率随着企业与居民主动、自觉、自律投入的资本的增加而增加。进一步通过数值模拟，得到了碳中和效应，即碳中和水平内生效应与碳中和的价值实现效应。

（1）碳中和水平内生效应，即当自然环境的自我净化能力越高，绿色低碳行为的碳中和水平越高；反之，绿色低碳行为的碳中和水平越低。当企业与居民主动、自觉、自律践行绿色低碳行为所减少碳排放的投入能力越高，绿色低碳行为的碳中和水平越高；反之，绿色低碳行为的碳中和水平越低。

（2）碳中和的价值实现效应，即碳排放量的增长率随着自然环境净化能力和减少碳排放的投入能力的增加而下降，产出增长率随着自然环境的自我净化能力和减少碳排放的投入能力的增加而上升，自然环境的自我净化能力在不同时期存在不同的临界值 c_1，减少碳排放的投入能力在不同时期存在不同的临界值 c_{11}，当自然环境的自我净化能力大于 c_1，减少碳排放的投入能力大于 c_{11} 时，碳排放量的增长率为负，此时绿色低碳行为的碳中和的价值实现能力较强，当自然环境的自我净化能力小于 c_1，减少碳排放的投入能力小于 c_{11} 时，碳排放量的增长率为正，此时绿色低碳行为的碳中和的价值实现能力较弱。

（3）产出增长率随着企业与居民主动、自觉、自律投入的资本的增加而增加；产出增长率正向取决于投入减排研发与技术创新部门中的人力资本和社会资本。

（4）碳排放量的增长率随着绿色低碳行为的碳中和水平的提高而下降，产出增长率随着绿色低碳行为的碳中和水平的提高而增加，绿色低碳行为的碳中和水平在不同时期存在不同的临界值 c_2，当绿色低碳行为的碳中和水平大于 c_2 时，碳排放量的增长率为负，此时绿色低碳行为的碳中和的价值实现能力较强，当绿色低碳行为的碳中和水平小于 c_2 时，碳排放量的增长率为正，此时绿色低碳行为的碳中和的价值实现能力较弱。

3.2 多主体协同交互下绿色低碳行为濡化发展研究

气候变化影响着我们这个时代，它对我们的气候系统有着长远影响，而我们正处于一个决定性的时刻。如果我们现在不采取行动，那么气候变化将造成不可挽回的后果。而二氧化碳作为影响全球气候变化的主要因素（大气中含量最多的温室气体，约占其总量 2/3 的二氧化碳，主要由焚烧化石燃料产生），其主要来源于人类活动过程中超出自然界吸收碳能力的化石燃料的燃烧。因此，根据人类行为活动过程中二氧化碳的排放路径，探究碳减排策略已成为缓解气候变化的热点问题。

3.2.1 碳减排策略的相关动态分析

工业作为国民经济的支柱产业，不仅是化石能源的主要能源使用者，也是二氧化碳的主要贡献者[58]。针对国家节能减排政策，Ren 和 Wang[59]采用碳排放系数法对山东钢铁工业 2005～2008 年碳排放进行了计算，结果表明，我国碳排放在该期间内总体呈上升趋势，仍有降低碳排放的空间。针对 1996～2008 年行业规模、能源结构、能源强度和公用设施结构对中国有色金属行业二氧化碳排放总量的影响，Ren 和 Hu[60]采用改进的拉氏指数法（Laspeyres index approach, LIA）进行了研究，发现工业的快速增长是造成二氧化碳排放量增加的最重要因素，能源结构的变化主要是由于电能消耗比例的提高，而电能消耗比例的提高又是二氧化碳排放量增加的原因。同时，能源强度的降低对排放的减少有显著的贡献，而公用事业混合效应也在一定程度上促进了排放的减少。He 和 Zhang[61]运用 IPCC 经验方法计算了 1993～2012 年中国钢铁工业的碳排放量，结果表明，产能过剩对我国钢铁工业碳排放也有着重要影响。此外，物流业作为碳排放的主要来源之一，是减少温室气体排放和环境污染的重要对象[62]。

碳排放不仅与工业密切相关，而且与交通、火力发电、建筑、人口、经济、能源消费、城镇化发展等密切相关，而严峻的气候变化正在日益加剧碳减排的压力。Zhang 等[63]提出了一个非径向Malmquist 二氧化碳排放性能指数，研究了中国区域交通运输业二氧化碳排放动态变化及其分解情况，结果表明，技术下降导致交通运输业全要素碳排放绩效较上年同期下降 32.8%。电力业务在全球经济向低碳化转型的过程中发展速度最快、增长空间最大。Li 等[64]分析了中国电力行业在提高能源效率和减少空气排放方面取得的成就，并讨论了政策制定方面仍然存在的挑战和机遇。Yang 和 Lin[65]分析了中国电力行业二氧化碳排放及其减排潜力的影响。此外，Liu 等[66]构建了基于时间模型的中国电力行业低碳路径分析模型，并对参考情景、低碳情景和强化低碳情景下的碳排放进行了对比分析。作为国民经济的支柱产业，建筑业对环境的破坏不容忽视，Shang 等[67]基于 Kaya 因子分解法，研究了能源结构的碳强度、能源强度及建设产出对省级建筑业碳排放的影响，提出了省级建筑业低碳发展的相关建议。我国正处于快速的新型城市化阶段，不同城市化阶段的区域碳排放呈现出不同的特点，优化城市形态可以减少道路交通相关的碳排放[68]，Shi 和 Li[69]基于环境库兹涅茨曲线和自回归分布滞后（autoregressive distributed lag，ADL）模型，分析了不同城市群碳排放与城市化率的三阶段动态关系，并分析了能源强度和能源结构对这种关系的影响。此外，人口城市化也已成为影响我国碳排放的主要人口因素，Guo 等[70]通过引入城市化、居民消费等因素，对 LMDI（logarithmic mean Divisia index，对数平均迪氏指数）模型进行了扩展，将我国碳排放变化分解为碳排放因子效应、能源强度效应、消费抑制因子效应、城市化效应、居民消费效应、人口规模效应，进而探讨了上述六个因素对我国碳排放变化的贡献率和作用机制，研究表明中国人口年龄结构、人口教育结构、人口职业结构的变化缓解了碳排放的增长，但人口、城乡结构、区域经济水平的变化影响了碳排放的增长，人口数量增加了碳排放量，而人口性别结构的变化对碳排放的变化没有显著影响。同时，大气中的二氧化碳排放量被认为取决于自然因素和人口密度相关因素。Sundar 等[71]利用微分方程的稳定性理论对该模型（建模考虑了大气中二氧化碳浓度、人口密度、绿地生物量密度和海藻生物量密度四个非线性相互作用的变量）进行了分析，分析表明，如果绿地种植和海藻种植的生物量密度增加，大气中二氧化碳的浓度就会显著降低，而与人口有关的活动增加了大气中二氧化碳的浓度。大量研究表明，碳排放与经济增长之间存在密切的关系[62]，Jin 和 Zhang[72]基于 ADL 模型，讨论了能源消费、碳排放与经济增长的关系，结果表明，降低碳排放的关键在于降低能源消费，优化能源结构。为了寻找降低我国碳排放强度的有效途径，Zhang 和 Da[73]分别从能源和产业结构的角度，运用 LMDI 模型对 1996~2010 年我国碳排放和碳排放强度的变化进行了分解。根据印度二氧化碳排放量、一次能源消费、人均 GDP 和结构变量（如农业和服务业增加值、城市化、资本和中间产品生产及就业）的数据，Sikdar 和 Mukhopadhyay[74]研究了印度二氧化碳排放、能源消费、GDP 增长与经济结构变化之间的动态因果关系。

在践行绿色低碳行为减排的模式中，近年来我国不仅大力推进火电减排[64-65,75-76]、新能源汽车[77]、建筑节能[78]、工业节能和循环经济[79]、资源回收[80]、环保设备和节能材料[81-82]等低碳经济产业体系的发展，而且积极构建碳排放交易体系，它作为一种市场调节机制，被广泛认为是控制全球碳排放的有效手段[83]，也是近年来为实现碳减排的一个工作重点[84-87]。中国碳排放交易政策的实施，目标是实现减排和环境保护，促进经济发展和技术创新[88]，中国碳排放交易系统（emission trading scheme，ETS）于 2017 年底正式启动，以进一步推动碳减排[89]。研究发现，通过提高碳价格减少碳排放在不同行业的竞争水平可能是一个更好的政策选择[90-92]。然而，以上研究大多针对其他变量对碳排放影响的研究，而缺乏对多主体濡化作用下多变量之间相互影响的碳排放系统的系统性分析和定量研究，即碳排放与其影响因素之间相互促进或制约的动态演化分析。因此，以下两个问题成为碳排放系统研究的难点和热点问题。

问题 1：针对包含多要素的碳排放系统，如何确定系统的变化主体，并构建多主体濡化作用下多变量之间相互影响和制约的动态演化系统？

问题 2：在多主体濡化作用下如何统筹策略调整系统的演化状态，使其状态向着预期的方向演化，以减少碳排放，充分保障碳中和目标的实现？

根据非线性动力系统理论，本节对以上问题进行探究，并为复杂非线性系统的研究提供了一种新的方法[90-91]。首先，通过建立多主体濡化作用下绿色低碳行为、碳价格和碳排放的碳排放模型，并利用数值仿真的方法，研究参数变化对碳排放系统运动状态的影响，发现该系统可在稳定状态、周期状态和混沌状态之间相互转化。其次，基于统计数据和 BP（back propagation，反向传播）神经网络识别参数的方法，确定碳排放系统的参数，得到一个具有实际意义的多主体濡化作用下碳排放模型。最后，根据不同统筹策略下参数变化对绿色低碳行为演化状态的分岔图，分析不同绿色低碳行为、碳价格和碳排放的变化关系。

3.2.2 绿色低碳行为-碳价格-碳排放的碳中和模型

为实现减少碳排放的目的，本节以绿色低碳行为、碳价格和碳排放为主体，并包含经济增长、能源价格、能源结构、产业结构、能源消费、能源强度、气候变化、绿色低碳行为、碳价格、碳排放和政府调控等众多因素，构建一个具有多个主体、复杂度较高的绿碳行为减排系统。由于各主体之间直接或间接的相互促进和制约作用，它们之间呈现出高度的非线性复杂传导关系，如图 3.7 所示。

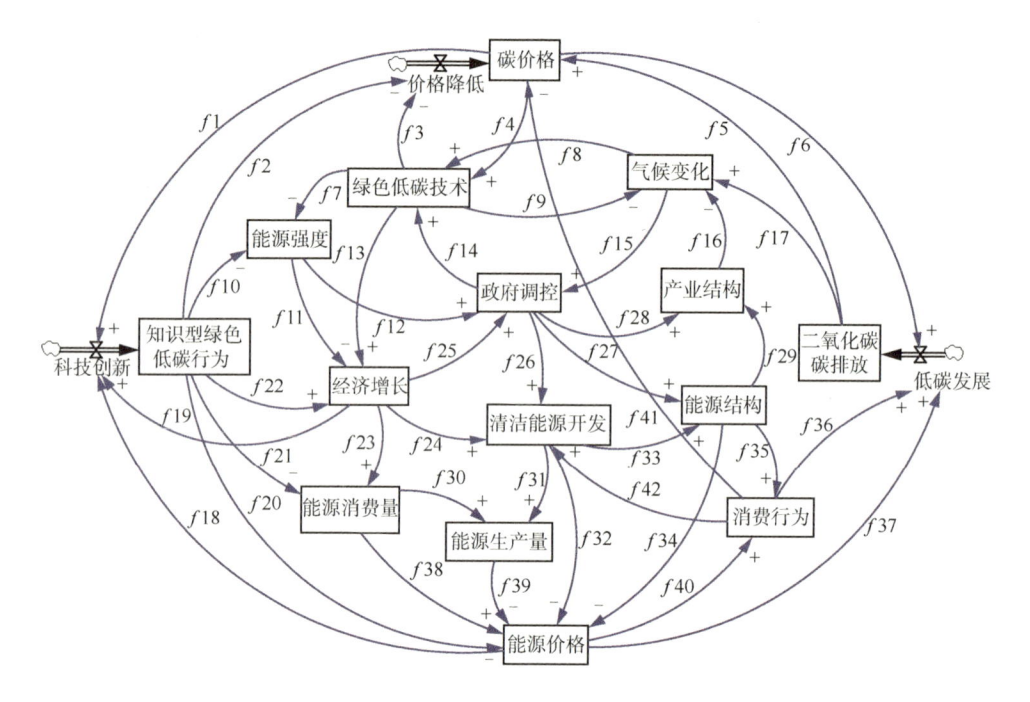

图 3.7 多主体间濡化作用的因果传导关系网络

其中，$f_i(i=1,2,\cdots,42)$ 代表各主体间濡化作用的因果传导关系；"+"代表各主体间的濡化具有正相关的作用关系；"−"代表因素间的濡化具有负相关的作用关系。

多主体间的濡化作用表示各外生主体之间相互统筹与消纳的过程，即各主体之间自主地相互汲取、整合和再配置的过程；多主体间的濡化能力表示各主体间经过学习、交互协同发展和演化后，传承并形成特定的能力的过程，濡化能力的大小称为濡化水平。所谓交互协同发展是指企业与居民依时间（随时间变化）实现绿色低碳行为的协同与交互过程，增加多主体的联动发展，形成新的系统统筹发展动力以减少碳排放。可见，外部多主体通过濡化过程驱动了市场要素（碳价格）、资源要素（碳资源）、行为要素和创新要素（绿色低碳行为）等的协调发展，提高了系统的碳减排能力，即通过各主体间的濡化作用主动、自觉和自律地践行绿色低碳行为，提高系统的绿色低碳发展活力和质量水平，从而实现"碳峰值的绿色低碳行为拐点"到"碳中和的绿色低碳行为拐点"的转变，其演化过程如图 3.8 所示。

第 3 章 企业和居民的绿色低碳行为

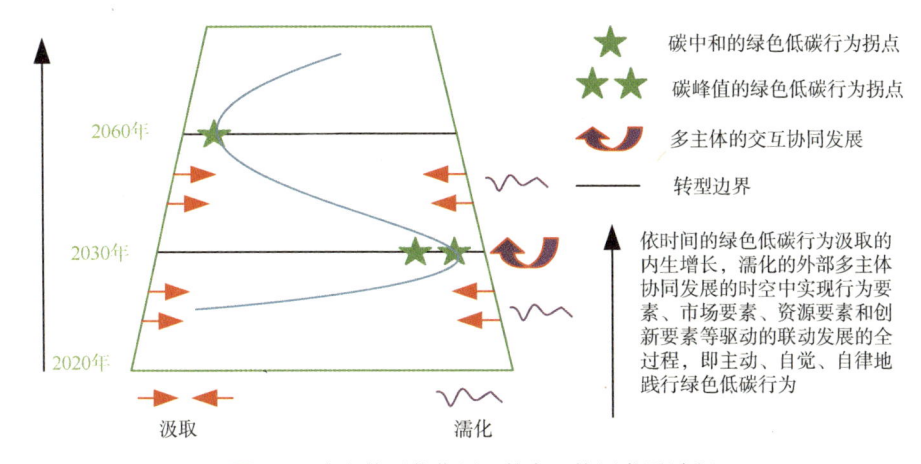

图 3.8 多主体濡化作用下的交互协同发展过程

由图 3.8 可知，绿色低碳行为的发展有利于转变能源消费方式，减少化石能源的消费，使得碳排放减少，加速了碳峰值拐点的到来，并推动了碳中和发展目标的实现。同时，在当前碳排放配额制度下，碳排放减少，剩余碳排放额进入碳排放市场，则出现碳排放额供给增加，需求减小，从而导致碳价格降低。为加速碳峰值的到来和碳中和发展目标的实现，减少二氧化碳的排放已成为当前绿色低碳发展的首要目标，这将导致碳排放额需求的增加，从而使得碳价格上涨。然而，碳中和目标的实现和碳价格的上升将促进绿色低碳行为的进一步发展。可见，在各主体濡化作用下绿色低碳行为、碳价格和碳排放之间存在直接或间接的相互制约和相互促进的复杂的非线性传导关系。

1. 碳中和模型的建立

众所周知，二氧化碳过度排放导致环境恶化的加剧和财产损失，使得优质的居住环境逐渐成为当今的一种重要资源，即选择碳排放为多主体濡化发展过程中的资源要素为主体要素。当前碳排放权的市场化，使二氧化碳具备了商品的属性，使得通过市场手段实现碳减排成为可能，即选择碳价格作为外部多主体濡化发展过程中的市场要素为主体要素。为加速碳峰值拐点的到来和碳中和发展目标的实现，在全社会内倡导绿色低碳发展也已成为全人类的共识，而这一共识的实现就需要革新当前的社会和经济活动方式，实现行为活动方式变革减排，即选择绿色低碳行为作为外部多主体濡化发展过程中的行为要素为主体要素。在此基础上，通过对多主体濡化作用下市场要素、资源要素、行为要素和创新要素的因果关系和数量关系的分析与提取，我们确定了以绿色低碳行为、碳价格和碳排放为研究对象的主要主体。

为定量描述绿色低碳行为、碳价格和碳排放之间的演化关系，通过对三者之间直接和间接的因果传导关系的分析,并借助微分方程理论和历史统计数据,建立如式(3.63)的绿碳行为减排系统模型。

$$\begin{cases} \dot{x} = a_1 x + a_2 x(y-C) + a_3 y(z-L) & \text{(a)} \\ \dot{y} = -b_1 x + b_2 y(M-y) + b_3 z & \text{(b)} \\ \dot{z} = -c_1 x(y-N) + c_2 y(K-z) & \text{(c)} \end{cases} \quad (3.63)$$

其中,$x(t), y(t), z(t)$、分别用 x, y, z 表示,$x(t)$ 为随时间变化的绿色低碳行为;$y(t)$ 为表示随时间变化的碳价格;$z(t)$ 为随时间变化的碳排放量;C 为碳价格 ($y(t)$) 对绿色低碳行为 ($x(t)$) 的阈值;L 为碳排放 ($z(t)$) 对绿色低碳行为 ($x(t)$) 的阈值;M 为碳价格 ($y(t)$) 的阈值;N 为碳价格 ($y(t)$) 对碳排放 ($z(t)$) 的阈值;K 为碳排放 ($z(t)$) 的阈值,并且有

$$\begin{cases} a_1 = \phi(f_1, f_2, f_3, f_{10}, f_{12}, f_{14}, f_{18}, f_{20}, f_{21}, f_{22}, f_{25}, f_{38}) \\ a_2 = \phi(f_1, f_2, f_3, f_4, f_7, f_{11}, f_{13}, f_{14}, f_{18}, f_{19}, f_{22}, f_{23}, f_{25}) \\ a_3 = \phi(f_5, f_1, f_4, f_{13}, f_{19}, f_{17}, f_{18}, f_{15}, f_{26}, f_{31}, f_{39}, f_{18}, f_{27}, f_{34}) \\ b_1 = \phi(f_2, f_{10}, f_{11}, f_{25}, f_{14}, f_3, f_{22}, f_{24}, f_{33}, f_{16}, f_8, f_{21}, f_{38}, f_{37}, f_5) \\ b_2 = \phi(f_4, f_3, f_1, f_2, f_{10}, f_{12}, f_{14}, f_{22}, f_{25}, f_{26}, f_{31}, f_{33}, f_{29}, f_{16}, f_{21}, f_{30}, f_{39}) \\ b_3 = \phi(f_5, f_{17}, f_8, f_3, f_{15}, f_{14}, f_9, f_{18}, f_{16}, f_{26}, f_{32}, f_2, f_{27}, f_{34}, f_{28}) \\ c_1 = \phi(f_6, f_{20}, f_{37}, f_{40}, f_{41}, f_{36}, f_{22}, f_{24}, f_{33}, f_{21}, f_{38}, f_2, f_4, f_{13}, f_9, f_{27}) \\ c_2 = \phi(f_{17}, f_8, f_3, f_5, f_{15}, f_{27}, f_{35}, f_{42}, f_{36}, f_{26}, f_{32}, f_{37}) \end{cases}$$

其中,$f_i(i=1,2,\cdots,42)$ 为图 3.7 中各因素间的传导关系;等式右边的 $\phi(f_i)$ 为通过参数 f_i 的组合来确定 $a_m, b_m, c_n (m=1,2,3; n=1,2)$ 的系数;C、L、M、N、K 均为正常数。a_1 为绿色低碳行为 ($x(t)$) 的濡化系数;a_2 为碳价格 ($y(t)$) 对绿色低碳行为 ($x(t)$) 的影响系数;a_3 为碳价格 ($y(t)$) 和碳排放 ($z(t)$) 对绿色低碳行为 ($x(t)$) 的影响系数;b_1 为绿色低碳行为 ($x(t)$) 对碳价格 ($y(t)$) 的影响系数;b_2 为碳价格 ($y(t)$) 的发展系数;b_3 为碳排放 ($z(t)$) 对碳价格 ($y(t)$) 的影响系数;c_1 为绿色低碳行为 ($x(t)$) 和碳价格 ($y(t)$) 对碳排放 ($z(t)$) 的影响系数;c_2 为碳价格($y(t)$)对碳排放 ($z(t)$) 的影响系数。

分析发现,模型中变量的参数 $a_m, b_m, c_n (m=1,2,3; n=1,2)$ 会随参数 f_i 的改变而改变,并且这种变化具有复杂的非线性相关性。另外,模型中各变量的参数同参数 f_i 之间的具体关系不是本节所要研究的。本节利用图 3.7 中给出的参数间的传导关系,研究参数变化对模型变量的影响。在实际系统中,众多因素的变化都会影响图 3.7 中的传导关系 f_i 的变化,从而改变变量参数的数值。而当参数取不同数值时,绿色低碳行为、碳价格和碳排放系统则会呈现出不同的演化关系。

模型建立的基本思想如下。

方程（3.63）（a）：a_1x 表示绿色低碳行为的累积效应对自身的促进作用。对 $a_2x(y-C)$，当 $y>C$ 时，表示碳排放价格对绿色低碳行为的发展具有促进作用；当 $y<C$ 时，表示碳排放价格对绿色低碳行为的发展具有抑制作用。对 $a_3y(z-L)$，当 $z>L$ 时，表示碳排放对绿色低碳行为的发展具有促进作用；当 $z<L$ 时，表示碳排放对绿色低碳行为的发展具有抑制作用。

方程（3.63）（b）：$-b_1x$ 表示绿色低碳行为的发展对碳价格具有抑制作用。对 $b_2y(M-y)$，当 $y<M$ 时，表示当碳价格处于较低水平时碳价格对自身具有促进作用；当 $y>M$ 时，表示当碳价格处于较高水平时碳价格对自身具有抑制作用。b_3z 表示碳排放的增加会导致碳价格的上升，即碳排放的增加对碳价格的上涨具有促进作用。

方程（3.63）（c）：对 $-c_1x(y-N)$，当 $y>N$ 时，表示当碳价格处于较高水平时，碳排放成本较高，抑制碳排放的增加；当 $y<N$ 时，表示当碳价格处于较低水平时，绿色低碳行为发展缓慢，碳排放的收益大于成本，导致碳排放的增加。对 $c_2y(K-z)$，当 $K<z$ 时，表示过度的碳排放造成的环境压力会促进节能减排行动的进行，抑制碳排放的增加；当 $K>z$ 时，表示碳排放处于较低水平时，碳排放压力减少导致碳减排力度降低，碳排放量增加。

绿色低碳行为–碳价格–碳排放系统反映了在一定经济时期内三者之间的相互制约和促进的关系。通过对该模型的分析，探究不同绿色低碳减排行动对减排效果的影响，这为减少碳排放和推动碳中和目标的实现提供了政策理论基础。

若假设发明授权的专利技术可完全转化为绿色低碳行为能力，则由系统（3.63）可以得到一个经济时期内的绿色低碳行为水平：

$$X=\int_0^T x^*(t)\mathrm{d}t = \varPhi_1(x,y,z,M,t), \ x^*(t)=\varphi(x,t)$$

同时，一个经济时期内的碳排放总量为

$$Z=\int_0^T z(t) = \varPhi_2(x,y,z,N,K,t)$$

其中，T 为经济周期长度；M 为常数。则一个经济时期内绿色低碳行为对碳排放的濡化水平可表示为

$$\varphi = \frac{\varPhi_2(x,y,z,M,t)}{\varPhi_1(x,y,z,N,K,t)}$$

绿色低碳行为对碳排放的濡化水平是指企业的经营性行为、政府的干预行为和居民的消费行为之间随着社会经济的发展主动、自觉地相互吸纳、汲取、

整合、再配置以实现各主体之间的交互协同发展,并最终对碳排放水平产生影响力的过程。利用绿色低碳行为濡化水平–碳价格–碳排放系统,可以描述一个经济时期内绿色低碳行为对碳排放的濡化水平的演化过程,其仿真结果将在实证分析部分给出。

2. 模型的分析

1)系统的平衡点及稳定性

由于系统(3.63)中各变量间存在直接和间接的非线性复杂关系,当系统参数 $(a_m, b_m, c_n, C, L, M, N, K)$ 取值不同时,系统(3.63)会呈现出多样性的动力学行为。

为便于对系统(3.63)的理论研究,本节通过数值仿真的方法得出了系统模型的参数,并对系统的动力学特征进行分析。系统(3.63)的参数固定如下:

$$a_1 = 0.0042, a_2 = 0.0090, a_3 = 0.7600, b_1 = 0.0329, b_2 = 0.0030, b_3 = 0.5000, \\ c_1 = 0.4750, c_2 = 0.0030, C = 90.00, L = 5.00, M = 4.00, N = 15.00, K = 60.00 \quad (3.64)$$

在实数域内,固定系数参数如式(3.64),系统有四个平衡点:$S_0(0,0,0)$、$S_1(0.1569, -26.8838, 4.9920)$、$S_2(0.4753, 30.8774, 5.0107)$、$S_3(575.3137, 15.0025, 38.8460)$。

对系统(3.63),其平衡点的线性近似系统的 Jacobian 矩阵如下:

$$J_0 = \begin{bmatrix} a_1 + a_2(y-C) & a_2 x + a_3(z-L) & a_3 y \\ -b_1 & b_2 M - 2b_2 y & b_3 \\ -c_1(y-N) & -c_1 x + c_2(K-z) & -c_2 y \end{bmatrix} \\ = \begin{bmatrix} a_1 - a_2 C & -a_3 L & 0 \\ -b_1 & b_2 M & b_3 \\ c_1 N & c_2 K & 0 \end{bmatrix} \quad (3.65)$$

根据式(3.64)和式(3.65),得到系统(3.63)的线性近似系统平衡点的特征值,如表 3.4 所示。

表 3.4 平衡点的特征值及其类型

平衡点	特征值(实部)	类型
$S_0(0,0,0)$	$\lambda_1 = -2.7 < 0, \lambda_2 = 0.96 > 0, \lambda_3 = 0.96 > 0$	不稳定点
$S_1(0.1569, -26.8838, 4.9920)$	$\lambda_1 = 0.17 > 0, \lambda_2 = -0.48 < 0, \lambda_3 = -0.48 < 0$	不稳定点
$S_2(0.4753, 30.8774, 5.0107)$	$\lambda_1 = -0.17 < 0, \lambda_2 = -0.31 < 0, \lambda_3 = -0.31 < 0$	稳定点
$S_3(575.3137, 15.0025, 38.8460)$	$\lambda_1 = 0.08 > 0, \lambda_2 = -0.44 < 0, \lambda_3 = -0.44 < 0$	不稳定点

第 3 章 企业和居民的绿色低碳行为

因此，根据微分方程定性理论有：在平衡点 S_0、S_1 和 S_3 处系统（3.63）是不稳定的，而在平衡点 S_2 处是稳定的。

2）系统的耗散性

根据系统（3.63）得

$$\nabla V = \frac{\partial \dot{x}}{\partial x} + \frac{\partial \dot{y}}{\partial y} + \frac{\partial \dot{z}}{\partial z} \\ = (a_2 - 2b_2 - c_2)y + a_1 - a_2 C + b_2 M \tag{3.66}$$

当 $a_2 = 2b_2 + c_2$、$a_1 - a_2 C + b_2 M = 0.0042 - 0.009 \times 90 + 0.003 \times 4 = -0.7938 < 0$ 时，系统（3.63）是耗散系统。

3）数值仿真

碳减排行动中囊括的绿色低碳行为、碳价格和碳排放量之间呈现出复杂的动力学关系。这种复杂的动力学关系表现在，当系统参数不同时，系统呈现出不同的变化状态。

取初值 $x_0 = 0.8$，$y_0 = 0.4$，$z_0 = 0.05$，并固定系统参数如式（3.64），当参数 c_1 取不同值时系统呈现出不同的状态。通过绿色低碳行为 $x(t)$ 和碳价格 $y(t)$ 对碳排放 $z(t)$ 的影响系数 c_1 的 Lyapunov 指数图（图 3.9）和分岔图（图 3.10）可知，当 c_1=0.18 时，系统的最大 Lyapunov 指数小于 0，这说明在该参数取值下系统最终达到稳定状态；当 c_1=0.33 时，系统的最大 Lyapunov 指数大于 0，且处于分岔状态，这说明在该参数取值下系统处于不稳定状态。

结果表明，当绿色低碳行为 $x(t)$ 和碳价格 $y(t)$ 对碳排放 $z(t)$ 的影响系数 c_1=0.18 时，系统最终可以达到稳定状态，如图 3.11 所示；当 c_1=0.22 时，系统处于周期状态，如图 3.12 所示；当 c_1=0.33 时，系统呈现混沌状态，如图 3.13 所示。

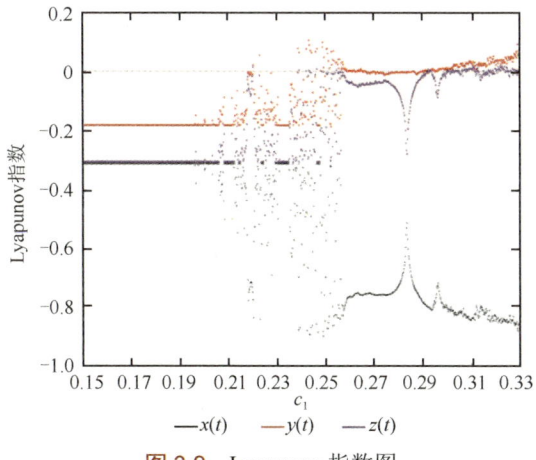

图 3.9 Lyapunov 指数图

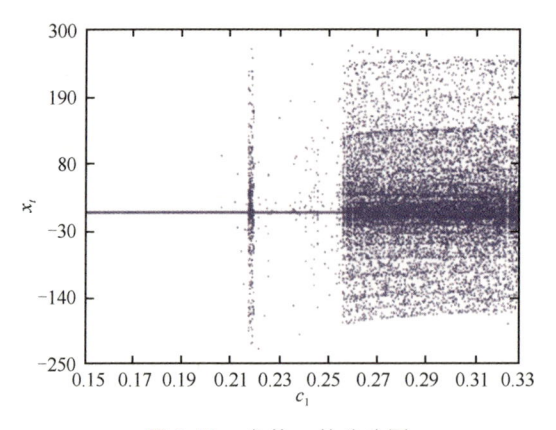

图 3.10　参数 c_1 的分岔图

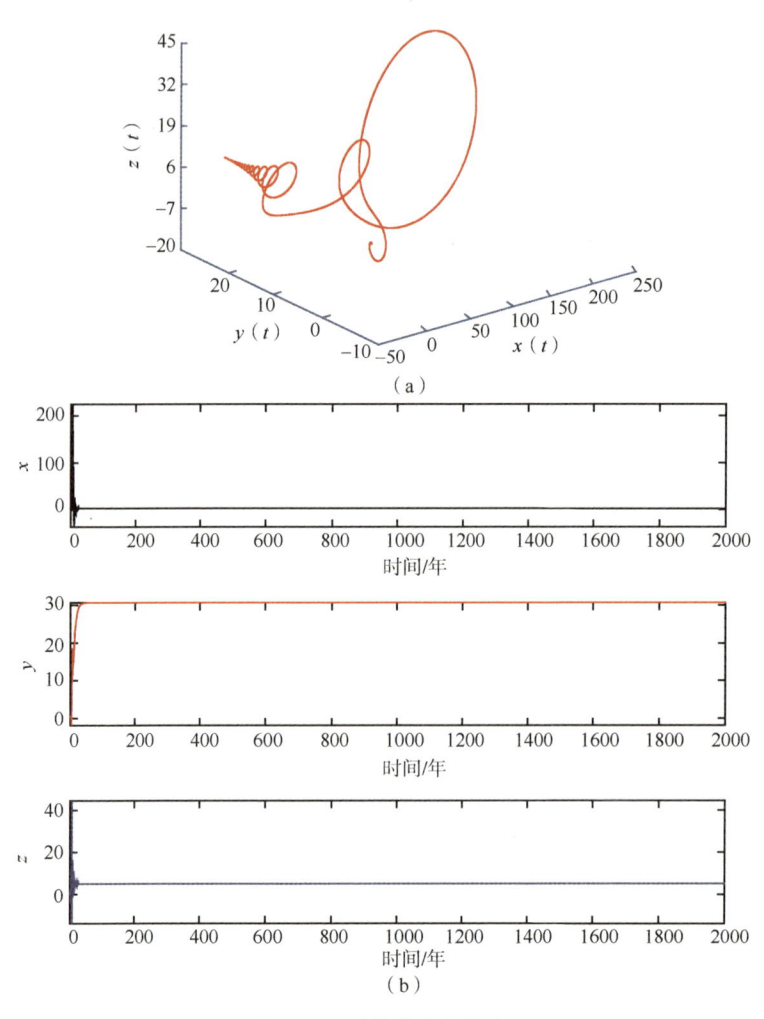

(a)

(b)

图 3.11　系统的稳定状态

第 3 章　企业和居民的绿色低碳行为

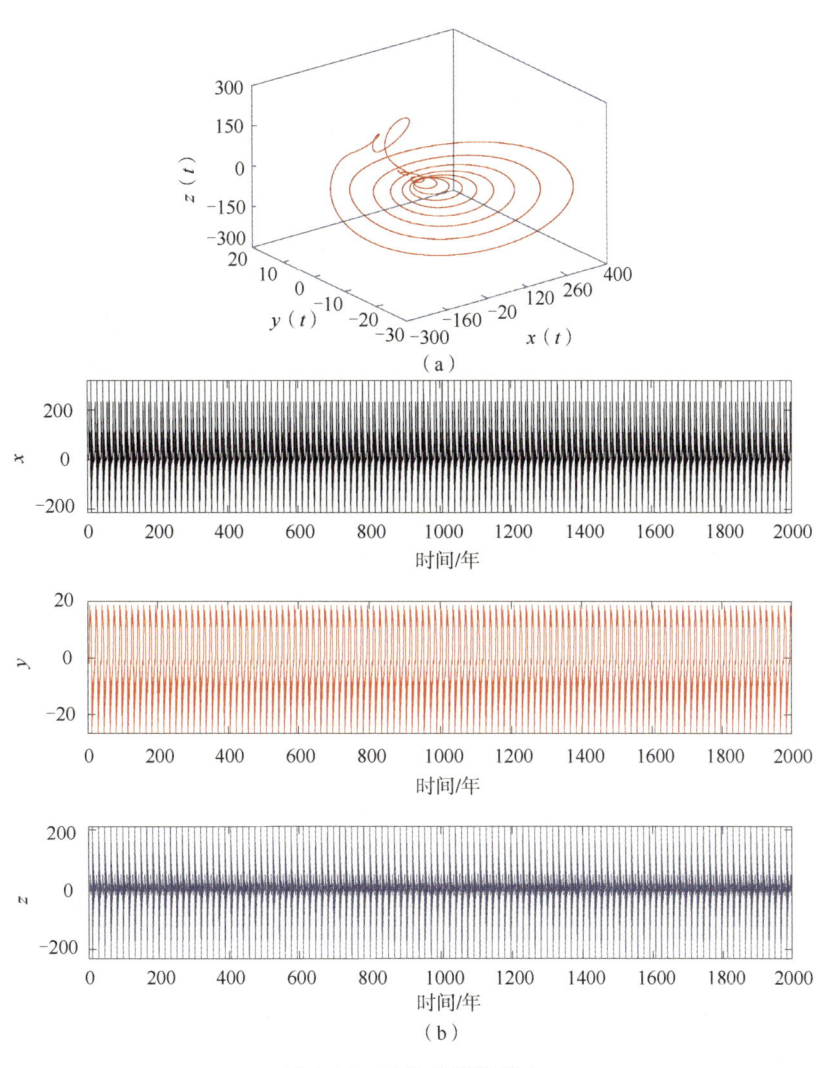

(a)

(b)

图 3.12　系统的周期状态

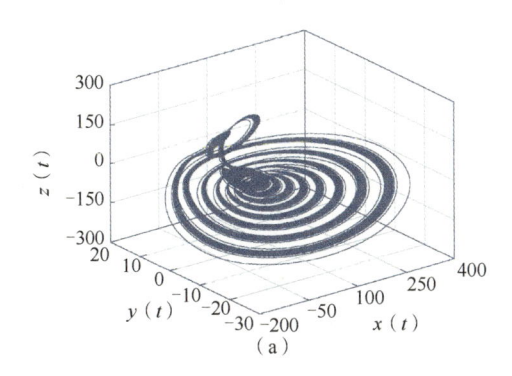

(a)

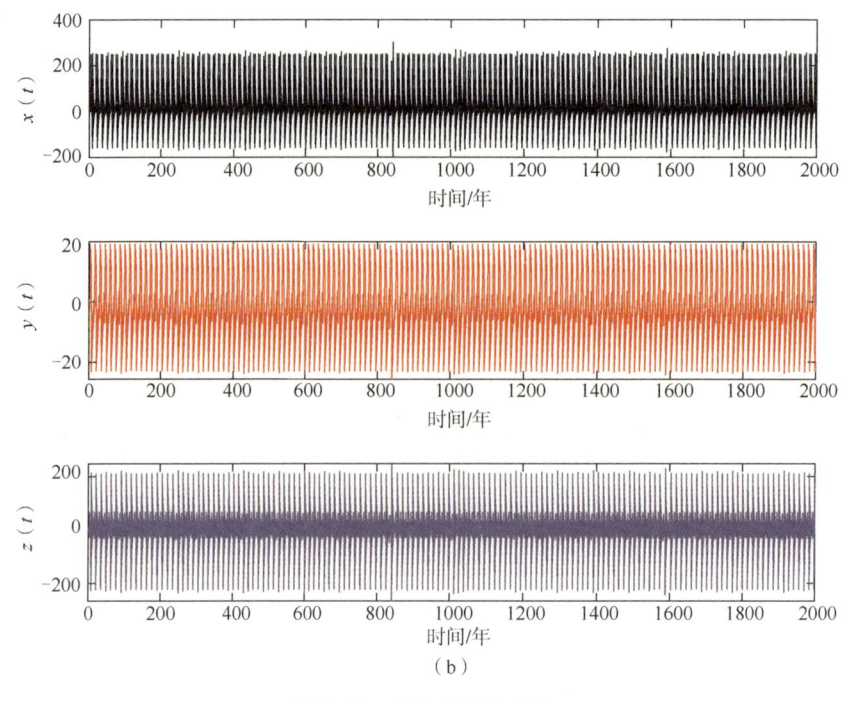

图 3.13 系统的混沌状态

上文通过理论分析及数值仿真的方法对系统的动力学特征的研究表明：该系统模型具有三种不同的状态：不稳定状态、周期状态和稳定状态，并且当参数取值不同时，它们之间可以相互转化。该系统模型的各状态之间可以相互转化，说明该模型是可调节的，这有利于根据需要实现从一种状态向另一种状态的转化。

针对实际系统，可以利用 BP 神经网络识别参数的方法及实际的统计数据先识别出系统模型（3.63）中的参数，并对影响这些参数变化的要素进行分析，得出系统（3.63）的演化状态，进而提出有效的统筹策略。比如，当系统（3.63）处于不稳定状态时，通过对要素的统筹进而影响模型中参数取值的变化，可以使系统（3.63）从不稳定状态达到稳定状态。

3.2.3 碳中和模型的实证分析

本节利用中国统计数据，确定绿色低碳行为–碳价格–碳排放动力系统模型中的参数，构建中国绿色低碳行为–碳价格–碳排放动力系统，利用系统分析不同调控策略对绿色低碳行为、碳价格和碳排放发展的影响，以及不同调控力度的碳减排效果和不同调控力度对碳排放交易市场的调控效应。

1. 数据处理

碳排放演化体系建立在绿色低碳行为、碳价格和碳排放相互促进、相互制约的复杂关系之上。为计算实际系统的参数，本节收集了国内专利授权数、碳价格和碳排放的月度统计数据，数据范围为 2011 年 1 月至 2019 年 12 月。

专利授权数和碳价格的月度数据可以直接收集。在当前碳减排需求下，政府、市场和居民的绿色低碳行为通过科技进步不断渗透到各行各业使得碳减排目标能够实现，因此选择国内发明专利授权数作为绿色低碳行为的指标，专利授权数来源于中国国家知识产权局。由于国内的碳排放交易市场还处于初始阶段，因此采用 ICE 碳排放期货月度价格作为碳排放价格。

由于碳排放的月度数据无法直接收集，需要进行重新核算。碳排放的年度排放总量数据下载自英国石油公司出版的 2020 年《世界能源统计评论》。然而，这个数据的频率是年，所以我们要把碳排放量的年度数据按照合理的方法分解成碳排放的月度数据，用火力发电的月度发电量同比例加权。火力发电（包括燃煤发电、燃气发电、燃油发电、余热发电、垃圾发电和生物质发电等具体形式）作为电力供应系统的主力军，是我国的主要发电形式，长期占据总装机容量和总发电量的 70%左右，而电力是各行各业使用的主要能源，因此选择将碳排放的年排放总量按照火力发电量同比例加权作为碳排放的月度数据，其中火力发电的月度发电量来源于国家统计局。

为与碳排放系统中的变量相一致，我们分别将绿色低碳行为、碳价格和碳排放用符号 X、Y、Z 表示。由于模型系统中各变量单位的差异，需先对变量进行标准化处理：

$$X_i = \frac{x_i - \overline{x}}{S_i}, \quad \overline{x} = \frac{1}{n}\sum_{i=1}^{n} x_i, \quad S_i = \sqrt{\frac{\sum_{i=1}^{n}(x_i - \overline{x})}{n-1}}$$

其中，x_i 为实际统计数据。标准化后数据的演化关系，如图 3.14 所示。

2. 系统参数识别

首先对系统（3.63）进行离散化处理，得到如下的差分方程：

$$\begin{cases} X(k+1) = X(k) + \Delta T(a_1 X(k) + a_2 X(k)(Y(k) - C) + a_3 Y(k)(Z(k) - L)) \\ Y(k+1) = Y(k) + \Delta T(-b_1 X(k) + b_2 Y(k)(M - Y(k)) + b_3 Z(k)) \\ Z(k+1) = Z(k) + \Delta T(-c_1 X(k)(Y(k) - N) + c_2 Y(k)(K - Z(k))) \end{cases} \quad (3.67)$$

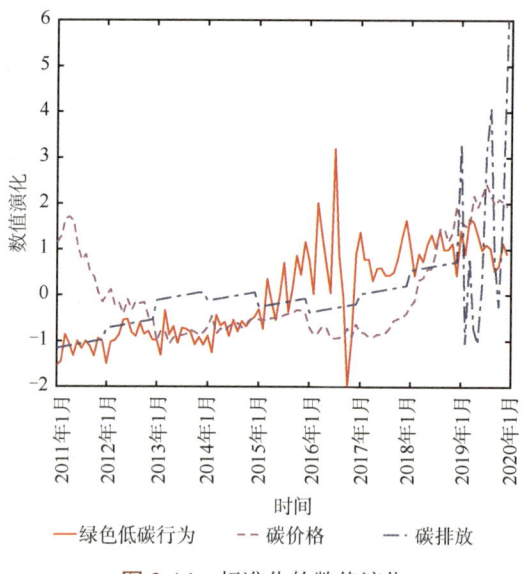

图 3.14 标准化的数值演化

利用 BP 神经网络识别参数方法，对实际数据进行标准化后得到 n 组数据，把前 $n-1$ 组数据作为输入数据，而后 $n-1$ 组数据作为输出数据。令全部可调参数为随机数，并将输出的数据代入方程（3.63），比较既得的数据与目标输出的数据得到误差 e，经多次调试和运行，当 $e<10^{-5}$ 时输出结果，得到实际的绿色低碳行为–碳价格–碳排放动力系统的参数如下：

$$a_1=0.3150, a_2=0.0023, a_3=0.1220, b_1=0.5212, b_2=0.2503, b_3=0.4004,$$
$$c_1=0.3205, c_2=0.6412, C=50.00, L=20.00, M=45.00, N=12.00, K=70.00 \quad (3.68)$$

将式（3.68）中的参数带入系统，得到如下的实际系统：

$$\begin{cases} \dot{X}=0.2X+0.0023XY-2.44Y+0.122YZ \\ \dot{Y}=-0.5212X+11.2635Y-0.2503Y^2+0.4004Z \\ \dot{Z}=3.846X-0.3205XY+44.884Y-0.6412YZ \end{cases} \quad (3.69)$$

利用得到的实际系统（3.69）对绿色低碳行为、碳价格和碳排放的相互关系进行分析，并以 2018 年 3 月标准化后的数据 (0.9376, 0.4722, 0.9901) 作为初始值，通过数值仿真得到它们之间的演化关系如图 3.15 所示。

根据图 3.15，随着气候问题的加剧，推动形成绿色低碳发展模式，倡导绿色低碳行为，减少能源消费，降低二氧化碳的排放量，已成为各经济主体的广泛共识。二氧化碳排放减少，使得对碳配额的需要降低，导致碳排放价格下跌，而碳排放价格的下跌，又使得碳排放成本降低，进而增加化石能源的使用，导致二氧化碳排放增加。由此可见，绿色低碳行为、碳价格和碳排放之间存在复杂的影响关系。

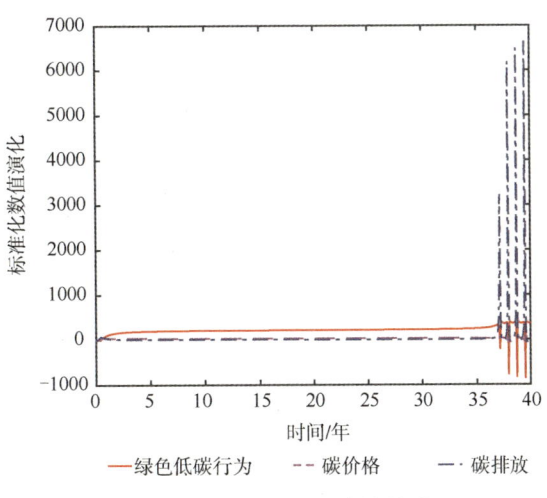

图 3.15　实际系统的演化关系

随着经济的发展和生活环境需求的提高，化石能源的消费、碳排放及碳排放成本之间的矛盾始终无法调和，这就导致了碳排放始终难以保持在较低的水平，即随着经济发展成本的不断改变，实际的碳排放市场总处于不断的变化之中（系统总是处于不稳定状态），如图 3.16 所示。下文将研究不同统筹政策对绿色低碳行为、碳价格和碳排放变化的影响。

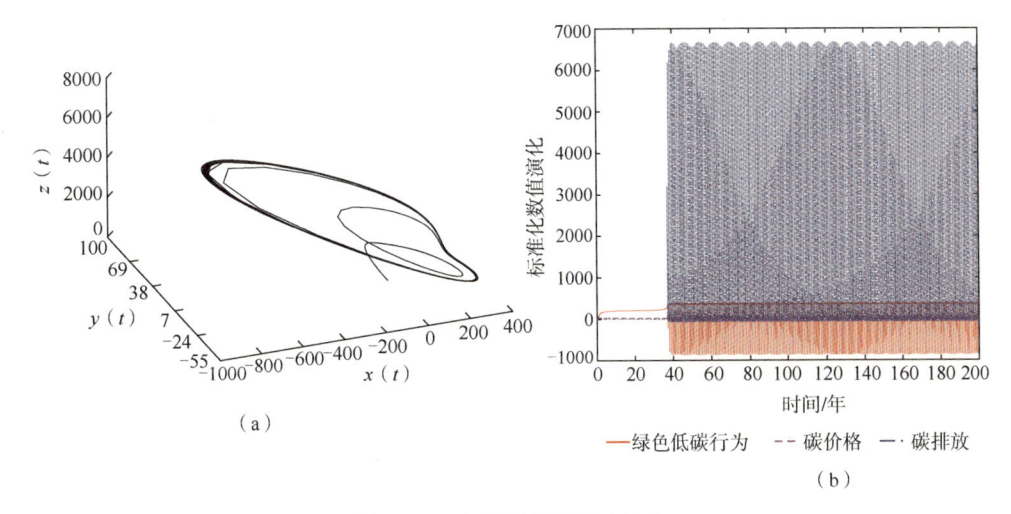

(a)

(b)

图 3.16　实际系统的混沌状态

3. 不同统筹策略下碳排放系统的演化分析

碳中和的目标是减少人为排放的二氧化碳。为实现碳减排的目的，本节将利用模型对碳排放系统中主要的调控策略和不同调控策略下碳排放系统的演化路径进行分析，以探究不同策略对绿色低碳行为、碳价格和碳排放的调控效应。

1) 单一统筹策略下绿碳行为减排系统的演化分析

策略-1：政府干预策略，加快推进绿色低碳发展的引领和管控作用。

政府行为加快对绿色低碳发展的引领和管控作用，可使绿色低碳行为–碳价格–碳排放动力系统模型中的参数 a_1 的数值减小和 K 的数值减小。政府对绿色低碳生产方式和生活方式进行引导，形成良性的绿色低碳行为循环，使得其对自身的促进作用逐渐减弱，即参数 a_1 的值变小；政府对阻碍绿色低碳发展的行为进行管控，并逐步缩减其碳排放额度，提高碳排放对其自身的抑制作用，即参数 K 减小。改变参数 a_1 和 K 的值，其余参数取值如式（3.68），得到关于参数 a_1 和 K 对变量 x_t 的单参数分岔图，如图 3.17 所示。根据图 3.17，当其他参数保持不变，参数 a_1 减少到一定区间(0,0.28)，或将参数 K 减少到一定区间(35,65)时，系统（3.67）逐渐趋于稳定。

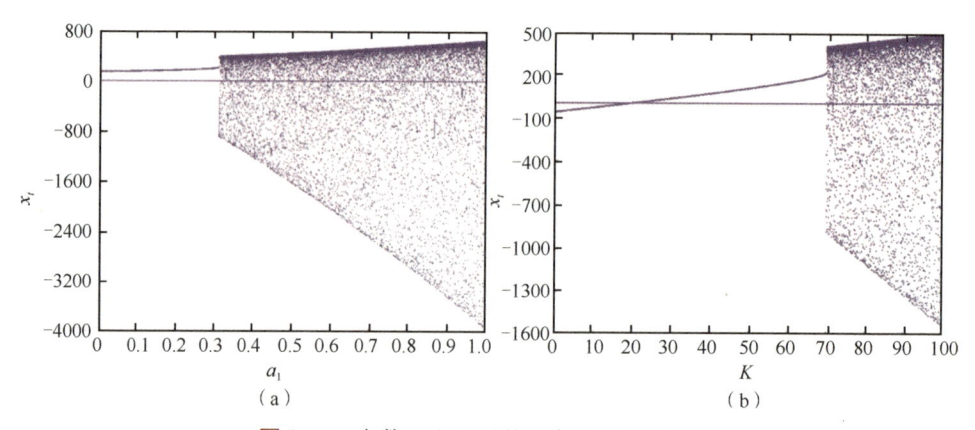

图 3.17 参数 a_1 和 K 对状态变量 x_t 的分岔图

系统的其他参数值保持不变，仅使参数 a_1：$0.315 \to 0.25$ 和 K：$70 \to 55$，则实际系统的演化图像，如图 3.18 所示。根据图 3.18：政府有效加快推进绿色低碳发展的引领和管控作用，碳排放市场状态逐渐由不稳定达到稳定。

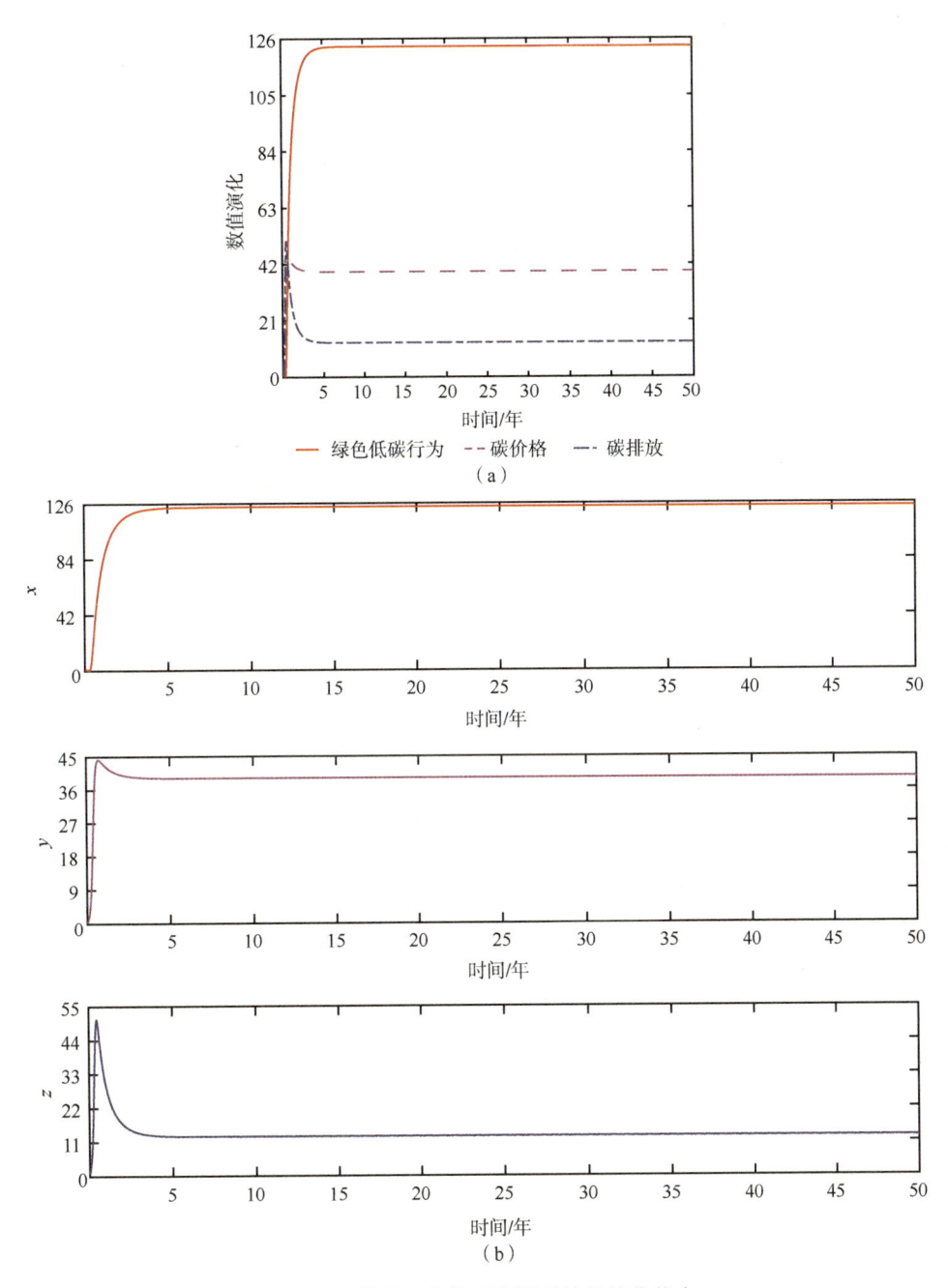

图 3.18 策略-1 统筹下实际系统的演化状态

策略-2：市场行为策略，充分发挥碳市场机制对绿色低碳发展的导向作用。

发挥碳市场机制对绿色低碳发展的导向作用，可把绿色优势转化为市场优势和经济优势。此措施的实施在系统中表现为通过市场这个"无形之手"调节碳排

放价格，在高昂的碳排放成本压力之下，引导碳排放者树立低碳发展理念，即提高碳排放价格对绿色低碳行为的阈值 C 以提高碳排放价格对绿色低碳行为的促进作用和提高碳排放价格对自身的阈值 M 以促进碳排放价格的上升提高碳排放的成本，降低碳排放。改变参数 C 和 M 的值，其余参数取值如式（3.68），得到关于参数 C 和 M 对变量 x_t 的单参数分岔图，如图 3.19 所示。根据图 3.19：当其他参数保持不变，将参数 C 增加到一定区间 $(51,60)$，或将参数 M 增加到一定区间 $(48,60)$ 时，碳排放市场逐渐趋于稳定。

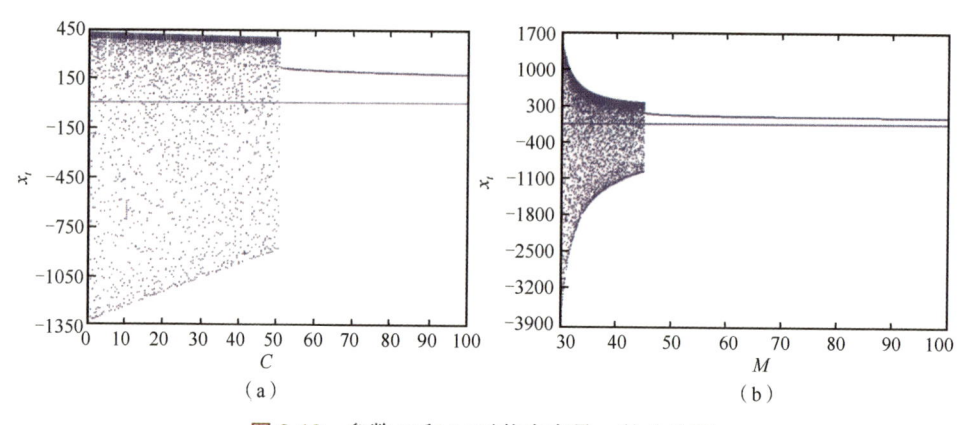

图 3.19 参数 C 和 M 对状态变量 x_t 的分岔图

保持系统的其他参数值不变，仅使参数 $C:50 \rightarrow 52$ 和 $M:45 \rightarrow 55$，则实际系统的演化图像，如图 3.20 所示。根据图 3.20，在市场行为方面，充分发挥碳交易市场机制对绿色低碳发展的导向作用，碳排放市场状态逐渐由不稳定达到稳定。

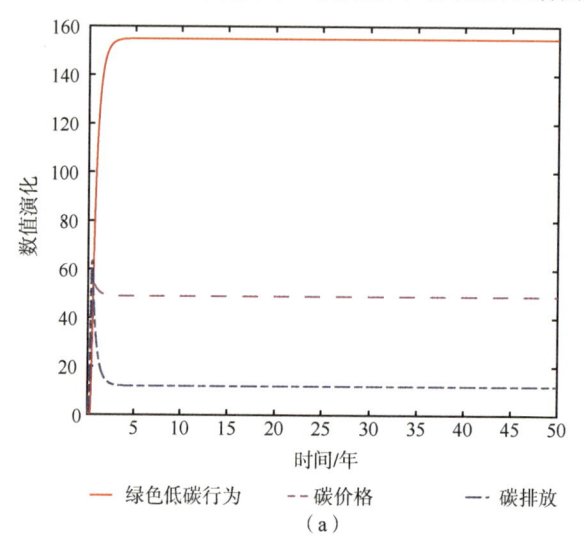

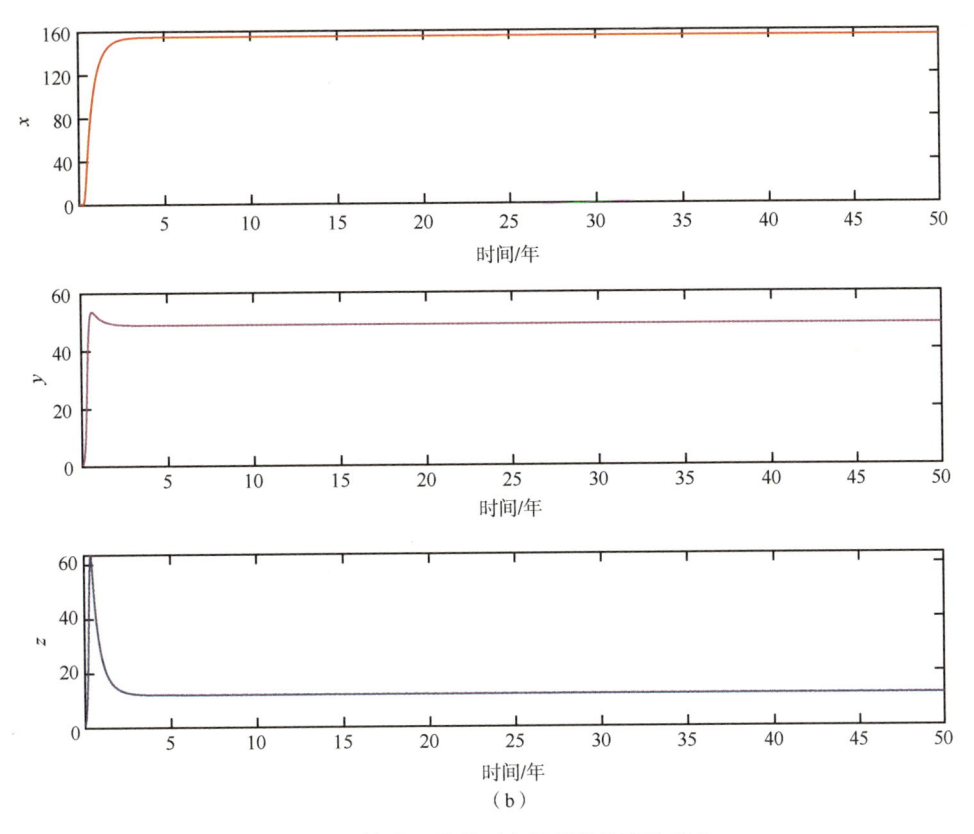

图 3.20 策略-2 统筹下实际系统的演化状态

策略-3：居民行为策略，全力打造多样性的绿色低碳平台。

在社会行为方面，打造多样性社会性绿色低碳平台，倡导全民参与和全民共治，推动绿色低碳发展横向扩大到边、纵向延伸到底，使绿色低碳行为–碳价格–碳排放动力系统模型中的参数 L 和 c_1 的数值增大。鼓励和倡导全民减排行动，增强社会性绿色低碳行为的减排意识和行动力，即使参数 c_1 的值增大；建立社会性绿色低碳的激励机制，推动绿色低碳的纵横发展，逐步提高碳排放的社会性行为阈值 L。改变参数 L 和 c_1 的值，其余参数取值如式（3.68），得到关于参数 L 和 c_1 对变量 x_t 的单参数分岔图，如图 3.21 所示。根据图 3.21：当其他参数保持不变，参数 L 增加到一定区间 (21,26)，或将参数 c_1 增加到一定区间 (0.37,1) 时，碳排放市场逐渐趋于稳定。

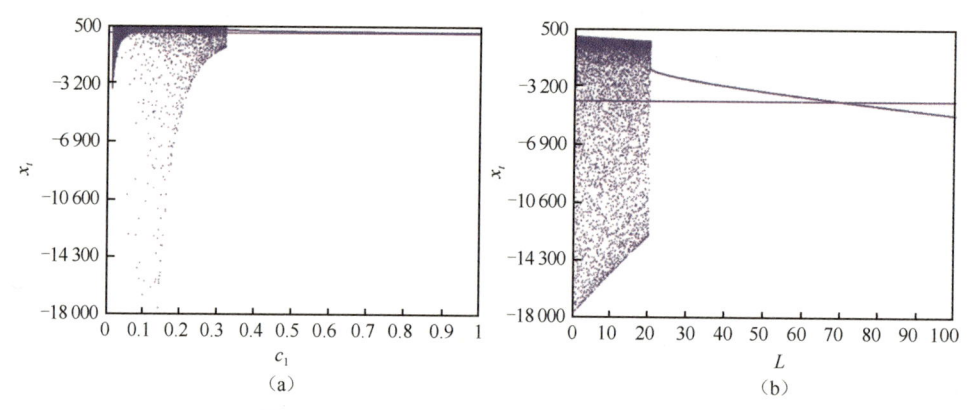

图3.21 参数 c_1 和 L 对状态变量 x_t 的分岔图

保持系统的其他参数值不变，仅使参数 c_1：$0.3205 \to 0.37$ 和 L：$20 \to 22$，则实际系统的演化图像，如图3.22所示。根据图3.22：在居民绿色低碳行为方面，全力打造多样性的绿色低碳平台，碳排放市场状态逐渐由不稳定达到稳定。

策略-4：全方位策略，加快推进全方位全地域全过程的绿色低碳发展格局。

加快推进全方位全地域全过程的绿色低碳发展格局，重点在制度建设、战略导向和战略推进上发力，把绿色低碳发展贯穿于经济和社会发展的全过程。此措

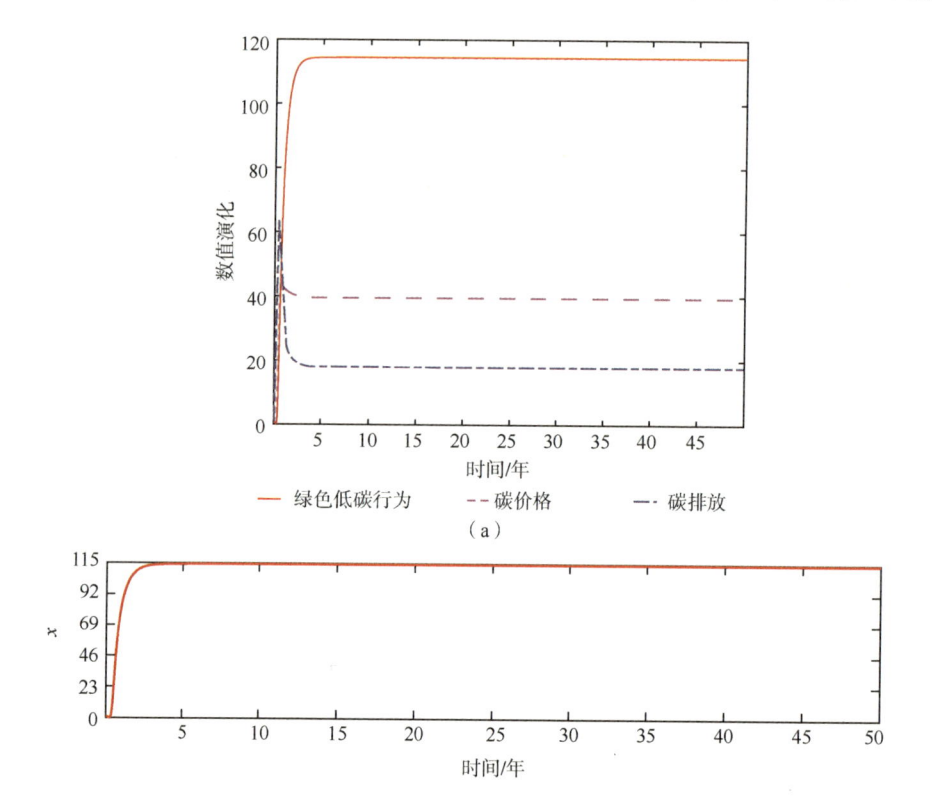

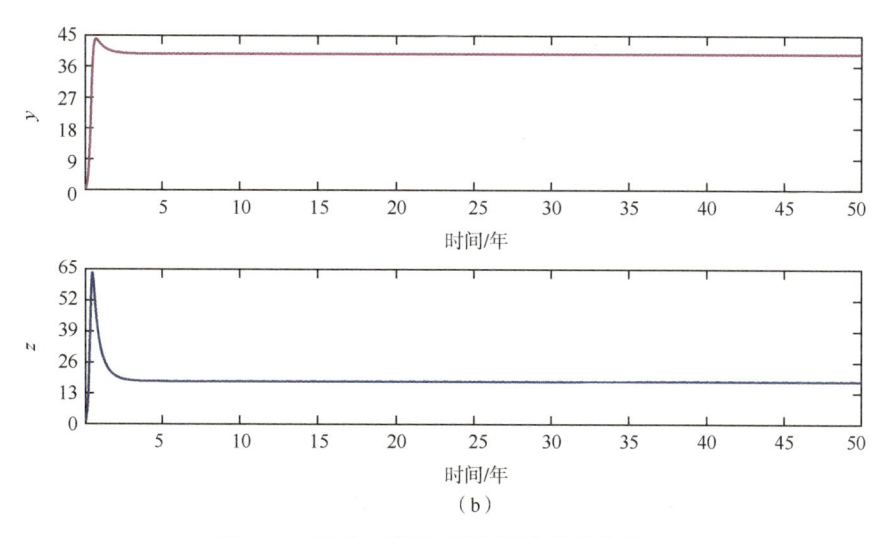

图 3.22 策略-3 统筹下实际系统的演化状态

施的实施在系统中表现为通过低碳发展的制度建设，增强碳排放约束下对绿色低碳生产和生活的促进作用(a_3)；通过政府和碳市场的协同作用，降低碳排放价格对碳排放的阈值 N，稳步推进战略导向的进程，实现绿色低碳发展。改变参数 N 和 a_3 的值，其余参数取值如式（3.68），得到关于参数 N 和 a_3 对变量 x_t 的单参数分岔图，如图 3.23 所示。根据图 3.23，当其他参数保持不变，参数 N 减小到一定区间 (0,11)，或将参数 a_3 增加到一定区间 (0.13,0.30) 时，碳排放市场逐渐趋于稳定。

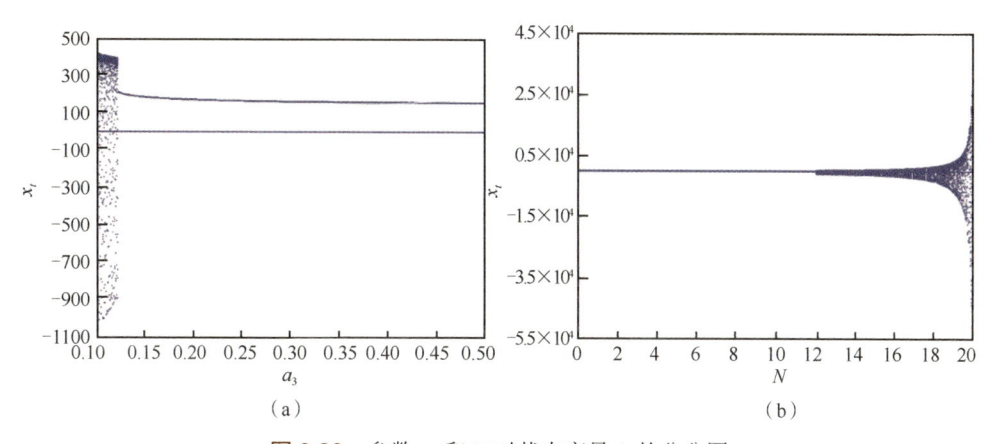

图 3.23 参数 a_3 和 N 对状态变量 x_t 的分岔图

保持系统的其他参数值不变，仅使参数 a_3：$0.122 \to 0.13$ 和 N：$12 \to 11$，则实际系统的演化图像，如图 3.24 所示。根据图 3.24：加快推进全方位全地域全过程的绿色低碳发展格局，碳排放市场状态逐渐由不稳定达到稳定。

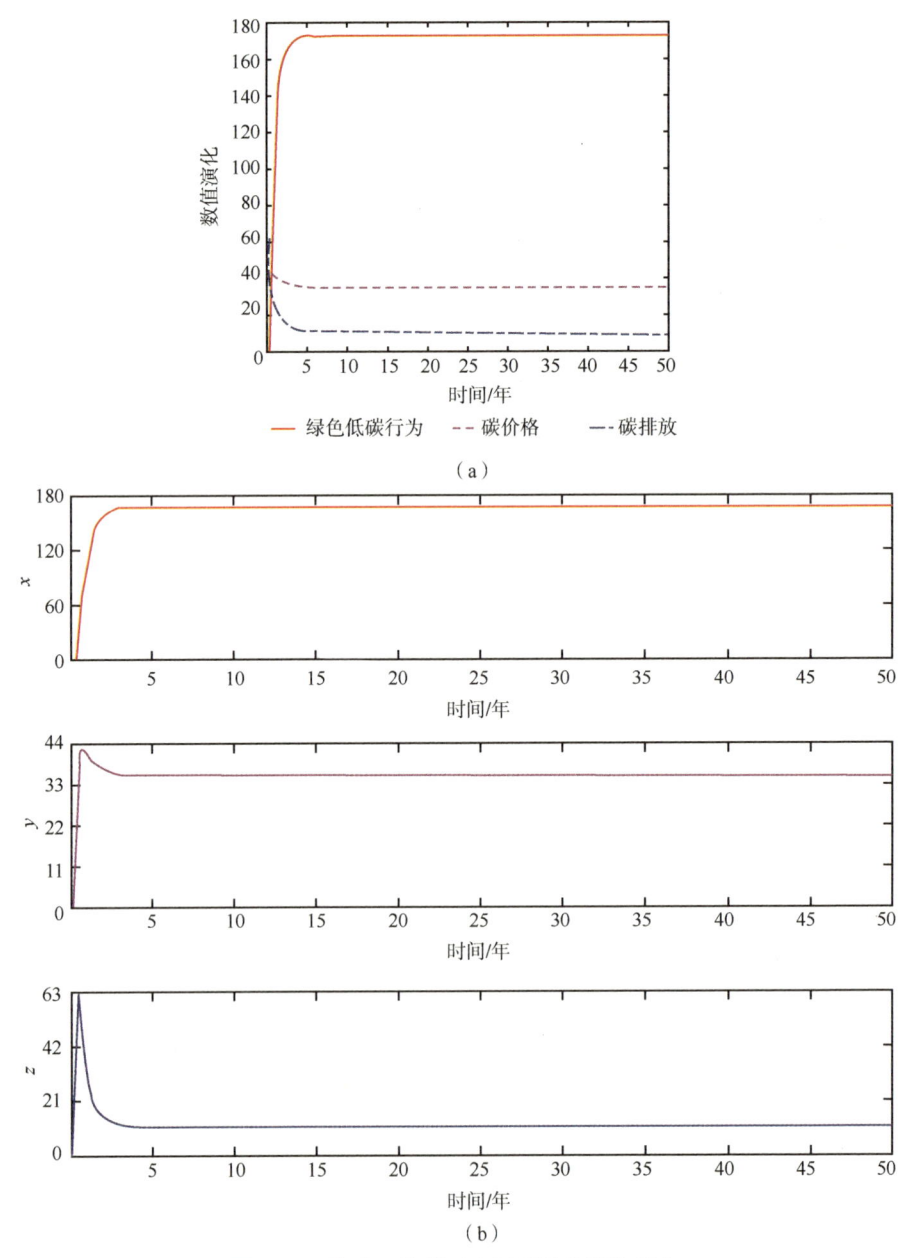

图 3.24 策略-4 统筹下实际系统的演化状态

2）不同统筹策略对绿色低碳行为、碳价格、碳排放系统的调控效应分析

根据前文分析发现：4 种政策均能改变系统的演化行为，最终使系统达到稳定状态。本节将分别对单一统筹策略和组合统筹策略下绿色低碳行为、碳价格和碳排放的演化状态进行对比分析，如图 3.25 所示。

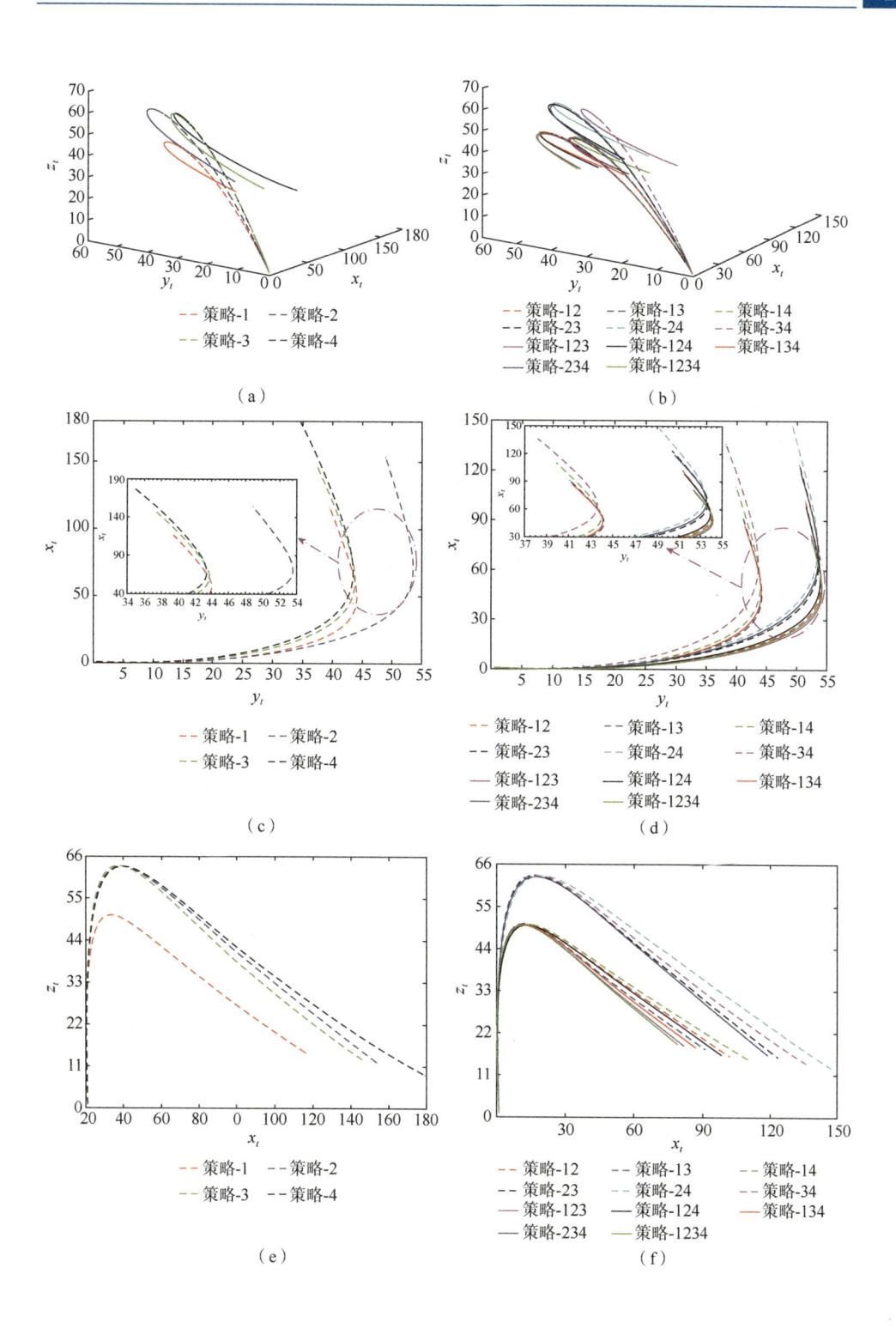

第 3 章　企业和居民的绿色低碳行为

(g)

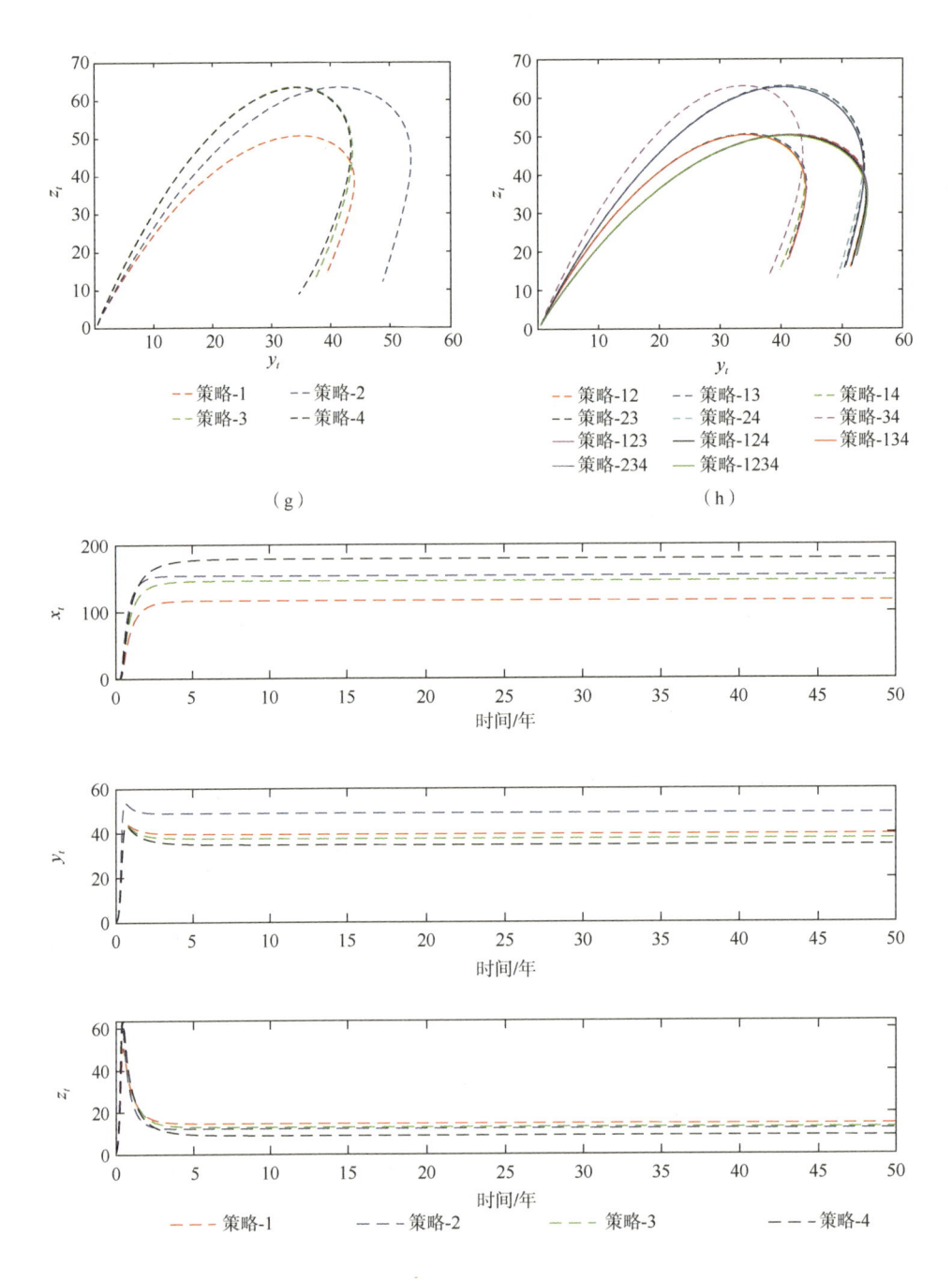

(h)

(i)

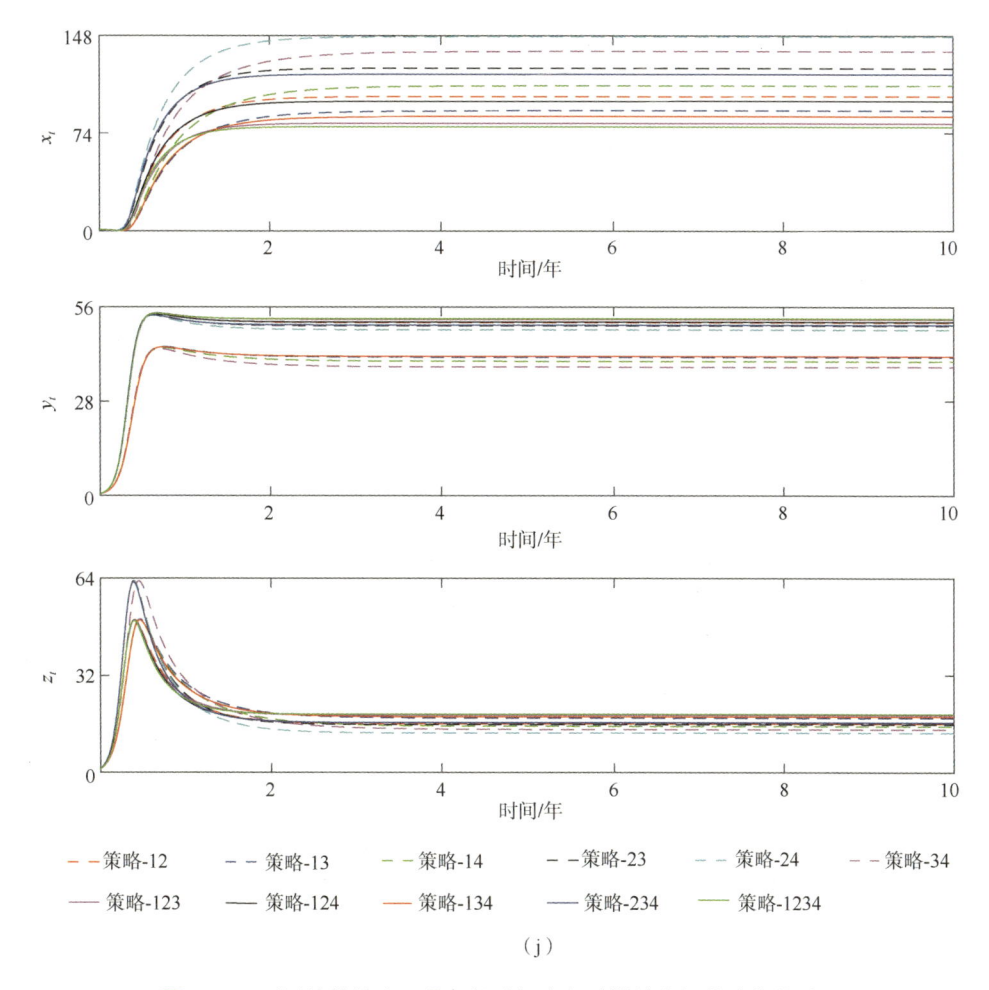

图 3.25 不同统筹策略下绿色低碳行为与碳排放市场的演化关系

对于碳价格 (y_t) 对绿色低碳行为 (x_t) 的影响[图 3.25（c）和（d）]，策略-3 和策略-24 对低碳发展具有较好的挖掘效果，虽然策略-3 的碳价格 (y_t) 水平低于策略-24，但其绿色低碳行为 (x_t) 的稳定水平要高于策略-24。对于绿色低碳行为 (x_t) 对碳排放 (z_t) 的影响，如图 3.25（e）和（f）所示，策略-3 和策略-24 都具有较好的减排效果，但策略-3 的碳排放 (z_t) 稳定水平要低于策略-24。对于碳价格 (y_t) 对碳排放 (z_t) 的影响[图 3.25（g）和（h）]，在碳价格达到一定水平后无论是单一策略还是组合策略，碳排放开始减少，并达到较低的排放水平，但策略-3 的减排效果要优于策略-24，这说明在当前条件下通过单一提高碳价格水平实现碳减排的效果并不理想。综上可见，全力打造多样性的社会低碳平台，在衣、食、住、行等方面为居民减排提供更多低碳设施（如共享单车、共享汽车和新能源汽车等）对实现减排目标具有重要支撑。在系统达到稳态所需的时间方面[图 3.25（i）和（j）]，组合策略（3~4年）相对于单一策略（5~6年）所需的时间较短。此外，从单一变量方面，我们有如下结论。

（1）由图 3.25（a）和（b）可以看到，在单一调控策略和组合调控策略下，绿色低碳行为水平在前期基本保持不变，随后持续提高并保持稳定水平，这说明低碳发展策略的实施对绿色低碳行为水平的提高具有时滞性，而碳价格和碳排放均呈现出先上升后下降的变化状态，并且最终都可以达到稳定状态，但系统达到均衡状态所需时间和稳态水平存在差异性。

（2）从绿色低碳行为对碳排放市场的影响方面来看，碳排放对绿色低碳行动的开展具有滞后性，即开展绿色低碳的效果需要一定的时间才能传递到碳排放市场，并且此期间碳市场变化幅度较大（碳价格迅速上升，绿色低碳发展的潜力被迅速挖掘出来；由于绿色低碳发展尚未彰显出其效果，碳排放增势依然较为强劲）。但随着绿色低碳发展，绿色低碳发展的潜力开始滋生"疲软效应"，碳价格开始回落并最终保持稳定水平，而低碳发展的减排效果开始发力，使碳排放大幅减少并最终保持一个较低的水平。

（3）在碳价格方面，单一统筹策略下碳价格具有较低水平（如策略-1 具有最低的碳价格水平），这说明通过碳交易市场手段实现减排还有很大的发展空间，而组合统筹策略下碳价格具有较高水平（如组合策略-1234 具有最高的碳价格水平），这说明组合统筹策略挖掘出了更多的绿色低碳发展的潜力。可见，组合统筹策略在提高碳价格水平并使其达到稳态上要优于单一统筹策略，这说明在开展绿色低碳的过程中，应综合协调、统筹兼顾，争取挖掘出更多的低碳发展潜力，实现最优减排。

（4）在碳排放方面，单一统筹策略下碳排放的稳定水平低于组合策略统筹，但组合统筹策略下绿色低碳行为综合力度较小，这说明为实现绿色低碳发展，组合策略下花费较少的绿色低碳成本就可以获得较明显的碳减排效果。

通过分析发现，在挖掘碳价格对绿色低碳发展潜力方面，组合策略的统筹效果要好于单一统筹策略，而碳排放的稳态水平方面，单一统筹策略的效果要优于组合统筹策略，但该情境下组合统筹策略的绿色低碳行为实施的综合力度较小。可见，对于不同统筹策略，绿色低碳行为驱动的碳排放市场呈现出不同的动力学特征，这些动力学特征的差异性说明了在开展绿色低碳减排行动中，不同的减排行为会有不同的减排效果，并且相近的减排效果所需要的减排力度也有差异性。因此，把握不同行为策略下的减排成本和减排效果，并根据当前自身所具备的减排能力，实施减排行动，才能保障绿色低碳发展的持续性进行，进而最终实现控制地球温度稳定升高的目的。

4. 不同调控力度下碳价格水平的演化路径

Tang 等[89]的研究表明,最优碳价在 345 元/吨至 1140 元/吨之间(43.2～142.71 欧元/吨)。为探索不同策略下不同调控力度下的碳价水平,本节以 2019 年碳期货价格的平均值为初值,即 24.87 欧元/吨,对不同调控策略下不同调控力度对碳排放价格的稳态水平进行探究,并对比分析其间的差异性,其演化路径如图 3.26 所示。

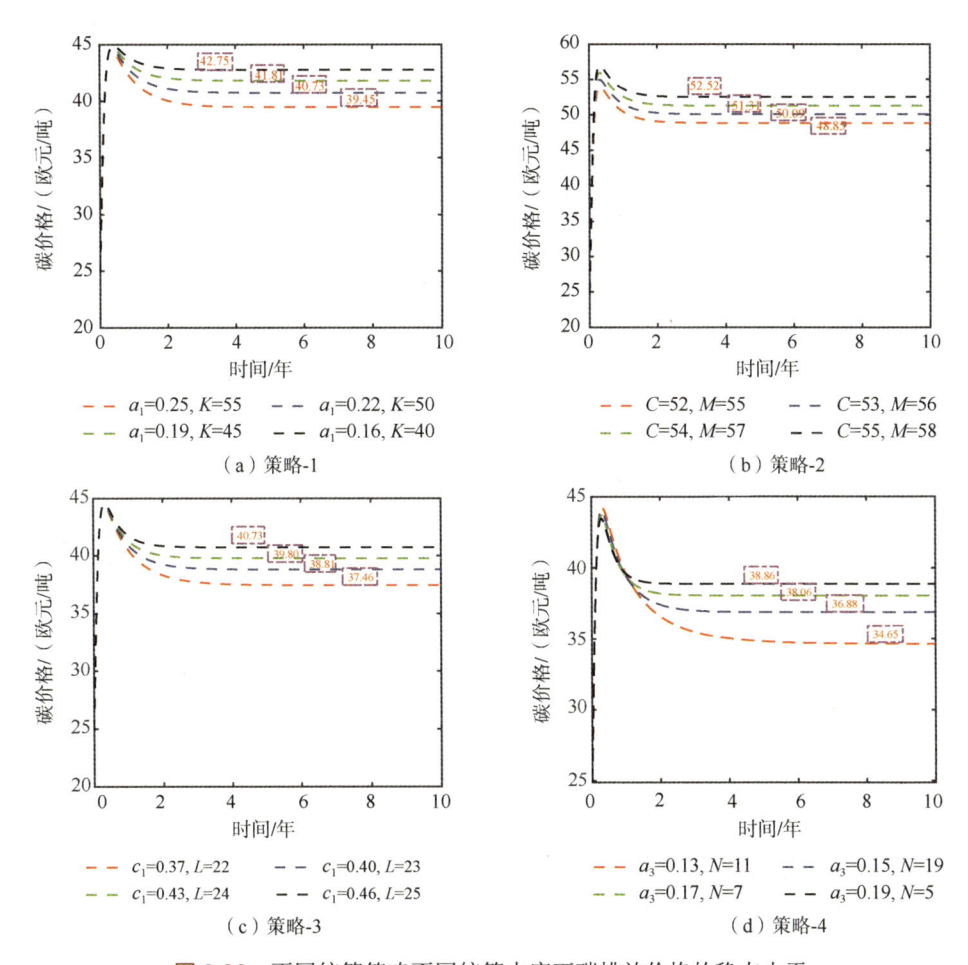

图 3.26 不同统筹策略不同统筹力度下碳排放价格的稳态水平

根据图 3.25(a)和(b)、图 3.26,有如下结论。

(1)随着统筹力度的加大,4 种统筹策略均可使碳价格水平不断提高,绿色低碳发展的潜力被逐步挖掘出来,这对通过碳交易市场手段实现碳减排具有重要价值。

（2）在 4 种调控策略中，策略-2 碳价格的稳态水平最高（即挖掘绿色低碳发展的潜力效果较好），随着调控力度的加大其碳价格依次约为 48.85 欧元/吨、50.09 欧元/吨、51.31 欧元/吨和 52.52 欧元/吨。而策略-4 则相对最差，随着调控力度的加大其碳价格依次约为 34.65 欧元/吨、36.88 欧元/吨、38.06 欧元/吨和 38.86 欧元/吨。

碳交易市场体系是实现减少碳排放的有效途径，而在 2016 年我国主要的几个碳交易所的平均成交价仅为 22 元/吨（约 2.75 欧元/吨），按照国家发展和改革委员会（以下简称国家发展改革委）的初步估计，从长期来看，300 元/吨（约 37.56 欧元/吨）的碳排放权交易价格才是能真正发挥低碳转型引导作用的价格标准。因此，根据当前的经济发展水平和绿色低碳发展水平，研究不同统筹策略及其统筹力度对碳价格的影响，探究合理、有效的统筹策略，充分挖掘绿色低碳发展的潜力，对提高碳价格水平具有重要意义。

5. 不同调控力度下碳排放水平的演化路径

根据《中国统计年鉴 2020》，2019 年我国能源消费总量为 48.7 亿吨标准煤（标准煤碳排放系数：$C = 0.67$ 吨碳/吨标准煤），比上年增长 4.96%（2018 年能源消费总量 46.4 亿吨标准煤），"十三五"时期，国家明确要求到 2020 年能源消费总量控制在 50 亿吨标准煤以内（约 33.5 亿吨碳）。为探究不同调控力度下碳减排效果的差异性，本节以 2019 年我国碳排放量为初值（约 32.629 亿吨碳），在基于上一节分析的基础上将对不同统筹策略下不同统筹力度对碳排放的稳态水平进行探究，如图 3.27 所示。

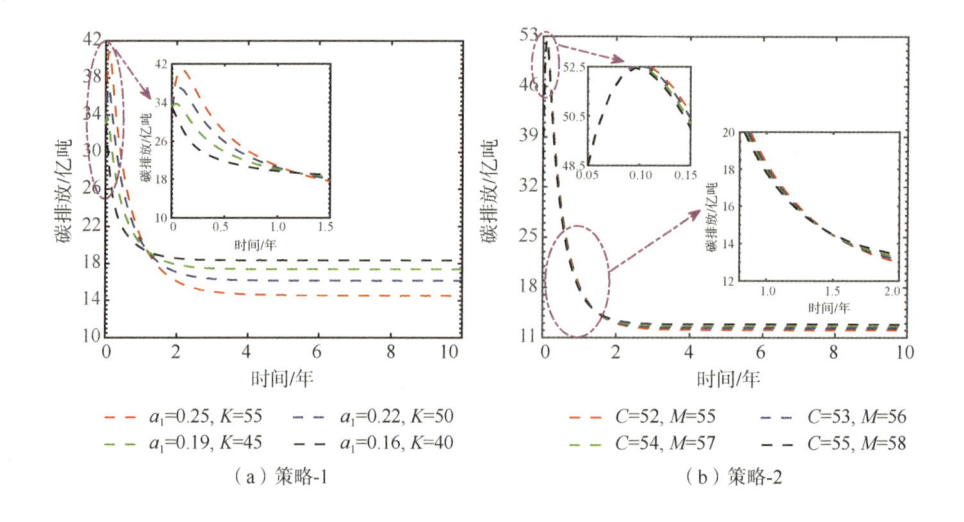

（a）策略-1 曲线图例：$a_1=0.25, K=55$；$a_1=0.22, K=50$；$a_1=0.19, K=45$；$a_1=0.16, K=40$

（b）策略-2 曲线图例：$C=52, M=55$；$C=53, M=56$；$C=54, M=57$；$C=55, M=58$

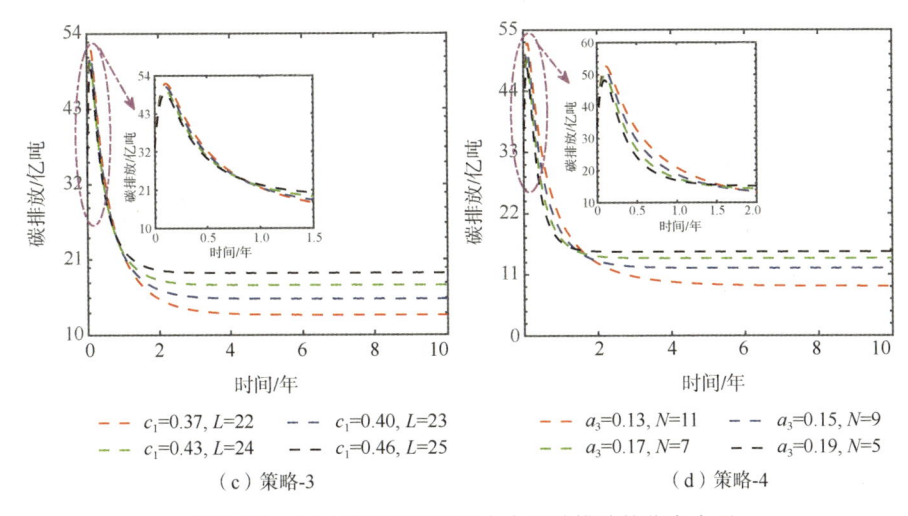

54
45
碳排放/亿吨
32
21
10
0 2 4 6 8 10
时间/年

— — $c_1=0.37, L=22$　— — $c_1=0.40, L=23$
— — $c_1=0.43, L=24$　— — $c_1=0.46, L=25$

（c）策略-3

55
44
碳排放/亿吨
33
22
11
0 2 4 6 8 10
时间/年

— — $a_3=0.13, N=11$　— — $a_3=0.15, N=9$
— — $a_3=0.17, N=7$　— — $a_3=0.19, N=5$

（d）策略-4

图 3.27　不同策略不同统筹力度下碳排放的稳态水平

根据图 3.27，通过对不同策略不同统筹力度下碳排放水平的分析，我们有如下发现。

（1）从策略-1 到策略-4 的不同统筹力度来看，随着调控力度的提高，碳排放的稳态水平呈现上升趋势，这是由于在单一加大统筹策略力度的过程中，造成了更多的资源浪费，导致了碳排放水平的上升。这说明在当前经济水平下通过单一加大调控力度并不能使碳排放水平达到最低，这就要求我们根据实际情况实施科学、合理的调控，进而实现减少碳排放的目标。

（2）从碳排放收敛的速度来看，随着调控力度的加大，碳排放达到稳态的时间逐渐减少，其中策略-4 在 $t=2$ 时达到稳定状态是收敛最快的（$a_3=0.19, N=5$），在 $t=8$ 时达到稳定状态是收敛最慢的（$a_3=0.13, N=11$）。

（3）从不同策略的碳排放稳态水平来看，策略-4 使系统碳排放的稳态水平最低，这说明绿色低碳发展需要形成全方位、全地域和全过程的推进格局，而不是局部的、暂时性的绿色低碳发展战略。此外，策略-2 的不同统筹力度下碳排放的稳态水平差异性较小，而策略-1、策略-3、策略-4 的不同统筹力度下碳排放的稳态水平差异性较大，这说明在当碳排放权交易市场不成熟阶段通过碳市场实现碳减排的导向作用具有一定的约束性，尚不能充分挖掘出绿色低碳发展的潜力，而通过政府行为和社会行为开展绿色低碳行动则具有较为显著的效果。

本节通过探讨不同策略统筹力度下绿色低碳行为驱动的碳排放的演化状态，分析对当前减少碳排放最有价值的统筹力度，力争把全面推动绿色发展落到实处，实现预期的碳减排目标，这对加速碳峰值和碳中和拐点到来具有重要意义。

6. 不同统筹策略下绿色低碳行为对碳排放的濡化水平

通过对知识的不断汲取、濡化过程，将先进的科技转化为较高的绿色低碳能力，从而使得节能减排的效率提高和成本降低。上文我们分析了不同统筹策略下不同统筹力度对碳价格和碳排放的演化路径，下面我们利用模型，并根据绿色低碳行为濡化水平计算公式，以 2019 年我国碳排放量（约 32.629 亿吨碳）和国内发明专利授权数（36.0919 万件）为初值，模拟在不同的统筹策略下绿色低碳行为濡化水平的演化过程，得到单一统筹策略下绿色低碳行为的濡化水平演化图像[图 3.28（a）和（c）]和组合统筹策略下绿色低碳行为的濡化水平演化图像[图 3.28（b）和（d）]。

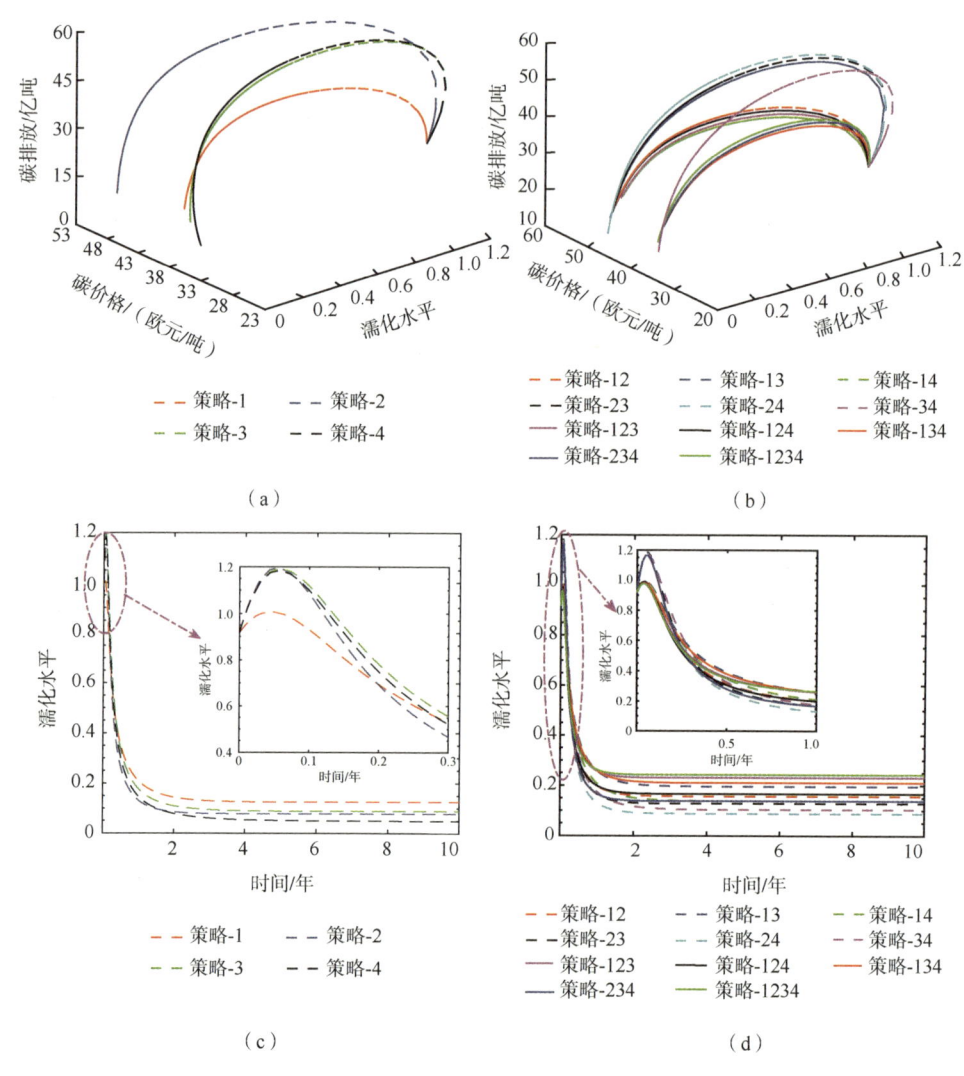

图 3.28　不同统筹策略下绿色低碳行为的濡化水平

由图 3.28 可以看到，在不同统筹策略下，绿色低碳行为濡化水平–碳价格–碳排放系统均可以达到稳定的状态，系统达到均衡状态所需要的时间及系统发展的程度与前文分析的绿色低碳行为–碳价格–碳排放系统具有类似的性质，此处不再赘述。下面重点讨论在不同的统筹策略下，绿色低碳行为的濡化水平随时间的演化过程及不同统筹策略对提高绿色低碳行为濡化水平的效果。

由图 3.28（c）可以看到，4 种单一的统筹策略均可以有效提高绿色低碳行为的濡化水平。从最终的效果来看，策略-1 对碳排放的濡化水平为 0.1251，策略-2 对碳排放的濡化水平为 0.0786，策略-3 对碳排放的濡化水平为 0.0884，策略-4 对碳排放的濡化水平为 0.0500。因此，从提高濡化水平的角度来看，策略-1 最优，策略-3 次之，策略-4 最差。图 3.28（d）给出了在不同统筹策略组合下的绿色低碳行为对碳排放的濡化水平演化图像，可以看到，组合策略下绿色低碳行为对碳排放的濡化水平高于单一策略，组合策略下绿色低碳行为对碳排放的濡化水平最高为 0.2427（策略-1234），是单一统筹策略的 2 倍左右，并且其达到最高水平所需的时间也较短。综合图 3.28 濡化水平的演化过程可以得到，在充分发挥碳市场机制对绿色低碳发展的导向作用的前提下，加快推进绿色低碳发展的引领和管控作用，打造多样性的绿色低碳平台，构建全方位全地域全过程的绿色低碳发展格局可以使绿色低碳行为濡化水平达到较高水平，以便更快、更好地实现减排目标。

3.2.4 结论

传统研究碳排放主要是基于数据的情景分析法、传统计量法、结构性因素分解法、指数因素分解法和自适应权重分解法等单一类型的研究方法。本节以非线性动态系统理论为基础，结合我国绿色低碳行为、碳价格和碳排放发展，构建了一个多变量约束的三维绿色低碳行为减排系统。在充分考虑绿色低碳行为、碳价格和碳排放之间复杂关系的基础上，讨论了三维系统的非线性动力学行为，得到了一个绿碳行为减排吸引子。然后，收集 2011 年 1 月至 2019 年 7 月我国相关统计数据，采用 BP 神经网络对实际系统参数进行辨识。最后，通过不同政策调控下参数的改变来分析实际系统的动态演化行为，探讨了不同调控策略和不同调控力度下绿色低碳行为、碳价格和碳排放的演化行为，得到如下结论。

（1）组合统筹策略在提高碳价格水平并使其达到稳态的时间上要优于单一统筹策略，这说明在开展绿色低碳的过程中，应综合协调、统筹兼顾，争取挖掘出更多的低碳发展潜力，减少碳排放，并加速碳峰值和碳中和拐点的到来。

（2）单一统筹策略下碳排放的稳定水平低于组合策略统筹，但组合统筹策略下绿色低碳行为综合力度较小，这说明为实现绿色低碳发展，组合策略下花费较少的绿色低碳成本就可以获得较明显的减排效果。

（3）碳排放市场对绿色低碳行动的开展具有滞后性，并且滞后期间碳市场变化幅度较大。但随着绿色低碳发展的进行，绿色低碳发展的潜力开始滋生"疲软效应"，碳价格开始回落并最终保持稳定水平，而低碳发展的减排效果开始发力，使碳排放大幅减少并最终保持一个较低的水平。

（4）相同策略的不同统筹力度对碳排放的稳态水平呈现同向变化趋势，这是由于加大统筹策略力度的过程中，造成了更多的资源浪费，导致了碳排放水平的上升。同时，随着统筹力度的加大，碳排放达到稳态的时间逐渐减少。

（5）绿色低碳发展需要形成全方位全地域全过程的推进格局，而不是局部的、暂时性的绿色低碳发展战略。此外，在当碳排放权交易市场不成熟前阶段通过碳市场实现碳减排的导向作用具有一定的局限性，尚不能充分挖掘出绿色低碳发展的潜力，而通过政府干预行为和社会行为开展绿色低碳行动则具有较为显著的效果。

（6）在充分发挥碳市场机制导向作用的前提下，加快推进绿色低碳发展的引领和管控作用，打造多样性的绿色低碳平台，构建全方位全地域全过程的绿色低碳发展格局可以使绿色低碳行为濡化水平达到较高水平，以便更快、更好地实现碳减排目标。

本节通过探讨不同调控策略和不同调控力度下绿色低碳行为、碳价格和碳排放的演化状态，分析对当前减少碳排放最有价值的调控策略和调控力度，以实现预期的碳减排目标，这对加速推进碳峰值和碳中和拐点的到来具有重大意义。

3.3　绿碳转型发展的阈值理论

系统转型发展的临界点就是系统从稳定到崩溃的临界阈值点。特别地，对临界阈值点附近的变化规律的研究可以有效抑制失效的蔓延。在绿色低碳的转型时期，对价格市场发展及绿色出行系统行为演变的研究对稳定市场及出行行为的有序性都是有现实意义的管理学方法。

3.3.1　系统的阈值规律及恢复力

检测和描述社团结构在研究网络系统中扮演着重要的角色，但是对于社团如何影响系统的恢复力和稳定性依然缺少说明。这里，我们基于渗流理论建立一个模型来研究具有社团结构的网络系统的恢复力。我们通过解析和数值模拟发现，互连边（社团间的连边）影响渗流相变，这一方式类似于外场影响铁磁顺磁相变。通过定义临界指数 δ 和 γ，我们还研究出了普适性方法，同时发现了不同模型及遵循超标度关系的现实合著网络在临界阈值处所对应的数值。这里的方法和结果不仅可以促进对网络的恢复力的研究，同时也带来一个全新的视角来理解具有外场力的相变。

网络科学为研究社会学、技术学、生物学、天气系统和其他许多领域中的复杂系统打开了一个新视角[93-99]。系统的鲁棒性或恢复力是一个关键性能，对减少和缓和损害具有重要的作用[100-101]。渗流理论在拓扑结构中用于理解和评估网络恢复力是一个有用的工具[102-106]。关注分析一个网络系统中社团的连接行为很重要，这一点被运用于许多自然和人工领域[107]。复杂网络中的临界现象吸引了许多不同学科的研究者[108]。尤其是复杂网络中的结构相变（渗流）[95-96]，更严格的 k-core 渗流[109-110]，流行病传播阈值[111-113]，过度凝结和 Ising 模型[114]。现已指出一个随机网络随着随机失效节点数的增加会产生一个连续的渗流相变[115]。网络中是否存在不连续的渗流相变这一问题吸引了越来越多的关注[115-118]。Buldyrev 等[119]研究发现，由于网络间的级联失效产生不连续渗流相变现象，相依网络的模型随之被提出，并发现了与单个网络二阶连续相变所不同的一阶跳变现象[119-126]。

除了这些在理解网络恢复力上的进步，很多工作都集中在互联网络[127]上，如通过连接多个社区（或社团）[128-129]形成的网络。这种社团结构可以在许多实际系统中被发现，包括大脑[130-132]、基础设施[133-134]和社交网络等[135-141]。尽管取得了这些进步，但我们仍然不了解一小部分节点如何维持现实网络中的社团间连接。这个特征显著影响着网络恢复力。互连节点的一小部分通常会提供特殊的资源和基础架构支持。例如，只有一些具有国际航班的机场需要更长的跑道、海关管理和护照管制[133]，并且当一个机场节点已经互连时，添加额外互连的成本就会显著降低。同样，社交网络中只有一些人能够在社团之间建立桥梁[142]，而电网中只有一些电站能够为遥远的电站供电。我们在这里使用统计物理学的方法来开发包含这些现实特征的模型，并且我们开发了一种分析解决方案，证明了这些互连具有与自旋系统上的外场类似的作用。这使我们对增加互连的效果有了基本的了解，并使我们能够预测系统的恢复力。

1. 社团网络结构模型

许多工作着重于专注于复杂网络中系统状态从可恢复状态变为故障状态时的相变。此外，许多网络都具有社团结构，其对恢复力的影响尚未完全了解。在这里，我们发现社团结构可以显著影响系统的恢复力，因为它消除了单个模块中存在的相变，并且网络在此变换过程中仍保持恢复力，同时我们表明增加互连的效果类似于增加自旋系统中的外部磁场。我们的发现阐明了具有多社团的复杂系统的恢复能力，并强调了社团结构对网络恢复力的重要影响。

现实复杂网络通常具有社团结构，即社团内部连边较为密集，而社团间的连边则较为稀疏，而社团间并不是所有节点都会与其他节点相连，往往只有一部分节点与其他社团相互作用，如图3.29（a）所示。此处这些"相互连接的节点"的行为类似于物理学中的外场[143-145]。考虑最简的情况，两个具有相同节点数 N 的社团 i 和 j。我们的理论对于 m 个社团是通用的。社团 $i(j)$ 内的节点是以度分布 $P_i(k)(P_j(k))$ 随机连接的，其中度数 k 是一个节点与社团 $i(j)$ 中其他节点的连接数。在社团 i 和 j 之间，随机选择一部分节点 r 作为互连节点，并在节点对之间随机分配 M_{inter} 个互连的连接（一个在 i 中，另一个在 j 中）。该社团生成的网络可以在图3.29（b）中看到。m 个社团的通用化是很简单的。为了量化模型的可恢复力，通过分析和模拟研究随机删除了 $1-p$ 部分节点后最大连通集团 $S(r,p)$ 的大小。

图3.29（a）表示合著者协助网络中两部分相互连接的社团，不同颜色为不同社团的节点，同一社团内不同颜色为与其他社团相连节点，蓝紫色表示社团 i（蓝大点与社团 j 相连），绿色表示社团 j（绿大点与社团 i 相连），节点表示作者，两节点间的无向边存在表示相关作者之间至少发表了一篇文章。图3.29（b）模型的解释，以两个社团 i 和 j 作为例子。红色、蓝色的点表示各社团间的相连节点。此处互连节点的部分为 $r=1/2$。

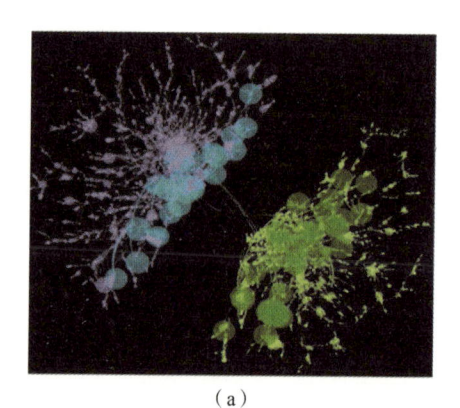

（a）

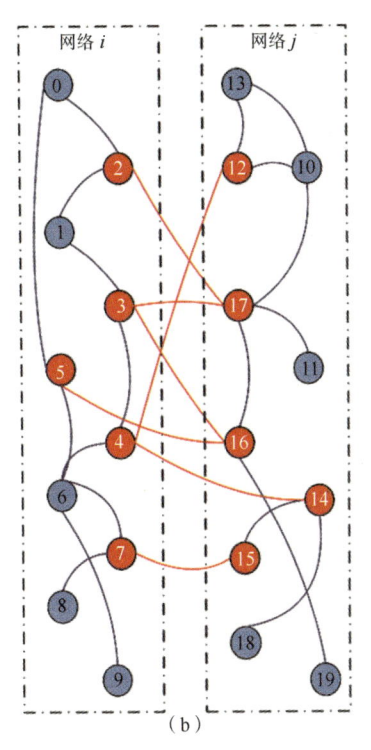

图 3.29 网络框架图

2. 生成函数理论分析

我们提出了解析框架来研究互连社团的鲁棒性。为了获得解析解,采用参考文献[96]中生成函数的框架并定义每个模块 i 的度分布的生成函数为

$$G_i(x) = (1-r_i)G_{ii}(x_{ii}) + r_i G_{ii}(x_{ii})\prod_{j\neq i}^{m} G_{ij}(x_{ij}) \tag{3.70}$$

其中,$G_{ii}(x_{ii})$ 和 $G_{ij}(x_{ij})$ 分别为在社团 i 内部连边和社团 i 与 j 间相互连边的生成函数;$i,j = 1,2,\cdots,m$,m 为社团的数量。在随机移除 $1-p$ 部分节点之后,社团 i 的最大连通集团的大小变为

$$S_i = p(1 - G_i(1 - p(1-f_{ii}), 1 - p(1-f_{ij}))) \tag{3.71}$$

其中,$x_{ii} = 1 - p(1-f_{ii})$;$x_{ij} = 1 - p(1-f_{ij})$。

当 $m=2$,这个随机网络[146]社团的内部平均度为 k,相互平均度为 K,方程(3.71)变为

$$e^{-Sk}(r-1) + 1 - \frac{S}{p} = r\exp\left(\frac{Kp(e^{-Sk}(r-1) + 1 - \frac{S}{p} - r)}{r} - Sk\right) \tag{3.72}$$

其中，S 为最大连通集团比例；p 为剩余节点比例；$K=2M_{inter}/rN$；N 为网络大小；r 为耦合程度，$r=0$ 时，我们的模型就是随机网络模型，我们得到 $S=p(1-e^{-kS})$，符合现有结果[146]。对于单个随机网络（$N \to \infty$），在阈值 $p_c=1/k$ 时最大连通集团的大小为 0，然而在我们的模型中 $r>0$，在该点有一个非零的最大连通集团。我们得到了模型与 r 成比例的渗流阈值，且假定该阈值较小。

我们还研究了幂律分布为 $P(k) \sim k^{-\lambda}$ 的无标度（scale free，SF）网络的社团。同时也可以使用生成函数的方法得到最大连通集团和渗流阈值。

3. 数值模拟与实际数据分析

分析式（3.72）的解析解，我们发现 r 个互连节点具有与自旋系统中的磁场引起的效果相似的效果。这是因为 (i) 对于互连节点的任何非零分数，系统不再经历单个社团的相变，(ii) 场型临界指数表征 r 的作用。图 3.30（a）显示了不同 r 值时，我们对平均度 $k=4$ 的两个 ER（Erdős–Rényi）社团的最大连通集团的分析和仿真结果。我们发现单个 ER 社团的渗流阈值是 $p_c=1/k=1/4$，但是当 $r>0$ 的时候，最大连通集团依旧大于 0。解析和数值模拟的结果重合得很好。图 3.31（a）～（c）显示了具有不同 λ 值的幂律分布的社团中的类似现象。现在我们研究模型的比例关系和临界指数，其中 $S(r,p)$，p 和 r 分别类似于总磁化量、温度和外场。

为了量化外场如何影响渗流相变，我们定义了临界指数 δ，它将临界点的阶次参数与场的大小相关联：

$$S(r, p_c) \sim r^{1/\delta} \tag{3.73}$$

$$\left(\frac{\partial S(r,p)}{\partial r} \right)_{r \to 0} \sim |p-p_c|^{-\gamma} \tag{3.74}$$

其中，γ 为在临界点附近的敏感度。

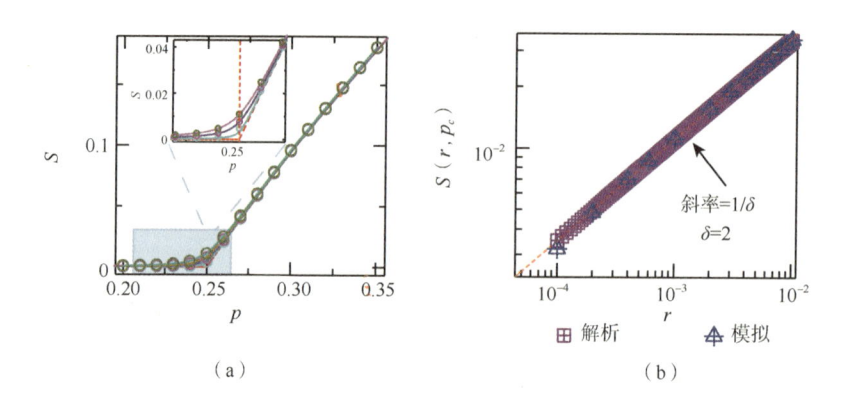

（a）

（b）

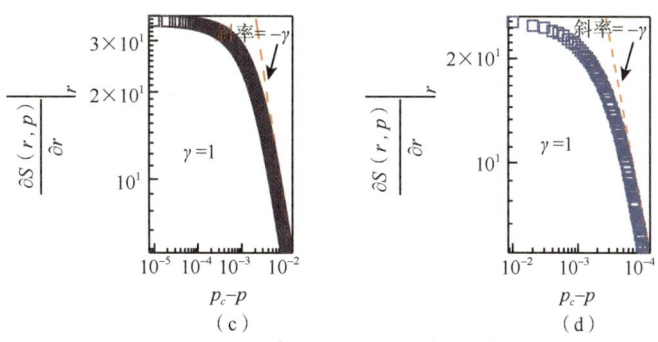

第 3 章　企业和居民的绿色低碳行为　　139

图 3.30　两个 ER 社团的解析与模拟

(a) 比较随机网络的最大连通集团 $S(r,p)$ 的解析和模拟的结果，其中 $r=0$（红色），$r=0.0001$（蓝色），$r=0.0055$（紫色），$r=0.001$（玫红色）。线和圆圈分别表示解析和模拟结果。(b) $S(r,p_c)$ 与耦合节点比例 r 的关系。(c) 和 (d) 为 $\dfrac{\partial S(r,p)}{\partial r}$ 与 p_c-p 的作用关系，其中 $r=0.0001$；参数 $k=4$，$M_{\text{inter}}=N_1$，对模拟的结果我们选择社团大小为 $N_1=N_2=10^8$，$M_{\text{inter}}=\dfrac{N}{2}=N_1$，迭代 1000 次。虚线的斜率为 $-\gamma$

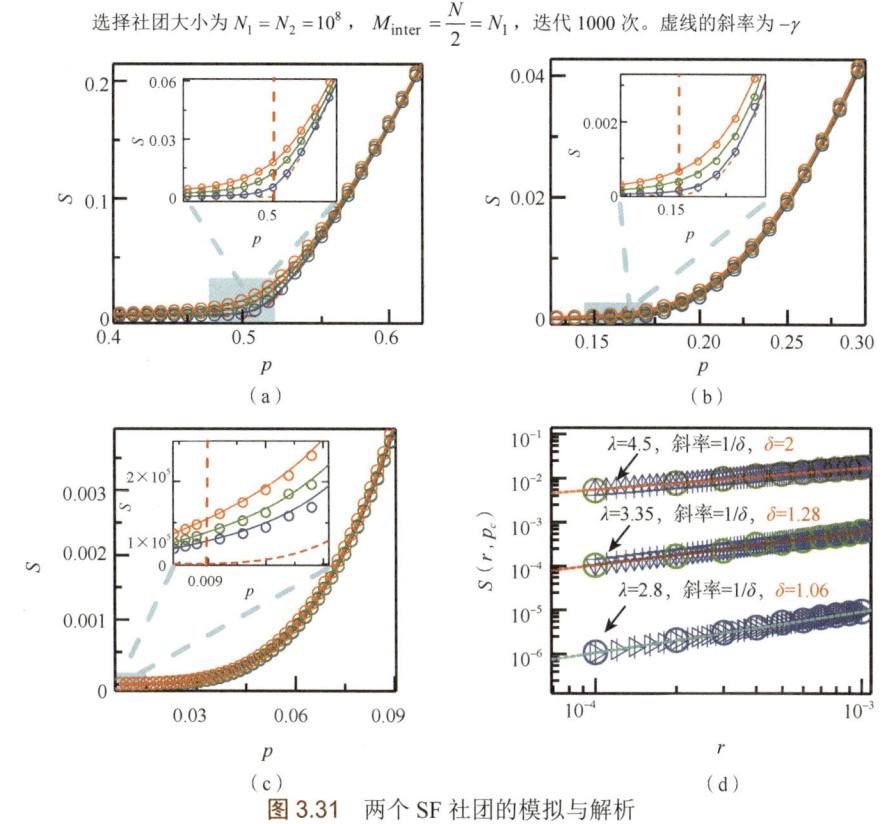

图 3.31　两个 SF 社团的模拟与解析

(a)~(c) 分别为不同耦合节点比例 r 下，无标度网络中最大连通集团 $S(r,p)$ 与 p 的关系。(a) $\lambda=4.5$，其中 $r=0.0001$（蓝色），$r=0.0005$（绿色）和 $r=0.001$（橙色）。(b) $\lambda=3.35$，其中 $p_c\approx0.149$，$r=0.0001$（蓝色），$r=0.0005$（绿色）和 $r=0.001$（橙色）。(c) $\lambda=2.8$，$r=0.0001$（蓝色），$r=0.0005$（绿色）和 $r=0.001$（橙色）。线和符号各表示数值和模拟的结果，其中虚线表示单个无标度网络。(d) 不同的 λ 下，$S(r,p_c)$ 与 r 的作用关系，数值和模拟结果分别用圆圈和三角形表示。对模拟的结果我们选择社团大小为 $k_{\min}=2$，$k_{\max}=10^6$，$N_1=N_2=10^8$，$M_{\text{inter}}=N_1$，迭代 1000 次

我们首先测量 δ。对于随机网络社团，通过解析和模拟得到 $\delta=2$ [图 3.30（b）]，这与平均值场随机渗滤的已知值相同[143]。对于无标度网络社团，我们发现 δ 的值随 λ 变化，如图 3.31（d）所示。当 $\lambda>4$ 时，在无限维中临界指数就是常规渗流的预期的平均场值，与随机网络社团的情况一致[147]。当 $2<\lambda<3$ 时，无标度网络在 $p\to 0$ 时发生跃迁，临界指数取决于 λ。当 $3<\lambda<4$ 时，已知 $p_c>0$，并且临界指数随 λ 的变化而变化[147]。通过分析和仿真，发现 δ 的值随 λ 变化，即对于 $\lambda=3.35$，$\delta=1.28$，对于 $\lambda=2.8$，$\delta=1.26$。

接下来检查磁化率的类似物，它具有式（3.74）中的比例关系。图 3.30（c）和图 3.30（d）分别表示解析（左）和模拟（右）的结果，对于随机网络社团，发现当 $p<p_c$ 和 $p>p_c$ 时都为 $\gamma=1$。考虑无标度网络社团的情况，我们发现 γ 取决于 λ，当 $\lambda=4.5$ 时，$\gamma=1$；当 $\lambda=3.35$ 时，$\gamma=0.8$；当 $\lambda=2.8$ 时，$\gamma=0.3$，如图 3.32 所示。

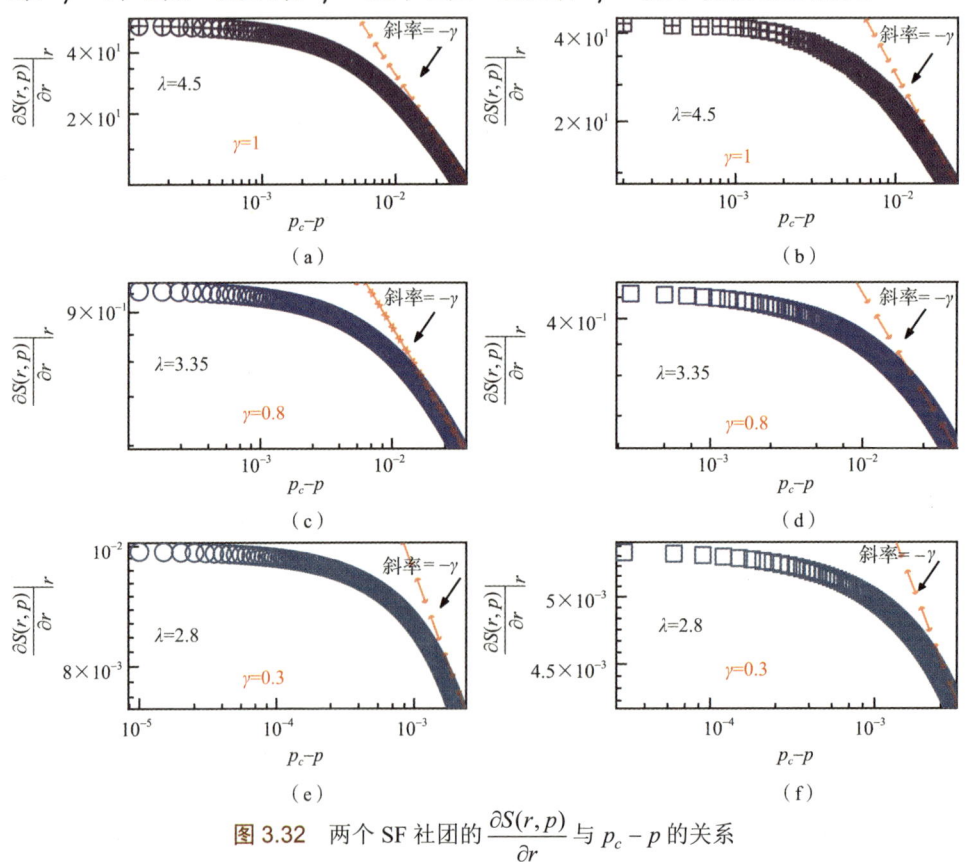

图 3.32 两个 SF 社团的 $\dfrac{\partial S(r,p)}{\partial r}$ 与 p_c-p 的关系

$\dfrac{\partial S(r,p)}{\partial r}$ 作为 p_c-p 的函数，其中 $\lambda=4.5$ 时，$r=0.0001$，$\lambda=3.35$ 时，$r=0.0001$，$\lambda=2.8$ 时，$r=0.0005$。左半部分和右半部分分别显示数值和仿真结果。虚线的斜率等于 $-\gamma$。对模拟的结果我们选择社团大小为 $k_{\min}=2$，$k_{\max}=10^6$，$N_1=N_2=10^8$，$M_{\text{inter}}=N_1$，迭代 1000 次

在测试指数之间的比例关系时,发现单个网络($m=1$)中,在随机网络$\beta=1$的临界区域中,阶数参数遵循$S\sim(p-p_c)^\beta$。在无标度网络中,发现$\lambda>4$时$\beta=1$,$3<\lambda<4$时$\beta=1/(\lambda-3)$,$2<\lambda<3$时$\beta=1/(3-\lambda)$[147]。上面发现的这些β值,δ值和γ值在物理相变中满足众所周知的普遍比例关系[143]。

所有的相变情况可以通过临界指数集来描述。因为与许多热力学量相关,所以这些临界指数不是独立的,可以用两个指数来表示[106, 143, 148]。接着,我们发现在模型中基于β、λ、δ和γ的标度假设对随机网络和无标度网络社团都有效。这一结论与 Widom 中的一致$\delta-1=Y/\beta$[106]。

现在,在两个真实的示例中测试我们的模型:①合著者协作网络(coauthor collaboration network,DBLP)[149-150];②由美国数学家的数学评论集合构建的合著数学科学家网络[150-152]。我们使用贪婪算法检测社团结构[153],并使用相同的参数λ保持最大的两个社团。图 3.33 展示了$\lambda=2.8, 3.35$时实际网络社团的数值结

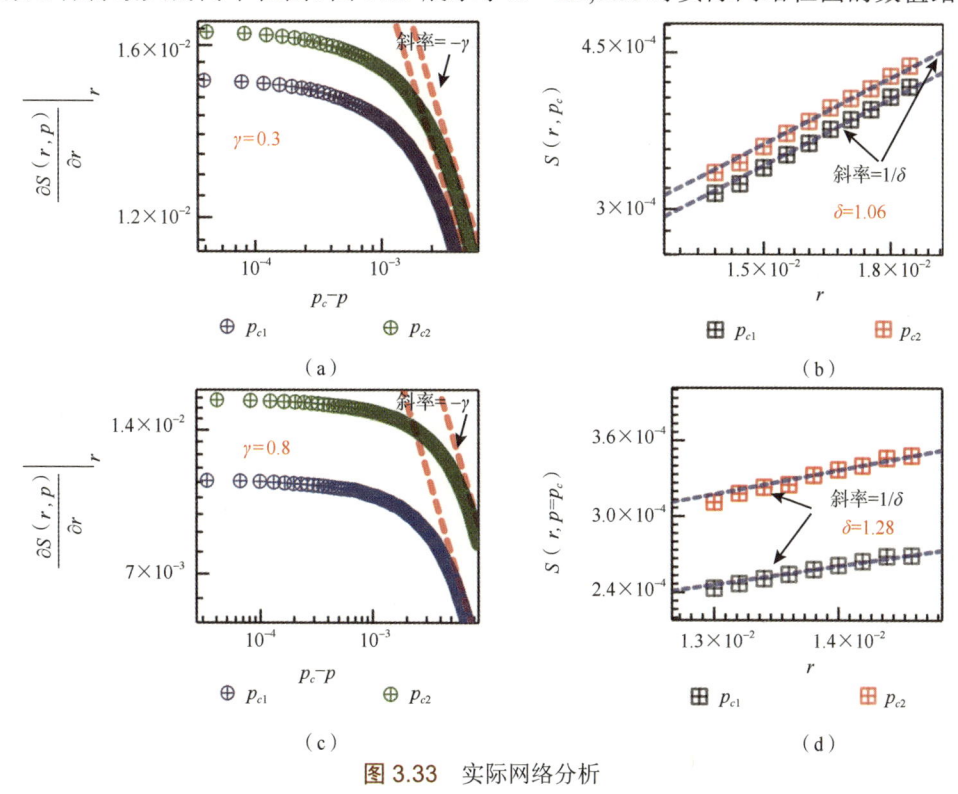

图 3.33 实际网络分析

(a)和(b)合著者协作网络,幂律指数$\lambda=2.8$,社团间连边$M_{inter}=4\times10^5$;(c)和(d)合著数学科学家网络,$\lambda=3.35$,$M_{inter}=5\times10^5$。(a)和(c)表示$\frac{\partial S(r,p)}{\partial r}$与$p_c-p$的关系,(b)和(d)表示$S(r,p_c)$与$r$的关系

果。我们发现，临界指数 δ 和 γ 与实际网络的理论结果一致。应该注意的是，每个实社团的 p_c 不相等，即每个实社团的 p_c 值不同（对于 $r=0$）。

将外场模型应用于两个真实的合作网络：①合著者协作网络[149-150]；②由美国数学家的数学评论集合构建的合著数学科学家网络[150-152]。在这两个网络中，节点都是作者，在共同发表了至少一篇论文的两位作者之间存在一条无向边。使用贪婪算法来检测社团结构[153]。为了测试实际网络中外场的影响，我们选择具有相同幂率指数的两个社团来模拟外场。在两个社团间随机选择 r 部分节点随机不重复相连。图 3.33 分别显示了 $\lambda = 2.8, 3.35$ 实际网络的数值结果。p_c 的值由 $S_{\text{cutoff}} = 0.0001$ 确定，其中对于每个单独的社团，$S \leqslant S_{\text{cutoff}}$。

4. 结论

本节介绍了一个具有社团结构作为外场的网络模型，通过解析和模拟来研究社团间部分节点相连的网络的恢复力。结果表明，增强部分节点间的耦合强度，网络更稳定。在某种意义上，启发揭示了为什么真正的系统在长期进化之后仍然保持一个稳定和发展的状态。同时，基于 S、p 和 r 类似于总磁化量、温度和外场，通过定义不同的临界指数 δ 和 γ 来研究与外场间的比例关系。结果表明，对于具有泊松和 $\lambda > 4$ 的幂率分布，临界指数类似于在有限维中常规渗流的平均场值。对于幂率分布的情况，结果表明 δ 和 γ 取决于 λ。此外，我们发现这些临界指数在相变附近服从物理系统的通用比例关系。对于真实的社交网络，也发现了类似的结果。

本节的发现不仅为设计鲁棒性好的系统提供了指导，而且对系统故障的本质做出了预测。本节的理论和模型提供了有关如何通过增加互连节点的数量及预测其鲁棒性来使网络更具恢复力的理解。此外，渗流理论通过定义外场的临界指数集得到扩展。我们的目标是激发进一步的理论分析，并确定类似于外场的其他系统的属性，而且我们的理论可以用来研究单个网络间社团的恢复力，也可以扩展到研究相互作用网络或多层网络的恢复力。

3.3.2 市场受冲击时的市场普适性规律

原油价格的时间序列可以描述原油市场波动的行为轨迹，原油价格的波动已引起了研究人员、投资者和政策制定者的广泛和持续关注。原油价格波动的变化会严重影响生产者和消费者的决策和预防行为[154-155]。而我们可以从时间序列中获得大量有价值的信息。最近，复杂网络理论被广泛应用于分析和挖掘时间序列。2008 年，Lacasa 等[156]提出了一种简单而有效的算法，可以从独特的角度将时间序列映射到网络，即可见图（visual graph，VG）理论。在该框架中，时间序列中的波动值被看作是网络中的节点，并且通过特定条件来确定节点所连的边。标量时间序列点成功映射到网络节点，如果节点对应的点满足设定条件，则它们将相互连接。通过对时间序列的深入研究，Luque 等[157]开发了基于可见性算法的水平可见性图（horizontal visibility graph，HVG），该算法更方便，统计更少。VG 理论已经成为一种基于时间序列数据检测真实复杂系统动态行为的有效算法[158-163]。最近，Zhou 等[164]提出了一类新型的可视图方法，扩展了 VG 的有限渗透率，并表明有限穿透 VG 具有良好的抗噪性，特别是对于分析噪声污染信号。此外，Gao 等[165]分析了非线性时间序列。从具有不同拓扑结构的复杂网络的角度出发，他们提出了一种具有多尺度有限可穿透性的新型水平可见图。他们的结果[156-162, 164]都表明，具有不同拓扑结构的网络，包括随机网络、无标度网络、随机规则网络，都可以很好地反映随机和混沌时间序列的特征。通过上述算法，可以分析变换后的网络拓扑结构特征，并且可以获得非线性时间序列性质。

这些方法已应用于金融危机[166]、能源[167]、原油[168]等。除了这些模型，社区结构在许多真实网络中很常见，包括基础设施网络[133-134]、社交网络[135]和其他的一些网络[138, 141]。社团内部联系比社团之间的联系更加紧密，而这一特征引起了特别的关注[135, 169]。参考文献[135, 170-174]中提出了不同的检测社团结构的方法，如流量模型、中心度量、随机游走、优化等。以前的研究结果[133-135, 139]提出全局网络与社团结构的统计学特征并不一致。除了这些主要研究外，这些网络的一个重要现实特征是通常只有少数顶点是互连节点。Dong 等[175]表明社团结构可以显著影响系统的恢复力，在该系统中消除了单个网络中的相变并且网络在此相变点处依旧有效。Fan 等[176]在此基础上进一步研究了相互关联的空间嵌入式网络。他们基于最大联通集团的大小 S、攻击强度 $1-p$ 和相互连接节点比例 r，通过定义两种不同的关键指数 δ 和 γ 来确定控制网络恢复力的比例关系，分别类似于遵循一般化比例关系 Wisdom 普适律的在临界点附近的宏观磁化、温度和外场。

这里，我们利用 VG 算法将原油价格时间序列转换为单个价格网络及具有社团结构的价格网络。通过随机攻击模拟金融危机等对原油价格市场的冲击，继而根据网络最大连通集团的大小来刻画价格市场的稳定性。下文介绍了将现货和期货价格时间序列分别转换为单个的现货和期货价格网络，并确定出网络的最大连通集团 $S(p)$ 与冲击强度 p 之间的关系，以及在临界冲击强度附近 $S(p)$ 的变化情况。将现货和期货价格看作是整个价格网络的两个社团，并各自随机选取 r 部分的节点来模拟现货和期货之间的关系，同时研究在临界点处及连接冲击强度附近，

最大连通集团 $S(r,p)$ 的变化情况。

1. 单个原油价格网络

1）可视图理论分析

根据文献[156]，我们可以知道一个时间序列中的两个时刻 T_a、T_b，若存在 (T_a, T_b) 时间内任意一个时刻 T_c，满足

$$P_c < P_a + (P_b - P_a)\frac{T_c - T_a}{T_b - T_a} \tag{3.75}$$

则这两个数据值 (T_a, P_a) 和 (T_b, P_b) 可视，也就是说在相关网络中，这两个点之间存在连边。这里，P_a、P_b、P_c 分别为这三个时刻对应的数值。运用到我们的原油价格时间序列中，我们就可以建立出以原油价格为节点，满足式（3.75）关系的边的原油价格网络。根据从能源信息局获取的原油现货和期货价格的数据，我们分别得到从 1986 年 1 月 2 日到 2018 年 9 月 27 日的原油现货价格和从 1983 年 4 月 4 日到 2018 年 9 月 18 日的原油期货价格。图 3.34（a）和（b）分别是与之对应的原油现货和期货价格的时间序列。根据图 3.34（a）中的数据及式（3.75），可

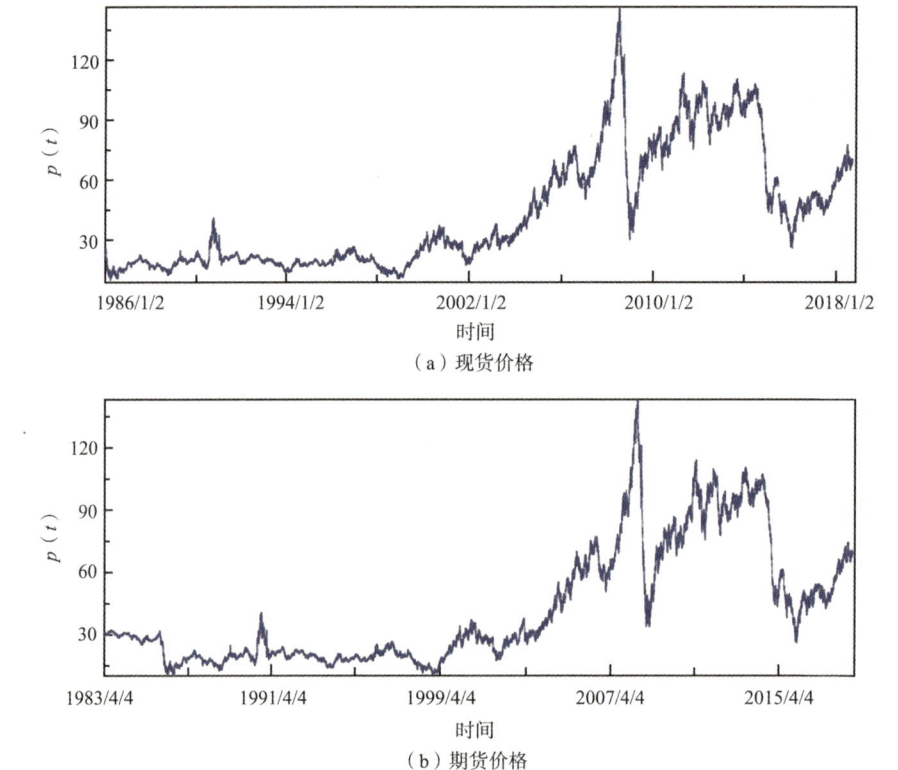

(a) 现货价格

(b) 期货价格

图 3.34 原油价格时间序列

以建立与之相对应的原油现货价格网络，其中共有 8249 个点和 60 135 条边。而同样地，根据现有的数据可以建立出一个有 8210 个点和 60 150 条边的原油期货价格网络。

2）单个价格网络分析

对这两个网络进行进一步分析，我们可以得到如图 3.35 所示的网络度分布 $p(k)$，可以看到这两个度分布都满足幂律指数 $\lambda = 2.8$ 的幂律分布，$p(k) \sim ck^{-\lambda}$，这里 c 是归一化因数。由于无标度网络的直径 d（节点间的平均路长）满足 $d \sim \ln \ln N$ [177]，由原油现货和期货这两个价格网络的节点数可知其节点间的平均路长均为 2.19。因此当这两个价格网络中的某一节点受到攻击后，必然会迅速影响到其他节点，也就是说当原油价格市场在某一时刻受到金融危机或全球资源结构转型所带来的冲击后，这一冲击会迅速蔓延到其他时刻，从而导致更强烈的市场动荡。

（a）原油现货价格网络
（1986年1月2日到2018年9月2日）

（b）原油期货价格网络
（1986年1月2日到2018年9月2日）

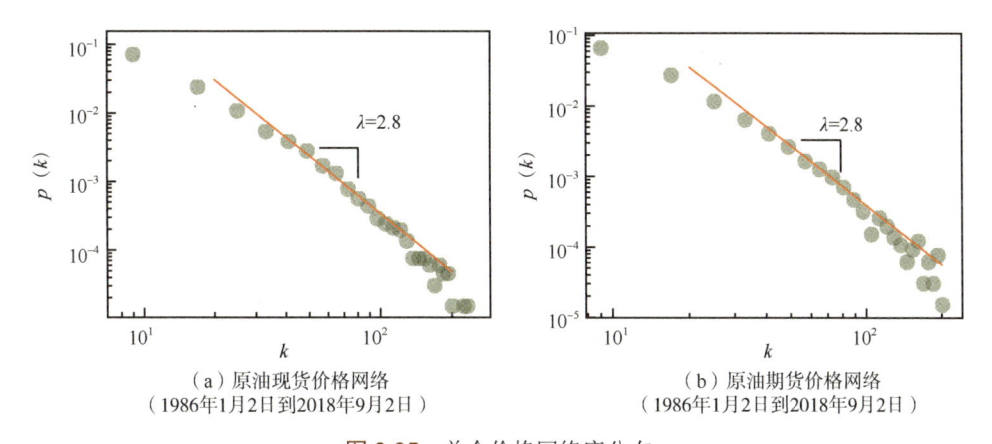

图 3.35 单个价格网络度分布

当原油价格遭受攻击后，价格网络中某些节点间的连边消失，最终节点失效。为了模拟这一现象，我们假设 $1-p$ 为随机攻击强度，即价格网络中随机失效的节点比例，以剩余网络中最大连通集团比例 $S(p)$（强相关联结构）来刻画价格网络的稳定程度。如图 3.36（a）所示，曲线表示随机攻击后现货价格网络剩余节点 p 与最大连通集团的大小 S 的关系。图 3.36（b）展示了在期货价格网络中的类似结果。对于不同的冲击情况，我们假设不同的 S_{cutoff} 来区分网络是否处于稳定状态。当最大连通集团的大小 S 小于设定的数值 S_{cutoff} 时，我们就认为这个网络崩溃，即价格市场发生强烈动荡，此时与 S_{cutoff} 相对应的 p 值就是 p_c 值。由于原油价格波动的变化会严重影响生产者和消费者的决策、预防行为，因此我们需要研究在临界点附近 S 的变化，以确保价格网络处于稳定状态。比如，当我们设定

$S_\text{cutoff} = 0.002$，则这里现货价格网络的 S 所对应的 p 值为 0.000 14，见图 3.36（a）中的圆圈，当攻击强度 $1-p$ 大于 0.000 14，我们就可以认为这个现货价格网络崩塌。而这个 p 值就是网络连通状态的阈值，我们设定为 p_c。同样的期货价格网络也可以根据 S_cutoff 来确定自己的临界阈值，这里当 $S_\text{cutoff} = 0.002$，$p_c = 0.00015$，见图 3.36（b）中的圆圈。对于单个无标度网络[147]有序参数满足 $S \sim (p-p_c)^\beta$，同时当 $2 < \lambda < 3$ 时，$\beta = \dfrac{1}{3-\lambda}$。可以发现，临界指数 β 与网络的度分布无关，因此只要我们确定了单个网络的幂律指数就可以确定在临界点附近最大连通集团的变化情况。对于单个现货（或单个期货）价格网络的幂律指数为 $\lambda = 2.8$，可以得到 $\beta = 5$ [147]。根据指数 β，可以直观地看出在临界点处最大连通集团的变化情况，从而判断网络的稳定性。但是由于 β 只与网络的幂律指数相关，根据原有的数据，我们无法改变网络的拓扑结构，从而无法对原油市场价格变化做出及时反馈。因此，需要对单个的现货价格网络和期货价格网络做出适当的调整。

（a）原油现货价格网络　　（b）原油期货价格网

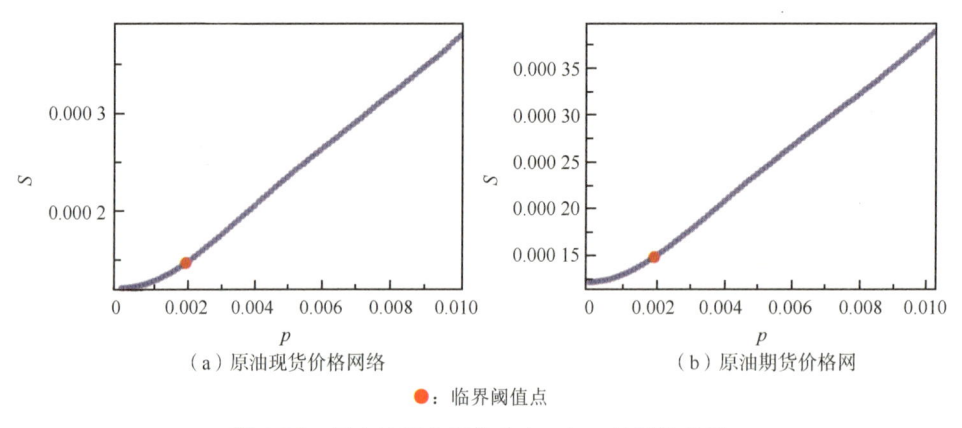

● ：临界阈值点

图 3.36　最大连通集团的大小 S 与 p 的函数关系

2. 具有社团结构的原油价格网络

1）以社团结构相连的价格网络

我们把原油的现货和期货看作是两个单个价格网络，但实际中现货和期货价格之间存在一定的关联性。迄今为止，已经有许多学者运用不同的方法来研究这两种价格之间的关系[178-180]。这里，把现货和期货价格分别看作是一个网络中的两个社团。在每个社团中各自随机选择 r 部分的节点来作为相互连接的节点。为了模拟社团间的相互联系，在社团间随机增加 M_inter 条边。

与上一节中做相同的处理，对整个价格网络随机移除 $1-p$ 部分节点，再统计剩余网络中每个社团的最大连通集团的大小 S。如图 3.37 所示，黑线分别是单个现货价格网络最大连通集团的大小 S 的模拟结果和解析结果，红线是具有社团结构的网络中现货价格社团的解析和模拟的结果，其中社团间相互连接节点的比例 $r=0.021$，而黑线则是相同情况下 $r=0.051$ 时所对应的 S 的解析和模拟结果。可以发现，在相同的攻击强度下，具有社团结构的价格网络的最大连通集团的大小 S 的值比单个价格网络的 S 值更大，也就是说，在相同冲击下具有社团结构的原油价格网络可以更好地抵抗金融危机带来的影响，具有更强的鲁棒性。同时，比较社团间相互连接节点的比例，可以发现 $r=0.051$ 时比 $r=0.021$ 时鲁棒性更好，即相互连接节点比例是影响原油价格网络的一个重要因素，连接节点的比例越多价格网络越稳定。

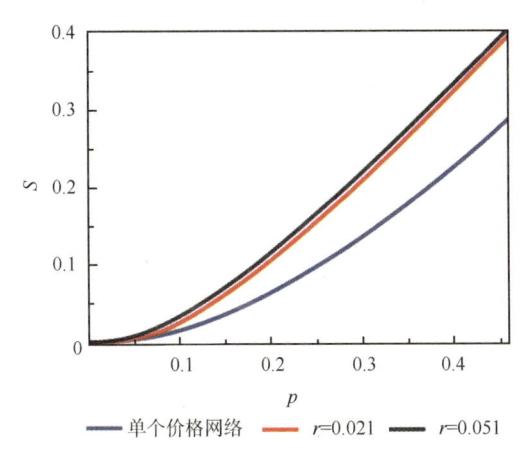

图 3.37 最大连通集团的大小 S 与 p 的函数关系

蓝线表示单个价格网络的最大连通集团大小 S 与 p 的函数关系。红线和黑线分别表示有 $r=0.021$ 和 $r=0.051$ 部分相互连接节点的价格网络的最大连通集团大小 S 和 p 的函数关系。参数为 $N_1=8245$，$N_2=8210$，$\lambda_1=\lambda_2=2.8$，$M_{\text{inter}}=50\,000$。模拟结果平均超过 10^4 次

2）临界点处价格网络的变化情况

我们研究在临界攻击强度附近网络最大连通集团的变化情况，以此确定价格网络始终处于稳定状态的条件，为生产者和消费者提供及时的信息反馈，避免原油市场波动带来的不利影响。对价格单个网络而言，可以知道临界冲击强度附近的最大连通集团的大小与冲击强度和临界冲击强度呈标度关系 $S\sim(p-p_c)^\beta$。而对于具有 r 部分节点相互连接的社团网络，我们所要研究的就是 $S(r,p_c)$，p 和 r 在临界点附近的关系。对于 r 部分节点间的随机边，设定 $M_{\text{inter}}=50\,000$。在图 3.37

的基础上，对相互连接节点的比例 r 取不同的数值，并确定单个网络临界冲击强度 p_c 处价格网络的最大连通集团 $S(r, p_c)$。如图3.38（a）所示，在 $S_{cutoff} = 0.002$ 的条件下，可以看到在单个现货价格网络的临界冲击强度 p_{c1}、p_{c2} 处，最大连通集团 $S(r, p_c)$ 均与 r 呈现相同的标度关系，即 $S(r, p_c) \sim r^{1/\delta}$，这里 $\delta = 1.3$，这与文献[176]中的结论相符合。也就是说，在相同冲击强度下，现货价格社团与期货价格社团相互连接节点的比例 r 越大，网络的最大连通集团 S 越大，即网络越稳定，这与图3.37中得到的结论一致。同时，在单个网络的临界冲击强度处，只要确定了两个价格社团间相互连接节点的比例 r，根据 S 与 r 的关系，即可确定最大连通集团 S 的变化情况。类似地，将 S_{cutoff} 设定为0.003时，也可以得到相同的 $S(r, p_c)$ 与 r 的比例关系，见图3.38（b）。

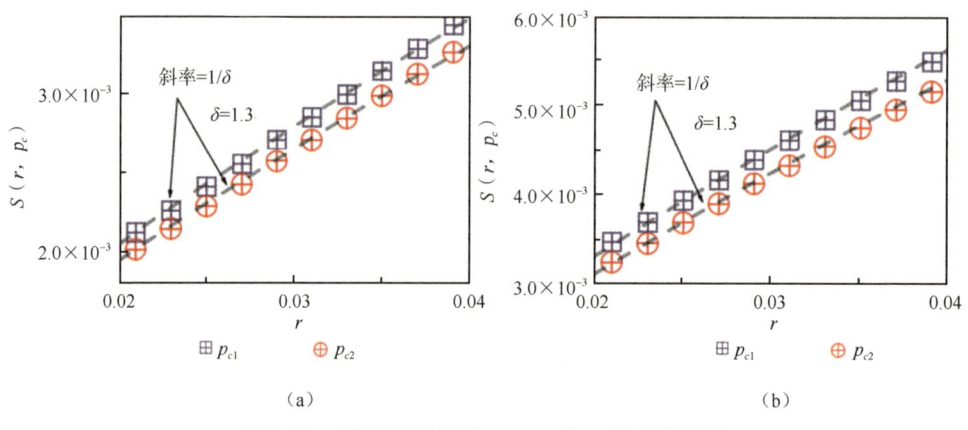

图3.38　最大连通集团 $S(r, p_c)$ 与 r 的函数关系

参数为 $N_1 = 8245$，$N_2 = 8210$，$\lambda_1 = \lambda_2 = 2.8$，$M_{inter} = 50\,000$。模拟结果平均超过 10^4 次

图3.38研究了在临界冲击强度处，价格网络的最大连通集团 S 与社团间连接节点比例 r 的关系。此外，类比单个价格网络的最大连通集团在 p_c 点附近的变化情况，对于具有社团结构的网络也做同样的讨论。与图3.38（a）和（b）中 S_{cutoff} 的取值相同，先讨论 $S_{cutoff} = 0.002$ 时的情况。这里两社团间相互连接节点的比例取 $r = 0.021$。研究最大连通集团 S 在临界冲击强度附近的变化率，也就是 $r = 0.021$ 时对应的价格网络的最大连通集团 S 与 $r = 0$ 时对应的价格网络的最大连通集团 S 这两个点之间的斜率。从图3.39（a）中可以看到，分别在两个单个网络的临界冲击强度附近，最大连通集团 S 的变化率随冲击强度 $1 - p$ 值增大而减小，且变化越来越明显。同时两个 S 变化率切线相互平行，即 $\left(\dfrac{\partial S(r, p)}{\partial r} \right)_{r \to 0}$ 与 $|p - p_c|$ 呈现相

同的标度关系，标度指数都是 $-\gamma$，$\gamma=1.5$。对于价格网络，在临界冲击强度附近，p 值越接近 p_c，其最大连通集团 S 与单个价格网络的最大连通集团 $S(p)$ 的差值越大，且差值增大的幅度也越大，也就是说在 $1-p_c$ 的冲击强度下，单个价格网络已经崩溃，而这时具有社团的价格网络依旧保持较好的连通性，而随着冲击强度的增加，网络的稳定性逐渐减弱，同时减弱的幅度越来越小。同样地，在图 3.39 （b）中当 $S_{\text{cutoff}}=0.003$ 时，可以得到相同的结论。

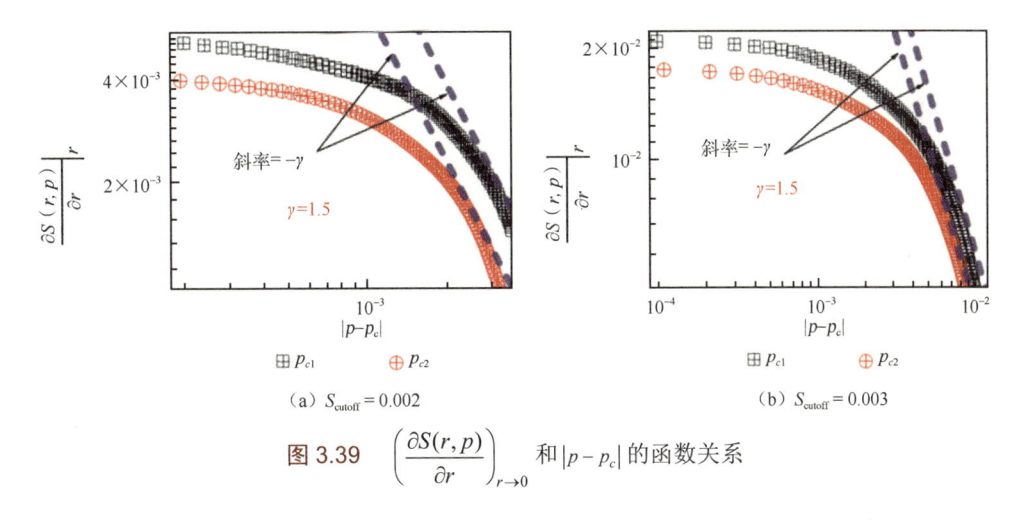

图 3.39 $\left(\dfrac{\partial S(r,p)}{\partial r}\right)_{r\to 0}$ 和 $|p-p_c|$ 的函数关系

(a) $S_{\text{cutoff}}=0.002$ (b) $S_{\text{cutoff}}=0.003$

参数为 $N_1=8245$，$N_2=8210$，$\lambda_1=\lambda_2=2.8$，$M_{\text{inter}}=50\,000$。模拟结果平均超过 10^4 次

根据上述分析，发现这三个指数 δ、β 和 γ 满足 Widom 普适律 $\delta-1=\beta/\gamma$[106]，这一结果与文献[175]和文献[176]中的结论相一致。对应到价格网络中，也就是说具有社团结构的价格网络在临界冲击强度处的最大连通集团 $S(r,p_c)$ 与单个价格网络在临界点附近 S 的变化情况及具有社团结构的价格网络在临界点附近 S 的变化率存在一定的等量关系。由于原油价格的波动将显著影响相关人员的决策和预防行为，当价格市场遭受蓄意攻击或金融危机时，有序价格体系被打破，当达到临界状态时引起价格市场的强烈波动，而这将导致大规模的恐慌。这里，我们发现在临界状态处三个标度指数之间存在一个重要的比例关系，而这个比例关系可以用来模拟和预测在受到不同时刻的金融危机的冲击后不同价格之间的关系，为生产者和消费者提供及时的预警作用。

3. 结论

在本节中，我们将时间序列转换为相对应的复杂网络，用可视图法研究在临界冲击强度及其附近处单个价格网络和具有社团价格网络最大连通集团的变化情况。单个现货和期货价格网络都显示出无标度网络的特征,幂律指数为 2.8,且网络的平均路长均为 2.19。对于单个现货价格或期货价格网络,当网络的最大连通集团 $S(p)$ 小于设定的 S_{cutoff} 数值时,设定此时的网络处于不稳定状态,对应的 p 值就是临界冲击强度 p_c。而在其临界点处, $S(p)$ 与 $p-p_c$ 呈标度关系,标度指数 $\beta=5$。在将现货和期货价格看作是以 M_{inter} 条随机边相连的两个社团的价格网络中,其在单个网络临界冲击强度处的最大连通集团 $S(r, p_c)$ 与两个社团间相互连接的节点的比例 r 呈现标度关系,标度指数为 $1/\delta$, $\delta=1.3$。同时具有两个社团的价格网络比单个价格网络具有更好的稳定性,这一稳定性随相互连接节点比例 r 值的增大而增大。而在 p_c 附近处具有两个社团的价格网络的 S 的变化率随着 p 值的增大而减小,且这一变化率与 $p-p_c$ 也呈现出标度关系,标度指数 $-\gamma$, $\gamma=1.5$。这三个指数 δ、β 和 γ 满足普遍规律,$\delta-1=\beta/\gamma$。原油价格波动对决策者和消费者都很重要,因为它不仅影响原油投资、证券风险投资,还对消费者福利产生影响。现有的研究多是基于格兰杰因果检验的方法来确定现货和期货之间的非线性关系。而这里,基于复杂网络的方法,确定出了在临界冲击强度附近三个标度指数之间存在普适性关系,以此来确定临界冲击强度对价格网络最大连通集团的影响,以及价格网络稳定的条件,从而做出及时的调整,减少价格波动带来的影响。

为减少价格波动带来的影响,我国应建设好自己的原油期货市场,利用本节的原油市场遭受冲击时的普适性规律建立动态预警机制,促进现货与期货市场的稳定发展,形成反映国内原油供求状况的成品油价格机制,从根本上改变现有的原油价格网络,从而改变价格网络节点间的平均路长,减少价格波动带来的一系列影响。基于上述三个标度指数之间的普适性规律,为国内石油石化企业提供保值避险手段。根据原油价格网络在临界冲击强度附近的稳定性情况,确定出价格网络可受冲击强度的范围,为企业经营创造一个原油价格稳定的环境以保证企业经营活动的平稳运行。

3.3.3 绿色出行下的阈值规律

随着全球油价、碳排放、交通拥堵等问题的日益突出,世界各地的政府都在探索可以吸引城市居民使用公共交通工具的方法。DeMaio[181]指出,"随着燃料价格的上涨,交通拥堵的加剧,人口的增长及全球范围内对气候变化意识的增强,世界各地的领导人有必要寻找新的运输方式来更好地适应现有模式,以更加环保、高效和经济可行的方式来调动人们。自行车共享正在迅速发展,以适应 21 世纪的需求"。与私家车相比,自行车被认为是一种安静、健康、无排放、平等且节省空间的交通工具[182-183]。

共享单车最早于 1965 年在欧洲启动,自那时起,共享单车计划在全球范围内呈指数增长。目前,共享单车在欧洲、亚洲、北美和南美都存在。截至 2011 年 3 月,全球大约 160 个城市开展了 130 多个自行车共享计划,共有 235 000 多辆共享自行车。当前,许多城市正在探索将自行车共享计划与全市范围的交通无缝连接的方法。迄今为止,对共享自行车研究最多是有关站点中自行车库存水平的重新平衡。该主题可以分为两个相关的运营计划决策。第一个问题是在一天开始时确定每个站点的目标库存水平[184-186]。第二个问题是规划站点之间的重新定位卡车的路线及装卸操作。此操作可以在系统几乎处于空闲状态且流量较低的夜晚进行,目的是为下一个工作日准备系统(静态重新定位)[187-189],或者在可能对意外事件做出反应的白天进行(动态重新定位)[190-192]。

此外,还有 Lin 和 Yang[193]、Lin 等[194]使用服务水平约束的概念研究了公共自行车网络的设计,但由于公共自行车系统中乘客的随机性与传统物流网络中供应链计划者的决策性很大的不同,后续研究人员也对其展开了详细研究。Stinson 和 Bhat[195]研究了影响用户选择路线的因素,主要考虑了坡度对骑自行车者的速度和加速度的影响[196]。在所有这些因素中,时间和交通量是骑自行车者选择路线的最重要因素[197]。自行车基础设施与机动交通之间的交通量和接近程度直接关系到人们的安全感和骑车人的舒适度。另外,有研究表明,可用的自行车基础设施的增加可以增强骑车人的安全感,从而将导致骑自行车者的数量增加[198]。Broach 等[199]提出了一个 Logit 路线选择模型,并基于从 162 个骑车者身上获得的 GPS(global positioning system,全球定位系统)数据在几天内揭示了他们的偏好,从而得出了自行车网络模型。

我们利用南京市 2017 年 3 月 20 日到 2017 年 3 月 28 日的公共自行车数据,以自行车车桩为节点分别构建自行车借出网络,讨论在随机攻击下社团间的相互影响对整个网络临界阈值的作用。根据现有的研究结果,探讨临界阈值点处的普适性规律,从而为公共自行车系统提供可行性意见。

1. 公共自行车网络

1)公共自行车借出网络

2007 年我国开始引入国外城市公共自行车模式,2013~2014 年我国住房和城乡建设部总共开展了三批"城市步行和自行车交通系统示范项目",我国城市公共自行车总数量居全球首位。我国的公共自行车服务是将自行车放到固定租车点,居民通过办理租借手续,持租车卡免费或低额付费使用,最后归还至任一租车点或原租车点的新型智能公共交通方式。作为准公共物品,当公共自行车使用人数多于自行车供给量时具有一定的竞争性。因此对于公共自行车借出网络临界阈值的讨论也至关重要。

就南京市公共自行车而言，共有 16 296 个公共自行车站点，每个站点各有 20~50 个不等的公共自行车桩。根据南京市 2017 年 3 月 21 公共自行车的数据，如图 3.40 所示，可以看到在不同公共自行车桩处自行车的借出情况，其中点的大小与该桩的借出自行车数成正比。可以发现，在这一日借出自行车多集中于（东经 118.77 度，北纬 32.05 度）附近。分析不同日期下的数据，都可以发现，南京市每日的公共自行车大多集中于这一经纬度附近。根据每日的借出数据，可以构建出自行车借出网络。这里，我们将每一个自行车桩设为网络中的节点，若在某一桩处有一辆自行车借出并还向另一个桩处，则这两个桩之间存在一条有向连边。南京市在 2017 年 3 月 21 日共发生 182 644 次借车还车行为，因此在这一个借车网络中共有 35 577 个点，176 843 条边。其中某些自行车桩间发生多次借车还车行为，将借车次数设为网络间连边的权重。

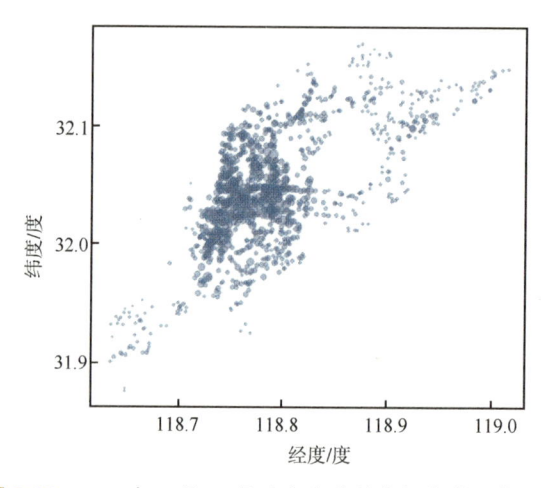

图 3.40　2017 年 3 月 21 日南京市公共自行车借出数目图

2）自行车借出网络社团划分

通过经度将南京市划分为两个不同的社团，这里将经度 118.77 度设为分界线。通过这一划分，可以将南京市 3 月 21 日的借出网络划分为两个节点数近似的网络，其中一个团的点数为 20 581，边数为 88 952，另一个团的点数、边数分别为 24 571、87 891。如图 3.41 所示，东西两个社团的度分布均满足幂律指数为 2.8 的幂律分布。

图 3.41　社团度分布

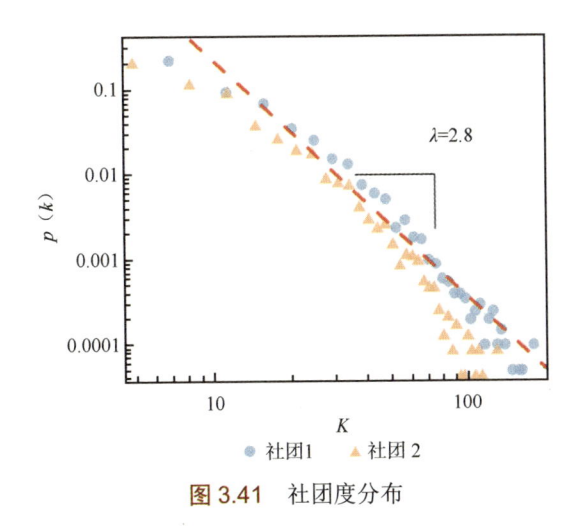

2. 借出网络的临界阈值问题

1）单个社团的临界阈值变化

当其中一部分自行车车桩发生故障或车桩无可用自行车时，部分用户不能及时借到所需自行车，从而降低对公共自行车的偏好选择，造成一系列的连锁反应。将自行车的车桩故障或车桩无可用自行车看作是网络中的随机攻击，当攻击程度达到一定比例时，网络崩塌，整个系统失效。如图 3.42 所示，用 $1-p$ 表示对自行车借出网络中节点的攻击比例，$S(p)$ 表示网络中最大连通集团占整个网络的比例，通过最大连通集团的变化情况来刻画网络的鲁棒性。从图 3.42 中可以发现，对于不同的两个社团，假设当 $S \leqslant 0.0005$ 时，整个网络崩塌，而这时对应的两个社团的 p 值分别为 0.027 和 0.033。也就是说，一旦这两个社团中剩余的节点数小于 2.7% 或 3.3%，整个网络崩塌，自行车借出系统也不再正常运行。我们将这个临界点分别记为 p_{c1} 和 p_{c2}，p_c 的大小可以反映出网络的稳定性。在这个临界阈值点附近，根据现有的研究结果，可以发现最大连通集团的大小 S 与 p 存在标度关系。在文献[177]中指出，对于无标度网络，当幂律指数 $2<\lambda<3$ 时，S 与 $p-p_c$ 的标度指数 β 为 $\dfrac{1}{3-\lambda}$。对于南京市的自行车借出网络的这两个社团而言，它们的幂律指数 $\lambda=2.8$，β 就为 5。因此对于这一日的南京市自行车借出网络，要保证借出系统的正常运行，就要确保大于 5% 的自行车车桩正常工作，即车桩无故障并有可用自行车。

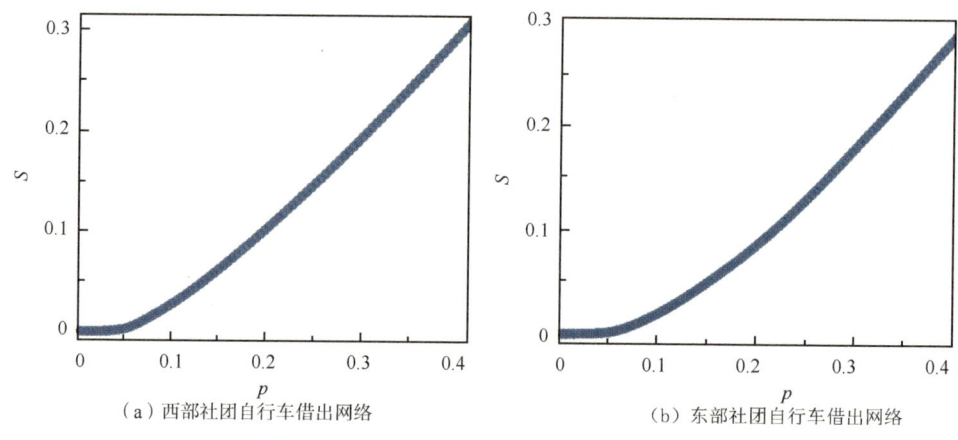

（a）西部社团自行车借出网络　　　　　　（b）东部社团自行车借出网络

图 3.42 最大连通集团 S 与 p 的函数关系

对于不同日期下的南京市公共自行车系统，可以发现其借出行为形成的借出网络的度分布均满足幂律分布，而当网络遭受随机攻击后，在临界点附近，网络的最大连通集团与攻击比例呈现标度关系。但就整个公共自行车系统而言，我们所分的这两个社团并不是独立存在的，相互之间存在一定的关联作用。下面将讨论当这两个社团相互影响时，车桩的故障或无可用自行车对这个系统造成的影响。

2）社团作用下的阈值变化

由于整个南京市公共自行车系统的整体性，我们所分的两个社团间必然存在一定的相互关系，通过对两个社团增加随机连边来刻画这一关系。当路径过长或所需时间过长时，用户一般不会选择骑自行车。因此，对于两部分的自行车仅有部分车桩之间存在连边，即两个社团间仅有 r 个节点相互连接。假设这 r 部分节点有 M_{inter} 条随机相互连接边，用来模拟社团间的相互作用。假设 M_{inter} =200 000。根据图 3.43 可以发现，在相同攻击程度下，不同相互连接节点的比例不同，整个系统中最大连通集团的大小也不同。而随着相互连接节点比例的增大，网络的鲁棒性也逐步增强，即相同条件下最大连通集团的比例增大。对于公共自行车系统而言，不同社团间自行车借出返还越频繁，整个自行车系统越稳定。但是在现有的固定自行车车桩的条件下，我们所要研究的是在临界点附近整个网络的变化情况。

从前述已知，对于部分自行车系统，其借出网络的度分布满足幂律分布，因而在临界点附近最大连通集团的大小与节点失效比例呈标度关系。这里对于整个

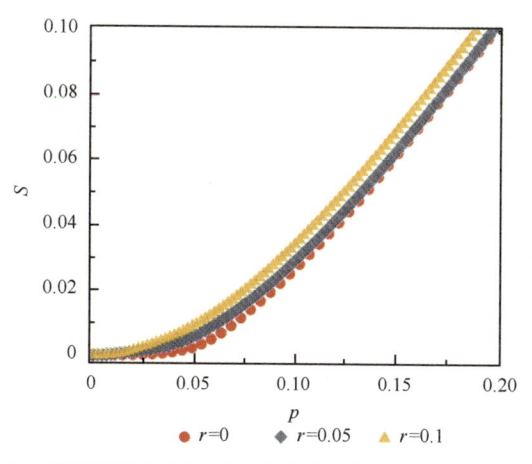

图 3.43　不同连接节点比例下最大连通集团 S 与 p 的函数关系

系统我们也进行相类似的处理，即讨论在单个社团的临界点 p_{c1} 和 p_{c2} 处，在加入了相互连接边后整个系统中的最大连通集团。从图 3.44 可以发现，在两个不同的社团临界点处，整个系统的最大连通集团与相互连接节点的比例 r 存在标度关系，$S(r, p_c) \sim r^{1/\delta}$，同时这两个标度指数一致，均为 1/1.03。因此对于相互连接的两个社团而言，其最大连通集团在单个社团的临界点处仅与相互连接节点的比例相关。同时，随着连接节点比例的增加，整个网络最大连通集团的大小也随之增加，与图 3.43 中的结论相一致。对于不同日期下的自行车借出也可以得到相类似的结果。

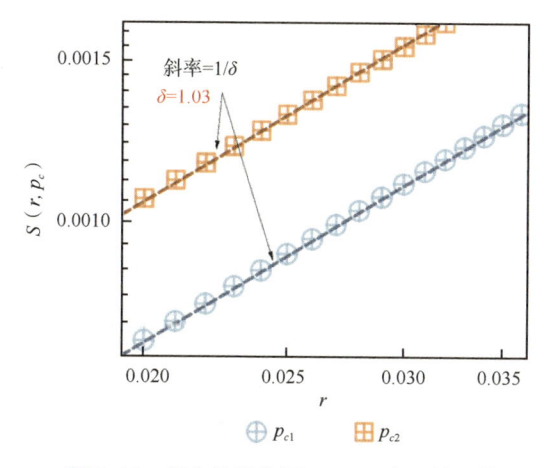

图 3.44　最大连通集团 $S(r, p_c)$ 与 r 的函数关系

与单个社团中最大连通集团与阈值点的标度关系相类比，研究相互连接的两个社团在不同临界点附近最大连通集团的变化。对比单个网络中的最大连通集团，我们也将 $S \leqslant 0.0005$ 设为网络崩塌的条件。选取其中一个 r 值，当 $r=0.02$ 时，研究在 2%的节点相互作用的条件下，随机攻击后整个系统的变化。从图 3.45 中可以发现，在两个不同的临界点附近，最大连通集团 S 的变化率随自行车车桩或不可用的比例增大而减小，且变化越来越明显。同时两个 S 变化率切线相互平行，即 $\left(\dfrac{\partial S(r,p)}{\partial r}\right)_{r \to 0}$，与 $p-p_c$ 呈现相同的标度关系，标度指数都是 $-\gamma$，$\gamma = 0.15$。当 p 越接近 p_c 值，其最大连通集团 S 与单个社团的最大连通集团 $S(p)$ 的差值越大，且差值增大的幅度也越大，也就是说在 $1-p_c$ 的失效比例下，单个自行车借出系统已经崩塌，而这时具有社团相互作用的自行车借出网络依旧保持较好的连通性，而随着失效比例的增加，网络的稳定性逐渐减弱，同时减弱的幅度越来越小。

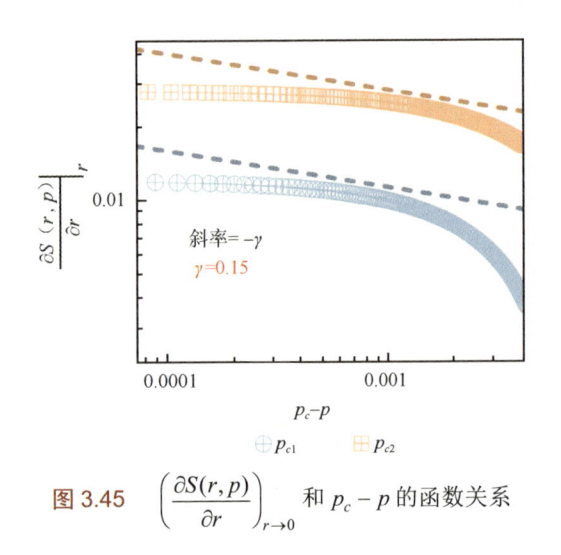

图 3.45 $\left(\dfrac{\partial S(r,p)}{\partial r}\right)_{r \to 0}$ 和 $p_c - p$ 的函数关系

基于上述研究，可以发现这三个标度指数 δ、β 和 γ 满足 Widom 普适律 $\delta - 1 = \beta/\gamma$，这一结果与文献[175]中的结论一致。通过这三个比例关系，可以预测不同日期下，自行车借出系统的变化情况，有效控制自行车车桩的可用比率。通过单个社团自行车借出网络在临界阈值处最大连通集团的变化及其借出系统的度分布，可以有效预测整个自行车借出系统的临界阈值点，从而进行及时的调控，保障公共自行车的可用数目，即自行车车桩无故障并有可借车辆。

3. 结论

在这一节中，我们根据南京市公共自行车数据以自行车车桩为节点、每次借车还车行为为连边构建自行车借出网络。利用经度将自行车借出系统划分为两个社团，可以发现这两个社团得到度分布均满足幂律指数为 2.8 的幂率分布。将现实中自行车车桩的损坏或无可用自行车看作是网络中的随机攻击，当借出网络的最大连通集团趋于 0 时，整个系统崩塌。此时对应的车桩失效比例记为单个社团的临界阈值点 p_c。而在其临界点处，根据现有的研究可以发现 $S(p)$ 与 $p-p_c$ 呈标度关系，标度指数 $\beta=5$。由于两个社团间的非独立性，我们利用社团间部分节点的随机连边来刻画社团的相互作用对整个网络的影响。在对两个社团间随机加入 M_{inter} 条边后，讨论网络的最大连通集团在单个社团的临界点附近的变化。可以发现，在单个社团的临界点处最大连通集团 $S(r,p_c)$ 与两个社团间相互连接的节点的比例 r 呈现标度关系，标度指数为 $1/\delta$，$\delta=1.03$。同时随着相互连接节点比例的增加，整个系统也反映出更好额稳定性。而在 p_c 附近处具有两个社团的借出网络 S 的变化率随着 p 值的增大而减小，且这一变化率与 $p-p_c$ 也呈现出标度关系，标度指数 $-\gamma$，$\gamma=0.15$。这三个指数 δ、β 和 γ 满足普遍规律，$\delta-1=\beta/\gamma$。对于自行车借出网络而言，基于这一普适性关系，可以根据某一社团的临界指数从而预测整个自行车借出网络的临界阈值点，为自行车的调配问题提供理论指导。

政府主导下公共自行车主要面临站点规划、运营效率、财政压力等问题，因此必须在保障公众利益的前提下，结合城市实际和运营模式完善顶层设计，提高运营效率和造血能力，确保每日有效自行车车桩数及车桩无自行车时的即时调配。根据自行车借出网络的不同标度指数间的普适性关系，可以及时地预测每日的自行车借出临界点，从而有效控制自行车车桩及其车辆的可用性。

参 考 文 献

[1] 姚晓曼, 邢红. 南通市农村能源消费的碳中和能力评价[J]. 能源与环境, 2018, (6): 18-20.

[2] 曹淑艳, 霍婷婷, 王璐, 等. 农村家庭能源消费碳中和能力评价[J]. 中国人口·资源与环境, 2014, 24（S3）: 301-303.

[3] 宋杨. 2060年实现碳中和离不开法治化市场化[N]. 中国环境报, 2020-10-14 (3).

[4] 武立聪. 企业碳中和交易会计处理初探[J]. 中国商贸, 2012, (36): 79-80.

[5] 齐绍洲, 柳典, 李锴, 等. 公众愿意为碳排放付费吗？——基于"碳中和"支付意愿影响因素的研究[J]. 中国人口·资源与环境, 2019, 29（10）: 124-134.

[6] Zhao N, You F Q. Can renewable generation, energy storage and energy efficient technologies

enable carbon neutral energy transition？[J]. Applied Energy，2020，279：115889.

[7] Jones G，Schneider W J. IQ in the production function：evidence from immigrant earnings[J]. Economic Inquiry，2010，48（3）：743-755.

[8] Klump R，Mcadam P，Willman A. The normalized CES production function：theory and empirics[J]. Journal of Economic Surveys，2012，26（5）：769-799.

[9] Lin B Q，Xie C P. Energy substitution effect on transport industry of China-based on trans-log production function[J]. Energy，2014，67：213-222.

[10] Chu H，Lai C C. Abatement R&D，market imperfections，and environmental policy in an endogenous growth model[J]. Journal of Economic Dynamics and Control，2014，41：20-37.

[11] Ssozi J，Asongu S A. The effects of remittances on output per worker in sub-Saharan Africa：a production function approach[J]. South African Journal of Economics，2016，84（3）：400-421.

[12] Juhro S M，Narayan P K，Iyke B N，et al. Is there a role for Islamic finance and R&D in endogenous growth models in the case of Indonesia？[J]. Pacific Basin Finance Journal，2020，62：101297.

[13] Bretschger L，Lechthaler F，Rausch S，et al. Knowledge diffusion，endogenous growth，and the costs of global climate policy[J]. European Economic Review，2017，93：47-72.

[14] Thompson M. Social capital，innovation and economic growth[J]. Journal of Behavioral and Experimental Economics，2018，73：46-52.

[15] Romero M P，Sanchez-Braza A，Expósito A. Industry level production functions and energy use in 12 EU countries[J]. Journal of Cleaner Production，2018，212：880-892.

[16] Kortum S S. Research，patenting，and technological change[J]. Econometrica，1997，65（6）：1389-1420.

[17] Grimaud A，Lafforgue G，Magné B. Climate change mitigation options and directed technical change：a decentralized equilibrium analysis[J]. Resource and Energy Economics，2011，33（4）：938-962.

[18] Luttmer E G J. Technology diffusion and growth[J]. Journal of Economic Theory，2012，147（2）：602-622.

[19] Lucas R E. Ideas and growth[J]. Economica，2009，76（301）：1-19.

[20] Buera F J，Oberfield E. The global diffusion of ideas[J]. Econometrica，2020，88（1）：83-114.

[21] Wu W H，Wang J Y，Zhang A M，et al. A comparative research on technology innovation，energy saving and emission reduction efficiency's synergistic development six energy-intensive industries[J]. Soft Science，2017，31（1）：29-33.

[22] Zhang H，Wang M Y，Cheng Z X，et al. Technology-sharing strategy and incentive mechanism for R&D teams of manufacturing enterprises[J]. Physica A：Statistical Mechanics and Its Applications，2020，555：124546.

[23] Simon C J. Human capital and metropolitan employment growth[J]. Journal of Urban Economics，1998，43（2）：223-243.

[24] Rotemberg J J，Saloner G. Competition and human capital accumulation：a theory of interregional specialization and trade[J]. Regional Science and Urban Economics，2000，30（4）：373-404.

[25] Berry C R, Glaeser E L. The divergence of human capital levels across cities[J]. Papers in Regional Science, 2005, 84（3）: 407-444.

[26] Alcácer J, Chung W. Location strategies for agglomeration economies[J]. Strategic Management Journal, 2014, 35（12）: 1749-1761.

[27] Nathaniel S P, Yalçiner K, Bekun F V. Assessing the environmental sustainability corridor: linking natural resources, renewable energy, human capital, and ecological footprint in BRICS[J]. Resources Policy, 2021, 70: 101924.

[28] Forslid R. Agglomeration with human and physical capital: an analytically solvable case[R]. London: Centre for Economic Policy Research, 1999.

[29] Gong L T, Li H Y, Wang D H. Health investment, physical capital accumulation, and economic growth[J]. China Economic Review, 2012, 23（4）: 1104-1119.

[30] de Visscher S, Eberhardt M, Everaert G. Estimating and testing the multicountry endogenous growth model[J]. Journal of International Economics, 2020, 125: 103325.

[31] Roseta-Palma C, Ferreira-Lopes A, Sequeira T N. Externalities in an endogenous growth model with social and natural capital[J]. Ecological Economics, 2010, 69（3）: 603-612.

[32] 陈得文, 苗建军. 人力资本集聚、空间溢出与区域经济增长——基于空间过滤模型分析[J]. 产业经济研究, 2012, （4）: 54-62, 88.

[33] 胡艳, 张桅. 人力资本对经济增长贡献度实证研究——基于安徽省和江苏省比较分析[J]. 经济经纬, 2018, 35（3）: 1-7.

[34] Yan Q Y, Tang X F. Social capital、capital substitution and endogenous growth model[J]. Operations Research & Management Science, 2013, 22（4）: 182-189.

[35] Baldwin R, Braconier H, Forslid R. Multinationals, endogenous growth, and technological spillovers: theory and evidence[J]. Review of International Economics, 2005, 13（5）: 945-963.

[36] Suphaphiphat N, Peretto P F, Valente S. Endogenous growth and property rights over renewable resources[J]. European Economic Review, 2015, 76: 125-151.

[37] Donadelli M, Grüning P. Labor market dynamics, endogenous growth, and asset prices[J]. Economics Letters, 2016, 143: 32-37.

[38] Valente S. Endogenous growth, backshop technology adoption and optimal jumps[J]. Macroeconomic Dynamics, 2011, 15（3）: 293-325.

[39] Akimoto K, Morimoto T. Examination and approval of new patents in an endogenous growth model[J]. Economic Modelling, 2020, 91: 100-109.

[40] 李艳, 徐伟. 基于柯布-道格拉斯函数的肇庆市经济增长研究[J]. 中国商论, 2019, （2）: 208-209.

[41] 张海锋, 张卓. 基于PSR-生产函数模型的绿色技术竞争力研究[J]. 生态经济, 2019, 35（1）: 55-58, 96.

[42] Tahvonen O, Kuuluvainen J. Optimal growth with renewable resources and pollution[J]. European Economic Review, 1991, 35（2-3）: 650-661.

[43] Bovenberg A L, Smulders S. Environmental quality and pollution-augmenting technological change in a two-sector endogenous growth model[J]. Journal of Public Economics, 1995, 57（3）: 369-391.

[44] Fullerton D, Kim S R. Environmental investment and policy with distortionary taxes, and endogenous growth[J]. Journal of Environmental Economics and Management, 2008, 56(2): 141-154.

[45] Romer P, Evans G, Hokapohja S. Growth cycles[R]. NBER Working Papers, 1996.

[46] Thompson M. Complementarities and costly investment in a growth model[J]. Journal of Economics, 2008, 94: 231-240.

[47] Romer P M. Endogenous technological change[J]. Journal of Political Economy, 1990, 98(5): S71-S102.

[48] Smulders S. Entropy, environment, and endogenous economic growth[J]. International Tax and Public Finance, 1995, 2: 319-340.

[49] Jones C I. R&D-based models of economic growth[J]. Journal of Political Economy, 1995, 103(4): 759-784.

[50] Chen Z L, Wang G H, Niu W Y. Economic growth model and empirical analysis under the constraint of energy and environment[J]. Mathematics in Practice and Theory, 2013, 43(18): 46-53.

[51] Wan B Y, Tian L X, Zhu N P, et al. A new endogenous growth model for green low-carbon behavior and its comprehensive effects[J]. Applied Energy, 2018, 230: 1332-1346.

[52] Gao X Y, Tian L X. Effects of awareness and policy on green behavior spreading in multiplex networks[J]. Physica A: Statistical Mechanics and its Applications, 2019, 514: 226-234.

[53] Tian L X, Ye Q, Zhen Z L. A new assessment model of social cost of carbon and its situation analysis in China[J]. Journal of Cleaner Production, 2019, 211: 1434-1443.

[54] 余梦晴, 罗昌财. 论后"营改增"时期消费税的改革方向[J]. 长江大学学报（社科版）, 2016, 39(3): 49-52.

[55] 国家统计局. 中国统计年鉴2020[M]. 北京: 中国统计出版社, 2020.

[56] 何永贵, 于江浩. 基于STIRPAT模型的我国碳排放和产业结构优化研究[J]. 环境工程, 2018, 36(7): 174-178, 184.

[57] 曹军新, 姚斌. 碳减排与金融稳定：基于银行信贷视角的分析[J]. 中国工业经济, 2014, (9): 97-108.

[58] Xia X H, Huang G T, Chen G Q, et al. Energy security, efficiency and carbon emission of Chinese industry[J]. Energy Policy, 2011, 39(6): 3520-3528.

[59] Ren L J, Wang W J. Analysis of existing problems and carbon emission reduction in Shandong's iron and steel industry[J]. Energy Procedia, 2011, 5: 1636-1641.

[60] Ren S G, Hu Z. Effects of decoupling of carbon dioxide emission by Chinese nonferrous metals industry[J]. Energy Policy, 2012, 43: 407-414.

[61] He W D, Zhang C. Research on carbon emission evaluation of China's iron and steel industry[C].Beijing: International Conference on Industrial Economics System and Industrial Security Engineering, 2017.

[62] Zhang Z J, Zhang C, Feng Y P, et al. Strategies for the decoupling effect of carbon emission and low carbon in the logistics industry of Jiangxi Province: from the perspective of environmental protection[J]. Nature Environment & Pollution Technology, 2015, 14(4): 995-1002.

[63] Zhang N, Zhou P, Kung C C. Total-factor carbon emission performance of the Chinese transportation industry: a bootstrapped non-radial Malmquist index analysis[J]. Renewable and Sustainable Energy Reviews, 2015, 41: 584-593.

[64] Li M Q, Patiño-Echeverri D, Zhang J F. Policies to promote energy efficiency and air emissions reductions in China's electric power generation sector during the 11th and 12th five-year plan periods: achievements, remaining challenges, and opportunities[J]. Energy Policy, 2019, 125: 429-444.

[65] Yang L S, Lin B Q. Carbon dioxide-emission in China's power industry: evidence and policy implications[J]. Renewable and Sustainable Energy Reviews, 2016, 60: 258-267.

[66] Liu Q, Zheng X Q, Zhao X C, et al. Carbon emission scenarios of China's power sector: impact of controlling measures and carbon pricing mechanism[J]. Advances in Climate Change Research, 2018, 9（1）: 27-33.

[67] Shang M, Dong R, Fu Y J, et al. Research on carbon emission driving factors of China's provincial construction industry[J]. IOP Conference Series: Earth and Environmental Science, 2018, 128: 012148.

[68] Xia C Y, Xiang M T, Fang K, et al. Spatial-temporal distribution of carbon emissions by daily travel and its response to urban form: a case study of Hangzhou, China[J]. Journal of Cleaner Production, 2020, 257: 120797.

[69] Shi X C, Li X Y. Research on three-stage dynamic relationship between carbon emission and urbanization rate in different city groups[J]. Ecological Indicators, 2018, 91: 195-202.

[70] Guo W, Sun T, Dai H J. Effect of population structure change on carbon emission in China[J]. Sustainability, 2016, 8（3）: 225.

[71] Sundar S, Mishra A K, Naresh R, et al. Modeling the impact of population density on carbon dioxide emission and its control: effects of greenbelt plantation and seaweed cultivation[J]. Modeling Earth Systems and Environment, 2019, 5: 833-841.

[72] Jin T T, Zhang J S. Study on the relationship between energy consumption, carbon cmission and economic growth in China[J]. Advanced Materials Research, 2013, 869-870: 746-749.

[73] Zhang Y J, Da Y B. The decomposition of energy-related carbon emission and its decoupling with economic growth in China[J]. Renewable and Sustainable Energy Reviews, 2015, 41: 1255-1266.

[74] Sikdar C, Mukhopadhyay K. The nexus between carbon emission, energy consumption, economic growth and changing economic structure in India: a multivariate cointegration approach[J]. The Journal of Developing Areas, 2018, 52（4）: 67-83.

[75] Arasto A, Tsupari E, Karki J, et al. Feasibility of significant CO_2 emission reductions in thermal power plants - comparison of biomass and CCS[J]. Energy Procedia, 2014, 63: 6745-6755.

[76] Wang Y P, Yan W L, Komonpipat S. How does the capacity utilization of thermal power generation affect pollutant emissions? Evidence from the panel data of China's provinces[J]. Energy Policy, 2019, 132: 440-451.

[77] Li F Y, Ou R, Xiao X L, et al. Regional comparison of electric vehicle adoption and emission reduction effects in China[J]. Resources, Conservation and Recycling, 2019, 149: 714-726.

[78] Tan L Z, Dong X M, Gong Z Q, et al. Analysis on energy efficiency and CO_2 emission reduction of an SOFC-based energy system served public buildings with large interior zones[J]. Energy, 2018, 165: 1106-1118.

[79] Li H Q, Bao W J, Xiu C H, et al. Energy conservation and circular economy in China's process industries[J]. Energy, 2010, 35（11）: 4273-4281.

[80] Liu Z, Adams M, Cote R P, et al. How does circular economy respond to greenhouse gas emissions reduction: an analysis of Chinese plastic recycling industries[J]. Renewable and Sustainable Energy Reviews, 2018, 91: 1162-1169.

[81] Sun W L, Chen X K, Wang L. Analysis of energy saving and emission reduction of vehicles using light weight materials[J]. Energy Procedia, 2016, 88: 889-893.

[82] Safin R R, Khakimzyanov I F, Garaeva A F. Energy saving equipment for crushed materials drying[J]. Procedia Engineering, 2017, 206: 1246-1251.

[83] Wu Q, Wang M G, Tian L X. The market-linkage of the volatility spillover between traditional energy price and carbon price on the realization of carbon value of emission reduction behavior[J]. Journal of Cleaner Production, 2020, 245: 118682.

[84] Liu Z Q, Geng Y, Dai H C, et al. Regional impacts of launching national carbon emissions trading market: a case study of Shanghai[J]. Applied Energy, 2018, 230: 232-240.

[85] Zhang Y F, Li S, Luo T Y, et al. The effect of emission trading policy on carbon emission reduction: evidence from an integrated study of pilot regions in China[J]. Journal of Cleaner Production, 2020, 265: 121843.

[86] Zhang Y, Zhang J K. Estimating the impacts of emissions trading scheme on low-carbon development[J]. Journal of Cleaner Production, 2019, 238: 117913.

[87] Zhou B, Zhang C, Song H Y, et al. How does emission trading reduce China's carbon intensity? An exploration using a decomposition and difference-in-differences approach[J]. Science of the Total Environment, 2019, 676: 514-523.

[88] Yang X Y, Jiang P, Pan Y. Does China's carbon emission trading policy have an employment double dividend and a Porter effect？[J]. Energy Policy, 2020, 142: 111492.

[89] Tang B J, Ji C J, Hu Y J, et al. Optimal carbon allowance price in China's carbon emission trading system: perspective from the multi-sectoral marginal abatement cost[J]. Journal of Cleaner Production, 2020, 253: 119945.

[90] Wen W, Zhou P, Zhang F Q. Carbon emissions abatement: emissions trading vs consumer awareness[J]. Energy Economics, 2018, 76: 34-47.

[91] Forbes K F, Zampelli E M. Wind energy, the price of carbon allowances, and CO_2 emissions: evidence from Ireland[J]. Energy Policy, 2019, 133: 110871.

[92] Lin B Q, Jia Z J. What are the main factors affecting carbon price in emission trading scheme？ A case study in China[J]. Science of the Total Environment, 2019, 654: 525-534.

[93] Watts D J, Strogatz S H. Collective dynamics of "small-world" networks[J]. Nature, 1998, 393: 440-442.

[94] Barabasi A L, Albert R. Emergence of scaling in random networks[J]. Science, 1999, 286（5439）: 509-512.

[95] Cohen R, Havlin S. Complex Networks: Structure, Robustness and Function[M].Cambridge: Cambridge University Press, 2010.

[96] Newman M. Networks: An Introduction[M]. New York: Oxford University Press, 2010.

[97] Boccaletti S, Latora V, Moreno Y, et al. Complex networks: structure and dynamics[J]. Physics Reports, 2006, 424 (4-5): 175-308.

[98] Fan J F, Meng J, Ashkenazy Y, et al. Network analysis reveals strongly localized impacts of El Niño[J]. Proceedings of the National Academy of Sciences, 2017, 114 (29): 7543-7548.

[99] Boers N, Bookhagen B, Barbosa H M J, et al. Prediction of extreme floods in the eastern central Andes based on a complex networks approach[J]. Nature Communications, 2014, 5: 5199.

[100] Cohen R, Erez K, Ben-Avraham D, et al. Resilience of the internet to random breakdowns[J]. Physical Review Letters, 2000, 85 (21): 4626-4628.

[101] Gao J X, Barzel B, Barabási A L. Universal resilience patterns in complex networks[J]. Nature, 2016, 530: 307-312.

[102] Sokolov I M. Dimensionalities and other geometric critical exponents in percolation theory[J]. Soviet Physics Uspekhi, 1986, 29 (10): 924-952.

[103] Coniglio A. Cluster structure near the percolation threshold[J]. Journal of Physics A: Mathematical and General, 1982, 15 (12): 3829-3844.

[104] Coniglio A, Nappi C R, Peruggi F, et al. Percolation points and critical point in the ising model[J]. Journal of Physics A: Mathematical and General, 1977, 10 (2): 205-218.

[105] Stauffer D, Aharony A. Introduction to Percolation Theory[M]. 2nd ed. London: Taylor & Francis, 1994.

[106] Bunde A, Havlin S. Fractals and Disordered Systems[M]. Berlin: Springer Science & Business Media, 2012.

[107] Saberi A A. Recent advances in percolation theory and its applications[J]. Physics Reports, 2015, 578: 1-32.

[108] Dorogovtsev S N, Goltsev A V, Mendes J F F. Critical phenomena in complex networks[J]. Reviews of Modern Physics, 2008, 80: 1275-1335.

[109] Dorogovtsev S N, Goltsev A V, Mendes J F F. K-core organization of complex networks[J]. Physical Review Letters, 2006, 96: 040601.

[110] Liu Y Y, Csóka E, Zhou H J, et al. Core percolation on complex networks[J]. Physical Review Letters, 2012, 109: 205703.

[111] Newman M E J, Strogatz S H, Watts D J. Random graphs with arbitrary degree distributions and their applications[J].Physical Review. E, Statistical, Nonlinear, and Soft Matter Physics, 2001, 64 (2): 026118.

[112] Brockmann D, Helbing D. The hidden geometry of complex, network-driven contagion phenomena[J]. Science, 2013, 342 (6164): 1337-1342.

[113] Hufnagel L, Brockmann D, Geisel T. Forecast and control of epidemics in a globalized world[J]. Proceedings of the National Academy of Sciences, 2004, 101 (42): 15124-15129.

[114] Dorogovtsev S N, Goltsev A V, Mendes J F F. Ising model on networks with an arbitrary distribution of connections[J]. Physical Review E, 2002, 66 (1): 016104.

[115] Bollobás B. Random Graphs[M]. 2nd ed. Cambridge：Cambridge University Press，2001.

[116] Achlioptas D，D'souza R M，Spencer J. Explosive percolation in random networks[J]. Science，2009，323（5920）：1453-1555.

[117] Riordan O，Warnke L. Explosive percolation is continuous[J]. Science，2011，333（6040）：322-324.

[118] Cho Y S，Hwang S，Herrmann H J，et al. Avoiding a spanning cluster in percolation models[J]. Science，2013，339（6124）：1185-1187.

[119] Buldyrev S V，Parshani R，Paul G，et al. Catastrophic cascade of failures in interdependent networks[J]. Nature，2010，464（7291）：1025-1028.

[120] Gao J X，Buldyrev S V，Stanley H E，et al. Networks formed from interdependent networks[J]. Nature Physics，2012，8：40-48.

[121] Yuan X，Hu Y Q，Stanley H E，et al. Eradicating catastrophic collapse in interdependent networks via reinforced nodes[J]. Proceedings of the National Academy of Sciences，2017，114（13）：3311-3315.

[122] Kivelä M，Arenas A，Barthelemy M，et al. Multilayer networks[J]. Journal of Complex Networks，2014，2（3）：203-271.

[123] Boccaletti S，Bianconi G，Criado R，et al. The structure and dynamics of multilayer networks[J]. Physics Reports，2014，544（1）：1-122.

[124] Shekhtman L M，Danziger M M，Havlin S. Recent advances on failure and recovery in networks of networks[J]. Chaos，Solitons & Fractals，2016，90：28-36.

[125] Reis S D S，Hu Y Q，Babino A，et al. Avoiding catastrophic failure in correlated networks of networks[J]. Nature Physics，2014，10：762-767.

[126] Gao J X，Liu X M，Li D Q，et al. Recent progress on the resilience of complex networks[J]. Energies，2015，8（10）：12187-12210.

[127] Leicht E A，D'souza R M. Percolation on interacting networks[EB/OL]. https://arxiv.org/abs/0907.0894[2021-08-03].

[128] Wang H J，Li Q，D'agostino G，et al. Effect of the interconnected network structure on the epidemic threshold[J]. Physical Review E，2013，88（2）：022801.

[129] Radicchi F，Arenas A. Abrupt transition in the structural formation of interconnected networks[J]. Nature Physics，2013，9：717-720.

[130] Meunier D，Lambiotte R，Bullmore E T. Modular and hierarchically modular organization of brain networks[J]. Frontiers in Neuroscience，2010，4：200.

[131] Stam C J，Hillebrand A，Wang H J，et al. Emergence of modular structure in a large-scale brain network with interactions between dynamics and connectivity[J]. Frontiers in Computational Neuroscience，2010，4：133.

[132] Morone F，Roth K，Min B，et al. Model of brain activation predicts the neural collective influence map of the brain[J]. Proceedings of the National Academy of Sciences of the United States of America，2017，114（15）：3849-3854.

[133] GuimeràR，Mossa S，Turtschi A，et al. The worldwide air transportation network：anomalous centrality，community structure，and cities' global roles[J]. Proceedings of the National

Academy of Sciences of the United States of America, 2005, 102 (22): 7794-7799.

[134] Eriksen K A, Simonsen I, Maslov S, et al. Modularity and extreme edges of the internet[J]. Physical Review Letters, 2003, 90 (14): 148701.

[135] Girvan M, Newman M E J. Community structure in social and biological networks[J]. Proceedings of the National Academy of Sciences of the United States of America, 2002, 99 (12): 7821-7826.

[136] Liu D J, Blenn N, Mieghem P V. A social network model exhibiting tunable overlapping community structure[J]. Procedia Computer Science, 2012, 9: 1400-1409.

[137] Thiemann C, Theis F, Grady D, et al. The structure of borders in a small world[J]. PLoS One, 2010, 5 (11): e15422.

[138] Lancichinetti A, Fortunato S, Kertész J. Detecting the overlapping and hierarchical community structure in complex networks[J]. New Journal of Physics, 2009, 11: 033015.

[139] Onnela J P, Saramaki J, Hyvonen J, et al. Structure and tie strengths in mobile communication networks[J]. Proceedings of the National Academy of Sciences of the United States of America, 2007, 104 (18): 7332-7336.

[140] González M C, Herrmann H J, Kertész J, et al. Community structure and ethnic preferences in school friendship networks[J]. Physica A: Statistical Mechanics and its Applications, 2007, 379 (1): 307-316.

[141] Mucha P J, Richardson T, Macon K, et al. Community structure in time-dependent, multiscale, and multiplex networks[J]. Science, 2010, 328 (5980): 876-878.

[142] Gladwell M. The Tipping Point: How Little Things Can Make A Big Difference[M]. New York: Back Bay Books/Little Brown, 2000.

[143] Stanley H E. Introduction to Phase Transitions and Critical Phenomena[M]. Oxford: Clarendon Press, 1971.

[144] Huang K. Introduction to Statistical Physics[M]. 2nd ed. Boca Raton: CRC Press, 2010.

[145] Reynolds P J, Stanley H E, Klein W. Ghost fields, pair connectedness, and scaling: exact results in one-dimensional percolation[J]. Journal of Physics A: Mathematical and General, 1977, 10 (11): L203-L209.

[146] Erdos P, Rényi A. On the evolution of random graphs[J]. Publication of the Mathematical Institue of the Hungarian Academy of Sciences, 1960, 5: 17-60.

[147] Cohen R, Ben-Avraham D, Havlin S. Percolation critical exponents in scale-free networks[J]. Physical Review E, 2002, 66 (3): 036113.

[148] Domb C, Lebowitz J L. Phase Transitions and Critical Phenomena[M]. Amsterdam: Elsevier, 2000.

[149] Yang J, Leskovec J. Defining and evaluating network communities based on ground-truth[J]. Knowledge and Information Systems, 2015, 42: 181-213.

[150] Rossi R A, Ahmed N K. The network data repository with interactive graph analytics and visualization[C]. Austin: The Twenty-Ninth AAAI Conference on Artificial Intelligence, 2015.

[151] Castellano C, Pastor-Satorras R. Relating topological determinants of complex networks to their spectral properties: structural and dynamical effects[J]. Physical Review X, 2017, 7:

041024.

[152] Radicchi F, Castellano C. Breaking of the site-bond percolation universality in networks[J]. Nature Communications, 2015, 6: 10196.

[153] Clauset A, Newman M E J, Moore C. Finding community structure in very large networks[J]. Physical Review E, 2004, 70: 066111.

[154] Lin B Q, Li J L. The spillover effects across natural gas and oil markets: based on the vec-mgarch framework[J]. Applied Energy, 2015, 155: 229-241.

[155] Charles A, DarnéO. Volatility persistence in crude oil markets[J]. Energy Policy, 2014, 65: 729-742.

[156] Lacasa L, Luque B, Ballesteros F, et al. From time series to complex networks: the visibility graph[J]. Proceedings of the National Academy of Sciences of the United States of America, 2008, 105 (13): 4972-4975.

[157] Luque B, Lacasa L, Ballesteros F, et al. Horizontal visibility graphs: exact results for random time series[J]. Physical Review E, 2009, 80: 046103.

[158] Lacasa L, Toral R. Description of stochastic and chaotic series using visibility graphs[J]. Physical Review E, 2010, 82: 036120.

[159] Luque B, Lacasa L, Ballesteros F J, et al. Feigenbaum graphs: a complex network perspective of chaos[J]. Plos One, 2011, 6 (9): e22411.

[160] Gao X Y, An H Z, Fang W, et al. Characteristics of the transmission of autoregressive sub-patterns in financial time series[J]. Scientific Reports, 2014, 4: 6290.

[161] Lacasa L, Nicosia V, Latora V. Network structure of multivariate time series[J]. Scientific Reports, 2015, 5: 15508.

[162] Tang J J, Liu F, Zhang W B, et al. Exploring dynamic property of traffic flow time series in multi-states based on complex networks: phase space reconstruction versus visibility graph[J]. Physica A: Statistical Mechanics and its Applications, 2016, 450: 635-648.

[163] Wang M G, Vilela A L M, Du R J, et al. Exact results of the limited penetrable horizontal visibility graph associated to random time series and its application[J]. Scientific Reports, 2018, 8 (1): 5130.

[164] Zhou T T, Jin N D, Gao Z K, et al. Limited penetrable visibility graph for establishing complex network from time series[J]. Acta Physica Sinica, 2012, 61 (3): 030506.

[165] Gao Z K, Cai Q, Yang Y X, et al. Multiscale limited penetrable horizontal visibility graph for analyzing nonlinear time series[J]. Scientific Reports, 2016, 6: 35622.

[166] Liu C, Arunkumar N. Risk prediction and evaluation of transnational transmission of financial crisis based on complex network[J]. Cluster Computing, 2019, 22: 4307-4313.

[167] Chen B, Li J S, Wu X F, et al. Global energy flows embodied in international trade: a combination of environmentally extended input-output analysis and complex network analysis[J]. Applied Energy, 2018, 210: 98-107.

[168] Wang M G, Zhao L F, Du R J, et al. A novel hybrid method of forecasting crude oil prices using complex network science and artificial intelligence algorithms[J]. Applied Energy, 2018, 220: 480-495.

[169] Newman M E J. Detecting community structure in networks[J]. The European Physical Journal B，2004，38：321-330.

[170] Palla G，Derényi I，Farkas I，et al. Uncovering the overlapping community structure of complex networks in nature and society[J]. Nature，2005，435：814-818.

[171] Krause A E，Frank K A，Mason D M，et al. Compartments revealed in food-web structure[J]. Nature，2003，426（6964）：282-285.

[172] Fortunato S，Latora V，Marchiori M. Method to find community structures based on information centrality[J]. Physical Review E，2004，70（5）：056104.

[173] Reichardt J，Bornholdt S. Detecting fuzzy community structures in complex networks with a Potts model[J]. Physical Review Letters，2004，93（21）：218701.

[174] Newman M E J. Modularity and community structure in networks[J]. Proceedings of the National Academy of Sciences of the United States of America，2006，103（23）：8577-8582.

[175] Dong G G，Fan J F，Shekhtman L，et al. Resilience of networks with community structure behaves as if under an external field[J]. Proceedings of the National Academy of Sciences of the United States of America，2018，115（27）：6911-6915.

[176] Fan J F，Dong G G，Shekhtman L M，et al. Structural resilience of spatial networks with inter-links behaving as an external field[J]. New Journal of Physics，2018，20：093003.

[177] Cohen R，Havlin S. Scale-free networks are ultrasmall[J]. Physical Review Letters，2003，90（5）：058701.

[178] Zhang X，Yu L，Wang S Y，et al. Estimating the impact of extreme events on crude oil price：an EMD-based event analysis method[J]. Energy Economics，2009，31（5）：768-778.

[179] Bekiros S D，Diks C G H. The relationship between crude oil spot and futures prices：cointegration，linear and nonlinear causality[J]. Energy Economics，2008，30（5）：2673-2685.

[180] Zhang X，Lai K K，Wang S Y. A new approach for crude oil price analysis based on empirical mode decomposition[J]. Energy Economics，2008，30（3）：905-918.

[181] DeMaio P. Bike-sharing：history，impacts，models of provision，and future[J]. Journal of Public Transportation，2009，12（4）：41-56.

[182] Andersen L B，Schnohr P，Schroll M，et al. All-cause mortality associated with physical activity during leisure time，work，sports，and cycling to work[J]. Archives of Internal Medicine，2000，160（11）：1621-1628.

[183] Jensen P，Rouquier J B，Ovtracht N，et al. Characterizing the speed and paths of shared bicycle use in Lyon[J]. Transportation Research Part D：Transport and Environment，2010，15（8）：522-524.

[184] Raviv T，Kolka O. Optimal inventory management of a bike-sharing station[J]. IIE Transactions，2013，45（10）：1077-1093.

[185] Schuijbroek J，Hampshire R C，van Hoeve W J. Inventory rebalancing and vehicle routing in bike sharing systems[J]. European Journal of Operational Research，2017，257（3）：992-1004.

[186] Vogel P，Saavedra B A N，Mattfeld D C. A hybrid metaheuristic to solve the resource allocation problem in bike sharing systems[J]. Hybrid Metaheuristics，2014，8457：16-29.

[187] Nair R，Miller-Hooks E. Fleet management for vehicle sharing operations[J]. Transportation

Science, 2011, 45（4）: 524-540.

[188] Angeloudis P, Hu J, Bell M G H. A strategic repositioning algorithm for bicycle-sharing schemes[J]. Transportmetrica A: Transport Science, 2014, 10（8）: 759-774.

[189] Benchimol M, Benchimol P, Chappert B, et al. Balancing the stations of a self service "bike hire" system[J]. RAIRO-Operations Research, 2011, 45（1）: 37-61.

[190] Contardo C, Morency C, Rousseau L M. Balancing a dynamic public bike-sharing system[J]. Cirrelt, 2012, 14: 1-27.

[191] Kloimüllner C, Papazek P, Hu B, et al. Balancing bicycle sharing systems: an approach for the dynamic case[C].Heidelberg: Evolutionary Computation in Combinatorial Optimization.

[192] Forma I A, Raviv T, Tzur M. A 3-step math heuristic for the static repositioning problem in bike-sharing systems[J]. Transportation Research Part B: Methodological, 2015, 71: 230-247.

[193] Lin J R, Yang T H. Strategic design of public bicycle sharing systems with service level constraints[J]. Transportation Research Part E: Logistics and Transportation Review, 2011, 47（2）: 284-294.

[194] Lin J R, Yang T H, Chang Y C. A hub location inventory model for bicycle sharing system design: formulation and solution[J]. Computers & Industrial Engineering, 2013, 65（1）: 77-86.

[195] Stinson M A, Bhat R R. An analysis of commuter bicyclist route choice using a stated preference survey[J].Transportation Research Record, 2003, 1828: 107-115.

[196] Parkin J, Rotheram J. Design speeds and acceleration characteristics of bicycle traffic for use in planning, design and appraisal[J]. Transport Policy, 2010, 17（5）: 335-341.

[197] Sener I N, Eluru N, Bhat C R. An analysis of bicycle route choice preferences in Texas, US[J]. Transportation, 2009, 36: 511-539.

[198] Dill J, Carr T. Bicycle commuting and facilities in major U. S. cities: if you build them, commuters will use them[J]. Transportation Research Record, 2003, 1828（1）: 116-123.

[199] Broach J, Gliebe J, Dill J. Development of a multi-class bicyclist route choice model using revealed preference data[R]. Jaipur: 12th International Conference on Travel Behavior Research, 2009.

第 4 章
能源体系变革的规律与驱动机制

目前世界范围内正在经历面向可持续发展的能源体系变革，作为世界上最大的能源生产国和消费国，我国的能源转型问题十分突出。在能源体系变革的过程中本章认为需要做到以下三点。

首先，对能源体系变革的理解需要建立在对能源体系演化规律充分认识的基础上。正像工业新技术的产生、发展和市场化有其自身规律一样，能源体系的演化发展也有其自身的规律。推动能源体系变革，需要掌握能源系统的演化和变革规律，了解在全球政治、经济、技术、贸易格局发展趋势的大背景下，世界能源体系在新能源发展、能源结构、供需配置等方面的演变规律；分析能源体系变革与政治、经济、技术、贸易等关键因素之间的互动机理；掌握在能源安全与环境保护议题的能源地缘政治背景下，世界各国能源战略的演变历程；并深入了解我国能源体系在能源结构、供需配置等方面的时空演变特征，以及驱动机理等。

其次，对能源体系变革驱动因素的理解需要有系统理论和技术演化理论的支持。能源体系的演变受到能源科技发展的驱动和需求发展的拉动，政府的政策和某些外在因素扮演着重要角色。政策和外力通过市场发挥作用，可以在一定程度上改变演化轨迹，加速能源系统的绿色低碳转型。因此，需要运用系统理论、经济增长理论和技术演进理论研究能源体系的动力驱动机制和政策驱动机理。

最后，能源体系变革需要在政策设计上进行创新和优化。低碳能源技术的推广与扩散遵循一般技术扩散的基本规律，同时具有扩散的阻碍（Jaffe-Stavins 悖论）。在目前的市场机制下，很难将环境和气候外部性考虑在内，因此低碳能源技术的有效扩散和利用比较缓慢，需要在政策设计上进行创新。低碳技术扩散过程特征在技术本身特质和技术传播环境两个维度上的巨大差异，要求我们从我国经济发展阶段、结构特点和法律政策框架出发，提出能够促使其有效实现绿色转变的市场化政策设计和行政保障机制，并对上述政策的适用性和实践效果进行有效评价。

基于以上论述，本章将从世界能源演化规律和驱动机制、能源技术扩散与能源系统中长期演化建模，以及我国能源系统转型的路径优化和政策模拟三个方面阐述能源体系变革的规律与驱动机制。

4.1 世界能源演化规律和驱动机制

4.1.1 研究背景

当前，世界能源系统经由资源发现与技术进步带动的变革，进入了建设生态文明的新阶段。新阶段也面临着许多挑战。能源短缺直接影响经济增长速度，并严重阻碍着人类生活水平的改善。大量使用化石能源导致了一系列环境问题发生，诸如酸雨、水污染、空气污染、能源短缺和全球变暖等。无论是20世纪英国雾都的形成，还是目前我国各地区雾霾的形成，诸如煤炭等高碳能源的大量使用都在其中起着关键的作用[1]。全球平均气温升高、冰雪消融加速、海平面上升及极端气候频繁发生等一系列现象，无一不表明了全球气候变暖的事实。这给整个地球生态系统带来了巨大的威胁，产生影响人类生存的温室效应，使得粮食作物和可饮用水急剧减少，甚至导致飓风、海啸等极端气候灾难发生[2]。

能源和环境约束已成为人类社会和经济发展的重大挑战，低碳节能和可持续发展已成为世界各国长远规划的重要组成部分。在1965年的世界能源消费结构中，石油、天然气、煤三种化石能源占94.23%；水电占5.58%；可再生能源占比几乎为零。2019年，石油、天然气、煤三种化石能源的比重下降为84.32%，减少了9.91个百分点；水电占比上升为6.45%；可再生能源占比增至4.96%。随着天然气和可再生能源的资源可获得性与竞争力日益增加，来自政府和社会的压力促使能源结构向更清洁和更低碳的方向转变，世界上许多国家正在逐渐追求"去煤炭化"。2020年，中国在《巴黎协定》承诺的基础上，提出要在2030年前实现二氧化碳排放达峰，争取2060年前实现碳中和。

2020年新冠疫情大流行抑制了世界各地的经济和社会活动，导致全球二氧化碳排放全年下降了6.4%——约23亿吨[3]，但全球减排形势依旧严峻。对世界各国能源系统的演化规律和驱动机制展开研究，有助于认识能源系统演化的客观规律，总结历史给予人类的经验和发现未来将要面临的问题，可为寻求能源系统绿色低碳发展路径提供重要事实依据。

与能源系统相关的问题在当今学术界备受重视，无论是国内还是国外，都有许多学者对其结构变化、发展规律、与其他因素的相互作用等问题展开了大量研究。Hu等[4]通过一种进化树模型分析了世界能源消费结构的演化，首先使用K-means聚类算法对144个国家及地区分类，然后将其分配到能源消费结构进化树的不同位置,借此找出国家及地区能源消费结构多样化的路径。国际上研究能源系统演化规律与相关影响因素的文章也有很多。Pacesila 等[5]利用来自欧盟统计局的数据对欧盟成员国的可再生能源占比及能源依赖性进行了 K-means 聚类,并基于一系列尺度对欧盟成员国进行了排序,发现可再生能源的生产能够帮助每个国家减少能源依赖。Csereklyei 等[6]首次利用基于模型的聚类方法考察了 1971～2010 年欧盟成员国能源结构的发展路径,发现路径惯性取决于其基础设施及资源禀赋;随着时间的推移,各国倾向于发展更高质量的能源结构,而高质量的能源结构通常与高的国民收入和人均能源使用量相关。综合来看,尽管历史文献中用于研究能源系统的方法纷繁多样,但从中不难发现:当前学界对于能源消费结构的影响因素[7-9]、能源消费预测[10]及对碳排放等环境影响变量[11]的研究较多,但对于能源资源禀赋在影响能源消费结构的过程中所起的作用研究较少。

能源消费带动经济发展,而拥有充足的能源资源则是能源消费的保证。在世界能源系统演化的过程中,能源消费结构受什么因素的影响?依照经济控制论的研究思路——关注能源系统的输入、控制条件和输出,若将能源消费结构看作能源系统的输出,欲对其加以调整,则应从能源系统的输入和控制条件着手。如图 4.1 所示,本节将能源系统的输入称为能源资源禀赋,即能源系统先天就有的能源资源拥有量,将影响能源资源从发现到利用的因素看作控制条件。从输入的角度来看,能源资源禀赋是外生给定的变量,很大程度上直接决定了当地的能源使用情况。从控制条件的角度来看,影响能源开采、加工、运输、储存等环节的因素可分为客观不可控因素和主观可控因素。客观不可控的因素,包括开采地环境、运输距离及难度等;主观可控的因素,包括能源政策、能源安全、技术水平、贸易关系等。

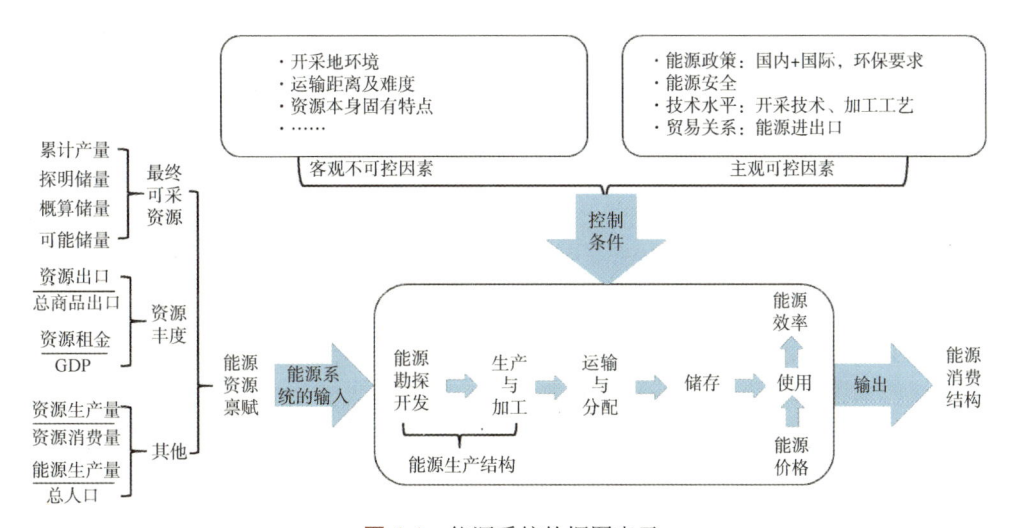

图 4.1 能源系统的框图表示

能源资源禀赋与能源消费之间有何关系？不同资源禀赋结构的国家又会有着怎样的能源消费结构？一般而言，拥有大量资源禀赋的国家往往比资源禀赋少的国家要繁荣。不同国家的资源禀赋对其能源供应与消费有着不同的影响。例如，化石能源储量丰富的国家利用核能和现代可再生能源等低碳能源的可能性一般较小；煤炭、天然气用量高的国家往往是人均煤炭及天然气拥有量高的国家，而生物质能和水电用量高的国家则常是人均森林及淡水资源高的国家。本节内容将从能源资源禀赋的角度出发，并把研究范围扩大到世界上多数国家，综合使用聚类分析、面板数据模型、成分线性模型等方法研究能源资源禀赋、人口规模、经济发展水平、产业结构等因素对能源消费结构演化的效应。

4.1.2 世界能源供需的基本态势和演化规律

1. 世界能源供需现状

在当前世界能源需求结构中，化石能源占比高达 84.32%（图 4.2）。根据 2020 年《BP 世界能源统计年鉴》（BP 指的是英国石油公司）[12]，世界一次能源消费增速降至 1.33%，可再生能源贡献了超 40% 的增长。在化石能源中，石油消费增长仅 0.8%，低于 2010 年以来的平均水平 1.4%；天然气消费占比首次达 24.2%；煤炭消费占比下跌至 2003 年以来的最低水平（27%）。2019 年全球能源市场增长放缓，美国、俄罗斯、印度等国表现尤其明显。而中国贡献了全球超 3/4 的净增长，除天然气需求增长稍逊于美国外，其他能源需求增长均居世界首位。

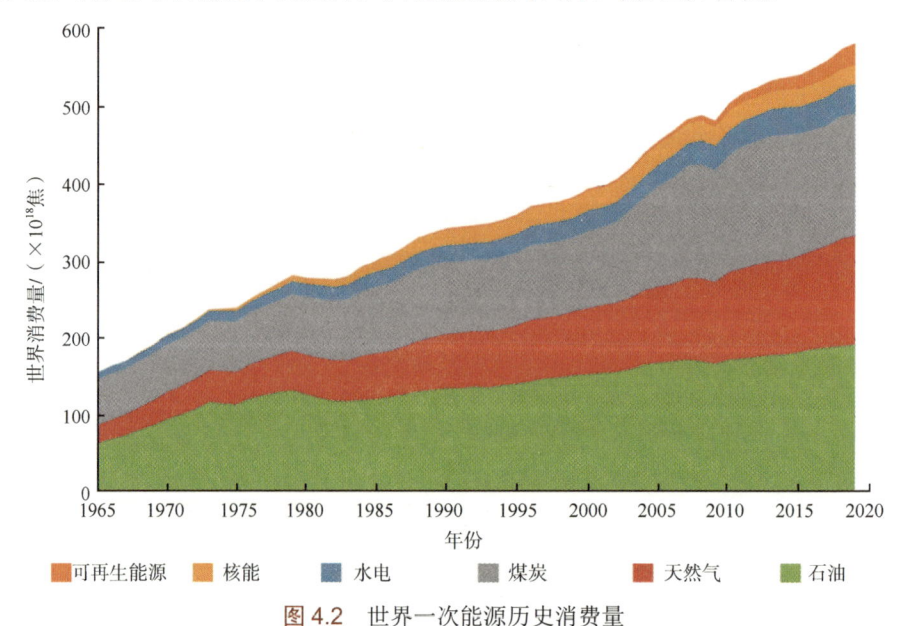

图 4.2 世界一次能源历史消费量

世界能源消费重心加速东移，中国及其他新兴经济体贡献成为推动全球能源消费增长的主要力量。天然气消费需求增长主要来自美国（270 亿立方米）、中国（240 亿立方米）。煤炭消费增长主要来自中国（1.8 艾焦）、印度尼西来（0.6 艾焦）、越南（0.5 艾焦）等新兴经济体。发达国家的煤炭需求量下降，美国、德国分别下降 1.9 艾焦、0.6 艾焦，经济合作与发展组织（Organization for Economic Co-operation and Development，OECD）的石油需求量自 2014 年来首次下降 29 万桶/日，煤炭需求量也下跌至 1965 年来的最低水平。

在一次能源产量方面，非石油输出国组织（Organization of the Petroleum Exporting Countries，OPEC）国家的石油产量大幅增长，OPEC 国家的石油产量大幅减少，为 2009 年以来的最大跌幅（200 万桶/日）。天然气产量增长主要来自美国、澳大利亚和中国。美国的天然气液（natural gas liquid，NGL）产量自 2012~2019 年翻番，达 480 万桶/日。液化天然气（liquefied natural gas，LNG）产量增长主要来自美国（190 亿立方米）和俄罗斯（140 亿立方米），主要流向欧洲——欧洲 LNG 进口量增长超 2/3（490 亿立方米）。煤炭产量增长主要来自中国（3.2 艾焦）和印度尼西亚（1.3 艾焦），美国和德国的煤炭产量降幅最大，分别达 1.1 艾焦、0.3 艾焦。

2. 不同能源禀赋结构国家的能源消费演化

本节通过研究各个国家或地区发展的相似与不同，寻找其能源系统演化的共性与差异。按照能源资源禀赋结构对各国分类，可以使后续实证分析的研究角度多元化；由于属于同一类的国家或地区往往会有着相似的能源演化路径，还可以研究各类的能源系统特点。聚类分析通过将对象进行分类，使得同类间相似性最高、不同类间差异性最大。聚类分析的方法有很多，如系统聚类法、K-means 聚类法、模糊聚类法、分解法等。在众多聚类方法中，K-means 聚类是最常见且有效的聚类算法之一。它采用了基于距离的迭代聚类算法，思想是把每个样品划归到重心与其最接近的类。为体现各国能源资源禀赋结构差异，本节将一个国家能源系统的主要资源禀赋定义为这三种主要一次能源的组合：石油、天然气、煤炭，将其比例作新的聚类因子。

55 个国家在 1980~2016 年的数据来源为：石油、天然气、煤炭的消费量和探明储量均来自《BP 世界能源统计年鉴》[12]，人均 GDP 来自世界发展指标（world development indicators，WDI），第一、第二产业增加值在 GDP 中的占比来自世界银行（World Bank，WB）Jobs 数据库。缺失值使用线性趋势插补和期望最大化方法插补。所选取的国家集中在欧洲、北美等发达国家分布密集的地区，收入群体组成偏向于较高收入，包含 20 个 OECD 国家、5 个金砖国家[巴西（Brazil）、俄罗斯（Russia）、印度（India）、中国（China）和南非（South Africa），简称 BRICS 国家]，能较好地反映世界能源系统的演化特点。

为刻画各国的能源资源禀赋结构特点，本节以能源资源禀赋占比作为聚类因子，对 55 个国家 2016 年的数据进行 K-means 聚类，得到四类不同禀赋特点的国家（表 4.1 和图 4.3）。第 1、2、4 类分别为石油、天然气、煤炭资源禀赋比重大的国家，相应的平均储量在国内三种能源资源禀赋中的占比分别为 65%、76%、96%；而第 3 类的国家则呈现出三种能源资源禀赋占比相当，并且煤炭、天然气和石油占比依次下降的特点。

表 4.1　55 个国家能源资源禀赋国内占比的聚类结果

类	个数	国家
1	9	阿尔巴尼亚、白俄罗斯、加拿大、刚果民主共和国、厄瓜多尔、日本、墨西哥、英国、委内瑞拉
2	12	阿尔及利亚、孟加拉国、玻利维亚、埃及、马来西亚、缅甸、荷兰、秘鲁、菲律宾、斯洛伐克、塔吉克斯坦、乌兹别克斯坦
3	14	阿根廷、奥地利、巴西、智利、法国、格鲁吉亚、伊朗、意大利、尼日利亚、挪威、罗马尼亚、俄罗斯、泰国、越南
4	20	澳大利亚、保加利亚、中国、哥伦比亚、捷克共和国、德国、希腊、匈牙利、印度、印度尼西亚、哈萨克斯坦、新西兰、巴基斯坦、波兰、塞尔维亚、南非、西班牙、土耳其、乌克兰、美国

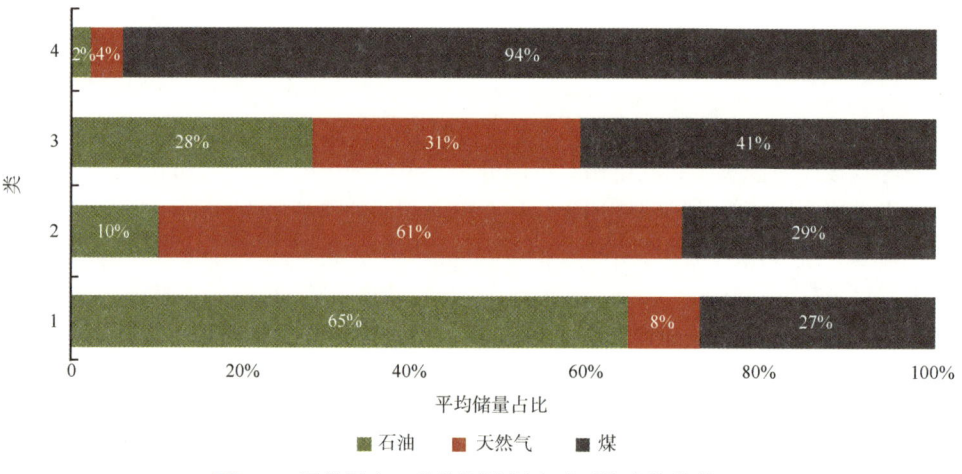

图 4.3　四类国内三种能源资源禀赋平均占比的情况

图 4.4 展示了各类国家在 1980~2016 年的平均能源消费占比的变化情况。可以看出以下几点。

（1）第 1、3 类的石油消费占比趋势较为接近，且在所有类中石油消费占比最大。第 2 类的平均石油消费占比呈现出直线下降的趋势，从 1980 年的 66.54% 下降到 2016 年的 38.23%。第 4 类作为煤炭储量占比最大的国家类，其石油在三种能源消费中的占比一直居于四个类的最低水平，在 2012 年甚至降到最低值 35.63%。这表示，国内天然气和煤炭储量相对丰富的国家对石油的消费在三种化石能源中相对较少，而石油储量相对丰富或三种资源比重相当的国家则偏向以消费石油为主。

第4章 能源体系变革的规律与驱动机制

（a）1980~2016年各类国家的平均石油消费占比

（b）1980~2016年各类国家的平均天然气消费占比

（c）1980~2016年各类国家的平均煤炭消费占比

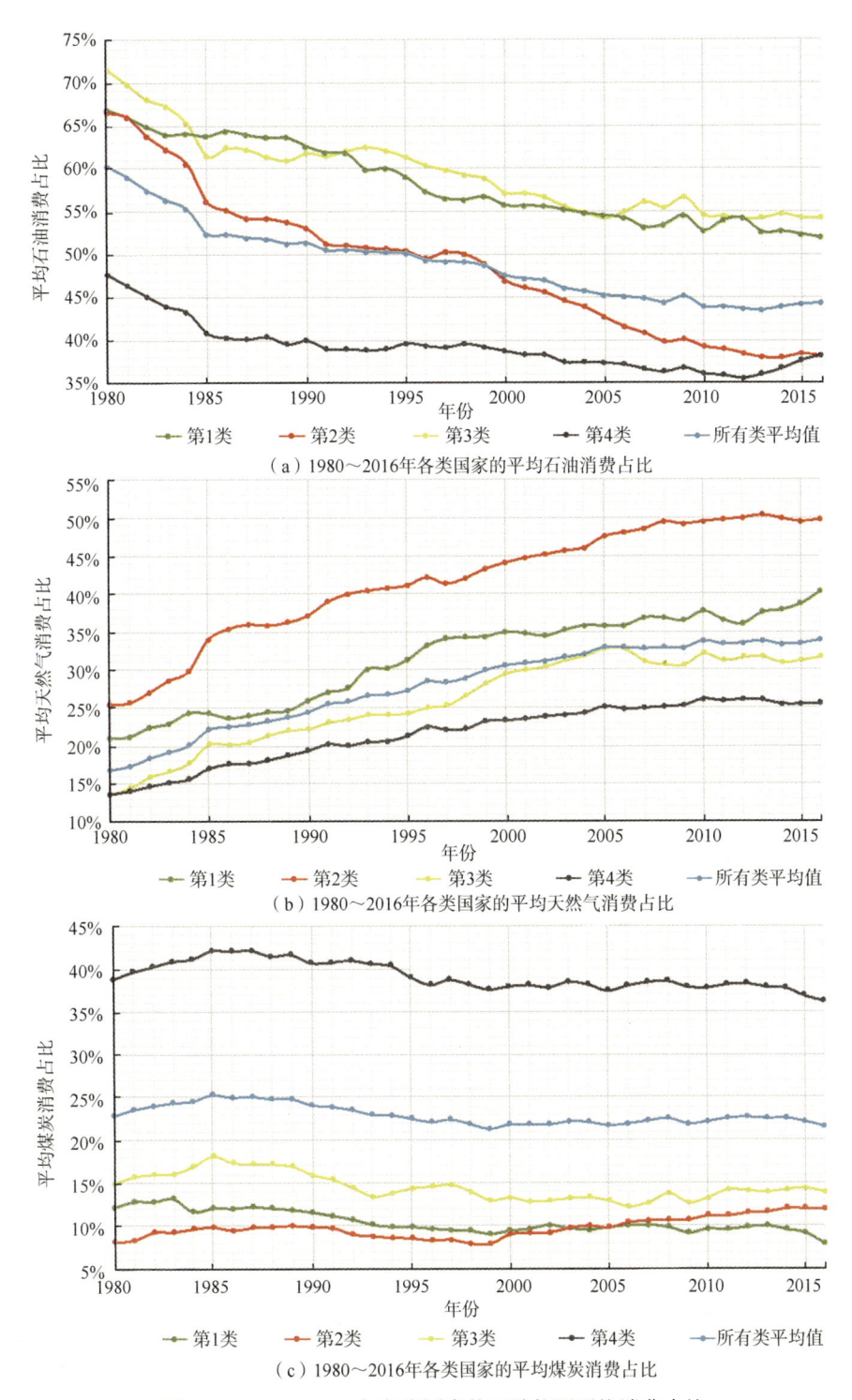

图4.4 1980~2016年各类国家的三种能源平均消费占比

（2）在所有类中，第 2 类的天然气禀赋比重最大，其相应的天然气消费占比也最大，且呈现出逐年上升的趋势，2016 年的占比（49.76%）是 1980 年（25.38%）的 2 倍左右。第 1 类的天然气禀赋比重虽然不比第 3 类大，但多年来国内对天然气的消费比重却一直超过第 3 类。第 4 类的平均天然气消费占比始终处于各类的最低水平，37 年间也仅上升了约 12 个百分点。这表示，在天然气消费比重方面，国内天然气储量相对丰富的国家明显较其他两种禀赋丰富的国家要大，而石油、煤炭储量相对丰富或三种资源比重相当的国家则明显位居其后，且增速也较缓。

（3）各类的平均煤炭消费比重基本变化不大，煤炭禀赋比重最大的第 4 类的煤炭消费比重也最大，几乎是所有类平均值的两倍。以属于第 4 类的中国为例，2016 年其煤炭禀赋占比为 94.99%，属于典型的煤炭大国，相应地，1980~2016 年其煤炭消费占比平均值高达 77.23%，远超第 4 类的平均水平 39.17%。第 1 类和第 2 类的煤炭消费比重从未超过 14%，在有的年份甚至只有 7.89%。这表示，国内煤炭禀赋丰富的国家偏向于以消费煤炭这一化石能源为主，而石油、天然气储量相对丰富的国家对煤炭的消费占比长期维持在较低水平，且基本不发生大的波动。

（4）无论是从各类单独来看，还是从所有类的均值来看，世界能源系统都呈现出石油消费占比下降、天然气消费占比上升、煤炭占比变化趋势平缓的特点。这从某种程度上表明了世界能源系统的低碳化趋势：与另外两种化石燃料相比，天然气是相对而言更加低碳清洁的能源。一方面，天然气的主要成分为甲烷（CH_4），甲烷能够与大气中的臭氧发生氧化反应生成二氧化碳和水，因此造成的温室效应的影响时间较短；另一方面，天然气比煤等高碳燃料产生的二氧化碳少得多。

3. 不同能源禀赋结构国家的能源消费演化驱动因素

利用面板数据模型可以同时分析国家、时间和变量这三个维度的信息，且构造和检验比单独使用截面或时间信息更加接近真实情况的方程。本节将利用固定影响的变系数面板数据模型研究不同类国家能源消费结构的影响因素：

$$C_i = \alpha + \bar{\alpha}_i + R_i \beta_{1i} + E_i \beta_{2i} + I_i \beta_{3i} + u_i, \quad i = 1, 2, 3, 4 \quad (4.1)$$

其中，i 为聚类分析结果的类，各变量均取各类内所有国家的平均值；α 为 4 个类的平均自发能源消费水平；$\bar{\alpha}_i$ 为第 i 类自发能源消费对平均自发能源消费的偏离，用来反映不同类之间的能源消费结构差异；C_i 为石油消费平均占比，反映能源消费结构；R_i 为石油资源平均占比，反映能源资源禀赋结构；E_i 为人均 GDP，反映经济发展水平；I_i 为第一、第二产业增加值平均占比，反映产业结构；u_i 为残差项；$\beta_{1i}, \beta_{2i}, \beta_{3i}$ 为待估计回归系数，分别反映能源资源禀赋结构、经济发展水平、产业结构对能源消费结构的影响程度。

如表 4.2 所示，单位根检验结果表明，在显著性水平为 5%时，C_i、R_i 和 E_i 的水平序列非平稳，一阶差分序列平稳；I_i 的水平序列平稳。可认为所有变量的时间序列是同阶协整的，其中 C_i、R_i 和 E_i 为一阶单整序列。

表 4.2 各变量序列的单位根检验结果

序列	变量	LLC	ADF	PP
水平	C_i	−2.264 (0.012)	11.771 (0.162)	12.376 (0.135)
	R_i	−0.088 (0.465)	4.013 (0.856)	4.435 (0.816)
	E_i	4.522 (1.000)	0.042 (0)	0.052 (0)
	I_i	−4.344 (0)	21.442 (0.006)	25.262 (0.001)
一阶差分	C_i	−7.346 (0)	61.695 (0)	61.631 (0)
	R_i	−6.088 (0)	49.220 (0)	49.189 (0)
	E_i	−5.744 (0)	33.923 (0)	33.640 (0)

注：括号内为相应的显著性水平。LLC 指 Levin-Lin-Chu 检验；ADF 指增广迪基−富勒检验（augmented Dickey-Fuller test）；PP 指菲利普斯−佩荣检验（Philips-Perron test）

如表 4.3 所示，协整关系检验表明，在 10%的显著性水平下，各变量通过了 Kao 检验和 Johansen 检验，各变量间存在协整关系，能纳入回归模型分析。

表 4.3 各变量间协整关系检验的结果

方法	原假设	统计量名	统计量值
Kao 检验	不存在协整关系	ADF	−1.631 (0.052)
Johansen 检验	不存在协整向量	F 统计量（迹检验）	44.09 (0)
	至少存在一个协整向量		16.20 (0.040)

注：括号内为相应的显著性水平

最小二乘估计结果表明，$\alpha = 59.64$，调整的测定系数为 0.991，说明模型的拟合效果不错。检验统计量 F 的值为 800.560，相应的 p 值为 0，说明解释变量和被解释变量的关系可以用线性模型来表示。总体均值截距项的 $t = 19.8601$，相应的 p 值为 0，通过 t 检验。反映各类能源消费结构差异的 β_{1i}、β_{2i}、β_{3i} 及反映各类自发能源消费偏离的 α_i^* 的估计结果见表 4.4。第 2 类的各参数都通过了 t 检验，说明各变量对石油消费占比有显著的解释能力；第 4 类的各参数都未通过 t 检验，说明该类中本节假定的各解释变量对石油消费占比并不存在显著的解释能力，这可能与本节对变量的取值有关。为计算简便，本节统一用石油能源占比来衡量四个类的能源禀赋与消费结构。第 1 类的参数 β_{21} 和 β_{31} 通过了 t 检验，而 β_{11} 不显著，说明对于石油禀赋优势的国家来说，石油禀赋的优势并不会显著影响其石油消费情况，因此也很可能不会改变该国国内的能源消费结构；第 3 类的参数 β_{13} 和 β_{23} 通过了 t 检验，而 β_{33} 不显著，说明对各能源资源禀赋相当的国家而言，石油禀赋占比和人均 GDP 对石油消费占比有显著的解释能力，而第一、第二产业占比则不会显著影响其石油消费情况。对石油的自发能源消费 α_i^* 上看，各类也存在显著的差异。第 1 类和第 4 类的自发消费水平较低，第 2 类和第 3 类的自发消费水平较高。总体来说，禀赋结构对于各类型国家的消费结构具有一定的影响，但其解释能力不如经济水平的解释能力强，而产业结构作为本节引入的控制变量，并未对各类型的国家都表现出十分强的解释能力。

表 4.4 参数的估计结果

i	$\bar{\alpha}_i$	β_{1i}	β_{2i}	β_{3i}
1	−15.854	−0.021 (−0.686)	−0.0003*** (−3.784)	0.391*** (5.483)
2	13.796	0.228*** (4.162)	−0.001*** (−9.816)	−0.429*** (−3.828)
3	23.001	−0.438*** (−5.882)	−0.0006*** (−8.126)	−0.067 (−0.679)
4	−20.943	0.022 (0.051)	−0.0002 (−1.589)	0.044 (0.685)

注：括号内为 t 值

*表示 $p<0.1$，***表示 $p<0.01$

对 1990~2016 年世界范围内 55 个国家而言，资源禀赋结构不同的四个类的能源消费结构演化的驱动因素具有明显的差异。首先，石油禀赋占比对石油消费的影响在四个类中不尽相同，预期禀赋边际消费倾向最高的是具有天然气禀赋优势的第 2 类，三种化石能源禀赋相当的第 3 类次之，而第 1 类和第 4 类的石油禀赋对石油消费演化具有显著的影响。其次，产业结构的不同对四类国家石油消费结构的影响也不同，第一、第二产业占比对于第 1 类和第 2 类国家的石油消费结构演化具有显著的影响，是驱动因素之一。本节以人均 GDP 衡量的经济水平则表现出了对石油消费的显著影响，且在第 1、2、3 类中的影响较为一致。在各类的估计结果中，预期人均 GDP 的边际石油消费倾向均为负值，这意味着随着各国经济水平的提升，国内一次能源消费总量中石油的占比有着下降的趋势，这一影响在三种化石能源消费占比相当的第 2 类国家中表现最为明显，系数达到了–0.001。因此，经济水平是能源消费演化的重要驱动因素，且与其呈负相关的关系。

4. 不同能源的消费演化驱动因素

为从能源资源禀赋角度探究能源系统中一次能源消费量的影响因素，本节同时使用截面和面板数据从国家的视角研究了能源资源禀赋对能源消费结构的影响。所使用的研究数据为世界 202 个国家 1980～2018 年的能源与经济数据。原始数据预处理分为两步：①单位变换；②缺失值分析及插补，即按国进行时间序列均值插补，处理为平衡面板数据。处理后变量的相关信息见表 4.5。

表 4.5　变量含义、来源及描述性统计（1980～2018 年，202 个国家的面板数据）

变量	含义	单位	来源	均值	标准差
c	国家		WB		
t	年				
gdp	国内生产总值	10^9 美元（2010 年不变价）	WB	250.043	1 055.993
ind2	第二产业增加值	10^9 美元（2010 年不变价）		74.697	293.224
tp	总人口	10^6 人		29.639	117.433
up	城镇人口	10^6 人		14.084	47.127
oc	石油消费量	10^6 吨油当量	EIA，BP	18.702	72.942
gc	天然气消费量	10^6 吨油当量		11.438	50.318
cc	煤炭消费量	10^6 吨油当量		13.975	100.221
pc	一次能源消费总量	10^6 吨油当量		49.905	215.539
or	石油储量	10^9 桶	EIA	5.653	25.947
gr	天然气储量	10^{12} 立方英尺		26.649	141.533
cr	煤炭储量	10^6 吨		5 268.788	26 437.490

注：美国能源信息署（U.S. Energy Information Administration，简写为 EIA）；1×10^{12} 立方英尺天然气=1.019×10^{18} 焦天然气=2.4×10^7 吨油当量

如图 4.5 所示，观察 3 种化石能源储量及其消费量的总体均值时间序列，呈正相关关系。这表明，在全球范围内，世界能源资源禀赋与对应的能源消费量有着相似的增长趋势，暗示二者间存在相关关系。

(a) 石油的储量和消费量的历史关系

(b) 天然气的储量和消费量的历史关系

(c) 煤炭的储量和消费量的历史关系

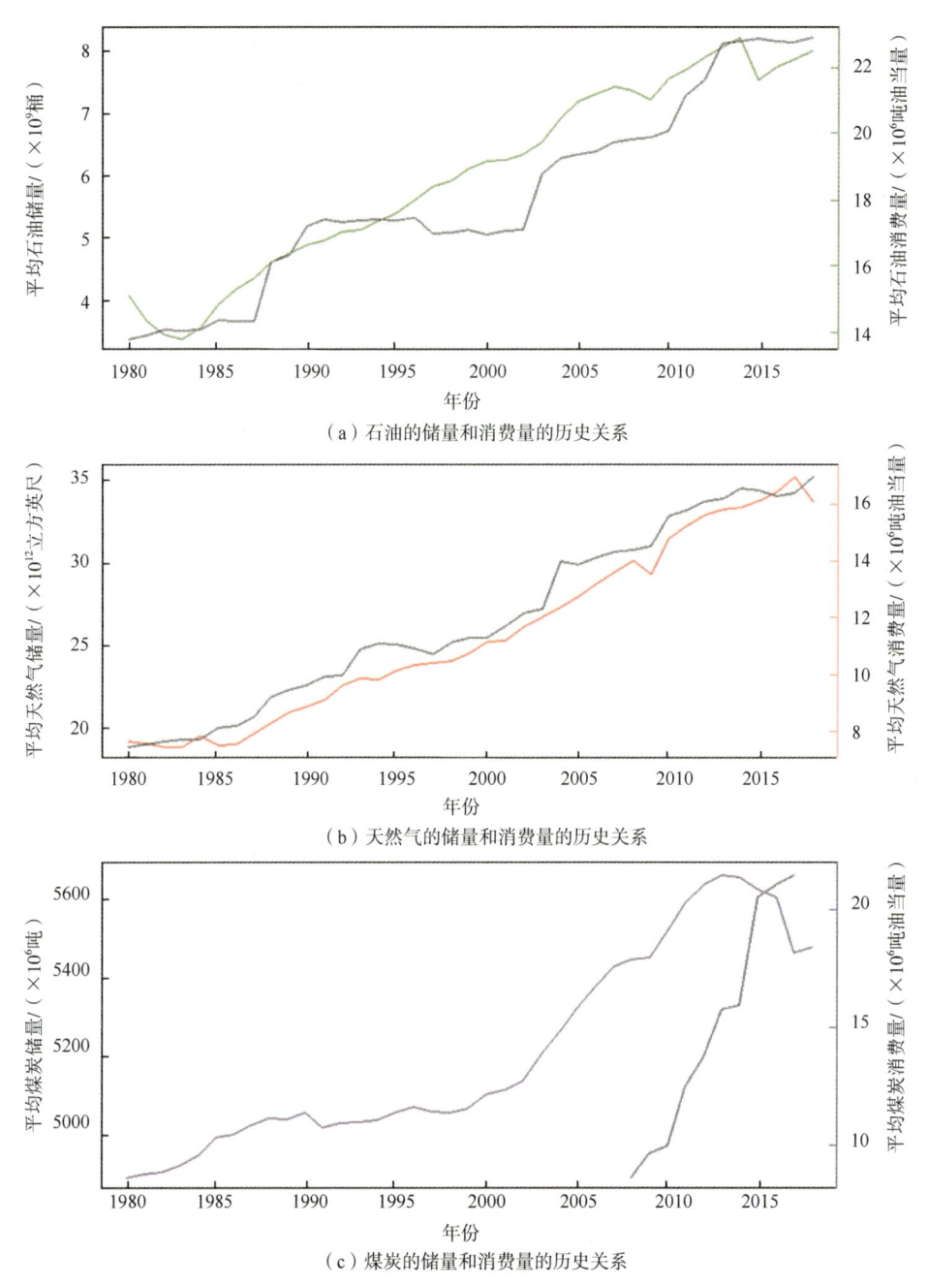

图 4.5 世界一次能源储量与消费量的历史关系

第 4 章　能源体系变革的规律与驱动机制

图 4.6 对不同影响因素之间的隐性关联性进行了挖掘，表明 gc、gr、cc、cr 间相关性较强（>0.5），gdp、ind2、up 与能源消费变量较相关，暗示其可能为能源体系演化的驱动因素。

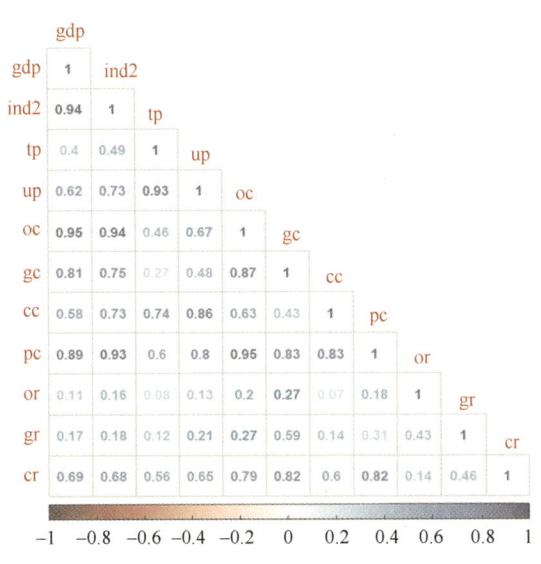

	gdp	ind2	tp	up	oc	gc	cc	pc	or	gr	cr
gdp	1										
ind2	0.94	1									
tp	0.4	0.49	1								
up	0.62	0.73	0.93	1							
oc	0.95	0.94	0.46	0.67	1						
gc	0.81	0.75	0.27	0.48	0.87	1					
cc	0.58	0.73	0.74	0.86	0.63	0.43	1				
pc	0.89	0.93	0.6	0.8	0.95	0.83	0.83	1			
or	0.11	0.16	0.08	0.13	0.2	0.27	0.07	0.18	1		
gr	0.17	0.18	0.12	0.21	0.27	0.59	0.14	0.31	0.43	1	
cr	0.69	0.68	0.56	0.65	0.79	0.82	0.6	0.82	0.14	0.46	1

图 4.6　变量间相关性矩阵图

模型从资源禀赋、经济发展、人口变动、产业布局调整方面等对低碳能源体系演变的驱动因素进行了解构。为分析国家异质性、年异质性的影响，本节分别对石油、天然气、煤炭三种能源建立固定效应的面板回归模型[式（4.2）～式（4.4）]：

$$oc_{i,t} = \alpha_{oi} + \beta_o or_{i,t} + \gamma_o X_{i,t} + \varepsilon_{o,i,t} \quad (4.2)$$

$$X = (gdp_{i,t}, ind2_{i,t}, up_{i,t})$$

其中，$i=1, 2, \cdots, 202$，为国家；$t=1980, 1981, \cdots, 2018$，为年份；$oc_{i,t}$ 为石油消费量；$or_{i,t}$ 为石油储量；$\alpha_{oi}, \beta_o, \gamma_o$ 为待估计回归系数，分别反映国家异质性、石油资源禀赋和控制变量对石油消费量的影响程度。$X_{i,t}$ 为一组控制变量，包括：① $gdp_{i,t}$ 为 GDP；② $ind2_{i,t}$ 为工业增加值；③ $up_{i,t}$ 为城镇人口数。$\varepsilon_{o,i,t}$ 为随机误差项。

$$gc_{i,t} = \alpha_{gi} + \beta_g gr_{i,t} + \gamma_g Y_{i,t} + \varepsilon_{g,i,t} \quad (4.3)$$

$$Y_{i,t} = (gdp\_per\_capita_{i,t}, ind2\_per\_capita_{i,t}, up\_per\_capita_{i,t})$$

其中，$i=1, 2, \cdots, 202$，为国家；$t=1980, 1981, \cdots, 2018$，为年份；$gc_{i,t}$ 为天然气消费量；$gr_{i,t}$ 为天然气储量；$\alpha_{gi}, \beta_g, \gamma_g$ 为待估计回归系数，分别反映国家异质性、天然气资源禀赋和控制变量对天然气消费量的影响程度。$Y_{i,t}$ 为一组控制变量，包括：① $gdp\_per\_capita_{i,t}$ 为人均 GDP；② $ind2\_per\_capita_{i,t}$ 为人均工业增加值；

③ up_per_capita$_{i,t}$ 为城镇人口占比。$\varepsilon_{g,i,t}$ 为随机误差项。

$$cc_{i,t} = \alpha_{ci} + \beta_c cr_{i,t} + \gamma_c Y_{i,t} + \varepsilon_{c,i,t} \tag{4.4}$$

$$Y_{i,t} = (\text{gdp\_per\_capita}_{i,t}, \text{ind2\_per\_capita}_{i,t}, \text{up\_per\_capita}_{i,t})$$

其中，$i=1, 2, \cdots, 202$，为国家；$t=2008, 2009, \cdots, 2017$，为年份；$cc_{i,t}$ 为煤炭消费量；$cr_{i,t}$ 为煤炭储量；$\alpha_{ci}, \beta_c, \gamma_c$ 为待估计回归系数，分别反映国家异质性、煤炭资源禀赋和控制变量对煤炭消费量的影响程度；$Y_{i,t}$ 为一组控制变量[与式（4.3）一致]。

如表 4.6～表 4.8 所示，使用固定个体效应的面板数据模型 OLS 估计结果表明，以人均能源资源储量衡量的能源资源禀赋会影响不同的国家的能源消费结构。具体而言，在考虑三种化石能源的情况及 0.1%的显著性水平下，以工业增加值在 GDP 中占比衡量的产业水平和以城镇人口在总人口中占比衡量的城镇化水平对石油消费分别有促进和抑制作用（系数分别为 0.158 和–1.1），这表明，产业结构中工业比重的增加会促进各国更多地消费石油，城镇化则与此相反，这或许同城镇居民倾向使用天然气、电力等清洁能源有关；以人均储量衡量的天然气和煤炭资源禀赋对其能源消费有促进作用（系数分别为 0.005 和 0.005），意味着其资源越丰富，各国对其的消费和利用也相应地有增加趋势。

表 4.6　石油 1980～2018 年面板回归模型国家固定效应估计结果

变量	模型						
	（1）	（2）	（3）	（4）	（5）	（6）	（7）
or	0.567*** (0.040)	0.181** (0.076)	0.146** (0.071)	0.120* (0.069)	0.144** (0.061)	0.118* (0.061)	0.119** (0.060)
gdp				0.031** (0.013)			0.007*** (0.002)
ind2					0.121*** (0.005)		0.045*** (0.011)
up						0.849*** (0.052)	0.469*** (0.063)
截距项	15.496*** (0.691)						
观测数	7 878	7 878	7 878	7 878	7 878	7 878	7 878
R^2	0.041	0.014	0.009	0.502	0.703	0.742	0.778
调整后的 R^2	0.041	–0.012	–0.022	0.489	0.695	0.735	0.772
标准残差	71.446 (df=7 876)						
F 统计量	334.319*** (df=1;7 876)	109.819*** (df=1;7 675)	71.817*** (df=1;7 637)	3 865.100*** (df=1;7 674)	9 094.287*** (df=2;7 674)	11 037.660*** (df=2;7 674)	6 723.709*** (df=4;7 672)

*表示 $p<0.1$，**表示 $p<0.05$，***表示 $p<0.01$

表 4.7　天然气 1980～2018 年面板回归模型国家固定效应估计结果

变量	模型						
	（1）	（2）	（3）	（4）	（5）	（6）	（7）
gr_per_capita	0.033***	0.005***	0.005***	0.009***	0.005***	0.005***	0.010***
	（0.003）	（0.002）	（0.002）	（0.002）	（0.002）	（0.002）	（0.002）
gdp_per_capita				0.015***			0.017***
				（0.003）			（0.003）
ind2_per_capita					−0.014**		−0.021***
					（0.006）		（0.005）
urban_level						1.011***	0.763***
						（0.294）	（0.257）
截距项	0.433***						
	（0.016）						
观测数	7878	7878	7878	7878	7878	7878	7878
R^2	0.442	0.16	0.015	0.062	0.024	0.024	0.084
调整后的 R^2	0.442	−0.010	−0.016	0.037	−0.002	−0.002	0.060
标准残差	1.378 (df=7876)						
F 统计量	6237.448*** (df=1;7876)	123.557*** (df=1;7675)	117.732*** (df=1;7637)	253.098*** (df=1;7637)	93.240*** (df=2;7674)	92.401*** (df=2;7674)	117.025*** (df=4;7672)

表示 $p<0.05$，*表示 $p<0.01$

表 4.8　煤炭 2008～2018 年面板回归模型国家固定效应估计结果

变量	模型						
	（1）	（2）	（3）	（4）	（5）	（6）	（7）
cr_per_capita	0.0004***	0.0004***	−0.0002***	0.0004***	0.0004***	0.0004***	0.0004***
	（0.0001）	（0.0001）	（0.00002）	（0.0001）	（0.0001）	（0.0001）	（0.0001）
gdp_per_capita				0.002*			−0.0005
				（0.001）			（0.002）
ind2_per_capita					0.011**		0.008
					（0.005）		（0.007）
urban_level						0.249***	0.196**
						（0.082）	（0.090）
截距项	0.154***						
观测数	2020	2020	2020	2020	2020	2020	2020
R^2	0.237	0.237	0.018	0.247	0.250	0.254	0.258
调整后的 R^2	0.236	0.233	−0.097	0.243	0.246	0.250	0.253
标准残差	0.399 (df=2018)						
F 统计量	625.198*** (df=1;2018)	622.849*** (df=1;2009)	32.380*** (df=1;1808)	329.039*** (df=2;2008)	334.914*** (df=2;2008)	341.476*** (df=2;2008)	174.128*** (df=4;2006)

*表示 $p<0.1$，**表示 $p<0.05$，***表示 $p<0.01$

4.1.3 从成分数据看各国能源系统的演化

成分数据分析早已在地理学、生物学等领域广泛运用。成分数据包含了复杂的内在特征，能为理解社会经济活动运行提供独特视角。已有学者使用成分数据对能源系统演化规律分析，其研究内容多集中于能源消费结构预测或研究能源消费的产业结构。本节对能源经济数据进行了成分建模，以分析世界主要经济体能源系统的演化规律，研究着眼于各国能源资源禀赋对能源消费的影响。

1. 成分数据分析理论

艾奇逊（Aitchison）开创了成分数据分析理论体系；帕洛夫斯基-格拉恩（Pawlowsky-Glahn）、埃戈兹库（Egozcue）和比尔海默（Billheimer）发现 Aitchison 成分运算定义了一个向量单形（simplex）空间；帕洛夫斯基-格拉恩提出在坐标系中工作（working in coordinates）原则。

成分数据（compositional data）x 由 D 个组分，即非负元素 $x_1, x_2, \cdots, x_D$ 组成，它们服从定和约束 $\sum_{i=1}^{D} x_i = 1$。成分数据不能套用经典多元统计方法，因其存在以下特点：①由于定和约束，成分数据的方差矩阵为奇异矩阵，不满足方差矩阵满秩；②组分间负相关，不满足"0 相关"假设；③每 2 个组分间协方差都受到其他组分的影响，将导致伪相关问题；④组分的取值范围有界，为（0，1），显然非正态分布。

在 Aitchison 代数体系定义的 D 维单形空间：$S^D = \{x = (x_1, x_2, \cdots, x_D : x_i \geqslant 0, \sum_{i=1}^{D} x_i = 1)\}$ 内，成分数据的基本运算包括以下几个方面。

（1）闭合：

$$\mathbb{C}(x) = \left[\frac{x_1}{\sum_{i=1}^{D} x_i}, \frac{x_2}{\sum_{i=1}^{D} x_i}, \cdots, \frac{x_D}{\sum_{i=1}^{D} x_i} \right] \tag{4.5}$$

（2）扰动：

$$z = x \oplus y = \mathbb{C}[x_1 \cdot y_1, \cdots, x_D \cdot y_D] \tag{4.6}$$

（3）幂乘：

$$z = \lambda \cdot x = \mathbb{C}\left[x_1^{\lambda}, \cdots, x_D^{\lambda} \right] \tag{4.7}$$

（4）内积：

$$\langle x,y \rangle = \frac{\sum_{i>j}^{D} \ln\frac{x_i}{x_j} \ln\frac{y_i}{y_j}}{D} \tag{4.8}$$

（5）范数：

$$\|x\|_A = \sqrt{\langle x,x \rangle_A} \tag{4.9}$$

（6）距离：

$$d_A(x,y) = \|x \ominus x,y\|_A = \sqrt{\frac{\sum_{i=1}^{D}\sum_{j>i}^{D}\left(\ln\frac{x_i}{x_j} - \ln\frac{y_i}{y_j}\right)^2}{D}} \tag{4.10}$$

常用的对数比变换包括以下几点。

（1）中心对数比变换（centered log-ratio transformation，简写为 clr）的优点是一对一变换，易于对变换后的结果解释，缺点为方差矩阵奇异：

$$\operatorname{clr}(x) = \left(\ln\frac{x_i}{g(x)}\right)_{i=1,\cdots,D}$$

$$g(x) = \sqrt[D]{x_1 x_2 \cdots x_D} \tag{4.11}$$

（2）等距对数比变换（isometric log-ratio transformation，简写为 ilr）的优点是方差矩阵满秩，缺点是变换过程如黑箱，很难对变换后的结果进行解释：

$$V \cdot V^t = I_{D-1}$$
$$V^t \cdot V = I_D - \frac{1_{D \times D}}{D} \tag{4.12}$$

$$\operatorname{clr}(x) \cdot V^t = \ln(x) \cdot V^t = \operatorname{ilr}(x) = \xi$$
$$\operatorname{ilr}(x) \cdot V = \operatorname{clr}(x) \rightarrow x = \mathbb{C}\left[\exp(\xi \cdot V)\right]$$

常用的统计量包括以下几个。

（1）成分均值：

$$\tilde{x} = \frac{1}{N} \odot \oplus_{n=1}^{N} x_n = \operatorname{clr}^{-1}\left(\frac{\sum_{n=1}^{N} \operatorname{clr}(x_n)}{N}\right) = \mathbb{C}\left[\exp\left(\frac{\sum_{n=1}^{N} \ln(x_n)}{N}\right)\right] \tag{4.13}$$

（2）公标准差：

$$\text{mvar}(X) = \frac{\sum_{n=1}^{N} d_A^2(x_n, \bar{x})}{N-1}$$

$$\text{msd}(X) = \sqrt{\frac{\text{mvar}(X)}{D-1}} \qquad (4.14)$$

其中，mvar 为公方差，msd 为公标准差。

常用描述成分数据的基本图形包括：条形图、饼图、对数比散点图（log-ratio scatterplot）和三元图（ternary diagram）。其中，三元图的概念起源于 19 世纪，用于反映三组分成分数据的变异性。简单理解为，在高为 1 的等边三角形内有任意一点 P，它到三边的垂线 (x_1, x_2, x_3) 满足定和约束，即三角形内的点与三元成分一一对应。

2. 能源禀赋结构对其消费的影响

由于成分数据模型尤其适合分析具有结构特征的数据，因此本节构造了相关的成分变量。能源消费成分变量的组分包括石油、天然气、煤炭三种化石能源、一次能源中其他非化石能源的消费量；所考察的能源资源禀赋以能源探明储量衡量，两项能源数据均来自 2020 年《BP 世界能源统计年鉴》[12]。此外，研究选取的协变量还包括：产业增加值成分变量、城乡人口成分变量，前者的组分包括农林渔业增加值、工业（含建筑业）增加值、服务业增加值，后者的组分包括城镇人口、农村人口，数据来自 WB 官方网站。所使用的数据集特点为：①每一行代表一条"国家—年"观测，28 个国家 1980~2019 年共计 1120 行。②每一列对应一个成分组分，能源消费、能源储量和产业增加值为三元成分（1×3 维），城乡人口为二元成分（1×2 维），共计 4 个成分 11 个组分。③每个元素为非负数，且每个成分的所有组分和为 1。

因原始数据存在不同程度的缺失，建模前对各变量的缺失情况进行了分析，并针对缺失值按国家进行了时间序列线性趋势插补。插补后诸变量的描述性统计结果见表 4.9。

表 4.9 变量含义、单位及描述性统计

变量名	含义	单位	均值	标准差
primary_ej	一次能源消费量	10^{18} 焦	6.93	15.87
oilcons_ej	石油消费量	10^{18} 焦	2.48	5.30
gascons_ej	天然气消费量	10^{18} 焦	1.57	3.53
coalcons_ej	煤炭消费量	10^{18} 焦	2.06	7.38
oilreserves_bbl	石油储量	10^9 桶	22.48	51.51

续表

变量名	含义	单位	均值	标准差
gasreserves_tcm	天然气储量	10^{12}立方米	2.54	6.20
coalreserves_bt	煤炭储量	10^9吨	17.01	43.01
AGR	农林渔业增加值	10^9美元（2010年不变价）	32.07	70.73
IND	工业（含建筑业）增加值	10^9美元（2010年不变价）	250.64	523.30
SRV	服务业增加值	10^9美元（2010年不变价）	550.39	1481.98
URB	城镇人口	10^6人	44.37	85.99
RUR	农村人口	10^6人	45.51	142.82

图4.7所示的三元图展示了1980~2019年世界整体的三种化石能源的储量结构。在图4.7中给出的单位尺度下，世界总体的能源资源禀赋结构为：石油和煤炭资源禀赋相当，而天然气资源禀赋则相对较少。

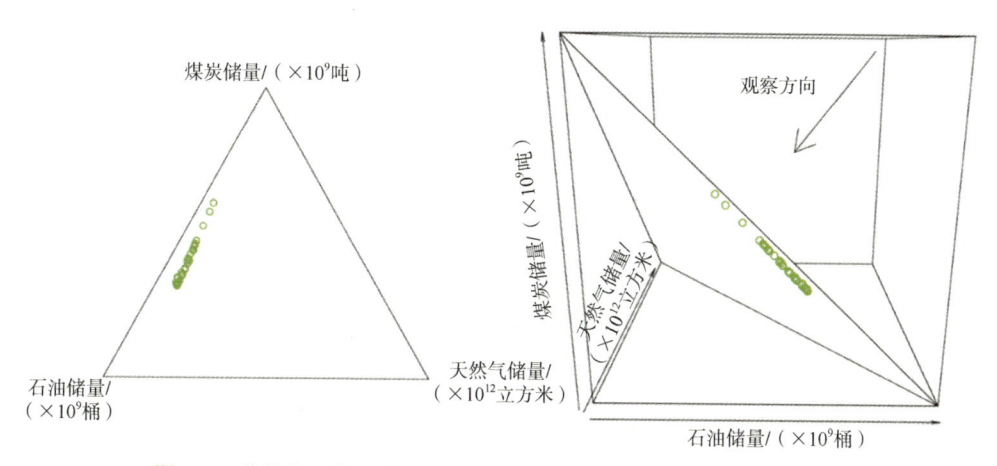

图4.7 世界化石能源储量的三元图（左）及其原始三维空间（右）

基于上述全球能源与经济时序数据，本节建立的成分线性模型（compositional linear model）分析了能源资源禀赋结构对能源消费的影响：

$$\text{con}_{e,j} = \alpha_{e,j} + \left\langle \beta_{e,j} R_j \right\rangle_A + \varepsilon_{e,j} \tag{4.15}$$

其中，e为能源类型，取值为oil, gas, coal，分别表示石油、天然气和煤炭三种能源；j为国家，取值为1, 2, $\cdots$, 28；$\text{con}_{e,j}$为能源消费结构；R_j为能源资源禀赋，以石油、天然气和煤炭的储量衡量；$\alpha_{e,j}$和$\beta_{e,j}$为待估计参数；$\varepsilon_{e,j}$为随机误差项。估计参数时，需将式（4.15）转化为多元回归问题，如式（4.16）所示：

$$\text{con}_{e,j} = \alpha_{e,j} + \left(\text{ilr}(\beta_{e,j}), \text{ilr}(R_j)\right) + \varepsilon_{e,j}$$

$$\text{con}_{e,j} = \alpha_{e,j} + \sum_{k=1}^{2} \text{ilr}(\beta_{e,j})_k \text{ilr}_k(R_j) + \varepsilon_{e,j} \tag{4.16}$$

如表 4.10 所示，28 国混合估计结果表明：①在 0.1%的显著性水平下，除石油资源禀赋对三种化石能源消费结构的影响不显著外，天然气禀赋及煤炭禀赋对三种化石能源消费的影响几乎一致——经 ilr 逆变换的成分系数均接近 0.33，这可能暗示了应进一步刻画能源资源禀赋的结构特征，以得出更符合实际的结果。②对 2 个成分协变量而言，在 5%的显著性水平下，产业结构、城乡结构对能源消费结构降维后的第一部分无显著影响，对其第二部分有显著影响。在三种产业中，服务业占比对能源消费结构的影响最大，系数估计值分别为石油 0.40、天然气 0.39、煤炭 0.47；工业（含建筑业）占比次之，系数估计值分别为石油 0.36、天然气 0.37、煤炭 0.33；农林渔业占比最小，系数估计值分别为石油 0.23、天然气 0.24、煤炭 0.20。

3. 能源禀赋结构对能源效率的影响

本节着眼于国家层面，重点考察石油、天然气、煤炭三种化石能源，使用成分数据线性回归模型，分析能源资源禀赋结构对能源效率的影响，同时考虑人口、经济发展效应。使用的成分线性回归模型如下：

$$\text{EE}_c = \alpha + <\beta_1, \text{RE}_c>_A + \beta_2 P + \beta_3 \text{ED} + \varepsilon_c \tag{4.17}$$

其中，c 为国家；EE 为能源效率（energy efficiency），表示 log（GDP 与一次能源消费量之比）；RE 为能源资源禀赋（resource endowment）结构，表示石油、天然气、煤炭三种化石能源储量组成的成分变量；P 为人口（population），表示 log（总人口数量）；ED 为经济发展（economic development）水平，表示 log（人均 GDP）；ε 为残差项。

选用的数据涵盖 54 个国家 1980～2019 年共 40 年，总计 2160 行观测。数据来源为 GDP（单位：美元，2010 年不变价）来自 WB；一次能源消费量（单位：10^{18} 焦）来自《BP 世界能源统计年鉴》[12]；石油储量（单位：10^9 桶）来自 EIA 网站；天然气储量（单位：10^{12} 立方英尺）来自 EIA 网站，煤炭储量（单位：10^6 吨）来自《BP 世界能源统计年鉴》[12]，人口数据来自 WB。对样本国家的描述统计结果见表 4.11。

表 4.10　各国参数估计结果

国家	石油 截距项	石油 iir(R)1	石油 iir(R)2	天然气 截距项	天然气 iir(R)1	天然气 iir(R)2	煤炭 截距项	煤炭 iir(R)1	煤炭 iir(R)2
巴西	-84.687*** (23.854)	-161.903*** (21.075)	-7.267*** (2.517)	-59.624*** (12.378)	-71.316*** (10.937)	-4.265*** (1.306)	-3.443 (3.155)	-16.351*** (2.788)	-1.559*** (0.333)
韩国	69.273*** (5.911)	-39.892*** (8.297)		8.209*** (1.693)	-26.176*** (2.376)		30.006*** (2.435)	-38.82*** (3.417)	
巴基斯坦	35.855*** (4.536)	-14.561*** (2.17)	6.320*** (0.812)	64.386*** (9.624)	-28.586*** (4.604)	7.92*** (1.722)	14.372*** (2.390)	-6.742*** (1.143)	1.698*** (0.428)
土耳其	-1.683 (2.75)	-17.047*** (1.739)	3.266*** (0.791)	-30.162*** (7.380)	-24.115*** (4.666)	5.1** (2.122)	-8.377* (4.198)	-18.362*** (2.655)	2.624** (1.207)
哥伦比亚	13.98*** (2.512)	-7.415*** (1.895)	-2.439* (1.377)	3.215 (2.831)	-3.638* (2.135)	0.344 (1.552)	3.458*** (1.260)	-1.119 (0.950)	-0.226 (0.691)
西班牙	49.366*** (6.898)	-5.756*** (1.114)	2.917 (2.012)	12.506** (5.390)	-7.550*** (0.870)	0.081 (1.572)	12.134*** (2.892)	1.478*** (0.467)	1.429* (0.844)
新西兰	5.833*** (0.411)	-1.296*** (0.369)	0.926*** (0.061)	5.015*** (0.750)	-1.716** (0.672)	0.147 (0.111)	1.571*** (0.240)	-0.312 (0.215)	0.07* (0.036)
波兰	41.185*** (2.765)	-6.075*** (1.153)	-1.845** (0.781)	20.987*** (1.487)	-3.905*** (0.620)	-0.566 (0.420)	-10.424 (10.909)	17.618*** (4.549)	9.896*** (3.082)
保加利亚	20.492*** (4.033)	-11.194** (4.832)	-1.477** (0.631)	6.951*** (1.190)	0.516 (1.426)	-0.835*** (0.186)	15.914*** (1.663)	-6.12*** (1.993)	-0.956*** (0.260)

续表

<table>
<thead>
<tr><th rowspan="3">国家</th><th colspan="9">因变量</th></tr>
<tr><th colspan="9">能源消费占比</th></tr>
<tr><th colspan="3">石油</th><th colspan="3">天然气</th><th colspan="3">煤炭</th></tr>
</thead>
<tbody>
<tr><td></td><td>截距项</td><td>iir（R）1</td><td>iir（R）2</td><td>截距项</td><td>iir（R）1</td><td>iir（R）2</td><td>截距项</td><td>iir（R）1</td><td>iir（R）2</td></tr>
<tr><td>印度</td><td>58.208***
(17.333)</td><td>239.704***
(13.939)</td><td>20.423***
(5.479)</td><td>9.352
(6.366)</td><td>60.556***
(5.120)</td><td>5.387**
(2.012)</td><td>136.231***
(35.068)</td><td>466.276***
(28.202)</td><td>26.188**
(11.085)</td></tr>
<tr><td>南非</td><td>-34.469***
(7.516)</td><td>5.856***
(0.748)</td><td>7.873***
(1.061)</td><td>-8.661***
(2.594)</td><td>1.259***
(0.258)</td><td>1.453***
(0.366)</td><td>-47.65**
(20.953)</td><td>13.539***
(2.086)</td><td>17.132***
(2.957)</td></tr>
<tr><td>中国</td><td>715.269***
(151.912)</td><td>368.89***
(33.738)</td><td>-84.129
(58.135)</td><td>270.674**
(102.912)</td><td>121.397***
(22.856)</td><td>-51.302
(39.383)</td><td>1 893.665***
(495.298)</td><td>1 349.675***
(110.001)</td><td>-54.235
(189.545)</td></tr>
<tr><td>印度尼西亚</td><td>29.123***
(2.078)</td><td>34.205***
(2.255)</td><td>1.740
(1.601)</td><td>13.443***
(0.871)</td><td>19.016***
(0.945)</td><td>0.853
(0.671)</td><td>-0.090
(3.980)</td><td>30.757***
(4.319)</td><td>3.570
(3.066)</td></tr>
<tr><td>澳大利亚</td><td>-0.377
(4.554)</td><td>19.647***
(1.270)</td><td>6.654***
(1.109)</td><td>-32.114***
(5.810)</td><td>27.343***
(1.619)</td><td>8.497***
(1.415)</td><td>20.717
(13.855)</td><td>15.211***
(3.862)</td><td>2.995
(3.374)</td></tr>
<tr><td>英国</td><td>84.037***
(0.960)</td><td>8.399***
(2.268)</td><td>2.063***
(0.612)</td><td>77.881***
(2.025)</td><td>40.063***
(4.783)</td><td>-10.405***
(1.290)</td><td>40.116***
(2.304)</td><td>-13.602**
(5.441)</td><td>15.931***
(1.467)</td></tr>
<tr><td>委内瑞拉</td><td>-2.73
(5.733)</td><td>7.779*
(3.982)</td><td>-14.147***
(3.266)</td><td>-11.264***
(3.620)</td><td>7.826***
(2.514)</td><td>-17.150***
(2.062)</td><td>0.255*
(0.138)</td><td>-0.147
(0.096)</td><td>0.102
(0.079)</td></tr>
<tr><td>德国</td><td>64.233***
(10.857)</td><td>41.432***
(5.309)</td><td>4.735**
(1.691)</td><td>108.127***
(14.467)</td><td>-19.255***
(7.075)</td><td>-5.004**
(2.253)</td><td>2.094
(37.257)</td><td>65.822***
(18.219)</td><td>6.675
(5.803)</td></tr>
<tr><td>希腊</td><td>1.491
(2.874)</td><td>1.364*
(0.693)</td><td>2.956***
(0.525)</td><td>-4.73
(1.240)</td><td>0.355
(0.299)</td><td>1.192***
(0.226)</td><td>1.691
(1.817)</td><td>0.368
(0.438)</td><td>1.034***
(0.332)</td></tr>
<tr><td>日本</td><td>-25.252
(41.410)</td><td>139.166***
(22.120)</td><td>54.702***
(10.741)</td><td>282.688***
(30.872)</td><td>-31.107*
(16.491)</td><td>-71.992***
(8.008)</td><td>266.881***
(19.351)</td><td>-16.391
(10.336)</td><td>-59.341***
(5.019)</td></tr>
</tbody>
</table>

续表

国家	截距项	石油 ilr(R)1	ilr(R)2	截距项	天然气 ilr(R)1	ilr(R)2	截距项	煤炭 ilr(R)1	ilr(R)2
乌克兰	11 389.745*** (4 077.207)	−1 287.774 (900.992)	−2 406.643** (967.714)	9 838.299*** (2 945.811)	754.161 (650.973)	−3 106.248*** (699.180)	12 217.763*** (3 452.986)	−1 142.505 (763.050)	−2 708.785*** (819.557)
美国	867.591*** (22.097)	−40.060 (77.283)	−21.585*** (5.479)	429.043*** (25.529)	384.724*** (89.285)	−1.966 (6.330)	529.803*** (27.235)	−265.149*** (95.250)	−24.152*** (6.753)
匈牙利	10.067*** (1.386)	0.434 (0.817)	−0.619** (0.256)	10.376*** (1.394)	−0.547 (0.822)	−0.194 (0.258)	8.837*** (1.406)	1.152 (0.829)	−1.517*** (0.26)
墨西哥	67.851*** (8.898)	−11.481 (8.665)	8.995*** (1.115)	61.429*** (14.012)	23.491* (13.645)	14.959*** (1.755)	8.688*** (2.285)	1.579 (2.225)	3.611*** (0.286)
罗马尼亚	6.908*** (0.851)	1.444 (1.433)	3.947*** (0.555)	3.296* (1.787)	1.985 (3.010)	10.503*** (1.166)	3.636*** (0.927)	−1.055 (1.561)	4.426*** (0.605)
捷克	11.345*** (2.217)	0.405 (0.786)	−0.401 (0.443)	4.647** (2.11)	−4.394*** (0.748)	0.785* (0.422)	12.808 (9.736)	20.611*** (3.452)	−0.288 (1.947)
哈萨克斯坦	43.774* (21.851)	17.475 (10.567)	−15.802 (11.553)	33.497*** (11.078)	7.496 (5.357)	−12.5** (5.857)	56.608** (32.186)	8.059 (15.565)	−12.195 (17.018)
俄罗斯	1 043.692 (1 223.157)	1 004.695 (921.33)	−1 543.4 (1 736.054)	−179.842 (477.528)	−657.463* (359.693)	974.895 (677.767)	747.372 (893.114)	890.069 (672.728)	−1 254.961 (1 267.617)
津巴布韦	1.084*** (0.056)			0 (0)			2.267 (0.079)		

*表示 $p<0.1$，**表示 $p<0.05$，***表示 $p<0.01$

表 4.11 描述性统计（1980~2019 年，54 国）

变量	均值	标准差	最小值	最大值
能源效率/(log 美元（2010 年不变价）/10^{18} 焦)	1.273×10^{11}	7.778×10^{10}	1.066×10^{10}	5.439×10^{11}
石油储量/10^9 桶	119.291	289.262	0	1 852.888
天然气储量/10^{12} 立方英尺	96.152	267.975	0	1732.300
煤炭储量/10^6 吨	305.881	757.190	0	4 798.891
人口/人	8.935×10^7	2.161×10^8	223 632	1.398×10^9
人均 GDP/（美元（2010 年不变价）/人）	18 501.264	20 001.877	347.521	161 176.837

数据预处理步骤分为四步：①缺失值插补，使用 R 语言 longitudinal data（纵向数据）包的 imputation（插补）函数，选择插补方法为局部线性插补，按国家对非完全变量的时间序列进行线性趋势插补。②单位换算，换算系数来自 2020 年《BP 世界能源统计年鉴》[12]。石油储量为 10^9 桶=6.119×10^{18} 焦，天然气储量为 10^{12} 立方英尺=1.019×10^{18} 焦，煤炭储量为 10^6 吨=0.021×10^{18} 焦。说明：硬煤（hard coal）、褐煤和次烟煤（lignite and sub-bituminous coal）由 10^6 吨至 10^{18} 焦的换算系数不同，分别为 1/40、1/95。由于所搜集的煤炭储量数据未区分煤的种类，因此其换算系数按照 2019 年底世界的煤炭储量结构加权，即无烟煤和烟煤（anthracite and bituminous）、褐煤和次烟煤的比例=749 167：320 469。最终换算系数=（$1/40 \times 749\ 167 + 1/95 \times 320\ 469$）÷$1\ 069\ 636 = 0.021$。③成分变换：使用 R 语言 compositions（成分）工具包的 acomp（艾奇逊成分）函数，对禀赋成分进行 ilr 变换。④对数变换：对 EE、P、ED 取对数。

在图 4.8 所示的三元图中，正三角形中心即禀赋结构均衡点；正方形、三角形和圆形标记点分别表示高收入群体、中高收入群体和中低收入群体。下方三元图中，正三角形中心即禀赋结构均衡点；某点到某边的高，即对应顶点组分的占比；黄、绿、蓝分别为收入群体中的高、中高、中低，红色短线标记为该边所对的顶点组分缺失。由图 4.8 可总结出如表 4.12 所示的不同收入国家的禀赋结构规律。

估计式（4.17），需转化为下述多元回归问题：

$$\text{EE}_c = \alpha + (\text{ilr}(\beta_1), \text{ilr}(\text{RE}_c)) + \beta_2 P + \beta_3 \text{ED} + \varepsilon_c$$

$$\text{EE}_c = \alpha + \sum_{k=1}^{3} \text{ilr}(\beta_1)_k \text{ilr}(\text{RE}_c)_k + \beta_2 P + \beta_3 \text{ED} + \varepsilon_c \tag{4.18}$$

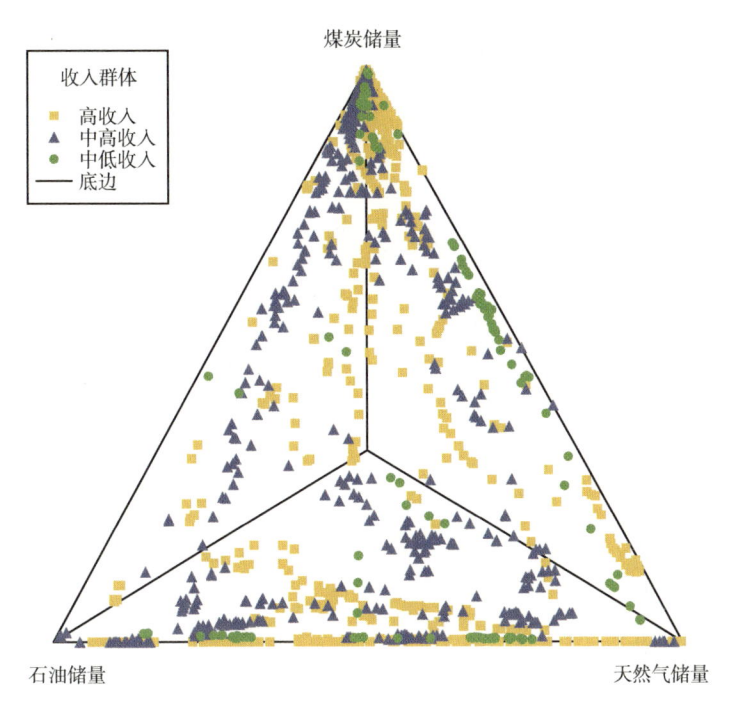

图 4.8　禀赋成分三元图（1980～2019 年，54 国）

表 4.12　不同收入群体的禀赋结构特点

收入群体	国家数/个	占比	特点
高收入	27	50.00%	禀赋结构丰富多样
中高收入	20	37.04%	多为单一禀赋富有型
中低收入	7	12.96%	多为贫油型、富煤或贫煤型
总计	54	100.00%	

估计结果如表 4.13 所示。可以看出：①对全样本而言，石油、煤炭占比对能源效率的提升效应大于天然气，禀赋成分 ilr 变换后第 2 分量对能源效率的效应不显著，人口规模、经济发展水平对能源效率的提升均有显著正影响；②对高收入群体而言，禀赋结构的第 1 组分对能源效率提升均有显著效应，且天然气占比对能源效率提升效应最大，煤炭次之，石油较弱，人口规模、经济发展水平对能源效率的提升均有显著正影响，但二者的效应均弱于全样本；③对中高收入群体而言，禀赋结构的各组分对能源效率提升均有显著效应，且石油占比对能源效率提升效应最大，煤炭次之，天然气较弱；人口规模、经济发展水平对能源效率的提升均有显著正影响，但二者的效应均弱于全样本；人口效应弱于高收入群体，经

济效应强于高收入；④对中低收入群体而言，禀赋结构的各组分对能源效率提升均有显著效应，且石油占比对能源效率提升效应最大，煤炭次之，天然气较弱；人口规模、经济发展水平对能源效率的提升均有显著正影响，但人口效应比其他群体都强，经济效应比之都弱。

表 4.13　能源资源禀赋结构对能源效率的影响

变量	因变量：log（EE）			
	（1）全样本	（2）高收入群体	（3）中高收入群体	（4）中低收入群体
截距项	19.602*** (0.212)	20.089*** (0.252)	20.523*** (0.373)	18.943*** (0.733)
ilr（RE）1	−0.053*** (0.009)	0.081*** (0.012)	−0.212*** (0.016)	−0.245*** (0.028)
ilr（RE）2	0.001 (0.005)	0.002 (0.006)	−0.035*** (0.007)	−0.094*** (0.014)
log（P）	0.146*** (0.009)	0.155*** (0.010)	0.101*** (0.015)	0.286*** (0.033)
log（ED）	0.358*** (0.010)	0.295*** (0.017)	0.340*** (0.030)	0.093* (0.049)
观测数	2160	1080	800	280
R^2	0.558	0.468	0.522	0.476

注：括号内为标准差

***表示 $p<0.01$，*表示 $p<0.1$

4.1.4　研究结论与启示

本节着眼于能源资源禀赋的角度，聚焦石油、天然气、煤炭三种化石能源，对世界上多数国家综合使用聚类分析、面板数据模型、成分线性模型等方法，研究了能源资源禀赋、人口规模、经济发展水平、产业结构等因素对各国能源体系演化的效应。本节的主要结论包括以下内容。

（1）基于聚类分析的能源禀赋结构对能源消费演化影响的实证研究表明：样本国家可划分为石油资源相对丰富、天然气资源相对丰富、煤炭资源相对丰富、三种化石能源资源禀赋相当四种国家类型。在能源消费结构的历史演化中，四类国家有着石油消费占比下降、天然气消费占比上升、煤炭消费占比变化不大的共同趋势，且均呈现出某一能源资源富集的国家形成以消费该种能源为主的能源消费结构的特点。

（2）基于固定效应面板模型的石油消费演化驱动因素的实证研究表明：不同能源禀赋结构类型国家的驱动因素存在明显差异。具体而言，石油禀赋对天然气丰富国家的石油消费有促进效应，对能源禀赋相当国家的石油消费有抑制效应，对石油和煤炭丰富这两类国家的石油消费无显著促进效应；经济发展水平对四类国家的石油消费均存在抑制效应，这表明随着人均收入的提高，所有国家呈现出"去石油化"的能源消费趋势；产业水平对油气富集国家的石油消费分别存在促进、抑制效应，这暗示随着经济重心由工农业转向服务业，各国的能源消费重心也由石油转向天然气。

（3）基于划分能源类型的能源消费演化驱动因素的实证研究表明：考虑经济水平、工业水平、城镇化水平的面板个体固定效应模型证实，石油禀赋对石油消费有稳健的促进效应，经济发展、工业化、城镇化均与其具有协同效应。天然气禀赋对天然气消费有稳健的促进效应，经济发展和城镇化与其具有协同效应，工业化则抑制了天然气消费，这暗示随着人均工业化程度的提升，人均天然气消费反而有下降趋势，意味着天然气能源效率的提高。煤炭禀赋对煤炭消费同样存在稳健的促进效应，但经济发展、工业化的促进效应不如城镇化稳健，这说明难以否定经济发展和工业化对煤炭能源的依赖效应。

（4）基于成分线性模型的能源禀赋结构对能源消费影响的实证研究表明：样本国家混合估计时，能源禀赋结构对能源消费效应的区分度不明晰，协变量对能源消费的促进效应从大到小依次为服务业、工业、农林渔业。这暗示样本国家间存在异质性，混合回归未能揭示其能源体系演化特点。各国单独估计时，能源禀赋结构对能源消费的影响在国家间差异较大，有待深入探究。

（5）基于成分线性模型的能源禀赋结构对能源效率影响的实证研究表明：划分收入群体的能源禀赋成分三元图显示，收入水平不同的国家存在明显的能源禀赋结构差异。具体而言，高收入群体占据样本国家一半数目，其禀赋结构丰富多样；中高收入群体占据样本37.04%，多为单一能源禀赋富有型；中低收入群体占据样本12.96%，多为贫油型、富煤或贫煤型国家。不同收入群体中能源禀赋结构对能源效率的效应显著不同，高收入群体得益于天然气禀赋优势，中高收入和中低收入群体均得益于石油禀赋优势；在三种化石能源中，煤炭禀赋对所有群体的能源效率提升效应均居中。不同收入群体中人口对能源效率的提升效应，由大到小依次为中低收入、高收入、中高收入，暗示了人口规模与能源效率间的"U"形曲线，即随着国内人口数量的增加，能源效率呈现先降低后增加的规律。不同收入群体中收入对能源效率的提升效应，由大到小依次为中高收入、高收入、中低收入，暗示了经济发展水平与能源效率间的倒"U"形曲线，即随着人均GDP的增加，能源效率呈现先增加后降低，但最终达到较高点的规律。

本节的主要启示：全球能源体系变革的趋势是以消费化石能源为主向低碳清洁能源转变，最终实现主要消费可再生能源的可持续发展。实证研究表明，天然地理资源限定的能源资源禀赋对一个国家的能源消费演化有显著的影响，不仅影响其消费结构的形成和偏移，而且影响其能源效率的提升。在这一过程中，经济发展水平、产业化和城镇化均起到协同作用。因此，各国在制定能源体系变革政策时，应因地制宜、因才施策，摸清自身能源资源禀赋总量和结构特点，结合国内人口规模、经济体量和城镇化进程等因素，走有"能源资源禀赋特色"的可持续、低碳化道路。

4.2 能源技术扩散与能源系统中长期演化建模

4.2.1 能源系统建模方法综述

能源体系理论研究伴随着能源开发利用不断丰富，目前已从最初的单一资源品种和一个独立地区的资源供需分析预测模型，逐步发展到多资源、多品种的能源体系研究；从单纯的能源与经济关系的研究，扩展到能源、经济、环境等多元目标系统，将金融学、经济学等跨学科模型引入能源体系研究[13]。为了分析能源和经济发展的互动作用，学界开始将能源体系和国民经济联系起来作为有机整体来描述，进而发展出能源-经济-环境（energy-economy-environment，3E）模型。其中比较有代表性的是项目独立性评估系统（project independence evaluation system，PIES）模型、能源技术评估模型，以及能源供应系统替代方案及其一般环境影响模型等。

随着能源体系理论覆盖的范畴不断外延，学界开始关注能源体系变革和低碳转型发展的相互影响、能源体系低碳化转型中新能源技术作用等方面，其中多数研究基于综合评估模型（integrated assessment models，IAMs）框架进行分析[14]。在全球政治、经济发展模式发生变革的前提下，尽管能源技术创新会在很大程度上影响能源体系的演化，但各国能源战略的导向和政治、经济、贸易、文化，甚至治理制度的演变趋势也极大地影响着能源体系的发展方向、结构和变革速度。

传统与替代能源技术间的耦合机制及新能源的技术进步机制一直是能源系统理论建模与应用实证研究的两大热点。在耦合机制方面，当前代表性的系统集成模型多将各种能源投入视为一种复合能源，或利用常替代弹性（constant elasticity of substitution，CES）函数方法来简单刻画复合化石能源与复合非化石能源技术间的替代演变。CES方法的优势是可以通过替代弹性参数来表征技术间的替代关系，但随着技术种类的增加，其刻画多重技术交错演变的能力存在不足[15]。

在新能源技术进步研究方面，技术进步是刻画低碳能源技术替代高碳能源的主要考量因素[16]。在描述技术进步时，多数能源-经济-环境系统模型均基于外生的自发性能源效率改进（autonomous energy efficiency improvement，AEEI）参数，或假设技术进步水平由"干中学"（learning by doing，LBD）效应决定[17]。而仅靠 LBD 学习机制在刻画技术进步方面的潜力相对有限，技术成本的进一步下降需要有其他机制来驱动。基于"研中学"（learning by study，LBS）的内生技术学习机制便是其中较为可靠的选择[18]。现有的能源-经济-环境模型多基于整体成本最小或产出最大目标构建，对能源体系的演化规律和发生变革的条件的研究相对不足。并且现有模型方法对能源技术扩散和多种能源技术协同演化的描述非常有限，因此对能源技术的长期替代演变过程的刻画还需要更多理论上的突破。

4.2.2 中国能源-经济-环境 Logistic 内生技术模型

能源系统模型涉及经济增长、能源需求演变、碳排放轨迹，以及能源技术扩散等诸多方面的问题，是一个复杂的有机整体。本节所描述的中国能源-经济-环境 Logistic 内生技术模型（China energy-economy-environmental model with endogenous technological change by employing logistic curves，CE3METL）正是为了解决上述问题而形成的。该模型以 Logistic 曲线为技术演变内核并内生引入基于"干中学"的技术学习过程；同时该模型基于碳税实施简便、操作成本低等特点假设碳排放控制目标主要通过对化石能源征税来实现，因此对碳税进行了内生化处理，以便考察最优的碳税实施路径。

CE3METL 模型是以新古典经济理论为基础的最优增长模型，包括宏观经济、能源技术及碳排放三个模块。其中能源技术被细化为 10 类，既包括煤炭、石油、天然气等化石能源，也包括核能、水能、风能、光能、生物质能、地热能和海洋能等新能源。模型以五年为一个阶段，研究期可扩展至 2100 年。

该模型的目标函数为全社会的福利水平，通过优化方法寻找使得福利最大化的投资和消费决策，福利函数为人均消费表示的效用水平，并将各期的效用贴现至基期。具体而言，目标函数如式（4.19）所示：

$$\text{Max} \sum_t \left(L(t) \cdot \log\left(\frac{C(t)}{L(t)}\right) \prod_{\tau=0}^{t} (1+t(t))^{-\Delta t} \right) \tag{4.19}$$

其中，L 为劳动力；C 为消费；σ 为时间偏好率；t 为时间。

模型使用柯布-道格拉斯生产函数，要素投入包括资本（K）、劳动力（L），以及能源（E），公式如下：

$$Y(t) = \left[A(t)\left(K(t)^\gamma L(t)^{1-\gamma}\right)^K + B(t)E(t)^K \right]^{1/K} \tag{4.20}$$

其中，Y 为产出；A 为技术进步水平；B 为能源技术自发进步水平；γ 和 K 为替代弹性。

GDP 被表示为产出和能源成本（EC）的差值，而 GDP 的分配包括投资（I）、消费（C）、进口（M）和出口（X）：
$$\text{GDP}(t) = C(t) + I(t) + X(t) - M(t) = Y(t) - \text{EC}(t) \tag{4.21}$$

替代技术的演化遵循 Logistic 规律，演变方程式如下：
$$S_i(t+1) = S_i(t) + a_i S_i(t)\left(\bar{S}_i\left(1 + S_i(t) - \sum_i S_i(t)\right) - S_i(t)\right)\left(P_i(t+1) - P_i(t)\right) \tag{4.22}$$

其中，S_i 为技术的渗透率；$\bar{S}_i$ 为技术的最大市场份额；a_i 为技术的替代能力；P_i 为相对成本，与化石能源使用成本 C_f、替代技术使用成本 C_i、化石能源碳税 T_f，以及替代技术补贴 G_i 相关，表达式如下：

$$P_i(t) = \frac{C_f(t)\left(1 + T_f(t)\right)}{C_i(t)\left(1 - G_i(t)\right)} \tag{4.23}$$

替代技术成本下降遵循"干中学"的学习曲线，其单位成本随着累计装机容量的增加而降低，如式（4.24）所示：

$$C_i(t) = C_i(0)\left(\frac{\text{KD}_i(t)}{\text{KD}_i(0)}\right)^{-b_i} \tag{4.24}$$

其中，$C_i(0)$ 为替代技术的初始成本；b_i 为技术学习指数；$\text{KD}_i(t)$ 为技术的累计装机容量，其动态方程如下：

$$\text{KD}_i(t+1) = (1-\delta)\text{KD}_i(t) + S_i(t+1)E(t+1) \tag{4.25}$$

其中，δ 为折旧率；E 为能源消费总量。

4.2.3　CE3METL 模型的应用案例

能源安全作为经济安全不可或缺的组成部分，长期以来一直是能源转型研究的重中之重，并且随着气候变化的介入，能源安全的动态演化变得尤为复杂。本节旨在将 CE3METL 综合评估模型与能源安全指标体系结合来探索气候政策与能源安全之间的协同。

1. 问题的提出

作为经济安全的核心组成部分，能源安全一直以来都是政府部门关注的重点，全球气候变化使得能源安全问题更加复杂化：一方面，气候变化加剧了能源供给和需求的空间不均衡性，使得能源供需的矛盾更为凸显，同时，也引起了能源市场更加频繁和大幅度地波动，进而增加经济系统的能源成本风险；另一方面，气候变化影响了能源相关的基础设施安全和能源系统的恢复力，继而造成能源系统的易损性或脆弱性增加[19]。因此，在日益严峻的全球气候变化形势下，能源安全进一步体现出可接受性的特点，可接受性可以理解为气候变化干预下能源安全风险可接受程度的变化。

传统的能源安全评价方法已无法适用于关键能源系统的低脆弱化评估。一方面，传统方法多研究能源系统，特别是化石能源系统的过去和现状，而化石能源在未来能源体系中的地位将不断下降，因此，关键能源系统往往涉及除化石能源以外的所有其他能源形式和载体，尤其是一次可再生能源和二次电力等，且着重评估目标能源系统未来的动态安全[20]。另一方面，气候变化风险的存在无疑加剧了关键能源系统的易损性，对一些气候敏感的地区而言，气候变化对能源的可获得性、可接受性和经济可承担性都将产生显著的影响。例如，全球平均气温的升高使得空调和其他制冷设备的使用率增加，这将大幅增加经济系统的能源成本，同时也给电力供给带来挑战，而热浪袭击的区域分布又将加剧能源供需的矛盾；此外，气候变化相关灾害有可能损坏能源基础设施，引起新的能源安全风险。

基于 IAMs 的气候政策与能源安全之间长期动态交互研究一直是热点问题。Bollen 等[21]通过 MERGE（model for evaluating the regional and global effects of GHG reduction policies，区域与全球温室气体减排政策评估模型）讨论了气候变化、空气污染和能源安全之间的潜在关系，并强调仅能源政策不会减少全球石油总需求，而是将其峰值推迟了几年。气候政策的积极影响包括能源总供应量下降、对能源结构和化石燃料贸易的依赖度下降及 GDP 增长等方面[22]。但是，气候政策对能源安全的影响与所考虑的时间尺度密切相关。气候政策的潜在好处主要发生在短期和中期，特别是在 21 世纪上半叶之前，而从长期来看，这些影响逐渐减少，直到完全变为负面[20]。此外，气候变化与能源安全之间的关系不是双向的。严格控制排放可以大大减少能源进口，但仅能源政策，如为保持能源独立而主动控制能源进口，在减少排放方面的作用微不足道[23]。因此，气候变化与能源安全之间更多的是存在单向关系，即实施气候政策会带来可观的能源安全协同效益，特别是在 21 世纪上半叶。而且，相关研究主要集中在全球或区域范围，很少集中在国家层面。对于中国这样的发展中国家而言，其特点可能会有所不同。常规 IAMs 框架的局限性可以在很大程度上说明问题：现有的大多数 IAMs 是全球性或多区域性的。因此，国家尺度 IAMs 的建模方法对于我们将相关研究扩展到特定国家层面是必不可少的。

事实上，作为全球最大的温室气体排放和能源消费国，中国所面临的能源安全风险和气候变化挑战不亚于全球任何国家。基于此，探讨气候政策对我国能源安全的动态长期影响，验证全球和区域层面发现的气候政策与能源安全间的单向一致性在中国是否依然成立，分析气候政策与能源安全交互视角下的宏观气候政策成本及能源安全协同收益是十分必要的。

2. 模型的扩展

本节利用 CE3METL 模型对不同气候政策的模拟结果进行分析,研究路线如图 4.9 所示。为了构建能源安全指标体系,本节考虑了 6 个最具代表性的指标分别为能源效率、人均能源消费、人均石油消费、能源支出、石油支出,以及一次能源多样性[24]。具体而言,能源效率是通过能源(石油)强度来衡量的,其定义为能源(石油)的消费量与 GDP 的比值。很显然,能源强度越高,能源效率就越低,而石油强度越高,经济对石油的依赖性也就越强,意味着能源系统越脆弱。人均能源(石油)消费是能源(石油)消费与人口的比值。其中,能源(石油)消费是模型内生优化的结果,而人口数量外生给定来自 WB 的预测。很显然,人均能源消费越高能源系统将会变得更加脆弱。能源(石油)支出也是评价能源经济安全水平的有效指标,支出越高将使得能源系统越脆弱。在 CE3METL 模型中,石油支出是通过石油消耗量乘以市场价格得到的,其中,市场价格反映了石油的勘探、运输及环境外部成本。能源总支出(TEC)是各类能源价格与其市场占有率的乘积的加总,如式(4.26)所示:

$$\text{TEC}(t) = \left(\sum_{i \in I} S_i(t) C_i(t) + \sum_{f \in F} S_f(t) C_f(t)(1 + T_f(t)) \right) E(t) \quad (4.26)$$

其中,S_f 为化石能源的渗透率。

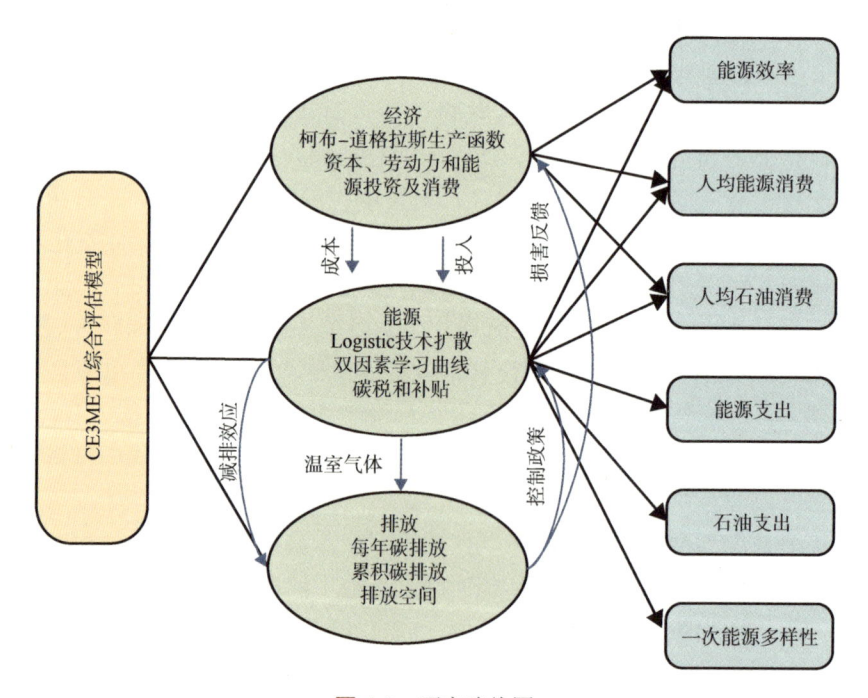

图 4.9 研究路线图

各种技术之间的演化关系主要是受成本竞争力差异的影响，即通过由政策驱动的 Logistic 曲线描述。一般来说，煤炭被选为 CE3METL 中的标记技术，这意味着任何两种技术之间的关系可以通过其与煤炭的相对关系来刻画。

衡量能源安全的另一个重要指标是能源的多样性，Herfindahl-Hirschman 指数（HHI）和 Shannon-Wiener 多样性指数（SWDI）是最具代表性的指标。这两种指标的结果非常相似，因此，在大多数情况下都可以被视为等同的。基于此，本节选择 SWDI 来衡量中国长期能源多样性，其计算公式如下：

$$\text{SWDI}(t) = -\sum_k S_k(t) \ln S_k(t) \tag{4.27}$$

其中，k 为各项技术，S_k 为各项技术的渗透率。

3. 情景设置

2℃的温升目标（高于工业化前水平）意味着未来的排放空间是有限的。最新的研究表明，如果人类想要在高于 50%的概率下防止全球温升超过 2℃，那么 2011~2100 年全球碳的累计排放空间为 9900 亿~14 500 亿吨。此外，如果想要提高实现的概率，如达到 66%或者 75%，那么相应的排放空间将缩小至 6700 亿~10 500 亿吨和 6100 亿~8300 亿吨[25]。

从理论上讲，通过全球的排放空间来给定任何特定国家的排放额度是可行的。国家级别的温室气体排放预算在指导短期排放控制活动和减排的长期设计方面发挥着重要作用，特别是对于中国这样的能源消费和碳排放大国。尽管关于排放空间的区域分配存在很多争议，但仍有一些研究具有较强的指导意义。例如，Raupach 等[26]基于排放惯性、平等，以及混合三类原则讨论了世界主要经济体的碳排放空间分配问题。其中，中国在三种原则下的排放配额分别为 1055.5 亿吨、695.5 亿吨，以及 870 亿吨。Tavoni 等[27]基于人均权利和最小化减排成本两个原则进行了相应的分配。其中，人均权利原则下的结果与 Raupach 等[26]的平等原则相同，而最小化减排成本原则下中国的额度最低，仅为 600 亿吨。

本节对排放约束情景的设计主要基于以上估计。此外，依据 NDC，中国 2030 年的碳排放将达到峰值，根据 CE3METL 模型解出的最优路径，碳达峰情况的总排放空间为 1357.6 亿吨。基于此，本节共设置 6 个情景，包括 1 个参考情景（BAU）及 5 个政策情景（NDC、Inertia、In&Eq、Equal、Mincost），各情景的详细介绍见表 4.14。在所有的政策情景中，模型均假设内生的碳税来驱动政策目标的实现，替代技术的补贴没有被考虑。

表 4.14　情景设置

情景	描述	来源
BAU	保持当前的经济增长，能源消耗和技术变化趋势，没有特殊的气候政策引入	CE3METL 优化
NDC	考虑到排放限制，为实现中国承诺的 2030 年碳峰值，内生引入了碳税政策	CE3METL 优化
Inertia	基于排放惯性设置碳排放空间 1055.5 亿吨	Raupach 等[26]
In&Eq	基于排放惯性和公平混合的原则设置碳排放空间 870 亿吨	Raupach 等[26]
Equal	基于公平原则设置碳排放空间 695.5 亿吨	Raupach 等[26]
Mincost	基于最小化减排成本原则设置碳排放空间 600 亿吨	Tavoni 等[27]

4.2.4　气候政策对能源安全的影响评估

1. 各情景的排放轨迹

图 4.10 展示了各情景的排放轨迹。在 BAU 情景中，中国的碳排放可能会在 2045 年达峰，峰值约为 34 亿吨碳。此后，排放水平将大大下降，到 21 世纪末稳定在约 12.3 亿吨。在气候政策的干预下，碳排放将提前达到峰值，并且随着排放预算的减少，相应的峰值水平将显著下降。具体而言，NDC、Inertia、In&Eq 情景的达峰时间提前到 2030 年左右，峰值水平分别降低到 28.9 亿吨、25.6 亿吨、23.1 亿吨。对于 Equal 情景而言，达峰时间进一步提前到 2020 年，峰值水平也将降至 20 亿吨碳左右，而 Mincost 情景排放需一直处于下降状态。因此，中国能否实现其碳排放峰值承诺关键取决于可用的排放预算，即全球 2℃升温限制目标下气候政策的严格程度。

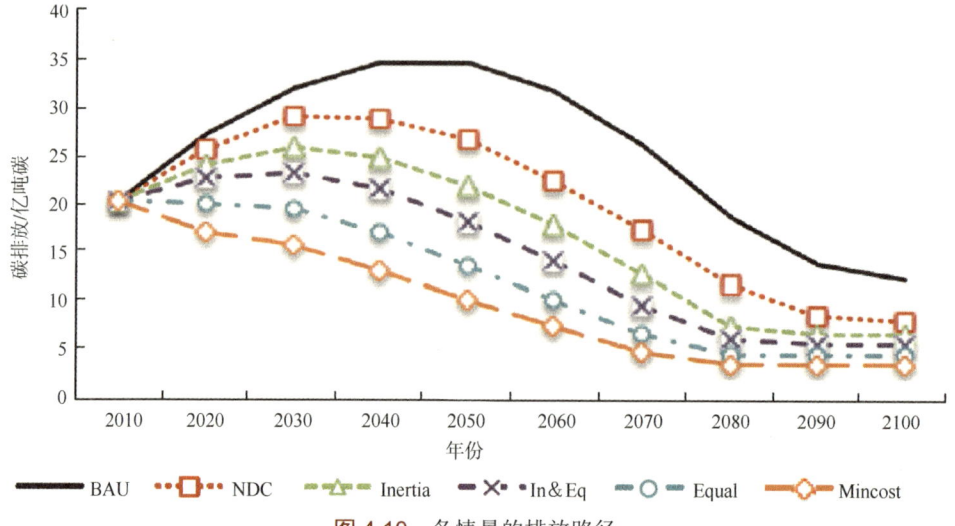

图 4.10　各情景的排放路径

2. 政策成本分析

本节主要从两个方面分析气候政策的成本：流动成本和累积成本，两者均以 GDP 相对于 BAU 情景的百分比来衡量。总体而言，引入排放空间约束的成本越高，排放限制越严格，GDP 损失就越大。但是，政策成本可能不会在整个研究期内持续增加。而且，气候政策越严格，拐点就会越早出现（图 4.11）。NDC 情景的政策成本是最低的，在整个研究期内其成本始终低于 GDP 的 2.4%。随着排放空间的紧缩，经济将遭受更大的损失。例如，在 Inertia 情景中，最大的 GDP 损失将超过 5%，发生的时间点约在 2075 年。而在最严格的 Equal 和 Mincost 情景中，最高的政策成本将进一步增加到 GDP 的 10.19%和 14.27%，拐点分别提前到 2065 年和 2060 年。通常，GDP 损失的"U"形路径主要是由能源结构的调整引起的，即由非化石能源替代常规能源来驱动。在减排的早期，低碳技术大多不成熟，主要通过减少现阶段的总能耗来抑制排放，这直接导致了更高的政策成本。随着气候政策激励措施的加强，非化石技术逐步转向成熟阶段，这大大降低了经济增长对温室气体排放的依赖性，并逐步降低了政策成本。

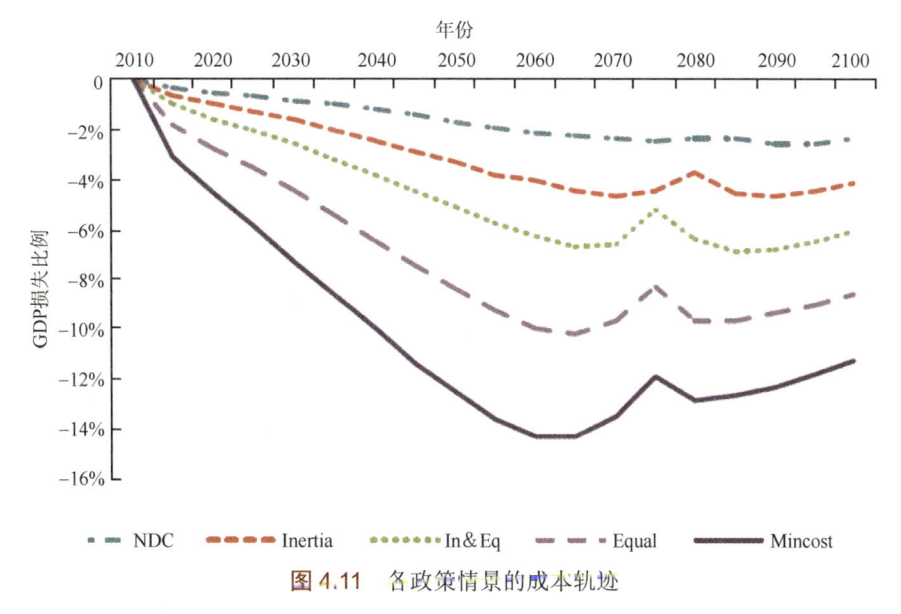

图 4.11 各政策情景的成本轨迹

累积成本分析可以进一步验证上述结果。随着时间的推移，累积成本的增长率将显著下降。同时，在所有政策情景中，某一时间节点的累积成本要比流动成本低得多。如图 4.12 所示，2015～2030 年所有气候政策的累积成本在 0.47%～4.37%。如果将时间延长到 2050 年，累积成本的区间将扩大至 0.83%～7.04%，这二十年来平均成本增长为 3.03%。2015～2070 年，平均成本的相应增长下降到 1.7% 左右。如果考虑整个研究期（即 2015～2100 年），NDC 和 Mincost 情景的 GDP

累计损失分别为 1.29% 和 9.05%。因此，相比达到全球升温 2℃的排放空间目标而言，实现中国的碳峰值目标的宏观经济成本要低得多。

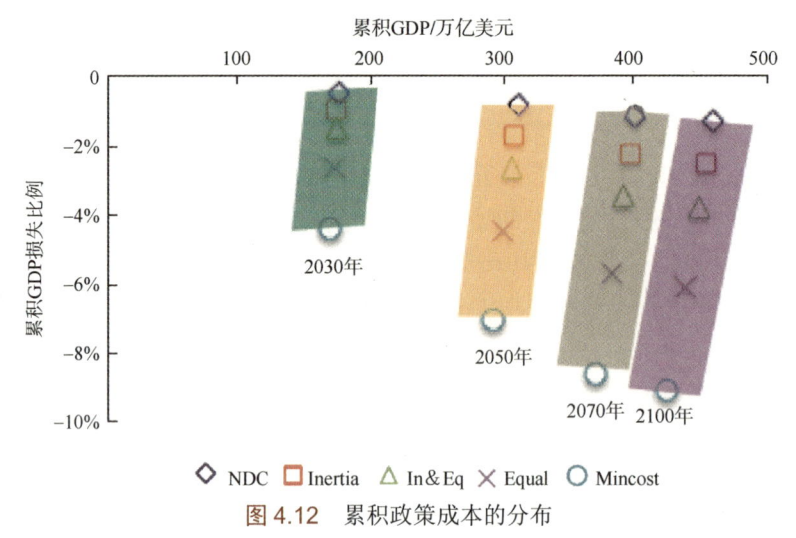

图 4.12 累积政策成本的分布

3. 气候政策对能源效率的影响

通过对能源（石油）强度演变趋势的分析，我们发现：①排放约束的引入在能源（石油）强度的变化中起着重要作用，并且排放约束越严格，能源强度就越低且能源效率提高的越明显。在 2050 年，即使对于最宽松的排放控制情景，能源和石油强度都可能下降约 35%，而在最严格的 Mincost 情景下，能源和石油强度将会下降超过 66%（图 4.13）；②随着气候政策的加强，能源（石油）强度的下降趋势可能会减缓，特别是石油强度。

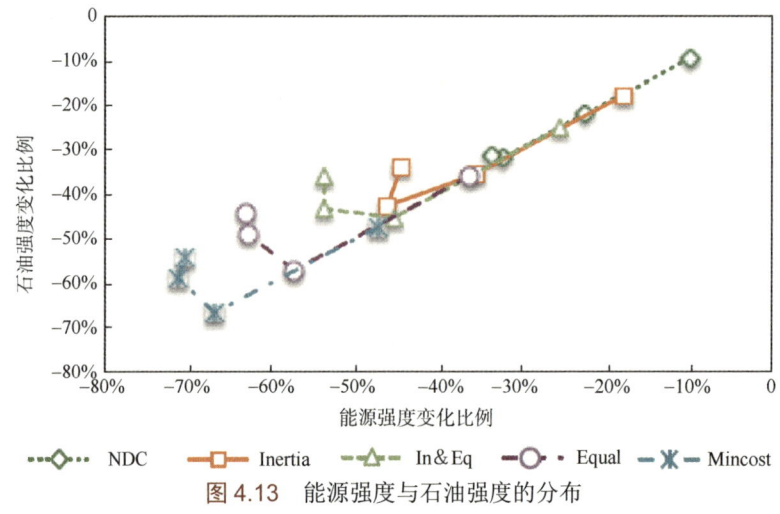

图 4.13 能源强度与石油强度的分布

从右到左每个颜色的四个点分别对应于 2030 年、2050 年、2070 年和 2100 年的结果

能源（石油）强度下降趋势的反弹反映了即使在严格的排放约束刺激下，提高能源（石油）效率的空间也很有限。相反，气候政策的实施提高了非化石技术的成本竞争力，从而加速了低碳能源替代常规能源的过程，尤其是高碳含量的煤炭和石油。这种效应使得减排不再完全取决于化石能源消耗的减少，石油消耗的下降速度超过了 GDP 的恢复速度，这直接导致了能源效率提高的放缓。因此，从能源（石油）强度指标的角度来看，气候政策有助于提高中国的能源安全性。

4. 气候政策对人均能源消费的影响

各情景人均能源（石油）消费情况如图 4.14 所示。在 BAU 情景下，人均能源消费先增加然后减少。在 21 世纪下半叶，经济增长的放缓将减少对能源的需求，而能源效率的提高将加速这种影响。因此，总能源消费增长率的下降超过了人口的增长。总体而言，尽管程度不同，但气候政策的实施在能源消费的增长中起着负面作用。这种不利影响将在 2050 年后逐渐减少，这适用于所有排放控制情景。例如，在最严格的政策情况下，2100 年的人均能源消费量可能稳定在大约 1 吨标准煤，这一水平与 2070 年相当。

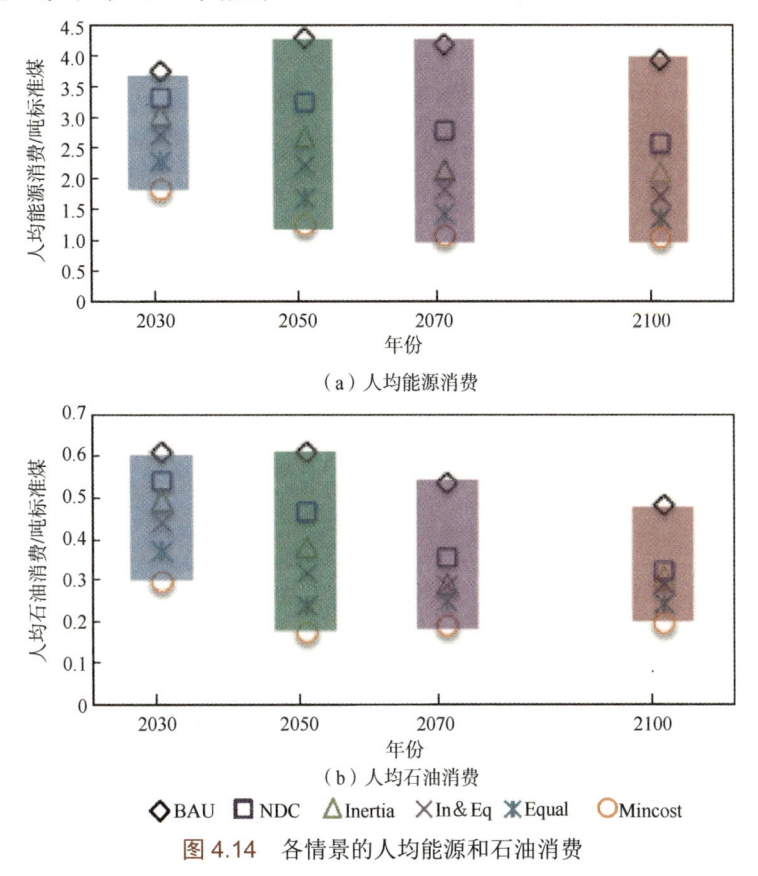

图 4.14 各情景的人均能源和石油消费

与能源消费的趋势不同，在 BAU 情景下，人均石油消费从 2030 年的 0.61 吨标准煤逐渐下降到 2100 年的 0.48 吨标准煤。与人均能源消费相比，气候政策对人均石油消费的影响更为明显。随着时间的流逝，各种排放控制情景中的人均石油消费量趋于收敛，这意味着在排放限制后期，人均石油消费会产生反弹效应，特别是对于更严格的排放控制政策而言。通常，更严格的气候政策会导致更大程度地减少基于碳的能源消耗，特别是对于高碳含量的煤炭。随后，宏观经济增长必须更多地依赖非化石能源，而低碳含量的燃料（如石油和天然气）也有机会作为补充能源。

气候政策对人均能源和石油消费的影响可以通过人均能源和石油消费相对于 BAU 的变化来进一步证明（图 4.15）。在宽松的情况下，如 NDC，人均能源和石油消费量持续下降，减少量从 2030 年的 10.68%扩大到 2100 年的 48%。而在更紧凑的排放空间约束情景中，相对于 BAU 的减少量可能在研究期的后期显著缩小。在 Mincost 情景下，人均石油消费的减少将从 2050 年的 70.8%降低到 2100 年的约 65%。因此，从人均能源和石油消费的角度来看，引入排放空间约束有助于降低中国的能源系统脆弱性，特别是在短期和中期。

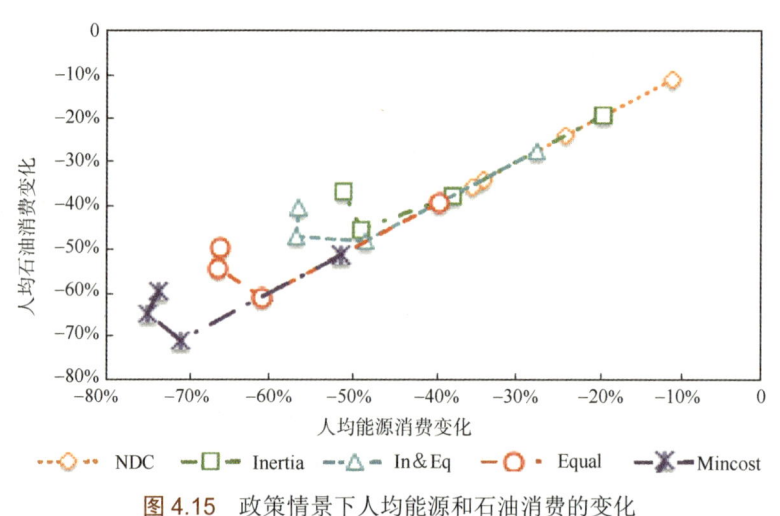

图 4.15 政策情景下人均能源和石油消费的变化

从右到左每个颜色的四个点分别对应于 2030 年、2050 年、2070 年和 2100 年的结果

5. 气候政策对能源支出的影响

能源支出，特别是石油支出，是评估安全性的另一个重要指标。图 4.16 表明，在 BAU 情况下，能源和石油支出稳步增长，从 2030 年的 2.44 万亿美元和 0.56 万亿美元分别增至 2100 年的 5.65 万亿美元和 2.15 万亿美元。同时，在有排放空间约束的情景中，相对于 BAU 而言，能源和石油支出都将减少，下降的程度与

气候政策的严格性高度一致。例如，在 NDC 情景中，2100 年的能源和石油支出将分别减少至 3.76 万亿美元和 1.43 万亿美元，而最严格的 Mincost 情景为 2.03 万亿美元和 1.01 万亿美元。

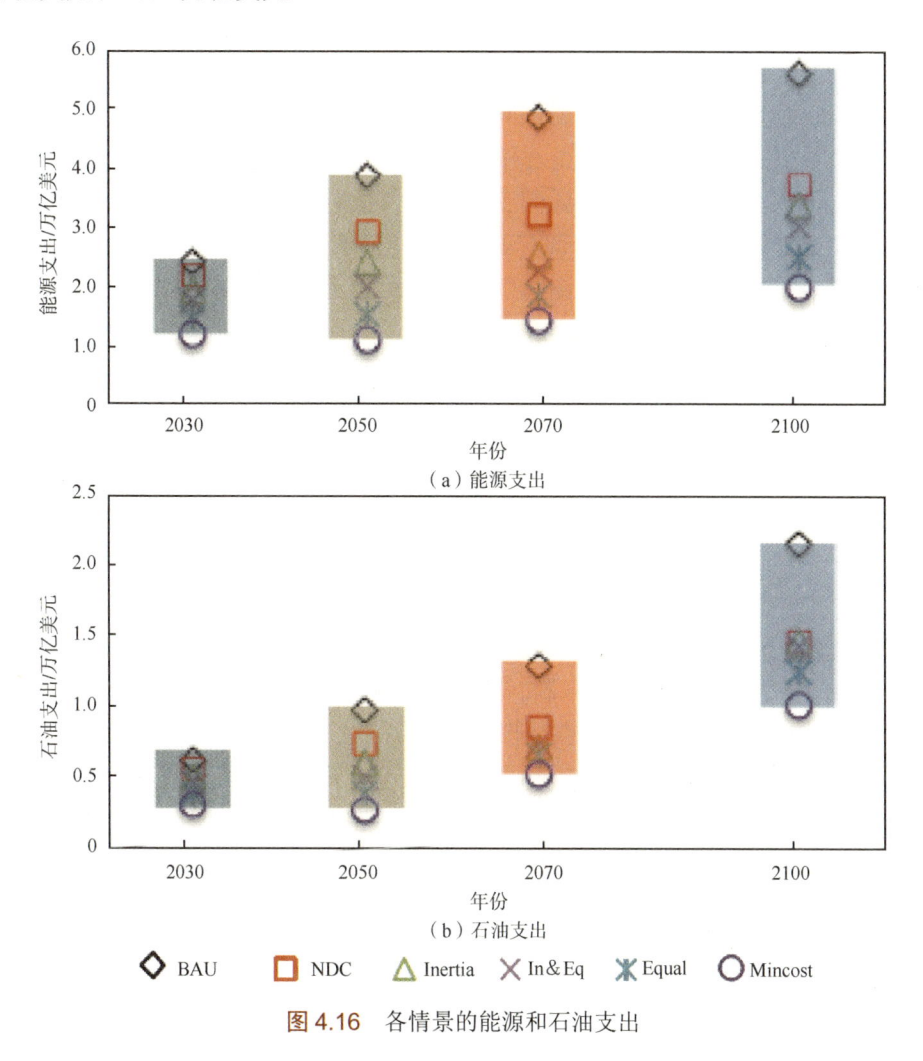

图 4.16　各情景的能源和石油支出

通过图 4.17 中所示的关系可以更好地验证和理解以上得出的结论。相对于 BAU，在所有政策情景中能源和石油支出趋势的下降始终是显著的。在 NDC 情景中，能源和石油支出的最大下降分别达到 47.9%和 48%，而在最严格的 Mincost 情景中，分别为 70.7%和 70.8%。随着排放约束的严格，能源和石油支出的下降趋势显著放缓。在 Mincost 情景中，2100 年相对于 BAU 的能源和石油支出的减少将分别比 2050 年下降 6.66%和 17.9%。通过对能源和石油支出指标的分析，我们得出结论，气候政策的实施将有助于改善中国的能源安全状况。

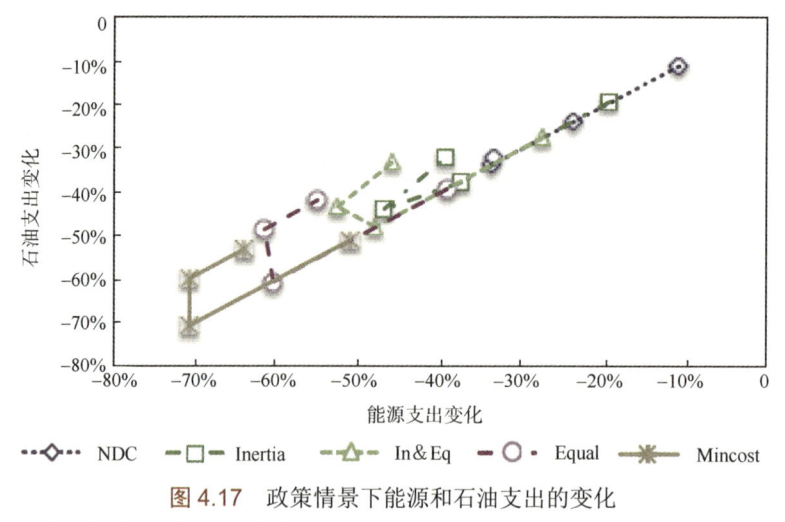

图 4.17 政策情景下能源和石油支出的变化

从右到左每个颜色的四个点分别对应于 2030 年、2050 年、2070 年和 2100 年的结果

6. 气候政策对能源多样性的影响

图 4.18 展示了 SWDI 多样性指数的动态演化。在 BAU 情景下，SWDI 路径稳定增长，直到 2080 年开始减少。这种趋势意味着中国的能源多样性将在相当长的一段时间内稳步改善，在此期间常规燃料和替代燃料将共存。能源系统多样性的连续增长主要源于非化石技术的快速部署。进入 21 世纪下半叶，传统燃料在能源市场中的潜力正在逐渐受到限制。此外，非化石能源的增长趋于相对稳定，这在很大程度上解释了 SWDI 路径的下降趋势。在短期和中期，气候政策的实施有助于增加能源的多样性，特别是对于更严格的政策而言。从长远来看，SWDI 的轨迹呈驼峰状，即 SWDI 的值一直增加到拐点，然后才下降。气候政策越严格，拐点就会越早出现。实际上，这些国家层面的结果与全球范围内的结果是相对一

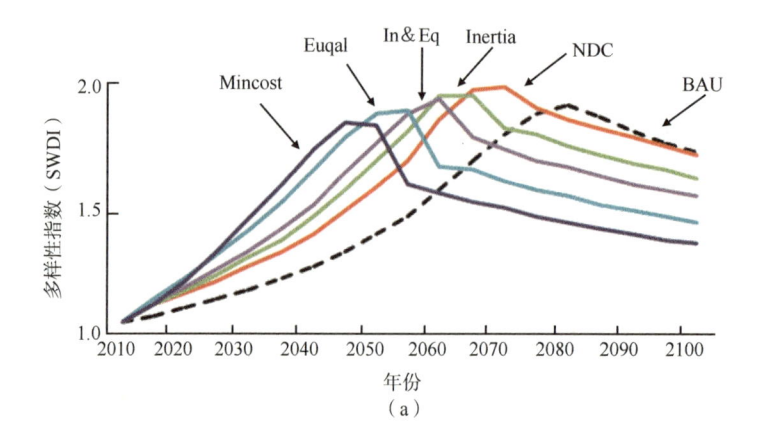

(a)

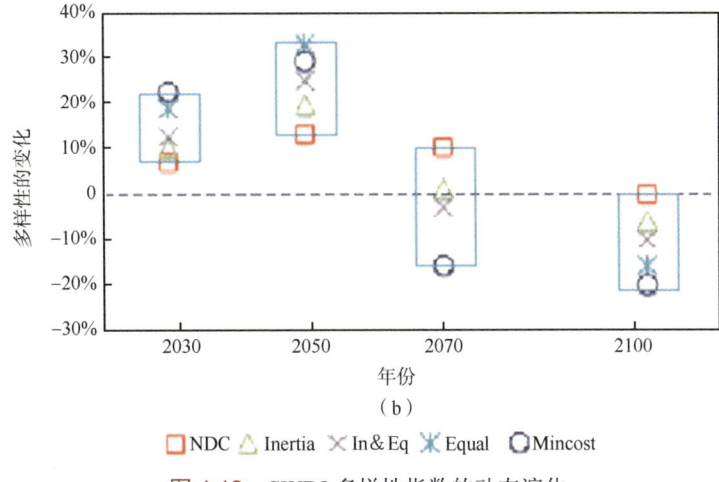

图 4.18 SWDI 多样性指数的动态演化

致的。例如，拐点的出现将从 BAU 情景下的 2080 年提前到 NDC 情景下的约 2070 年，并且相应的 SWDI 值在 BAU 级别上增加 10%。在 Mincost 情景中，SWDI 路径的转折点将出现在 2045 年，与 BAU 情景相比，SWDI 值的增长高达 33%。

由于采取了气候政策，总排放量将大大减少。降低量主要是通过减少常规能源消费来实现的，特别是当大多数非化石技术处于起步阶段时。同样，气候政策越严格，化石能源消费的降低就越明显，这在很大程度上解释了上面讨论的拐点的运动轨迹。无论如何，非化石技术本身的部署在很大程度上取决于气候政策的影响。通常，更严格的气候政策（如碳税）直接增加了化石燃料的使用成本，而这种成本增加等同于提高非化石技术的成本竞争力并促进其市场渗透。因此，根据能源多样性的衡量标准，气候政策对于短期和中期提高中国的能源安全是有效的。

4.2.5 研究结论与启示

本节的目的是建立一个能源-经济-环境集成系统框架，以研究中国气候政策对能源安全的潜在影响，尤其关注排放空间对能源安全的动态和长期影响。本节的气候政策主要是指在给定的排放空间下的内生碳税，而能源安全则通过能源（石油）强度、能源（石油）支出、人均能源（石油）消费和基于 SWDI 的能源多样性等指标来衡量。

评估能源（石油）强度和能源（石油）支出的分析支持以下发现：无论短期、中期还是长期，排放控制政策的实施都会带来安全性的显著协同效益。从人均能源（石油）消费的角度观察，排放空间的引入促进了人均能源和石油消费的减少。

这些结果在很大程度上转化为能源系统安全性的提高。但是，这种影响对气候政策的时间尺度很敏感，气候政策对人均能源和石油消费的短期和中期影响似乎比长期更为明显。对于能源多样性的度量，由排放空间产生的安全性的协同效益也与所考虑的时间尺度密切相关。具体而言，实施排放控制政策将在2050年之前的短期和中期显著增加中国的能源多样性。此后，能源多样性将下降，直到低于BAU的水平，届时能源系统可能会比无排放约束的情况更脆弱。

中国的气候政策有助于避免潜在的气候破坏，并带来能源安全等众多协同收益，特别是在短期和中期。更具体地说，达到2030年中国承诺的碳峰值目标所需的宏观经济成本要远低于在全球2°C升温阈值下实现排放空间约束所需的成本，这意味着气候政策的经济性需要充分考虑能源安全等协同收益。这一发现为在国家级别实施气候政策提供了新的合理支持。实际上，在全球角度来看，气候政策与能源安全之间的单向一致性已经被逐步证实，但是，这种一致性值得仔细研究。气候变化在全球范围内始终是公共问题，而能源安全更像是国家层面的私人问题，这可能会相互矛盾。例如，限制使用传统能源是大多数气候政策的主要目标之一，这有可能加剧不同地区之间能源使用的不平衡和不平等，进而损害发展中国家的能源安全。在国家层面而言，气候变化和能源安全都被归结为纯粹的私人问题，因此，本节的工作所发现的单向一致性更加可靠和合理。我们建议执行区域气候政策，不仅是为了应对仍然充满疑问的全球变暖风险，而且还是针对区域能源安全的严峻形势所做出的选择。

本节的结果也可能受到某些其他因素的影响：首先，能源贸易，特别是石油贸易，已被证明是衡量能源安全的重要指标。但是，在国家级别的模型中无法考虑能源或石油的国际贸易。其次，CE3METL模型并不涵盖非常规燃料，如页岩油和页岩气，或低碳技术和负排放技术，如碳捕获和封存（carbon capture and storage，CCS）技术及配备CCS的生物质能（biomass energy with CCS，BECCS）技术，这可能会高估通过能源多样性衡量的能源系统脆弱性。最后，由于单部门能源-经济-环境框架的建模局限性，我们目前无法测量电力系统和交通系统的多样性，事实证明，电力系统和交通系统的多样性在能源安全领域是至关重要的。通常，能源系统的多样性将随着技术细节的丰富而增加。进一步考虑这些因素可能会完善和加强我们的结论。

大量研究表明，2°C目标尤其是1.5°C温控目标的达成依赖于新技术的贡献，特别是负排放技术（如BECCS），或者是氢技术（主要是氢能）。显然，这两种技术都是在当前能源体系中基本没有的，前者属于排放控制技术，通过与传统能源系统的链接直接定位于高碳能源的减排，而后者则对能源系统有变革性影响，因为氢不仅作为燃料存在，而且充当主要工业原料（如还原剂），推动整个能源系统的转型，同时实现了经济脱碳。基于此，由新技术带来的这些变革会颠覆已有的能源安全观，比如如果氢技术大规模应用，国家的能源对外依存度会大幅下降，通过可再生能源的发展实现电解水制氢，而后者又可以作为储能技术解决可再生能源的间歇性问题，从而使得清洁能源供应能够满足绝大部分的能源需求。那么，如何在综合评估模型中考虑这些技术变革，最重要的是研究技术变革对能源系统转型的影响，继而定义新的能源安全指标，评估可能的能源安全风险，并与当下的传统能源安全情况进行对比，这无疑是一项前瞻性探索，有待学者进行深入的研究。

4.3 我国能源系统转型的路径优化和政策模拟

4.3.1 研究背景

自工业革命以来，人类经济社会的发展高度依赖化石能源的使用。尽管近年来非化石能源发展迅猛，但化石能源仍占据主导地位。2019年，世界一次能源消费中化石能源占比仍高达84%，化石能源消费总量同比增长0.7%[12]。

经济社会发展对化石能源的高度依赖难以支撑人类社会的可持续发展，低碳发展势在必行。截止到2019年，世界石油、煤炭、天然气的探明储量分别为2446亿吨、1.07万亿吨、7019万亿立方米，储采比分别为49.9、132、49.8。尽管随着勘探开采技术的不断进步，探明储量仍将持续增长，但由于化石能源形成的时间跨度较长，有限的化石能源难以支持人类社会可持续发展。

低碳发展为全球应对气候变化提供了解决方案。IPCC指出，人类社会向自然界排放过量的温室气体，是导致全球气候变化的主要原因[28]。国际社会公认的温室气体有六种，分别为二氧化碳、甲烷、氧化亚氮、氢氟碳化合物、全氟碳化合物、六氟化硫。国际能源署（International Energy Agency，IEA）统计数据显示，在六种温室气体中，二氧化碳的排放量占比约3/4，是全球最主要的温室气体排放来源，化石能源的生产和利用占全部二氧化碳排放的九成左右[29]。2019年，世界能源相关碳排放总量达342亿吨，是2000年碳排放量的1.4倍，而已有的研究表明，地球陆地生态系统每年吸收二氧化碳的能力仅为当前排放量的1/10左右[30]。若要减缓或控制气候变化的进程，必须大规模削减二氧化碳排放。因此，通过低碳发展以实现碳减排成为应对气候变化的必然选择。

中国能源系统低碳转型面临独特的挑战，主要包括以下四个方面：能源需求的日益增长、碳减排的紧迫压力、能源系统巨大的时空差异、大规模投运时间较短的化石能源基础设施。

第一，巨大的经济增长潜力将使中国能源需求保持持续增长，而当前非化石能源供应增长的速度有限。中国是世界上最大的发展中国家和能源消费国，2019年中国能源消费量达 141 700 千兆焦耳，同比增长 4.4%，占全球能源消费量的 24.3%。发达国家的能源消费普遍已达到峰值或进入平台期，2019 年美国、日本、英国、法国、德国等发达国家能源消费增速分别为−1.0%、−0.9%、−1.6%、−1.9%、−2.2%。与此同时，中国人均能源消费量仅为美国、日本、英国、法国、德国的 34%、67%、85%、63%、66%，仍有巨大的增长潜力。BP《世界能源展望》显示，2018~2050 年，中国能源需求在不同的发展情景下均将保持年均 0.1%~0.4%的增长速度。尽管近年来非化石能源消费保持高速增长，但当前中国能源需求的增量仍主要由化石能源的增长来满足。2019 年，中国化石能源消费占一次能源消费的比重达 15%，同比增长 9.8%，但其增量仅满足了中国能源需求增量的 32%，化石能源消费量同比增速仍高达 3.5%，满足了中国能源需求增量的 68%。这意味着，在中国能源系统的低碳转型中，非化石能源既要满足能源需求的增量，又要替代已有的化石能源需求，才能实现碳减排。

第二，中国面临着相比发达国家更为紧迫的碳减排压力。中国已确立碳中和的长期减排愿景，但当前化石能源消费量和碳排放均在持续增长。2019 年，中国能源相关碳排放总量达到 98 亿吨，同比增长 3.4%，而主要发达国家的碳排放已经同比下降。2020 年 9 月，中国在第七十五届联合国大会一般性辩论上正式提出了"力争于 2030 年前达到峰值，努力争取 2060 年前实现碳中和"的减排愿景[31]，并在 2020 年 12 月的气候雄心峰会上进一步提出到 2030 年实现"非化石能源占一次能源消费比重将达到 25%左右""风电、太阳能发电总装机容量将达到 12 亿千瓦以上"的具体目标[32]。此前，中国中长期能源发展的目标为，非化石能源在一次能源中的占比将分别在 2030 年达到 20%，在 2050 年达到一半。这意味着，相比于发达国家，中国需要在更短的时间内实现更艰巨的碳减排任务。

第三，能源资源分布和需求模式的巨大时空差异增加了能源供应系统规划的困难程度，可能导致区域性、季节性的能源供需矛盾。从空间尺度上看，中国的能源资源主要集中在西部和北部地区，而能源需求主要集中于东南沿海地区，能源资源和需求的巨大地理分布差异需要建设大规模的能源输送通道以满足能源需求。2018 年，陕西、山西、内蒙古的煤炭产量占全国的 69%，黑龙江、天津、陕西、新疆的原油产量占全国的 66%，陕西、四川、新疆的天然气产量占全国的 71%[33]。从时间尺度上看，中国南北方的季节性用能特征具有显著差异，北方冬季供暖需求会导致煤炭、天然气需求的季节性波动，而南方夏季制冷需求会导致电力需求的季节性波动，能源供应能力的不足可能导致区域性、季节性的供需矛盾。2019 年，中国 12 月天然气消费量比 3 月消费量高 35%，8 月日均发电量比 5 月份高 20%[34]。近年来，华北地区冬季天然气供应紧张，西南地区夏季水电弃电现象频发，南方地区夏季电力供应短缺等都是亟待解决的区域性、季节性供需矛盾。低碳转型需要在供应侧和需求侧均具有波动性和不确定性的情况下实现供需匹配，这增加了能源供应系统规划的复杂程度。

第四，中国化石能源基础设施普遍投运时间较短，激进的转型路径将有大规模资产搁置的风险。截至 2019 年底，中国煤炭生产能力为 36.15 亿吨/年，原油加工能力为 7.95 亿吨/年，煤电装机容量为 10.41 亿千瓦[35]，其中 2010 年以来投产的煤炭生产能力、原油加工能力、煤电装机容量分别为 26.61 亿吨/年、3.30 亿吨/年、4.23 亿千瓦，分别占当前在运基础设施规模的 73.6%、41.5%、40.6%。若化石能源的预期寿命在 30 年以上，则这些基础设施将持续运行到 2040 年以后。从全球对比来看，2018 年，全球在运气电、煤电装机平均运行 21.3 年、19.0 年，而中国在运气电、煤电装机平均运行仅为 12.5 年、11.1 年，分别为全球运行时长的 59%、58%[36]。相比之下，发达国家和地区的化石能源发电设施的运行时间较长，美国、欧盟、日本的气电装机平均运行 24.2 年、20.4 年、35.6 年，其煤电装机平均运行 39.6 年、32.9 年、23.3 年，均远超过中国。因此，中国化石能源基础设施的投运时间普遍较短，在低碳转型中面临比其他国家更大的资产搁浅风险。

因此对中国能源转型的研究需要考虑时空差异及能源基础设施在能源系统中的作用。首先，本节对国际机构关于世界及中国能源低碳转型的展望进行了对比；其次，介绍了考虑基础设施规划的中国能源系统转型研究模型工具；再次，模拟了不同的低碳转型路径对转型成本及基础设施规划的影响；最后，总结得到本节结论。

4.3.2 国际机构对世界及中国能源系统低碳转型研究结果对比

一些国际机构和能源企业会定期发布其对世界能源发展趋势的判断和展望，如 IEA、BP 等。本节将对 10 个机构发布的包含 17 个转型情景的世界能源展望进行归纳整理，包括：IEA、EIA、BP、世界能源委员会（World Energy Council，WEC）、OPEC、壳牌公司（Shell）、埃克森美孚公司（Exxon Mobil Corporation，简写为 Exxon Mobil）、挪威船级社（Det Norske Veritas，DNV-GL）、挪威国家石油公司（Equinor）、中国石油集团经济技术研究院（Economics & Technology Research Institute，ETRI）[29, 37-44]，各报告中的情景对照命名如表 4.15 所示，其中 7 个情景描述了实现不同气候目标的转型路径。

表 4.15 主要机构能源展望报告及情景信息整理

报告名称及发布单位	代号	情景名称	气候目标	发布年份
IEA《世界能源展望》	IEA-SPS	既定政策情景		2020
	IEA-SDS	可持续发展情景	实现巴黎协定	
EIA《年度能源预测》	EIA-RCP	参考情景		2020
WEC《世界能源情景》	WEC-MJ	现代爵士乐情景		2020
	WEC-US	为完成交响乐情景	实现巴黎协定	
	WEC-HR	硬摇滚情景		
OPEC《世界石油展望 2040》	OPEC	主情景		2019
BP《世界能源展望》	BP-BAU	基准情景		2020
	BP-RT	快速转型情景	2℃目标	
	BP-NZ	净零情景	1.5℃目标	
Shell《世界能源情景》	Shell-Sky	天空情景	2℃目标	2018
Exxon Mobil《能源展望》	Exxon Mobil	主情景		2019
DNV-GL《能源转型展望》	DNV-GL	主情景	2.3℃目标	2020
Equinor《能源展望 2020》	Equinor-Reform	改革情景		2019
	Equinor-Rebalance	再平衡情景	2℃目标	
	Equinor-Rivalry	竞争情景		
ETRI《2050 年世界与中国能源展望》	ETRI-BAU	基准情景		2019

本节将 10 个机构的 17 个转型情景的结果进行了对比，包括对世界及中国未来碳排放轨迹、一次能源需求总量、各能源品种需求量、碳捕集技术部署和终端电气化率的展望，进而得到以下结论。

第一，实现气候目标需要能源系统的快速变革以实现深度减碳，且将导致碳排放提前达到峰值。实现气候目标情景的碳排放轨迹显著区别于未设定气候目标情景的碳排放轨迹，实现气候目标需要在 2050～2070 年实现净零排放，而在未设定气候目标的情景中，2050 年的碳排放量仍与 2015 年的碳排放水平相当。这说明，以当前可再生能源发展的速度远不足以实现能源系统的深度脱碳，因而需要更深刻、更快速的变革才能实现深度减排。与此同时，在未设定气候目标的 10 个情景中，全球碳排放最早将于 2035 年达到峰值，中国碳排放最早将于 2030 年达到峰值；在实现气候目标的 7 个情景中，全球碳排放和中国碳排放均将于 2025 年之前达到峰值。

第二，实现气候目标需要更强力度的节能措施，以使一次能源总需求量尽早达峰。各机构对世界和中国一次能源需求总量展望的对比结果说明,除了壳牌公司的天空情景(Shell-Sky)对一次能源需求总量的展望较高外,实现气候目标将使世界一次能源需求在 2030 年达到峰值或进入平台期,而未设定气候目标情景的世界一次能源需求在 2050 年前大部分仍将持续增长。对于中国而言,实现气候目标将使中国一次能源需求在 2025 年到 2030 年之间达到峰值,而在未设定气候目标的情景中,中国一次能源需求将于 2040 年及其后达到峰值。

第三,实现气候目标将会显著降低化石能源的需求,并显著增加非化石能源的需求。各个机构对世界及中国 2040 年石油、煤炭、天然气、可再生能源、核能和电力需求量的预测及对比的结果表明:各机构对未来世界和中国电力需求的展望较为集中,说明电力需求增长的不确定性较小。在各机构对化石能源需求的展望中,天然气需求的展望最为分散,说明各机构对天然气在实现气候目标的过程中所处地位的看法仍有较大差异。在各机构对非化石能源的展望中,实现气候目标与未设定气候目标的情景中,核能需求预期有较大重合度,说明各机构对核能在实现气候目标中能够发挥的作用仍有较大差异。

第四,碳捕集、封存和利用是实现气候目标必不可少的技术,在所有实现气候目标的情景中均得到广泛部署,但部署的规模有较大差异。表 4.16 整理了各个机构对未来全球碳捕集部署规模的预期。在实现气候目标的情景中,碳捕集技术都得到了大规模部署。在各个情景中,到 2050 年,每年捕集的二氧化碳规模为 20 亿~55 亿吨,相当于 2019 年世界碳排放量的 6%~16%。

表 4.16 各机构对碳捕集技术部署的预期对比

报告发布单位	情景名称或代号	气候目标	碳捕集部署情况
IEA	净零情景	1.5℃目标	2030 年捕集 11.5 亿吨
WEC	WEC-MJ		2050 年捕集 10 亿吨
	WEC-US	实现巴黎协定	2050 年捕集 40 亿吨
BP	BP-RT	2℃目标	2050 年捕集 38 亿吨
	BP-NZ	1.5℃目标	2050 年捕集 55 亿吨
Shell	Shell-Sky	2℃目标	2050 年捕集 52 亿吨
Equinor	Equinor-Reform		2050 年捕集 3.24 亿吨
	Equinor-Rebalance	2℃目标	2050 年捕集 20 亿吨
	Equinor-Rivalry		2050 年捕集 0.53 亿吨
DNV-GL	DNV-GL	2.3℃目标	2050 年捕集 21.4 亿吨

第五,实现气候目标需要大幅度提高终端电气化率,即电能在终端能源消费中的比例。终端能源消费的碳排放占全部碳排放的一半左右,当前终端行业碳减

排的主要方式是电能替代、零碳燃料替代，如氢能或碳捕集技术等。在本节整理的未设定气候目标的情景中，2050年预期电气化率的范围为22%~34%，而实现气候目标的情景中，2050年预期电气化率的范围为36%~52%。

综上所述，低碳发展已成为全球共识，且将显著改变过去的能源系统发展轨迹。尽管各机构对转型目标、转型方向和技术选择已有一定共识，但提出的转型路径、转型速度和技术部署程度等仍有显著差别。

各机构对终端电气化率的预期对比见表4.17。

表4.17 各机构对终端电气化率的预期对比

报告发布单位	情景代号	气候目标	终端电气化率
IEA	IEA-SPS		2040年24%
	IEA-SDS	实现巴黎协定	2040年31%
EIA	EIA-RCP		2050年23%
WEC	WEC-MJ		2050年33%
	WEC-US	实现巴黎协定	2050年36%
	WEC-HR		2050年22%
BP	BP-BAU		2050年34%
	BP-RT	2℃目标	2050年45%
	BP-NZ	1.5℃目标	2050年52%
Shell	Shell-Sky	2℃目标	2070年56%
Exxon Mobil	Exxon Mobil		2040年22%
DNV-GL	DNV-GL	2.3℃目标	2050年41%
Equinor	Equinor-Reform		2050年30%
	Equinor-Rebalance	2℃目标	2050年42%
	Equinor-Rivalry		2050年24%
ETRI	ETRI-BAU		2050年28%

4.3.3 中国多区域能源供应系统优化模型简介

1. 模型基本信息及框架

中国多区域能源供应系统优化模型（Chinese multi-region energy supply system optimization model，CRESOM）用于展望在给定转型策略下的终端能源需求，并进一步通过最优化计算得到在碳约束下满足能源需求长期总成本最低的能源供应系统规划方案，包括能源基础设施的布局及能源跨区域、跨季节的调配方案。

相比于其他模型，CRESOM 的创新性可以概括为三点。其一，CRESOM 刻画了各地区、分行业、逐月的能源供需平衡，并在此基础上进行能源供应系统规划，CRESOM 相比于其他模型具有更高的时空分辨率。其二，CRESOM 刻画了能源基础设施对能源生产、转换、储存和跨区域运输的约束性作用，而已有模型并未刻画能源基础设施。其三，CRESOM 刻画了各能源品种供应系统的相互联系，而已有的模型主要关注电力和氢能系统。

CRESOM 的基本信息如下：CRESOM 的规划期为，2016～2060 年，以月份为计算步长。在地理区分上，CRESOM 包含了中国的 30 个省区市，但香港、澳门、台湾、西藏由于数据获得原因暂未包含在模型当中；在终端用能行业上，CRESOM 区分了 8 个能源消费部门，分别为农林牧渔、工业、建筑业、交通运输、零售餐饮业、其他产业、城市居民和农村居民；CRESOM 在终端能源需求中区分六种能源品种，即煤炭、天然气、成品油、电力、热力和氢能；一次能源的种类包括原煤、天然气、原油、水能、核能、风能和太阳能等 7 种；能源供应系统的总成本包括供应链上各环节的成本，即生产、进口、加工、运输、储存，以及相关基础设施的投资和运行成本；由于 CRESOM 时空解析度的限制，运输成本仅考虑跨省份运输的成本，能源运输基础设施仅考虑跨省份运输的基础设施，省内的能源运输设施及成本并未计算在内。

CRESOM 的框架如图 4.19 所示，主要包括四个模块，分别为输入模块、终端能源需求预测模块、能源供应系统最优化模块和输出模块。

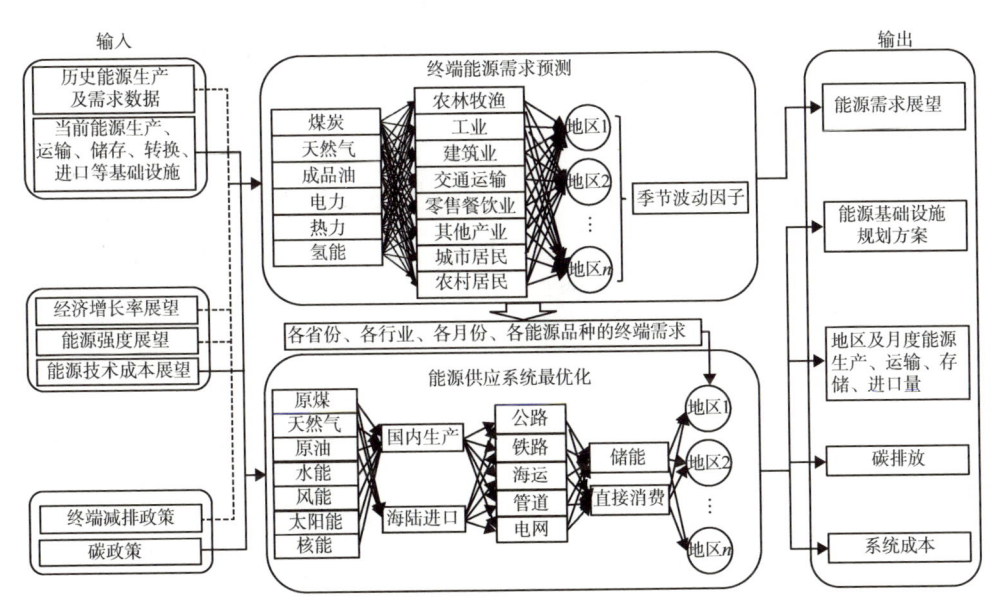

图 4.19 CRESOM 框架图

CRESOM 的输入数据包括三部分，即历史数据、展望数据和情景数据。历史数据描述当前能源生产、运输、储存、转换、进口等基础设施，以及历史能源生产及需求数据。展望数据描述了经济增长率展望、能源强度展望和能源技术成本展望。情景数据描述了模型对转型情景的假设，包括终端减排政策及碳政策等。经济增长率和能源强度的预测将影响每个部门的能源需求总量，终端减排政策的假设将影响终端消费部门的能源结构。对碳政策的假设将影响技术的选择和能源供应系统的部署。

CRESOM 的计算过程主要分为两个环节。首先，CRESOM 根据历史数据的输入，经济增长率和能源强度的预测及终端能源消费部门替代政策的假设，得出到 2060 年各省份、各行业、各月份、各能源品种的终端需求。其次，CRESOM 在现有基础设施、技术成本预测和碳政策假设的基础上，通过最小化长期系统总成本，得到整个能源供应系统的规划方案。因此，CRESOM 的输出包括能源需求展望，能源基础设施规划方案，地区及月度能源生产、运输、存储、进口量，碳排放和系统成本五个部分。

CRESOM 中包含了六个子模型来描述各能源品种供应系统及其相互关系，如图 4.20 所示。首先，终端能源需求预测子模型能够生成各省份、各行业、各月份、各能源品种的终端需求，该子模型是一个仿真运算模型。其次，CRESOM 分别建

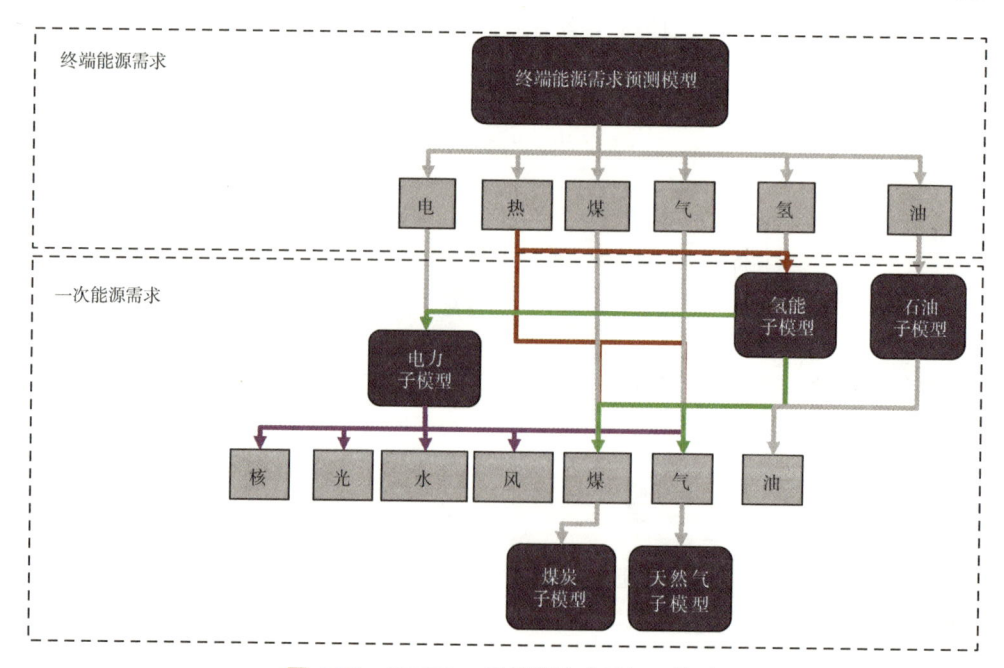

图 4.20　CRESOM 子模型构成及相互关系

立了刻画氢能、电力、石油、煤炭、天然气等能源供应系统的五个最优化模型。最后，CRESOM 描述了各能源品种供应系统之间的相互关系。例如，氢气可以利用电力、煤炭和天然气制取，因此氢能子模型运算得到的制氢用电需求将成为电力子模型中电力需求的一部分，总电力需求包括最终使用部门和制氢部门的电力需求。同样，煤炭的总需求包括最终部门的需求及发电和制氢的用煤需求。

2. 终端能源需求预测模块简介

在终端能源需求预测子模型中，输入数据包括 2016 年各省份、各行业的 GDP 和能源分种类终端消费数据，以及未来到 2060 年各省份、各行业的 GDP 增长率、能源强度及转型政策的假设。

能源需求预测模型采用因子分解法，用自下而上的方式进行构建。首先，将某地区、某行业能源总需求分解为经济总量和能源强度两个因子，根据对未来各省份、各行业经济增长和能源强度的展望，得到各省份、各行业终端能源的年需求总量。其次，在能源年需求总量的基础上分解得到各能源品种的年度需求量。对于某省份、某行业的终端能源消费结构的展望主要受转型政策的影响，包括减排技术部署的渗透率，如电动汽车的推广情况、煤改电、煤改气的推进情况等。模型假设在没有政策干预的情况下，下一年各行业的能源消费结构保持不变，而对低碳转型政策的假设将反应为终端能源消费结构的变化，从而计算出各地区、各行业每个能源品种的终端需求。最后，将各品种的年度需求量进一步分解到各月份的需求量。模型采用季节波动因子和分行业叠加的方式进行分解，即考虑到不同行业季节性用能特征的差异，根据历史数据设定其逐月波动情况，再将不同行业能源需求的波动情况进行叠加，得到各地区、各行业、各能源品种的逐月需求。

终端能源需求预测模型中，基准年，即 2016 年，各省份、各行业的生产总值数据来自国家统计局[33]。各省份、各行业的终端能源需求数据从《中国能源统计年鉴》中提供的各省能源平衡表计算获得。由于平衡表中提供的能源品种划分更细致，且仅提供能源消费的实物量，因此模型先应用折标系数将其转换为标准量，而后将其并合并为模型中终端能源需求的 6 个能源品种。

经济增长、能源强度的展望对未来能源需求总量影响较大，而目前尚未有任何机构给出分省份、分行业的展望报告。因此，本节根据 2015~2018 年的历史数据对经济增长率和能源强度下降幅度进行线性外推，并将所得结果加总为全国数据后与其他机构发布的报告进行对标和调整，以保证本模型的结果与其他主流机构报告的结果相近。

对各省份、各行业 GDP 的展望遵循以下原则。首先，GDP 的年平均增长率会逐渐下降。本模型中假定，中国 GDP 年增长率从 2016 年的 6%以上下降到 2030

年的 4%左右，到 2050 年后下降到 1%左右。其次，各省份经济增长率的设定体现区域发展差异。经济发展水平较低的省份将比发达地区拥有更高的增长率，以缩小区域经济发展差距，这与各省份目前 GDP 增长率的现实表现基本一致。最后，各部门的经济增长率也有所不同。服务业的增长将快于工业和农业，这与各省份目前的 GDP 增长情况是一致的。

对各省份、各行业能源强度的展望遵循以下原则。首先，对于每个地区的各个行业来说，能源强度会随着经济增长而下降，但速度会有所放缓。其次，对于每个地区的各个部门，能源强度下降速率的设定基于 2015~2018 年的历史数据。研究发现，大部分省份具有相似的发展轨迹，只有少数位于东北和西北的省份，由于境内存在大量的重化工企业，能源强度相对较高，下降速度较慢。

3. 各能源品种供应系统优化模块简介

氢能供应系统超结构建模框架如图 4.21 所示。氢能供应系统包括生产环节、运输与储存环节和需求环节。在本模型中，氢能生产的技术选择包括煤制氢、天然气制氢和电解水制氢，根据电力的来源和成本的不同进一步划分为自备电站制氢和电网电力制氢，而自备电站仅包含非化石电力技术，即水电、核电、陆上风电、海上风电和光伏发电。氢能跨区域运输技术包括管道和公路两种，任何相邻的省份间均可以建设运氢管道以运输氢气，而储存的技术仅有压缩气体储氢一种选择。模型中刻画的主要基础设施包括制氢装置、运氢管网和储氢装置。

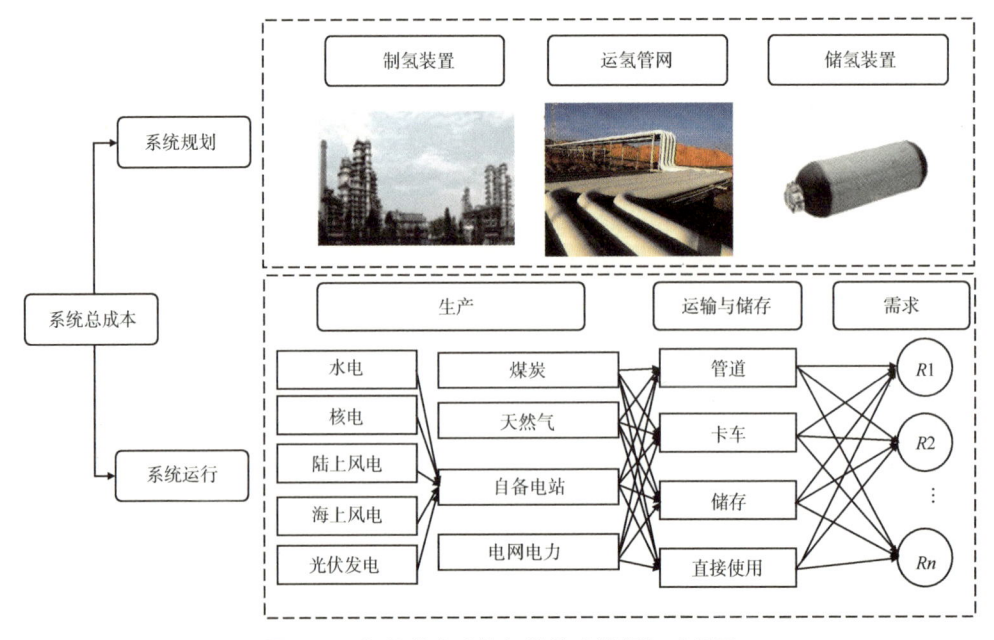

图 4.21　氢能供应系统超结构建模框架示意图

超结构建模方法需要用数学方程刻画出所有可能的氢能系统规划方案。一方面，氢能供应系统每一个环节都有多种技术选择，且所选技术设备运行的负荷也有多种选择，如某地区、某时段、某类技术的制氢量。另一方面，基础设施的建设也有多种方案，包括设施建设的规模、地点选择和投运时间，如氢能管道可以建设在任意两个相邻省份之间。

氢能子模型中的氢能需求由终端能源预测子模型的输出结果给定。其后，本模型以长期系统总成本为目标函数，系统总成本包括基础设施投资成本和系统运行成本，通过最优化求解得到满足给定需求条件下长期总成本最低的供应系统规划方案和运行方案。

电力供应系统的超结构建模框架如图 4.22 所示。在电力供应系统中，发电技术的选择有煤电、气电、核电、水电、陆上风电、海上风电和光伏发电。同时，煤电和气电可以进行去碳化改造，即增加碳捕集装置。电力在生产后可在本地消纳、通过电网输送至外省消纳或通过电储能设备储存。模型中刻画的基础设施包括发电设备、储能设备和跨省电网。

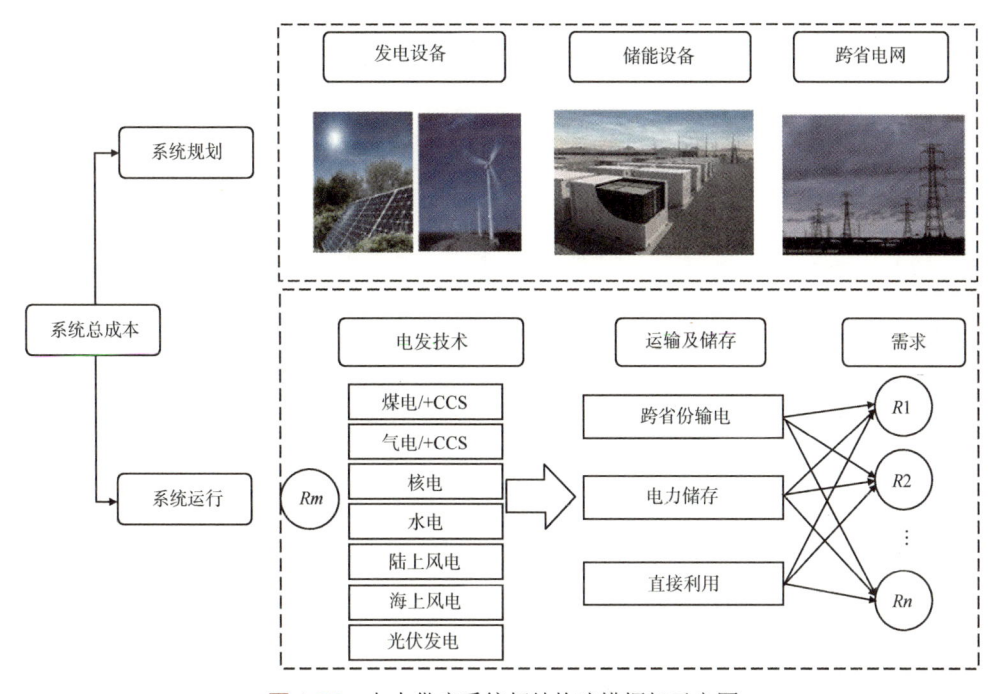

图 4.22 电力供应系统超结构建模框架示意图

天然气供应系统的超结构建模框架如图 4.23 所示。天然气从来源上可以分为三类，分别是国产的天然气、海外进口的 LNG、陆上进口的天然气。国产的大部分天然气和陆上进口的天然气都直接注入中国天然气管网中，通过管网输送给终

端用户。部分国产天然气被液化为 LNG 再通过槽车运送给终端客户。从海外进口的 LNG 需要通过专门的基础设施，即 LNG 接收站，一部分通过槽车以 LNG 形式运送到终端客户，另一部分进行气化再注入天然气管网中，通过管网运送到终端客户。冬季用天然气供暖导致天然气需求具有显著的季节性波动，因此部分天然气将在淡季时储存起来，并在冬季用气高峰时再取出使用。目前，天然气储存的方式主要有两类：一类是地下大型储气库；另一类是 LNG 调峰站。

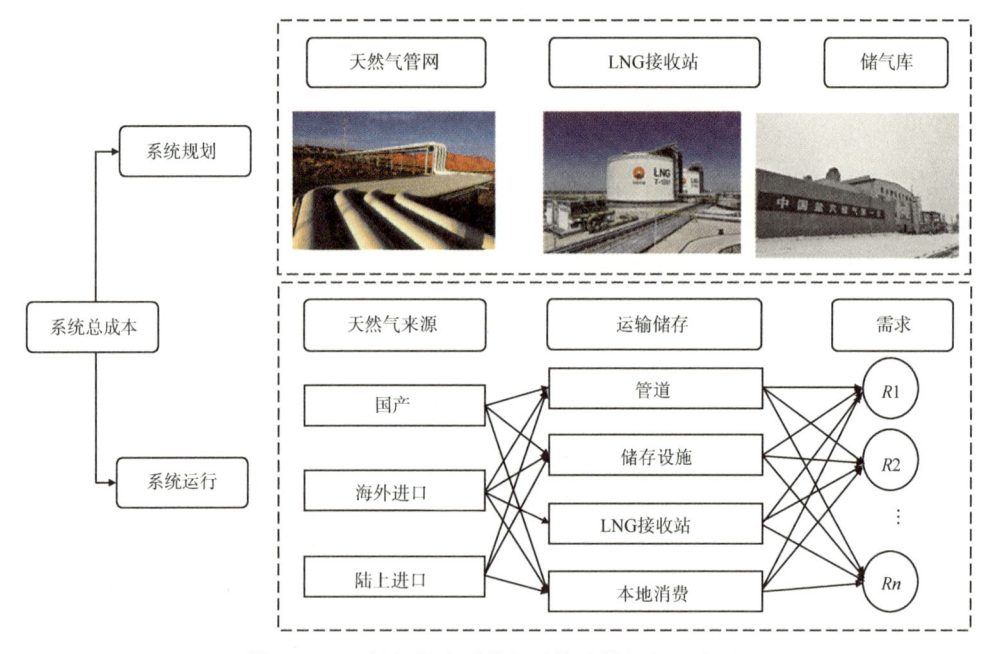

图 4.23　天然气供应系统超结构建模框架示意图

　　天然气子模型中主要刻画的基础设施包括天然气管网、LNG 接收站和储气库。随着天然气需求的不断增长，模型通过最小化长期系统总成本，计算得到成本最低时的管网、接收站和储气库的建设方案及天然气跨省、跨季调运方案。

　　煤炭供应系统的超结构建模框架如图 4.24 所示。煤炭来源包括国产、陆上进口和海外进口三个途径，跨省煤炭运输方式有公路、铁路和海运三种方式。当前，煤炭子模型中并未区分炼焦煤和动力煤等品种。模型中主要刻画的基础设施为煤炭产能，即煤矿。铁路、港口并不是能源专用基础设施，因此并未在本模型中刻画。

　　石油供应系统的超结构建模框架如图 4.25 所示。石油供应链包括原油来源、原油运输、原油加工、成品油运输四个环节，最终满足终端需求。原油来源有三种途径，分别是国产、海外进口和陆上进口。原油和成品油的跨省运输方式均包括管道、陆运、海运三种。原油加工仅有炼油厂一种技术选择，但可以选择在不同地区的炼油厂进行加工冶炼。石油子模型中主要刻画的基础设施包括石油管网和原油加工设施。石油消费的季节波动性没有煤炭、天然气、电力显著，因此石油子模型并未刻画跨季储存等设施。

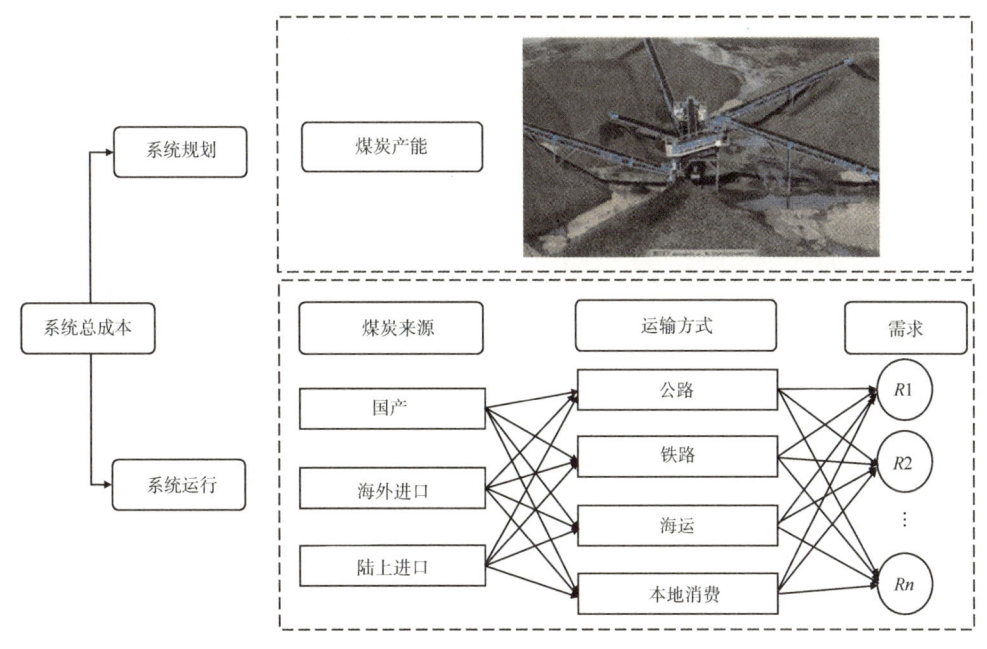

图 4.24　煤炭供应系统超结构建模框架示意图

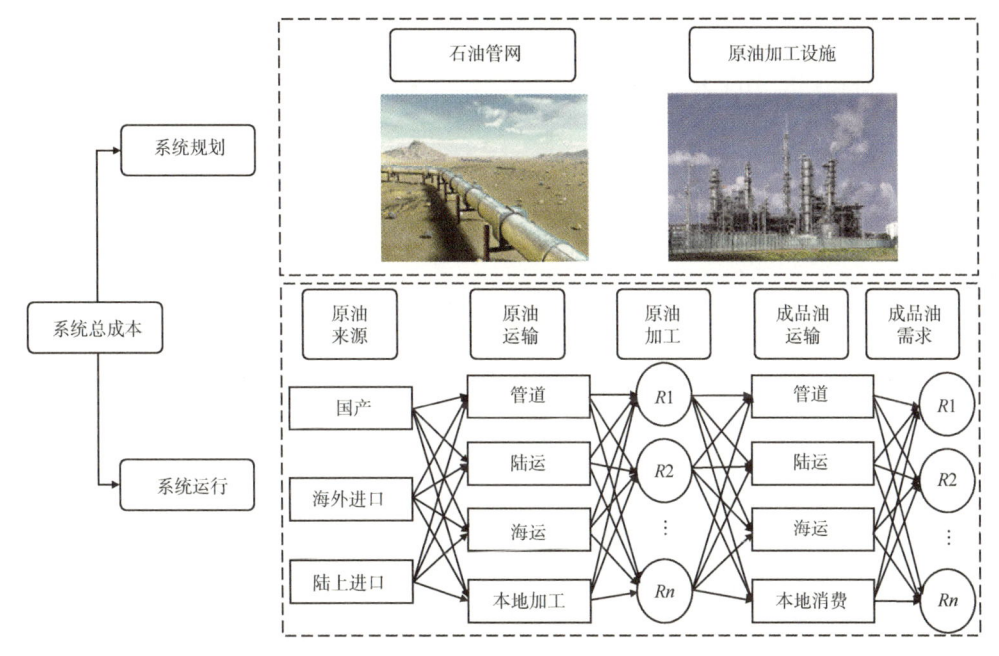

图 4.25　石油供应系统超结构建模框架示意图

4.3.4 碳减排路径对能源供应系统转型方案及成本的影响

低碳转型既要满足日益增长的能源需求,又要快速地增加非化石能源消费以减少碳排放。当前,主要发达国家的能源需求已进入平台期,而广大发展中国家的能源需求仍在快速增长,以支撑经济的快速发展。以部分亚洲发展中国家为例,2009~2019 年,越南、孟加拉国、菲律宾、印度、泰国、巴基斯坦的年均能源消费增速分别为 10%、7%、6%、5%、3%、3%,均高于世界平均水平。根据 2020 年 BP 发布的《世界能源展望》,2050 年全球能源需求相比于 2018 年仍有 9%~26% 的增长空间,且主要集中在发展中国家。2020 年 BP 发布的《世界能源展望》认为,为了实现巴黎协定中的 2℃和 1.5℃的温升目标,世界非化石能源在一次能源消费中的占比将从 2019 年的 16%分别提高到 2050 年的 60%和 78%。

即使实现既定的低碳转型目标,碳减排任务在终端用能部门和能源转换部门的不同分配方案,也将形成多个可行的转型路径。根据 IEA 的数据,全球能源相关碳排放近一半来自电热生产部门,即能源转换部门,另一半来自终端用能部门。考虑到非化石能源当前主要被转化为电力的形式利用,因此,终端用能部门碳减排的主要策略为提高电气化率,即电力在终端能源消费的比例,能源加工部门碳减排的主要策略为提高发电结构中的非化石电力比例。

因此,在实现既定的碳减排目标或非化石能源发展目标时,提高终端电气化率和提高非化石电力占比成为两个在一定程度上可以相互替代的减排策略,也就意味着两种策略的不同组合可以实现同样的减排目标,如图 4.26 所示。图 4.26 中横坐标代表终端电气化率,纵坐标代表非化石电力在发电量中的比例,由于两者的相

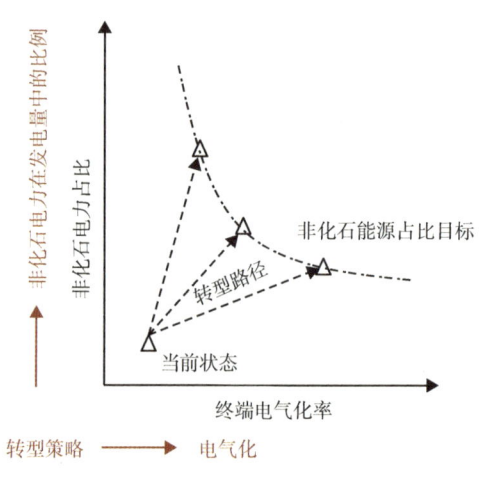

图 4.26 实现既定目标的多种转型路径示意图

互替代关系,同一个非化石能源占比的目标在图 4.26 中将是一个近似反比例函数的曲线,只要达到这个曲线上的任意一点都代表着实现了既定的非化石能源占比目标。因此,有多种转型路径能够实现同一个低碳转型目标。

在实现相同的低碳转型目标下,不同的转型路径将导致不同的能源供应系统规划方案及系统转型成本。研究转型路径与能源供应系统转型成本的关系有助于指出降低转型成本的策略组合,也就是指出使能源供应系统总成本最低的碳减排任务在终端用能部门和能源转换部门的分配方案。

本节将选取 2050 年非化石能源占比达到 50%作为既定目标,通过设置一系列情景刻画实现该目标的不同路径。不同情景描述了不同的终端电气化程度和不同非化石电力占比的组合。并进一步利用 CRESOM 计算得到各个路径下能源供应系统转型所需的最低成本,以及其相应系统规划方案,从而指出不同路径和转型成本之间的关系。

1. 情景构建与描述

本节应用 CRESOM 共构建了六个情景,包括一个基准情景,记为 A;五个低碳转型情景,分别记为 A1~A5。在应用 CRESOM 进行情景设计时,规划期选取 2016~2050 年,未来经济增长、能源强度和技术成本的展望均保持一致,且均不采用氢能技术,情景输入数据即终端用能部门替代政策和碳政策输入的设定不同,各个情景中关键数据的设定如表 4.18 所示。

表 4.18 各情景下终端电气化率和碳税价格设定

项目	A	A1	A2	A3	A4	A5
2050 年终端电气化率	27%	31%	35%	39%	43%	48%
2050 年碳税价格		500 元	400 元	370 元	340 元	310 元

基准情景的设计遵循以下策略。各区域、各行业的终端能源消费结构均保持不变,且未设定任何碳政策。但由于各经济产业发展速度的不同,电气化率较高的第三产业经济增长较快,因此在基准情景中,终端电气化率也将由经济结构的转型而缓慢上升,从 2016 年的 20%左右上升到 2050 年的 27%。

转型情景的设计遵循以下策略。五个转型情景依次设定了不同程度的终端部门替代政策,即用电力、天然气替代煤炭和石油。终端电气化率从情景 A1 到情景 A5 依次上升,到 2050 年达到 31%~48%不等,代表着替代强度的逐渐增加。与此同时,本章采用碳税政策以促进非化石电力比例的提高,并假定从 2020 年起碳税从零开始线性增长。更高的碳税价格将促进非化石电力占比的提高,由于 CRESOM 采用最优化方法计算能源供应系统的最优布局,因而无法直接给出恰好实现既定目标的碳税价格。因此在 A1~A5 的每一个情景中,需要进行多次试算以找到刚好在 2050 年实现非化石能源占比 50%目标的对应碳税价格。由图 4.30 可知，在更高的终端电气化率下，仅需要较低的非化石能源占比即可实现给定的转型目标，因此从情景 A1 到情景 A5，实现该目标所需的碳税价格依次减少。

由此可见，A1 代表着主要依赖能源转换部门的碳减排以实现转型目标的路径，而 A5 则代表着主要依赖终端消费部门的碳减排以实现转型目标的路径，A2、A3 和 A4 情景代表着两种策略不同比例地混合以实现转型目标的路径。

在情景构建后，CRESOM 能够通过最优化计算得到在不同的路径下，能源供应系统成本最低的布局方案及系统的成本构成。

2. 能源需求和排放

煤炭在中国一次能源消费中占比近 60%，但却贡献了中国 80%的能源相关碳排放，因此煤炭需求的尽快达峰并快速下降将是实现碳减排目标的关键。

研究表明，在低碳转型目标下，煤炭需求将在化石能源中率先达峰。在实现 2050 年非化石能源占比 50%的路径下，煤炭需求将于 2025 年之前达到峰值。与此同时，尽管五个转型情景采取了差异较大的转型措施，但同样的减排目标将使煤炭需求的演变轨迹基本一致。中国碳排放主要来自煤炭，同等减排目标下不同路径中煤炭需求总量相近，但行业分布有极大差异。在电气化率较高的情景下，如情景 A5，煤炭消费主要集中在发电行业，而对于电气化率较低的转型情景，如情景 A1，煤炭消费主要集中在工业部门。

研究结果表明，过度推进电气化将导致煤炭需求的小幅增加，表 4.19 展示了各情景 2050 年主要能源品种的需求情况。一方面，电气化的深入推进必将导致电力需求的快速增加，在终端电气化水平最高的情景 A5 中，电力需求比情景 A1 高出 40%以上。另一方面，更深程度的电气化仅需要更低的非化石电力比例，即可实现同一转型目标，因此更深程度的电气化情景下将保留更高比例的煤电，更大的电力需求和更高的煤电比例将导致煤电发电量和发电部门用煤量的增长。在情景 A1 中，由于电气化水平较低，煤电仅占发电量的 9%，而在情景 A5 中，由于电气化水平较高，煤电发电量将占 34%。

表 4.19 各情景 2050 年能源需求情况

能源	A	A1	A2	A3	A4	A5
煤炭/亿吨	36.38	20.83	21.47	21.53	21.96	22.23
天然气/亿立方米	3735	4767	5742	6721	7700	8687
石油/亿吨	5.20	4.62	4.05	3.48	2.90	2.32
电力/亿千瓦时	8.9	10.0	11.0	12.1	13.2	14.3
其中：煤电/亿千瓦时	4.5	0.9	2.0	2.9	4.0	4.9

由于当前煤炭消费对碳排放的贡献超过 80%，因此碳排放轨迹与煤炭需求的轨迹基本一致。研究结果表明，在基准情景下，即使不采取终端电能替代，随着可再生电力成本的逐渐降低，其对煤电的替代也将使电力部门的碳排放达到峰值后逐渐回落，但是无法实现在 2030 年前达峰及 2050 年非化石能源占比达到 50% 的目标。在转型情景中，由于采用了终端电气化和碳税策略，终端部门和发电部门碳排放同步减少，但减少的配比不同。在电气化率较高的情景 A5 中，终端部门碳排放相对较少，而电力部门碳排放相对较多；在电气化率较低的情景 A1 中，终端部门碳排放相对较多，而电力部门碳排放相对较少。

研究表明，尽管更高的电气化率将导致碳排放的小幅增加，但却能带来常规空气污染物减排的协同效益。表 4.20 展示了各情景 2050 年二氧化碳、二氧化硫、氮氧化物的排放情况。由于电力部门的排放低于终端用能部门的污染物排放，因此在实现同样低碳转型的目标下，电气化率更高的情景 A5 中二氧化硫和氮氧化物比情景 A1 低 40% 和 33%。

表 4.20　2050 年各情景二氧化碳和主要空气污染物排放情况

空气污染物	A	A1	A2	A3	A4	A5
二氧化碳/亿吨	89	60	63	64	66	67
二氧化硫/万吨	1650	1390	1260	1120	980	840
氮氧化物/万吨	1250	1150	1050	960	860	770

3. 转型路径对能源供应系统成本和碳排放的影响

所有情景下的转型路径如图 4.27 所示，低碳转型情景各条路径的终点都落在了非化石能源在一次能源消费占比 50% 的曲线上。研究结果表明，各条转型路径

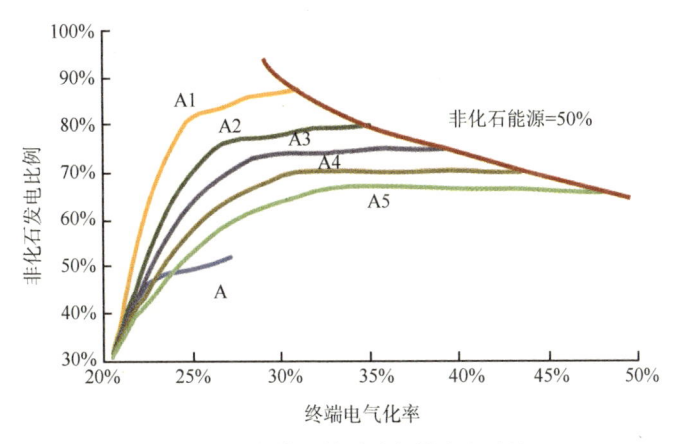

图 4.27　各情景转型路径描述和对比

的曲线都是凸的，说明当前提高终端电气化的成本高于提高非化石能源发电占比的成本。终端电气化相当于用非化石电力代替煤炭，而提高非化石电力占比相当于用非化石电力替代煤炭发电，因此后者的成本相对较低。

研究结果说明，成本最低路径的实质是提高终端电气化和提高非化石电力占比边际成本的平衡。各个情景的长期系统总成本及其构成如表 4.21 所示，其中转型成本指转型情景的总成本与基准情景总成本的差值。计算结果显示，从情景 A1 到情景 A5，转型成本呈先减少后增加的趋势。分能源品种来看，低碳转型将显著减少煤炭和石油供应系统的成本，但会增加天然气、电力和碳成本。从情景 A1 到情景 A5，随着终端替代政策的增强，电力和天然气系统的总成本在增加；从情景 A5 到情景 A1，非化石电力比例逐渐升高，由此带来的波动性电源并网的成本也将显著提高，需要更高的碳价格才能使得非化石能源相比于煤电更具有竞争力。从情景 A1 到情景 A5 转型路径的变化，会导致非化石电力并网和终端电气化两类成本的此消彼长，而其中存在一个两者的平衡点，使得系统总成本最低。计算结果表明，与情景 A5 相比，情景 A1 中煤电的平均运行小时数下降了 36%，且电储能装机总规模增加了 3.3 倍，说明提高非化石电力的比例将带来较大的并网成本。

表 4.21 系统总成本及其构成（单位：万亿元）

情景	煤炭	石油	天然气	电力[*]	碳[**]	总成本	转型成本
A	41.94	8.84	6.76	9.98	0	67.52	
A1	35.99	8.49	8.67	18.71	23.31	95.17	27.66
A2	36.36	8.16	10.45	17.87	18.32	91.16	23.64
A3	36.11	7.85	12.35	18.26	17.93	92.50	24.98
A4	36.11	7.54	14.27	18.35	16.71	92.99	25.48
A5	36.10	7.24	16.28	18.53	15.43	93.59	26.07

[*] 在电力系统成本中，燃料成本已被扣除，因其已被记在煤炭、天然气系统成本中
[**] 碳成本包含所有供应系统的碳成本总和

上述计算结果表明，A2 情景的能源供应系统转型成本最低，为 23.64 万亿元，占 2016 年中国 GDP 的 32%。同时表明，即使实现同样的低碳转型目标，不同路径的转型成本也将有较大差别，选取成本较高的路径，如情景 A1，将使转型成本上升 17%，即 4.02 万亿元。

各个转型路径的总成本与累计碳排放之间的定量关系如图 4.30 所示。结果表明，终端电气化过高将同时增加系统总成本和碳排放，而非化石电力占比过高同样会增加成本，但会减少碳排放。将成本最低的情景 A2 与基准情景 A 相对比，能源供应系统总成本增加 23.64 万亿元，但累计碳排放减少了 5900 亿吨，平均每

吨二氧化碳的减排成本为 401 元。

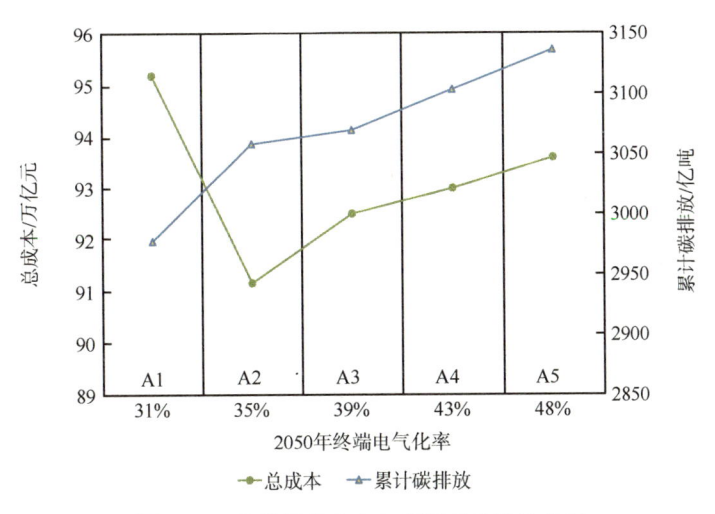

图 4.28　各情景总成本与累计碳排放的关系

由图 4.28 可知，随着终端电气化率的增加，总成本曲线将有且只有一个拐点，这也是各种路径对应系统转型成本的最小值。随着终端电气化率的提高，碳成本和可再生能源并网成本将单调下降，同时电能和天然气替代成本将单调增加。这就使得曲线只有一个拐点。

以上计算结果可以对寻找成本最低的转型路径提供启示，如图 4.29 所示。图 4.29 中虚线部分代表非化石能源在一次能源消费中占比相同的曲线，即一条虚线上任意一点都代表着同样的非化石能源占比。图 4.29 中实线部分代表等成本曲线，即该曲线上任意一点的能源供应系统转型成本都相等。在垂直轴附近的等成本曲线更为

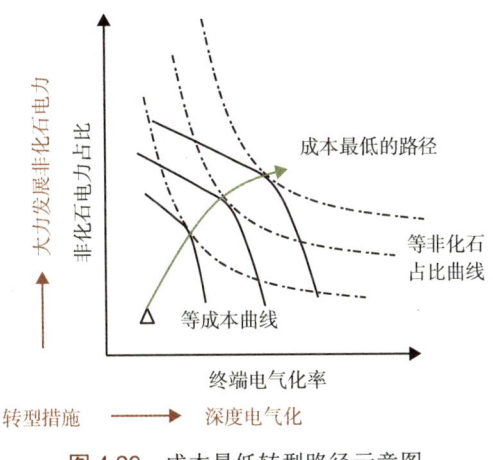

图 4.29　成本最低转型路径示意图

紧密，在水平轴附近的曲线更为稀松，这是因为非化石电力占比较高时，进一步提高非化石电力占比将使边际成本的提高显著加快。成本最低的路径会经过两组曲线的切点，该路径的曲线将是凸的，因为以非化石电力替代煤电总是比以电力替代煤炭的成本更低。

4. 不确定性讨论

由于研究包含大量的假设和输入参数，许多因素会影响本节得出的成本最低的转型路径。正如上文指出的，成本最优路径的实质是深度电气化的边际成本与提高非化石电力占比边际成本的平衡。因此能源总需求规模、技术进步和成本数据将对上文得到的结果产生影响，本节对其影响进行分别讨论。

假设经济增长和能源强度会直接影响能源需求总量，并间接影响提高非化石电力的边际成本，从而影响能源系统成本最低的规划方案。更高的能源需求将导致需要更多的非化石能源以在2050年达到50%的比例，与能源需求更低的情况相比，这将会导致能源供应系统开发利用质量相对较低、成本相对更高的非化石能源资源，从而导致提高非化石电力占比的边际成本更高。因此，较高的能源需求会使最优路径曲线向右平移。

技术进步意味着能源供应链各环节成本的下降，如可再生能源发电设备和储能设备。快速降低可再生发电设备和储能的成本将降低波动性电源的并网成本，并将最优路径曲线向左平移。但是，这并不会改变转型路径曲线是凸的这一结论。无论可再生能源发电的成本有多低，只要仍然有煤电在运行，以非化石电力替代煤电的成本总是低于以电力替代煤炭的成本。

能源供应链各环节的成本数据来源于历史数据，研究中只有天然气和石油的进口价格具有较大的不确定性。鉴于中国的石油和天然气资源难以自给，天然气和石油在很长一段时间内仍将会比煤炭更贵。这意味着在2050年前的低碳转型将主要是用非化石能源替代煤炭的过程。因此，最优路径的实质仍将是"以可再生能源替代煤电"与"以电代煤"的成本平衡。所以对本节的研究结果不会有本质的影响。

4.3.5 研究结果对能源供应系统规划方案的启示

能源供应系统最优化方法以满足能源需求为约束条件，以系统长期总成本为目标，同时面临转型政策、技术进步等多重因素的不确定性。在本节中，CRESOM对基于不同政策假定刻画的不同路径均会得到对应成本最低的转型方案。对实际进行能源供应系统长远规划而言，最有价值的不是某一个路径的具体方案，而是不同路径对应方案间的相似和不同之处，因为这可以反映出技术进步和能源供需平衡的最基本的演变趋势。在差异较大的转型路径对应的方案之间,其中的相似之处反映了其结果的确定性较大,意味着在各类情景下该规划方案均是必要的,即反映了根本的能源供需平衡关系,而其中的差异之处则需要在规划时格外关注,因为其方案的必要性与实际选取的转型路径紧密关联。

本节对不同路径的相似之处和主要差异进行了分析整理,以得到对电力、煤炭、天然气、石油供应系统规划方案的启示。

1. 电力供应系统规划方案

电力系统的低碳转型将在中国等以煤炭发电为主的国家引发三个关键问题。首先,煤电的规模毫无疑问会受到限制并减少,而煤电应该保存的规模及其地理分布是一个关键问题。其次,随着可再生电力的发展,确定储能设施部署的容量和地理分布以应对波动性是第二个关键问题。最后,由于中国优质可再生资源集中在西部和北部,而电力需求集中在东部和南部,随着电力需求的持续增长,跨区域、长距离输电通道需要扩张以加大西电东送的规模,或是在用电负荷集中地点开发更多的可再生电力以满足自身需求。

研究表明,实现既定转型目标下的煤电规模取决于转型路径的选择,更高的终端电气化路径将使所有地区保留更多的煤电,而电储能部署的规模刚好相反,如图4.30所示。首先,如前文所述,深度电气化将增加电力需求和煤电占比,从而保留更多的煤电。其次,由于煤电调节能力具有灵活性以应对可再生能源的波动性,保留更多的煤电必将减少对电储能容量的需求。分区域来看,各情景下东北、西北和华南地区的电储能容量基本相同。这说明转型路径的选择对这些地区电储能容量的最优规模影响较小,降低了系统规划的复杂性和不确定性。

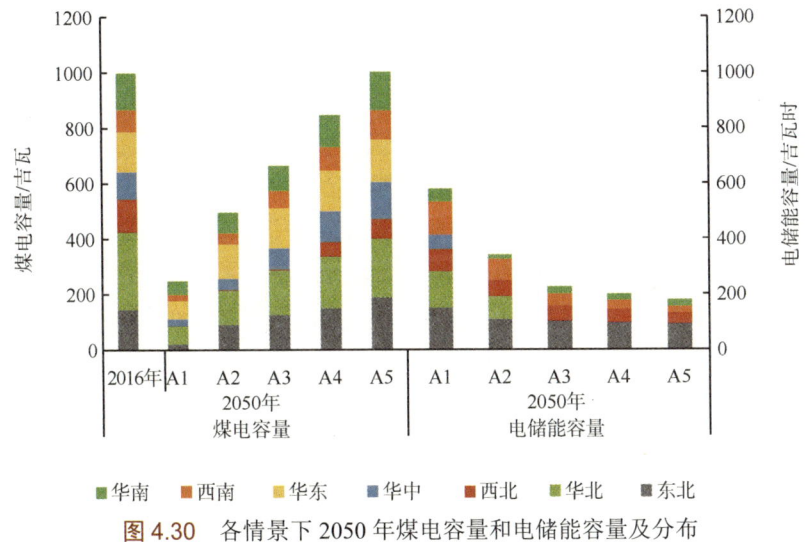

图 4.30 各情景下 2050 年煤电容量和电储能容量及分布

随着可再生能源电力的快速发展，在所有情景下，未来长距离跨省输电规模都将保持增长，且低碳转型情景下跨区域输电量的增长快于基准情景。因为丰富且低成本的可再生能源电力更多地集中在东北、西北和西南地区，而电力需求仍然集中在东部和南部地区，如图 4.31 所示。

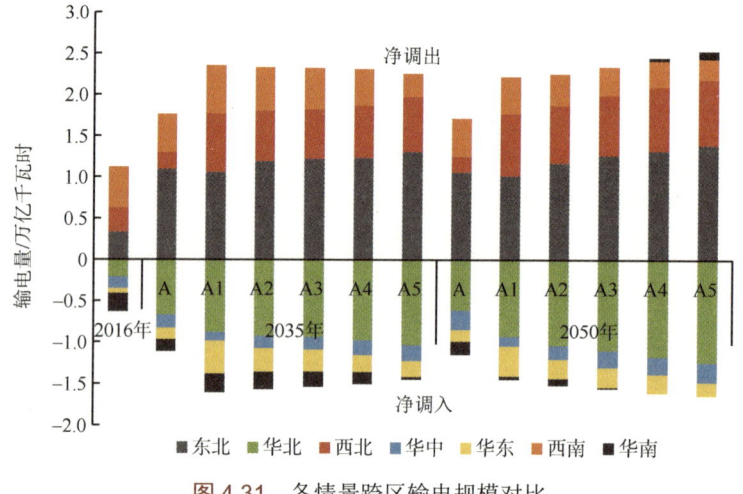

图 4.31 各情景跨区输电规模对比

从分省的角度来看，一方面，电力调出的增加主要来自东北地区和西北地区，因其拥有丰富的风能和太阳能资源，而西南地区的电力输出量将保持稳定，由于当地电力需求的快速增长与本地可再生能源的开发基本同步。另一方面，电力调入的增长将主要来自华北和华东地区，主要原因是电力需求增加，以及当地煤电规模的减少。

长距离跨省输电的发展趋势意味着需要更多的长距离输电线路来连接东北和华北、西北和华北、华北和华东。结果表明，在五个低碳转型情景中，东北和华北之间累计所需新增输电能力在 45 吉瓦到 82 吉瓦之间，西北和华北之间累计所需新增输电能力在 21 吉瓦到 32 吉瓦之间，华东和华北之间累计所需新增输电容量在 2 吉瓦到 7 吉瓦之间，如图 4.32 所示。

本节给出了情景 A2 电力系统转型的具体方案。在此情景下，煤电装机总量平缓下降，到 2050 年仍保持在 5 亿千瓦的装机规模，而煤电发电量从 2025 年到 2035 年显著下降，说明煤电的等效发电小时数显著下降，煤电在电力系统中从提供电量向提供灵活性转变。在实现 2050 年非化石能源占比 50%的目标下，到 2050 年火电仍主要承担电力系统的调峰任务，电储能仅在部分省份发挥作用。从西北、西南和东北地区向中部和东南沿海地区输电规模仍将持续扩大。

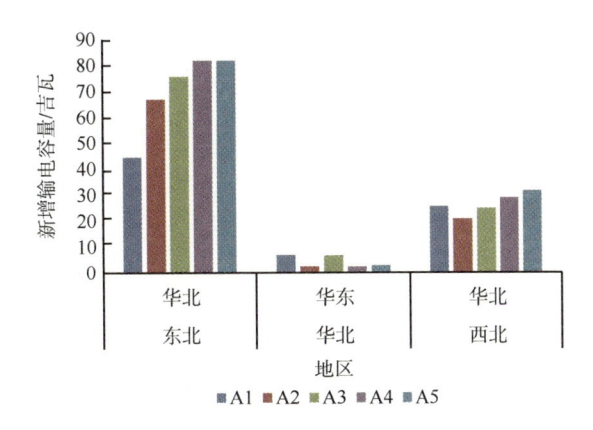

图 4.32　各情景下新增跨区域输电通道容量

综上所述，本节对电力系统规划的启示可以归纳为三点。首先，煤电去产能是电力行业实现低碳转型的关键，煤电应该保存的规模与转型路径的选择高度相关，因此去产能需要谨慎和保守，以免电力供应短缺。其次，电储能与煤电在调峰能力上是相互替代的技术，因为电储能规模的部署与煤电分布刚好相反，尽管转型路径的选择对电储能部署总规模有一定影响，但部分地区的最优电储能容量可以在较窄的范围内确定，减少了规划的复杂性。最后，随着跨区域输电量的增长，需要扩大东北与华北、西北与华北、华北与华东之间的输电通道，本节也指出了最优容量的范围。

2. 煤炭供应系统规划方案

在以煤炭为主要能源来源的国家中，煤炭产能在低碳转型中承受着巨大压力。中国煤炭资源大部分集中在内蒙古、陕西、山西三个省区，大量的煤炭通过火车和轮船运往全国各地。在中国，煤炭占铁路发运量的一半左右。因此，煤炭产能和跨省煤炭运输的合理布局是煤炭供应系统低碳转型的关键问题。

煤炭产能向煤炭基地的适当集中有助于系统总成本的下降，而过度的集中则会导致成本上升。中国的煤炭产能过剩问题已得到极大关注。2016 年以来，由于严重的产能过剩和需求增长放缓的预期，中国出台了一系列严格的去产能政策，煤炭产能预计将更多地集中在 14 个煤炭生产基地。结果表明，从情景 A1 到情景 A5，与当前政策规定的产能集中度目标 95% 相比，煤炭产能基地的产能分别占全国总产能的 93.0%、93.7%、95.0%、95.9% 和 96.7%，成本最低的产能集中度方案与当前政策目标基本吻合。

在所有低碳转型情景中，煤炭产能集中度的差异源自最终部门电气化水平的不同。首先，深度电气化将导致所有省份都保留更多煤电，尤其是南方地区。其次，为了以更小成本满足南方地区煤电的用煤需求，很多靠近南方但不在 14 个基地之内的煤炭生产能力将被保留，导致煤炭产能集中度的下降。因此，电气化程度越深，经济性最优的煤炭产能集中度越高。

从区域的角度来看，尽管国家实施了去产能政策，但西南地区的产能在所有情景下都会保持增长。结果表明，在所有转型情景中，西南地区的产能峰值将在3.66亿吨/年至3.71亿吨/年变化，而2018年为2.68亿吨/年。首先，西南地区经济发展速度普遍高于全国其他地区，因此对煤炭的需求仍会持续增长。其次，西南地区现有煤炭产能无法满足当前和近期的煤炭需求，因此需要从北方地区进口煤炭。最后，从北方地区通过火车或船运进口煤炭，其成本要高于在本地建设生产能力的成本。

煤炭从北到南、从西到东的基本运输格局在所有情景下都基本保持不变。以情景A2下2018年和2050年的煤炭跨省运输为例。结果表明，江海联合输送可能是中部地区煤炭供应的一种较为经济的方式。江海联运是指煤炭从北方港口经渤海、黄海、长江运输到中部省份。此外，如果只考虑经济因素，南方地区将更加依赖进口外国煤炭。首先，根据现有的产能管理政策，中部地区的煤炭产能将逐渐减少甚至消失，导致南方省份从北方省份获取煤炭的成本上升。其次，成本上升会导致北方地区煤炭价格竞争力下降，因此进口煤炭对部分南方地区来说可能是更为经济的。

综上所述，对煤炭系统规划的启示可以归纳为三点。首先，适当提高产能集中度具有经济性，经济性最优的集中度目标取决于终端电气化程度。其次，西南地区煤炭产能每年仍将增加一亿吨，其他地区产能将持续下降。最后，产能更多地集中在北方地区，导致中部和南部地区煤炭成本增加，江海联运可能是中部省份获取煤炭的经济途径，而华南省份将因成本原因更多地依赖进口煤炭。

3. 天然气供应系统规划方案

中国的天然气需求在终端替代政策的推动下快速增长。但由于基础设施的不足，2017年冬季出现天然气供应紧张的现象。为了避免天然气供应紧张的局面，首要问题是如何规划进口、运输和储存设施，以满足冬季高峰时段的用气需求。

结果表明，最南端和最北端的沿海省份的进口容量受终端天然气替代政策影响较小，而东部沿海省份受影响较大。主要原因是天然气供应链的末端正从沿海省份向内陆转移。天然气替代政策越强，供应链的末端越向北移动。

目前，天然气通过西气东输、川气东送及中俄东线从西北、西南和东北地区输送到所有沿海地区，以满足所有内陆省份的天然气需求和沿海省份的部分需求，而沿海地区通过进口LNG来满足剩余天然气需求。未来，随着对天然气需求的快速增长，国产天然气和通过管道进口的天然气可能无法满足所有内陆地区天然气需求，需要进口更多的LNG来满足沿海地区天然气需求和部分内陆地区的需求。从成本最低的角度考虑，内陆天然气运输的末端将从南方地区的海南省后撤，因为这部分的运送距离最长且成本最高。因此，未来南部省份将更多地进口LNG，并向中部地区输送过剩的LNG，而不是仅仅在冬季。随着供应链末端向北移动，从东部沿海地区进口LNG将更为经济，因为其向内陆输送LNG的距离更短、成本更低，这就是东部沿海地区的最佳进口规模将受到天然气替代政策显著影响的原因。

研究结果对天然气供应系统规划的启示是，东部沿海地区 LNG 进口能力的规划面临天然气替代政策的巨大不确定性，而其他地区的 LNG 进口能力和天然气跨省运输量可以在相对狭窄的范围内确定，这减少了规划的复杂性。

4. 石油供应系统规划方案

中国 70%以上的原油依赖海外进口，国内石油产量仅分布在少数几个省份。尽管石油需求仍在持续增长，但终端替代技术的推广，如电动汽车，将导致石油需求的不确定性。此外，电动汽车的部署也存在地域差异。因此，在低碳转型过程中，合理规划炼油能力和输油管网具有重要意义。

研究结果表明，在所有转型情景下，炼油设施的总产能都将逐渐下降，只有南部省份的产能会上升。首先，当前全国炼油产能的利用率仅为 3/4 左右。2016 年，炼油总产能为 7.61 亿吨/年，2016 年全国炼油产能利用率为 72%，而华北地区的利用率仅为 55%。其次，西南和中部地区经济增长潜力巨大，石油需求将持续增长，但这些地区的石油资源很少。最后，对于西南和中部地区来说，无论是通过管道还是通过火车从北方调运石油，其成本都将比从有炼油能力的华南地区调入更高。因此，结果表明，只有华南地区的产能会增加，且峰值在 1.22 亿吨和 1.52 亿吨之间。

炼油能力将更加集中在沿海地区和石油生产地区，从运输原油向运输成品油转变将成为主要趋势。结果显示，在成本最低的导向下，中国不需要再新建大规模的原油输送网络，而只需要建设成品油管道，图 4.33 展示了累计新增成品油管道的容量和位置。结果指出要加大对西南和中部省份的供给能力。

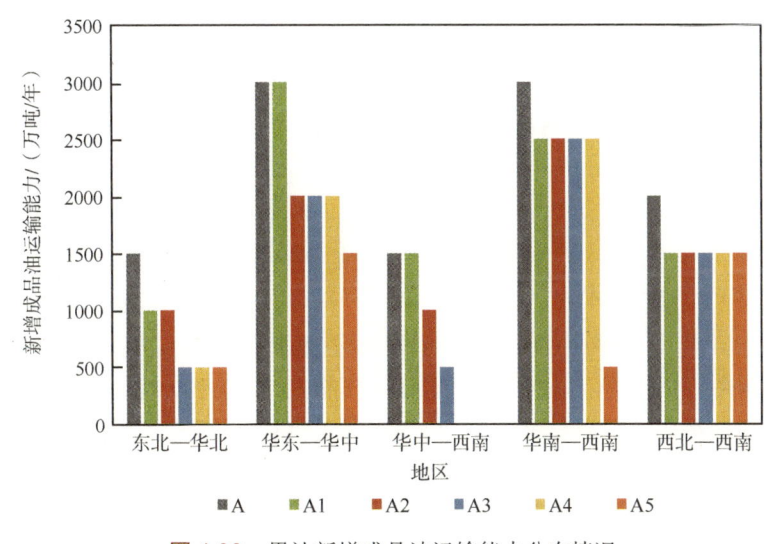

图 4.33 累计新增成品油运输能力分布情况

研究结果对石油供应系统的规划的启示可以总结为两点。其一，逐步降低除华南地区外的炼油产能；其二，增加向西南和中部地区输油的成品油管道建设，可以以更低的成本保障石油供应。

4.3.6 研究结论

能源系统低碳转型既是应对气候变化的紧迫要求，也是实现可持续发展的必然趋势。中国是世界上最大的发展中国家，也是最大的能源消费国和碳排放国。紧迫的碳减排任务、持续增长的能源需求、庞大而复杂的能源供应系统、资源禀赋和经济发展的巨大区域差异、运行时间普遍较短的大规模化石能源基础设施，均是中国能源系统低碳转型面临的巨大挑战。面对低碳转型的巨大挑战，中国宣布 2060 年实现碳中和的承诺将对全球应对气候变化做出巨大贡献，中国低碳转型的方案、路径和智慧将为广大发展中国家提供宝贵经验。

本节梳理了 10 个国际机构发布的能源展望报告，比较了 17 个转型路径的碳排放轨迹、一次能源需求、各能源品种需求量、碳捕集技术应用和终端电气化率，为本章构建中国低碳转型路径的相关情景提供参考。

本节应用超结构数学建模的方法开发了基于能源基础设施的中国多区域能源供应系统规划模型作为研究中国能源供应系统低碳转型的方法工具。CRESOM 区分了 30 个地区和 8 个用能行业，刻画了逐月的能源供需平衡，能根据情景设定展望能源需求，并通过最优化计算得到从 2016 年到 2060 年长期系统总成本最低的能源供应系统规划方案，包括基础设施的规划布局和能源生产、储存、加工转换及跨区域调配方案。相比于已有模型，CRESOM 刻画了能源基础设施对能源供应系统运行的约束作用，提高了已有模型的时空分辨率，能够用于解决区域性、季节性能源供需矛盾，并提出带有基础设施规划方案的能源供应系统转型路径。

本节应用 CRESOM 模型，在实现给定转型目标下，建立了能源供应系统转型路径与转型成本之间的定量关系。结果表明，成本最低的路径是推进电气化的边际成本与增加非化石电力占比的边际成本的平衡。过度推进电气化和过度发展非化石电力都将导致更高的成本，成本最低的路径是两种措施的结合。最优路径的曲线总是凸向非化石电力占比的坐标轴，并经过非化石占比相等曲线和等成本曲线的切点，但其具有较大不确定性。更高的能源需求会将曲线向右平移，而技术进步会将曲线向左平移。对于中国来说，要想在 2050 年实现 50%的非化石能源占比，在我们提出的五种转型情景中，能源供应系统转型成本最低为 23.64 万亿元，而采取不适当的途径将使转型成本增加 17%。

研究结果对能源供应系统规划的启示可以总结如下。在电力供应系统中，煤电去产能应谨慎保守，本章在较窄范围内给出了部分地区最优电储能规模，要扩大东北与华北、西北与华北、华北与华东之间的输电通道。在煤炭供应系统中，适当提高产能集中度有助于降低总成本，最佳产能集中度取决于终端电气化程度。西南地区产能将增加约 1 亿吨/年，其他地区产能将继续下降。江海联合输送将是向中部省份供应煤炭的一种经济方式，而南部地区由于成本原因将更多地依赖进口煤炭。在天然气系统中，东部沿海地区 LNG 进口能力规划面临天然气替代政策的巨大不确定性，而其他地区的 LNG 进口能力和跨省运输量可以在相对狭窄的范围内确定。在石油供应系统中，未来将逐步降低除华南地区外的炼油产能，同时增加向西南和中部省份输送成品油的管道建设。

参 考 文 献

[1] 邹才能，赵群，张国生，等. 能源革命：从化石能源到新能源[J]. 天然气工业，2016，36（1）：1-10.

[2] 段宏波，范英. 能源系统集成建模：政策驱动下的低碳转型[M]. 北京：科学出版社，2017.

[3] Tollefson J. COVID curbed carbon emissions in 2020 — but not by much[J]. Nature, 2021, 589: 343.

[4] Hu Y, Peng L, Li X, et al. A novel evolution tree for analyzing the global energy consumption structure[J]. Energy, 2018, 147: 1177-1187.

[5] Pacesila M, Burcea S G, Colesca S E. Analysis of renewable energies in European Union[J]. Renewable and Sustainable Energy Reviews, 2016, 56: 156-170.

[6] Csereklyei Z, Thurner P W, Langer J, et al. Energy paths in the European Union: a model-based clustering approach[J]. Energy Economics, 2017, 65: 442-457.

[7] 李洪英，迟远英. 中国能源消费结构影响因素冗余分析研究[J]. 生态科学，2016，35（3）：172-177.

[8] 杨英明，孙建东，李全生. 我国能源结构优化研究现状及展望[J]. 煤炭工程，2019，51（2）：149-153.

[9] 边文越，陈挺，陈晓怡，等. 世界主要发达国家能源政策研究与启示[J]. 中国科学院院刊，2019，34（4）：488-496.

[10] Li Y. Prediction of energy consumption: variable regression or time series? A case in China[J]. Energy Science and Engineering, 2019, 7（6）: 2510-2518.

[11] Wang W W, Zhang M, Li P. Exploring temporal and spatial evolution of global energy production and consumption[J]. Renewable and Sustainable Energy Reviews, 2014, 30: 943-949.

[12] BP. Statistical review of world energy[R]. London: BP PLC, 2020.

[13] Nelson G C, Valin H, Sands R D, et al. Climate change effects on agriculture: economic responses to biophysical shocks[J]. Proceedings of the National Academy of Sciences of the United States of America, 2014, 111（9）: 3274-3279.

[14] Duan H B, Zhu L, Fan Y. Optimal carbon taxes in carbon-constrained China: a logistic-induced energy economic hybrid model[J]. Energy, 2014, 69: 345-356.

[15] Böhringer C, Rutherford T F. Combining bottom-up and top-down[J]. Energy Economics, 2018, 30 (2): 574-596.

[16] Bertram C, Luderer G, Pietzcker R C, et al. Complementing carbon prices with technology policies to keep climate targets within reach[J]. Nature Climate Change, 2015, 5: 235-239.

[17] Edenhofer O, Bauer N, Kriegler E. The impact of technological change on climate protection and welfare: insights from the model MIND[J]. Ecological Economics, 2005, 54(2-3): 277-292.

[18] Kemfert C. Induced technological change in a multi-regional, multi-sectoral, integrated assessment model (WIAGEM): impact assessment of climate policy strategies[J]. Ecological Economics, 2005, 54 (2-3): 293-305.

[19] Jewell J, Vinichenko V, McCollum D, et al. Comparison and interactions between the long-term pursuit of energy independence and climate policies[J]. Nature Energy, 2016, 1 (6): 16073.

[20] Cherp A, Jewell J. The concept of energy security: beyond the four As[J]. Energy Policy, 2014, 75: 415-421.

[21] Bollen J, Hers S, van der Zwaan B. An integrated assessment of climate change, air pollution, and energy security policy[J]. Energy Policy, 2010, 38 (8): 4021-4030.

[22] Cherp A, Jewell J, Vinichenko V, et al. Global energy security under different climate policies, GDP growth rates and fossil resource availabilities[J]. Climatic Change, 2016, 136: 83-94.

[23] McCollum D, Bauer N, Calvin K, et al. Fossil resource and energy security dynamics in conventional and carbon-constrained worlds[J]. Climatic Change, 2014, 123: 413-426.

[24] Kruyt B, van Vuuren D P, de Vries H J M, et al. Indicators for energy security[J]. Energy Policy, 2009, 37 (6): 2166-2181.

[25] Rogelj J, Reisinger A, McCollum D L, et al. Mitigation choices impact carbon budget size compatible with low temperature goals[J]. Environmental Research Letters, 2015, 10 (7): 1-10.

[26] Raupach M R, Davis S J, Peters G P, et al. Sharing a quota on cumulative carbon emissions[J]. Nature Climate Change, 2014, 4: 873-879.

[27] Tavoni M, Kriegler E, Riahi K, et al. Post-2020 climate agreements in the major economies assessed in the light of global models[J]. Nature Climate Change, 2015, 5: 119-126.

[28] IPCC. Climate Change 2014: Mitigation of Climate Change[M]. Cambridge: Cambridge University Press, 2015.

[29] International Energy Agency. World energy outlook 2020[R]. Paris: International Energy Agency, 2020.

[30] Li H W, Wang S J, Bai X Y, et al. Spatiotemporal distribution and national measurement of the global carbonate carbon sink[J]. The Science of the Total Environment, 2018, 643: 157-170.

[31] 习近平. 习近平在第七十五届联合国大会一般性辩论上的讲话[EB/OL]. http://www.qstheory.cn/yaowen/2020-09/22/c_1126527766.htm[2020-09-22].

[32] 习近平. 继往开来, 开启全球应对气候变化新征程[EB/OL]. http://world.people.com.cn/n1/2020/1213/c1002-31964426.html[2020-12-12].

[33] 国家统计局能源统计司. 中国能源统计年鉴2019[M]. 北京：中国统计出版社，2020.
[34] 国家发展和改革委员会. 能源运行简况[R]. 北京：国家发展和改革委员会，2020.
[35] 中国电力企业联合会. 中国电力工业运行简况[R]. 北京：中电联电力统计与数据中心，2020.
[36] Tong D，Zhang Q，Zheng Y X，et al. Committed emissions from existing energy infrastructure jeopardize 1.5 degrees ℃ climate target[J]. Nature，2019，572（7769）：373-377.
[37] Energy Information Administration. Annual energy outlook 2020[R]. Washington：Energy Information Administration，2020.
[38] World Energy Council. World energy scenarios[R]. London：World Energy Council，2019.
[39] OPEC. World oil outlook 2040[R]. Vienna：OPEC，2018.
[40] Shell. Sky：meeting the goals of the Paris Agreement[R]. London：Shell，2018.
[41] Exxon Mobil. 2018 Outlook for energy：a view to 2040[R]. Avon：Exxon Mobil，2018.
[42] DNV-GL. Energy transition outlook 2020[R]. Oslo：DNV-GL，2020.
[43] Equinor. Energy perspectives 2020：long-term macro and market outlook[R]. Stavanger：Equinor，2020.
[44] 中国石油经济技术研究院. 2050年世界与中国能源展望[R]. 北京：中国石油经济技术研究院，2019.

第 5 章
国际气候治理与合作机制

5.1 《巴黎协定》下的国际气候治理进程

IPCC 第五次评估报告指出，为实现将 21 世纪末全球平均温升控制在不超过工业化前 2℃的目标，2011~2050 年全球碳预算（概率＞67%）范围为 5500 亿~13 000 亿吨二氧化碳。IPCC1.5℃特别报告进一步指出，如果负排放技术不能取得突破性进展，要实现 2℃的目标，全球能源碳排放需要在 2050 年前尽早达峰之后加速下降，到 2070 年左右达到碳中和；如果要进一步实现 1.5℃的温控目标，全球需要在 2050 年左右达到碳中和，2011~2050 年全球碳预算（概率＞50%）范围为 5800 亿±2500 亿吨。2014 年以来，全球已陆续有超过 180 个国家和地区立足自身国情和发展阶段、共同但有区别责任及各自能力原则，提交了 NDC，明确了 2030 年前减排约束性目标。截至 2021 年 1 月，45 个缔约方正式提交其更新的 NDC 目标，此外还有多个缔约方承诺将更新 NDC 目标。

2020 年 9 月，习近平主席在第 75 届联合国大会一般性讨论中提出，"力争于 2030 年前达到峰值，努力争取 2060 年前实现碳中和①"。我国碳中和目标提出后，日本和韩国也纷纷声明 2050 年实现温室气体净零目标。截至 2021 年 3 月，包括中国在内已有 29 个国家和地区明确提出碳中和或净零排放目标，此外，由智利和英国政府领导，联合国气候变化组织和联合国开发计划署（United Nations Development Programme，UNDP）支持的气候雄心联盟发起的"race to zero"（近零竞赛）活动，加入该活动的国家或组织承诺将在 2050 年实现二氧化碳净零排放目标，截至 2021 年 1 月，已有 121 个国家加入。

---

① 《习近平在第七十五届联合国大会一般性辩论上发表重要讲话》，http://www.gov.cn/xinwen/2020-09/22/content_5546168.htm [2020-09-23]。

5.2 全球排放权配额分析

现有各国的排放目标与实现 2℃目标的排放路径之间存在着非常大的差距。在长期目标约束下，未来碳排放空间在相当长时间内都将变得十分有限，几乎所有国家都要面临排放空间不足的问题。全球目标能否实现关键依赖于是否能够将其落实为各国具体目标，由此，如何将有限碳排放空间（或排放差距对应减排义务）分配给各个国家，成为国际气候谈判中最为重要的焦点问题。为帮助回答该问题并促进各国的广泛参与，国际社会提出了一系列碳排放权分配方案，基于这些方案，全球排放空间将得以最终分解至各个国家，构成各自的减排目标。

5.2.1 分配方案概述

分配方案定义了有限排放资源分配模式，一个完整的方案主要包括两部分：①确定原则和方法来分配排放权；②确定哪些国家参与分配。概括地讲，可以从四个维度进行区分。①分配原则：一类方案从资源配置角度将有限排放权分配给各国，并多从人均或现状角度进行设计，但对某些国家和区域，这类方案可能会产生高于照常排放的配额。另一类方案则从责任分摊的角度出发，考虑减排义务在国家间划分，主要依据责任、能力或两者相结合的指标。在这类方案下，所有国家配额都不会高于照常排放。②目标界定：绝大多数分配方案首先选择一个与长期减排目标相容的全球排放路径，把由此确定的配额量或减排量自上而下地分配给各国，其他方案则不预先设定全球目标，直接用一定准则自下而上地配置排放许可。③参与程度：一些方案侧重减排效率，要求所有国家从一开始就直接参与量化减排。其他方案则强调"共同但有区别的责任和各自能力"（common but differentiated responsibilities and respective capabilities，CBDRRC）原则，基于各国不同国情和发展需要，通过设定人均 GDP、人均排放、起始年或混合指标等阈值来判断发展中国家参与量化减排时点。目前，最为普遍的做法是将能力（人均 GDP）设置为阈值，阈值线下国家照常排放，线上国家则依据平等、责任或潜力来分配减排义务。④参与形式：各国减排形式在不同时期不尽相同，可能是绝对减排、相对减排或强度减排等。

早期配额分配方案基本由发达国家提出，IPCC 第四次评估报告以来发展中国家逐步提出了更能反映发展中国家诉求的方案，这也使得该领域研究更为平衡。最基本的碳排放权分配方案主要根据人均排放相等、排放现状、历史责任或支付能力等指标设计。基于每个公民无论在何处都应具有平等享受排放资源这一客观认知，人均是一种最直接的"平等"，这类方案主要包括严格等人均年排放和调整等人均年排放方案，均以各国人口比为基准进行分配。趋同的人均方案以英国全球公共资源研究所提出的紧缩趋同方案为代表，但在紧缩趋同下，发展中国家人均年排放将一直少于发达国家，也就失去了平等发展的机会。紧缩趋同的变异包括共同但有区别的趋同和考虑可持续排放的趋同等。基于排放现状的分配方案主要为祖父原则，各国根据基准年排放比例划分未来排放空间。历史责任是发展中国家在气候变化谈判中主要坚持的原则之一，巴西案文是最有代表性的考虑历史责任的方案之一，认为未来减排义务应只在附件Ⅰ国家间根据其温升历史责任进行分担。支付能力方案通过用人均 GDP 描述能力来分配排放空间。对这些最基本方案加权，我们可以得到一些多标准的分配方案，如偏好打分方案和多标准方案等。

在这些最基本方案基础上，国内外研究机构又提出了一些更综合和复杂的方案。一类是通过构造指标将国家分阶段或分组来划分减排目标的方案，荷兰国家公众健康与环境研究所通过设定人均 GDP 阈值将非附件Ⅰ国家纳入巴西案文量化减排队伍，提出了历史责任方案，又通过设定能力责任指标提出了将发展中国家减排进程分为 3~4 阶段的多阶段方案，这类分组或分阶段的方案还包括分 2 阶段的强度目标方案和分 6 组的南北对话方案等。另一类是分部门减排的三要素方案，这类方案结合不同部门排放状况和减排潜力，对各部门考虑不同趋同指标。

一般而言，发达国家往往提倡以排放现状或人均排放趋同为基础进行排放空间分配，而我国学者则提出了另一大类方案，即基于人均累计排放的分配方案，该类方案试图将各国不同温升历史责任和未来发展需要同时纳入考虑范围。由于温室气体可以在大气圈停留百年以上，相对于排放流量，学者认为排放存量能更准确地体现历史责任，这类方案能维护发展中国家合理的排放空间。

近些年，还出现了一类考虑个体差异的方案。瑞典斯德哥尔摩环境研究所提出的温室发展权方案定义了一个表征个体发展的阈值（用人均 GDP 描述），认为处于阈值线下的个体，无论处于何处，其基本排放权都应得到保护，未来减排责任应只在阈值线上高收入个体间分摊。该方案以各国线上人群总能力（GDP 总量）和责任（累计排放）构造出了一个责任能力指标来进行全球减排义务分担，与之类似的方案是基础四国部长级会议上南非的提案。近期，美国学者又提出了高排放者减排的方案。与温室发展权方案不同的是，该方案直接考虑个体排放水平而不是收入水平，对全球所有个体的排放设置一个与目标相容的均一化上限，排放线上人群多的国家将承担更多减排义务。

此外，还有参考其他学科理论和方法来进行分配的尝试。比如，利用统计力学中玻尔兹曼分布推导分配概率，利用信息论中熵理论计算各指标权重，利用合作博弈论中 Shapley 值表征各国减排责任。本章考虑的分配方案简述及其简写详见表 5.1。

表 5.1　本章考虑的分配方案

方案	简述	缩写
调整等人均年排放	在严格等人均分配的基础上，考虑到发达国家减排压力过大，专门对其进行了调整	排放配额插值 AEPCemi
		减排比例插值 AEPClev
支付能力	用人均 GDP 描述支付能力，阈值线上国家经历一个短暂的过渡期后进入绝对减排	AP
玻尔兹曼分布法	通过玻尔兹曼分布（Boltzmann distribution）确定单位配额分配给不同国家的概率	BDM
高排放者减排	考虑个体差异，全球所有个体有一个均一化排放上限，减排任务在高于此上限的排放者间分担	BHE
紧缩趋同	发达国家人均年排放逐年减少，发展中国家逐年增加，在目标年趋同至相同水平	指数趋同 CC
		线性趋同 CClin
共同但有区别趋同	非附件 I 国家在阈值线下时照常排放，达到阈值后开始趋同，此方案规定各国人均排放在相同长度的时间区间内趋同至同一水平	人均排放阈值 CDCemi
		人均 GDP 阈值 CDCgdp
CSE 趋同	将排放空间分为可持续性和不可持续性排放两部分，可持续性排放按等人均分配，不可持续性排放按紧缩趋同分配	指数趋同 CSE
		线性趋同 CSElin
平等的国际分配	排放强度高的国家应当得到一个较高的配额，排放强度相等的国家，人口越多配额应越高	EIA
排放强度趋同	各个国家的排放强度在目标年趋于同一水平	指数趋同 EIC
		线性趋同 EIClin
强度目标	发展中国家的排放分两阶段进行，阈值线下时照常排放，线上时按强度改善目标进行排放	EIT
等减排成本	分配使得各国边际减排成本相等	EMC
等人均年排放	各国按当年人口比分配	无人口截止年 EPC
		当前年份截止年 EPCsta
等人均累计排放	各国人均累计排放在所考虑区间内相等，并且人均排放在目标年趋同至相同水平	动态算法 EPCCE
		静态算法 EPCCEsta
熵权重法	考虑人均累计排放和人均 GDP，通过信息熵计算其权重，由加权综合指标进行未来减排义务分担	EWM
温室发展权	考虑责任和能力，引入表示满足基本发展需要的阈值，计算时不考虑阈值线下个体，各国按阈值线上所有个体的责任能力指数分配全球减排任务	动态算法 GDR
		静态算法 GDRevoc
祖父原则	阈值线下的发展中国家照常排放，线上所有国家按参考年排放比例进行配额分配	GF

续表

方案	简述	缩写
历史责任	阈值线下的发展中国家照常排放,全球减排义务由阈值线上的国家按对温升历史责任贡献分担	HR
印度总理提案	发展中国家人均排放低于发达国家时照常排放,超过时按人均分配剩余排放空间	IPM
多标准趋同	按多个标准来进行综合分配,如人口比、GDP 比重、排放比等指标,各个指标有其相应的比重	有阈值 MCAcic / 无阈值 MCAfair
多阶段	根据能力责任指数将非附件 I 国家的减排过程划分为三个阶段,第一阶段照常排放,第二阶段进行排放强度改善,第三阶段进行绝对减排	责任能力指数阈值 MS / 人均排放阈值 MSemi / 人均 GDP 阈值 MSgdp
偏好打分	等人均分配和祖父法则的加权	PS
南非提案	基于 GDR 框架,但用人类发展指数对各国能力进行了修正	动态算法 SAA / 静态算法 SAAsta
南北对话	根据减排潜力、责任和能力等综合指标将所有国家分为 6 组,每组按预先设定的不同目标进行减排	SND
Shapley 值方法	通过计算各国 Shapley 值来分配全球未来的减排量,Shapley 值可能有不同的定义	SVA
三要素法	将各个国家排放源细分为能源密集型部门、民用部门、发电部门、农业、废弃物和土地利用六个部门,各部门按不同趋同原则进行排放配额计算,但要确保国家配额加总等于总排放空间	TT

5.2.2 参数设定

结合所有方案所用数据可获得性,本节以 2010 年为基年,分配区间设置为 2011~2050 年。选取 MATCH 数据库 IPCC SRES A1B 为照常排放情景,先考虑能源及工业过程相关二氧化碳排放。IPCC 第五次评估报告第三工作组对照常排放进行了估计,指出从 2011 年到 2050 年,全球能源及工业二氧化碳累计排放量为 15 000 亿~25 000 亿吨,本节采用的 A1B 情景排放为 21 600 亿吨二氧化碳,符合该范围。同时,本节选取波茨坦气候影响研究所(Potsdam Institute for Climate Impact Research,简写为 PIK)发布的 RCP2.6 为全球排放路径,该路径与 2℃目标相容,其过辐射约为 0.4 瓦/米^2,在分配区间内全球二氧化碳累计配额为 9400 亿吨二氧化碳,也在第五次评估报告给出范围内(过辐射<0.4 瓦/米^2 范围为 5500 亿~10 300 亿吨二氧化碳,过辐射>0.4 瓦/米^2 范围为 9200 亿~13 000 亿吨二氧化碳)。为达成 RCP2.6 路径,全球排放配额将在 2020 年左右达到峰值,相应配额为 330 亿吨二氧化碳，在 2030 年配额为 250 亿吨二氧化碳，2011~2050 年全球需要相对照常情景排放减排 56%（约 12 000 亿吨二氧化碳）。图 5.1 给出了本节情景下全球减排目标及我国照常排放路径。

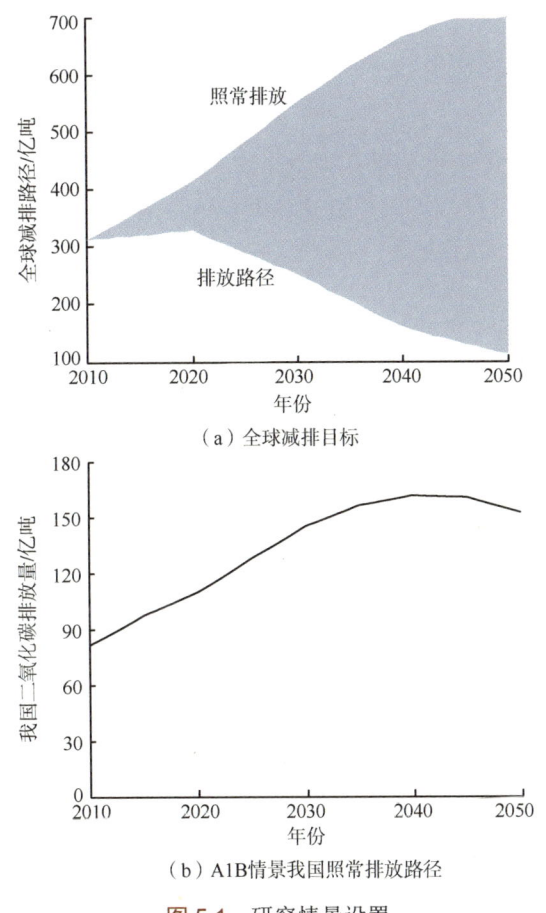

（a）全球减排目标

（b）A1B情景我国照常排放路径

图 5.1 研究情景设置

由于购买力评价法（purchasing power parity，PPP）的回归转化会产生误差和不确定性，本节以市场汇率（market exchange rate，MER）计算 GDP。一般地，在严格的总量目标下，对于以人均 GDP 作为发展中国家参与阈值的方案，阈值设置为附件 I 国家 1990 年人均 GDP 的 40%（具体值约为 11 000 美元，2010 年不变价）。对于考虑历史累计排放的方案，起始年设置为 1850 年，对于以趋同为设置思路的方案，趋同年设置为 2050 年。根据各方案设计思路，自下而上方案（如 AP、SND、TT 等）给出的配额需进一步通过等人均法、规模系数法或方案特殊指标法等办法调整至与 RCP2.6 路径严格吻合。调整一致的重要原因在于：①对温升的预测具有较高不确定性，尽管一段时期内排放总量相同，但排放在各年份分布不同也有可能对未来温升产生或多或少影响。因此，严格吻合全球排放路径更可能以较大概率将温室气体稳定在预期浓度。②便于进行所有方案下各国排放配额的比较，同时，是否相容于全球排放路径对讨论峰值、成本及减排进程等问题有重要影响。

5.2.3 排放配额

排放权分配方案以国家为基本元素，将未来排放配额和减排义务分配至各个国家，未来较长时期内排放配额总量是各国参与应对气候变化时最为关心的因素，本节重点关注我国配额信息。

1. 累计排放配额

我国在不同分配方案下 2011～2050 年二氧化碳累计排放配额及其分布由图 5.2 给出。在本节中，箱线图均由两步绘制而成：①对于一个数据序列，将其按大小排序，首先确定下四分位点（箱子左侧或下端）、中位数（箱子内标线）及上四分位点（箱子右侧或上端），这样构成的箱子将包含数据序列排序后最中间 50% 的数据；②线由箱子两端向外分别延长至该数据系列最大值和最小值。可以看到，我国二氧化碳累计排放配额受分配方案选择的影响较大，全范围为 1500 亿～4400 亿吨二氧化碳（四分位 2000 亿～3050 亿吨二氧化碳，中位数 2380 亿吨二氧化碳），此时需要相对 A1B 照常排放（5430 亿吨二氧化碳）减排为 20%～70%。图 5.2 显

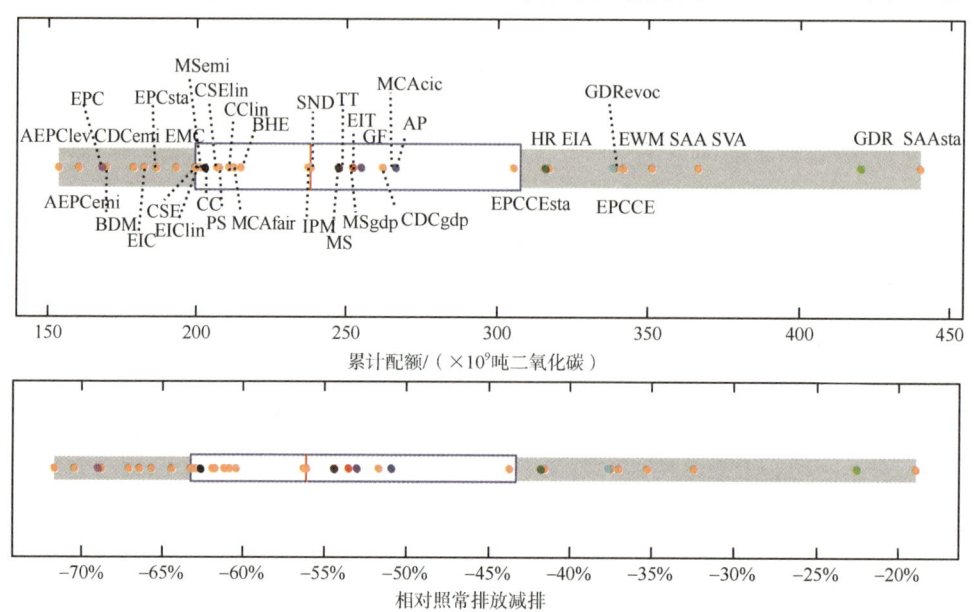

图 5.2 中国 2011～2050 年二氧化碳累计排放配额

示出，我国配额呈现出两簇分布状态，其中一簇主要是重点考虑历史责任的方案（如 SAA、GDR、EWM 和 EPCCE 等），这一簇方案给予我国相对更高配额，为 3000 亿～4400 亿吨二氧化碳，相应减排比在 45%以下。而另一簇则基于等人均、排放现状、能力等其他分配思路，这里面包含了绝大多数方案，此时我国配额总量为 1500 亿～2600 亿吨二氧化碳，相对照常排放减排量超过 50%。

已有关于配额分配的研究一般很少对累计量进行讨论，而是重点关注了关键年份（如 2020 年、2030 年、2050 年）配额。图 5.3 给出了我国这些年份排放配额相对 2010 年二氧化碳实际排放（82 亿吨二氧化碳）变化，负值表示绝对减排。由此得出，在 RCP2.6 路径严格目标下，我国 2020 年二氧化碳配额相对 2010 年排放的变化为–25%～45%（四分位–5%～35%），此时在有阈值方案下我国尚不需进行减排。2030 年相对 2010 年变化为–50%～50%（四分位–40%～5%），2040 年为–95%～45%（四分位–70%～40%）。到 2050 年，配额仅在静态 SAA 方案下高于 2010 年排放，在其他所有方案下将大致需要从 2010 年水平偏离–95%～25%（四分位–79%～–73%）。

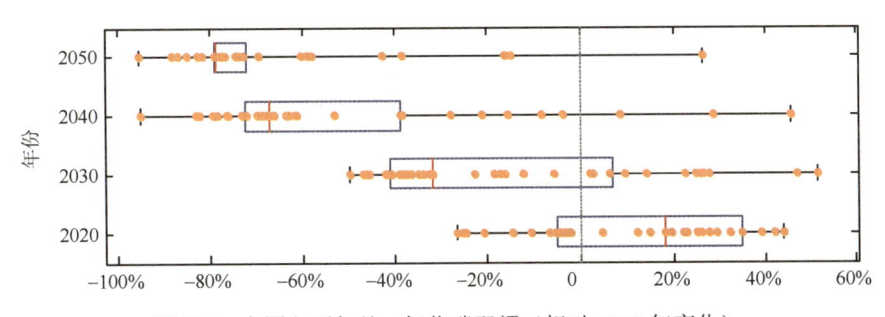

图 5.3　中国主要年份二氧化碳配额（相对 2010 年变化）

图 5.4 进一步给出了我国逐年二氧化碳排放配额轨迹，需要说明的是配额轨迹并不等同于实际排放轨迹。由该图可以方便地得到任一年份我国可能的二氧化碳配额信息。例如，2030 年配额范围为 41 亿～125 亿吨二氧化碳（四分位 48 亿～87 亿吨二氧化碳，中位数 56 亿吨二氧化碳），2050 年配额为 4 亿～103 亿吨二氧化碳（四分位 17 亿～22 亿吨二氧化碳，中位数 17 亿吨二氧化碳）。总体上可以看到，我国排放配额中位数及四分位区间的变化趋势与 RCP 2.6 路径基本一致。2030 年后，随着全球减排压力进一步增大，各年份配额随方案分布也逐步分化为明显的两簇，与总量一致，侧重责任（累计排放）方案将比其他方案赋予我国显著更高的年配额，但大部分方案都主要集中在中位数附近，四分位范围也因此比全范围要小得多。

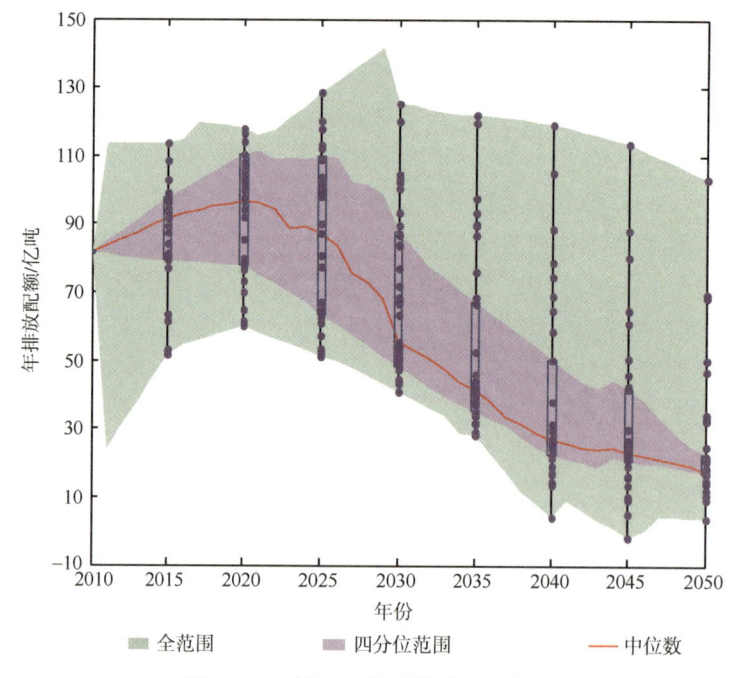

图 5.4　中国二氧化碳排放配额轨迹

2. 配额峰值

对于广大发展中国家，除了排放空间总量，何时达到峰值也将对低碳背景下社会经济发展及消除贫困产生至关重要的影响。尽管在合作及交易机制下，通过市场再次配置，实际发生的排放与初始配额可能不同，但是配额峰值年对展示减排迫切程度及讨论如何安排减排进程以实现实际达峰与配额达峰相协调会起到一定作用。

图 5.5 给出了我国二氧化碳配额峰值信息，其中图 5.5（a）为一些典型方案配额路径，图 5.5（b）为所有方案峰值年及相应配额分布散点图。可以看到，在严格人均排放相等及人均趋同系列方案下，我国排放配额将在 2010 年基础上呈下降趋势。在静态 SAA 方案下我国配额将在 2035 年达峰，明显晚于其他方案，而在其他所有方案下，配额峰值年都将在 2030 年之前。整体看来，峰值年份对应配额为 80 亿～140 亿吨二氧化碳（四分位 82 亿～117 亿吨二氧化碳，中位数 10 亿吨二氧化碳）。我国政府已经承诺二氧化碳排放要在 2030 年左右达峰，本节研究证明，配额峰值年比 2030 年要早一些，由于短期内我国排放仍将不断增加，这两者间差别显示出 2030 年峰值目标对我国来说将会是一项非常严峻的挑战。一些中国学者研究表明，要实现 2030 年达峰，必须强化一系列新技术及政策，提高能源利用效率，努力降低能源消费和碳排放强度，这一过程需要相当高的资金投入，这说明尽管尚处发展中阶段，但对于参与解决全球共同问题，我国是极为积极和负责任的。

(a) 典型方案二氧化碳配额路径

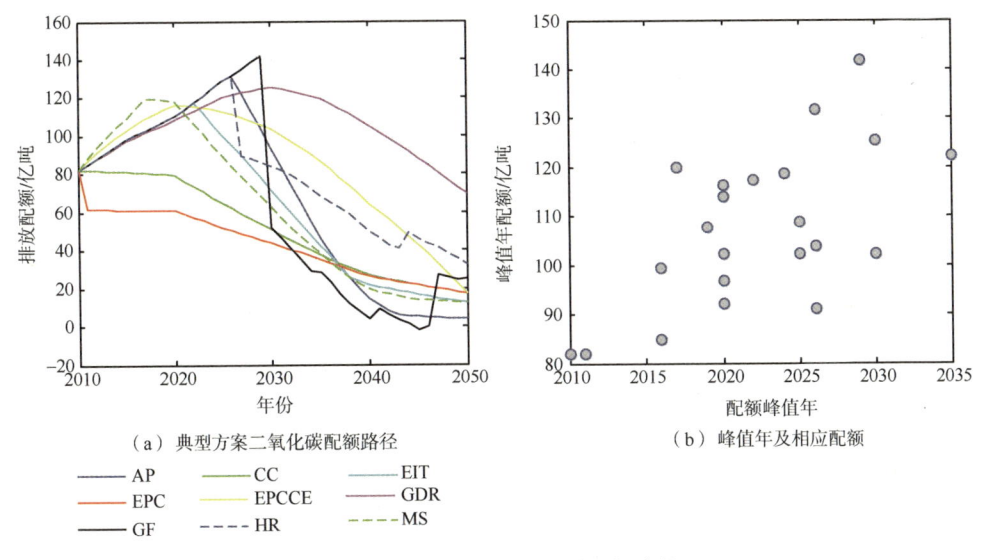

- AP
- CC
- EIT
- EPC
- EPCCE
- GDR
- GF
- HR
- MS

(b) 峰值年及相应配额

图 5.5 中国二氧化碳排放配额峰值

表 5.2 对我国到 2050 年排放配额进行了总结。2010 年我国二氧化碳排放量已经约占到全球排放总量的 25%，在当前排放状况下，基于排放现状的方案大致将赋予我国 2000 亿~2550 亿吨二氧化碳累计配额。这里的一个重要发现是，尽管我国是世界上人口最多的国家，但基于等人均年排放的方案（EPC 系列和 AEPC 系列）已经构成了我国二氧化碳配额下限。在这些方案下，我国 2011~2050 年二氧化碳配额总量仅为 1550 亿~1850 亿吨，需要相对 A1B 照常排放减排高达 70%，故按照等人均划分未来排放空间将变得不再有利于我国。结合前面累计配额分析，可以得出，我国在应对气候变化及参与气候谈判过程中，应当稳守将历史责任及累计排放作为排放空间划分依据，从而更好地维护长远利益。

表 5.2 中国在不同分配方案下二氧化碳累计排放配额

方案	配额/亿吨	相对减排	峰值年份	方案	配额/亿吨	相对减排	峰值年份
AEPCemi	1600	−70%	2010	CDCemi	1790	−67%	2010
AEPClev	1540	−72%	2010	CDCgdp	2620	−52%	2026
AP	2660	−51%	2026	CSE	1990	−63%	2010
BDM	1690	−69%	2010	CSElin	2070	−62%	2010
BHE	2150	−60%	2016	EIA	3170	−42%	2020
CC	2030	−63%	2011	EIC	1830	−66%	2010
CClin	2110	−61%	2010	EIClin	2000	−63%	2010

续表

方案	配额/亿吨	相对减排	峰值年份	方案	配额/亿吨	相对减排	峰值年份
EPCCEsta	3050	−44%	2020	MCAcic	2660	−51%	2026
EWM	3420	−37%	2025	MCAfair	2120	−61%	2010
GDR	4200	−23%	2030	MS	2470	−54%	2017
GDRevoc	3390	−37%	2025	MSemi	2010	−63%	2010
GF	2550	−53%	2029	MSgdp	2520	−54%	2024
HR	3150	−42%	2026	PS	2080	−62%	2026
IPM	2370	−56%	2019	SAA	3510	−35%	2026
EIT	2520	−53%	2022	SAAsta	4400	−19%	2035
EMC	1930	−64%	2016	SND	2380	−56%	2020
EPC	1680	−69%	2010	SVA	3670	−32%	2030
EPCsta	1860	−66%	2010	TT	2470	−54%	2020
EPCCE	3380	−38%	2020	中位数	2380	−56%	2020

5.2.4 小结

在 EASD 模型框架下，本章对我国未来排放配额进行了量化分析，区别于已有研究。在研究情景中，我国 2011~2050 年二氧化碳累计配额为 1500 亿~4400 亿吨（四分位 2000 亿~3050 亿吨二氧化碳，中位数 2380 亿吨二氧化碳），温室气体累计配额为 2000 亿~5600 亿吨（四分位 2520 亿~2970 亿吨，中位数 2690 亿吨）。尽管配额随方案分布范围很广，但配额峰值年和 2030 年目标对比说明，我国设定的减排目标是极具挑战的，体现了我国主动参与应对气候变化这一全球共同问题的决心和责任心。通过比较各方案具体配额，本节发现，基于等人均的方案已经构成了我国配额下限。表 5.3 对参数敏感性进行了系统分析，在未来相关谈判和研究中，我国应把握好有利参数，特别是要坚持完整追溯历史排放，从而体现责任差异并争取长期利益。

表 5.3 参数设置对我国排放配额影响

参数	对我国最有利参数	后续采用参数
GDP 度量标准	以人均 GDP 为能力指标分配减排责任的方案中选择市场汇率方法对我国有利，其他方案不产生显著影响	MER
累计排放起始年	尽可能地对历史排放完整追溯	1850 年

续表

参数	对我国最有利参数	后续采用参数
历史排放折扣率	不对历史排放折扣	0
GDP 阈值	0 或 40%以上	40%
责任能力权重	除动态 GDR 和静态 SAA 方案，权重设置不敏感	责任权重为 0.6
趋同年份	EPCCE 和 CDC 方案为 2050 年，其他方案为 2100 年	2050 年
趋同系数	越大越有利	4
分配基年	趋同方案 2010 年，严格等人均方案 1990 年	2010 年

5.3 温控目标模拟

5.3.1 研究背景

气候变化问题是全球性的重大环境科学问题。研究表明，目前《巴黎协定》中全球各国 NDC 承诺努力，难以实现 21 世纪末全球平均温度控制在 2℃甚至 1.5℃之内的温升控制目标。实际上，要实现《巴黎协定》目标，2030 年全球二氧化碳排放缺口高达 12 亿～17 亿吨[1-2]。因此，世界各国都需要大幅提高减排目标，加大减排力度，尽早实现全球排放峰值，大力推进全球能源低碳转型[3]。

5.3.2 未来情景设置

研究表明，影响碳排放和能源低碳转型的主要因素包括：人口、GDP、产业结构、能源结构和能源技术进步等因素。在不影响 GDP 发展速度的前提下，为了全面反映全球能源低碳转型及其对实现《巴黎协定》温升控制目标的减排贡献，本节设定三个典型的未来排放情景，即 NDC 情景、2℃温升情景、1.5℃温升情景，具体如下。

NDC 情景：《巴黎协定》下的全球 NDC 承诺国际背景，全球主要国家和地区实现 NDC 承诺目标。比如，中国承诺到 2030 年左右二氧化碳排放达到峰值且将努力早日达峰，非化石能源比例占 20%等目标。2030 年以后，减排力度和减排措施保持不变。在该目标下，产业结构升级和优化，产业部门推进实施一系列低碳政策措施；能源结构得到优化、能源技术进步明显、采取适度的应对气候变化的政策和措施。

2℃温升情景（T20）：考虑到《巴黎协定》下全球温升 2℃的控制目标，通过提高能源效率和调整产业结构，控制能源消费总量，特别是煤炭消费总量；能源结构向低碳化、电气化、清洁化和多元化转化。加快转变经济发展方式，进一步调整和优化产业结构，促进社会向低能耗、高附加值行业发展。建筑部门提高能效和推广低碳技术；交通运输部门向清洁、高效、低碳的运输体系变化。采取中度的应对气候变化的政策和措施。

1.5℃温升情景（T15）：考虑《巴黎协定》下全球温升 1.5℃的控制目标，通过进一步提高能源效率和调整产业结构，进一步降低能源需求和能源消费总量，大幅度降低煤炭消费需求；中国燃煤比例大幅下降，而非化石能源比例大幅上升，能源结构需要大幅度低碳化、电气化、清洁化和多元化。电力比例大幅增加，终端能源消费向电气化和低碳化转变。工业部门能耗比例明显下降，建筑和交通部门能源消费增速缓慢。低碳电力（核电、可再生能源、CCS 和 BECCS）比例大幅度增加。应对气候变化的政策和措施力度大幅度增加。

5.3.3 主要参数与假设

主要参数包括宏观经济参数（人口、GDP 和产业结构）和能源系统相关参数（能源总量、能源结构、能源效率）的现状和未来发展趋势。其中中国地区的相关参数进行本地化修正和重新校准，其他参数主要来自全球变化评估模型（global change analysis model，GCAM）5.1 默认值。

主要国家和地区：中国、美国、印度、欧盟（27 国，本书研究数据包含英国，余同）、俄罗斯、中东和东南亚。2015 年人口占全球 60%、GDP 占全球 70%、二氧化碳排放占全球排放 75%，以上为 GCAM 模型中全球 32 个分区排放前 7 位的国家和地区，包括发达国家和发展中国家，基本上能够反映全球排放现状和决定全球未来排放趋势。

1. 人口、GDP 和产业结构

中国未来人口数量保持低速增长并即将达到峰值，在中短期内，人口进入平台期并缓慢下降阶段。2015 年，中国人口为 13.75 亿人，占全球的比例为 19%。预计到 2025 年达到峰值 14.60 亿人，然后缓慢下降，到 2050 年，中国人口为 14.00 亿人[4]（中速情景）。2050 年占全球比例 14%，比 2015 年下降 5 个百分点。到 2100 年，中国人口为 11 亿人，占全球比例 10%，比 2015 年下降 9 个百分点。也就是说，中国人口在全球人口比例将逐渐下降。在三个情景下，采用相同的人口趋势假设。全球主要国家和地区人口未来趋势如图 5.6 所示，人口占全球比例从 2015 的 59%逐渐下降到 2100 年的 41%，全球占比下降 18 个百分点。

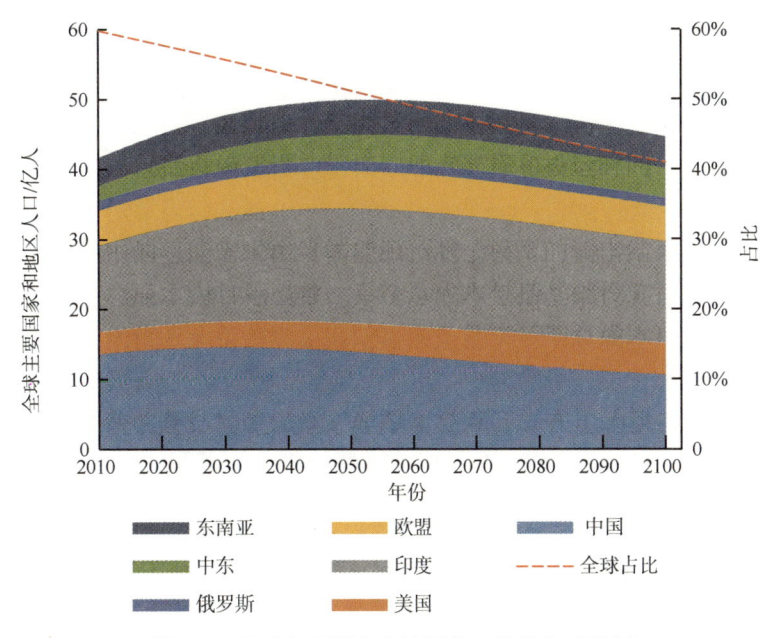

图 5.6　全球主要国家和地区人口及其全球比例

从 1980 年开始，经过三十年高速发展，2010 年中国已成为世界第二大经济体，2015 年中国 GDP 总量为 11 万亿美元（现价），占全球 GDP 的比例为 15%左右，人均 GDP 上升到 8069 美元[5]，进入中高收入国家行列。自 2011 年开始，中国经济增速开始放缓，我国经济增长率将逐步降低，从原来年均约 10%的高速增长转向个位数的中高速增长。研究表明，预计 2020~2025 年在 5%~6%，2025~2030 年在 4%~5%，2030~2040 年在 3%~4%，2040~2050 年在 2%~3%[6-9]。到 2050 年，中国 GDP 总量将达到 33 万亿美元，是 2015 年 3 倍，占全球 GDP 比例增加到 18%左右，然后该比例稳定在 21 世纪末。总体来说，中国 GDP 在 2050 年前将持续增加，增加速度放缓。全球主要国家和地区 GDP 未来趋势如图 5.7 所示，GDP 占全球比例从 2015 年的 70%逐渐下降到 2100 年的 55%，下降 15 个百分点。

2. 基准年能源系统参数重新校准

GCAM 5.1（release version）的基准年为 2010 年，主要来源于 IEA 和 OECD 数据，该数据的中国区域大体上与中国官方统计数据一致。但是，2015 年（研究的基准年），模型数据和中国实际数据存在一定差别。比如，GCAM 模型中，与实际数据相比，一次能源和终端能源低 8%左右，天然气低 34%，电力低 11%等。特别是电力部门分燃料类型（如天然气发电、水电、核电、风电、生物质能发电和光伏发电）的发电量，分别比实际发电水平低 20%~80%。对 2020 年来说，与国内最新研究结果相比，模型中的一次能源消费低 6%~10%，发电量低 10%~

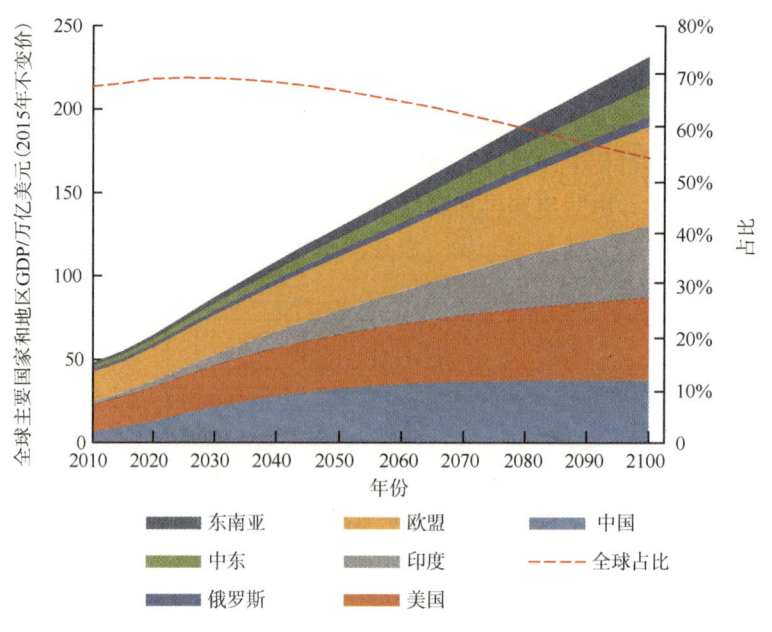

图 5.7 全球主要国家和地区 GDP 及其全球比例

20%。考虑到能源消费总量和能源结构对二氧化碳排放的影响,在该研究中需要对相关数据进行重新校准,使得与 2015 年和 2020 年实际情况相一致,从而更好地反映中国目前能源消费和排放现状及近期预期[10]。

3. 能源消费和二氧化碳排放未来趋势的判断

从全球层面来看,尽管世界各国的 NDC 减排承诺不足以实现《巴黎协定》目标,到 2100 年,全球升温为 2.6~4.3℃,全球排放比 2℃温控目标高 45 亿~92 亿吨碳。但是,NDC 情景下,全球总体排放到 2030 年仍然比参考情景低 10%~20%[11]。

因此,尽管 NDC 为各个国家和地区的自愿减排承诺,但仍然相对于参考情景,全球排放有所下降。因此,基于 NDC 的基础上,为达到全球 2℃温升情景和 1.5℃温升情景所对应的排放路径和减排成本(碳价)将存在差别,基于 NDC 基础上的情景设置,更符合目前的实际情况。

要实现《巴黎协定》2℃或者 1.5℃温升控制目标,能源系统转型起着至关重要的作用。能源系统低碳转型的两个关键点:提高供应侧能效和低碳能源技术比例(推广核电、可再生能源技术和天然气)、提高需求侧终端部门电气化比例和减少终端能源需求。

5.3.4 结果与讨论

1. 全球平均温升和碳价水平

不同的全球温升目标，未来的温室气体排放路径显然不一样。但给定了温升目标，从全球范围角度来看，全球平均温升、全球辐射强迫路径和大气中二氧化碳浓度变化路径，基本上是一致的，如图5.8所示。

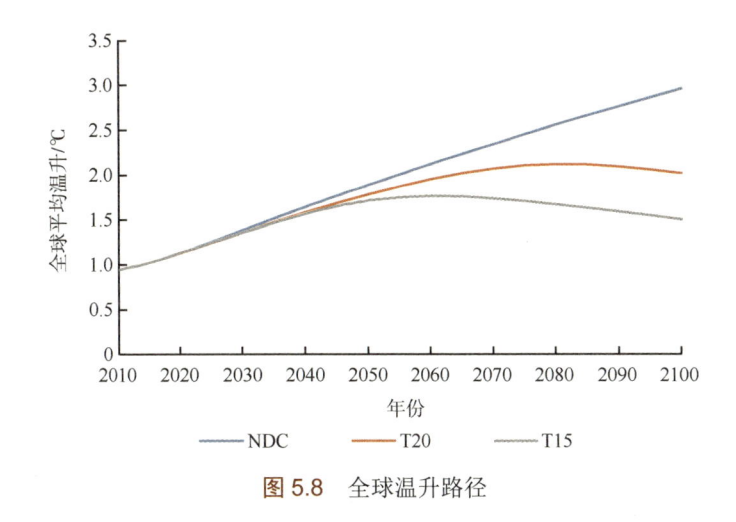

图 5.8 全球温升路径

其中2100年的全球温升及其对应的辐射强迫目标和二氧化碳浓度汇总如表5.4所示。

表5.4 不同情景下2100年温升和二氧化碳浓度目标

情景	辐射强迫/（瓦/米^2）	全球平均温升/℃	二氧化碳浓度/PPM
REF	6.16	3.43	720
NDC	5.17	2.96	612
T20	3.03	2.00	423
T15	2.12	1.50	359

注：PPM 表示百万分之一

与参考情景（reference scenario，简写为REF）相比，NDC情景更能够反映最新的国内外进展，更符合未来的排放判断预期。因此，以《巴黎协定》的温升控制目标作为三个情景设计的主要依据。在后续分析中，主要针对该三个情景进行分析，不考虑参考情景。

其中碳价水平如下。2025 年，NDC 情景、T20（2℃温升目标）情景和 T15（1.5℃温升目标）情景的碳价分别为 0、23 美元/吨二氧化碳和 66 美元/吨二氧化碳（2015 年价），然后每年以 5%的速度增加。到 2050 年，分别为 0、78 美元/吨二氧化碳和 223 美元/吨二氧化碳。

碳价大体上反映了给定减排目标下的减排成本。当前世界各国的 NDC 减排承诺不足以在未来实现 2℃升温的控制目标。UNFCCC 指出，NDC 目标下 2030 年温室气体排放量将达到 550 亿吨水平，无法达到最低成本 2℃情景的要求，距离 2030 年实现 2℃目标仍然缺口 12 亿～17 亿吨二氧化碳。

2. 二氧化碳排放路径

从全球范围角度来看，2015 年，全球排放 350 亿吨。如图 5.9 所示，到 2050 年，NDC 情景、T20 情景和 T15 情景，全球排放分别为 420 亿吨、290 亿吨和 70 亿吨，分别比 2015 增加 20%、减少 17%和减少 80%。到 2100 年，全球二氧化碳排放分别为 410 亿吨、−130 亿吨和−130 亿吨，分别比 2015 增加 17%、减少 137%和减少 137%（负排放）。而在实现《巴黎协定》温升目标下，T20 情景在 2075 年前后全球二氧化碳排放整体为负，T15 情景中，2055 年全球二氧化碳排放整体为负。与 T20 情景相比，T15 情景净零排放提前 20 年左右。与 NDC 情景相比，在 T20 情景下，2030 年减排比例 10%左右，而 2050 年全球减排比例 30%左右；而 T15 情景下，2030 年减排比例 20%左右，而 2050 年全球减排比例 80%左右，如图 5.9 所示。

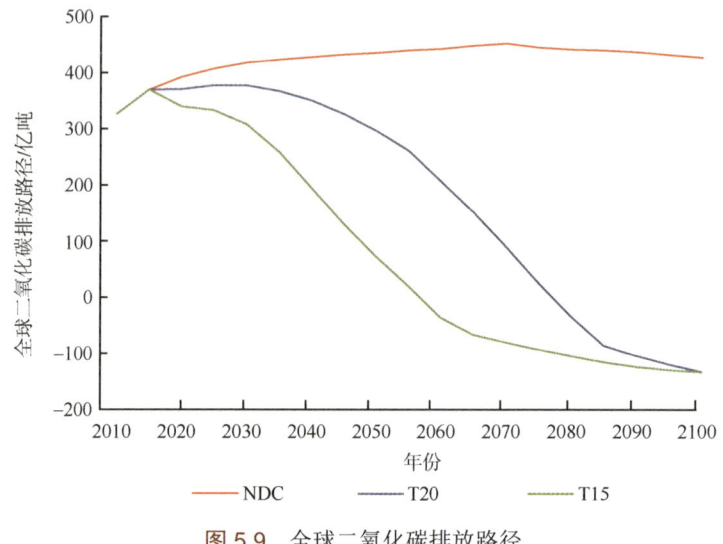

图 5.9 全球二氧化碳排放路径

从分区域来看，全球主要排放国家和地区（中国、美国、印度、欧盟、俄罗斯、中东和东南亚，不含其他国家或地区），其排放总量 2015 年占全球 75%左右，到 2050 年略微下降到 72%左右，到 2100 年 NDC 情景下降到 63%左右，T20 和 T15 情景二氧化碳负排放占比为 55%左右。如图 5.10 所示，主要国家和地区的未来排放路径非常典型和具有代表性，基本上反映了发达国家和地区、发展中国家和地区的未来排放特点和排放路径。

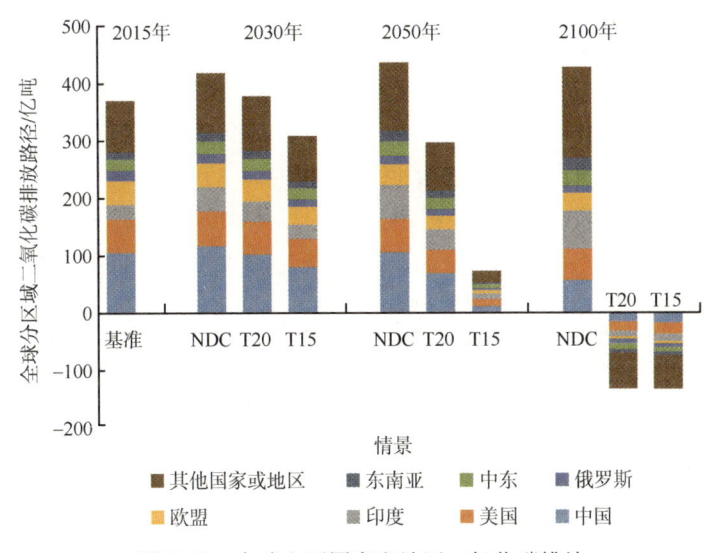

图 5.10 全球主要国家和地区二氧化碳排放

中国与能源相关的二氧化碳排放，2015 年为 106 亿吨。到 2030 年，NDC 情景、T20 和 T15 情景分别为 118 亿吨、103 亿吨和 80 亿吨，比 2015 年分别增加 11%、减少 3%和减少 25%；到 2050 年，三种情景下二氧化碳排放分别为 106 亿吨、70 亿吨和 11 亿吨，比 2015 年分别持平、减少 34%和减少 90%。其中，在 T20 和 T15 情景下，2080 年和 2060 年开始负排放。因此，要实现 1.5℃温升目标比实现 2℃温升目标，中国二氧化碳零排放需要提前 20 年左右，中国二氧化碳达峰时间需要在 NDC 情景（2030 年）提前到 2020 年或者 2015 年。到 2050 年，中国二氧化碳排放需要比 NDC 情景大幅度减少 30%或者 90%。这无疑对中国的能源系统低碳转型带来巨大的挑战。

对美国来说，其二氧化碳排放比例一直稳定在 17%左右。与 NDC 情景相比，2030 年 T20 情景和 T15 情景，分别减少 7%和 20%；到 2050 年，分别减少 35%和 80%。相对减排比例低于中国减排比例。其他国家和地区排放路径类似。

3. 一次能源消费

与二氧化碳排放路径密切相关的是一次能源消费。全球一次能源消费（热值当量计算）将持续缓慢增加，并最终稳定在一定水平。其绝对量从 2015 年的 200 亿吨标准煤（发电煤耗），到 2050 年，NDC 情景、T20 和 T15 情景分别增加到 263 亿吨、251 亿吨和 259 亿吨标准煤。与 2015 年相比，增长比例分别为 32%、26% 和 30%。到 2100 年，三种情景下基本上都稳定在 300 亿吨标准煤左右，增长比例为 50%。

从分区域来看，全球主要排放国家和地区，其一次能源消费总量 2015 年为 144 亿吨标准煤，占全球 72%左右，到 2050 年略微下降到 69%左右，到 2100 年全球占比下降到 58%左右，比 2015 年占比下降 14 个百分点，如图 5.11 所示。

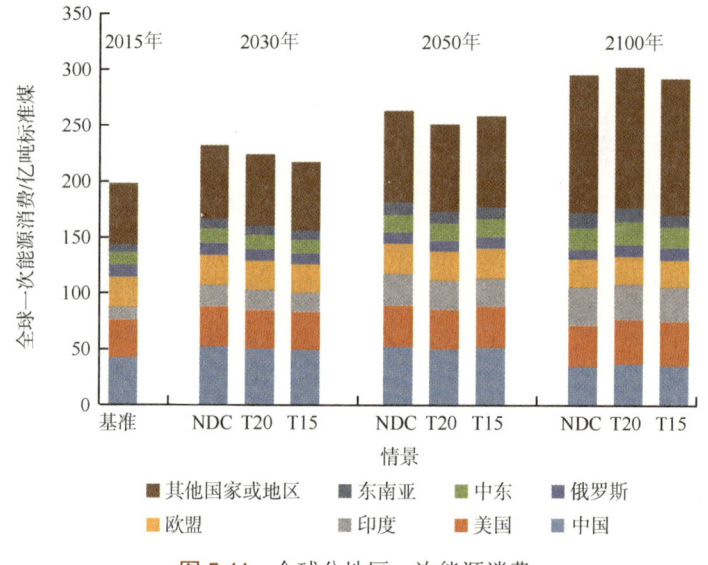

图 5.11 全球分地区一次能源消费

对中国来说，从绝对量来看，中国一次能源消费 2025 年前增加较快，2025 年后增加较慢。2015 年，一次能源消费总量为 43 亿吨标准煤（热值当量），到 2030 年为 50 亿～53 亿吨标准煤，2050 年与 2030 年持平，2100 年减少到 35 亿～37 亿吨标准煤。2100 年一次能源消费减少的原因在于人口的减少，而人均能源消费与 2050 年基本持平，尽管能源效率持续上升。从相对量来看，中国一次能源消费占全球比例从 2015 年的 22%左右，到 2030 年 22%～23%，然后逐渐下降，到 2050 年，该比例下降到 20%左右；到 2100 年，持续下降到 12%左右（中国人口占比减少）。因此，中国一次能源消费总量在全球占比未来也将逐渐下降。

研究表明，2050 年后的二氧化碳排放和能源消费实际上存在较大的不确定性，目前国内外更多关注 2050 年前的相关二氧化碳排放和能源消费，特别是 2050 年。因此，后面针对 2050 年的相关结果进行分析和展示。

4. 2050年一次能源消费和结构

从能源消费总量来看，如图 5.12 所示，2050 年，全球一次能源消费总量为 250 亿~260 亿吨标准煤，比 2015 年（200 亿吨标准煤）增加 27%左右（25%~30%）。从能源结构来看，2015 年，全球煤、石油、天然气和非化石能源比例分别为 29%、32%、23%和 16%。到 2050 年，在 NDC 情景下，分别为 28%、26%、25%和 21%，石油比例下降 6 个百分点，非化石能源比例增长 5 个百分点。在 T20 情景下，分别为 18%、25%、25%和 32%。在 T15 情景下，分别为 8%、18%、21%和 53%。T20 和 T15 情景下，非化石能源比例大幅度提高，燃煤比例大幅度下降，其中化石能源消费包括含 CCS 的能源利用方式。同时，生物质利用得到大幅度提升，特别是 T15 情景，所占比例从 2015 年的 4%，增加到 2050 年的 24%。主要原因在于，为了中和化石能源二氧化碳排放，BECCS 得到大规模利用。

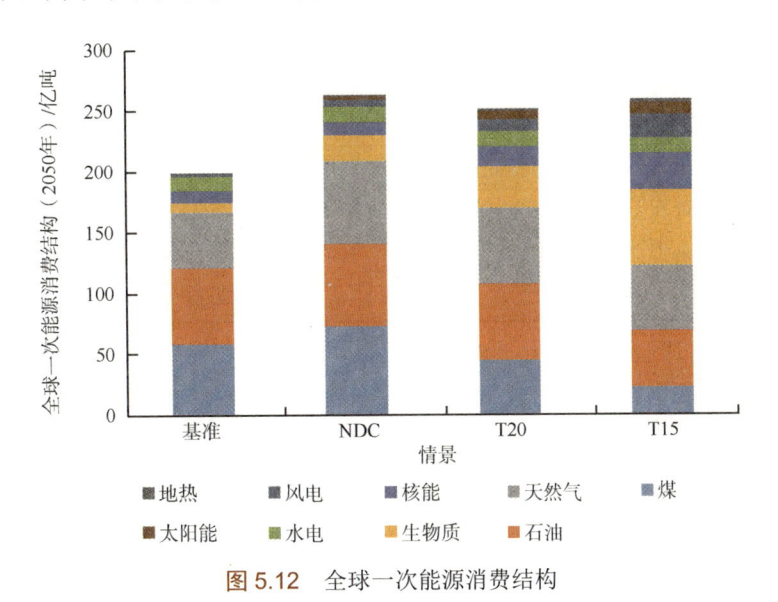

图 5.12 全球一次能源消费结构

5. 2050年二氧化碳排放和减排

不同温升目标控制情景下，对不同国家和地区来说，意味着完全不同的排放空间和减排力度。全球主要国家和地区不同情景下 2050 年二氧化碳排放如图 5.13 所示。可以看出，2050 年，国家和地区按排放规模排序依次为：中国、美国、印度、欧盟、俄罗斯、中东和东南亚。NDC 情景下，其排放规模大体为，A 组：中国、美国、印度和欧盟，分别排放 106 亿吨、59 亿吨、59 亿吨和 36 亿吨，合计 260 亿吨左右，占全球总排放的 60%。B 组：俄罗斯、中东和东南亚，分别排放 15 亿吨、25 亿吨和 19 亿吨，合计 59 亿吨左右，占全球总排放 13%。其余国家和

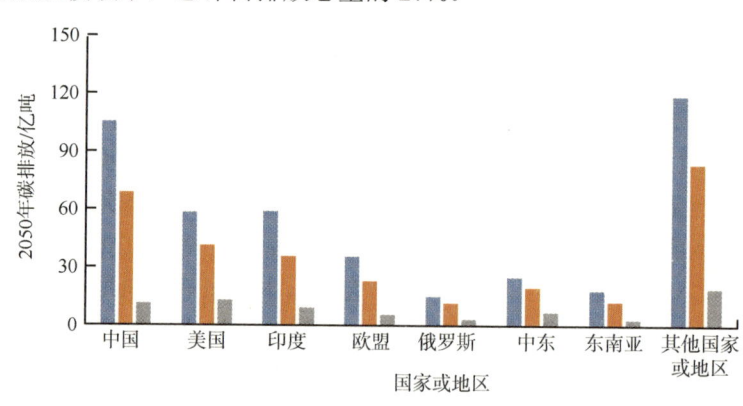

地区，排放规模较小，总计占排放总量的 27%。

图 5.13　全球主要国家和地区不同情景下 2050 年碳排放

从减排比例来看，总体来说，中国、印度和欧盟减排力度高于全球平均减排水平；而美国、俄罗斯、中东等国家和地区，低于全球平均减排水平。与 NDC 情景相比，T20 情景下，全球需要进一步减排 30% 左右，T15 情景下，全球需要进一步减排 80% 左右。与 NDC 情景相比，在 T20 情景（2℃温升目标）下，2050 年，全球平均减排比例为 32%，中国、印度、欧盟减排比例分别为 35%、39%、35%，高于全球平均减排水平。美国、俄罗斯和中东减排比例分别为 29%、22% 和 21%，低于全球平均减排水平。在 T15 情景（1.5℃温升目标）下，2050 年，全球平均减排比例为 83%，中国、印度、欧盟减排比例分别为 89%、85%、84%，高于全球平均减排水平。美国、俄罗斯和中东减排比例分别为 78%、77% 和 72%，低于全球平均减排水平，如图 5.14 所示。

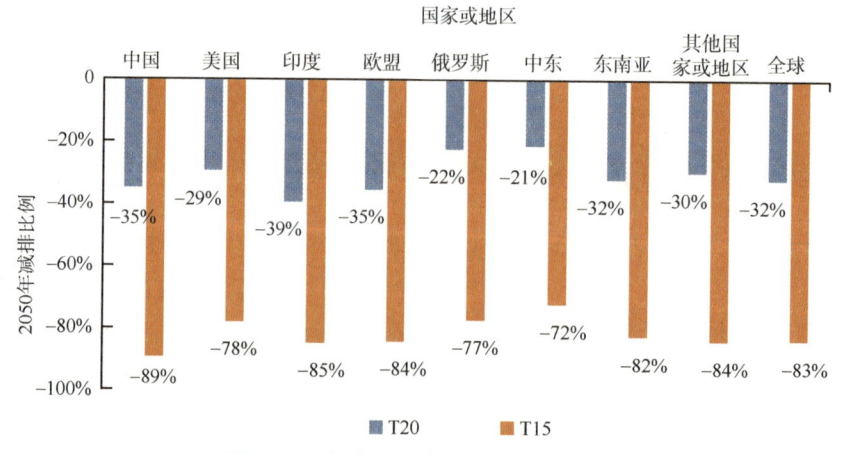

图 5.14　全球分区域 2050 年减排比例

5.3.5 研究总结

从全球视角下，以《巴黎协定》NDC 为基础，以实现全球 2℃和 1.5℃温升控制目标为出发点，重点分析了全球主要国家和地区的能源消费和二氧化碳排放路径，并针对不同情景下进行了比较分析。

研究发现：为实现 2℃温升和 1.5℃温升目标，全球能源系统低碳转型面临巨大的挑战。与 NDC 情景下相比，T20 情景下 2050 年全球减排比例 30%左右，而 T15 情景下，全球减排比例为 80%左右。从分区域来看，全球主要排放国家和地区包括中国、美国、印度、欧盟、俄罗斯、中东和东南亚，其排放总量 2015 年占全球 75%左右，到 2050 年略微下降到 72%左右，到 2100 年 NDC 情景下降到 63%左右，T20 和 T15 情景二氧化碳负排放占比为 55%左右。

全球一次能源消费，将持续缓慢增加，并最终稳定在一定水平。其绝对量从 2015 年的 200 亿吨标准煤（发电煤耗），到 2050 年，增长 30%左右，到 2100 年，稳定在 300 亿吨标准煤左右，增长比例是 2015 年的 50%左右。从分区域来看，全球主要排放国家和地区，其一次能源消费总量 2015 年占全球 72%左右，到 2050 年略微下降到 69%左右，到 2100 年全球占比下降到 58%左右，比 2015 年占比下降 14 个百分点。

从能源结构来看，2015 年，全球煤、石油、天然气和非化石能源比例分别为 29%、32%、23%和 16%。到 2050 年，NDC 情景下，分别为 28%、26%、25%和 21%，石油比例下降 6 个百分点，非化石能源比例增长 5 个百分点。在 T20 情景下，分别为 18%、25%、25%和 32%。在 T15 情景下，分别为 8%、18%、21%和 53%。在 T20 和 T15 情景下，非化石能源比例大幅度提高，燃煤（包括 CCS 利用）比例大幅度下降。同时，生物质利用得到大幅度提升，特别是 T15 情景，所占比例从 2015 年的 4%，增加到 2050 年的 24%，主要原因在于，BECCS 得到大规模利用。

2050 年，排放规模靠前的国家和地区依次为：中国、美国、印度、欧盟、俄罗斯、中东和东南亚。NDC 情景下，其排放规模大体为，A 组：中国、美国、印度和欧盟，分别排放 106 亿吨、59 亿吨、59 亿吨和 36 亿吨，合计 260 亿吨左右，占全球总排放的 60%。B 组：俄罗斯、中东和东南亚，分别排放 15 亿吨、25 亿吨和 19 亿吨，合计 59 亿吨左右，占全球总排放 13%。其余国家和地区，占全球排放总量的 27%。

从减排比例来看，总体来说，中国、印度和欧盟减排力度高于全球平均水平，而美国、俄罗斯、中东等国家和地区，低于全球平均减排水平。与 NDC 情景相比，T20 情景下，全球需要进一步减排 30%左右，T15 情景下，全球需要进一步减排 80%左右。与 NDC 情景相比，在 T20 情景（2℃温升目标）下，2050 年，全球平均减排比例为 32%，其中，中国、印度、欧盟减排比例分别为 35%、39%、35%，高于全球平均减排水平。美国、俄罗斯和中东减排比例分别为 29%、22%和 21%，低于全球平均减排水平。在 T15 情景（1.5℃温升目标）下，2050 年，全球平均减排比例为 83%，其中，中国、印度、欧盟减排比例分别为 89%、85%、84%，高于全球平均减排水平。美国、俄罗斯和中东减排比例分别为 78%、77% 和 72%，低于全球平均减排水平。

5.4 地球系统模式模拟

5.4.1 模拟试验简介

在本节中，我们将考虑全球气候模式所使用的两种未来排放情景，每种情景分别假设特定的温室气体排放情况。情景一是被 IPCC 第五次评估报告[12]广泛使用的代表性浓度路径（represeative concentration pathways，RCP）情景之一，即 RCP 2.6，是最有可能实现在 21 世纪末把全球温升控制在 2℃阈值内的情景[13]，我们将其设为研究的基准情景。情景二则是在 RCP2.6 基础上，考虑美国前总统特朗普宣布退出《巴黎协定》后，美国的减排力度明显减缓，受其影响的一些伞形国家（即欧盟以外的发达国家或地区）加拿大、澳大利亚、日本、韩国及俄罗斯均减缓了减排力度的情景（以下简称为 RCP2.6T）。

使用以上两种排放情景的数据，我们分别驱动全球气候评估模式 MAGICC 6，可获得全球平均的温室气体浓度和温升情况。由于 MAGICC 6 对地球系统中动力和物理过程的处理相对简化，只能得到全球平均的温度变化结果，因此，我们进一步使用 MAGICC 6 输出的全球平均温室气体浓度（图 5.15），分别驱动耦合了

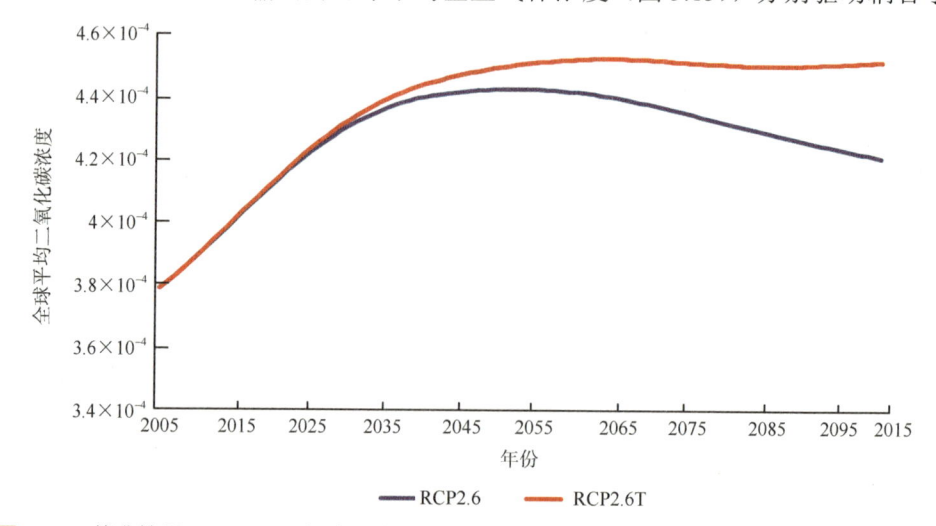

图 5.15 基准情景（RCP2.6）与美国等六个国家减缓减排力度（RCP2.6T）的两种情景下全球平均二氧化碳浓度（即二氧化碳占空气的体积比）随时间变化的趋势

大气与海洋的全球气候系统模式 CESM1.2.1，以获得这两种排放情景下，全球不同区域的大气物理量（如温度、风场、降水等）的分布情况，并进行详细分析。

CESM1.2.1 是由美国国家大气研究中心（National Center for Atmospheric Research，NCAR）开发，目前被使用得最为广泛也最有代表性的复杂地球系统模式之一[14]。该模式考虑了海洋、大气、陆地和海冰等多个圈层的分量模式，可以进行全耦合或部分分量模式之间相互耦合的模拟，被广泛应用于气候变化机理分析、未来气候预测和人类—气候相互作用的研究[15-17]。

我们从官方网站（http://www.cesm.ucar.edu/experiments/cesm1.0/#20thc）下载了 CESM1.2.1 模式从 1850 年到 2005 年的历史试验结果，以 2005 年最后一天的模拟结果作为初始场，并使用 MAGICC 6 输出的 RCP2.6 和 RCP2.6T 情景下的全球平均二氧化碳浓度，驱动复杂气候模式 CESM1.2.1 来分别进行模拟，直到 2100 年结束。我们在每个情景下进行 3 组集合试验，以便在一定程度上体现出模式内部变率对结果的影响。

在研究中，我们保持 CESM1.2.1 模式中的外部强迫，如太阳常数和气溶胶排放等输入量在两个情景下全部相同，只有二氧化碳的全球平均浓度有所差异。模式水平分辨率为 1 度，垂直方向上分为 31 层。CESM1.2.1 输出格点化的地面气温、风场、降水等的月均模拟结果，我们将在后三节中详细分析全球地表温升、全球风能资源和极端气候指数等在未来相对于历史时期的变化，以及两个情景下的差异情况。

5.4.2 全球地表温升

1. 全球地表温升的时间序列

本节主要关注地表气温（即 2 米高度上的大气温度）的时空变化。图 5.16 展示了 1850～2100 年全球（及南北半球）平均地面气温相对于工业革命前（1850～1900 年）水平的异常值（即距平）随时间的变化。图中两个情景的全球平均地面气温在 2055 年之前均呈现升高的趋势，但 RCP2.6 情景的地面气温在 2060～2100 年基本保持不变，使温升控制在接近 2℃，而 RCP2.6T 情景在 2055 年之后继续升温，并在 21 世纪末超过了 2℃的温升目标［图 5.16（a）］。此处的结果和前人类似研究[15]的结果相似。北半球的变化［图 5.16（b）］和全球平均的变化［图 5.16（a）］呈现出相同的趋势，但温升幅度略有增加。南半球的温升［图 5.16（c）］在整个时间序列上较为平缓，这是由于海洋相较于陆地有更大的热惯性，从而对温室气体变化的响应较慢[18]。最终在 21 世纪末两个情景全球温升的差异为 0.12℃。

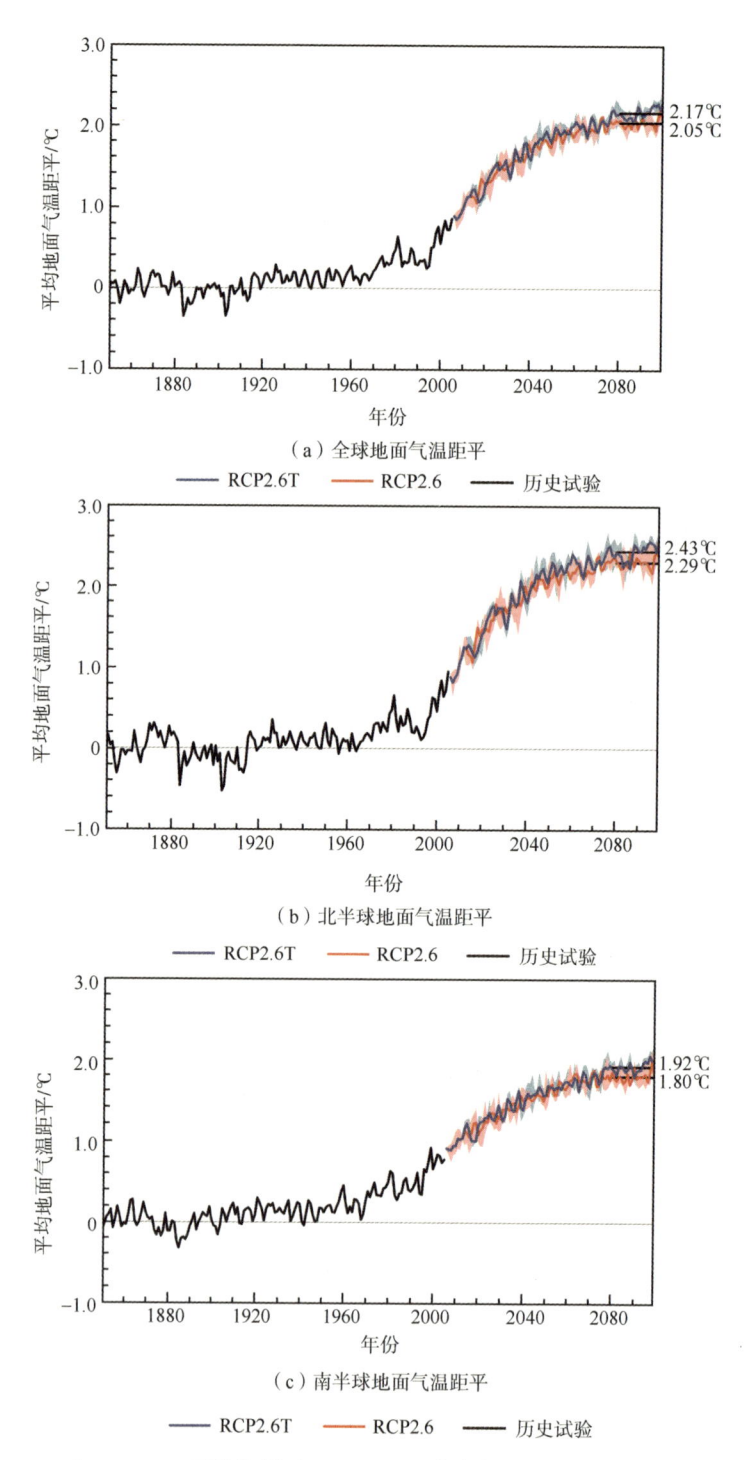

图 5.16　RCP2.6 与 RCP2.6T 两种情景下 1850～2100 年相较于 1850～1900 年（工业革命前）全球平均地面气温异常的变化趋势

总体而言，相较于历史时期，在 21 世纪末的 20 年间（2080~2099 年），RCP2.6 情景和 RCP2.6T 情景的全球平均温升分别为 2.05℃和 2.17℃，即 RCP2.6T 情景将使全球平均地面气温相对于工业革命前的增幅在 21 世纪末超过 2℃的温升目标。这些结果表明，在美国退出《巴黎协定》，多个发达国家受其影响减缓减排力度的情景下，各国政府和人民将付出更多的努力才有可能实现温升目标。

2. 全球地表温升的空间分布

如上文所述，两个情景的全球平均地面气温变化趋势在 2050 年前后有所不同，因此我们把 21 世纪地面气温的空间分布也分为两个时间段来考虑，分别是 2006~2055 年（21 世纪前半叶）和 2056 年~2099 年（21 世纪后半叶）。如图 5.17 所示，该趋势值为各大洲内线性趋势通过了 95%显著性检验的所有格点的平均值。在 21 世纪前半叶，地面气温呈现出明显的升高趋势，高纬度（如北美洲、亚洲）相较于低纬度地区（如大洋洲）、陆地相较于海洋地区，温升趋势更强、温升幅度更大[图 5.17（a）]。在 21 世纪后半叶，当温室气体减少时，温升趋势变得不明显，一些区域甚至出现了冷却的趋势[图 5.17（b）]。而两个情景之间的差异更明显。

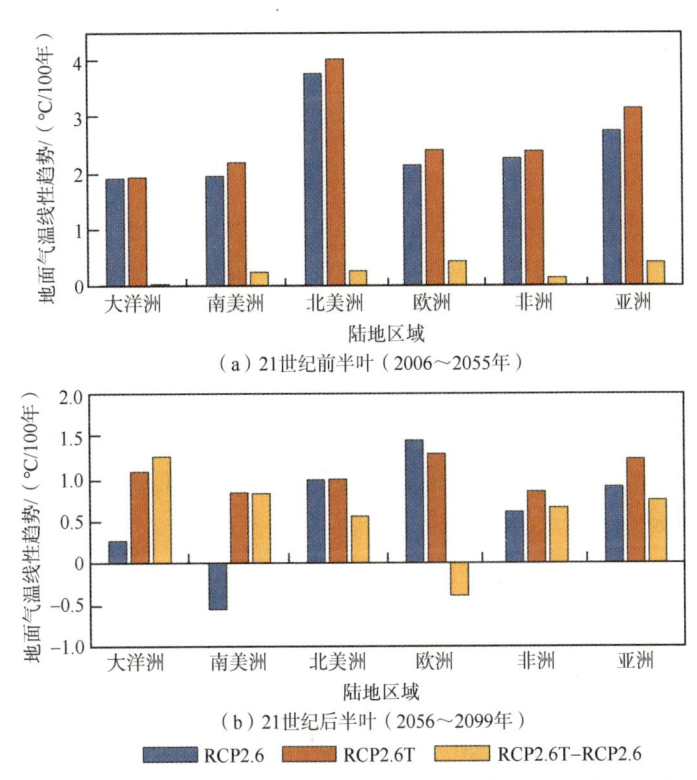

图 5.17 全球陆地区域六大洲（不包括南极洲）分别在 21 世纪（a）前半叶和（b）后半叶及 RCP2.6、RCP2.6T 和两种情景之差的地面气温线性趋势

总体而言，地球系统中的复杂过程使得两种未来情景下温升的空间分布更为复杂。相比于 RCP2.6 情景，RCP2.6T 情景下陆地和高纬度地区比海洋和低纬度地区的变暖更为严重。RCP2.6T 情景使得亚洲、西太平洋、南太平洋等地区的未来升温趋势更强。

5.4.3　全球风能资源

为了减少温室气体尤其是二氧化碳的排放，减缓全球变暖带来的各种气候问题，人类社会迫切需要寻找可以替代化石燃料的新能源。在目前使用的所有可再生能源中，风能在发电方面增速最快、技术成熟，是第二大领先的可再生能源。然而，气候变化对未来风能资源有直接的影响，由于风速直接受到大气环流的影响，风能对气候变化非常敏感。未来的风循环模式和特性的变化都会对未来风能产生重大影响，一些极端的风暴、雨雪也会对风力涡轮产生损害[19]。

1. 风能资源评估方法

本节主要关注风速和风能资源的时空变化。风能和风能密度（即单位时间内垂直流过单位截面积的风能）均与风速的三次方成正比，可以用气候模式输出的 10 米高度处风速格点数据进行计算。另外，绝对中位差（median absolute deviation，MAD）定义为一个集合中每个数据点到中位数的绝对偏差的中位数，计算风能密度的 MAD 值能够反映风能密度的离散程度，从而反映风速的波动幅度，MAD 值越小，说明风速越稳定，越有利于风能的利用。

根据全球气候模式 CIESM1.2.1 模拟得到的风速结果，计算出风能密度后，我们主要分析 RCP2.6、RCP2.6T 两种情景下三个未来时间段（即 2016~2035 年、2046~2065 年和 2080~2099 年）的风能密度中位数、风能密度年内及年际 MAD 值与历史时间段（1986~2005 年）的差，通过这几个量讨论未来风能资源的相对变化，并使用 Mann-Whitney 检验方法[20]和 Ansari-Bradley 检验方法[21]得到与历史阶段相比风能相关量变化差异显著的区域。我们将针对陆地风能和海洋风能的结果分别进行讨论。

2. 陆地风能变化

由于风能利用受地理位置影响，全球约有 3/4 的风电装机容量分布在欧洲（北纬 40 度~70 度，东经 0 度~60 度）、中国（北纬 15 度~55 度，东经 70 度~140 度）和美国（北纬 30 度~50 度，西经 60 度~125 度）等北纬 30 度~60 度的区域，中国"三北"地区也是中国风电装机容量的主要分布地区[19]，故我们先分析陆地区域风能资源未来的变化。图 5.18 展示了 RCP2.6 和 RCP2.6T 情景下未来风能密度中位数与历史时期的差,图中结果为风能密度中位数差异通过了 Mann-Whitney 检验且显著性水平超过 95%的格点平均。我们发现,风能密度在中国、美国和欧洲的不同区域和未来不同时期都有明显的下降趋势,且从近期的未来(2016~2035 年)到远期的未来(2080~2099 年),显著性区域在不断扩大。以上结果说明在全球风电装机容量的主要分布地区,风能密度预计将普遍下降,尤其在 RCP2.6T 情景下,即美国退出《巴黎协定》导致的气候影响将使得美国、欧洲东北部及中国北部这些陆地区域未来的风能密度减弱,更不利于未来的风能利用。

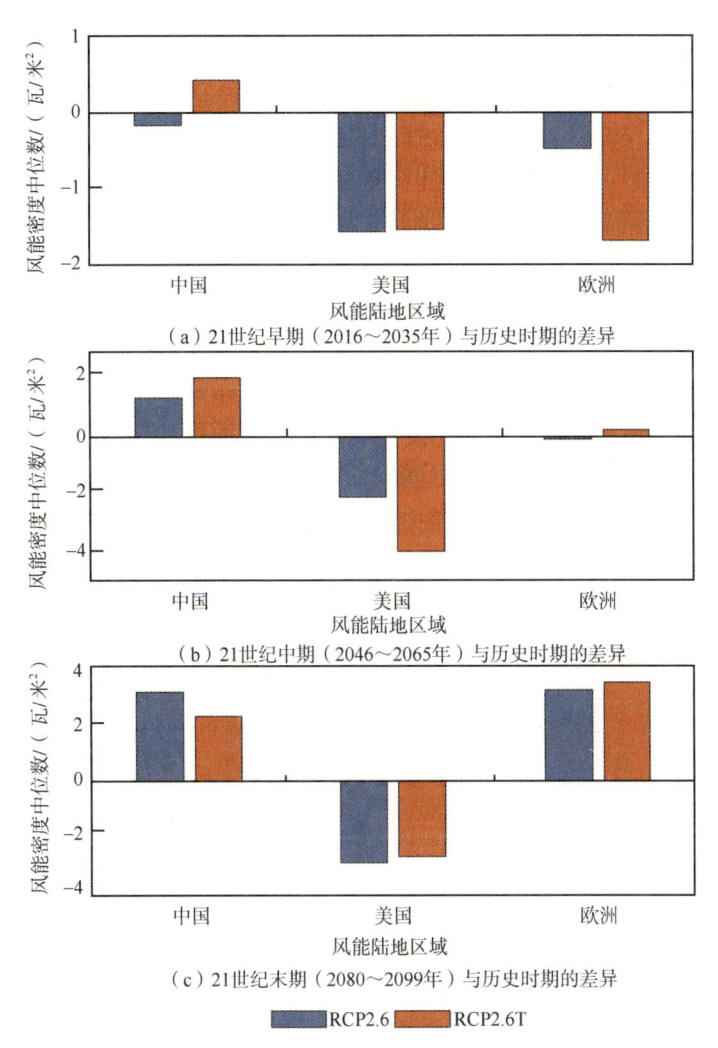

图 5.18 RCP2.6 和 RCP2.6T 情景下中国、美国和欧洲风电装机容量主要分布的陆地区域范围内,风能密度中位数的未来三个时期分别与历史时期的差异

风能不仅受到风速大小和地理位置的影响，还会受风速的不稳定限制，风速若不够稳定，将使得风电机组装置易于损坏，降低风能转化效率，不利于风能的利用。我们计算了两种情景下未来与历史时期陆地风能密度的年内和年际 MAD 值差，其结果表明两种情景下的三个未来时间段大部分区域的年际 MAD 值变化都通过了显著性检验，这说明未来风能密度的离散程度与历史的离散程度间具有显著差异。美国、欧洲、中国大部分陆地区域的风能密度年际变率到 21 世纪末都有显著减少的趋势，即风速的稳定性更强，更加有利于风能的利用。

总体而言，在陆地上，风能密度在美国、欧洲东北部、中国北部地区都有明显的下降趋势，尤其是在 RCP2.6T 情景下，不利于未来风能利用。而美国、欧洲、中国大部分区域的风能密度年际变率到 21 世纪末都有显著减少的趋势，即风速的稳定性更强，这一方面则有利于风能的利用。

3. 海洋风能变化

虽然目前海洋上的风能只在人们利用的风能能源中占较小的比重，但海洋风的情况还是能够对一些人类活动产生影响的，如海浪主要受风驱动，海上航行时风和浪的强度能够很大程度地影响船舶安全。总体而言，未来风能密度的减弱和风能不稳定性的减弱都将有利于海上交通的发展，减小航行风险。通过评估海洋区域未来风速的变化情况，也可以了解未来海洋风能对人类活动的潜在影响。

图 5.19 展示了海洋上风能密度中位数的变化，图中结果为风能密度中位数差异通过了 Mann-Whitney 检验且显著性水平超过 95%的格点平均。与历史时期相比，北太平洋（北纬 30 度～60 度，东经 120 度～西经 120 度）和北大西洋（北纬 30 度～60 度，西经 0 度～75 度）都呈现了风能密度下降的趋势，从近期到远期的未来，下降的区域逐渐增大。与 RCP2.6 情景相比，在 RCP2.6T 情景下，这种下降的幅度到了中期、远期的未来相对更显著。由此可见，美国退出《巴黎协定》产生的气候影响将使得未来北太平洋和北大西洋地区的风能减弱、海洋航道安全风险将减小，对于海上航行安全是利好的条件。另外，我们也分析了海洋上未来风能密度的年内和年际 MAD 值变率，其结果显示，两大洋大部分海域的风能密度将更加稳定。

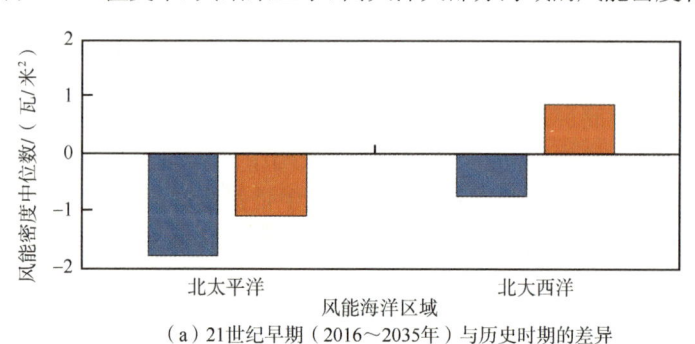

（a）21世纪早期（2016～2035年）与历史时期的差异

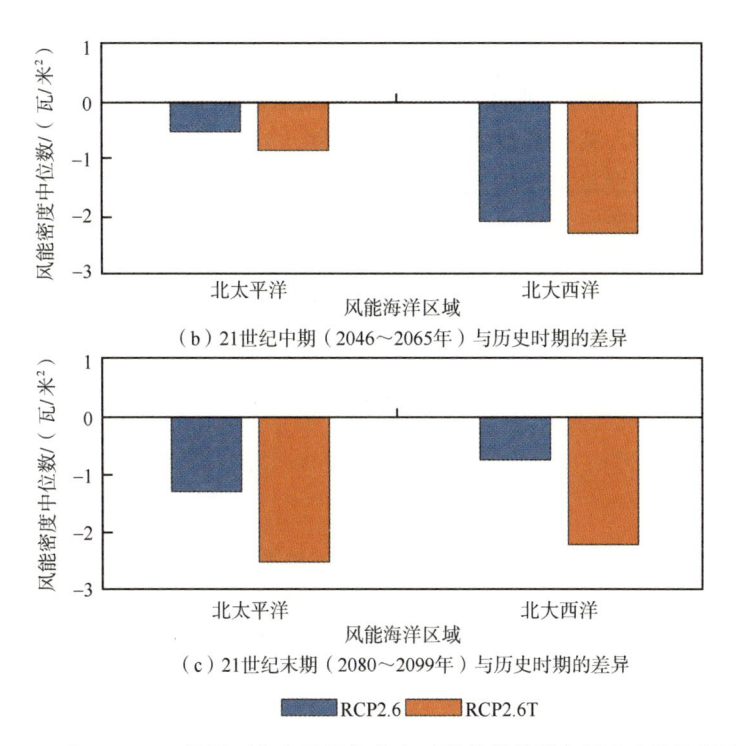

(b) 21世纪中期（2046~2065年）与历史时期的差异

(c) 21世纪末期（2080~2099年）与历史时期的差异

图 5.19　RCP2.6 和 RCP2.6T 情景下北太平洋和北大西洋船舶航线主要分布的海洋区域范围内，风能密度中位数的未来三个时期分别与历史时期的差异

总体而言，海洋上风能的未来变化与陆地相似。北大西洋、北太平洋的风能密度未来都将下降，且 RCP2.6T 情景的下降幅度更大；两大洋大部分海域的风能密度整体将更加稳定；这些因素将减少海洋航道安全风险，对于船舶航行安全都是有利的。

5.4.4　极端气候指数

在全球变暖背景下，极端气候事件发生的频率和强度均有所提高。极端气候事件对于人类社会和生态环境有重大影响[12]，对于未来极端气候事件的有效预测逐渐成为一种迫切的需求[22-23]。

1. 指数定义和计算方法

本节主要关注温度降水等相关的极端气候指数的时空变化。基于单个站点或网格点的日最高气温、日最低气温、日累计降水量，气候变化检测和指标专家组（The Expert Team on Climate Change Detection and Indices，ETCCDI）定义了被广泛使用的 27 种极端气候指数，并且提供软件方便计算使用[①]。本节主要关注以下 12 种指数的整体趋势和空间分布，其定义参见表 5.5。

表 5.5　本节关注的 12 种极端气候指数的定义[22]

名称	缩写	定义	单位
年最高温度	TXx	一年中温度达到的最高值	℃
年最低温度	TNn	一年中温度达到的最低值	℃
夏季日数	SU	一年中日最高气温高于 25℃的天数	天
霜冻日数	FD	一年中日最低气温低于 0℃的天数	天
暖昼指数	TX90p	日最高气温大于基准期第 90 百分位的天数百分率	
冷夜指数	TN10p	日最低气温小于基准期第 10 百分位的天数百分率	
热浪指数	WSDI	日最高气温高于暖昼指数标准，且连续 5 天以上的最长时间	天
寒潮指数	CSDI	日最低气温低于冷夜指数标准，且连续 5 天以上的最长时间	天
降水强度	SDII	一年中日降水量大于 1 毫米的日期的平均日降水量	毫米
最大五日降水量	RX5day	一年中连续五日累计降水量的极大值	毫米
强降水日数	R10mm	一年中日降水量高于 10 毫米的天数	天
潮湿日降水量	R95p	日降水量高于基准期第 95 百分位的日期的总降水量	毫米

我们从 CESM1.2.1 的历史实验数据和两种情景下的集合试验模拟结果中，提取出陆地格点 1955~2099 年的日最高/低气温、日降水量数据，整理为单个格点的时间序列后，分别计算每个格点的 12 种极端气候指数，进而计算气候指数的区域平均和时间序列。为了方便研究不同区域的极端气候指数变化情况，我们参照前人研究[22]中的方式，将南极洲以外的大陆划分为 21 个子区域，以保证每个区域都包含一定数量的格点，而且不同的气候型和地形被尽可能地分隔到不同的区域中[22-23]。对于气候指数时间序列的线性变化趋势，我们使用 F 检验进行分析。对于 RCP2.6 和 RCP2.6T 两种情景在 21 世纪末的区域平均指数差异，我们使用 t 检验进行分析。取显著性大于 95%的结果进行讨论。

2. 温度指数的变化

首先，我们看一下温度指数的整体时间变化趋势。两种情景的陆地 TXx 和 TNn 存在不对称性，与历史时期相比，21 世纪末的 TXx 增幅达到 2℃，TNn 增幅达到 2.5℃（图 5.20），全球平均气温年较差（即一年中月平均气温最高值与最低值之差）减小。RCP2.6T 情景下，TXx 在 21 世纪末额外增加约 0.3℃，TNn 在 21 世纪中额外增加约 0.2℃，在 21 世纪末则不明显。RCP2.6T 情景相较于 RCP2.6 情景，

[①] ETCCDI，Climate change indices，http://etccdi.pacificclimate.org/indices_def.shtml[2020-10-07]。

热指标（SU、TX90p、WSDI）增加量的平均增幅在 10%，冷指标（FD、TN10p、CSDI）减少量的幅度则不明显（图 5.20）。

(a) TXx
(b) TNn
(c) SU
(d) FD
(e) TX90p
(f) TN10p
(g) WSDI
(h) CSDI

—— 历史模拟　—— RCP2.6　—— RCP2.6T

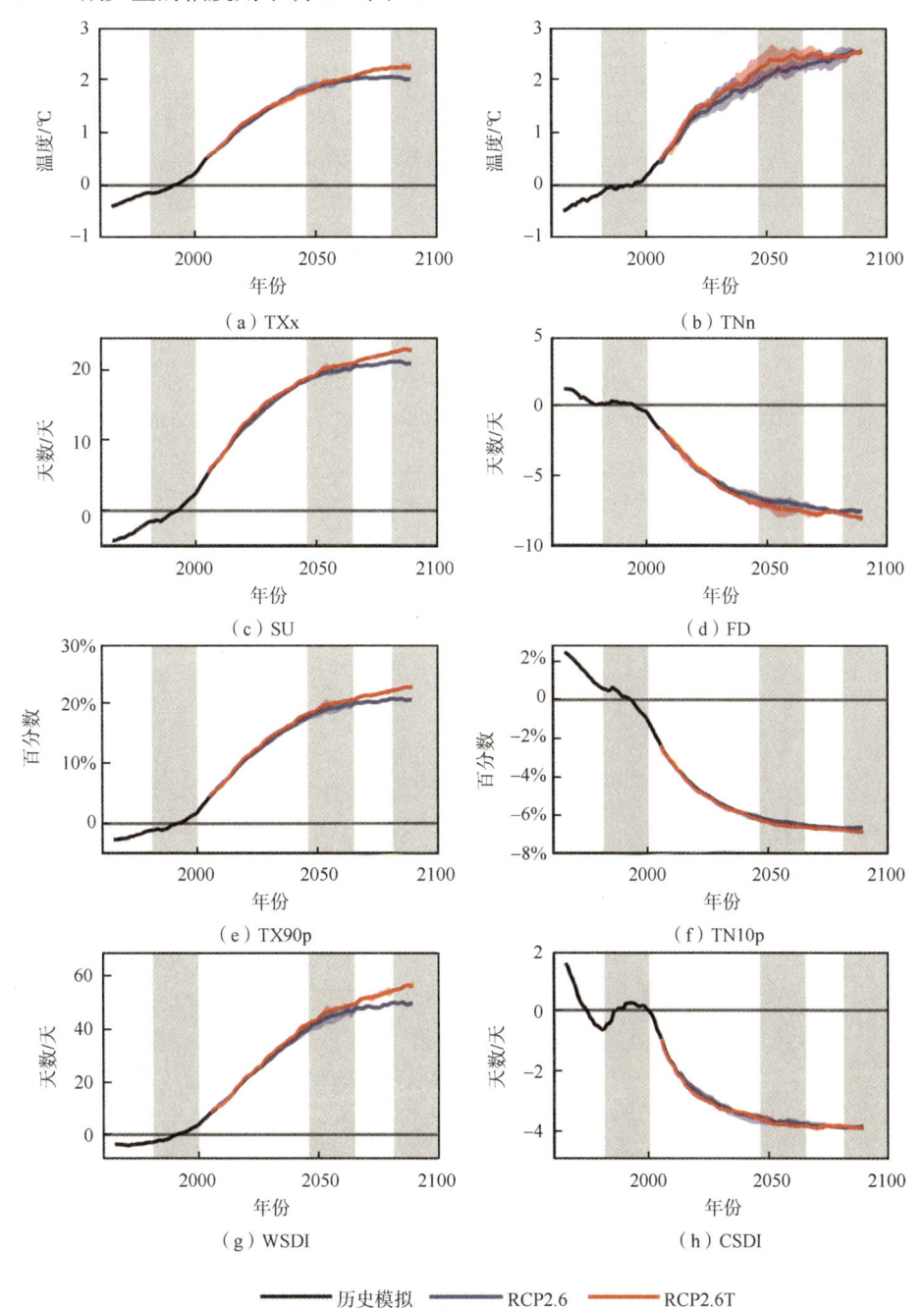

图 5.20　陆地平均 TXx 和 TNn，以及热指标（SU、TX90p、WSDI）和冷指标（FD、TN10p、CSDI）的时间变化趋势

其次，我们看一下温度极值的空间分布。这里以 TXx 为例：从空间分布来看，RCP2.6 情景下 21 世纪末（2080～2099 年）相较于 20 世纪末（1981～2000 年）欧洲地区 TXx 的增幅整体达到 3℃，RCP2.6T 情景下欧洲地区的增幅比 RCP2.6 又提高了约 0.5℃（图 5.21，图中各大洲的变化值为通过了 95%显著性检验的所有格点的平均值）。全球 21 个子区域都表现出 RCP2.6T 情景下更大幅度的温度极值增加，其中澳大利亚和南美洲南部地区两个情景下年最高温度的差异达到 0.5℃（图 5.22，图中的柱形长度体现了集合试验的一致性，试验结果越分散，柱形越长。而图中红蓝色柱的差异越大，则表明 RCP2.6 与 RCP2.6T 两个情景之间的差异越大）。另外，在 RCP 2.6T 情景下，大部分地区的夏季日数 SU、暖昼指数 TX90p 相比历史时期的增幅均高于 RCP2.6 情景，其中南半球和近赤道地区的指数增强幅度更大，对于北半球的影响集中在欧亚大陆和美洲大陆东岸、北欧、地中海、阿拉斯加地区。

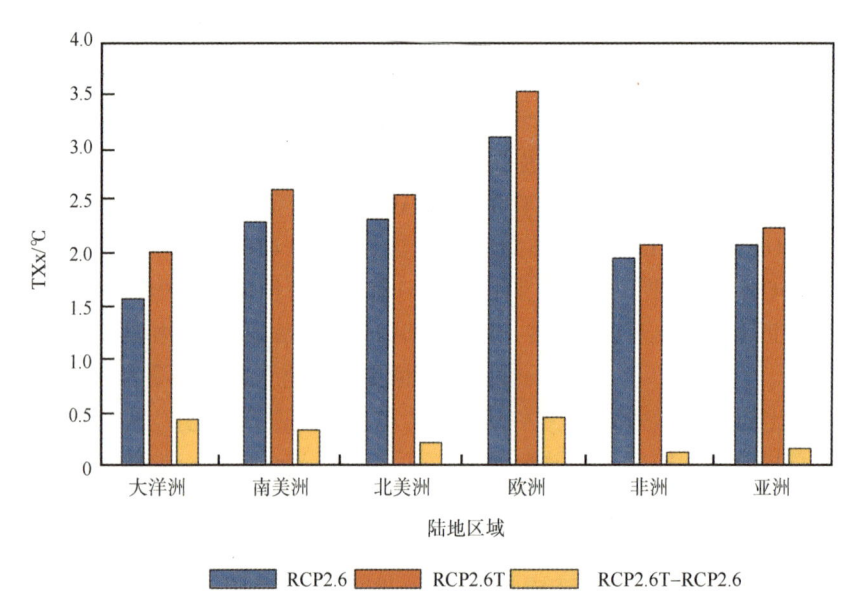

图 5.21　RCP2.6、RCP2.6T 和两种情景之差的 21 世纪末的年最高温度 TXx 相对于历史时期的变化

整体而言，RCP2.6T 情景对于全球陆地的极端高温事件有明显促进作用。在 RCP2.6 情景下，到 21 世纪末，全球陆地平均 TXx 升高约 2℃，欧洲某些地区增长可达 5℃。全球陆地极端高温事件频率和强度（SU、TX90p）、WSDI 都会大幅度增加。这种现象在近赤道湿润地区最为突出。

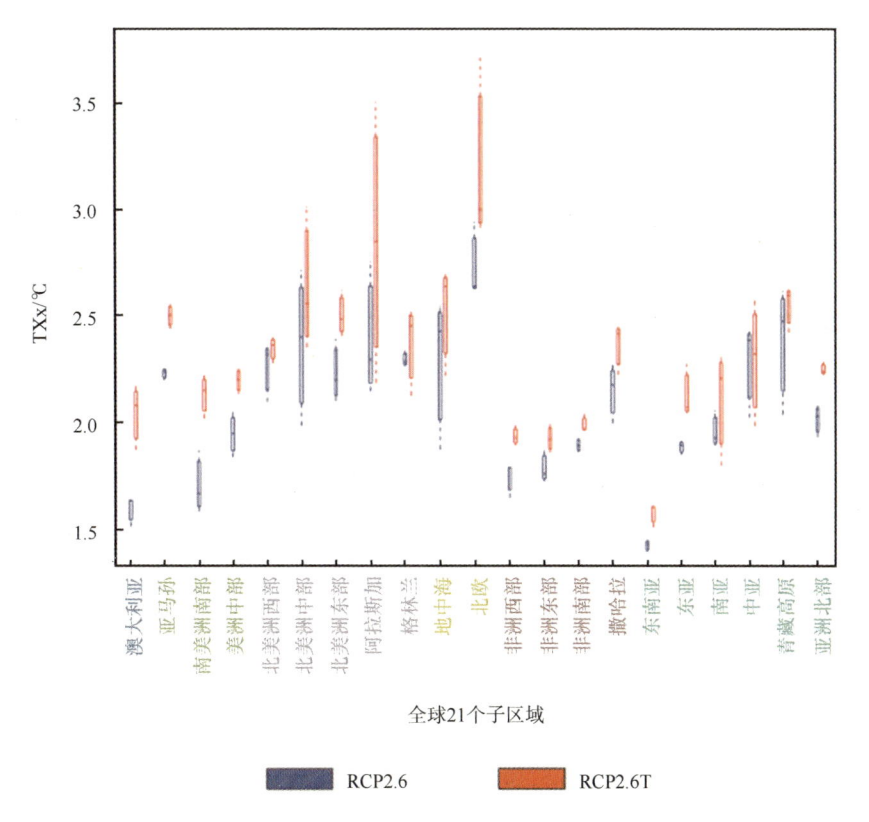

图 5.22　RCP2.6 和 RCP2.6T 两种情景下，全球 21 个不同子区域在 21 世纪末的年最高温度 TXx 相对于历史时期的变化

3. 降水指数的变化

在 RCP2.6T 情景下，R10mm、RX5day 指数均随时间增加；而 SDII 在两种情景下的增幅相差不大，这说明 RCP2.6T 情景下全球整体的极端降水事件增多。但两种情景下降水相关指数的差异普遍没有温度相关指数的差异大，其集合实验的一致性也较弱。

两种情景下 RX5day 和 R10mm 的差异有不同的空间分布特征，主要在低纬、湿润地区（如南美洲、非洲）存在比较强的差异信号（图 5.23，图中各大洲的变化值为通过了 95%显著性检验的所有格点的平均值）。RCP2.6T 情景相较于 RCP2.6 情景，在中国南部地区、澳大利亚西部地区的 R10mm 额外减少了 2 天左右，西非、巴西东部、东南亚地区的 R10mm 额外增加了 3 天左右。

（a）R10mm

（b）RX5day

（c）R95p

RCP2.6　　RCP2.6T　　RCP2.6T−RCP2.6

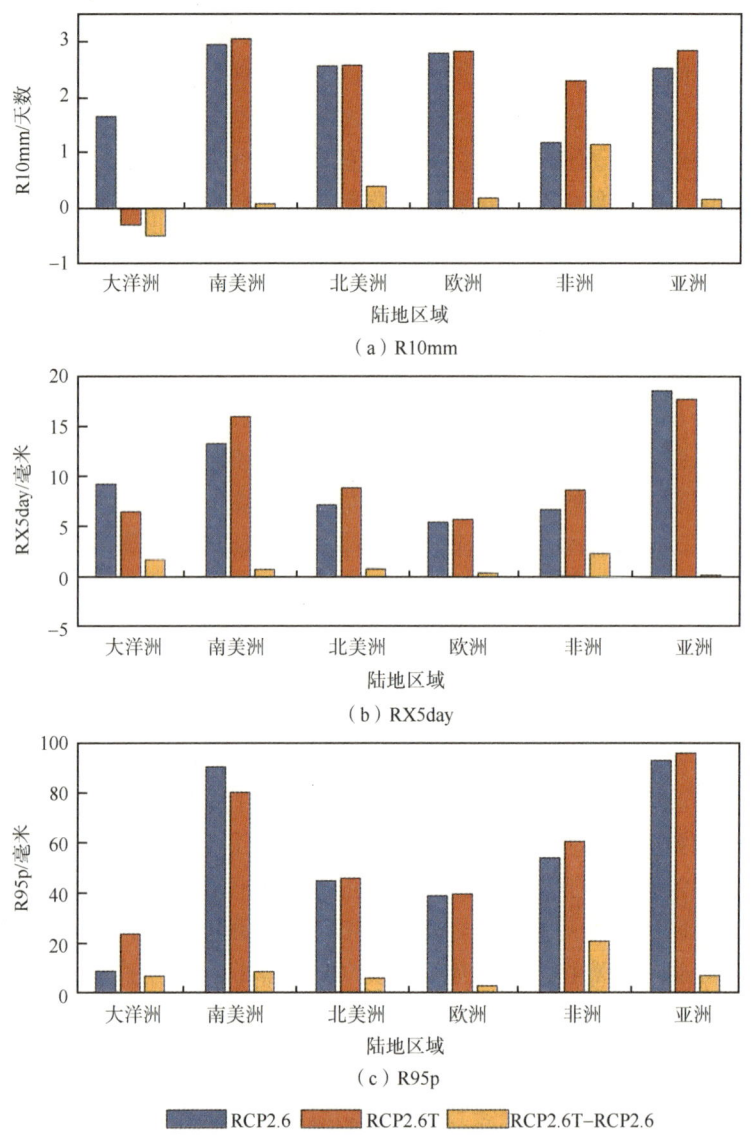

图 5.23　RCP2.6、RCP2.6T 和两种情景之差的 21 世纪末的三种降水相关指数相对于历史时期的变化

5.4.5　讨论与展望

在这部分研究内容中，我们选择的基准参考情景是 RCP2.6 情景，然而，当前的模拟和分析只考虑了二氧化碳浓度变化对气候系统的影响。在实际情况中，不仅二氧化碳，所有温室气体的减排都会受到美国及伞形国家政策变化的影响。

因此，当前模式的模拟结果可以说是仅考虑了最优情况，实际情况还可能更差。

另外，本节使用全球平均的二氧化碳浓度值来驱动气候系统模式进行模拟和分析。然而，二氧化碳的排放在水平和垂直上是分布不均匀的[24-25]。而且地球系统中的某些过程也在一定程度上与二氧化碳存在相互作用[26]，这些因素都增加了研究的不确定性。

由于计算资源有限，本节仅使用一种气候模式的模拟结果进行分析，单个模式的结果有可能存在一定的自然变率和系统偏差。对于未来气候变化的分析，使用多个模式的综合结果将更有助于提高结果的可靠性和可信度。在以后的工作中可以考虑使用 CMIP5（coupled model intercomparison project phase 5，耦合模型相互比较项目的第五阶段实验）中多个模式的结果进行相关分析。

5.5 国际气候治理的资金机制

5.5.1 国际应对气候变化资金机制概述

为了鼓励广大发展中国家加入并切实履行公约，《联合国气候变化框架公约》（以下简称《公约》）设立了一系列针对发展中国家入约和履约的激励措施。作为吸引发展中国家加入并切实履行《公约》及其会议通过的法律文书的主要驱动因素，资金机制是主要激励措施之一。所谓资金机制，就是指发达国家缔约方，根据国际合作原则和共同但有区别责任原则，为发展中国家和经济转型国家缔约方提供履约所需资金的组织和运行规则[27]。资金机制在实际运行中应当坚持《公约》在机制方面的主要原则，包括资金透明原则、资金可预测原则及资金可认定原则。资金用于非《公约》附件Ⅰ国家即发展中国家的气候治理，发展中国家应该平等地接受援助。但是在一定情况下，一些国家也有优先接受援助的权利。资金资助的对象活动首先是能力建设活动，其次才是具有全球环境效益的大项目。

根据《公约》和《巴黎协定》，关于资金来源的规定是宣示性、鼓励性的。整体上看，资金来源呈现出由公共到私营，由单一到多元，由发达国家出资到主要经济体共同承担的趋势[28]。《巴黎协定》在一定程度上改变了资金支持的模式。首先，提供资金支持的国家范围从《公约》附件Ⅱ的发达国家缔约方扩展到了所有发达国家。其次，提供资金的模式有所改变。除发达国家需要承担对发展中国家提供气候资金的供资义务之外，所有缔约方和其他出资方也被纳入提供气候资金支持的范畴中。

联合国气候变化融资高级顾问团将资金来源大致分为四类[29]，即公共赠款和优惠贷款、发展银行类型拨款、广义碳市场整体融资及私人资本融资。一般可以分为两类，即公共资金和私人资金。由于发达国家与发展中国家的巨大分歧，《巴黎协定》并未对出资的主要构成和份额做出明确规定，并且公共部门的供资地位和重要次序发生了变化。在《巴黎协定》中，公共部门资金的地位受到削弱，私人部门的资金来源也计入《巴黎协定》文本。在当前全球经济低迷的情况下，发达国家的直接出资意愿降低，其公共融资能力下降。加强对私人部门的引导，促进私人部门的气候融资，能够在客观上弥补公共资金来源不足这一状况。

目前，《公约》规定的资金机制的基本法律框架可以从体制内和体制外两方面来看[30-31]。体制内的机制不仅包括全球环境基金（global environment fund，GEF）及由 GEF 管理运行的气候变化特别基金、最不发达国家基金，还有相对独立的适应基金（adaptation fund，AF）和绿色气候基金（green climate fund，GCF）。体制外，《公约》还允许双边气候基金和多边气候基金作为体制外的资金机制对其体制内的资金机制进行补充。需要注意的是，根据《公约》的规定，发达国家提供资金的义务，在性质上是确定的，在程度上却是不确定的。这种半确定性的法律关系导致的直接后果是发展中国家很大程度上依据发达国家履行出资义务的程度，来履行其所应承担的全球环境条约义务。

一般情况下，资金机制的运行采取两种形式[30]，其一，设立专门的多边基金或特别基金；其二，利用和 WB 等综合融资机制。与资金机制的运行形式相对应的资金实体也有两个，其一，专门实体；其二，综合实体。《巴黎协定》资金机制的运营组织主要有 GCF、最不发达国家基金（the least developed countries fund，LDCF）及气候变化特别基金（special climate change fund，SCCF）来进行管理和分配气候资金（表 5.6）[32]。截至目前，发达国家通过《公约》框架下资金机制的运营组织，为发展中国家援助了总额超过 165 亿美元的气候资金[33]。与《公约》外其他双边资金合作机制相比，《公约》下气候资金机制更透明、公平，各国可通过缔约方大会决定施加影响，能够更好地反映发展中国家的诉求。但是无论在规模还是项目数量上，《公约》下气候资金机制的表现都不尽如人意。

表 5.6 五大资金机制

项目	GEF	GCF	SCCF	LDCF	AF
基金名称	全球环境基金	绿色气候基金	气候变化特别基金	最不发达国家基金	适应基金
建立时间	1991 年	2010 年	2001 年	2001 年	2008 年
主要资金来源	附件 I 缔约方	发达国家缔约方财政资金、各种金融工具、融资窗口等提供资金	附件 II 缔约方捐款、有能力的附件 I 的其他缔约方的捐款	附件 I 缔约方	非附件 I 缔约方从清洁发展机制所得收益的 2%
资助国家	非附件 I 的缔约方	非附件 I 的缔约方	非附件 I 的缔约方	最不发达国家	《公约》第 4 条的脆弱国家

续表

项目	GEF	GCF	SCCF	LDCF	AF
主要领域	减缓、能力建设	减缓、适应	适应、技术转让	适应	适应
筹资规模（2015~2018年）	247.5 亿美元	102 亿美元	3.52 亿美元	13.3 亿美元	7.56 亿美元

为了实现减排成本的最小化，《京都议定书》还建立了旨在减排温室气体的三个灵活合作机制，包括允许附件Ⅰ国家之间转让"分配数量单位"的国际排放贸易机制、允许附件Ⅰ国家从市场经济过渡国家减排投资项目中获取"减排单位"的联合履约机制和允许附件Ⅰ国家从发展中国家可持续发展投资项目中获取核证减排量的清洁发展机制（clean development mechanism，CDM）。三个机制共同构成了国际碳市场。2017年全球碳市场整体运行稳定，碳价格每吨最高达到140美元；交易量超过65亿吨，年增长率约为8.3%，交易量超过520亿美元。据估算，全球碳排放交易总额未来将超越世界石油市场成为第一大能源交易市场，而中国将有可能成为全球碳排放交易的第一大市场[34]。由此可见，不论是在全世界还是在中国，碳交易市场都将成为潜力巨大的气候资金来源渠道。

5.5.2 发达国家应对气候变化出资情况分析

2009年，哥本哈根气候大会要求发达国家2010~2012年提供300亿美元资金作为快速启动资金，并从2020年开始提供每年1000亿美元的长期资金帮助发展中国家应对气候变化。根据《巴黎协议》，发达国家承诺到2020年共同提供的资金规模达到1000亿美元，且发达国家在2025年前落实其现有的资金动员共同目标。但是，发达国家履行资金承诺的进展并不尽如人意。

2016年，按巴黎大会决定要求，发达国家通过OECD联合发布了《1000亿美元资金路线图》，评估了现有资金规模并对2020年资金规模做出了预测，但未就发达国家如何通过公共预算出资等问题进行论述。同时，报告显示发达国家近几年为发展中国家提供的气候资金为每年500亿~600亿美元，都低于其承诺值。印度财政部经济事务部发布《基于OECD千亿美元气候资金报告的分析：真相缺失》，明确指出OECD报告对气候资金核算在数据来源、透明度和方法学上存在不足甚至是错误，发达国家向发展中国家提供的年均气候资金实际仅为其估算规模的1/3左右。

根据乐施会的评估，发达国家在2013~2014年平均每年动员了410亿美元，但只有110亿~210亿美元属于真正的气候支持。根据国际气候政策中心（Climate

Policy Initiative，CPI）发布的 2019 全球气候融资概览报告，2015～2016 年全球年均气候融资公共部分为 1400 亿美元，低于私人投资部分。

《公约》缔结 25 年来各资金机制出资情况如表 5.7 所示。五大基金共接收捐资国出资 163 亿美元，尽管 GCF 仅完成初始认捐，但其资金规模高达 101.93 亿美元，占气候资金总量比例的 62.5%；GEF 运行整体资金规模超过 145 亿美元，但由于其同时承担生物多样性、荒漠化等多个国际环境公约资金机制的任务，因此气候变化领域资金投入为 44.36 亿美元；LDCF、SCCF 和 AF 资金规模分别为 9.64 亿、3.50 亿和 3.57 亿美元，占气候资金总量比例分别为 5.9%、2.1%和 2.2%。在 163 亿美元总出资中，27 个发达国家出资总额为 161.42 亿美元，占比超过 99%；25 个发展中国家出资 1.58 亿美元，占比不足 1%。需强调的是，发达国家和发展中国家出资性质有着本质的区别，发达国家出资为履行公约义务，偿还其"气候债务"；而发展中国家则是为推动气候变化国际合作而进行的自愿性出资，并不受《公约》约束。发达国家出资量直接取决于国家经济实力，美国、日本、德国、英国和法国分列发达国家出资前五名，出资量分别为 39.44 亿、22.24 亿、20.88 亿、17.93 亿和 14.49 亿美元。排名前 16 位的发达国家共计出资 158.45 亿美元，占全球总出资的比例超过 97.2%。

表 5.7　五大资金机制出资金额

项目	GEF	AF	LDCF	SCCF	GCF	合计
总出资额/亿美元	44.33	3.57	9.64	3.50	101.93	163
出资国个数/个	40	12	25	15	31	52
发达国家出资额/亿美元	43.09	3.57	9.62	3.50	101.64	161.42
发达国家个数/个	24	12	22	15	22	27
发展中国家出资额/亿美元	1.27		0.02		0.29	1.58
发展中国家个数/个	16		3		9	25
美国/亿美元	7.61		1.33	0.50	30	39.44
日本/亿美元	7.24				15	22.24
德国/亿美元	5.72	1.72	2.21	1.2	10.03	20.88
英国/亿美元	3.98	0.16	1.49	0.19	12.11	17.93
法国/亿美元	3.87	0.13	0.15		10.35	14.49
瑞典/亿美元	1.72	0.76	0.78	0.06	5.81	9.14
意大利/亿美元	2.02	0.02	0.01	0.1	3.34	5.5
加拿大/亿美元	2.29		0.27	0.13	2.77	5.46
挪威/亿美元	0.72	0.03	0.32	0.35	2.58	3.99

续表

项目	GEF	AF	LDCF	SCCF	GCF	合计
荷兰/亿美元	1.64		0.75	0.03	1.34	3.76
澳大利亚/亿美元	0.86		0.43		1.87	3.15
比利时/亿美元	1.04	0.08	0.65	0.41	0.69	2.88
西班牙/亿美元	0.38	0.57	0.02	0.12	1.61	2.70
芬兰/亿美元	0.82	0.07	0.41	0.18	1.07	2.56
瑞士/亿美元	1.04	0.01	0.10	0.10	1.00	2.25
丹麦/亿美元	0.87		0.39	0.09	0.72	2.08

发达国家个体间经济体量不同、人口不同、发展阶段不同，因此，不能将绝对出资量作为衡量各国履行出资义务的唯一标准。

图 5.24 和图 5.25 分别给出了各个发达国家出资量占 GDP 的比例，以及人均出资量与人均 GDP 的关系图。出资占比最高的国家为瑞典，占比最高为 0.166%，其次是芬兰和挪威，分别为 0.093% 和 0.092%。出资占比最少的三个国家分别为西班牙、美国和澳大利亚，分别为 0.0189%、0.0192% 和 0.0220%。人均出资量最高的国家依然为瑞典、挪威和芬兰，最少的是西班牙、意大利和美国。

从发达国家各国总体出资意愿上看，北欧国家处于领先位置。由于气候变化产生的热盐环流会减弱墨西哥暖流的强度，因此将改变整个北欧的气候环境，也将改变北冰洋鱼类的生活环境，这都会对北欧国家造成重要的影响；此外，由于人口密度相对较低，经济水平发达，北欧国家的环境意识相对较高，瑞典是世界上最早开展环境保护的国家之一。

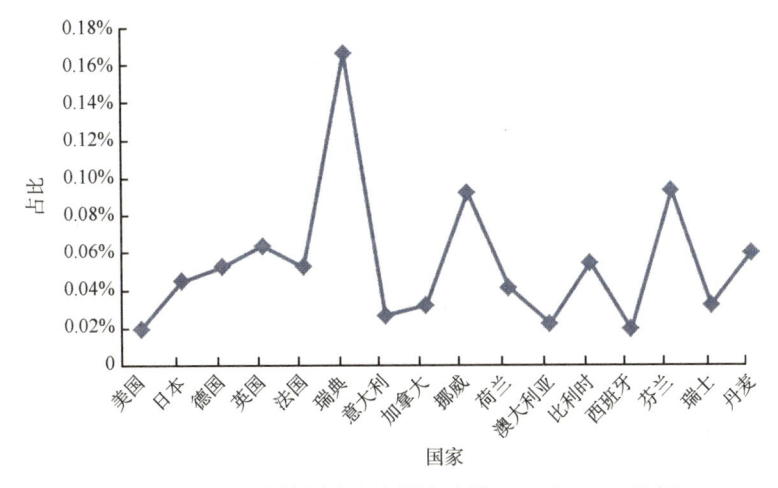

图 5.24 主要发达国家出资额占本国 2018 年 GDP 比例

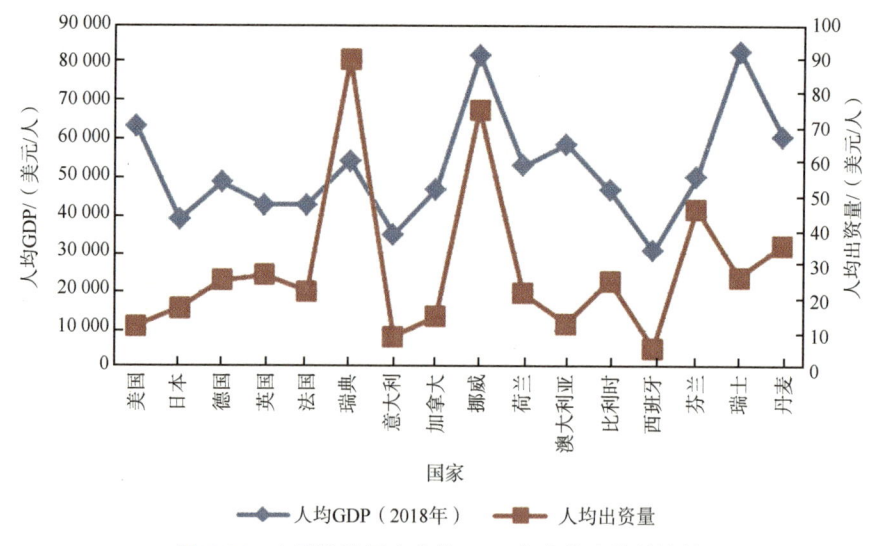

图 5.25 主要发达国家人均 GDP 与人均出资量比较

美国和澳大利亚的出资资源明显低于其他国家，这两个国家一贯在资金问题谈判上避实就虚，只谈资金机制建设及落实问题，避谈公约义务和资金来源、规模，并试图转嫁出资责任，推动私营部门和发展中大国作为长期资金的来源，强调养老金、主权财务基金、保险金等也可纳入未来应对气候变化资金。其中，美国作为世界上经济最发达的国家，同时作为世界第二大二氧化碳排放国，其出资力度明显与其责任不符。

同时，西班牙和意大利也是出资意愿较低的国家。在过去一段时间里，两国由于经济结构失衡且缺乏创新，经济增长速度和出口贸易额大幅下降，失业率和通货膨胀率则显著上升。巨额财政赤字和公共债务一直是意大利和西班牙的两大难题。这两个国家成为整个西方经济体系链条中最薄弱的环节，因而其自身经济发展的障碍导致整体出资意愿不足。

5.5.3 国际应对气候变化资金机制现存问题

1. 资金的规模严重不足

现有《公约》框架内资金机制的气候资金规模严重不足，距离发展中国家需要的气候资金数量差距很大[30]，急需发达国家加大投入。

根据《公约》秘书处在其《应对气候变化所需投资与资金量》报告中的估算，到 2030 年，全球应对气候变化每年所需的额外资金总规模为 2000 亿美元左右，其中至少 50% 为发展中国家所需要的。根据 OECD 的研究报告，若将全球气温增长控制在 2℃以内，从 2017 年起到 2030 年基础设施建设领域每年需要 6.9 万亿美元的资金投入。而国际能源组织的报告指出在 2016～2035 年将温度上升的幅度控制在 2℃总共需要投入 53 万亿美元[35]。

而根据联合国开发计划署的研究报告,实现二氧化碳减排目标将需要高额的增量投资,2010～2050 年,中国需要高达 14.2 万亿美元的增量投资。随着减排量的提高,相应的增量投资将会大幅增加[36]。

2. 公共来源不足[36]

根据《公约》的文本,发达国家对发展中国家应对气候变化提供的气候资金的性质应该是"新的、额外的"。然而,《公约》对"新的、额外的"没有统一、清晰的解释,发展中国家和发达国家对此没有达成共识。发达国家利用《公约》对气候资金解释上的模糊性,经常把发达国家援助发展中国家的资金贴上气候援助资金的标签,并重复计算气候援助资金。同时,大多数发达国家还认为"只要是 2009 年后发展中国家的额外资金,即额外资金",并将其他非气候变化援助基金加上气候变化关键词或概念纳入快速启动资金。此外,发达国家还把多边机构的贷款资金及国内公司和进出口银行算入对快速启动资本的投资。

3. 资金项目申请难度大[36]

发展中国家应对气候变化的过程十分紧迫,而与在资金项目申请过程中所耗费的过多时间形成突出矛盾,这使得发展中国家不能及时得到气候资金的资助。除此之外,发展中国家申请国际气候资金机制项目的过程门槛高,程序复杂。同时,由于受援国政府部门内部、国际执行机构内部及国际运营实体内部还有众多内设机构,涉及众多部门的协调,导致审批程序愈加复杂。《全球环境基金第五次总体绩效研究》指出只有 36%～41%的 GEF 全额项目能在所要求的 18 个月内获得批准。国际气候资金机制复杂的申请程序极大地提高了发展中国家申请资金项目的门槛,增加了发展中国家获得国际气候资金机制资助的难度。很多发展中国家,尤其是最不发达国家,由于能力欠缺,很难掌握项目的申请流程,从而难以获得国际气候资金机制的资金援助。

4. 资金投入不均衡

从资金流入国家来看,发达国家的供资往往不能满足发展中国家减缓和适应气候变化问题的需要,这就形成了"僧多粥少"的局面。现实情况是,《公约》体制内基金的大部分资金只援助了少数的发展中大国,这是由于基金是以项目作为供资的前提。发展中国家面对气候问题所形成的利益集团,资金分配的不平衡使得彼此之间的矛盾加大。由于发达国家原本就持有"以中国为代表的发展中大国在应对气候变化问题上理应承担与发达国家相似甚至是相一致的义务"这样的观点，因此它们不断利用小岛屿国家联盟向发展中大国施压[30]。

从现今国际应对气候变化资金流向领域的情况来看，国际应对气候变化资金流向的领域可以大致上分为五类：减缓气候变化领域、适应气候变化领域、低碳技术转让领域、能力建设领域及帮助发展中国家履约领域，其中流向减缓气候变化领域的资金额度远远超过其他四个领域。造成这个现象的原因是：发达国家更愿意将资金投入与其利益息息相关的减缓气候变化的领域。发达国家作为出资方本来就处于优势地位，如果不控制资金流向的均衡发展，则气候变化问题很难得到根本上的解决。发达国家立足于本气候集团利益考虑更青睐将资金流向减缓气候变化的领域，与此同时，发展中国家急需解决的问题多在适应气候变化领域，因此发展中国家和发达国家就资金流向问题才会存在巨大分歧。而低碳技术转让领域更不是发达国家会选择的领域。

5.6 国际气候治理的技术机制

资金和技术是实现减排和适应的两大关键因素。同资金一样，发展中国家也面临着技术短板。技术援助机制相比较于资金更为复杂一些，一方面，技术一般掌握在私人实体手里，国家只能促进和便利技术的转让；另一方面，发达国家也不愿意将一些先进的技术援助给发展中国家。所以如何协调好发达国家内部、发达国家和发展中国家之间的关系，是技术援助机制能否发挥作用的关键。

《巴黎协定》针对技术援助仅规定了一个意愿性的、没有强制义务的机制。第十条第三款所述的"《公约》下设立的技术的机制"指的是 2001 年马拉喀什会议上所建立的一个技术转让框架及成立一个技术转让专家组来落实《公约》的第四条。除此之外，《公约》的秘书处经缔约方大会授权也有责任促进技术的转让。这些即为第三款所述的《公约》下的技术机制（technology mechanism，TM）。为了进一步促进技术的转让，《巴黎协定》第十条第四款正式决定建立了一个技术框架，第四款规定，兹建立一个技术框架，为技术机制在促进和便利技术开发和转让的强化行动方面的工作提供总体指导，以根据本条第一款所述的长期愿景，支持本协定的执行。

技术援助机制和资金援助机制在一定程度上是密不可分的。所以《巴黎协定》第十条第五款和第六款规定，发展中国家可以从两个渠道获得技术，一个是直接支付技术转让的费用，事实上只要在资金有保证的情况下，一般不涉及国家安全的技术都可以进行转让；另一个则是发达国家和发展中国家联合开展技术研究，如中美之间成立的清洁能源研究中心，还包括双方在碳捕集和封存技术、建筑能效和清洁汽车等方面的合作等。

总体而言，《巴黎协定》下的技术援助机制强调发达国家和发展中国家之间的技术合作，但是一方面法律约束力不足，有可能使该机制沦为一纸空文；另一方面也没有涉及知识产权方面的问题，这是技术转让最大的障碍[37]。所以《巴黎协定》下的 TM 虽然相较过去有了很大的进步，但是也存在着一些问题。

5.6.1 NDC 方案中的技术要素

技术是许多非附件 INDC 的重要因素[38]。在提交 NDC 的 190 个缔约方中，超过 75%提到了技术。附件 I 缔约方中约有 25%提到了技术，通常是在支持国家行动的研发和创新方面。在提交 NDC 的 147 个非附件 I 缔约方中有 95%提到了技术。表 5.8 显示了它们报告技术问题的频率。

表 5.8　非附件I缔约方的 NDC 方案的技术要素

技术相关的要素	频次占比
技术的支持	70%
研发及创新	48%
技术需求	31%
技术的资金需求	25%
非资金的障碍	20%
TNA 过程	18%
知识产权	7%
TM、TEC、CTCN、NDE	7%

注：技术需求评估（technology needs assessment，TNA）；技术执行委员会（Technology Executive Committee，TEC）；气候技术网络中心（The Climate Technology Centre and Network，CTCN）；国家指定实体（national designated entities，NDE）

根据表 5.8 可知以下内容。

（1）对技术的支持是关键需求。100 多个非附件 I 缔约方（占所有非附件 I 缔约方的 70%）强调指出，实施自己的 NDC 必须以国际对技术开发和转让的支持为条件。

（2）许多 NDC 渴望建立国家创新能力。非附件 I 缔约方中几乎有一半提到了其 NDC 中的技术研发及创新。这在中国和阿拉伯联合酋长国的 NDC 中很明显，在法语非洲国家（如贝宁和科特迪瓦）中也很明显。

（3）了解气候技术需求是当务之急。非附件 I 缔约方中近 1/3 提到了加强气候变化行动方面的具体气候技术需求。例如，阿富汗和印度提供了所需的特定技术清单。非附件 I 缔约方中有近 20%的国家或地区提到了 TNA。有关缔约方在其

NDC 中提及 TNA 的实际案文。

（4）许多 NDC 为其技术需求提出了定价。非附件 I 缔约方中有 1/4 强调了其 NDC 技术的资金需求。对于多哥共和国，已确定的技术转让需求的总成本为 5 亿美元。

（5）现有的 NDC 很少关注障碍。非附件 I 缔约方中有 20%在其 NDC 中提到了非资金的障碍。摩尔多瓦共和国详细介绍了技术转让方面的差距和障碍。

（6）现有的 NDC 很少提及 TM 及其机构。只有七个提到 CTCN。有两个缔约方（中国和古巴）提到了 TM，一个缔约方（刚果）则提到了 NDE。只有科威特提到了 TEC。

关注技术要素的区域差异。对于所有区域，最常报告的问题是需要国际支持技术开发和转让。所有地区报告的第二大问题是研发及创新。在第三层级，地区差异变得明显（表 5.9）。

表 5.9 技术要素的区域差异

项目		频次占比	项目		频次占比
非洲	技术要素	100%	亚太区域	技术要素	94%
	技术的支持	77%		技术的支持	75%
	研发	62%		研发	43%
	技术的出资	42%		非资金障碍	33%
东欧	技术要素	67%	拉丁美洲和加勒比地区	技术要素	97%
	技术的支持	33%		技术的支持	66%
	研发	22%		研发	41%
	N/A			TNA 进程	16%

5.6.2 减缓部门的优先技术评价及障碍识别

UNFCCC 附属履行机构（Subsidiary Body for Implementation，SBI）曾经对来自 53 个非附件 I 缔约方的 TNA 报告、障碍分析和支持框架（barrier analysis and enabling framework，BAEF）报告及技术行动方案（technology action plan，TAP）报告进行评估[39]。这 53 个缔约方参加了全球 TNA 项目的第一阶段（2009~2013年）和第二阶段（2014~2017 年）。其目标是提供有针对性的财务和技术支持发展中国家缔约方进行或更新其 TNA 并准备其 BAEF 和 TAP 报告。该项目是在环境署丹麦技术大学（Technical University of Denmark，DTU）合作伙伴关系的框架下，由波兹南环境基金支持下的技术转让战略方案支持。

1. 减缓部门的技术需求识别

针对减缓的优先技术，缔约方在其优先减缓部门或分部门的技术初步清单（或长清单）中确定了950多种技术选择，缔约方还对350多种技术选择进行了优先排序。其中（表5.10），在能源部门（最优先考虑的减缓部门）中，能源行业子部门优先考虑的大多数技术与发电相关，太阳能光伏和水电技术是最优先考虑的问题（在减缓TNA中的占比分别为43%和33%）。

表5.10 能源和交通部门的减缓优先技术需求

项目	能源行业	交通部门
缔约方需求占比	太阳能光伏（43%）；水电技术（33%）；生物质/沼气技术（28%）；风力涡轮机（陆上和海上）（23%）；一般照明（13%）；紧凑型荧光灯灯泡（13%）；改进的炊具（12%）；生物质热电联产（10%）	交通模式转换（39%）；节能（37%）；燃料转换（18%）；基础设施（16%）；需求管理（14%）；可再生燃料替换（14%）

在交通细分部门中，有39%的缔约方将与交通模式转换有关的技术列为优先事项，如大规模快速运输的公路或铁路系统，有37%的缔约方将节能技术列为优先事项，其中包括车辆技术的改进。从优先运输技术的概述中可以看出，缔约方大多优先考虑软技术，目的是在运输和基础设施改善方面进行行为上的改变，可以在短期到中期应用。

农业、林业和其他土地利用部门，林业细分部门中的减缓重点技术种类繁多，涵盖了广泛的类别，主要包括森林保护技术，如保护森林地区，促进可持续森林管理和全面改善森林管理；水槽的改良（造林或重新造林）及森林的修复和恢复技术也是优先考虑的技术之一。农业细分部门的技术主要包括新的或替代的农业做法，如有机农业；经典、少耕或免耕技术；施肥和灌溉技术。

2. 障碍识别

总体而言，所有缔约方，不论哪个部门，都识别出发展和转让优先减缓技术主要存在经济及资金、技术等障碍。在经济及资金障碍类别中，大多数缔约方认为无论该部门或技术如何，缺乏或不充分获得财政资源是主要障碍；在技术障碍类别中，许多缔约方认为系统障碍和专业知识不足是主要障碍。

几乎所有在能源部门中优先考虑技术的缔约方（最优先考虑的减缓部门）都报告了这些技术的开发和转让面临以下类型的障碍（表 5.11）：经济及资金（98%），政策、法律和监管（96%），技术（96%）。大多数缔约方还提到了与市场失灵或不完善（91%）、信息和意识（87%）及机构和组织能力（80%）有关的障碍。

表 5.11 能源部门减缓技术的障碍识别

能源部门减缓技术的主要障碍类别	第一类障碍	第二类障碍
经济及资金（98%）；政策、法律和监管（96%）；技术（96%）；市场失灵或不完善（91%）；信息和意识（87%）；机构和组织能力（80%）；人际交往能力（73%）；网络故障（60%）；社会、文化和行为（50%）；其他（38%）	缺乏或不充分获得财政资源（80%）；高昂的资本费用（75%）；不适当的融资激励措施和抑制措施（61%）；财务上不可行（41%）；交易成本高（28%）；不确定的融资环境（18%）；不确定的宏观经济环境（16%）	法律和监管框架不足（95%）；执法不足（48%）；政策的间歇性和不确定性（25%）；高度控制的能源部门（9%）；官僚主义（9%）；寻租行为和欺诈（4%）；利益冲突（在新技术和现有技术的支持者之间）（4%）

对于能源部门而言，最经常报告的经济及资金障碍主要包括缺乏或不充分获得财政资源（80%）和高昂的资本费用（75%）。在政策、法律和监管类别中，有95%的缔约方指出，法律和监管框架不足是主要障碍。

5.6.3 适应部门的优先技术需求及障碍识别

1. 适应的技术需求识别

针对适应的优先技术需求，缔约方在其优先适应部门的技术初步清单（或长清单）中确定了1000多种技术选择，并优先考虑了400多种技术。与适应相关的技术需求包括堤坝和防洪墙、洒水和滴灌系统及抗旱作物品种等硬性技术，以及诸如建立用水户协会等软性技术。

表 5.12 指出了农业领域和水领域的主要技术需求。在农业部门（最普遍优先考虑的适应部门）内，大多数优先技术与喷灌和滴灌有关（37%的缔约方优先考虑），以及农作物的多样化和新品种（27%的缔约方优先考虑），具体包括农作物改良技术，新品种。在适应 TNA 中，有 21%的缔约方将保护农业和土地利用规划（具体指抗旱、耐盐和短熟品种）列为优先事项。

表 5.12 适应的技术需求识别

项目	农业部门	水部门
缔约方需求占比	喷灌和滴灌（37%）；农作物的多样化和新品种（27%）；抗旱作物品种（22%）；保护农业和土地利用规划（21%）；农林业（18%）；雨水收集（14%）；谷物和种子的储存技术（12%）；综合土壤养分管理（12%）	雨水收集（54%）；地下储存和使用（19%）；小型水库、小型水坝（16%）；流域综合管理（12%）；脱盐（10%）；供水系统（10%）；流域管理（5%）

在水部门，缔约方优先考虑与雨水收集（54%缔约方优先考虑）及水的储存和集水（35%）有关的技术，后者主要包括地下储存和使用（19%的缔约方优先

考虑)，小型水库、小型水坝（16%的缔约方优先考虑）。

在基础设施和住宅部门（包括沿海地区）中，大多数优先技术与沿海保护有关，包括硬性措施和软性措施。与湿地恢复和自然灾害预防相关的最常见的优先技术有预警系统。其他包括防波堤、测绘和海滩开垦。

2. 障碍识别

针对适应气候变化，所有缔约方均识别了经济及资金障碍，政策、法律和监管（98%），机构和组织能力（90%）及技术（88%）也被普遍提及为优先技术的开发和转让的障碍类别（表 5.13）。

表 5.13　农业部门适应技术的障碍识别

农业部门适应技术的主要障碍类别	第一类障碍	第二类障碍
经济及资金（100%）；政策、法律和监管（98%）；机构和组织能力（90%）；技术（88%）；信息和意识（86%）；人类技能（86%）；市场失灵或不完善（80%）；社会、文化和行为（75%）；网络故障（65%）；其他（50%）	缺乏或不充分获得财政资源（86%）；高昂的生产费用（72%）；不适当的融资激励措施和抑制措施（56%）；财务上不可行（49%）；交易成本高（26%）；不确定的宏观经济环境（8%）；不确定的融资环境（7%）	法律和监管框架不足（88%）；执法不足（47%）；政策的间歇性和不确定性（28%）；利益冲突（在新技术和现有技术的支持者之间）（16%）；官僚主义（13%）

在经济及资金类别中，大多数缔约方（86%）认为缺乏或不充分获得财政资源是主要障碍。对于政策、法律和监管类别，最常见的障碍是法律和监管框架不足（88%）。在机构和组织能力方面，报告最多的障碍是机构能力有限（88%），而在人类技能类别上，报告最多的障碍是缺乏安装和运行技术（90%）。

对于农业部门（最优先的适应部门），发展和转让缔约方优先技术的潜在障碍涵盖了环境署 DTU 合作伙伴关系指南中列出的大多数类别。最常见的障碍类型是经济及资金（缔约方报告的 100%）及政策、法律和监管（98%）。

在经济及资金类别、政策、法律和监管类别中，农业部门中最常报告的壁垒与能源部门确定的壁垒相似：缺乏或不充分获得财政资源（86%）和法律和监管框架不足（88%）。

5.6.4　TNA 与《公约》内外的其他程序之间的联系

许多缔约方（超过 71%）描述了 TNA，国内程序和《公约》下其他程序之间可能的相互联系。其中 80% 的国家报告说，TNA 和现有的与国家可持续发展优先事项及目标有关的国内程序之间可能存在联系。大多数缔约方解释了上述国内程序如何用作其 TNA 的输入或基础。

缔约方经常将其国家信息通报作为 TNA 进程的重要依据和参考。通常从其国家信息通报中获得的信息包括国家发展优先事项、气候变化目标、国家和部门温室气体排放概况及国家脆弱性评估。

许多缔约方（描述了相互联系的缔约方中有 50%）报告说，其 TNA 提到了与其国家适当减缓行动（nationally appropriate mitigation action，NAMA）和国家适应行动方案（national adaptation programme of action，NAPA）有关的已完成工作。其中一些缔约方（占 25%）确定了其 TNA 的产出，可作为其国家信息通报、NAMA 或 NAPA 的投入。另外一些缔约方在支持实施 TNA 结果方面明确提到了 TM。

尽管并非所有缔约方都具体说明了其 TNA 如何建立在其他程序的基础上或向其他程序提供投入，但缔约方很少将其视为一个独立的程序，并经常将其作为国家政策和计划的补充，以减少温室气体排放和适应气候变化。一些发展中国家报告说其 TNA 和国家数据中心报告之间有很强的联系。他们中的许多人在其 TNA 报告中指出，在准备和实施其国家数据中心时，他们咨询了与气候技术相关的现有产品，包括 TNA 和 TAP 报告。

5.7 全球碳市场连接

国际碳市场合作可以有效降低全球实现减排目标的经济代价，促进各国加强减排雄心。本节系统梳理了《巴黎协定》第六条关于国际碳市场机制的主要内容，分析了碳市场连接的方式、影响与条件；在此基础上，设计了多种全球碳市场连接情景，利用中国-全球能源模型（China in global energy model，C-GEM）分析了 2℃温控目标下全球碳市场对各国排放、能源与经济的影响，并针对国家间开展碳市场连接提出政策建议。

5.7.1 《巴黎协定》下的国际碳市场机制

为促进缔约方之间开展减排合作、提高 NDC 的减排力度，《巴黎协定》第六条建立了合作方法和可持续发展机制两种市场机制。市场机制能够提高缔约方实现 NDC 的灵活性，有效降低实现全球减排目标的总成本，当前，已有约半数缔约方在 NDC 中支持建立国际碳市场[40]，但缔约方关于第六条市场机制的实施细则仍未达成一致。本节将通过阐释两种市场机制的关键要素，建立《巴黎协定》下两种市场机制的基本框架，以识别未来国际碳市场合作的可能模式。

1. 合作方法

合作方法允许缔约方使用国际转让的减排成果（internationally transferred mitigation outcomes，ITMOs）实现 NDC，但应促进可持续发展，确保环境完整性和透明度，并避免减排成果的双重计算。合作方法允许缔约方自下而上地开展多种双边或多边合作，包括碳市场连接、抵消信用机制及政府之间的减排成果转让等。缔约方就合作方法实施细则探讨的核心问题包括管理体制、ITMOs 的定义、NDC 的相应调整等[41]。

（1）管理体制。合作方法可以采取集中的或非集中的管理体制。在集中的管理体制下，《巴黎协定》缔约方会议（conference of the parties serving as the meeting of the parties to the Paris Agreement，简写为 CMA）将制定针对参与缔约方资质、允许的合作类型、ITMOs 合格性等方面的要求，并指定机构监管 ITMOs 的签发和转让。在非集中的管理体制下，CMA 仅负责制定核算准则等方面的指导意见，缔约方在 CMA 的指导和《巴黎协定》透明度条款的要求下进行合作。非集中的管理体制目前得到多数缔约方的支持。

（2）ITMOs 的定义。《巴黎协定》提出了 ITMOs 的概念，但未对 ITMOs 的性质及范围进行明确的定义。一种观点主张 ITMOs 必须是温室气体减排指标，并使用吨二氧化碳当量作为统一计量单位；另一种观点认为 ITMOs 也可以包括其他类型的减排指标，如能效指标和可再生能源指标等，并采用相应的计量单位[42]。关于 ITMOs 的范围，一种选择是 ITMOs 必须产生于东道国 NDC 的覆盖范围内，以确保环境完整性；另一种选择是 ITMOs 也可以产生于东道国 NDC 范围之外，以激励更多缔约方参与全球碳市场[43]。

（3）NDC 的相应调整。为避免双重计算，参与合作方法的缔约方需对其 NDC 实施"相应调整"。对有定量减排目标的 NDC 进行调整的方式主要有两种，分别是基于排放的方法和基于排放预算的方法[44]。基于排放的方法是对缔约方用于评估 NDC 目标实现的排放清单进行调整，购买国在排放清单的基础上减去与已购买的 ITMOs 等量的排放量；出售国增加相应的排放量；基于排放预算的方法是对缔约方与 NDC 目标一致的排放预算进行调整，当获得 ITMOs 时，购买国增加等量的排放预算，出售国则扣除相应的排放预算。

2. 可持续发展机制

《巴黎协定》规定可持续发展机制受 CMA 指定机构的监督，产生的减排量只能用于实现东道国或购买国一方的 NDC 目标。缔约方就该机制探讨的关键问题包括活动范围、额外性评估、相应调整和 CDM 的过渡等。

（1）活动范围。可持续发展机制是一个抵消信用机制，与《京都议定书》

下的 CDM 相似。关于减排活动的范围，有观点认为该机制应超越项目层面的合作，将活动进一步扩展至部门甚至政策层面，这一观点得到多数缔约方的支持[45]。

（2）额外性评估。额外性是指在没有市场机制支持的情况下，相应减排活动不会发生，从而确保缔约方不会使用"虚假"减排单位来实现减排目标，以保障环境的完整性[46]。关于可持续发展机制下减排活动的额外性评估目前仍具有较大争议。一种观点认为，应沿用 CDM 的方法学，在活动层面评估额外性；另一种观点认为，在评估额外性时应将 NDC 下预期可实现的减排成果考虑在内，并且当 NDC 更新或国家政策发生变化时需重新评估额外性。

（3）相应调整。可持续发展机制也需要避免双重计算，但如何实施相应的调整目前仍存在分歧。第一个关键问题是 NDC 覆盖范围之外的减排如何进行调整，不同的观点包括仅针对 NDC 范围内的减排进行调整或对 NDC 覆盖范围之内和之外的减排均进行调整。第二个关键问题是相应调整是否适用于减排指标的初次转让。巴西认为对初次转让的减排指标不应实施相应调整，即该机制不会对东道国的排放报告产生影响，而之后的转让则需进行调整。但许多缔约方反对这一观点，这也成为阻碍缔约方就该机制实施细则达成一致的主要问题之一。

（4）CDM 的过渡。京都体系下的市场机制（尤其是 CDM）如何向可持续发展机制过渡受到各方广泛关注，CDM 的过渡主要包括减排项目的过渡和已签发未使用的减排量的过渡[47]。各方的争议在于，已有 CDM 项目能否向第 6.4 条的机制过渡，如果可以过渡，则是所有的减排活动都能过渡，还是只有满足特定要求的减排活动（如特定区域、特定减排时间、特定技术种类）才能进行过渡。2020 年前签发的中国核证减排量（China Certified Emission Reductions，CERs）如何处理也需进一步明确，如果这些减排量在《巴黎协定》下仍可继续使用，则必须注意避免双重计算。

5.7.2　碳排放权交易市场连接的理论分析

《巴黎协定》第六条为全球碳市场合作奠定了基础。作为一种市场型的减排政策工具，碳排放权交易体系（emissions trading system，ETS）已在欧盟、美国、中国、加拿大、日本、韩国等多个国家或地区得到了广泛应用。随着 ETS 在全球的推广及国际减排合作的需要，碳市场的连接受到越来越多的关注。2014 年，加利福尼亚州和魁北克省建立了世界上第一个双边连接的碳市场，为其他区域开展碳市场合作提供了有力示范。未来碳市场连接可以作为《巴黎协定》6.2 条下的一种重要合作手段，从而鼓励分割的碳市场逐步整合，以自下而上的方式促进全球碳市场的实现。

1. 连接的方式

ETS 的连接是指某个体系中的参与者可以使用其他体系发放的配额或信用，履行在本体系下的遵约义务[48]。连接可以分为直接连接和间接连接，其中直接连接又分为单边、双边和多边连接三种形式。单边连接是指一个碳交易体系内的实体可以购买另一个体系发放的配额或信用，但不可反向；双边连接是指参与连接的两个体系互相认可对方发放的配额或信用，如果参与连接的体系超过两个，则形成多边连接。当两个未进行直接连接的体系分别与第三个体系进行连接时，这两个体系会形成间接连接，目前碳市场之间的间接连接主要是通过 CDM 实现的。

不同碳市场可以进行全面的连接，即不同体系的配额或信用可以完全相互替代，且某一体系对可使用的其他体系的碳排放单位没有限制。此外，体系之间也可以通过实施限额、碳汇率或折扣率建立有限的连接[49]。限额是指限定本体系的控排实体履约时可使用的其他体系发放的配额数量。碳汇率是指一个体系的配额在用于其他体系履约时，将其价值通过一个换算系数进行调整，不同体系的配额之间的换算系数是对称的，类似于货币汇率。相比碳汇率，折扣率往往是非对称的，此类限制会使国外体系的配额在用于本体系的履约时打折扣，即某个体系的控排实体每吨排放需上交比本体系配额更多的其他体系配额。

2. 连接的影响

碳市场的连接可以带来许多优势。从经济角度出发，连接可以降低参与体系的减排总成本，且不同体系之间的边际减排成本差异越大，连接带来的收益也越大[50]。碳市场连接可以增加市场参与者数量，提高市场流动性和价格稳定性；对于具有重要贸易往来的国家，连接还可以减少对碳泄漏和竞争力的担忧。从政治角度出发，由于碳市场连接具有降低减排成本等优势，有利于提高碳交易政策在国内企业和公众之间的可接受性，并促进各国提升减排力度。从管理角度出发，连接可以使多个体系共同分担市场管理责任，节约管理成本。

然而，连接在带来收益的同时，也会带来经济、政治、管理层面的弊端。完全连接会使得连接体系的碳价趋同，对于连接前碳价较高的体系，碳价降低引起的排放增长会降低减排的协同效益，包括减少污染物排放、激励低碳技术革新等[51]；对于连接前碳价较低的体系，连接后碳价的上升会使能源成本和高耗能产品价格上升，从而使得 ETS 对覆盖行业企业竞争力的不利影响进一步增加，甚至可能影响到其他经济部门和未参与 ETS 的企业。除了价格趋同带来的挑战之外，对体系原有政策目标的影响及对国内碳市场管控的灵活性降低也会为连接带来政治壁垒[52],降低政策制定者参与连接的政治意愿。

3. 连接的条件

碳市场连接需先确保不同体系的关键设计要素保持一定的协调性和兼容性,以保障连接后碳市场的良好运行。参与连接体系的总量设定和配额分配方法需得到其连接伙伴的认可,而不同体系的价格调控机制、履约机制、存储和借贷条款及抵消机制必须协调一致,否则会给连接带来较大的制度障碍[53-54]。

进行连接的体系具有可比较的总量控制目标是连接的政治先决条件,包括可比较的目标类型和目标的严格程度。总量控制严格程度的差异可能会产生碳泄漏,破坏体系的环境完整性。不同的分配方法虽然不会影响环境完整性,但可能会影响不同区域同一行业内部企业的竞争力,因此参与连接的体系需彼此认可对方的配额分配方法。

为防止碳价过高或过低,一些碳市场引入了价格调控机制,当不具有价格上下限的市场和具有价格上下限的市场连接时,价格上下限可能会延伸到连接后的市场,并对连接造成阻碍。对不履约惩罚措施的差异也是连接的主要障碍之一,体系的惩罚力度较弱会激励企业通过上缴罚款来替代履约,并形成一种价格上限。碳市场的存储和借贷条款不一致也会阻碍连接。例如,对存储限制相对宽松的体系中的企业可能会在早期存储其他体系的配额,等碳价升高时再出售,从而导致利益的单向流动。此外,由于抵消信用会影响减排单位的总供给和碳价,因此参与连接的碳市场还需就允许使用的抵消信用的类型和数量达成一致。

5.7.3 全球碳市场连接的影响分析

本节利用 C-GEM 量化分析 2℃温控目标下全球碳市场连接对各国排放、能源与经济的影响,以针对国家间开展碳市场合作提出政策建议。

1. 模型与情景设计

本节采用的 C-GEM 为全球多区域可计算一般均衡模型,模型的详细介绍可参考 Li 和 Duan 的研究[55]。本节以 2030 年为主要研究时点,共开发了 5 组情景(表 5.14)对 2℃温控目标下全球碳市场的影响进行模拟分析。在参考情景下,各国将独立实现当前的 NDC 目标,该情景主要用于与 2℃温控目标下的情景进行对比。在独立情景中,各国通过国内碳市场独立实现与 2℃温控目标一致的 NDC 更新目标(参考 Li 和 Duan 设计的 NDC 更新方案决定[30])。在全球碳市场连接情景中,配额可以跨区域交易。在完全连接情景中,全球碳市场将覆盖所有国家的所有经济部门，配额的跨区域交易没有限制，该情景是效率最高的理想情景，但在实践中将面临极大挑战。考虑到 ETS 的实施成本，当前各国已建立的碳市场基本都仅覆盖高耗能部门。5.7.2 节的分析也表明，完全连接在带来经济效率提升的同时也会对参与国家产生一些不利影响，且碳市场之间的完全连接需建立在关键设计要素协调一致的基础上，具有一定的复杂性。基于此，本节进一步设计了两组次优合作情景。在部分连接情景中，各国碳市场仅覆盖高耗能部门，包括电力、非金属矿物、钢铁、化工、有色金属和造纸部门，各国高耗能部门的配额总量参考独立情景下高耗能部门的碳排放量确定，配额的跨区域交易没有限制。在有限连接情景中，各国/区域仅高耗能部门参与碳市场，配额可以跨区域交易，但配额进口国允许进口的配额数量占其排放总量的比例不超过 10%。

表 5.14 全球碳市场情景设计

情景名称	减排目标	参与部门	连接方式
参考情景	NDC 目标		
独立情景	与 2℃温控目标一致的 NDC 更新目标		
完全连接		所有部门	不受限的连接
部分连接		高耗能部门	不受限的连接
有限连接		高耗能部门	受限的连接

2. 模拟结果与分析

1）碳价格与配额交易量

如表 5.15 所示，在独立情景下，发达国家和发展中国家的碳价表现出较大差距，理论上为各国通过碳市场连接降低实现 2℃目标的减排总成本提供了空间。在碳市场完全连接情景中，美国、欧盟、日本等配额进口方碳价下降，中国、印度等配额出口方碳价上升，全球均衡碳价为 48.0 美元/吨。在部分连接情景中，全球均衡碳价为 43.6 美元/吨。在有限连接情景中，美国、欧盟、日本、韩国、澳大利亚、俄罗斯由于配额进口限制，其高耗能部门的碳价高于部分连接情景。中国、加拿大、墨西哥、印度、巴西和南非的碳价则低于部分连接情景，这是由于主要配额进口方的进口量下降，降低了配额出口方的出口量和出口配额价格，并一定程度上增加了加拿大、巴西等其他配额进口方的进口量。

表 5.15 2℃温控目标下主要国家或地区 2030 年的碳价格[单位：（美元/吨，2011 年不变价）]

国家或地区	独立情景	完全连接	部分连接（仅高耗能部门）	有限连接（仅高耗能部门）
中国	33.0	48.0	43.6	34.6
美国	184.2			120.1
欧盟	177.7			103.8
日本	119.1			76.0
加拿大	75.3			34.6
韩国	87.0			59.3
澳大利亚	124.4			93.3
墨西哥	52.9			34.6
印度	17.6			34.6
巴西	72.3			34.6
俄罗斯	73.1			51.1
南非	23.6			34.6

在碳市场完全连接情景中，2030 年全球的配额交易总量为 30.6 亿吨二氧化碳当量，交易额为 1470 亿美元。中国是最大的配额出口国，其次是印度，两国的配额出口占比分别达到 49.9% 和 36.9%（图 5.26）。美国是最大的配额进口国，配额进口占全球总量的比例为 42.8%，其次是欧盟（23.5%）。在部分连接情景下，全球配额交易量和交易额分别为 22.4 亿吨二氧化碳当量和 978 亿美元。在有限连接情景下，全球配额的交易量和交易额分别下降至 11.1 亿吨二氧化碳当量和 385 亿美元，受到限额的影响，美国和欧盟的配额进口相较部分连接情景明显下降。印度由于具有更低碳价的优势，将超越中国成为最大的配额出口国，配额出口占比达到 69.4%。

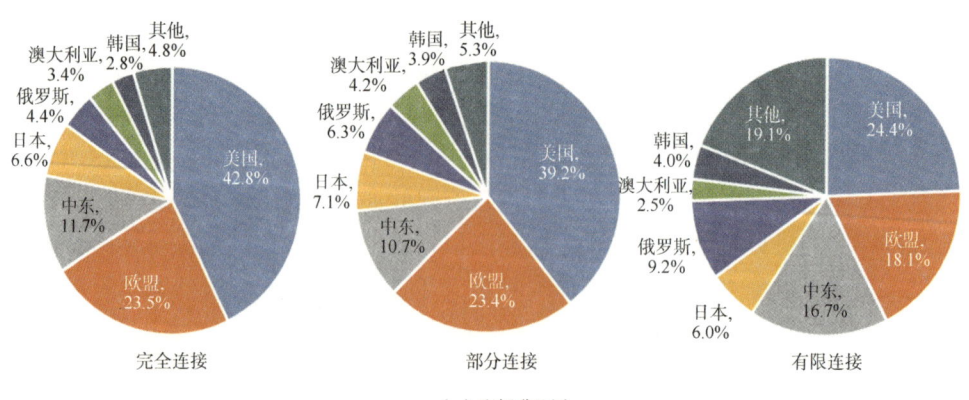

（a）配额进口国

(b) 配额出口国

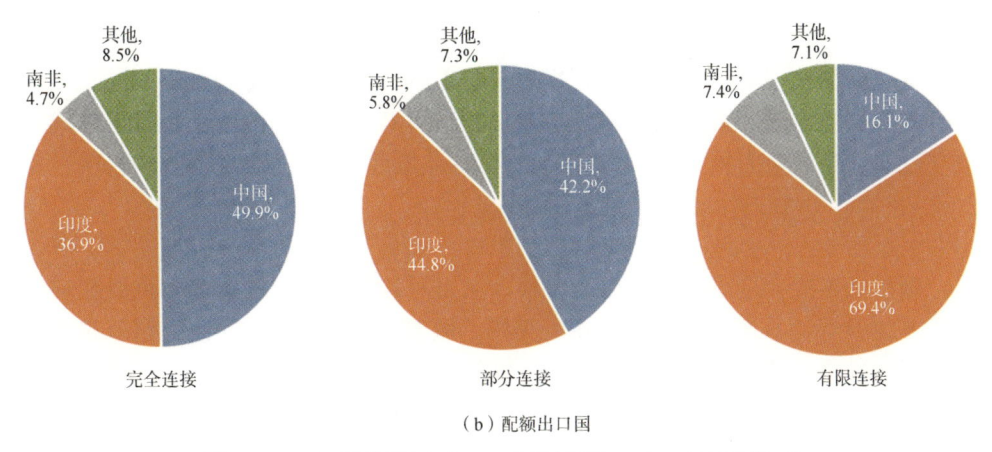

图 5.26 2℃温控目标下 2030 年配额进口/出口的国别构成

由数据修约所致，各数相加可能不等于 100%

2）福利损失

碳市场连接能够使配额在不同减排成本的区域之间进行再分配，并造成资金的跨区域流动，从而对各国的社会福利产生影响。本节对 2℃目标下各国福利损失的评估主要通过与参考情景的福利水平进行对比。碳市场完全连接情景下，全球实现 2℃目标的福利损失为 0.4%（图 5.27），比独立情景的福利损失（1.5%）下降 73%。在部分连接和有限连接情景中，全球的福利损失分别为 0.9%

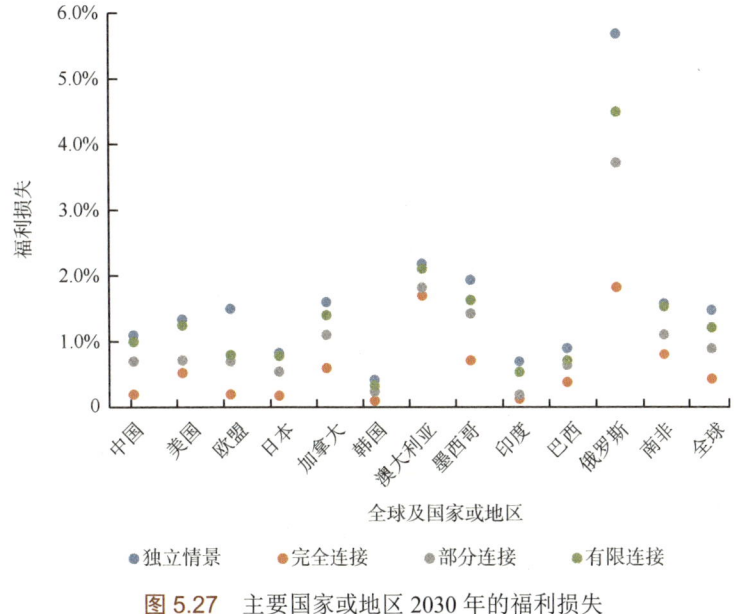

图 5.27 主要国家或地区 2030 年的福利损失

和 1.2%，高于完全连接情景，但仍低于独立情景。从国别角度看，碳市场连接降低了各国实现减排目标的福利损失。覆盖所有国家与所有经济部门且配额交易不受限制的全球碳市场是最具经济效率的，随着交易限制的增加（包括部门限制和配额交易数量限制），全球碳市场连接对减排效率提升的影响逐渐减弱。

3）能源消费影响

碳市场连接会造成减排压力的转移，从而对各国的能源消费产生重要影响。如图 5.28 所示，在完全连接情景中，美国、欧盟、日本、韩国、澳大利亚和俄罗斯等配额进口方的一次能源消费总量（以电热当量法计量，下同）相比独立情景分别提高 32%、20%、18%、11%、26% 和 10%，非化石能源占一次能源消费比重分别下降 10.5、9.3、8.2、1.4、6.0 和 4.0 个百分点。相比不受限制的连接，有限的连接能够降低对配额进口方能源系统低碳转型的不利影响。在有限连接情景中，配额进口国的非化石能源消费占比在三种国际合作情景中最高。对于配额出口方

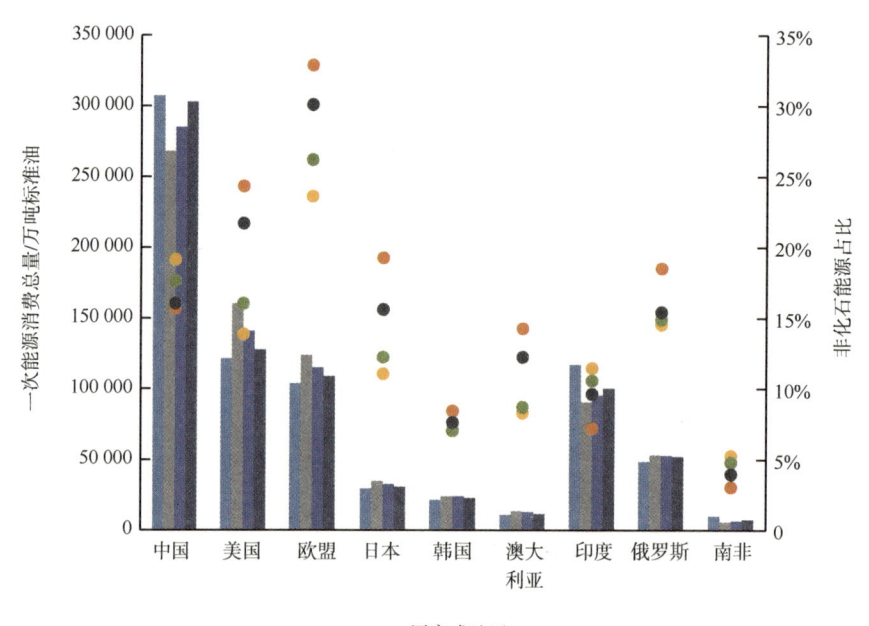

图 5.28 2030 年主要国家或地区的一次能源消费总量与非化石能源占比

而言，全球碳市场可以加快其能源系统的低碳转型。在完全连接情景下，中国和印度的非化石能源消费占比分别提升 3.5 和 4.3 个百分点。随着交易限制的增加，配额出口方的非化石能源占比逐渐下降。

4）国际贸易影响

碳市场连接引起的碳价变化会影响各部门的生产成本，使得国内产品和国际市场产品的相对价格发生变化，进而对各国或地区的国际贸易产生影响。如图 5.29 所示，在完全连接、部分连接和有限连接情景中，中国的贸易净出口额相比独立情景分别下降 14%、6% 和 1%；印度的贸易净出口额分别下降 12%、7% 和 4%；美国的贸易净进口额分别下降 76%、24% 和 17%；欧盟的贸易净进口额分别下降 30%、11% 和 2%。这些结果说明，碳市场连接可能会降低配额出口国产业的国际竞争力，这是由于碳价的上升提高了配额出口方各部门（特别是高耗能部门）的生产成本和产品价格。相反，对于配额进口方，碳市场连接有利于提高其国内或地区产业的国际竞争力。相比完全连接，有限的连接能够降低对配额出口方国际贸易的不利影响。

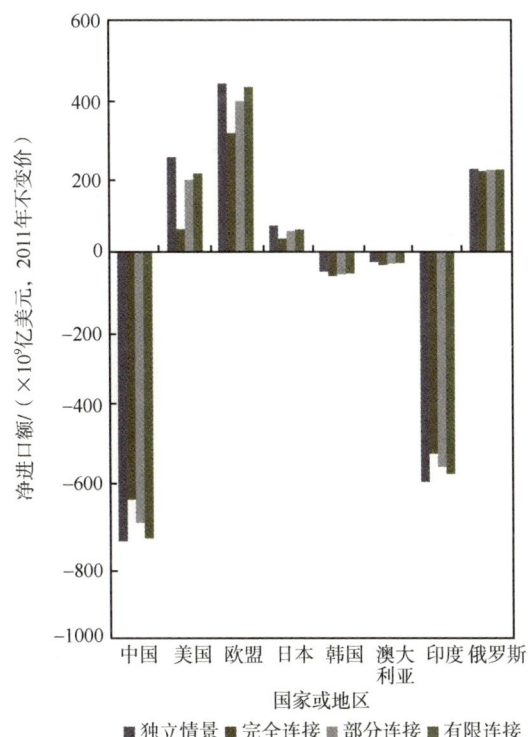

图 5.29 2030 年主要国家或地区的贸易净进口额

5.7.4 结论与政策建议

《巴黎协定》为缔约方实现减排目标提供了两种灵活机制。未来碳市场连接可以作为缔约方自主开展合作的重要手段。全球碳市场连接能够使全球实现 2℃温升目标的福利损失大幅下降。然而，碳市场连接会在一定程度上阻碍配额进口国能源系统的低碳转型，并降低配额出口方产业的国际竞争力。通过进口限额限制配额的交易尽管会降低连接的经济效益，但也可以有效降低连接带来的不利影响。相比完全连接，有限连接对体系协调性和兼容性的要求更低，从而更易实施。因此，短期内的全球碳市场合作可以先考虑建立更具政治可行性的有限连接，随着国际合作的不断深入，配额的交易限制可以逐渐放松，从而顺利过渡至完全连接，以实现最大的经济效益。

参 考 文 献

[1] Mu Y Q，Wang C，Cai W J. The economic impact of China's INDC：distinguishing the roles of the renewable energy quota and the carbon market[J]. Renewable and Sustainable Energy Reviews，2018，81：2955-2966.

[2] Zhang W，Pan X. Study on the demand of climate finance for developing countries based on submitted INDC[J]. Advances in Climate Change Research，2016，7：99-104.

[3] Rogelj J, Den Elzen M， Höhne N, et al. Paris Agreement climate proposals need a boost to keep warming well below 2℃[J]. Nature，2016，534：631-639.

[4] Department of Economic and Social Affairs. Population Division[M]. New York：World Population Prospects，2019.

[5] World Bank. World Bank indicators[EB/OL]. https://data.worldbank.org/indicator[2022-05-23].

[6] 国家发展和改革委员会能源研究所.我国实现全球1.5℃目标下的能源排放情景研究[R]. 研究报告，2018.

[7] 中国工程院. CO_2减排目标与峰值目标落实机制研究[R]. 研究报告，2016.

[8] 清华大学. 我国温室气体排放峰值研究[R]. 研究报告，2015.

[9] 中国能源模型论坛·中国2050低排放发展战略研究项目组. 中国2050年低排放发展战略研究：模型方法及应用[M]. 北京：中国环境出版集团，2021.

[10] Zhou S，Tong Q，Pan X Z, et al. Research on low-carbon energy transformation of China necessary to achieve the Paris agreement goals：a global perspective[J]. Energy Economics，2021，95：105137.

[11] UNFCCC. Intended nationally determined contributions（INDCs）[EB/OL]. https://unfccc. int/process-and-meetings/the-paris-agreement/nationally-determined-contributions-ndcs/indcs [2022-05-23].

[12] IPCC. Climate change 2013：the physical science basis[C]. Stocker T F，Qin D，Plattner G-K，

[13] Moss R H, Edmonds J A, Hibbard K A, et al. The next generation of scenarios for climate change research and assessment[J]. Nature, 2010, 463 (7282): 747-756.

[14] Neale R B, Gettelman A, Park S, et al. Description of the NCAR community atmosphere model (CAM 5.0) [J]. NCAR Technical Note. Note NCAR/TN-486+ STR, 2010, 1 (1): 1-12.

[15] Meehl G A, Washington W M, Arblaster J M, et al. Climate change projections in CESM1 (CAM5) compared to CCSM4[J]. Journal of Climate, 2013, 26 (17): 6287-6308.

[16] Li J, Zhu Z W, Dong W J. Assessing the uncertainty of CESM-LE in simulating the trends of mean and extreme temperature and precipitation over China[J]. International Journal of Climatology, 2017, 37 (4): 2101-2110.

[17] Li D H, Zhou T J, Zou L W, et al. Extreme high-temperature events over east Asia in 1.5°C and 2°C warmer futures: analysis of NCAR CESM low-warming experiments[J]. Geophysical Research Letters, 2018, 45 (3): 1541-1550.

[18] Stouffer R J, Manabe S, Bryan K. Interhemispheric asymmetry in climate response to a gradual increase of atmospheric CO_2[J]. Nature, 1989, 342: 660-662.

[19] 陈卓, 李霁恒, 郭军红, 等. 气候变化下的风能资源评估技术研究进展[J]. 中外能源, 2019, 24 (7): 14-19.

[20] Mann H B, Whitney D R. On a test of whether one of two random variables is stochastically larger than the other[J]. The Annals of Mathematical Statistics, 1947, 18 (1): 50-60.

[21] Ansari A R, Bradley R A. Rank-sum tests for dispersions[J]. The Annals of Mathematical Statistics, 1960, 31 (4): 1174-1189.

[22] Sillmann J, Kharin V V, Zhang X, et al. Climate extremes indices in the CMIP5 multimodel ensemble: part 1. model evaluation in the present climate[J]. Journal of Geophysical Research: Atmospheres homepage, 2013, 118 (4): 1716-1733.

[23] Sillmann J, Kharin V V, Zwiers F W, et al. Climate extremes indices in the CMIP5 multimodel ensemble: part 2. future climate projections[J]. Journal of Geophysical Research: Atmospheres homepage, 2013, 118 (6): 2473-2493.

[24] Marland G, Rotty R M, Treat N L. CO_2 from fossil fuel burning: global distribution of emissions[J]. Tellus B, 1985, 37 (4/5): 243-258.

[25] Takahashi H A, Kazahaya K, Shinohara H, et al. Application of radiocarbon to detect a deep source CO_2 in soil air[J]. Nuclear Instruments and Methods in Physics Research B, 2004, 223: 483-488.

[26] Siqueira M B, Katul G G. An analytical model for the distribution of CO_2 sources and sinks, fluxes, and mean concentration within the roughness sub-layer[J]. Boundary-Layer Meteorology, 2010, 135 (1): 31-50.

[27] 何艳梅. 环境法的国际激励机制[M]. 北京: 中国法制出版社, 2014.

[28] 潘寻, 张雯, 朱留财. 中国在气候变化谈判资金机制演变进程中的挑战及应对[J]. 中国人口·资源与环境, 2013, (10): 67-71.

[29] 唐静. 国际气候合作中的资金问题研究[D]. 北京: 外交学院, 2017.

[30] 吴喜梅，李静玥. 后巴黎时代国际应对气候变化资金机制的完善[J]. 河南教育学院学报（哲学社会科学版），2017，36（2）：87-91.
[31] 温融. 应对气候变化政府间合作法律问题研究[D]. 重庆：重庆大学，2011.
[32] 陈兰，王文涛，朱留财，等. 绿色气候基金在全球气候治理体系中的作用和展望[J]. 气候变化研究进展，2019，15（3）：326-334.
[33] 潘寻，朱留财. 后巴黎时代气候变化公约资金机制的构建[J]. 中国人口·资源与环境，2016，26（12）：8-13.
[34] 世界银行.2017年碳定价现状与趋势[R]. 华盛顿特区：世界银行，2017.
[35] 国际能源署. 世界能源投资展望[R]. 伦敦：国际能源署，2014.
[36] 徐文韬. 《巴黎协定》的资金机制研究[D]. 重庆：重庆大学，2018.
[37] 《巴黎协定》评估与应对课题组. 《巴黎协定》技术条款评估及建议[C]//中国国际经济交流中心. 中国智库经济观察（2016）. 北京：社会科学文献出版社，2017：307-312.
[38] UNFCCC. INDCS and technology：a synthesis of technology issues contained in intended nationally determined contributions[R]. 2016.
[39] UNFCCC.Subsidiary body for implementation. fourth synthesis of technology needs identified by parties not included in Annex I to the convention[R]. FCCC/SBI/2020/INF. 1，2020.
[40] Graichen J，Cames M，Schneider L. Categorization of INDCs in the light of Art. 6 of the Paris Agreement [R]. Berlin：German Emissions Trading Authority（DEHSt），2016.
[41] UNFCCC. Informal document containing the draft elements of guidance on cooperative approaches referred to in article 6，paragraph 2，of the Paris Agreement [EB/OL]. https://unfccc.int/resource/docs/2018/sbsta/eng/sbsta48.informal.2.pdf[2019-07-12].
[42] Marcu A. Article 6 of the Paris Agreement：reflections on party submissions before Marrakech[R]. Geneva：ICTSD，2017.
[43] Schneider L，Füssler J，Kohli A，et al. Discussion paper：robust accounting of international transfers under article 6 of the Paris Agreement[EB/OL]. https://www.dehst.de/SharedDocs/downloads/EN/project-mechanisms/discussion-papers/Robust_accounting_2017.pdf?__blob=publicationFile&v=5[2022-05-23].
[44] Howard A，Chagas T，Hoogzaad J，et al. Features and implications of NDCs for carbon markets[EB/OL]. https://www.researchgate.net/publication/329641871_Features_and_implications_of_NDCs_for_carbon_markets_final_report[2022-05-23].
[45] Cames M，Healy S，Tänzler D，et al. International market mechanisms after Paris [R]. Berlin：German Emissions Trading Authority（DEHSt），2016.
[46] Michaelowa A，Hermwille L，Obergassel W，et al. Additionality revisited：guarding the integrity of market mechanisms under the Paris Agreement [J]. Climate Policy，2019，19（10）：1211-1224.
[47] Greiner S，Howard A，Chagas T，et al. CDM transition to article 6 of the Paris Agreement [R]. Amsterdam：Climate Focus，2017.
[48] Mehling M，Haites E. Mechanisms for linking emissions trading schemes[J]. Climate Policy，2009，9（2）：169-184.
[49] Lazarus M，Schneider L R，Lee C，et al. Options and issues for restricted linking of emissions trading systems[R]. Berlin：International Carbon Action Partnership，2015.

[50] Carbone J C, Helm C, Rutherford T F. The case for international emission trade in the absence of cooperative climate policy[J]. Journal of Environmental Economics and Management, 2009, 58（3）: 266-280.

[51] Flachsland C, Marschinski R, Edenhofer O. To link or not to link: benefits and disadvantages of linking cap-and-trade systems[J]. Climate Policy, 2009, 9（4）: 358-372.

[52] Tuerk A, Mehling M, Flachsland C, et al. Linking carbon markets: concepts, case studies and pathways[J]. Climate Policy, 2009, 9（4）: 341-357.

[53] 庞韬, 周丽, 段茂盛. 中国碳排放权交易试点体系的连接可行性分析[J]. 中国人口·资源与环境, 2014, 24（9）: 6-12.

[54] Kachi A, Unger C, Böhm N, et al. Linking emissions trading systems: a summary of current research[R]. Berlin: International Carbon Action Partnership, 2015.

[55] Li M Y, Duan M S. Efforts-sharing to achieve the Paris goals: ratcheting-up of NDCs and taking full advantage of international carbon market[J]. Applied Energy, 2020, 280: 115864.

第 6 章
绿色低碳发展转型路径与政策

中国作为世界上最大的碳排放国家，正处在工业化、城镇化快速发展阶段，面临着经济转型、环境保护、应对气候变化等多重挑战。随着2030年前碳达峰目标与2060年前碳中和愿景的提出，我国能源经济系统越发需要进行深刻转型。在绿色低碳转型过程中本章认为需要做到以下三点。

首先，需要在全国层面识别面向2060年碳中和的能源和经济转型路径，识别转型成本，为长期低排放战略的研究与制定提供参考和借鉴。为此，本章第一部分研究应用改进后的C-GEM分析面向2060年的四种中国低排放战略情景，并结合三个自下而上的技术模型分别对电力、交通和建筑三大重点排放部门进行校核验证，探讨了我国实现2030年前碳达峰目标和2060年碳中和愿景的低碳经济转型路径与政策问题，定量评估对能源和经济的影响。研究表明，要实现2060年碳中和目标，2060年，中国一次能源消费中非化石能源比例需大幅度提高至80%以上，单位GDP能源消费量需相比当前下降76%，终端能源中电力的占比需提高至约80%。

其次，需要在区域层面评估我国绿色低碳发展所带来的健康效益，识别气候政策的协同效益。为此，本章第二部分研究基于扩展和改进后的中国分区能源—排放—空气质量—气候健康（regional energy emission air-quality climate health，简写为REACH）综合评估模型系统评估了中国碳定价政策的协同效益及成本效益。研究重点设置了两个气候政策情景进行比较分析。通过闭合链条的情景模拟，从全国和区域层面分别讨论了碳定价政策对碳排放、常规大气污染物排放、空气质量和居民健康的全面影响。研究表明：全国碳定价政策能够有效减少全国和区域的碳排放量，并促进大气污染物的协同减排；西部地区由于能源消费结构化石能源占比更高，因而污染物减排的协同效益更明显；在更严格的碳定价政策下，2035年将避免超过3400万人次的就医和27万人因空气污染过早死亡，健康协同效益能够覆盖42%～270%的转型政策成本。

最后，碳排放权交易市场机制是我国实现经济有效的深度碳减排的必要政策的组成部分，目前我国碳市场的分配制度正逐渐向拍卖过渡，为此需要识别委托拍卖机制过程中的关键科学问题。为此，本章第三部分研究梳理了委托拍卖的发展历史和应用情况，自下而上地建立了包含政府、控排企业的碳市场委托拍卖模型，并基于相关数据分析了在中国碳市场现状下实施委托拍卖的可能性。研究表明，委托拍卖兼具了免费分配和标准拍卖的特点，在总减排量、企业碳成本、企业技术进步率、企业产量等指标的表现均处于两者之间。研究进一步设计委托拍卖模拟交易实验，利用实验经济学的方法模拟参与碳市场企业在不同配额分配机制下的交易行为。研究发现，委托拍卖能够通过一级市场委托配额的交易建立较强的价格信号，促进二级市场交易，帮助配额相对紧缺的企业完成履约，避免造成罚款。

综上所述，本章将从碳中和愿景下的能源经济转型路径优化与政策评价、中国分区域绿色低碳转型协同效益评估和碳排放权交易市场中的委托拍卖机制研究三个方面阐述我国绿色低碳发展转型路径与政策。

6.1 碳中和愿景下的能源经济转型路径优化与政策评价

6.1.1 研究框架

中国是世界上最大的发展中国家，正处在工业化、城镇化快速发展阶段，面临着经济转型、环境保护、应对气候变化等多重挑战。长期以来，中国高度重视气候变化问题，把积极应对气候变化作为国家经济社会发展的重大战略，并采取了一系列行动，为应对全球气候变化做出了重要贡献。自"十一五"以来，各项政策措施积极实施，产业结构和能源结构调整加快推进，能源效率大幅提高，单位 GDP 碳排放实现年均下降近 5%。2015 年，中国发布其 NDC，承诺二氧化碳排放 2030 年左右达到峰值并争取尽早达峰，单位 GDP 二氧化碳排放比 2005 年下降 60%~65%，非化石能源占一次能源消费比重达到 20%左右。2020 年 9 月 22 日，习近平主席在第七十五届联合国大会一般性辩论上发表重要讲话，宣布："中国将提高国家自主贡献力度，采取更加有力的政策和措施，二氧化碳排放力争于 2030 年前达到峰值，努力争取 2060 年前实现碳中和。"[①] 为了实现到 2030 年前达峰目标和 2060 年碳中和愿景，需要在过往经验的基础上，进一步采取节能减排的政策和措施。本节主要采用 C-GEM，同时结合电力、交通和建筑的行业分析模型，利用情景分析的方法，探讨了我国低碳经济转型的路径与政策问题，对不同转型强

---

① 《习近平在第七十五届联合国大会一般性辩论上发表重要讲话》，http://www.gov.cn/xinwen/2020-09/22/content_5546168.htm [2020-09-23]。

度下能源消费总量、能源结构、关键激励政策和经济影响进行了定量评估。

1. 我国低碳转型关键特征变化态势研究与情景组合开发

结合国内外经济、社会、环境、技术及资源等因素的发展态势，考虑新常态下我国当前发展阶段的主要特点，对包括人口与城镇化建设、经济转型与产业调整、能源技术创新与消费模式变革等影响我国未来低碳能源经济转型的关键要素变化趋势进行分析，考量技术与政策影响的不确定性；并在相关研究与判断的基础之上，开发我国不同发展路径与不确定性下的中国低碳能源经济转型情景组合。

2. 社会、经济、技术及资源等因素影响下我国低碳转型多情景组合的定量评价

基于所搭建的全球与中国能源经济模型，对我国社会经济不同发展路径下未来低碳转型开展多情景的定量分析，研究国内外新形势及我国新常态下经济结构调整与生态文明建设对我国低碳能源经济转型特点的影响，考量技术与政策的不确定性冲击，分析我国不同战略目标下低碳能源经济转型的路径，量化评估不同路径的经济成本与社会效益。

3. 基于情景组合分析结果提出我国未来碳排放控制的合理目标、实现路径及政策建议

通过对不同发展情景下全球与我国未来能源消费及结构研究结果的综合分析，结合我国推进能源消费、供给、技术与体制革命，建设生态文明社会的总体要求，提出我国未来碳排放和能源需求控制的合理目标；结合模型多情景研究结果比较给出控制目标的具体实施途径与经济成本分析；定量评估为实现目标所需的各项政策措施。

为模拟我国低碳经济转型的路径与政策，本节采用自上而下的可计算一般均衡能源经济模型——C-GEM 对其进行模拟分析，并利用三个自下而上的技术模型分别对电力、交通和建筑三大重点排放部门进行校核验证。通过各模型结果的相互核算、相互验证，最终达到相互支撑，确保研究结果在经济上有效、在技术上可行、在全社会均衡的目的。本节将从模型的框架、模型数据库、模型的静态模块与动态模块等方面对 C-GEM 进行详细介绍。

6.1.2　C-GEM

1. 模型概述

C-GEM 是全球多区域递归动态 CGE 模型。该模型是清华大学能源环境经济

第 6 章　绿色低碳发展转型路径与政策

研究所与美国麻省理工学院全球变化科学与政策联合项目（MIT joint program on the science and policy of global change）共同开展的中国能源与气候项目（China energy and climate project，CECP）[①]合作开发，用于开展中国与全球低碳减排政策的经济、贸易、能源消费与温室气体排放的影响与评估研究。该模型涵盖全球 17 个区域与 19 个经济部门，在开发过程中注重对中国及其他发展中国家的经济特性表述，尤其对发展中国家能耗较高的工业部门细节与对能源系统低碳化转型十分重要的多种能源技术做出详细刻画。模型以 2014 年为基年，并根据 WB、IEA 与国家统计局发布的相关数据将模型主要国家及地区的能源经济数据校核至 2018 年，随后从 2020 年起以 5 年为一个周期运行到 2070 年。截至 2022 年，已应用该模型就"中国贸易隐含性碳排放及政策影响"[1]、"中国可再生能源发展的能源经济影响"[2]及"建立全球跨区域碳市场的能源经济影响"[3]等相关问题进行了研究。

能源经济 CGE 模型是对一般均衡理论所描述的能源经济系统做出的数学化表述，再现了经济与能源系统中产品、服务与要素的流动关系（图 6.1）[4-5]。

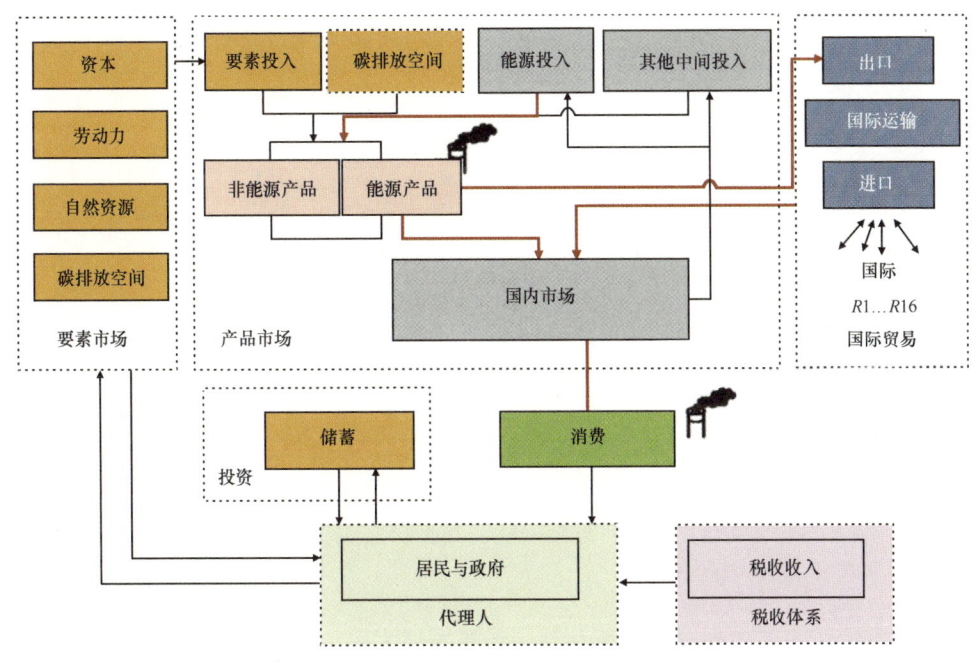

图 6.1　C-GEM 经济系统生产与消费关系表述
虚线方框表示模型主要模块

C-GEM 描述和求解的是大型复杂非线性动态优化问题。模型基于通用数学建

---

① MIT Joint Program on the Science and Policy of Global Change，China energy and climate project （CECP），http://globalchange.mit.edu/CECP/[2022-02-01]。

模系统(general algebraic modeling system,GAMS)平台开发[6],采用一般均衡数学规划系统(mathematical programming system of general equilibrium,MPSGE)编译,并采用 PATH 求解器求解[7-10]。

2. 模型改进

1)区域划分

模型基于 GTAP 10 全球能源经济数据库,GTAP 10 数据库为当前最新版本的全球贸易分析项目数据库,涵盖全球 141 个国家和地区 65 个产业部门的经济、能源与双边贸易数据[11]。由于过多的部门分类与地区设置将大幅增加模型的计算规模与求解难度,本节在模型搭建过程中,结合能源与经济研究的重点,按照各个国家及地区的经济体制相似度、贸易与利益集团及地缘政治关系等因素,对全球区域进行了合并精简,最终形成全球 17 个区域(表 6.1)。

表 6.1 C-GEM 区域划分

国家或地区	符号	国家或地区	符号
中国	CHN	美国	USA
东南亚地区 1)	SEA	欧盟	EUR
俄罗斯	RUS	日本	JPN
韩国	KOR	加拿大	CAN
中东地区 2)	MES	澳大利亚	ANZ
印度	IND	巴西	BRA
南非	ZAF	墨西哥	MEX
非洲其他地区	AFR	亚洲及欧洲其他地区	RAE
		拉丁美洲其他地区	LAM

1)东南亚地区包括新加坡、马来西亚、柬埔寨、印度尼西亚、泰国、越南、菲律宾、文莱、老挝、缅甸、东帝汶等 11 个国家

2)中东地区包括沙特阿拉伯、以色列、伊朗、伊拉克、黎巴嫩、也门、约旦、阿联酋、巴林、科威特、卡塔尔、阿曼、叙利亚、巴勒斯坦等 14 个国家

模型区域主要依据各个国家和地区经济发展水平、贸易团体及地缘关系进行划分,包含了世界主要发达经济体(美国、欧盟、日本、加拿大、澳大利亚)、主要新兴经济体(中国、印度、俄罗斯、巴西、南非)、主要石油输出经济体(中东)。同时为重点分析中国发展对世界的影响,C-GEM 也分别对中国周边重要经济区域(韩国、日本、东南亚地区)等进行刻画。

2）部门界定

C-GEM 在全球贸易分析项目（global trade analysis project，GTAP）数据库 65 个生产部门的基础上，兼顾中国官方能源与经济统计数据的部门分类，根据研究重点，将 65 个生产部门合并为 19 个生产部门及 2 个消费部门，部门分类及说明如表 6.2 所示。

表 6.2　C-GEM 部门划分

种类	部门	描述
农业部门	农业（AGR）	农林牧渔业
能源生产部门	煤炭（COAL）	煤炭开采和洗选业
	原油（OIL）	石油开采业
	天然气（GAS）	天然气开采业
高耗能部门	成品油（ROIL）	石油加工业
	电力（ELEC）	电力、热力生产与供应业
	非金属（NMM）	非金属矿物制品业
	钢铁（I_S）	黑色金属冶炼及压延业
	有色金属（NFM）	有色金属冶炼及压延业
	化工（CRP）	化学原料与制品、化学纤维等制造业
其他工业部门	食品加工业（FOOD）	食品、烟酒、烟草等制造业
	采矿业（MINE）	矿物采选业
	电力装备制造业（EEQ）	电力装备制造业
	交通装备制造业（TEQ）	交通装备制造业
	服装制造业（TWL）	纺织、皮革、毛皮等加工制造业
	其他工业（OTHR）	其他工业
建筑部门	建筑业（CNS）	建筑制造业
服务部门	交通运输业（TRAN）	交通运输业
	公共服务业（SER）	商业和公共服务业等其他服务业
消费部门	政府消费（GOV）	政府消费
	家庭消费（HH）	居民消费

3）新能源技术演进

C-GEM 还对一系列先进的能源技术做出表述以体现那些当前还没有实现商业化但是未来在成本有竞争优势时可能进入市场并对能源系统造成潜在影响的新能源技术。每一种技术的成本由市场均衡状态下各投入要素及中间投入品的价格所决定。为了模拟研究碳中和情景，本节重点刻画了 BECCS、直接空气碳捕捉与封存（direct air carbon capture and storage，DACCS）、钢铁 CCS、煤电 CCS 等技术，详见表 6.3。

表 6.3 C-GEM 中的先进生产技术

技术	描述
风电	利用间歇性的风能资源发电
光伏	利用间歇性的太阳能资源发电
生物质发电	利用生物质能发电
生物质燃油	生物质燃油技术
电动汽车	以电能为动力源的汽车
COAL-CCS	带有 CCS 的煤电机组
NGCC-CCS	天然气联合循环发电并带有 CCS
钢铁 CCS	利用可再生能源制氢，利用氢气炼钢
BECCS	生物质发电并带有 CCS（负排放技术）
DACCS	直接空气碳捕捉与封存技术（负排放技术）

4）中国经济转型的刻画

自 2008 年国际金融危机以来，世界经济格局和形势发生了重大变化。全球经济艰难复苏，全球贸易持续低迷；中国经济发展在转型背景下进入新常态，特征表现为 GDP 从高速增长向中高速增长转变，经济发展方式从依靠投资驱动的粗放增长向依靠创新驱动的集约增长转变[12]。要实现新常态下经济持续健康发展，关键就在于能否实现经济的转型升级。具体来看，中国经济转型包括需求侧和供给侧两方面。宏观调控必须重视需求管理与供给侧结构性改革的有效结合，在做好需求管理，适度扩大总需求的同时，着力推进供给侧结构性改革。需求管理重点在于要改变以往以投资和出口为主的经济刺激方式，转向以扩大内需，推动消费结构升级为特点的拉动方式，促进经济的提质增效。从供给角度来说，产业结构升级被认为是中国经济新常态的主攻方向，是中国经济转型的根本任务。产业结构升级具体又可以分为两个角度：一是结构调整，既要调整产业之间（一产/二产/三产）的比例关系，大力发展第三产业，也要对产业人类内部细分产业之间的比例进行调整，大力发展高新技术产业，实现产业结构由中低端向中高端转换；二是产业升级，即鼓励企业创新，通过技术进步，提高产品附加值，提升产品竞争力。

从理论角度来看，配第–克拉克定律表明，随着全社会人均国民收入水平的提高，就业人口先从第一产业向第二产业转移；当人均国民收入水平有了进一步提高时，就业人口便大量向第三产业转移。同时，库兹涅茨的现代经济增长理论认为，随着时间的推移，服务部门的国民收入在整个国民收入中的比重大体是上升的。

从实证角度来看，王金照[13]指出，先发国家，如美国，在 1890~1950 年的经济持续发展过程中，第一产业占 GDP 的比例由 14.2%下降到 7.2%；第二产业经历了先上升后下降的过程，最高达到 40%左右；第三产业的占比则保持上升趋势。后发国家，如日本，从 20 世纪 50 年代开始，日本产业结构转向重化学工业方向，到 20 世纪 70 年代初，基本上完成了重化工业化过程。20 世纪 70 年代后，日本服务业比例大幅上升，而农业和工业比例则相应下降。综合典型国家情况来看，当第一产业的比重降低到 10%左右、第二产业的比重上升到最高水平时，工业化就到了结束阶段，对应的人均 GDP 集中在 13 000 国际元左右（2000 年国际元）。

《中国工业化进程报告》[14]指出，"十一五"末，中国的工业化已经进入后期阶段。王一鸣和 CFP[15]研究表明，过去一个时期中国经济增速的变化，与日本、韩国在高速增长阶段转换时的表现大体相近。2015 年，按购买力平价计算，中国人均 GDP 约为 11 000 国际元，大体相当于日本、韩国高速增长阶段结束时的人均 GDP 水平。2011~2015 年，中国经济年均增长 7.8%，比日本、韩国高速增长阶段结束前 5 年的增速略高。通过比较可以看出，中国的经济增速回落符合经济发展的一般规律，目前中国的经济结构也已经到达了产业结构调整的关键时期。

将中国的经济转型在模型里进行表达是进行情景模拟和分析的前提。在 CGE 模型中，各部门的生产和消费行为通过刻画 CES 函数实现。理论上，产业结构的改变应该通过改变生产行为，由价格内生驱动产生[16-18]。但是 CES 函数的自身结构决定了其难以有效刻画该种经济结构转型。因此，课题组采用了外生调节需求的方法，对最终消费结构、生产部门中间投入结构和投资结构进行了调节[16-18]。我们参考了世界主要经济体的最终消费占总支出的比重及各部门的最终消费占比，尤其是农业、食品加工和服务业等部门的最终消费占比，对中国未来的消费模式进行了外生调节；同时，我们比较了世界主要经济体在各部门的投资结构，并据此对中国未来的投资结构进行外生调节；另外，参考世界主要经济体的主要部门，如钢铁、机械、装备制造、交通等部门的投入产出结构，采用外生调节的方法对中国相关行业的投入产出结构进行调整。

5）中国电气化进程在模型中的刻画

通过调研世界主要经济体终端消费的电力占比趋势和经济发展水平与电气化程度的关系，本节在总结我国终端能源消费结构中电力消费水平变化趋势的基础上，对我国中长期终端能源消费电气化水平进行了研判。研究发现，我国自 2012 年以来电气化水平持续提高，除 2015 年外，各年用电增速都显著高于能源消费总量增速，可以预见我国电气化水平持续提高，能源消费结构进一步清洁低碳化。因此需要对中国电气化进程在模型中加以细致刻画。参考发达国家的电气化程度和经验，考虑中国未来电气化的几个重要领域，通过动态调整各部门不同要素间的替代弹性来有效刻画未来电气化的进程。主要体现在：①在轻工业部门和农业部门，调整了劳动力与电力的替代弹性，以更好地模拟劳动力与电力机械间的替代关系；②在重工业部门、交通部门、服务业和居民消费部门，调整了化石能源与电力的替代弹性，以更好地模拟化石能源需求与清洁电力需求间的替代关系。

6.1.3 自下而上技术模型

1. 交通部门

本节中关于交通部门的情景分析验证，采用清华大学综合交通能耗和碳排放模型。

清华大学综合交通能耗和碳排放模型，可以耦合中国分省道路交通能源需求和温室气体排放分析模型、中国电动汽车市场渗透与能耗碳排放分析模型，实现长时间尺度综合交通模式—技术—能源—二氧化碳分析，也精细刻画了分省区、分车型的道路交通和 EV 消费者决策因素分析。

通过采用自上而下和自下而上两种方法相结合，综合交通分析模型可以刻画中国未来交通部门的发展。其中自上而下的方法主要是通过外生的宏观经济、社会发展指标，以及广义交通成本，采用弹性的方法预测中国未来交通总的客运和货运的服务需求情况；在这样整体的客、货运服务需求下，通过自下而上对交通技术的刻画和描述，运用离散选择的方法及对相关技术的发展预测，计算未来各种交通技术所承担的交通服务份额，并测算总的能源消耗及温室气体排放情况。模型分析框架如图 6.2 所示。

自下而上的中国分省道路交通能源需求和温室气体排放分析（China provincial road transport energy demand and GHG emissions analysis，CPREG）模型根据车辆载重、尺寸和服务属性等对车辆进行细分，研究尺度从全国细化到各省区。基于 Gompertz 曲线、弹性系数等方法建立起不同车型与相应增长驱动因素之间的关系，实现汽车保有量未来规模预测。结合未来汽车技术构成、燃料消耗率和行驶里程等详细刻画，对未来中国分省的车用能源需求和温室气排放进行了分析，实现对不同发展政策情景下天然气汽车、新能源汽车和替代性液体燃料的车用成品油替代和温室气体减排效果的评估。

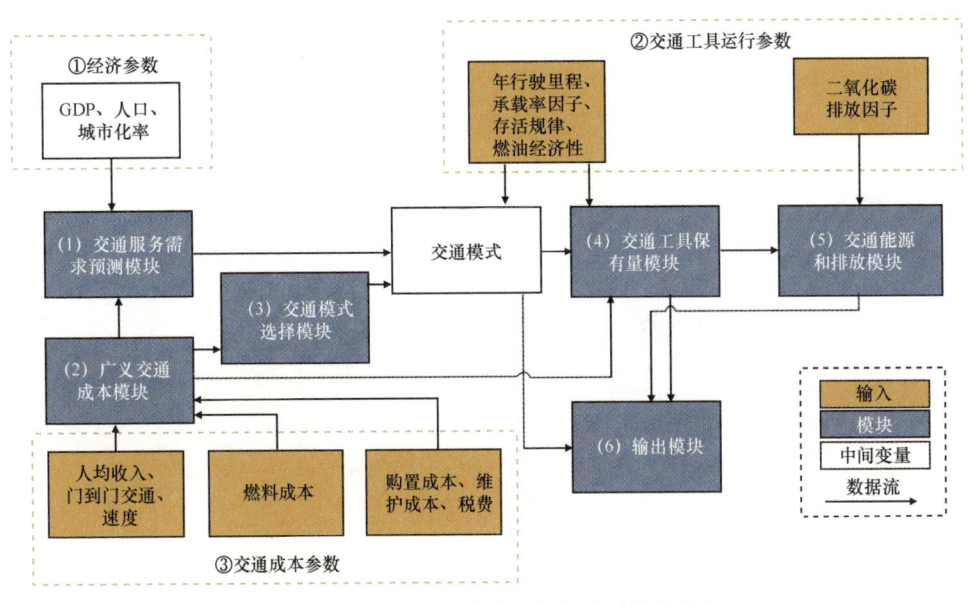

图 6.2　清华大学综合交通能耗和碳排放模型

中国分省道路交通能源需求和温室气体排放分析模型的分析框架如图 6.3 所示。

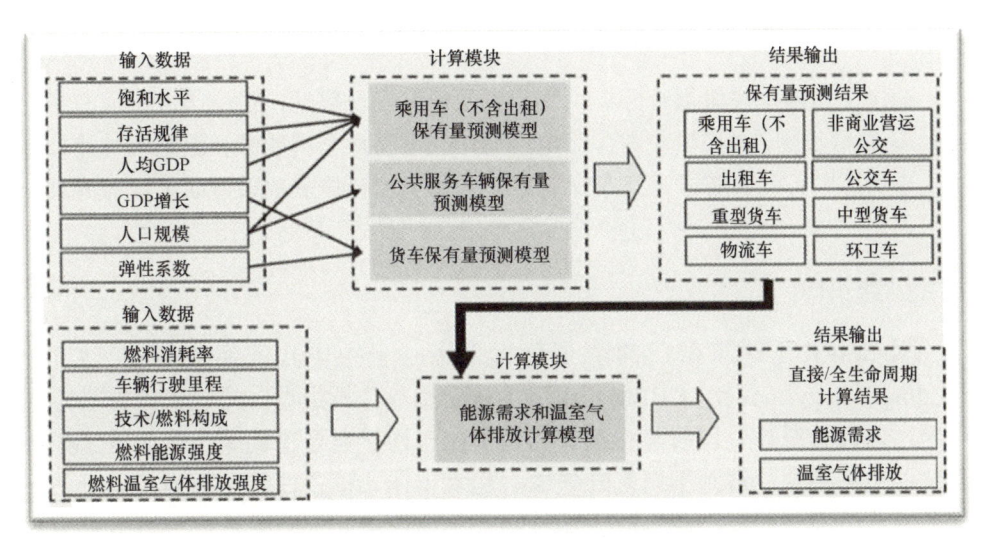

图 6.3　中国分省道路交通能源需求和温室气体排放分析模型框架图

中国电动汽车市场渗透与能耗碳排放分析模型包含四个模块：渗透率模块、保有量模块、能源消费模块和环境影响模块。该模型涵盖宏观经济发展水平、微观汽车技术特性、燃料特性、消费者偏好及政策等多个维度，能够分析电动汽车从技术扩散，到形成市场规模，再到引发能源变革，最终影响碳排放的全过程。模型能够定量分析汽车技术特征、燃料特征、充电条件等多方面因素对电动汽车市场渗透的影响，模拟仿真油耗标准升级、购车补贴、税收优惠和电价优惠等多种激励政策的效果。

中国电动汽车市场渗透与能耗碳排放分析模型的分析框架如图6.4所示。

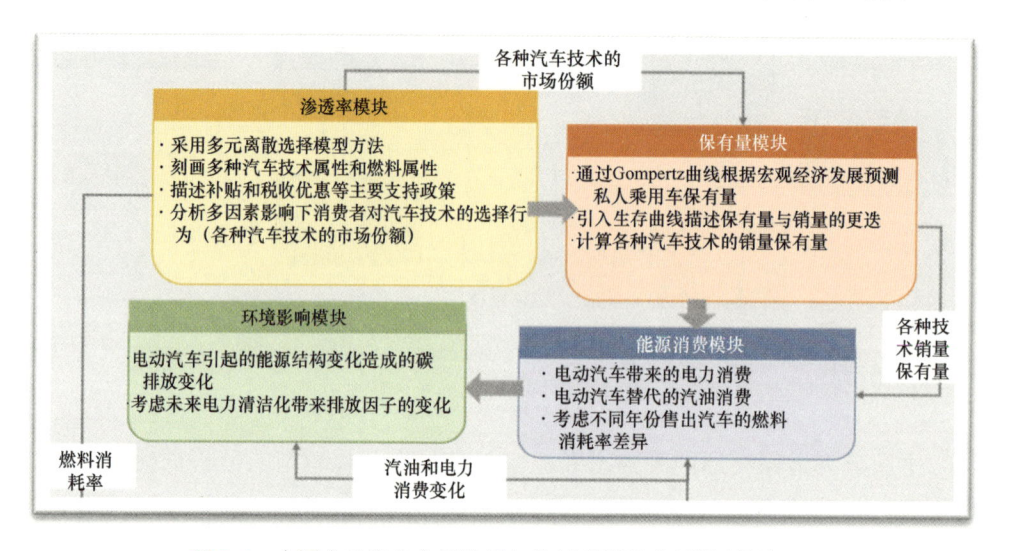

图 6.4 中国电动汽车市场渗透与能耗碳排放分析模型框架图

通过上述四个模块耦合分析，发现主要研究发现包括：①中国汽车保有量到2050年将增长到5.4亿辆左右；②电动汽车发展将对车用能源和温室气体排放量产生重大影响；③各省未来汽车保有量、使用和能耗排放效果方面区域差异性非常明显。

2. 建筑部门

本节中关于建筑部门的情景分析采用基于中国建筑用能模型（China building energy model，CBEM）框架的建筑用能分析模型。搭建模型的基本思路为：以大量统计、调研与实测数据为基础，构建典型建筑库；然后基于建筑全性能仿真平台，得到不同室外气象、建筑本体、设备性能及行为模式下的建筑全性能情况（能耗、碳排放、污染物、室内环境）；同时基于多源数据分析得到不同典型建筑在我国的整体分布情况，从而获得我国建筑用能现状与历史；同时通过文献分析与趋势判断，研究不同驱动因素在不同假设下如何变化，从而得到不同情景下的建筑部门发展情况。模型总体框架如图6.5所示。

图6.5 CBEM框架

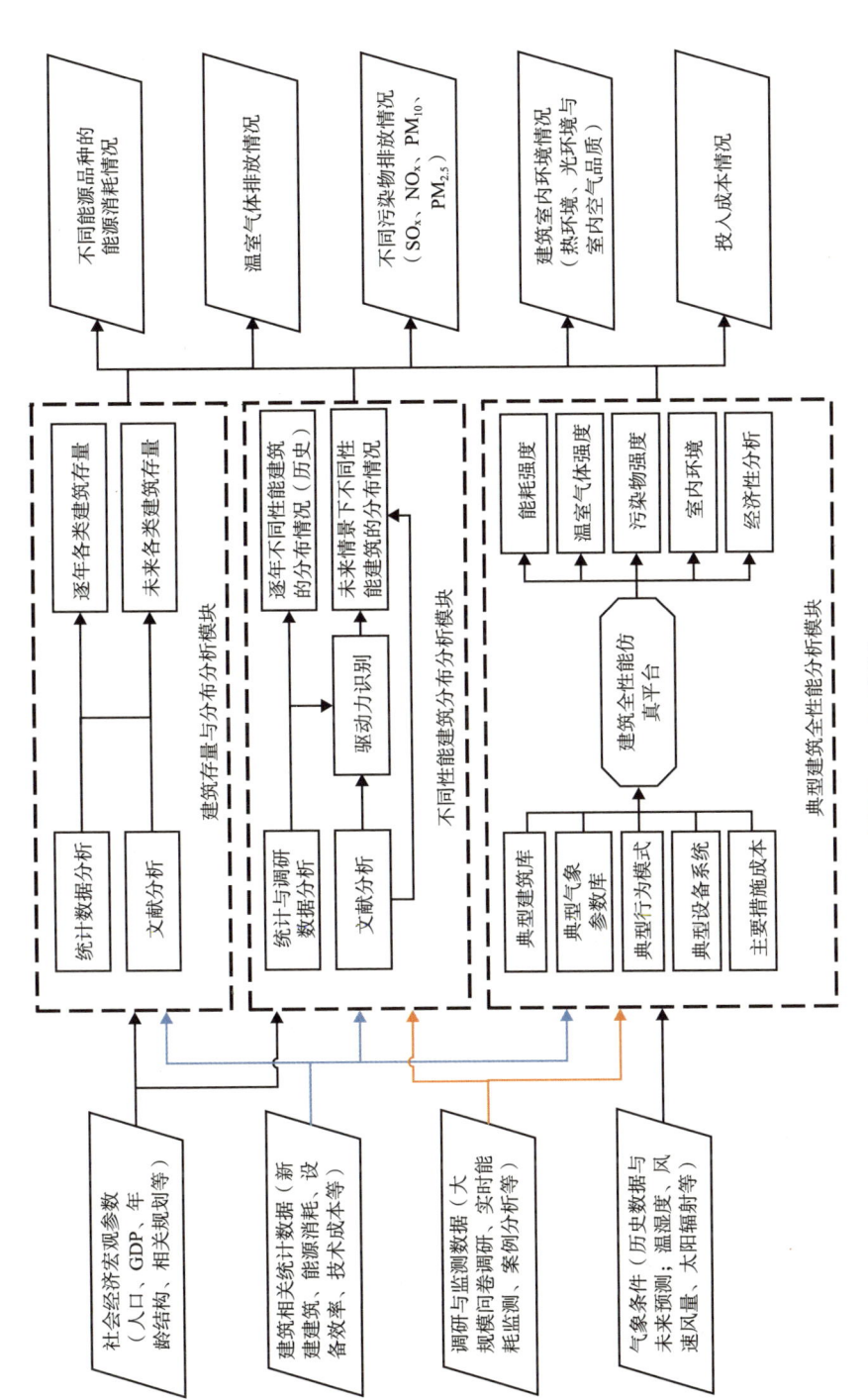

模型中的不同性能建筑分布分析模块主要基于统计与调研获得历史与现状，并通过历史数据与已有研究提炼各类数据变化的相互联系及宏观的经济社会发展对不同参数的影响，从而获得不同情景下分布的变化情况。在已有研究中，绝大部分分析模型在考虑气候、建筑形式、设备系统、行为模式的分布关系时假设各因素相互独立，但实际调研表明，以上各个因素相互耦合，互为影响，仅从单个维度入手难以反映因素变化对能耗产生的真实影响。在本节中，采用多维矩阵分析分布的变化情况，在单因素变化时，其他因素会随之改变，从而更真实地反映整体分布的变化情况。

模型中的典型建筑全性能分布模块通过构建典型建筑库、典型气象参数库、典型行为模式、典型设备系统及主要措施成本，采用建筑全性能仿真平台 DeST 进行模拟仿真。以上典型库主要基于文献调研与实际数据分析确定，典型库中的各类建筑、设备、行为模式等覆盖我国实际总量的 70% 以上。

所采用的 DeST 平台为清华大学自主研发、拥有完全自主知识产权的模拟工具。DeST 平台可在充分考虑室外气象、建筑本体、设备性能及人员行为模式的情况下，实现建筑中各房间全年 8760 小时逐时的冷热负荷、建筑能耗、室内温湿度、二氧化碳与室内空气品质、系统运行参数等全性能信息模拟。同时，通过高性能集群系统架构，平台可实现多核并行运算，为大规模模拟分析提供足够的数据支撑。DeST 平台的使用使模型能够反映出真实的、不同驱动力变化后的建筑用能、排放、室内环境等情况，显著提升了模型反映现实情况的能力。

考虑我国南北地区冬季采暖方式的差别，以及城乡建筑形式和生活方式的差别，模型将我国建筑运行用能分为北方城镇采暖用能、城镇住宅用能（不包括北方采暖）、公共建筑用能（不包括北方采暖），以及农村住宅用能四类。研究分别测算不同建筑类型的各分项或系统形式的用能情况，最终得到不同能源品种的建筑运行用能，并进一步测算碳排放。

3. 电力部门

本节中关于建筑部门的情景分析验证，采用中国可再生能源电力规划及运行模型（China renewable energy electricity planning and operation model，简写为 REPO）。REPO 模型是反映中国电力系统运行特征和省际差异的分省电力系统规划模型。REPO 模型扩展了开源模型 Balmorel 模型，并描述了中国重要的技术和政策特征。该模型框架如图 6.6 所示。

该模型涵盖 32 个电网区域，代表了除香港、澳门和台湾外的中国所有省级行政区（内蒙古根据电网结构分为蒙东和蒙西两个区域）。模型在省级尺度上表达了电力和热力需求、资源潜力、2020 年及以前已有装机容量和初始传输线路容量信息。模型以 2015 年为基年，优化步长为 5 年，可优化至 2060 年。在每个优化年份，模型选取 6 个典型日，每典型日 12 个时段代表全年电力运行情况进行优化。

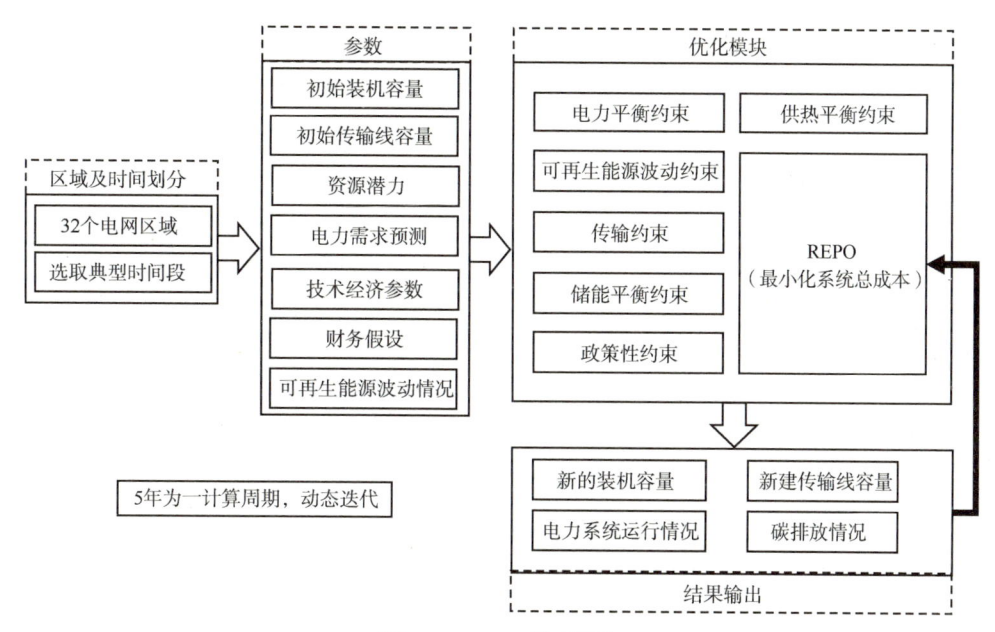

图 6.6　REPO 模型框架

模型已涵盖燃煤发电、燃气发电、核电等常规发电技术，水电、陆上风电、海上风电、太阳能发电、生物质发电等多种可再生能源发电技术，燃煤 CCS、燃气 CCS、生物质 CCS 等带碳捕集的发电技术，以及抽水蓄能、电池储能、压缩空气储能等储能技术。对于可再生能源，模型对风电、光伏等可再生能源发电技术的资源潜力和资源波动性进行了刻画。此外，模型还考虑了未来可再生能源发电的技术进步。

REPO 模型以最小化电力系统贴现成本为优化目标，能够得出满足约束条件下各类发电技术各模型模拟年份在各省的装机和发电量、省间传输线路容量和碳排放等结果。模型中电力系统成本包括装机建设成本、运行维护成本、燃料成本、传输成本、机组组合成本及税和补贴。模型考虑的约束主要有电力（热力）供需平衡约束、机组出力约束、可再生能源出力约束、区域间电力传输约束、蓄能技术运行约束、机组组合约束等。电力（热力）供需平衡约束保证电力（热力）供需实时平衡，即每个时刻每个地区的电力生产加上电力净进口加上储能净放电等于该地区电力需求和电力损失（热力生产等于热力需求和损失）。机组出力约束保证机组出力不超过装机限制，即对每个地区每种技术在每时刻的出力均不能超过其装机。对于可再生能源，其出力除了受到装机约束外还受到每时可再生能源资源约束，可再生能源出力约束刻画了可再生能源出力受到资源限制，即对某地区每种可再生能源，每时出力不超过其该地装机、该种可再生能源在该地年最大利用小时数、该时刻资源在全年资源中占比三者的乘积。区域间电力传输约束给出了两个区域间电力传输的限制，即每时刻两个地区间交换电量不超过两个地区间传输容量。储能技术运行约束包含充放电过程、充放电约束、储能量约束三部分，充放电过程描述了储能上一时刻储能量加本时刻净充电电量等于本时刻末储能量，充放电约束描述了储能技术充/放电速率不能超过装机量的功率容量，储能量约束描述了任一时刻储能量不能超过储能装机的能量容量。机组组合约束包括运行机组约束、向上调峰约束和向下调峰约束三部分，运行机组约束描述了机组在线数量、关停机组数量和启动机组数量在相邻时间之间的平衡；向上调峰约束描述了机组向上调峰过程中，任一时刻向上调峰的限制小于在线机组减去启动机组的数量与向上调峰出力限制率的乘积加上启动机组的最小出力；向下调峰约束描述了在机组向下调峰的过程中，任一时刻向下调峰的限制小于在线机组容量与向下调峰出力限制率的乘积。

REPO 模型可以模拟未来中国电力系统容量扩张和电力运行情况并分析能源、气候政策对电力系统的影响，研究中国电力系统转型路径，为我国低碳转型路径研究提供电力部门支撑。

6.1.4 情景设置

1. 社会经济发展情景假定

C-GEM 中未来人口增长预测采用联合国秘书处经济和社会事务部（Department of Economic and Social Affairs of the United Nations Secretariat，UNDESA）发布的《2019 年世界人口展望》的中等人口情景假设。UNDESA 人口司每两年会对全球各区域人口现状与增长趋势做出评估与预测，并以《世界人口展望》的形式对外发布，被联合国及其他国际组织、研究机构和媒体广泛应用。本节所采用的《2019 年世界人口展望》[19]是 UNDESA 发布的人口预测报告，报告对全球 233 个国家和地区从 2010 年到 2100 年的人口发展趋势做出预测。根据中生育率情景预测结果，中国人口预计将于 2030 年达峰，为 14.6 亿人，而后逐渐下降为 2060 年的 13.3 亿人。

C-GEM 中对于未来经济增长的假定主要来自对其他经济发展研究的总结和分析。通过对 IMF、WB、OECD、IEA、EIA 等国际机构对中国未来经济增速的预测调研[20-26]（图 6.7），近期我国 GDP 年均增速在 5%~7%，长期 GDP 年均增速逐渐放缓。考虑到近期新冠疫情的影响，2020 年 GDP 增速下降明显，但之后随着市场复苏，GDP 增速将反弹。本节设定中国未来经济增速如表 6.4 所示，中国经济总量在 2035 年达到 25.5 万亿美元（2011 年不变价），2060 年达到 53 万亿美元；

人均GDP在2035年达到1.7万美元,在2060年达到4万美元。

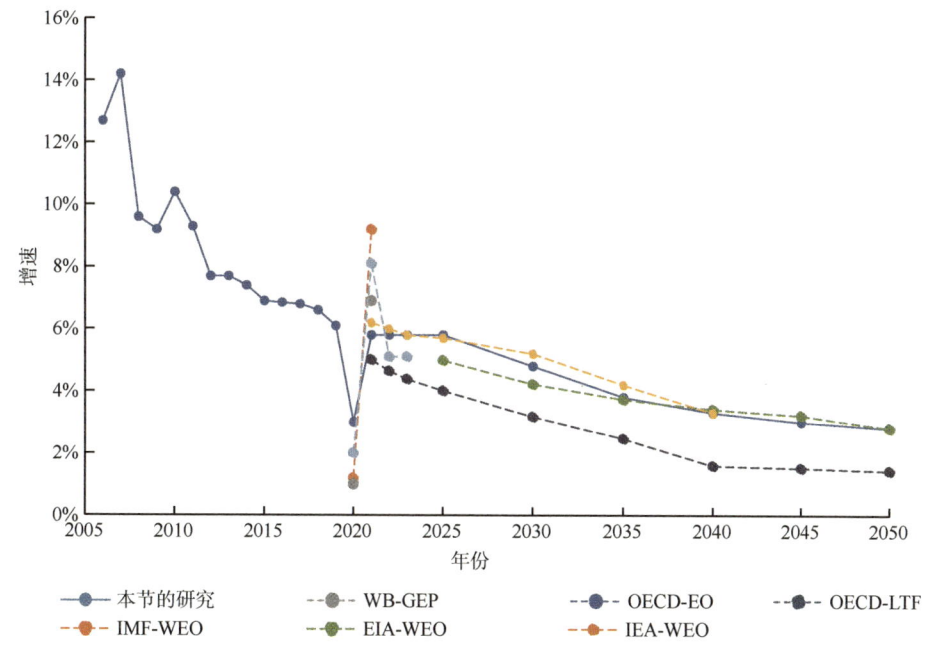

图6.7 各研究机构对中国未来经济增速的预测

WEO表示《世界经济展望》;GEP表示《全球经济预测》;EO表示《经济展望》;LTE表示《长期经济预测》

表6.4 C-GEM中GDP增速设定

项目	2014~2018年	2019~2020年	2021~2025年	2026~2030年	2031~2035年	2036~2040年	2041~2045年	2046~2050年
GDP年均增速	6.7%	4.5%	5.8%	4.8%	3.8%	3.3%	3.0%	2.9%

同时,"十二五"以来,中国的经济结构也出现了较为明显的变化,工业部门对中国经济的贡献在下降,服务业的贡献在上升。在对发达经济体经济结构演变特点分析的基础上,本节对中国未来经济结构变化趋势的判断如图6.8所示。假设中国第三产业增加值占GDP的比重将从2020年的54%不断增长至2050年的71%,而后长期保持相对稳定;第一产业增加值占比将从2020年的8%逐渐下降至2050年的4%,而后长期保持相对稳定。

另外,随着经济增长方式的转变,除了有结构性的变化外,我们假定中国经济未来的投入产出关系也会有明显的改变(图6.9)(圆环由内向外依次代表2015年、2020年、2030年、2040年和2050年;假设2060年与2050年相同)。

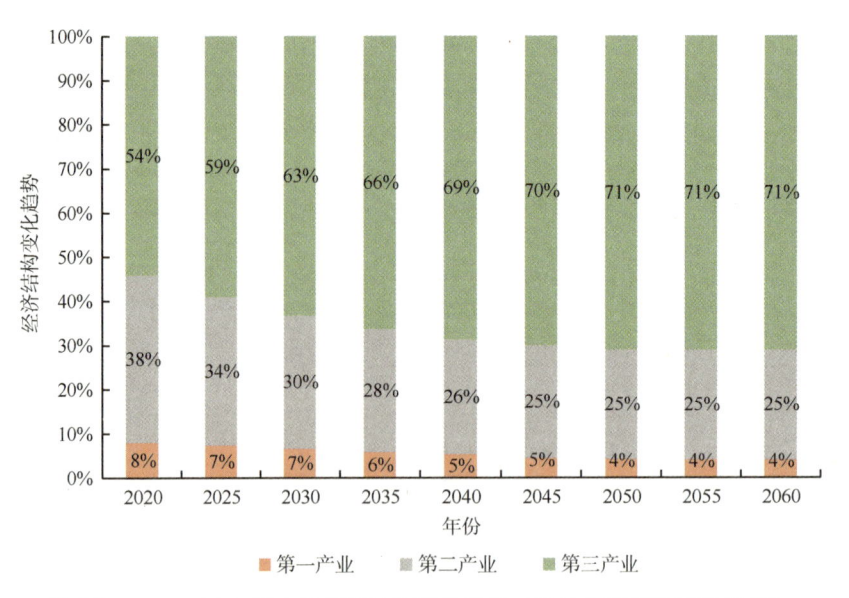

图 6.8　2020~2060 年中国经济结构变化趋势（2011 年美元不变价计算）

图 6.9　2015~2050 年中国全行业投入产出结构

2. 情景模拟与描述

2020 年 9 月 22 日，习近平主席在第七十五届联合国大会一般性辩论上发表重要讲话，宣布："中国将提高国家自主贡献力度，采取更加有力的政策和措施，二氧化碳排放力争于 2030 年前达到峰值，努力争取 2060 年前实现碳中和。"[①]为识别我国 2060 年实现碳中和愿景的发展路径，本节从碳排放总量控制、能源消费

---

① 《习近平在第七十五届联合国大会一般性辩论上发表重要讲话》，http://www.gov.cn/xinwen/2020-09/22/content_5546168.htm [2020-09-23]。

总量控制、煤炭消费总量控制、非化石能源比例提升、碳强度下降、碳排放达峰与中和等目标角度入手，开发了面向 2060 年我国低碳转型的四组情景，分别为：当前政策情景、2070 碳中和情景、2060 碳中和情景和 2050 碳中和情景，来比较研究不同政策措施对我国中长期碳排放和能源需求的影响。

1）当前政策情景

当前政策情景假设延续 2020 年前提出的 NDC 碳减排目标，以及综合的低碳发展转型政策（节能、可再生能源、碳市场）。未来单位 GDP 碳排放年均下降率持续保持在大约 4% 的水平，中国能源相关的碳排放在 2030 年达峰。具体政策措施包括当前的低碳技术推广、节能标准、可再生能源鼓励政策、天然气鼓励政策、启动全国碳排放权交易体系等。

2）2070 碳中和情景

2070 碳中和情景假设"十四五"碳排放强度下降率为 4.5%，"十五五"碳强度下降率为 5%，碳排放于 2030 年前达峰，2030 年后碳排放稳步下降，于 2070 年实现碳中和。具体政策措施包括较高的低碳技术推广比例、严格的节能标准、积极的可再生能源和天然气鼓励政策、更多行业被纳入碳排放交易市场、比较严格的碳市场配额总量、发展带有 CCS 的 BECCS 和 DACCS 技术等负排放技术等。

3）2060 碳中和情景

2060 碳中和情景中，2030 年前碳减排政策和约束假设与 2070 碳中和情景相同；2030 年以后在 2070 碳中和情景的基础上实行更加积极的碳减排政策，民众节能减排意识明显加强，2040 年及以后采用 CCS 的 BECCS 等负排放技术，最终在 2060 年实现碳中和。具体政策措施包括更高的低碳技术推广比例、进一步严格的节能标准、更积极的可再生能源和天然气鼓励政策、严格的碳市场配额总量，加快工业及交通电气化进程，BECCS 和 DACCS 等负排放技术、航空航海电气化技术、航空航海氢气化技术、氢能炼钢、钢铁 CCS 技术等一系列革命性低碳技术得到突破并得到进一步推广应用。

为实现 2℃温控，需对全球碳排放额度进行总量控制，因而必须对有效的全球碳排放轨迹进行识别，通过测算全球碳强度年均下降率来反推中国减排力度和雄心。对于全球能源燃料使用过程的二氧化碳排放轨迹，Luderer 等[27]联合 6 个国际知名能源经济模型课题组在 2018 年于 *Nature Climate Change* 杂志发表文章，研究减排（2020 年后）发生在最具成本效益的地点和时间，没有任何分担减排负担制度的机制下获得的全球最优减排曲线，且为了以大于 66% 的概率实现 2℃温升控制，需要使 2011～2100 年的累计碳排放控制在 10 000 亿吨。尽管不同模型组对未来技术的假定不同，碳排放轨迹存在差异，但是整体排放趋势比较接近。由图 6.10 可知，在成本最优的情况下，全球于 2065~2080 年实现碳中和可以保证以大于 66%的概率实现 2℃温升目标，所以我国在 2060 年实现碳中和的愿景满足 2℃温控目标且领先于世界平均水平。综合考虑我国现有"发展不充分，发展不平衡"的国情和 2050 年建成"社会主义现代化强国"的目标，近期碳强度下降强度不宜过大，应随着发展水平提高而逐步增强。本情景假设中国从 2020 的 4.5%逐渐增加到 2050 的 12%，2020~2050 年平均碳强度下降率大约在 8%的水平，2050 年后进一步减排至 2060 年实现净零排放。

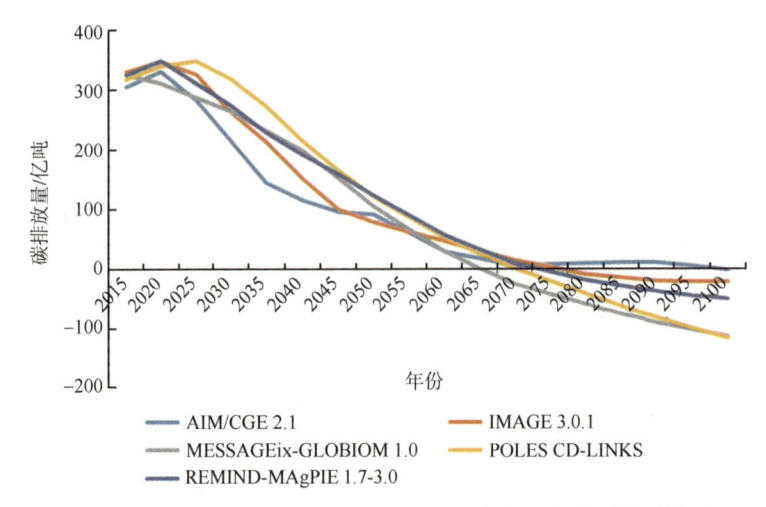

图 6.10　全球以大于 66%概率实现 2℃温控的二氧化碳排放轨迹

AIM/CGE 模型由日本社会环境系统研究中心开发；MESSAGEix-GLOBIOM 由国际应用系统分析研究所（International Institute for Applied Systems Analysis，IIASA）开发；IMAGE 模型由荷兰环境评估署开发；POLES CD-LINKS 模型由欧盟联合研究中心开发；REMIND-MAgPIE 模型由德国波茨坦气候影响研究所开发

4）2050 碳中和情景

2050 碳中和情景在 2030 年以前的假定保持与 2060 碳中和情景一致，2030 年以后在 2060 碳中和情景的基础上实行更加积极的碳减排政策和碳减排技术，民众节能减排意识和行动大幅提升，于 2050 年实现碳中和。随着碳约束进一步增强，碳价大幅提高，航空航海电气化技术、航空航海氢气化技术、氢能炼钢技术等一系列革命性低碳技术加快成熟并得到应用，BECCS 等负排放技术得到进一步推广应用。

若要以大于 66%的概率实现 1.5℃温升控制，Luderer 等[27]研究显示，需要使 2011~2100 年的累计碳排放控制在 4000 亿吨，在成本最优的情况下应在 2045~2060 年实现碳中和（图 6.11）；2050 年全球碳排放在（−29）亿~56 亿吨，平均为 8.72 亿吨。故而我国在 2050 年实现碳中和将满足 1.5℃温升控制目标且领先于世界平均水平。

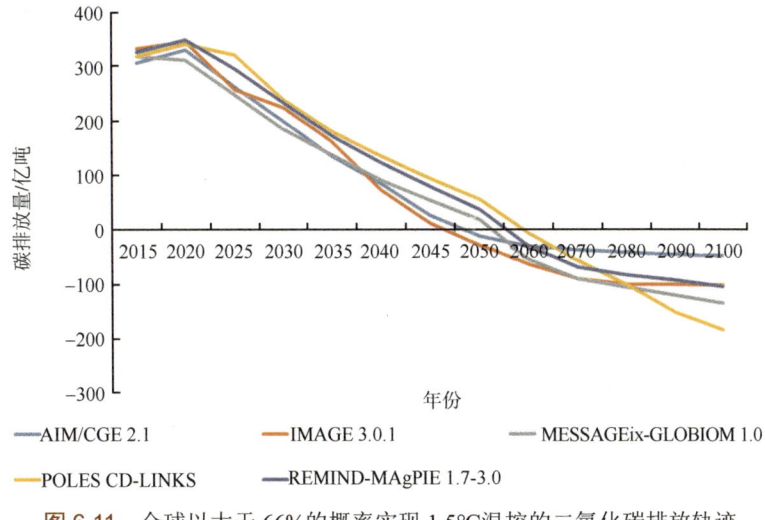

图 6.11 全球以大于 66%的概率实现 1.5℃温控的二氧化碳排放轨迹

6.1.5 结果与讨论

1. 二氧化碳排放路径及碳捕集量

四种情景下 2020～2070 年二氧化碳排放路径如图 6.12 所示。在当前政策情景下，若延续 2020 年前政策，我国化石能源碳排放将于 2030 年达峰，为 108 亿

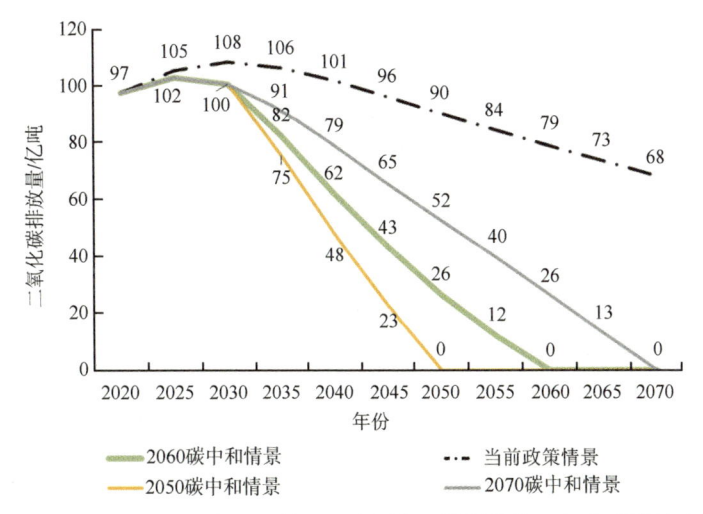

图 6.12 2020～2070 年不同情景下中国化石燃料燃烧二氧化碳排放路径

吨二氧化碳，而碳排放量逐渐下降，到 2070 年仍有 68 亿吨，难以实现 2°C 温升控制和 2060 年碳中和目标。对于 2070 碳中和情景、2060 碳中和情景和 2050 碳中和情景，我国化石能源碳排放将于 2025 年达峰，为 102 亿吨，2030 年碳排放将为 100 亿吨，2030 年后加快减排，2050 年总排放量分别为 52 亿吨、26 亿吨和 0 亿吨，分别于 2070 年、2060 年和 2050 年实现净零排放。

在碳捕集量方面（图 6.13），2060 碳中和情景下，煤电 CCS 自 2035 年起成本有效，在 2040 年将获得大规模发展，捕集 3.7 亿吨二氧化碳。然而，煤电 CCS 捕集率为 95%，随着碳排放约束的增强，碳价升高，仍有碳排放的煤电 CCS 技术成本升高，将逐渐被成本不断下降的可再生能源替代，故而煤电 CCS 发展规模逐渐缩小，2060 年将捕集 1.7 亿吨二氧化碳。钢铁 CCS 与 BECCS 将于 2045 年起成本有效，并不断发展，到 2060 年将分别捕集 1.1 亿吨和 10.6 亿吨二氧化碳，2060 将有 30% 的钢铁由钢铁 CCS 技术生产。由于 DACCS 技术碳捕集成本约为 300 美元/吨，而 2060 年我国碳价高于 300 美元，故而 DACCS 自该年份起成本有效，将捕集 2.6 亿吨二氧化碳。在 2070 碳中和情景下，煤电 CCS 在 2040 年可以得以应用，BECCS 技术在 2050 年成本有效。在 2050 碳中和情景下，煤电 CCS、BECCS 和 DACCS 技术分别在 2035 年、2040 年和 2050 年成本有效并得到规模化利用。

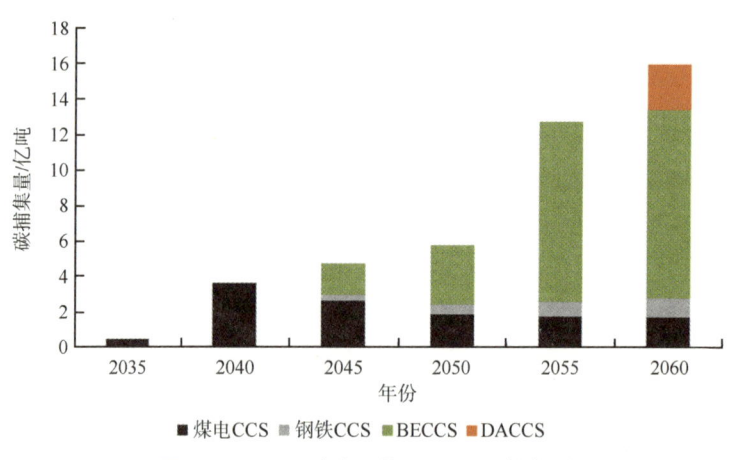

图 6.13 2060 碳中和情景下 CCS 捕集量

2. 一次能源消费总量

考虑到当前政策情景无法满足 2030 年前碳达峰目标和 2060 年碳中和愿景，下文将重点针对 2070 碳中和情景、2060 碳中和情景和 2050 碳中和情景的研究结果进行讨论。

按照发电煤耗法，2070 碳中和情景、2060 碳中和情景和 2050 碳中和情景三种情景下 2020~2070 年一次能源消费总量对比如图 6.14 所示。随着碳排放约束的不断增强，达峰时间有所提前。

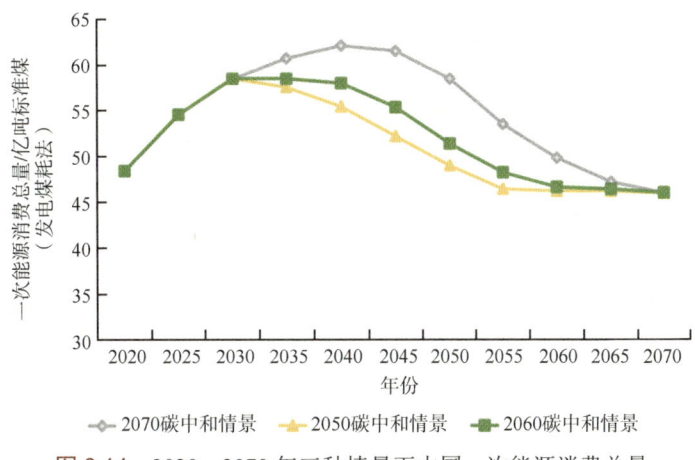

图 6.14　2020~2070 年三种情景下中国一次能源消费总量

2070 碳中和情景下，中国一次能源消费总量从 2020 年 48 亿吨标准煤快速增长至 2040 年的 62 亿吨标准煤，于该年达到峰值，此后逐步下降。随着社会主义现代化的基本实现，中国的产业结构由原本高耗能工业主导逐渐转变为以服务业和高新技术产业为主导，同时能效进一步提升，一次能源消费总量在 2040 年之后缓慢下降至 2070 年的 47 亿吨标准煤，与 2020 年基本相当，单位 GDP 一次能源消费总量年均下降率为 3.3%。

2060 碳中和情景下，随着碳约束的加强、能效的提升和需求侧节能行为的深入，工业电气化进程的加快及 CCS 技术的推广，中国一次能源消费总量在 2030~2040 年进入平台期，约为 59 亿吨标准煤，在 2040 年及以后一次能源消费总量年均下降率为 1%，2060 年降低至 47 亿吨标准煤，而后随着全社会进入碳中和，一次能源消费量保持相对稳定。2020~2060 年能源强度年均下降率为 3.5%。

2050 碳中和情景下，一次能源消费量提前至 2030 年达峰，达峰水平约为 59 亿吨标准煤，在 2030 年及以后一次能源消费总量年均下降率为 1.2%，2050 年降低到 47 亿吨标准煤，而后随着碳约束的持平而保持相对稳定。2020~2050 年能源强度年均下降率为 3.7%。

3. 分品种一次能源消费

按照发电煤耗法，三种情景下 2020~2060 年一次能源消费结构对比如表 6.5 所示。2070 碳中和情景、2060 碳中和情景和 2050 碳中和情景下，2060 年可再生能源消费比例逐步提高,分别为47%、64%和70%;化石能源消费比例逐步降低。2060年,三个情景下核电在一次能源消费中的占比皆约为10%。

表6.5 三种情景下一次能源消费结构

项目		2020年	2025年	2030年	2035年	2040年	2050年	2060年
2070碳中和情景	核电	2%	3%	4%	5%	6%	8%	9%
	可再生能源	13%	16%	21%	28%	34%	41%	47%
	煤炭	58%	51%	44%	38%	32%	26%	22%
	石油	18%	18%	18%	17%	17%	14%	12%
	天然气	9%	11%	13%	12%	11%	10%	10%
2060碳中和情景	核电	2%	3%	4%	6%	7%	12%	12%
	可再生能源	13%	16%	21%	31%	41%	59%	64%
	煤炭	58%	51%	44%	34%	26%	12%	9%
	石油	18%	18%	18%	18%	17%	11%	11%
	天然气	9%	11%	13%	11%	9%	6%	5%
2050碳中和情景	核电	2%	3%	4%	6%	7%	11%	12%
	可再生能源	13%	16%	21%	34%	46%	67%	70%
	煤炭	58%	51%	44%	31%	22%	9%	6%
	石油	18%	18%	18%	18%	16%	9%	8%
	天然气	9%	11%	13%	11%	8%	4%	4%

在2070碳中和情景下(图6.15),能源消费呈现出"煤炭消费近期达峰后大幅下降,石油和天然气消费先增后减,非化石能源消费不断升高"的趋势。随着碳价的提升,在2040年以后配置有CCS的火力发电技术变得成本有效。煤炭消费在2025年左右达到峰值,而后不断下降至2060年的6.5亿吨标准煤左右,其中配置CCS装置的煤炭消费为1.3亿吨标准煤。通过加强电动车研发投入、电动车优先上牌、限制燃油车上牌数等多种"支持电动车发展、限制燃油车"的政策组合,石油消费增加到2040年的10.8亿吨标准煤峰值后,逐渐回落到2060年的5.5亿吨标准煤。2060年,生物质CCS、常规生物质发电及生物质燃油将消费3.2亿吨标准煤生物质。由于碳约束的增强,天然气消费从2020年的4.3亿吨标准煤增加到2030年的7.6亿吨标准煤水平后,此后逐步降低到2060年3.5亿吨标准煤。非化石能源发展速度加快,其占比不断增长至2060年的69%,在一次能源消费中占主导地位,水电、核电、风电和太阳能逐步发展到2060年的2.1万亿千瓦时、2.5万亿千瓦时、4.5万亿千瓦时和4.2万亿千瓦时。

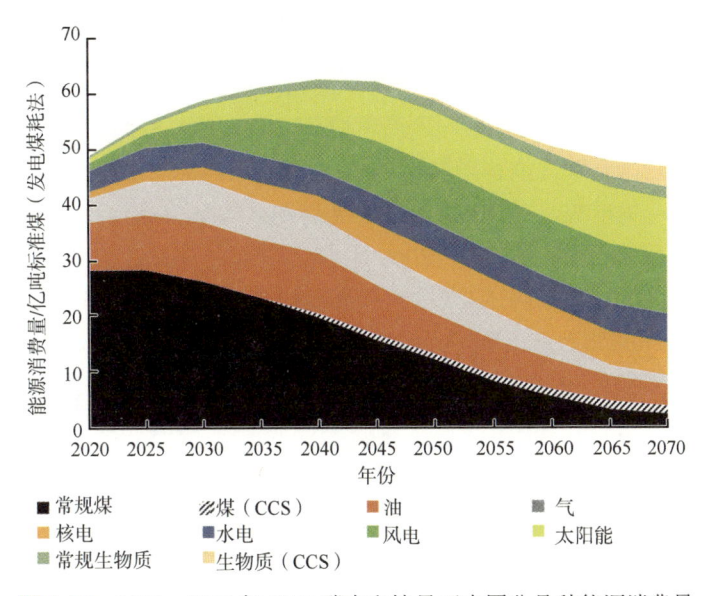

图 6.15　2020～2070 年 2070 碳中和情景下中国分品种能源消费量

在 2060 碳中和情景下（图 6.16），能源消费趋势与 2070 碳中和情景类似。能源结构向可再生能源主导型结构转变的同时，随着碳价的提升，在 2035 年以后配置有 CCS 的火力发电技术变得成本有效，BECCS 与钢铁 CCS 将于 2045 年成本有效，2060 年后 DACCS 成本有效。煤炭消费 2025 年达峰后，大幅下降至 2060

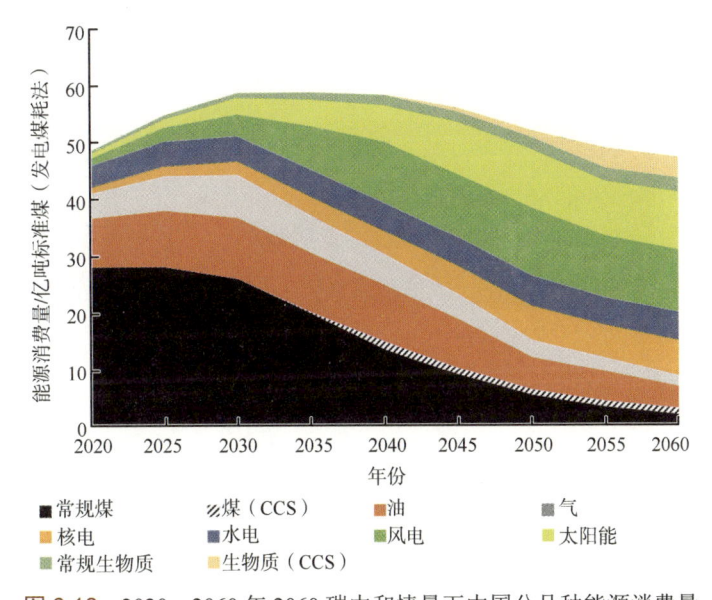

图 6.16　2020～2060 年 2060 碳中和情景下中国分品种能源消费量

年的 3.2 亿吨标准煤左右，其中配置 CCS 装置的煤炭使用量约为 1.1 亿吨标准煤。对于石油，随着交通部门电气化和个人"优先使用公共交通工具"意识的提升，石油消费增长到 2030 年达峰后，不断下降到 2060 年的 3.8 亿吨标准煤。由于碳约束进一步增强，天然气消费增加到 2030 年 7.6 亿吨标准煤达峰后，逐步降低到 2060 年 1.9 亿吨标准煤，其 2060 年占比仅为 4%。非化石能源发展速度加快，其占比不断增长至 2060 年的 81%，2060 年非化石电力占比达到 97% 以上，水电、核电、风电和太阳能发电快速发展到 2050 年的 2.0 万亿千瓦时、2.6 万亿千瓦时、4.6 万亿千瓦时和 4.2 万亿千瓦时，其中 BECCS 为 9090 亿千瓦时。

2050 碳中和情景下（图 6.17），2050 年，煤炭消费仅有 4 亿吨标准煤，其中配置 CCS 装置的煤炭使用量约为 1 亿吨标准煤。交通电气化的大规模应用使得 2050 年石油消费量仅有 4 亿吨标准煤。同时，BECCS、DACCS 技术和居民消费电气化等技术应用使得天然气消费在 2030 年达峰后迅速下降到 2050 年的 2 亿吨标准煤。非化石能源发展速度非常迅速，其占比增长至 2050 年的 78%，水电、核电、风电和太阳能大幅发展到 2050 年的 2.0 万亿千瓦时、2.2 万亿千瓦时、4.8 万亿千瓦时和 4.2 万亿千瓦时，BECCS 为 9070 亿千瓦时。

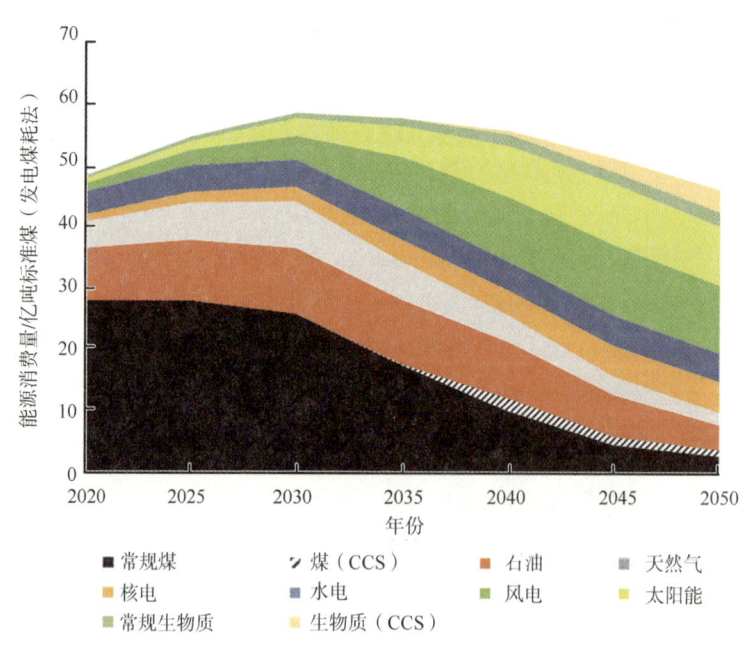

图 6.17　2020～2050 年 2050 碳中和情景下中国分品种能源消费量

4. 二氧化碳价格

在保障经济社会持续发展的同时，实现深度脱碳路径，要加大政策力度，也需投入较大资金。对经济系统而言，深度减排二氧化碳需要付出一定成本。需要注意的是，本节的碳价激励机制反映了整个能源经济系统为实现减排目标而要实施的除了可再生能源发展和天然气利用的专项政策外的其他所有政策。这里的碳价表示二氧化碳减排过程中的边际减排成本，反映不同目标下的政策力度大小。三种情景下 2020~2070 年碳价水平如图 6.18 所示。2070 碳中和情景、2060 碳中和情景和 2050 碳中和情景实现碳中和的碳价约为 330 美元/吨（2011 年不变价），与 DACCS 碳捕集成本接近，因为 DACCS 技术是目前成本最高的碳减排技术。

图 6.18　2020~2070 年中国二氧化碳价格

5. 不同情景的经济影响

三种情景下 2021~2070 年 GDP 增速如图 6.19 所示，可以看出，实现碳中和，中国仍能实现高质量可持续发展，2040 年以后 GDP 增速可以保持 2.5%以上。与此同时，可以看出实现碳中和将对经济造成小幅度的冲击，但之后随着产业结构的调整和能源的替代，可以实现经济的复苏。在 2060 碳中和情景下，2056~2060 年 GDP 年均增速将从上一个五年的 2.7%下降至 2.6%，随后随着经济的复苏，下一个五年 GDP 增速可上升至 2.9%。与之相近，2050 碳中和情景下，2046~2050 年 GDP 年均增速将从上一个五年的 2.8%下降至 2.5%，随后随着经济的复苏，下一个五年 GDP 增速可上升至 2.9%。对比 2060 碳中和情景与 2050 碳中和情景可知，碳中和越早，对经济的短期冲击越大。

图 6.19　2021~2070 年不同情景的 GDP 增速

曲线靠上位置的数据对应 2060 碳中和情景的 GDP 增长率

6. 电力需求及供给

未来用电需求随着碳约束的趋严和经济的增长而不断提高（图 6.20）；不同情景下，碳约束越严格，对社会各部门电气化程度越高，用电需求越高。2060 碳中和情景下，用电需求从 2020 年的 7.4 万亿千瓦时逐渐提高至 2035 年的 11.7 万亿千瓦时，而后不断增长至 2060 年的 15.3 万亿千瓦时，用电需求增速不断放缓。2070 碳中和情景下，用电需求增长相比 2060 碳中和情景较缓，从 2020 年的

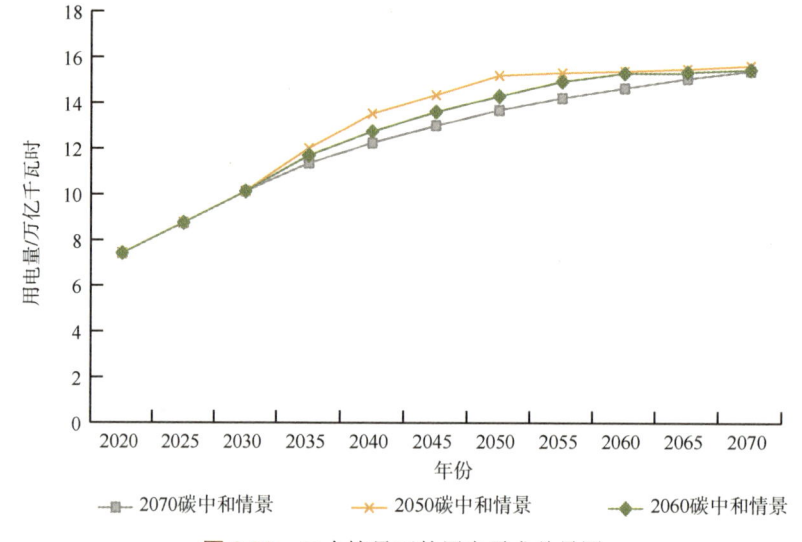

图 6.20　三个情景下的用电需求总量图

7.4 万亿千瓦时较快增长至 2035 年的 11.4 万亿千瓦时，而后逐渐增加至 2060 年的 14.7 万亿千瓦时。2050 碳中和情景下，用电需求增长相比 2060 年更为快速，到 2035 年达到 12.0 万亿千瓦时，而后到 2060 年不断增长至 15.4 万亿千瓦时。由图 6.21 可知，达到碳中和时，电力占终端用能的比重接近 80%。值得注意的是，该比重涵盖用于制氢的电力。

图 6.21 三个情景下的电力占终端用能比重图

对于电力部门的碳排放（图 6.22），2060 碳中和情景下电力部门碳排放量于 2025 年达峰，为 36.1 亿吨，而后下降至 2030 年的 31.4 亿吨，之后碳排放量快速下降，到 2060 年为-9.6 亿吨。2070 碳中和情景下，电力部门碳排放量在 2030 年前与 2060 碳中和情景一致，但之后碳排放量下降情况相比 2060 碳中和情景较缓，2060 年碳排放量为-2.3 亿吨。2050 碳中和情景下，电力部门碳排放量在 2030 年前与 2060 碳中和情景一致，之后加速下降，至 2050 年降至-9.5 亿吨，而后碳排放量基本稳定，到 2060 年电力部门碳排放量为-9.6 亿吨。三个情景下电力部门均超前于全能源系统，提前实现碳中和。

三个情景下的电力部门装机随着用电需求的增加而不断增加。2060 碳中和情景（图 6.23）的装机由 2020 年的 21 亿千瓦增加至 2030 年的 33 亿千瓦，而后持续增长至 2060 年的 66 亿千瓦。其中常规煤电装机于 2020~2025 年达峰，为 11 亿千瓦，而后不断减少，至 2050 年完全退出，煤电 CCS 于 2035 年后开始规模应用，至 2060 年装机为 1.5 亿千瓦。天然气装机由 2020 年 1.1 亿千瓦增长至 2055 年的 3.3 亿千瓦，之后由于机组退役，2060 年装机减少为 2.4 亿千瓦。核电装机由

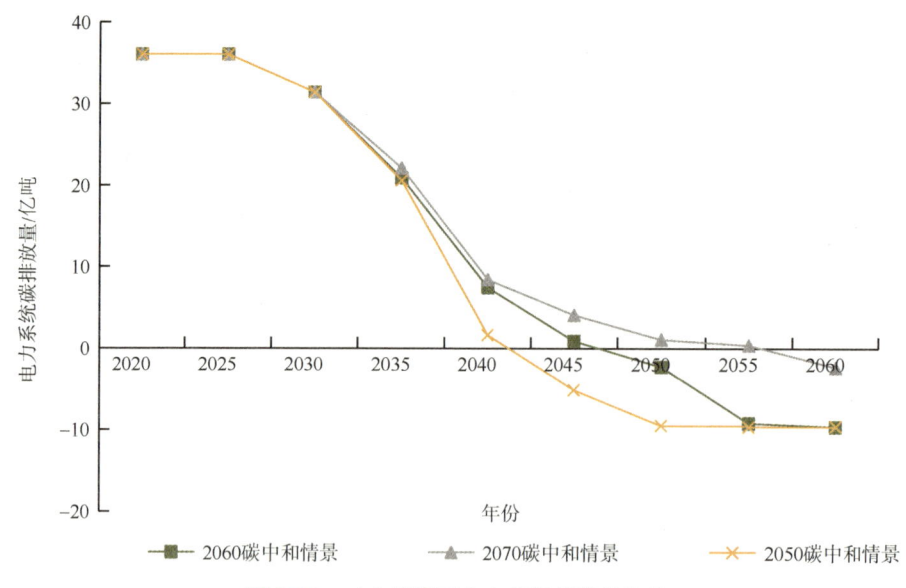

图 6.22　三个情景下电力部门碳排放路径

2020 年的 0.5 亿千瓦增长至 2060 年的 3.5 亿千瓦。水电装机由 2020 年的 3.4 亿千瓦增长至 2060 年的 5 亿千瓦。风电装机增长较快，风电装机由 2020 年的 2.3 亿千瓦，较快增长至 2030 年的 6.8 亿千瓦，而后再增长至 2060 年的 17.3 亿千瓦，太阳能发电（光伏和光热）装机由 2020 年的 2.4 亿千瓦，快速增长至 2030 年的 9.5 亿千瓦，而后快速增长至 2060 年的 33.8 亿千瓦，风电与太阳能发电的装机在 2060 年占总装机的 78%。随着碳价的提高，生物质 CCS 于 2045 年起开始规模应用，由 2045 年的 0.2 亿千瓦增长至 2060 年的 1.1 亿千瓦。

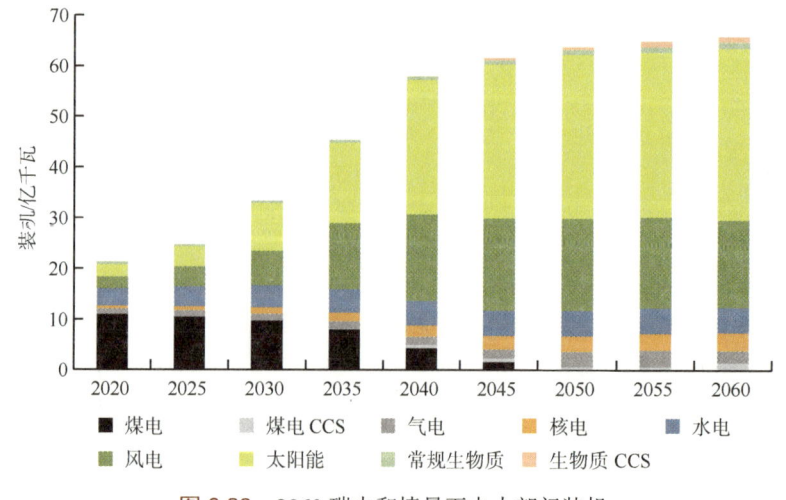

图 6.23　2060 碳中和情景下电力部门装机

第 6 章 绿色低碳发展转型路径与政策

2070 碳中和情景（图 6.24）的装机由 2020 年的 21 亿千瓦快速增加至 2030 年的 33 亿千瓦，而后持续增长至 2060 年的 66 亿千瓦。其中常规煤电装机于 2020～2025 年达峰，为 11 亿千瓦，而后不断减少，至 2060 年完全退出；煤电 CCS 于 2040 年起开始规模应用，至 2060 年装机为 0.4 亿千瓦。随着碳价的提高，生物质 CCS 装机于 2050 年起变得成本有效并开始规模应用，由 2050 年的 0.2 亿千瓦不断提高至 2060 年的 0.6 亿千瓦。天然气装机由 2020 年的 1.1 亿千瓦逐渐提高至 2060 年的 3.7 亿千瓦。核电与水电装机相对于 2060 碳中和情景变化不大。风光装机增长较快，风电装机由 2020 年的 2.3 亿千瓦，快速增长至 2030 年的 6.7 亿千瓦，而后再增长至 2060 年的 16.5 亿千瓦，太阳能发电（光伏和光热）装机由 2020 年的 2.4 亿千瓦，快速增长至 2030 年的 9.6 亿千瓦，而后迅速增长至 2060 年的 34.6 亿千瓦，风电与太阳能发电的装机在 2050 年占总装机的 78%。

图 6.24 2070 碳中和情景下电力部门装机

2050 碳中和情景（图 6.25）的装机由 2020 年的 21 亿千瓦迅速增加至 2030 年的 34 亿千瓦，而后快速增长至 2050 年的 66 亿千瓦。其中常规煤电装机于 2020～2025 年达峰，为 11 亿千瓦，而后加速减少，至 2045 年完全退出；煤电 CCS 于 2040 年起开始规模应用，至 2060 年装机为 1.5 亿千瓦。随着碳价的提高，生物质 CCS 装机于 2035 年起变得成本有效并开始规模应用，生物质 CCS 由 2040 年的 0.2 亿千瓦装机不断提高至 2060 年的 1.1 亿千瓦。其他电力装机到 2060 年的发展规模与 2060 碳中和情景基本一致。

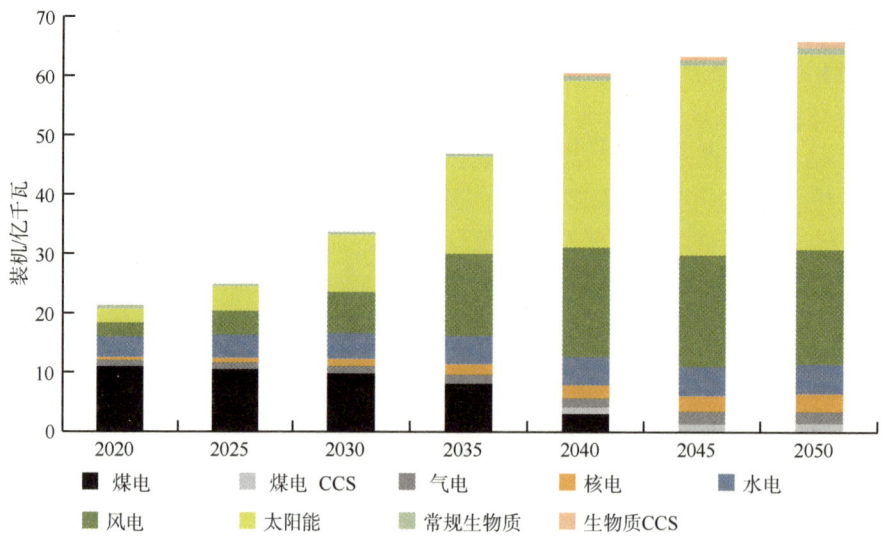

图 6.25 2050 碳中和情景下电力部门装机

在地区分布方面，煤电向新疆、内蒙古、宁夏、山西等煤产地煤价较低的地区集中。煤电 CCS 电厂也同样集中在新疆和内蒙古两地。水电发展受资源限制明显，新增装机主要集中在华中地区和西藏。风电新增装机主要分布在风资源较好的地区，如新疆、内蒙古、河北、云南及福建等。太阳能发电装机则兼顾地域和资源，在光照条件好及负荷中心地区均有较快发展。

由表 6.6 和表 6.7 可知，未来非化石电力与可再生电力占总发电量的比例逐年提升。2060 碳中和情景下，非化石电力占比从 2014 年的 25% 逐渐提高至 2020 年的 35%，而后较快增长至 2030 年的 56%，2060 年增长至 97%，其中可再生电力占总发电量的 81%。2070 碳中和情景下，非化石电力占比增长至 2030 年的 56%，而后不断提高至 2060 年的 97%，其中可再生电力占总发电量的 80%。2050 碳中和情景下非化石电力占比 2030 年为 56%，2060 年为 97%，其中可再生电力占总发电量的 82%。

表 6.6 不同情景下非化石电力占总发电量的比例

情景	2014年	2020年	2025年	2030年	2035年	2040年	2045年	2050年	2055年	2060年
2070 碳中和情景					71%	87%	92%	95%	96%	97%
2060 碳中和情景	25%	35%	42%	56%	73%	87%	94%	97%	97%	97%
2050 碳中和情景					74%	90%	95%	96%	97%	97%

表 6.7 不同情景下可再生电力占总发电量的比例

情景	2014年	2020年	2025年	2030年	2035年	2040年	2045年	2050年	2055年	2060年
2070碳中和情景					60%	73%	77%	79%	79%	80%
2060碳中和情景	22%	30%	35%	47%	62%	74%	79%	80%	81%	81%
2050碳中和情景					62%	78%	81%	82%	82%	82%

随着电力系统中可再生能源发电占比的提高，2035年起需要大规模的电化学储能参与电力系统，随着可再生能源发展占比进一步提高，对于储能的需求也呈现爆发式增长。储能技术通过充放电在平衡可再生能源波动及降低常规电源调峰需求方面发挥了重要作用。而当电力系统可再生能源占比进一步提高时，由于可再生能源资源情况与电力需求间存在季节不匹配的问题，还需要其他季节性的储能技术（如压缩空气储能）参与，以保障电力系统供需平衡。此外，区域间输电容量不断提高，电网连接将更加紧密，电力交换量也将提高。

7. 分部门 2060 碳中和情景方案

欲实现碳中和，需识别主要部门的减排难度及相应碳排放情况。以 2060 碳中和情景为例（表 6.8），在 2050~2060 年，工业部门是减排难度较大的部门，2060 年仍将排放 7.7 亿吨二氧化碳；对于电力部门，将优先实现负排放，2060 年将为其他部门提供 9.7 亿吨的排放空间；2060 年交通部门、建筑部门和其他部门的碳排放量基本相当，分别为 1.8 亿吨、1.4 亿吨和 1.4 亿吨；2060 年 DACCS 技术将进入市场，捕集 2.6 亿吨，基本抵消建筑部门和其他部门的排放量。

表 6.8 能源碳排放分部门 2060 碳中和情景方案（单位：亿吨）

项目	2050年	2055年	2060年
净排放	26.4	12.1	0
工业部门	17.9	12.6	7.7
电力部门	−2.3	−9.2	−9.7
交通部门	4.3	3.8	1.8
建筑部门	5.0	3.5	1.4
DACCS			−2.6
其他部门	1.5	1.4	1.4

6.1.6 结论与建议

根据模型的模拟分析结果，要实现 2060 年前碳中和目标，中国的能源与经济系统需要进行深刻的转型，主要体现在以下几个方面。

1. 有效控制碳排放总量

能源相关碳排放在 2025 年左右达到峰值，峰值水平在 102 亿吨左右，2035 年在峰值水平上下降 20%，2050 年下降 75%以上，2060 年前实现全经济尺度碳中和。

2. 进一步提高能源利用效率和效益

通过产业升级和结构调整、技术节能和管理节能等措施，与 2000 年水平相比，我国单位 GDP 能源消费量 2025 年下降 15%左右、2030 年下降 28%左右、2050 年下降 65%左右。能源消费总量 2030 年进入平台期，2040 年以后开始下降。

3. 分阶段控制化石能源消费

要实现 2030 年前碳达峰目标和 2060 年前碳中和愿景，需要分阶段控制化石能源消费，煤炭消费 2025 年达峰，石油消费 2030 年达峰，天然气消费 2035 年达峰。化石能源消费比重 2030 年下降到 75%以下，2050 年下降到 30%以下，2060 年下降到 20%以下。

4. 大力推进电气化和电力非化石能源化

要实现碳中和目标，终端能源中的电力占比 2030 年需提高到 32%，2050 年提高到 55%以上，2060 年提高到 80%。到 2030 年，电力系统风电、光伏装机将分别达到 6.5 亿千瓦和 9.5 亿千瓦，风光发电量占比超过 25%，非化石能源发电占比超过 55%。到 2050 年，非化石电力占比达到 90%以上。常规煤电在"十四五"期间装机达到峰值，2030 年后进入快速退出轨道，2050 年前后将完全退出。

5. 发展地球工程技术

实现工业、交通、建筑部门零排放代价很大，需通过发展碳捕集与碳移除技术实现电力部门的负排放（10 亿吨左右），才能够以更低的成本实现全经济尺度能源相关二氧化碳排放的碳中和。

6. 充分发挥碳定价机制在碳中和中的作用

碳定价机制将是实现碳中和愿景的一个重要政策手段，除了积极发挥发展碳排放权交易体系的作用外，对碳市场覆盖以外的行业，如交通和建筑领域，可以考虑引入碳价。根据我们的研究，实现碳中和愿景，我国的碳价水平 2025

年不应低于 10 美元/吨，2030 年不应低于 15 美元/吨，2035 年不应低于 25 美元/吨。

6.2 中国分区域绿色低碳转型协同效益评估

应对全球气候变化，推进国内生态文明建设，是我国中长期发展战略和布局下的关键命题。在推动经济发展稳步向前的同时，减少温室气体排放、提升空气质量，是实现"美丽中国"建设目标的重要任务。2018 年，党中央、国务院明确提出了协同控制温室气体和大气污染物的工作要求，进一步肯定了协同治理的重要意义。科学评估新常态下全国和地区低碳政策的污染物减排协同效益，提出实现环境质量控制目标的有效发展路径，分析政策成本与环境健康效益的量化关系，是推动我国绿色低碳发展转型进程的重要科学基础。

本节开发、更新并改进了详细刻画中国各省级行政区域经济产业特点的 REACH 模型。基于综合评估模型，量化评估了中国绿色低碳转型下碳定价政策对常规污染物减排和人群健康改善的协同效益，分析了政策的成本效益关系，并讨论了不同区域所受影响的差异性。

6.2.1 模型框架及概述

REACH 模型是一个跨学科、多领域的综合评估模型[28]。REACH 模型的开发和改进专注于中国全国及区域层面政策的综合影响分析，评估政策及措施的成本效益关系，研究政策对区域差异化的综合影响。REACH 模型框架主要由四个部分构成：能源经济模块、排放清单模块、大气化学传输模块和健康效应评价模块。能源经济模块为清华大学能源经济环境研究所长期开发并改进的中国分区能源经济模型（China regional energy model，C-REM），排放清单模块应用了中国多尺度排放清单"空气效益、成本和达标评估系统排放清单"（air benefit and cost and attainment assessment system- emission inventory，ABaCAS-EI），大气化学传输模型应用了较为成熟的多尺度空气质量（community multiscale air quality，CMAQ）模拟系统和"基于多项式的响应曲面模型"（polynomial function based response surface model，pf-RSM）[29]，健康效应评价模块应用了内嵌于能源经济模型中的中国区域健康效应评价模块（CREM health effect，CREM-HE）[28]。

REACH 综合评估模型中四个关键的组成模块和闭合传输关系如图 6.26 所示。各模块之间的结合主要采用软连接的方式，不同模块独立运行，并通过迭代实现变量收敛并进行耦合闭环。作为自上而下的动态递归、多部门、多区域 CGE 模型，

C-REM 能够有效地响应政策扰动下能源系统和经济系统的动态变化，模拟不同路径下中国区域未来的发展情况，得到不同时间、分地区、分部门、分品种的能源消费量。细分的能源消费量数据通过本节搭建的连接机制，按照行业和排放源分类，转换为排放清单模型的数据输入。ABaCAS-EI 模型还考虑了最新的污染物排放因子和多情景污染物末端治理技术，得到空间网格尺度下的主要常规大气污染物排放量。大气化学传输模型 CMAQ 以网格化的污染物排放量作为输入，模拟生成主要的污染物浓度分布。污染物浓度输入到 CREM-HE 中，得到短期暴露发病和长期暴露早亡的案例数，进而影响劳动力供给、资源配置等，使得能源经济模型重新达到均衡。综上所述，REACH 综合评估模型能够在"经济—能源—排放—空气质量—健康—经济"的闭合框架内评估政策的综合影响，并分析政策的成本效益关系。

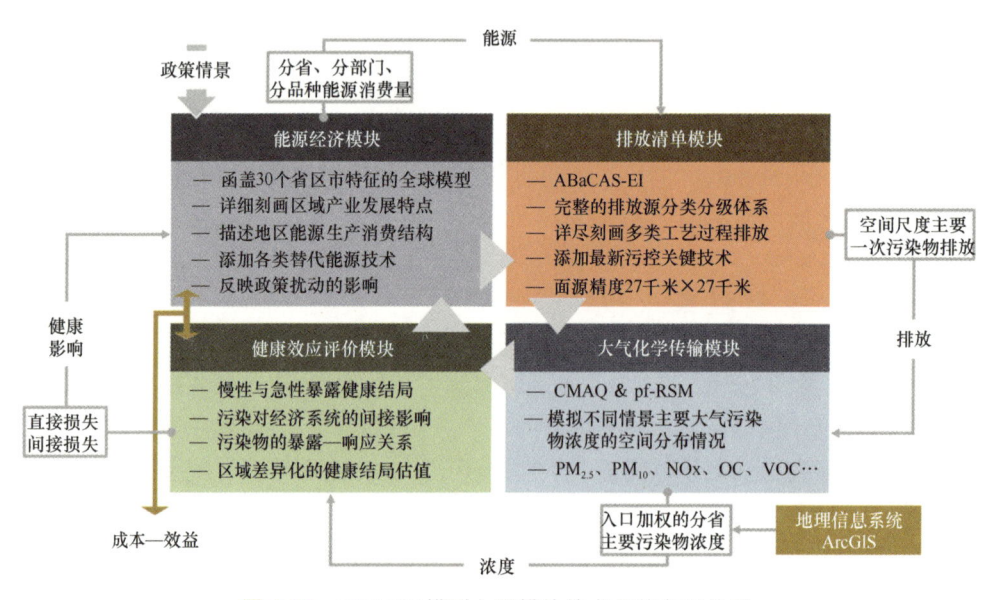

图 6.26　REACH 模型主要模块特点及其交互关系

1. C-REM

作为 REACH 综合评估框架的核心构成模块，C-REM 是一个重点关注中国区域层级能源经济问题的多部门、多区域、动态递归的 CGE 模型[28, 30, 31]。C-REM 详细刻画了中国 30 个省级行政区域（由于数据缺失，模型未包含西藏自治区及港澳台地区）的经济、产业、能源结构，以及区域之间的能源和商品流动。经过长期的开发和改进，形成了当前的 C-REM 3.0 版本（后文如未特定指出，统称 C-REM）。

1）模型基础数据更新

动态递归的 CGE 模型对未来的发展预测是以基期静态均衡结果为基础的。C-REM 2.0 版本以 2007 年中国地区投入产出表[32]和 2007 年中国能源平衡表[33]为数据基础搭建。进入 21 世纪以来，随着我国国民经济和产业的发展及调整，全国和区域的产业经济结构发生了较大的变化，第三产业在 GDP 中的构成由 2000 年的 40%增长到了 2015 年的 51%（图 6.27）。因此，以 2007 年为基年的模型框架来研究和分析我国"十三五"时期起始的转型发展路径有所不足，对于全国和区域的经济产业结构刻画不够贴近实际。为了使模型更准确地反映我国各区域当前发展状态、经济结构和产业结构，且更有效地模拟经济新常态下我国气候和环境政策的综合影响，本节对 C-REM 的基础数据进行了更新，将模型的数据基础从 2007 年更新到 2012 年。基础数据的更新工作主要包括数据准备与数据处理两方面。

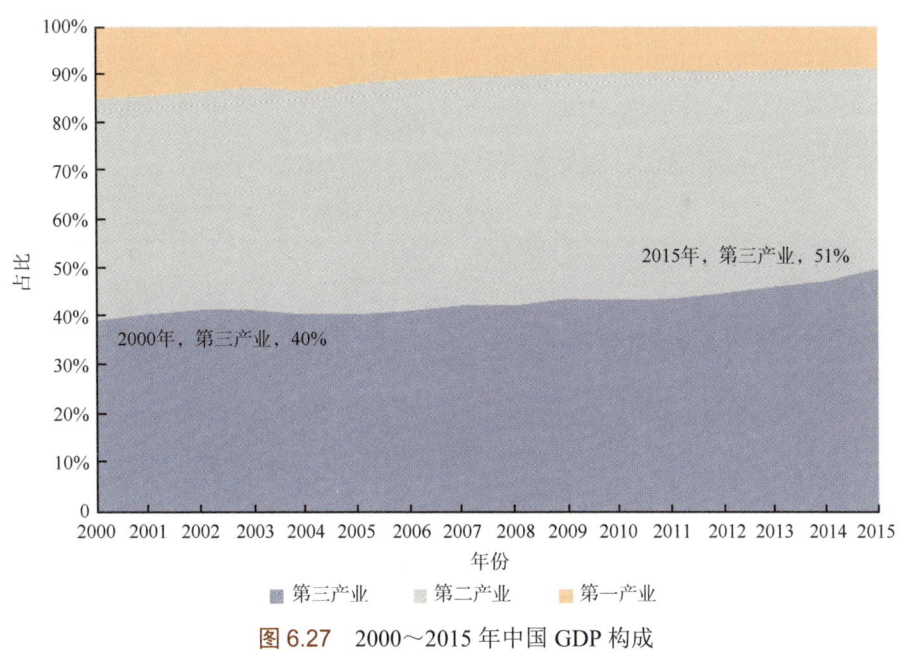

图 6.27　2000~2015 年中国 GDP 构成

资料来源：国家统计局，2019 年

C-REM 的主要基础数据来源包括分省层面的经济、能源和贸易数据，涵盖一般商品和能源的实物量与价值量。分省的经济数据和贸易数据主要来源于 2012 年各省统计年鉴中的地区投入产出表，分省分部门的能源数据主要采用《中国能源统计年鉴2012》的分地区能源平衡表、中国碳核算数据库的2012年省级能源清单及《中国电力统计年鉴2012》的分地区发电量表。基础数据的处理过程主要包括了地区投入产出表的误差项配平、能源品种的聚合、经济数据与能源数据匹配及生产部门的聚合[30, 34]。

研究基于2012年地区投入产出表，构建分省社会核算矩阵（social accounting matrix，SAM）。首先，将投入产出表中"存货增加"与"其他"项目进行合并，作为再平衡之前的误差项。其次，把"营业盈余"和"固定资产折旧"两项合并，作为SAM中的资本投入项。最后，将各部门的要素投入中的负值调整为零。

对于能源品种的分类，研究根据投入产出数据的部门划分和分类方式，将不同的能源品种进行了聚合处理，其中，原煤、洗精煤、其他洗煤、型煤、煤矸石、焦炭、焦炉煤气、高炉煤气、转炉煤气、其他煤气和其他焦化产品聚合为"煤炭"（COL）；汽油、煤油、柴油、燃料油、石脑油、润滑油、石蜡、溶剂油、石油沥青、石油焦、液化石油气、炼厂干气和其他石油制品聚合为"成品油"（ROI）；天然气和液化天然气聚合为"天然气"（GAS）；热力和电力聚合为"电力与热力"（ELE），如表6.9所示。聚合后的能源品种与聚合的投入产出数据部门分类保持一致，同时聚合后的几类能源品种能够有效代表不同种类能源的特点。

表6.9 能源品种聚合分类

聚合后的能源品种分类	聚合前的能源品种分类
煤炭	原煤、洗精煤、其他洗煤、型煤、煤矸石、焦炭、焦炉煤气、高炉煤气、转炉煤气、其他煤气、其他焦化产品
原油	原油
成品油	汽油、煤油、柴油、燃料油、石脑油、润滑油、石蜡、溶剂油、石油沥青、石油焦、液化石油气、炼厂干气、其他石油制品
天然气	天然气、液化天然气
电力与热力	热力、电力

对于分地区分行业的终端能源消费量，由于2012年各地区能源平衡表中工业部门内部没有细分子行业，研究参考了中国碳核算数据库2012年省级能源清单中各部门的能源消费量数据，进行了统一折算，保证与能源平衡表中工业部门的消费量一致，如式（6.1）所示。其中，S_{eir}为调整后r地区i工业部门e能源品种的能源消费量；α为碳核算数据库中的能源数据；IND_{er}为能源平衡表中对应地区和能源品种工业部门消费总量。

$$S_{eir} = S_{eir,\alpha} \cdot \left(\frac{\sum_i S_{eir,\alpha}}{\text{IND}_{er}} \right) \tag{6.1}$$

为了保证能源生产和消费的实物量与价值量保持一致，研究在得到上述经过处理后的分地区、分品种、分部门能源生产和消费量后，乘以能源商品的价格①，以得到对应的价值量。能源生产部门的总产出价值量由产量和价格决定，其他部门的能源消费的价值量由投入的能源实物量和价格决定。将原投入产出表中能源相关的价值量数据进行替换，在此基础上，采用最小二乘法对其进行调整，以获得更新平衡的 SAM 表，如式（6.2）所示：

$$\min_{\{x_{rij}\}} \sum_{i,j} \left(x_{rij} - \overline{x_{rij}} \right)^2 + \text{ADE} \sum_{i \in E \text{ or } j \in E} \left(x_{rij} - \overline{x_{rij}} \right)^2 \\ \text{s.t.} \quad \sum_j x_{rij} = \sum_j x_{rji}; \quad \text{VXM}_{ri} \leqslant \text{VOM}_{ri}, 对任意 i \tag{6.2}$$

其中，x_{rij} 为调整后 r 地区 SAM 表中 i 行 j 列的值；$\overline{x_{rij}}$ 为调整前相应的值；E 为与能源相关（生产、消费、交易）的条目；VXM_{ri} 为 r 地区、i 部门的点出口和调出量；VOM_{ri} 为 r 地区、i 部门的点出口量。由此，ADE 将作为调整这些数值的惩罚项（这部分已经经过调整）。目标函数的约束为保证各部门总产出大于等于总投入的前提下，实现 SAM 表的平衡。

值得一提的是，在能源数据处理的时候还存在各省煤炭消费量加总与全国煤炭消费总量不一致的问题，研究在处理能源数据时将 30 个地区 23 个部门的煤炭消费量乘以相同比例因子，使得全区域全部门煤炭消费量加总与全国基本一致。

2）模型区域划分及部门扩展

C-REM 重点关注产业和气候政策对中国各区域的影响，按照省级行政区划分成了 30 个地区，并为了研究区域的经济、能源和产业特点，按照东、中、西部地区对 30 个省级行政区进行了归并和分类（其中西藏自治区由于数据可获性有限，模型暂未包含该地区）。同时，对于全球其他主要国家和地区，在更新模型时延续了区域划分方式，按照主要国家和地区的经济水平、地理位置等因素将其他国家和地区聚为四个区域，分别为：美国（USA）、欧洲（EUR）、其他发达国家和地区（ODC）、世界其他国家和地区（ROW）。模型分区如表 6.10 所示。

---

① 由国家发展改革委能源研究所提供，并假设各地区的价格水平一致。

表 6.10 C-REM 中国区域划分

东部地区		中部地区		西部地区	
符号	地区	符号	地区	符号	地区
LN	辽宁	HL	黑龙江	XJ	新疆
BJ	北京	JL	吉林	QH	青海
TJ	天津	NM	内蒙古	GS	甘肃
HE	河北	SX	山西	NX	宁夏
SD	山东	HA	河南	SN	陕西
JS	江苏	AH	安徽	SC	四川
SH	上海	HB	湖北	CQ	重庆
ZJ	浙江	HN	湖南	GZ	贵州
FJ	福建	JX	江西	YN	云南
GD	广东			GX	广西
HI	海南				

在 C-REM 2.0 版本的模型中，中国各区域的生产部门聚合为 13 个部门，其中钢铁、有色金属、非金属和化工四个部门被聚合为一个"高耗能部门"，其在各地区的全行业中能耗和排放占比均较高。然而，中国当前经济发展进入转型调整时期，重点工业部门，特别是高耗能行业的各个子部门正在进行不同程度的产能优化和产业结构调整，不同地区工业部门未来的发展将呈现出差异化的特点，产品和产量变动会直接影响到区域的能源消费、碳排放和污染物排放。聚合的"高耗能部门"不便于识别各个区域的产业发展现状及特点，同时无法刻画相应产业政策的精确性和针对性。因此，在构建 C-REM 3.0 模型时，本节将社会的经济活动部门聚合为 21 个生产部门和 2 个消费部门，将 C-REM 2.0 版本高耗能部门重新拆分并聚合为金属（包含钢铁和有色金属部门）、非金属和化工三个子部门。C-REM 3.0 模型部门分类及描述如表 6.11 所示。

表 6.11 C-REM3.0 模型部门分类及描述

部门		名称	描述
农业	农业	AGR	农林牧渔业
能源产业	煤炭	COL	煤炭开采及洗选业
	原油	OIL	原油开采业
	天然气	GAS	天然气开采业
	成品油	ROI	石油加工及炼焦业
	电力	ELE	电力、热力的生产和供应业

续表

部门		名称	描述
高耗能产业	化工	CRP	化学原料、化学制品、医药及化纤制造业
	金属	ISM	钢铁、有色金属冶炼及压延加工业
	非金属	NMM	非金属矿物制品业
其他工业	水生产供应	WAT	水的生产和供应业
	采矿业	MIN	金属矿、非金属矿及其他矿采选业
	建筑业	CNS	建筑业
	交通装备制造业	TEQ	交通装备制造加工业
	食品制造业	FOD	食品、烟酒、烟草等制造业
	服装制造业	TWL	纺织业、皮革、毛皮等加工制造业
	电子产品制造业	ELM	电气、电子设备及仪器仪表制造业
	其他制造业	OTH	金属制品、废品废料及修理
	其他机械制造	OME	通用、专用设备制造业
服务产业	交通运输业	TRN	交通运输、仓储及邮政业
	其他服务业	SER	金融业、教育等其他服务业
	房地产	DWE	房地产行业
消费部门	政府消费	GOV	政府消费
	家庭消费	HHC	居民消费

对于电力部门，C-REM 3.0 详细刻画了煤电、气电、油电、水电、核电五类传统发电技术和太阳能发电、风电、生物质发电三类新能源发电技术。

3）生产消费函数及改进

（1）生产函数与消费函数。C-REM 采用 CGE 模型建模中常用的 CES 函数对生产和消费部门的活动进行刻画。生产部门的投入包括劳动力、资本、自然资源和中间投入等部分，通常采用多层嵌套的 CES 函数来刻画。以煤炭的生产部门为例，其 CES 函数如式（6.3）所示：

$$Y_{cr} = \left[\alpha_{cr} R_{cr}^{\rho_{cr}^R} + v_{cr} \min(X_{1cr}, \cdots, X_{icr}, E_{1cr}, \cdots E_{jcr}, V_{cr})^{\rho_{cr}^R} \right]^{\frac{1}{\rho_{cr}^R}} \quad (6.3)$$

其中，Y_{cr} 为 r 区域 COL 部门的产出；α_{cr} 和 v_{cr} 为 CES 函数中的份额系数，$\alpha_{cr} + v_{cr} = 1$；R_{cr} 为 r 区域 COL 部门的资源投入；ρ_{cr}^R 为资源要素和其他要素之间的替代参数；X_{icr} 为中间投入；E_{jcr} 为能源投入；V_{cr} 为资本与劳动力增加值，可以由 Cobb-Douglas 函数描述。如式（6.4）所示，其中，β_{cr} 和 $1-\beta_{cr}$ 为份额系数：

$$V_{cr} = L_{c,r}^{\beta_{cr}} \cdot K_{c,r}^{1-\beta_{cr}} \tag{6.4}$$

其中，$L_{c,r}$ 和 $K_{c,r}$ 分别为劳动力增加值和资本增加值。

C-REM 3.0 中电力部门的生产函数嵌套关系如图 6.28 所示，为刻画未来绿色低碳发展路径下可再生能源技术的大规模应用，可再生能源与传统发电技术之间能够实现完全替代。各地区 2012 年不同发电技术的比例参考《中国电力年鉴 2012》。

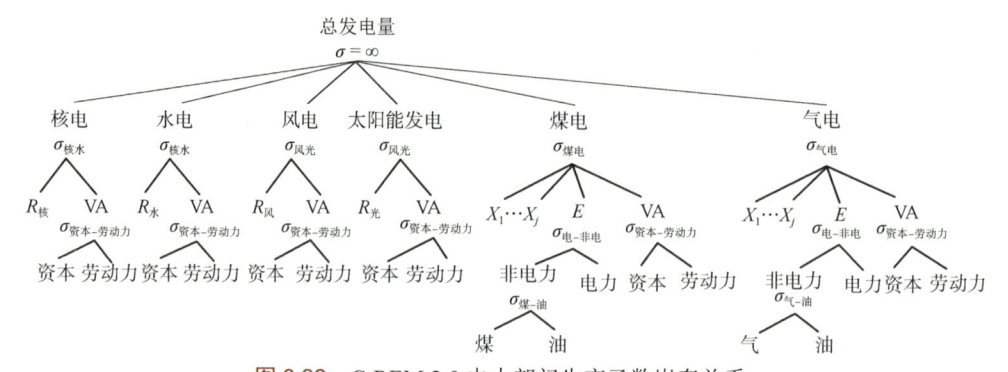

图 6.28　C-REM 3.0 电力部门生产函数嵌套关系

σ 为替代弹性；R 为资源量投入；VA 为资本与劳动力增加值；E 为能源投入

C-REM 3.0 中对于政府和居民的消费行为刻画也采用类似的嵌套式 CES 函数，消费者的函数嵌套关系如图 6.29 所示。顶层为居民消费与储蓄的替代关系，在消费集合中，研究拆分出了居民对交通服务的需求，便于进一步刻画交通部门电动化的技术。在消费者对非能源类商品的需求中，增加了应对空气污染的医疗服务部门刻画，能够体现空气污染对居民收入分配的影响。

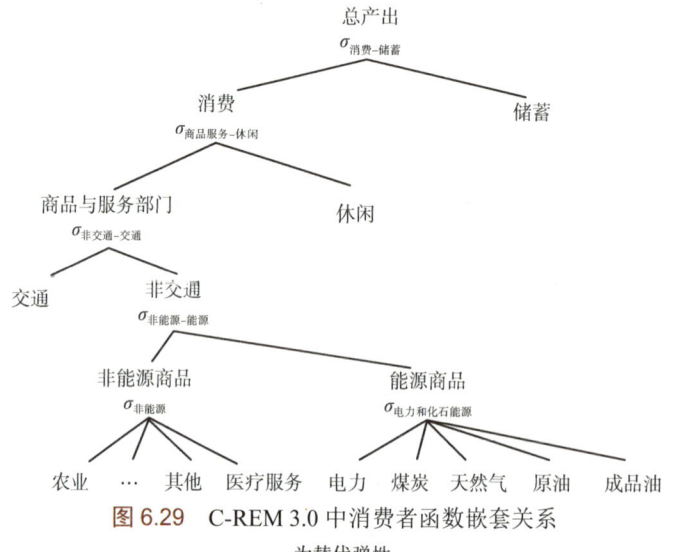

图 6.29　C-REM 3.0 中消费者函数嵌套关系

σ 为替代弹性

(2) 产业结构调整政策刻画。进入"十二五"时期以来，中央和地方政府陆续出台了多项关于削减能源密集型行业过剩产能的政策指导意见和实施计划，严格控制各地区的高耗能部门产品生产。为模拟政府部门实施的高耗能行业强制干预政策对区域经济和产业结构的影响，研究对 C-REM 中高耗能部门的生产函数进行了改进，以生产配额的方式，实现限制区域高耗能工业的发展，并促进区域的经济结构转型，改进后的生产函数结构如图 6.30 所示。生产配额的刻画与资源要素的刻画方式类似，置于嵌套结构的顶层，并且与其他生产要素之间的替代弹性为 0。生产配额的产业政策能够有选择地在不同地区、行业和时间启用，并通过调整配额的量来模拟产能限制或产业结构调整政策措施。该项改进能够一定程度上解决 CGE 模型较难刻画经济结构大幅变动的固有问题。

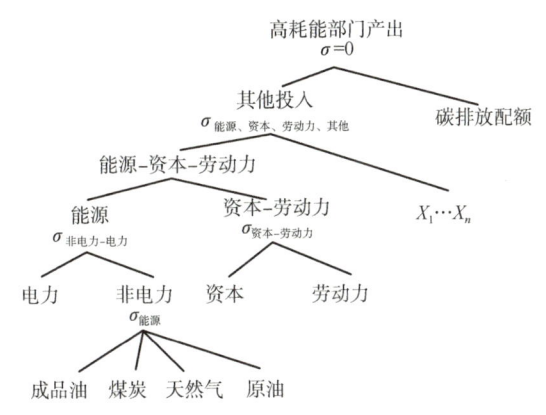

图 6.30　C-REM3.0 高耗能部门生产函数结构改进

σ 为替代弹性；X 为中间投入

(3) 交通部门电动化技术刻画。随着车辆电动化技术的推进，未来我国公共交通部门和私人交通将更多地采用更清洁的交通工具，其中以电动乘用车对传统燃油车辆的替代为主要的转变方式。为了模拟未来我国电动乘用车大规模发展的趋势，研究对模型中居民消费部门和公共交通服务部门的嵌套结构进行了改进，分别如图 6.31 和图 6.32 所示。

对于居民消费部门，从原来的非能源商品消费中拆分出居民交通消费，由公共交通服务和居民私家车共同满足居民的交通出行需求。居民私家车部门由燃油车和电动汽车两类技术构成，两种技术之间能够实现完全替代。对于公共交通服务部门，研究将其刻画为电动化交通服务和其他交通服务两类，电动化交通服务主要的能源需求为电力。参考 EPPA-HTRN 模型的方法和数据[29]，电动汽车技术的投入主要考虑了车辆购置、运维服务和电力需求。此外，由于电动汽车技术在模型的基年（2012 年）仍处于研发与示范性推广的阶段，电动汽车的渗透率较低，

图 6.31 C-REM 3.0 居民消费部门生产函数结构改进

图 6.32 C-REM 3.0 公共交通服务部门生产函数结构改进

σ 为替代弹性

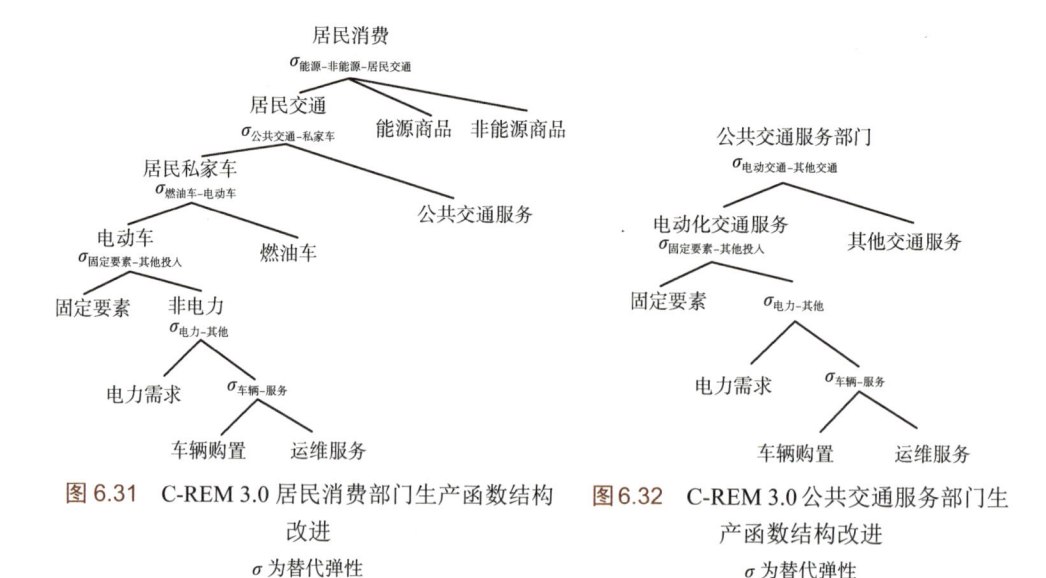

存在一定的推广屏障。研究在电动汽车技术的顶层添加了固定要素投入，固定要素与其他投入之间不可替代，作为代表电动汽车技术应用和推广的限制。随着模型动态化的过程，该固定要素的值能够随着时间增加（具体取值由模型校核过程得到），表征电动汽车技术能够进一步被采用和推广。

4）新常态时期人口经济假设

在动态 C-REM 下，地区经济增长的主要驱动因素为劳动力供给量和资本供给量。而劳动力的供给量主要受区域人口数量和劳动生产效率影响，模型对动态模型下劳动力增长的刻画如式（6.5）所示。其中，n 为时间步长（动态模型下，2012 年起 3 年为一个步长，2015 年后 5 年为一个步长）；$L_{r,t}$ 为 t 时期下 r 地区的劳动力供给量；$p_{r,t}$ 为该地区 t–1 时期至 t 时期人口年均增长率；$a_{r,t}$ 为该地区 t–1 时期至 t 时期劳动生产率的年均提高率。

$$L_{r,t} = L_{r,t-1} \cdot (1+p_{r,t})^n \cdot (1+a_{r,t})^n \tag{6.5}$$

步入新常态时期后，我国经济增速放缓，人口增速减慢的趋势将持续较长的一段时间，研究以全国 30 个主要地区 2015～2019 年的实际 GDP 增速为基准，结合专家判断，对 2015～2035 年全国及区域人口和 GDP 增速进行了预测和细致校核。全国及区域的人口数量假设及 GDP 增速假设如图 6.33 和图 6.34 所示。

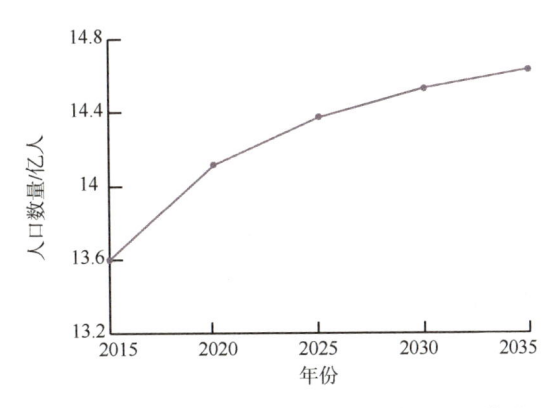

图 6.33 全国 2015～2035 年人口数量预测结果

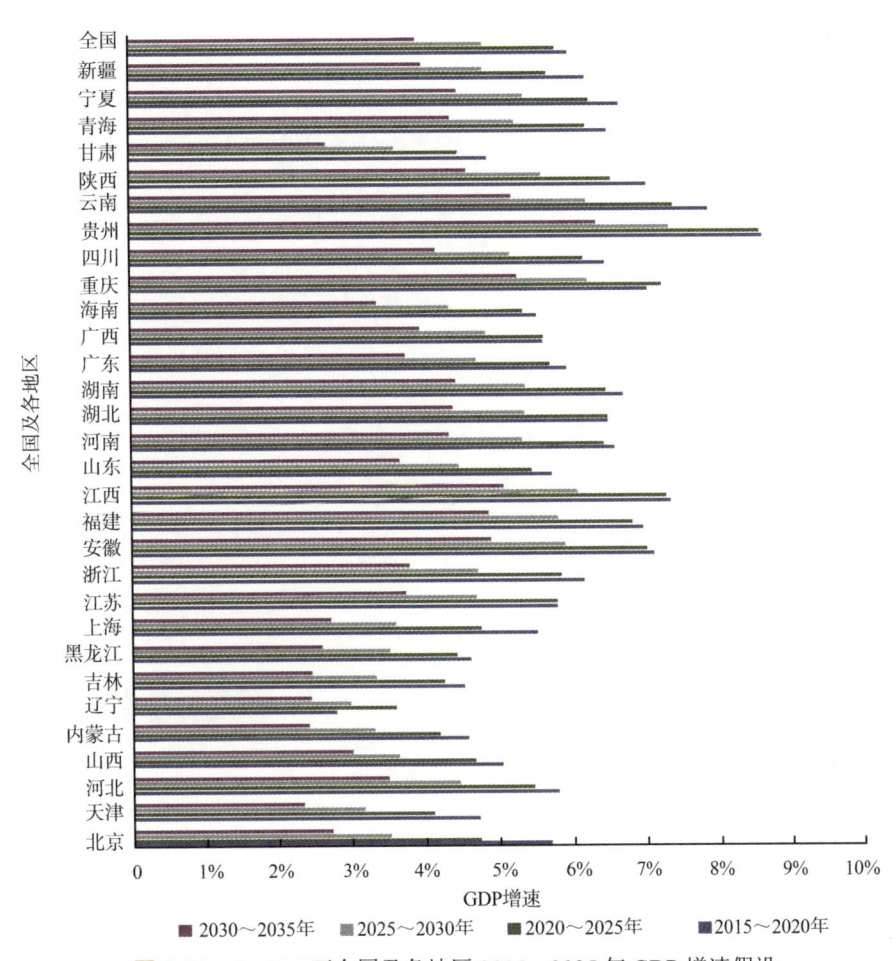

图 6.34 C-REM 下全国及各地区 2015～2035 年 GDP 增速假设

"十三五"时期后全国人口增长将逐渐放缓,预测结果显示,到2035年全国大约有14.6亿人口。研究假设未来各区域人口增速与全国保持一致,基于各地区实际统计人口数量和全国人口预测结果,得到各地区到2035年人口数量的假设。基于各区域人口假设,研究通过外生调整劳动生产率,细致校核了各地区2015~2035年的GDP,使模型GDP年均增速与预测结果一致。

2. CREM-HE 介绍与健康结局估值改进

1）CREM-HE 概述

在 REACH 综合评估框架下,CREM-HE 内嵌于能源经济模型中,并通过发病率和死亡率直接影响能源经济模型中的劳动力供给。具体来说,在扩展健康效应评价模块后的能源经济模型中,SAM 得到了进一步扩展,从聚合的服务业部门(模型中的 SER 部门)扩展出了应对空气污染发病的健康服务部门,以追踪居民对健康服务需求所产生的经济活动。

在该模型框架下,REACH 评估框架不仅能够评估由空气污染导致发病或死亡的直接经济损失,同时能够反映劳动力损失和市场资源配置失衡导致的间接经济损失,如图6.35所示。一方面,经济系统中产生的超额污染物排放会导致居民的发病和过早死亡,造成医疗费用的增加和福利的损失；另一方面,空气污染带来的早亡会影响生产部门劳动力的供给数量和价格,就诊的医疗费用将占用原本可用于消费或储蓄的支出,因此市场资源将重新配置达到均衡,同比效率会受到损害。基于以上的刻画,REACH 综合评估框架能够有效地识别空气污染暴露下居民的直接经济损失,以及追踪由劳动力损失引起市场失衡造成的间接经济损失,从一个更全面的角度来评估空气污染暴露下的健康效益。

图 6.35 空气污染对经济系统造成的损失构成[28]

当前由于空气污染造成的经济损失中大部分来自 $PM_{2.5}$[35],因此在本节中,重点讨论了 $PM_{2.5}$ 暴露带来的健康影响和经济损失。流行病学的相关研究显示,长期暴露于过量 $PM_{2.5}$ 浓度下的居民,会发生包括哮喘、咳嗽、呼吸系统疾病和心脑血管疾病等病症[36-37]，其慢性疾病的发病率和死亡率也会提高[38-45]。基于以上的背景，CREM-HE 参考各类空气污染负担研究报告[46-48]，重点纳入了四类急性暴露的健康结局和四类慢性暴露的健康结局，如表 6.12 所示。

表 6.12 CREM-HE 涵盖的急性和慢性暴露健康结局

健康结局类别	健康结局	缩写
急性暴露健康结局	呼吸系统疾病住院	RHA
	心脑血管系统疾病住院	CHA
	急诊	ERV
	支气管炎	CB
慢性暴露健康结局 1)	慢性阻塞性肺病	COPD
	缺血性心脏病	IHD
	肺癌	LC
	中风	Stroke

1) 在 CREM-HE 中，对于慢性暴露的四类健康结局均为早亡，由于四种慢性疾病发病死亡的相对风险值取值不同，因而分别考虑。

2）暴露响应函数和相对风险系数

CREM-HE 对于发病率和死亡率的计算方法，采用了流行病学中常用的暴露-响应（exposure response，ER）函数，建立浓度-发病（死亡）率的关系，并采用相对风险系数（relative risk，RR）来估计发病（死亡）率的相对提高程度。急性和慢性的暴露-响应函数关系分别如式（6.6）和式（6.7）所示[28]：

$$\text{Cases}_{itr}^{\text{AE}} = [1 - 1/\text{RR}_i(C_{tr})] \cdot F_{itr} \cdot P_{tr} \quad (6.6)$$

$$\text{Cases}_{ijtr}^{\text{CE}} = [1 - 1/\text{RR}_{ij}(C_{tr})] \cdot F_{ijtr} \cdot P_{tr} \cdot D_{jtr} \quad (6.7)$$

其中，$\text{Cases}_{itr}^{\text{AE}}$ 和 $\text{Cases}_{ijtr}^{\text{CE}}$ 分别为急性暴露发病和慢性暴露发病早亡的健康结局案例数；i 为不同类型的健康结局；t 为时间；r 为地区；j 为年龄组别（由于慢性暴露发病早亡的概率在不同年龄层级中有一定的差异，如老年人由慢性暴露导致早亡的风险更大，CREM-HE 对此特别做了年龄分级的处理[49]）；$\text{RR}_i(C_{tr})$ 和 $\text{RR}_{ij}(C_{tr})$ 为暴露健康结局的相对风险系数；C_{tr} 为暴露下的污染物浓度值；在流行病学中，$1-1/\text{RR}_i(C_{tr})$ 被定义为人群归因危险度（population attributable risk，PAR），为指定的总人群中因为暴露而发病的百分比；F_{itr} 和 F_{ijtr} 分别为急性和慢性暴露健康结局的基准发生率；P_{tr} 为人口数；D_{jtr} 为 j 类人群在总人群中的比例。

对于相对风险系数的确定，CREM-HE 对急性暴露和慢性暴露分别进行了讨论和设置。对于急性暴露下的相对风险系数，CREM-HE 参考了当前流行病学针对中国本土化的相关研究，对上节所述的四类急性暴露结局进行了分别设置[50-58]，RHA、CHA、ERV、CB 四类健康结局的相对风险系数 RR 取值分别为 1.022、1.013、1.015、1.029。对于慢性暴露下的相对风险系数，研究参考了 Pope 等[42]的相关研究并在 CREM-HE 中进行了刻画，对于慢性暴露的相对风险系数的刻画如式（6.8）所示：

$$\text{RR}_i(C_{tr}) = \begin{cases} 1, & C_{tr} < C_{cf} \\ 1 + \alpha\{1 - \exp[-\gamma(C_{tr} - C_{cf})^\delta]\}, & C_{tr} \geq C_{cf} \end{cases} \quad (6.8)$$

其中，$\text{RR}_i(C_{tr})$ 为模拟浓度下健康结局的相对风险系数；C_{cf} 为浓度的安全阈值，为 10 微克/米^3，当污染物浓度低于安全阈值时，居民健康将不受污染物浓度变化的影响；α、γ、δ 为相对风险系数与污染物浓度关系曲线的参数。

3) 健康结局货币化

对于各类健康结局的货币化处理，当前主流的量化估值方法包括疾病成本（cost of illness，COI）法、条件评估法和人力资本法。对于急性暴露的四类健康结局，我们采用了疾病成本法进行货币化处理[28]，并参考全国和地区人均就医水平进行分省差异化处理，健康结局估值如表 6.13 所示。

表 6.13　CREM-HE 分省健康结局估值表[59]（单位：美元，2012 年不变价）

地区	呼吸系统疾病住院	心脑血管系统疾病住院	急诊	支气管炎
BJ	1121.8	3519.2	59.1	4893.6
TJ	817.4	2564.2	38.5	2747.4
HE	394.6	1238.1	28.6	1201.2
SX	442.1	1387.0	30.1	1140.1
NM	456.6	1432.4	30.3	1664.5
LN	1121.8	3519.2	59.1	4893.6
JL	817.4	2564.2	38.5	2747.4
HL	462.3	1450.2	32.3	1431.1
SH	879.5	2759.1	43.0	6374.7
JS	567.9	1781.7	31.7	2238.4
ZJ	607.4	1905.6	31.4	3069.0
AH	384.9	1207.6	26.7	1210.7

续表

地区	呼吸系统疾病住院	心脑血管系统疾病住院	急诊	支气管炎
FJ	408.3	1281.0	24.4	1955.3
JX	358.4	1124.4	25.6	961.6
SD	431.8	1354.6	29.5	1913.3
HA	366.0	1148.0	21.2	1056.2
HB	431.8	1354.8	28.2	1459.5
HN	387.4	1215.4	33.0	1375.6
GD	520.0	1631.3	27.6	2562.0
GX	387.7	1216.2	22.5	969.5
HI	510.8	1602.5	28.0	1004.4
CQ	430.7	1351.3	32.8	1572.0
SC	385.6	1209.6	26.2	1213.6
GZ	299.1	938.3	29.1	800.4
YN	322.8	1012.8	22.2	869.8
SN	354.9	1113.4	27.1	1141.8
GS	312.8	981.3	20.4	808.9
QH	429.2	1346.4	22.6	952.5
NX	361.7	1134.7	22.7	1115.1
XJ	340.6	1068.5	25.6	965.7

为了选取适用于中国的统计生命价值（value of statistical life，VSL）估值水平，我们筛选了针对中国开展的相关研究进行比较和讨论。Nam 等[59]参考有关学者的研究对中国大、中、小三类城市开展调查获得的 VSL 水平，考虑通货膨胀、收入增长和城市化率等因素，将其调整到 2007 年，约为 33.6 万美元（2007 年不变价）；Vandyck 等[60]参考有关学者对全球居民 VSL 的估值，根据中国的人均 GDP 水平进行调整，预计 2030 年中国的平均 VSL 将在 150 万～450 万美元；Markandya 等[61]参考了 OECD 国家广泛接受的 VSL 水平，并根据中国的 GDP 及增速进行了调整，该研究预计中国人均 VSL 将从 2020 年的 313 万美元增长到 2050 年的 604 万美元。可以看到，VSL 的估值水平在不同研究中差异较为明显，且与地区经济发展速度关系密切，因而本节在选取 VSL 水平时将考虑一个合理的估值区间，并纳入经济增速对其产生的影响。

根据有关学者[62]在中国的三个代表性大、中、小城市进行的一项本土调查结果，中国 2006 年的 VSL 约为人民币 147 万元，收入弹性为 0.22。根据中国 2006～2035 年的收入增长情况，利用收入弹性对这一 VSL 估计值进行调整。调整后的

VSL 约为 264 万元（2012 年价格），作为 VSL 取值的低值。

此外，本节采用利益转移方法，估计 VSL 取值的高值。具体来说，基于 OECD 的简易方法，以 2005 年 OECD 国家 VSL 取值 300 万美元为基础，采用转移弹性 0.8 计算中国 2035 年相应的 VSL。根据这一方法计算得到的 2035 年中国的 VSL 约 2350 万元（2012 年价格），如表 6.14 所示。

表 6.14　CREM-HE 中 VSL 估值水平（单位：万元，2012 年不变价）

项目	2012年	2015年	2020年	2025年	2030年	2035年
VSL 低值	237	236	231	238	252	264
VSL 高值	1595	1552	1446	1608	1989	2350

3. 排放清单和大气化学传输模型

REACH 框架下的排放清单模型应用了清华大学环境学院联合开发的中国 ABaCAS-EI 模型，大气化学传输模型应用了用于高精度模拟的 CMAQ 模型和用于快速多情景模拟的 pf-RSM。

1）排放清单模型

中国 ABaCAS-EI 模型是由清华大学、华南理工大学、田纳西大学等联合开发的一个大气污染控制成本及效益评估和空气质量达标规划辅助决策系统的重要组成部分[63]。其中考虑了常规空气污染物（包括氨、非甲烷挥发性有机物、有机碳、黑炭、氮氧化物、二氧化硫和各类颗粒物）在多类排放源的排放因子。同时，经过长期的开发和改进，模型能够充分体现中国的排放源特点[64]。

ABaCAS-EI 模型根据污染物生成的机制和排放特点，将一次排放源分为四级，逐级展开，第四级的一次排放源作为清单模型的基本单元，包括了各类生产工艺、制造流程和不同类别的溶剂使用等。一级排放源主要分为固定燃烧源、工业过程源、移动源、溶剂产品使用源、燃料分配储运源、农业过程源和其他排放源七类[65]。

对于大多数部门的排放因子核算，ABaCAS-EI 模型主要参考了各地区各部门的活动水平、基于技术的无控排放因子和控制措施的应用比例进行测算，其中对于黑炭和有机碳将根据细颗粒物的排放量及对应比例进行估算[66]。此外，排放清单模型考虑了最新的污染物末端治理技术发展趋势和推广可能性，对不同的生产部门设置了差异化的污染物末端控制情景。具体的污染物末端控制情景参数及方法见 Wang 等[64]。

2）大气化学传输模型

REACH 框架下的大气化学传输模型主要应用了 CMAQ 模型和 pf-RSM。CMAQ 模型同时考虑了地区级与城市级尺度下的大气污染物的物化过程和相互影响，模拟的精度可以达到 12 千米×12 千米。CMAQ 模型覆盖了整个东亚地区，通过与气象研究和预测模型（the weather research and forecasting model，简写为 WRF）等气象模式预测模型的耦合，能够模拟不同气象条件下的污染物浓度水平。

CMAQ 模型有着模拟精度高、覆盖范围广等优势，适用于模拟中国省级尺度和城市级尺度的污染物浓度分布，能够有效地配合综合评估模型中其他模块对能源相关政策开展评估工作。然而，CMAQ 模型的模拟需要耗费较长的时间（单个静态情景往往需要 3~7 天，由大型计算机的运行处理速度决定），对于多情景、动态的分析，花费的时间将成倍增加。在此背景下，通过响应曲面法（response surface methodology）拟合大气化学传输模型结果的方法应运而生。该方法通过结合数学和统计学方法，能够实现稳定和快速的排放-浓度响应模拟。

应用于模拟大气化学传输过程的响应曲面模型最初由美国环境保护署（Environmental Protection Agency，EPA）开发，并经过较长时间的开发和改进，模型中关键参数的取值趋于稳定。在此基础上，王书肖老师课题组在传统模型 RSM 的基础上开发了 pf-RSM。该技术的改进加强了模型对多区域相互作用情景下的模拟能力，同时解决了传统 RSM 非线性关系模糊的问题。使用该技术的最新研究比较了 CMAQ 模型模拟结果和 pf-RSM 在 40 个训练样本基础上模拟的结果，发现平均归一化误差在 2%以内[66]。

在使用 REACH 模型进行政策协同效益分析时，考虑到 pf-RSM 能够快速响应且具有较高的模拟精确度，对于需要大量情景试验和多政策情景模拟的课题，一般运用 pf-RSM 来有效节省时间。而对于需要深入阐释污染物转化生成机理的课题，一般运用 CMAQ 来精细刻画大气化学传输过程。

4. 模块接口与连接机制

1）能源经济模型与排放清单模型的连接

C-REM 和 ABaCAS-EI 模型之间通过分地区、分部门、分品种能源消费量进行连接。由于 ABaCAS-EI 模型是一个自下而上的技术模型，底层的部门划分能够细化到具体的工艺，且考虑了非经济活动的排放，而 C-REM 的部门是在省级的不同行业基础上划分的，因此在模型数据对接过程中不能实现行业分类和排放来源的完全一致对应。本节对模型对接机制进行了细化，并搭建了一个能够自动稳定生成对接数据的便捷平台工具。首先，根据污染物排放源特征的差异，对主要常规大气污染物和相关部门或工艺流程进行了分类。主要污染物被分为了三类对接模式：一般污染物通用、VOC（volatile organic compounds，挥发性有机物）专用和 NH_3 专用。其次，按照不同的排放特点，将清单一级部门与 C-REM 的各个部门进行了对应（表 6.15）。接下来，逐步将 C-REM 的部门与 ABaCAS-EI 模型展开至四级的部门逐级匹配，特别是能源密集型行业（电力热力部门和高耗能部门）。以电力热力行业为例（表 6.16），通过逐级展开的匹配方式，将 C-REM 中的煤电/热部门与 ABaCAS-EI 模型四级部门的层燃炉、亚临界炉、超临界炉、超超临界炉、流化床、整体煤气化联合循环、热电联产、煤粉锅炉、层燃锅炉、流化床锅炉多类技术的集合对应，油电/热部门与 ABaCAS-EI 模型四级部门的燃油发电和燃油锅炉集合对应，气电/热部门与清单模型四级部门的燃气发电和燃气锅炉集合对应。最后，能源经济模型分地区、分部门、分品种的能源消费量能够准确对应于各个集合。对于不同的集合，根据排放清单模型中对不同区域不同时间的设置比例，将能源消费量分配到清单第四级的各个部门或技术中。

表 6.15　分污染物类别的清单一级部门与能源经济模型对接模式

污染物分类	ABaCAS-EI 模型一级部门	C-REM部门
一般污染物通用（主要包括颗粒物、SO_2、NO_x、BC、OC）	发电（PP）&供热（HEAT）	煤电/热（ELE-coalelec）
		油电/热（ELE-oilelec）
		气电/热（ELE-gaselec）
	工业（IND）	钢铁&有色金属（ISM）
		非金属（NMM）
		成品油（ROI）
		化工（CRP）
		其他工业部门（WAT、MIN、CNS、TEQ、FOD、TWL、ELM、OTH、OME）
	民用（DOM）	居民生活（HHC-heeci）
		服务业（SER）
	交通（TRA）	公共交通（TRA）
		居民交通（HHC-teeci）
	其他（OTH）	开放燃烧
		水生产与处理（WAT）
		服务业（SER）

污染物分类	ABaCAS-EI模型一级部门	C-REM部门
VOC 专用	溶剂使用（SLVT）	建筑业（CNS）
		交通装备制造业（TEQ）
		其他制造业（OTH）
		服装制造业（TWL）
		农业（AGR）
		居民生活（HHC-heeci）
		居民交通（HHC-teeci）
	化石燃料分配（DIST）	成品油（ROI）
		公共交通（TRA）
	VOC 工业过程（VOCP）	原油开采（OIL）
		天然气开采供应（GAS）
		其他制造业（OTH）
		化工（CRP）
		成品油（ROI）
		食品制造（FOD）
NH₃ 专用	NH₃	农业（AGR）
		其他制造业（OTH）
		化工（CRP）
		公共交通（TRA）
		居民生活（HHC-heeci）

注：黑碳（black carbon，BC）；有机碳（organic carbon，OC）。

表 6.16　电力热力部门的四级展开对接

排放清单一级部门	ABaCAS-EI模型二级部门	ABaCAS-EI模型三级部门	ABaCAS-EI模型四级部门	C-REM部门
发电（PP）和供热（HEAT）	燃煤发电（ELE-COAL）	层燃炉（GRATE）	层燃炉（GRATE）、亚临界炉（SubC）、超临界炉（SC）、超超临界炉（USC）、流化床（FBC）、整体煤气化联合循环（IGCC）	煤电/热（coalelec）
		煤粉炉（PCC）		
		流化床（FBC）		
		煤气化联合循环（IGCC）		
	热电厂供热（HEAT-CHP）		热电联产（CHP）	
	锅炉房供热（HEAT-BL）		煤粉锅炉（BL-PU）、层燃锅炉（BL-GR）、流化床锅炉（BL-FL）	

续表

排放清单一级部门	ABaCAS-EI模型二级部门	ABaCAS-EI模型三级部门	ABaCAS-EI模型四级部门	C-REM部门
发电（PP）和供热（HEAT）	燃油发电（ELE-OIL）		燃油发电（OIL）	油电/热（oilelec）
	锅炉房供热（HEAT-BL）		燃油锅炉（BL-O）	
	燃气电厂（ELE-GAS）		燃气发电（NGCC）	气电/热（gaselec）
	锅炉房供热（HEAT-BL）		燃气锅炉（BL-G）	

2）大气化学传输模型与健康效应评价模块的连接

大气化学传输模型与健康效应评价模块之间通过人口加权的分省污染物浓度进行连接。为了更加真实地反映人群的$PM_{2.5}$暴露水平，健康效应评价模块在$PM_{2.5}$浓度地理分布的基础上考虑了人口分布，得到人口加权浓度，计算健康损失。具体而言，利用地理信息系统分析软件（ArcGIS），结合NASA（National Aeronautics and Space Administration，美国国家航空航天局）的社会经济数据及应用中心（social-economic data and applications center，SEDAC）的高分辨率人口地理分布数据，对大气化传输模型输出的网格化污染物浓度数据进行计算处理。在调整匹配污染物浓度网格和人口分布网格的分辨率的基础上，用栅格计算器将网格化的污染物浓度数据进行人口加权，最终得到30个分省区域的污染物浓度作为健康效应评价模块的前端输入。

6.2.2 情景设置

为全面评估中国低碳政策对区域能源、经济、环境、健康和成本的综合影响，研究重点设置了两个情景进行比较分析，分别为：NDC情景（nationally determined contribution scenario，NDCS）和2℃目标情景（2-degree scenario，2DCS）。

在NDC情景下，全国碳排放轨迹将与实现NDC目标保持一致，2020～2035年年均碳强度下降率保持在4%左右，能够实现2030年全国碳排放达峰。

2016年11月《巴黎协定》正式生效，主要目标是"将21世纪全球平均气温上升幅度控制在2℃以内"[67]。为使全球以大于66%的概率实现2℃温升控制，McCollum等[68]联合6个国际知名能源经济模型课题组在2018年于*Nature Energy*上发表文章，研究减排（2020年后）发生在最具成本效益的时间，没有任何分担减排负担制度下的全球最优减排曲线[68]，如图 6.36 所示。其中灰色区域主要模型组研究所得的"以大于 66%的可能性实现 2°C温升控制目标"的碳排放轨迹。当全球自 2020 年起以 8%的碳强度下降率进行减排（其轨迹如图中黄色曲线所示），该轨迹位于灰色区域的下方并与之相切。这意味着全球在 2020~2050 年以 8%碳强度下降率减排，可以保证以大于 66%的概率实现 2°C温升目标,后文简称该排放轨迹为"最佳可行排放轨迹"。本节与课题组 CGEM 开展合作，参考 IPCC 第五次评估报告的综合报告中对责任分担原则中的祖父法、人均排放法等分配原则，并综合考虑我国现有"发展不充分,发展不平衡"的国情和 2050 年建成"社会主义现代化强国"的目标，对"最佳可行排放轨迹"下中国的排放轨迹进行了分配，在该排放轨迹与分担方式下，中国的碳强度下降率从 2020 的 6%逐渐增加到 2050 的 12%，同时平均碳强度下降率在大约 8%的水平，以此 2°C温升轨迹作为研究中 2°C目标情景下的全国碳排放轨迹。

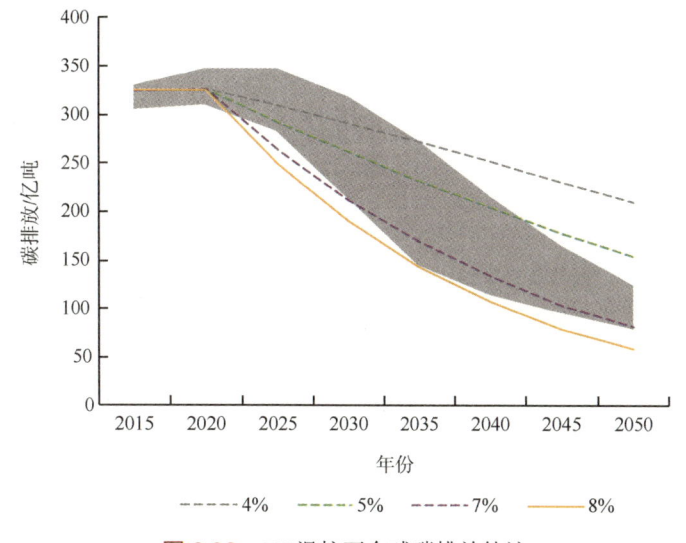

图 6.36 2°C温控下全球碳排放轨迹

对于全国碳排放轨迹在不同区域的分配，研究按照《"十三五"控制温室气体排放工作方案》[69]（以下简称《方案》）中充分考虑了中国各省区市经济、能源、产业、资源特点后将区域碳强度下降率约束分为五大类的分配方式，根据不同情景全国的碳排放轨迹进行分配，作为不同情景下全国各地区的碳强度下降率约束（碳排放轨迹），如表 6.17 和表 6.18 所示。

表 6.17　不同情景不同区域碳强度下降约束分配

碳轨迹名称	不同情景年份分配方案	第一大类	第二大类	第三大类	第四大类	第五大类	全国
碳轨迹 0	《方案》分配	4.5%	4.2%	3.9%	3.7%	2.5%	4.1%
碳轨迹 I	NDC 情景（2020~2035 年）	4.5%	4.2%	3.9%	3.7%	2.5%	4.1%
碳轨迹 II	2DC 情景（2020~2025 年）	6.6%	6.2%	5.7%	5.4%	3.7%	6.0%
	NDC 情景（2025~2030 年）	6.6%	6.2%	5.7%	5.4%	3.7%	6.0%
	2DC 情景（2030~2035 年）	7.2%	6.8%	6.2%	5.8%	4.0%	6.5%

表 6.18　碳强度下降约束分类

项目	第一大类	第二大类	第三大类	第四大类	第五大类
地区	北京	福建	山西	内蒙古	海南
	天津	山西	辽宁	黑龙江	西藏
	河北	河南	吉林	广西	青海
	上海	湖北	安徽	甘肃	新疆
	江苏	重庆	湖南	宁夏	
	浙江	四川	贵州		
	山东		云南		
	广东		陕西		

对于末端控制措施，研究考虑在两个政策情景下未来的污染物末端治理措施均延续当前的水平和力度，已经颁布的相关政策会在未来实施。各末端控制情景所考虑的具体政策情况如表 6.19 所示。在两个政策情景下考虑相同的末端治理措施，一方面能够反映当前的末端治理水平；另一方面有利于全面评估低碳政策的协同效益。

表 6.19　各情景考虑的末端控制政策

情景描述	相关政策	力度和范围
末端控制	全面完成超低排放改造	基本完成
	重点工业行业污染治理升级改造	仅覆盖重点区域
	工业燃煤锅炉完成节能和超低排放改造	仅覆盖重点区域
	推广型煤及先进炉灶	基本完成
	机动车推进油品质量和排放标准升级	全面完成

基于上述详细描述，研究设置的两个情景如表 6.20 所示。在 NDC 情景和 2DC 情景下，考虑了碳市场和碳税等碳定价政策，且污染物末端治理技术的应用和推广不断强化。NDC 情景下全国的碳排放轨迹与 2020 年前提出的 NDC 减排目标保

持一致，全国碳排放将在 2030 年左右达峰；2DC 情景下全国碳排放轨迹与上文的"最佳可行排放轨迹"保持一致，全国碳排放将于 2020 年左右达峰。对于碳定价政策，研究同时考虑了全国统一碳市场的基于市场政策和碳税的非基于市场政策，以便更全面地刻画覆盖全地区、全行业的低碳政策。

表 6.20 实现二氧化碳和 $PM_{2.5}$ 协同控制路径情景设计描述

协同控制路径下各类政策措施	NDC	2DC
碳排放轨迹	碳轨迹 I	碳轨迹 II
碳定价：碳市场机制	2020~2025 年纳入电力部门，2025~2030 年进一步纳入高耗能部门，2030 年以后全生产部门纳入交易	
碳定价：碳税政策	未被纳入碳市场的部门或行业以碳税政策的方式推动节能与能源结构优化	
污染物末端治理	延续当前末端控制水平	
背景政策及措施	化石能源资源税、天然气补贴、可再生电力补贴、电动汽车补贴、能效自动进步等	

6.2.3 结果与讨论

1. 全国层面影响分析

在 NDC 情景下，全国一次能源消费总量从 2015 年到 2035 年将保持持续增长的趋势，如图 6.37 所示。2015 年，全国一次能源消费总量约 42 亿吨标准煤（发电煤耗法计算），到 2035 年这一消费量将增长到 60 亿吨标准煤。其中，全国煤炭消费总量将保持在 27 亿吨标准煤左右的水平，天然气和非化石能源电力将快速发展。煤炭在一次能源消费总量中的占比从 2015 年的 64%下降到 2035 年的 44%，同时非化石能源的占比从 2015 年的 11%增长到 2035 年的 27%。2035 年，煤炭、石油、天然气和非化石能源在一次能源消费总量中的占比将分别达到 44%、17%、12%和 27%。

在 2DC 情景下，全国一次能源消费总量将在 2035 年左右达到峰值，如图 6.38 所示。2035 年，全国一次能源消费总量约 58 亿吨标准煤，其中煤炭、石油、天然气和非化石能源占比分别达到 30%、16%、11%和 43%。为实现 2℃控制目标，全国煤炭消费将在 2020 年达峰，峰值约 27.8 亿吨标准煤左右，之后保持持续下降的趋势，到 2035 年，全国煤炭消费量将降至 17.3 亿吨标准煤左右。在 2DC 情景下，非化石能源的快速发展将促进能源结构的快速转型，发电量将从 2015 年的 4.8 亿吨标准煤增长到 2035 年的 25.2 亿吨标准煤，其中风电和太阳能发电的贡献占 65%左右。

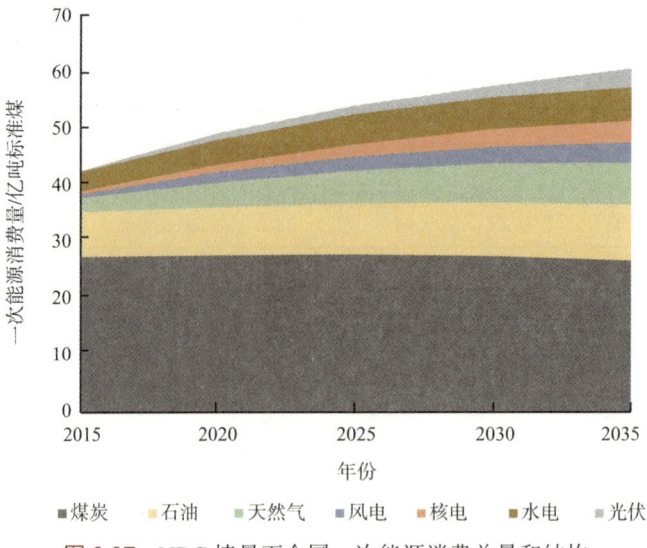

图 6.37 NDC 情景下全国一次能源消费总量和结构

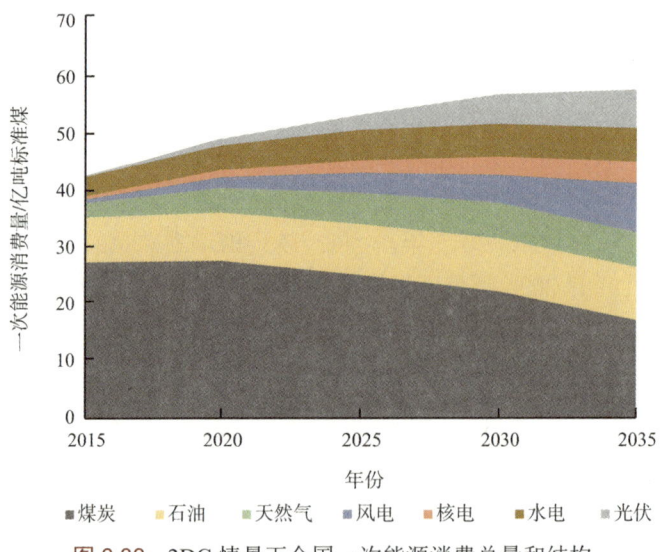

图 6.38 2DC 情景下全国一次能源消费总量和结构

2020 年，全国非化石能源消费总量约 3.2 亿吨标准煤（发电煤耗法）。在 NDC 情景下，2035 年非化石能源消费总量达到了 6.2 亿吨标准煤，其中风电、核电、水电和光伏分别占比 21%、23%、36%和 20%；在 2DC 情景下，2035 年非化石能源将达到 9.3 亿吨标准煤，其中风电和光伏的占比将进一步增大，分别达到 35% 和 27%，如图 6.39 所示。

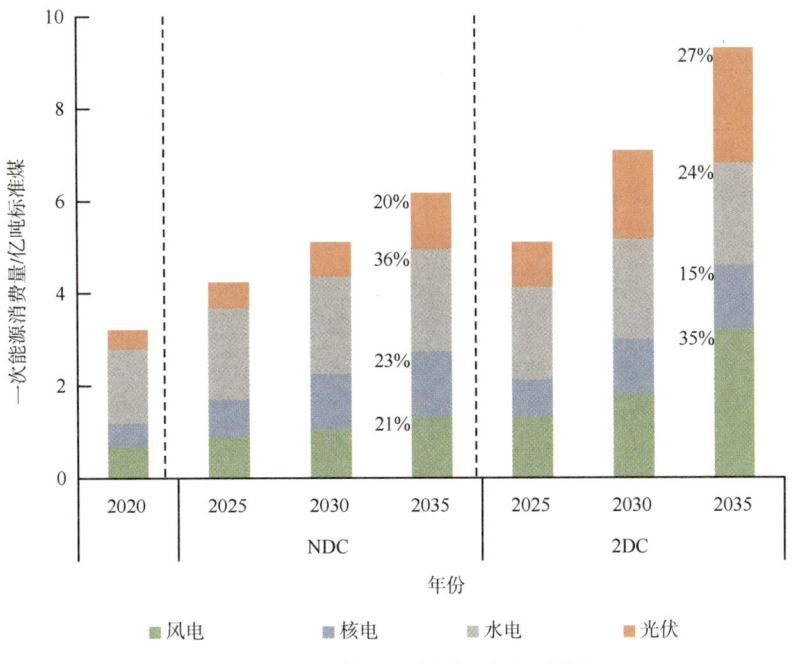

图 6.39 不同情景下全国一次能源结构

NDC 情景和 2DC 情景下 2015～2035 年全国二氧化碳排放总量如图 6.40 所示。在 NDC 情景下，2020 年后，全国碳排放将保持继续增长的趋势，到 2030 年达到 103.0 亿吨的峰值；在 2DC 情景下，全国碳排放总量将在 2020 年达峰，伴随着煤炭消费量的快速削减，碳排放在 2020 年后呈现出较快下降的趋势，到 2035 年，

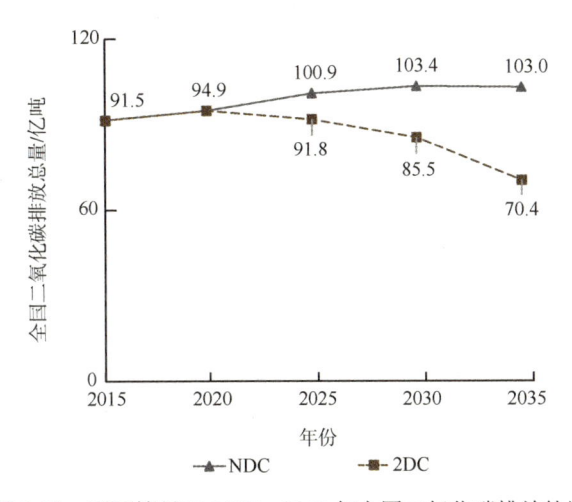

图 6.40 不同情景下 2015～2035 年全国二氧化碳排放轨迹

全国碳排放总量将降低到 70.4 亿吨。与 NDC 情景相比,2DC 情景下 2025 年、2030 年和 2035 年将分别进一步削减二氧化碳排放 9.1 亿吨、17.9 亿吨和 32.6 亿吨。2020~2035 年,伴随快速的经济结构调整,能源系统也将进入快速发展和转型的时期。随着传统化石能源发电机组的淘汰和可再生发电技术的广泛应用,2030 年后全国二氧化碳排放总量将进入快速下降的时期。

分能源品种的二氧化碳排放量如图 6.41 所示。煤炭消费带来的二氧化碳排放占比较高,2035 年,在 NDC 情景和 2DC 情景下,煤炭消费带来的碳排放分别占碳排放总量的 69%和 65%。与 NDC 情景相比,2DC 情景下 2035 年由于煤炭、天然气和石油消费带来的碳排放将分别削减 25.3 亿吨、2.0 亿吨和 5.4 亿吨,相对减少 35%、17%和 27%。

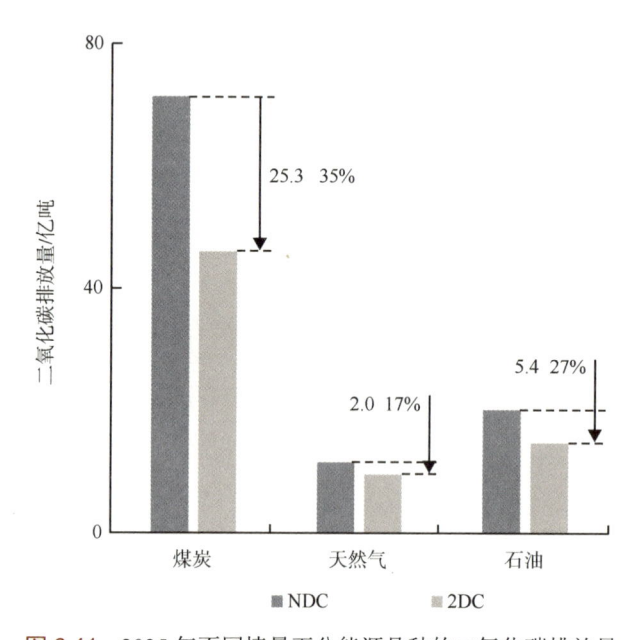

图 6.41 2035 年不同情景下分能源品种的二氧化碳排放量

从分行业的角度来看,对二氧化碳总量减排贡献较大的部门主要集中在电力部门、高耗能部门、公共交通部门和民用部门,如图 6.42 所示。相比于 NDC 情景,2035 年 2DC 情景下上述部门对全国二氧化碳减排贡献占到了总减排量的 92%,其中电力部门占 48%,高耗能部门占 20%,公共交通部门和民用部门分别占 12%和 12%。从相对减排量来看,电力部门和公共交通部门相对碳减排潜力更大,与 NDC 情景相比,分别减少了 47%和 50%的碳排放量。未来中国发电结构的清洁化和交通部门电动化将是实现国家气候目标的主要发展路径。

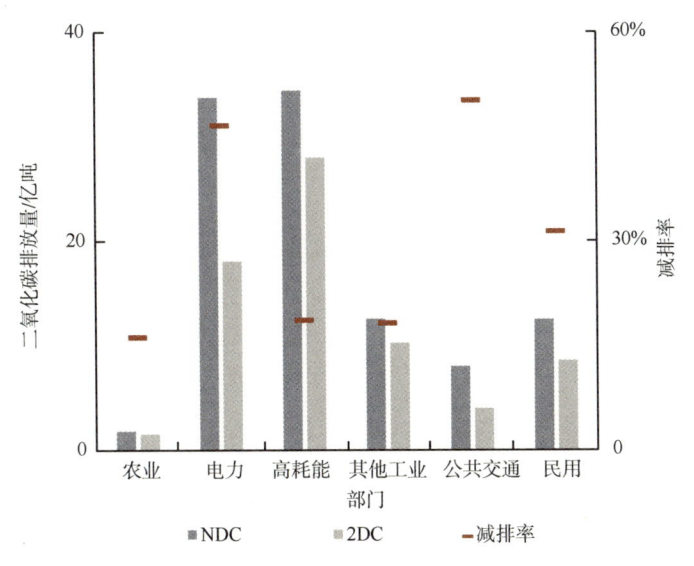

图 6.42 2035 年不同情景下分部门的二氧化碳排放

2. 区域层面影响分析

1）碳排放与常规污染物排放

在碳政策的影响下，中国东、中、西部地区均有明显的二氧化碳减排，相比于 NDC 情景，2035 年，2DC 情景下东、中、西部地区分别减少二氧化碳排放 13 亿吨、12 亿吨、9 亿吨，如图 6.43 所示。相对于中部地区和西部地区，我国东部

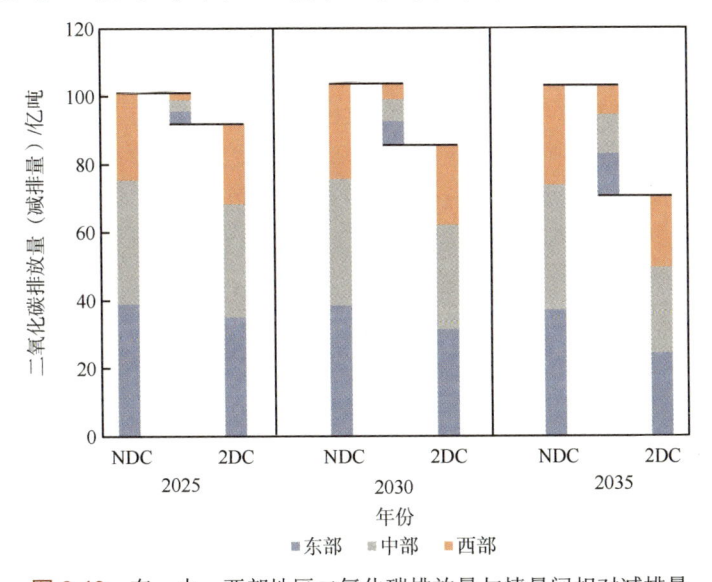

图 6.43 东、中、西部地区二氧化碳排放量与情景间相对减排量

地区的碳排放约束更紧,因此东部地区的相对减排量更大,2DC 情景下,东、中、西部地区 2035 年分别相对减少二氧化碳排放 34%、31%和 29%。

图 6.44 显示了 2035 年 NDC 情景和 2DC 情景下全国层面主要一次大气污染物的排放总量。NDC 情景下,2035 年全国 SO_2、NO_x、$PM_{2.5}$、BC 和 OC 的排放量分别为 1350 万吨、1050 万吨、577 万吨、54 万吨和 124 万吨;2DC 情景中,更严格的碳政策能够有效实现常规污染物的协同减排,2035 年,上述主要大气污染物排放量分别减少 435 万吨、248 万吨、148 万吨、24 万吨和 36 万吨。

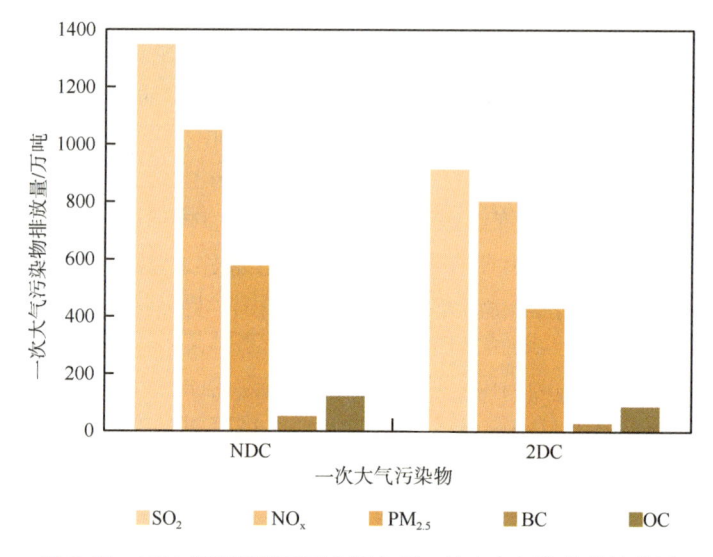

图 6.44 2035 年不同情景下全国主要一次大气污染物排放总量

研究进一步比较了碳定价政策对我国不同地区的常规大气污染物的协同减排效益,如图 6.45 所示。西部地区的碳定价政策在 SO_2、$PM_{2.5}$、BC 和 OC 的削减上协同效益相对明显(图 6.45 中红色三角标识),这与西部地区目前以煤炭为主的偏重能源结构,以及较为落后的城市化率(散煤、生物质燃烧)有关。因此,严格的政策将有效促进西部地区的能源结构调整和煤炭消费总量控制。同时,东部地区由于人口密集、人均汽车保有量高,在 NO_x 减排上具有较大的协同效益,碳定价政策对东部地区交通部门污染物协同减排的推进作用更显著。

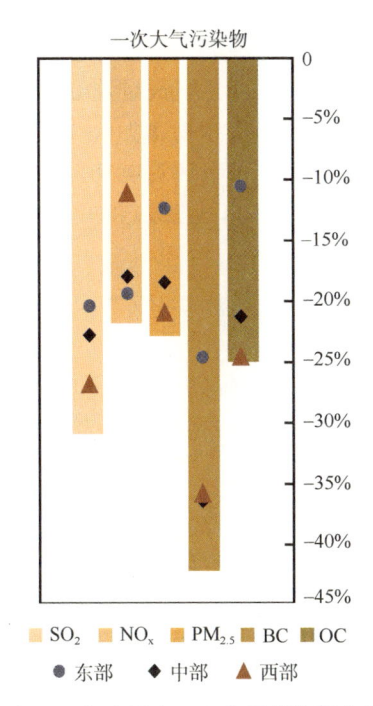

图 6.45 与 NDC 相比，2DC 下 2035 年中国东、中和西部地区主要常规大气污染物削减率

2）区域空气质量改善的协同效益

在气候政策的协同减排影响下，区域的空气质量将得到明显改善。在 2DC 情景下，全国 30 个地区 2035 年 $PM_{2.5}$ 浓度将普遍降低至 40 微克/米^3 以下，但是由于研究未考虑未来末端治理水平的进一步提高，仅通过严格的低碳政策仍无法实现各地区空气质量普遍达到 35 微克/米^3 的标准。未来京津冀地区、川渝地区、山东、河南、新疆等地区还需要进一步强化相应的污染物排放控制方案，以协同碳定价政策实现空气质量目标。在更严格的碳定价政策下，各地区 $PM_{2.5}$ 年均浓度将降低 4~18 微克/米^3，相对削减 8%~40%，中部地区和西部地区的协同改善效果相对明显。

3）发病率和死亡率降低

长期有效的气候政策带来的持续性空气质量改善将对居民的健康产生有利影响。在全国范围内，碳定价政策实施产生的空气质量改善效果能够显著减少慢性暴露和急性暴露的案例数。在 NDC 情景下，2035 年由于 $PM_{2.5}$ 暴露导致的慢性早亡人数将达到 193 万人，在 2DC 情景下，由于空气质量的改善能够避免由于慢性暴露早亡超过 27.2 万人，东部、中部和西部地区分别 11.1 万人、9.5 万人和 6.6 万人，如图 6.46 所示。

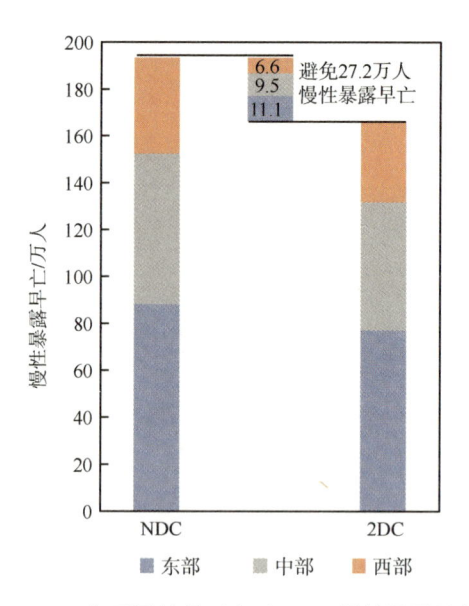

图 6.46　2035 年不同情景下由于 $PM_{2.5}$ 慢性暴露早亡人数

同时，相对严格的碳定价政策能够有效减少因为空气污染产生的急性暴露案例，如图 6.47 所示。2035 年，相比于 NDC 情景，2DC 情景下更严格的碳定价政策在全国层面上能够分别避免呼吸系统疾病住院、心脑血管系统疾病住院、急诊和支气管炎案例 49 万人次、68 万人次、3290 万人次和 26 万人次。

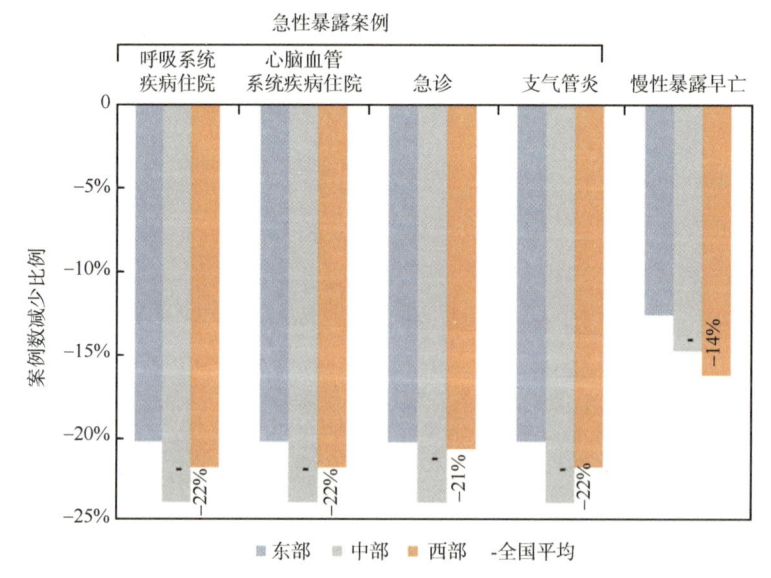

图 6.47　相比 NDC 情景，2DC 下 2035 年各地区避免的发病案例比例

3. 成本效益分析

研究进一步分析了更严格的碳定价政策实施的成本和效益关系，转型的成本主要由全国的 GDP 损失来体现，效益主要由市场资源重新配置的间接效益、避免急性暴露的健康效益和避免慢性暴露的健康效益构成。

如图 6.48 所示，从 NDC 情景到 2DC 情景，全国转型的政策成本在 2035 年将达到 24 880 亿元（2012 年不变价），占当年全国 GDP 的 1.2%左右。东部地区、中部地区和西部地区的政策成本将分别达到 13 370 亿元、7990 亿元和 3520 亿元。当采用一个相对较低的统计生命价值估值水平时，碳定价政策带来的健康效益将达到 10 490 亿元，能够有效覆盖 42%的转型成本。健康效益在不同地区将呈现出较为明显的差异，东部地区、中部地区和西部地区的健康效益将分别弥补 33%、46%和 70%的成本，这一差异主要是由于地区能源结构、人口密度和 $PM_{2.5}$ 基准浓度的不同产生的。东部地区由于能源消费结构相对清洁（进一步减排的成本更高）、人口密集、基准情景污染相对严重，碳定价政策带来的健康协同效益相对较小。当采用一个相对较高的统计生命价值估值水平时，政策成本能够被完全覆盖，并在全国层面上产生 2.7 万亿元的额外收益。

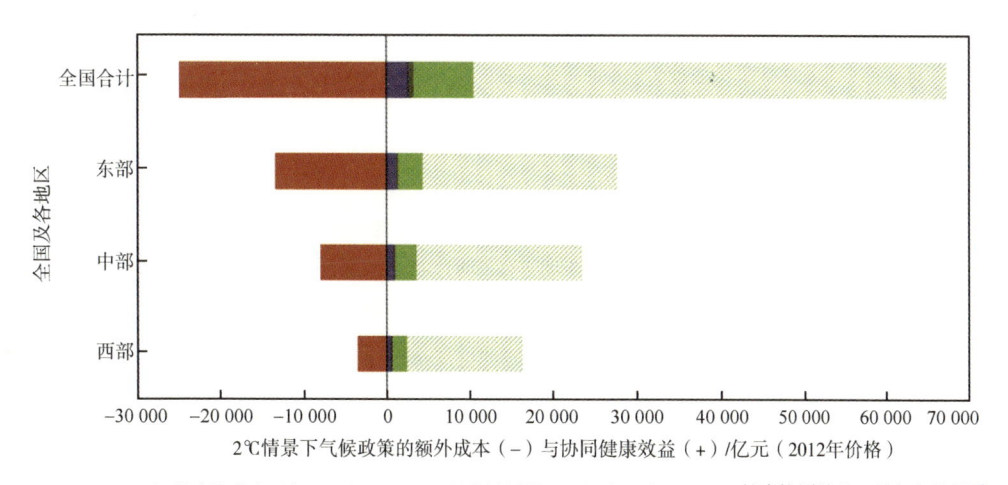

图 6.48　2035 年 2DC 下更严格的碳定价政策的成本效益关系

6.2.4　主要研究结论

本节基于 REACH 模型，在对其进行数据更新和技术方法改进的基础上，开展情景分析，研究了中国碳定价政策的综合影响，量化评估了其对于空气质量改善和居民健康的协同效益。

研究结果表明以下几点。

（1）全国碳定价政策能够有效减少全国和区域的二氧化碳排放量，促进能源消费结构的调整与优化。同时，碳定价政策能够有效控制全国和区域的煤炭消费，促进可再生电力的发展。

（2）碳定价政策能够从全国和区域层面上在实现二氧化碳和常规大气污染物的协同减排，西部地区由于能源消费结构化石能源占比更高，因而污染物减排的协同效益更明显。

（3）碳定价政策的健康协同效益显著，在更严格的政策下，2035年将避免超过3400万人次的就医和27万人因空气污染早亡。

（4）碳定价政策带来的健康效益能够有效弥补转型的政策成本，相比于NDC情景，在2DC情景下，2035年由于空气质量改善带来的健康效益能够弥补42%~270%的转型政策成本。

6.3 碳排放权交易市场中的委托拍卖机制研究

6.3.1 研究背景

碳配额分配方法的设定是碳市场设计和建设的一个根本性问题，目前主要有免费分配和拍卖两种。中国碳市场在设计初期阶段便指出，分配制度将逐渐从免费分配向拍卖进行过渡。然而，中国碳市场有偿拍卖存在拍卖频次低、参与主体少、拍卖配额总量少、成交价格低、配额用途有限等特点，改革过程存在诸多困难。这使学者和政治家开始思考是否有一种过渡机制可以加速改革的进程。

免费分配制度是最常见的碳配额分配方式，它被广泛应用于碳市场建立的初始阶段。免费分配不增加企业的碳成本负担，从而保证了碳市场参与度，尤其适用于那些易受贸易冲击的能源密集型行业[70]。然而，免费分配也存在很多缺点，如使公司获得暴利、无法传递价格信号从而导致价格扭曲[71-72]、降低市场流动性[73]、产生不公平性[74]等。特别地，基于历史排放水平的免费分配会带来"历史排放多，分配配额多"等糟糕情形，这导致环境热点问题和其他社会公平性问题[75]并产生了一个复杂且有争议的政治过程[76]。

鉴于免费分配存在诸多缺点，越来越多的碳市场开始从免费分配制度向拍卖制度过渡。拍卖制度具有很多好处，如它可以提高政府收入[77]、发现价格和活跃二级市场[76]等。拍卖制度为市场提供了最快速、最有效地发现价格信号的方法，同时引入价格管理（如最低限价和最高限价），避免了对碳排放生产的补贴，有助于避免对消费者的不公平影响[70]。另有一些学者认为拍卖更有效率，因为它在成本分配方面提供更大的灵活性从而减少税收扭曲，可以为减排创新提供更大的激励，减少政治争议[77-78]。但是，拍卖也存在一些缺点，如增加企业的履约成本、将价格转嫁给消费者。拍卖制度的缺点使它在碳市场建立初期难以进行推广。

从世界范围来看，大部分碳市场正在尝试"免费分配与拍卖相结合"的配额分配模式，如欧盟 ETS、日本东京都和琦玉 ETS、中国部分试点地区 ETS。然而，从免费分配到竞价拍卖会给企业带来高额成本，企业的不配合给政策实施带来巨大阻碍，因此这些地区配额分配制度的转型过程异常艰难。从中国的碳交易试点情况来看，只有广东、湖北、深圳、上海、天津五个地区在免费分配为主的配额分配机制中引入过拍卖机制。其中，除广东从 2013 年来每年坚持举办配额拍卖以外，其他试点地区仅在个别年份进行了拍卖制度的尝试。整体上看，中国的有偿分配机制基本处于停滞状态，这与国际趋势、中国碳市场目标及《碳排放权交易管理暂行办法》中"逐步提高有偿分配的比例"的要求相背离，中国分配制度改革正遭遇"瓶颈"。

近年来，美国加利福尼亚州（简称加州）碳市场的成功运行让"委托拍卖"（consignment auction）这种碳配额分配制度开始进入各地区碳市场政策制定者和学者的视野。委托拍卖是一种结合了免费分配和拍卖的碳配额分配方式。政府首先向企业发放免费配额并强制要求企业上缴这些配额，然后政府把上缴的配额进行拍卖，最后把拍卖收入按比例返还给企业。这种新颖的分配方式兼具免费分配和拍卖的优点，可以平缓地完成从免费分配到拍卖制度的过渡，具有政治吸引力，是未来可以考虑的碳市场机制之一。然而，目前从世界范围内来看，只有美国加州 ETS 实行了委托拍卖制度。这为当下中国和其他国家的配额分配制度提供了新的思路。

本节的其余部分结构安排如下：第二部分，对现有碳市场拍卖和委托拍卖的文献进行梳理；第三部分，介绍委托拍卖现实案例（美国加州 ETS）的实际运行情况；第四部分，详细地介绍中国碳市场拍卖的试点情况，同时对中国实施委托拍卖的可能性做出分析；第五部分，建立委托拍卖建模，并基于中国经济数据，从总减排量、GDP、企业碳成本、企业产量、企业技术进步等角度，对比委托拍卖与免费分配和拍卖的异同；第六部分，对参与碳市场的企业在委托拍卖、标准拍卖和免费分配等各类不同配额分配机制下的交易行为进行模拟实验；第七部分，给出本书的结论与政策建议。

6.3.2 委托拍卖文献综述

拍卖可以对资源进行配置，它是解决信息不对称的一种手段，被广泛应用在现代的生产生活中。拍卖可以分为动态拍卖（多轮拍卖或者时钟拍卖）和静态拍卖（单轮拍卖或者密封式拍卖），动态拍卖主要包含升序拍卖和降序拍卖，静态拍卖主要包含统一价格拍卖和歧视价格拍卖。

碳排放权拍卖是一种同质多物品拍卖，在实践中大多采用静态投标一级价格拍卖形式，如欧盟 ETS 和美国温室气体减排行动（regional greenhouse gas initiative，RGGI）。在下文的碳市场研究中，为与委托拍卖进行区分，我们称这种已有的拍卖为"标准统一价格拍卖"或"标准拍卖"。本节研究的委托拍卖是标准拍卖的扩展形式，因此本质上也是静态投标一级价格拍卖。

1. 可交易配额市场中的委托拍卖

Hahn 和 Noll 最早在可交易配额市场中提出了委托拍卖概念[79]。在这种拍卖机制下，每个企业都基于某种准则收到一定的初始配额，然后上缴所有配额进行拍卖。每个企业报告自己的需求曲线，然后根据总配额供给和市场总需求曲线计算出市场出清价格，由此得到每个企业的最终配额分配量。值得注意的是，企业在按市场出清价买入的同时，也会得到上缴配额部分对应的收入。对企业而言，净收入等于市场价乘以初始配额与最终配额量的差值；对市场来说，净收益为零。文章提出了很多委托拍卖潜在的好处，包括防止大企业进行市场操控、所有企业都参与市场价的形成、最大化初始价格中包含的信息等。

在随后的研究中，Hahn 和 Noll[80] 将这种方法命名为配额的零收入拍卖（zero revenue auction of permits）。该研究指出，零收入拍卖的缺点比祖父法更加复杂，且强制性地要求所有企业上缴配额的行为增加了获得配额的不确定性。其他一些学者也对零收入拍卖进行了讨论[81-83]，但研究仅停留在介绍性分析阶段，还没有理论性的分析。

委托的概念先在美国环保事业上得到了应用。1990 年美国国会通过了《清洁空气法修正案》并由此推出了预期覆盖全国的二氧化硫排污交易计划（即酸雨计划）。该计划虽然依赖于免费分配，但是委托销售（consignment sales）也作为初始配额分配的一小部分被应用（大约占年配额量的 2.8%）[76, 84]。这里的委托拍卖与委托销售不同，委托销售是一种双边拍卖（double auction），因为企业卖配额是自愿的，而委托拍卖强制企业必须交出配额[85-86]。

Burtraw 和 McCormack 研究了美国 EPA 清洁电力计划（clean power plan）下

委托拍卖的好处[72]。该文章主要以美国二氧化硫市场为例，也涉及加州的二氧化碳市场。研究认为，免费分配会有损配额交易的有效性和公平性，其中无效性是由于价格发现功能差、难以发现机会成本、阻碍创新等产生的，不公平性来源于一些企业无法获得配额、缺乏透明度等。委托拍卖不仅可以缓解以上问题，且不需要政府参与，最小化行政成本。因此作者建议美国 EPA 和各州在制定政策时将委托拍卖考虑进去。

2. 碳市场中的委托拍卖

目前有关碳市场委托拍卖的研究处于起步阶段，相关文献数量较少，主要分成三类：委托拍卖的介绍性研究[70, 72]、委托拍卖的理论分析性研究[86-87]，以及委托拍卖的实验室试验性研究[87]。

大部分研究从机制介绍的角度对委托拍卖的优缺点进行了分析。例如，Busch 等[70]以加州碳市场为例，研究了总量控制与交易机制下碳配额的委托拍卖设计机制，并指出了委托拍卖的四个好处：与现有政策一致性、克服法律和制度障碍、可逐渐增加纯拍卖比例、可明确配额收入用途[70]。

本节将目前仅有的两篇非介绍类的研究[86-87]进行对比，发现它们的结论不尽一致。相同点在于，Khezr 和 MacKenzie [86]、Dormady 和 Healy [87]都认为委托拍卖价格信号不准确，出清价格高于统一价格拍卖。不同点在于，Khezr 和 MacKenzie [86]通过最优化理论分析认为，最优情况下企业提交与初始配额相等的需求，最终没有人是净买方或净卖方；而 Dormady 和 Healy [87]通过实验室调查认为，高耗能行业的净卖方有动机谎报过高需求，高耗能行业的净买方有动机谎报过低需求，最后会导致分配无效（有人分多，有人分少）。企业获得的利润方面，Khezr 和 MacKenzie [86]认为最优情况下企业利润与出清价无关，而 Dormady 和 Healy [87]认为委托拍卖中企业短期利润较低。造成结论不一致的原因可能有：Khezr 和 MacKenzie [86]的研究没有考虑企业的实际需求和罚金；Dormady 和 Healy [87]的研究中企业获得的利润函数中没有考虑消费者剩余，且结论基于测试者的主观判断，因此可能缺乏说服力。除此之外，两篇文章的结论可能都不够准确，因为它们都没有考虑二级市场、商品市场、配额跨期储存、企业下一期策略的调整等。

3. 委托拍卖相对于其他分配方式的优缺点

长期以来学术界对碳市场实行委托拍卖大多持肯定态度，近年来有不同的声音出现。本节针对委托拍卖与其他分配方式的优缺点展开讨论。鉴于目前还未有研究对委托拍卖的优缺点进行归类和整理，本工作可以为未来的委托拍卖研究奠定良好的基础。

通过文献梳理，本节将委托拍卖的优点分为四类，即对市场、对企业、对政府，以及对社会的好处；将委托拍卖的缺点分为三类，即对价格发现、对分配有效性，以及对企业利润的缺点。

1）对市场优点：改善市场的运作

首先，委托拍卖通过要求所有配额持有者把配额上缴，避免了囤积效应，有助于更早和更准确的价格发现，从而促进市场的运行[79,88]。在加州，委托拍卖的双重目的是确保市场流动性，并将配额价值导向预期用途[72]。

其次，委托拍卖可以提高市场的透明性。免费分配会加剧不透明性，拍卖可以清楚地看到配额如何进行分配和配额的价值，因而结合二者的委托拍卖有比免费分配更高的市场透明度[72]。

最后，委托拍卖能够在市场中设置最低价从而改善市场运作。很多因素会给配额带来价格下行的压力，如燃油价格变化和科技进步等[89]。配额价格的持续下降会破坏市场的各类政策，阻碍创新和长期技术减排投资[72]。应对碳价低迷最直接的方法是设置最低价，该方法最初应用在北美碳市场。虽然有学者指出设置最低价可能意味着政府会从企业那里回购配额从而增加政府财政负担[90-91]，但在委托拍卖中政府不参与，从而不会有这种顾虑。最低价可以减少市场供给并提高碳价，加州碳市场的实际运行情况也可说明这一点[72]。

2）对企业优点：收入中性，不增加企业负担

委托拍卖是一个收入中性的拍卖形式，企业从其出售和回购的补贴中赚不到钱也不会亏损[72]，因此不增加企业负担。委托拍卖类似于 Hahn 和 Noll[80]的拍卖，是一种修改后的收益中性拍卖，但只有特定的竞标者（即配电设施）被分配到委托单位。此外，委托拍卖给了企业支配收入的空间（加州规定收入用途要符合监管要求），这有助于企业采取措施最小化成本，从而推动技术创新[79]。

3）对政府优点：简单有效，利于今后发展

具体来说，委托拍卖对政府有以下四点好处。

第一，政府不参与委托拍卖，对政府几乎零成本。

第二，委托拍卖符合法律规定，可以克服法律和制度障碍。与可能需要立法授权的增收拍卖相比，委托拍卖的收入中性及其对政府的潜在行政独立性确保了它不能被解释为税收，并意味着它可能不需要额外的立法授权[92]。

第三，委托拍卖通过与现有免费分配制度结合，并可逐步提高拍卖比例。由于政治、社会和经济等原因，许多国家和地区的碳市场最初采用免费分配。在这种情况下，可以将委托拍卖引入现有市场，同时也不会与最初的免费分配计划相矛盾

第四，委托拍卖可明确配额收入的用途。美国加州实行的委托拍卖是将配额收入返还给消费者的一种具体、有效的方式。电力消费者可以收到客户回扣（climate credit，一个不随耗电量变化的固定支付），因而他们基本感受不到因实行碳交易而造成的价格上涨[70]。该机制不仅实现了经济效率，也保护了消费者，从而提高了环境效益。

第五，委托拍卖的透明性易于政府进行监管。委托拍卖还有拍卖的另一些好处，如有助于监管企业的合规决策和市场的运作情况，拍卖的交易结果可视为市场状态的体现[72]。

4）对社会优点：提高社会公平性

委托拍卖可以促进市场公平性。在委托拍卖中，原始配额的分配和市场运作的结果是公共信息，这增加了社会的公平性[79]。另外，委托拍卖使现有和新进入的企业平等地获得排放限额，减轻了公司协调交易的一些负担（如私人经纪费），实际起到了中间人的作用[72]。此前，较小的市场参与者（由于缺乏专业知识，协调交易的能力较低，不愿意与私人经纪人接触等）可能面临较高贸易壁垒和交易成本[72, 93]，这会阻碍高效碳市场的发展，并妨碍补贴市场的运作[71, 94]。而委托拍卖采用美国国债的一些特点，允许小企业提交无穷多的标，来保证这部分一定会以市场出清价返还给他们，明确地保护了小企业；另外委托拍卖也采用了美国财政部拍卖的一些特点，在拍卖中限制单个企业销售最大化比例的配额，并引入最低价[72]。委托拍卖在新项目和配额数量较少的项目中，优势更加突出[72]。

5）委托拍卖的缺点

尽管表面看来委托拍卖的优点有很多，但它仍存在一些缺点。

价格信号方面，Khezr 和 MacKenzie[86]、Dormady 和 Healy[87]都认为委托拍卖价格信号不准确，委托拍卖的出清价格高于统一价格拍卖[86-87]。分配的有效性方面，Khezr 和 MacKenzie[86]认为这取决于政府的初始配额分配，因为在其模型的最优情况下，企业提交与初始配额相等的需求[86]；而 Dormady 和 Healy[87]认为委托拍卖会导致分配无效，高耗能行业的净卖方有动机谎报过高需求，高耗能行业的净买方有动机谎报过低需求。企业利润方面，Dormady 和 Healy[87]认为委托拍卖中企业短期利润较低。但是这些结论都基于学者各自的模型理论推导或实验。由于这些研究过程不是完美的，委托拍卖的缺点有待进一步研究。

6.3.3 美国加州碳市场委托拍卖

1. 政策背景和对象

目前,委托拍卖仅在美国加州碳市场中得到了实践。美国加州总量管制与交易计划(cap and trade program)旨在通过限制大型污染者排放到大气中的温室气体的数量来应对气候变化,以便使加州在 2020 年将温室气体总排放量减少到 1990 年水平的目标,它规定某些实体将碳污染排放到空气中时必须支付许可证费用。该计划是 2006 年全球变暖解决法案(Global Warming Solutions Act)(又称第 32 号法案)的结果之一,该计划将加州置于应对气候变化的最前沿。

美国加州希望建立一个新的权力机构,共同协调在西部气候倡议(包括加拿大安大略省和魁北克省)下建立的碳市场。鉴于委托拍卖在二氧化硫市场的出色表现,美国加州制定了一项"货币化要求",对分配给电力部门的大部分碳配额使用委托拍卖[95]。加州的委托拍卖适用于私人投资者所有的电力供应商(investor-owned utilities),这些公司服务于加州约 2/3 的电力需求,并受到加州公共事业委员会(California Public Utilities Commission,CPUC)的严格监管[70, 72]。由于加州法律规定新政策不能将价格转嫁给消费者,加州成立了一家名为西部气候倡议股份有限公司的非营利性公司,负责管理拍卖活动(包括收取、分配收入等)。拍卖收入不进入政府账户,而是直接汇入参与者的银行账户[70]。

2. 委托拍卖运行流程

本节对政策文件和现有文献资料进行梳理,整理出以下委托拍卖的运行过程。

政府基于某种规则,向目标企业发放免费的碳配额。

企业将所有配额退回(委托)给加州政府,政府委托拍卖平台进行拍卖。

拍卖平台在拍卖会上出售碳配额,确定市场成交价和每个企业拍得的量。

企业获得碳配额,并按照成功拍卖的量乘以成交价支付配额金额。

同时,拍卖平台会将其拍卖收入按比例返还给企业,返还金额等于企业上缴配额中成功拍卖的量乘以成交价。

企业使用该委托拍卖收入,并必须报告其用途。按照加州监管法律的要求,收入应该用于对纳税人有益的地方。

根据加州碳交易相关网站和文献资料,本节整理出美国加州委托拍卖与标准拍卖的简化流程,分别见图 6.49 和图 6.50。

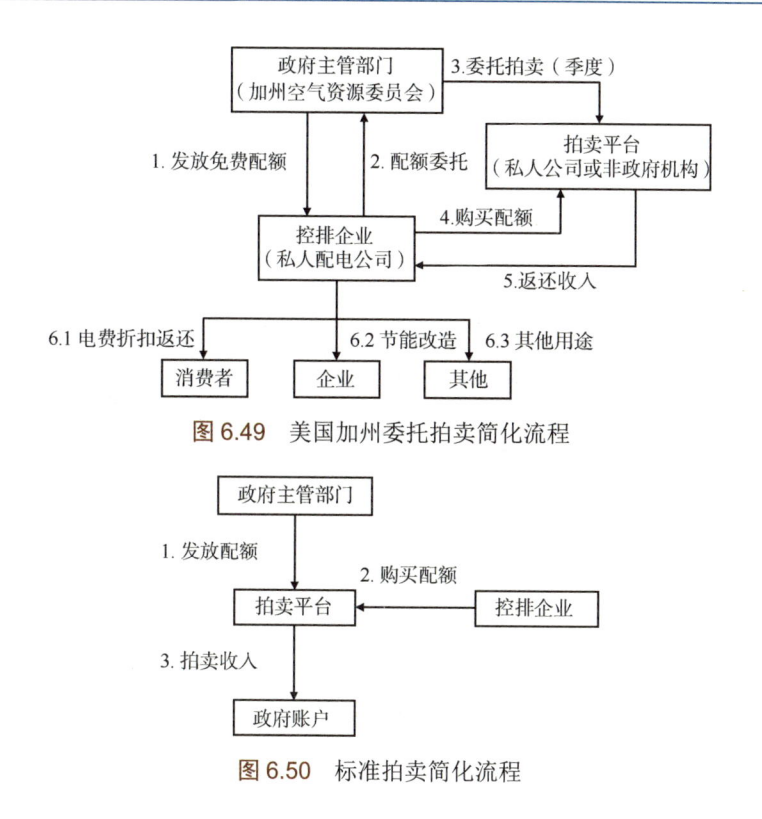

图 6.49　美国加州委托拍卖简化流程

图 6.50　标准拍卖简化流程

3. 资金使用情况

加州通过建立碳排放权追踪系统来明确配额归属和追踪配额交易。加州空气资源委员会的数据显示，2013~2017 年，由私人配电公司委托拍卖产生的收入共计 39.4 亿美元。配额收入的 82%已用于将收益返还给居民纳税人，其中 64% 用于通过账单折扣返还给电力消费者（2014 年 4 月开始每个电力用户在账单上都收到金额相同的折扣减免额），18%用于降低家庭的容量电费（通过降低住宅价格从而降低碳价对家用电力消费者的影响）。另外，7%用于补偿能源密集且易受贸易冲击行业，7%的支出返还给受电力账单影响的小型企业。2013~2017 年美国加州私人电力供应商委托拍卖的收入使用情况见图 6.51。

接下来对占比最大的"加州气候信用"（CA climate credit）进行详细的介绍。根据加州的总量管制与交易计划和第 32 号法案，企业将碳污染排放到空气中时必须支付许可证费用，一些拍卖收入被该州用于应对气候变化，而另一些则被返还给加州居民。返还给居民的部分称为"加州气候信用"，它可以被理解为一种账单抵免额。它是由加州公共事业委员会创建的，并由该委员会监督其实施。加州

图表内容:
- 通过账单折扣返还给电力消费者 64%
- 降低家庭的容量电费 18%
- 补偿能源密集且易受贸易冲击行业 7%
- 返还给受电力账单影响的小型企业 7%
- 未使用 3%
- 清洁能源计划留存 0.4%
- 管理和扩张 0.3%

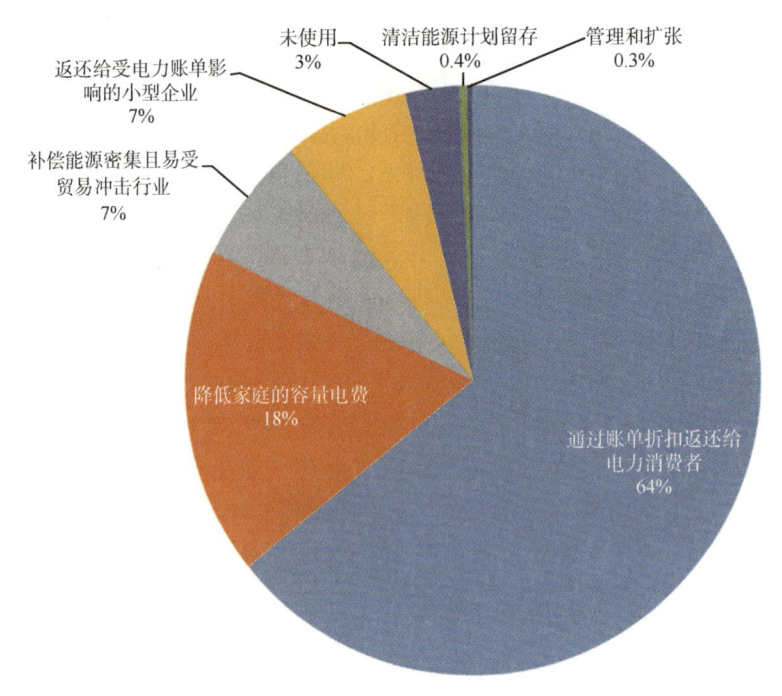

图 6.51　美国加州委托拍卖收入使用情况（2013～2017 年）

由四舍五入所致，相加不等于 100%，此类情况余同

居民可以每年获得两次电力气候信用和一次天然气气候信用。客户无须采取任何措施即可获得抵免额，它们会自动应用于用户的账单。气候信用在不同供应商和不同年份之间有所不同，但是无论用户使用的天然气量或账单金额如何，气候信用将会被均等地分配给每个居民客户。例如，2020 年圣地亚哥天然气和电力公司（San Diego Gas & Electric）、太平洋天然气和电力公司（Pacific Gas & Electric）、南加州爱迪生公司（Southern California Edison）的电力账单减免额分别为 32.28 美元、35.73 美元和 37.00 美元。通常，气候信用在每年 11 月提交给加州公用事业委员会，以获取下一年的信用额度，即 2019 年气候信用已于 2018 年提交并获得批准。

6.3.4　中国碳市场现状及实施委托拍卖的可能性

虽然中国还没有实施委托拍卖，但是委托拍卖作为一种可行有效的碳配额分配方法，已经进入政策制定者的视野。可以预见的是，若委托拍卖的可行性在理论和实践上都能被证明，未来委托拍卖将被包括中国在内的很多国家所采纳。接下来，本节将介绍中国的碳市场发展现状及中国实施委托拍卖的可行性。

1. 中国碳市场政策

中国作为负责任的发展中大国，已将控制温室气体排放全面融入国家经济社会发展的总战略。近年来国家非常重视全国碳市场建设，尤其是推动碳拍卖机制的建设，发布多项政策文件。同时，国家也在组织层面进行整改。

2014 年国家发展改革委发布的《碳排放权交易管理暂行办法》在第九条、第十一条和第十四条分别对"有偿分配"的必然性、配额来源和收益用途做出了规定[①]。

2011 年，国家发展改革委批准在北京、天津、上海、重庆、广东、湖北和深圳等 7 个省市进行碳排放权交易试点。自 2013 年开始，7 个省市开展了碳市场建设的试点工作，为国家碳市场的设计和建设提供了非常宝贵的借鉴。2016 年底，四川省和福建省也启动了碳交易市场。各个试点地区的碳排放权交易管理办法中均对有偿分配做出了规定。

2017 年 12 月，中国正式启动全国碳交易市场，中国有望成为全球最大的碳交易市场。同时，国家发展改革委印发了《全国碳排放权交易市场建设方案（发电行业）》，制定了以发电行业为突破口的碳市场三步走战略：基础建设、模拟运行和深化完善。

用 1 年时间（2017.12～2018.12）进行基础建设，即完成全国统一的数据报送系统、注册登记系统和交易系统建设。

用 1 年时间（2018.12～2019.12）进行模拟运行，即开展发电行业配额模拟交易。

用 1 年时间（2019.12～2020.12）进行碳市场的深化完善，包括逐步扩大市场覆盖范围、丰富交易品种和交易方式、将国家核证自愿减排量纳入全国碳市场等。

2018 年 4 月，国务院碳交易主管部门及其主要支撑机构由国家发展改革委转隶至生态环境部。生态环境部除负责环境治理外，还承担了以前由国家发展改革委领导的气候变化责任，并负责国家碳交易体系的建设。生态环境部将原先分散在各试点地区省发改委的排放交易体系相关职责统一起来，这更有利于未来全国碳市场的建立和发展。

2019 年 3 月，生态环境部公开发布《碳排放权交易管理暂行条例（征求意见稿）》，为全国碳市场建设提供政策基础和律法保障。2019 年 7 月，国务院总理李克强主持召开国家应对气候变化及节能减排工作领导小组会议，提出："加快

---

① 第九条：排放配额分配在初期以免费分配为主，适时引入有偿分配，并逐步提高有偿分配的比例。第十一条：国务院碳交易主管部门在排放配额总量中预留一定数量，用于有偿分配、市场调节、重大建设项目等。有偿分配所取得的收益，用于促进国家减碳以及相关的能力建设。第十四条：各省、自治区和直辖市的排放配额总量中，扣除向本行政区域内重点排放单位免费分配的配额量后剩余的配额，由省级碳交易主管部门用于有偿分配。有偿分配所取得的收益，用于促进地方减碳以及相关的能力建设。

建立用能权、排污权和碳排放权交易市场。构建节能减排的长效机制。"①

2. 试点地区拍卖制度发展情况及问题

中国碳定价机制正在进行从传统的命令控制型管理政策手段向市场管理措施的重大转变,目前大部分试点地区实行"以免费分配为主,以拍卖为辅"的碳排放机制。中国 2014 年颁布的《碳排放权交易管理暂行办法》第九条指出:"排放配额分配在初期以免费分配为主,适时引入有偿分配,并逐步提高有偿分配的比例。"各个试点地区也在逐渐扩大拍卖成分。然而,在中国 7 个碳交易试点地区(北京、上海、天津、深圳、广东、重庆和湖北)中,只有广东、湖北、深圳、上海、天津 5 个地区尝试过在免费分配为主的配额分配机制中引入了"不定期竞价发放的形式"的拍卖机制,且只有广东在真正意义上进行拍卖试点实践。

本节通过查阅各试点地区碳排放权交易所官网和各地发改委的网站,整理出中国 5 个实施碳拍卖地区(广东、湖北、深圳、上海、天津)的部分指标情况(表 6.21)。同时,本节总结出中国碳交易试点地区的碳拍卖实施情况存在以下特点和问题。

表 6.21 中国碳交易试点地区实行有偿拍卖的情况

地区	参与主体	拍卖底价/(元/吨)	拍卖频次	拍卖总量/万吨
广东	2013 年:控排企业、新建项目业主 2014 年以后:控排企业、新建项目业主、机构投资者	2013 年:60 2014 年:25、30、35、40 2015 年:12.84、12.8 2016 年:9.37、11.27、16.09、15.15 2019 年:25.84 2020 年:25.84	每年 1~4 次不定期	2013 年:1546 2014 年:800 2015~2018 年:200 2019 年:40
上海	有配额缺口的部分企业	2014 年:48 2017 年:38.77 2018 年:41.54 2019 年:48	2014 年:1 次 2017 年:1 次 2018 年:1 次 2019 年:1 次	2014 年:58 2017 年:200 2018 年:200 2019 年:200
湖北	控排企业、机构投资者	2014 年:20 2018 年:24.48	2014 年:1 次 2018 年:2 次	2014 年:200 2018 年:500
深圳	有配额缺口的部分企业	2014 年:35.43	2014 年:1 次	2014 年:20
天津	有配额缺口的部分企业	2019 年:14.63	2019 年:1 次	2019 年:200

---

① 《李克强主持召开国家应对气候变化及节能减排工作领导小组会议》,https://baijiahao.baidu.com/s?id=1638769409598514386&wfr=spider&for=pc[2020-12-01]。

拍卖频次：拍卖频次较低，但近年来有增加趋势。除广东从2013年来每年坚持举办碳配额拍卖（每年1~4次）外，其他试点地区仅在个别年份进行过拍卖尝试（上海4次、湖北3次、深圳1次、天津1次）。可以看出，中国的有偿分配机制基本处于停滞状态，但近年来拍卖制度有复苏趋势（如湖北时隔4年后在2018年重启拍卖，天津2019年第一次引入拍卖）。

参与主体：参与主体大多为有配额缺口的企业，少数地区允许机构投资者参与交易。在所有试点地区中，有配额缺口的管控单位都是有偿拍卖的参与者。另外，广东和湖北允许机构投资者参与拍卖，但对其交易行为做出限制（如湖北2019年第二次拍卖中规定交易机构竞买量不得超过50万吨）。

拍卖底价：所有市场均设置拍卖底价，大部分底价与市场联动且浮动较大。湖北在交易前公布本次拍卖的底价；广东在2013~2014年实行固定底价，随后设置底价为交易日前三个自然月加权平均成交价；上海、深圳和天津实行与市场价格挂钩的底价，其中上海在其基础上设置底价的上限。

配额总量：发放的拍卖配额总量较少，部分场次成交量较低。有偿配额量占配额总量的比例很低，一部分拍卖可以全部交易（如湖北2014年），一部分拍卖仅成功交易一部分（如广东2014~2015年分别成交拍卖配额总量的72%、42%、55%）。另外，还存在成交失败的情况（如广东2017年6月的拍卖由于有效申报总量少于计划发放总量，拍卖不成交）。可以看出，目前中国控排企业参与有偿拍卖的积极性较低。

成交价格：最低申报价、最高申报价、统一成交价，分别等于、略高于、约等于拍卖底价。例如，广东2017年3月拍卖的底价、最低申报价、最高申报价分别为16.09元/吨、16.09元/吨、19.56元/吨，最终统一成交价为16.5元/吨；天津2019年底价、最低申报价、最高申报价分别为14.63元/吨、14.63元/吨、15元/吨，最终统一成交价为14.63元/吨。

配额用途：大部分地区的拍卖配额只能用于履约，不能用于交易。上海、深圳和天津将拍卖作为保障企业履约的工具，规定竞买的配额只能用于履约清缴，不能用于市场交易。湖北将拍卖作为二级市场碳价发现的工具。广东试点将拍卖作为分配手段，在初始阶段采取强制拍卖政策，要求企业需要先拍卖3%的有偿配额，才能够获得97%的有偿配额；2018年电力企业有偿配额比例为5%，钢铁、石化、水泥、造纸和航空企业为3%。

总体上来说，中国"从免费分配到拍卖"的配额制度改革正遭遇瓶颈。中国碳市场有偿拍卖存在拍卖频次低、参与主体少、拍卖配额总量少、成交价格低、配额用途有限等不良情况。造成这些现象的原因一方面在于中国碳市场处于起步阶段，组织机构和市场参与者经验不足；另一方面在于企业的参与度很低，政府实行拍卖制度面临巨大压力。按照计划，全国统一碳市场应当于2019年底进入模拟运行阶段，2020年应进入运行阶段。然而，受碳市场发展现状和2018年3月开始的国务院机构改革等因素的影响，碳市场各项基础设施进展滞后于计划。中国的碳市场建设面临巨大压力。

3. 中国实施委托拍卖的可行性

本节将介绍中国实行委托拍卖的优点及可行性。

第一，委托拍卖符合政策方向。从现有政策上来看，隶属于有偿分配的委托拍卖制度符合国家的发展目标。2014年国家发展改革委发布的《碳排放权交易管理暂行办法》在第九条、第十一条和第十四条分别对"有偿分配"的必然性、配额来源和收益用途做出了规定。该办法明确指出，中国排放配额分配在初期以免费分配为主，适时引入有偿分配，并逐步提高有偿分配的比例。各个试点地区也在逐渐扩大拍卖配额的比例。

第二，委托拍卖可作为现有制度的平缓过渡。委托拍卖方式提供了一种引入有偿拍卖的方式，而且不会与最初的免费分配计划相矛盾。因此，从制度上来看，委托拍卖是中国碳市场未来可行的分配制度方案。

第三，委托拍卖可以为企业减负。委托拍卖适合中国国情，有助于减轻企业负担和尽快建立碳排放权交易体系。现阶段，中国政府需要平衡一些目标，如避免给已经承受空气污染管制和产能过剩修正的电力行业增加新的经济压力等。为了减轻企业负担，政府在碳市场建立初期给企业发放了较大比例的免费配额。然而免费分配仅是权宜之计，从长期来看中国碳市场仍要向市场化的有偿分配制度靠拢。中国各试点地区加入碳交易的企业基本为能源密集型企业，直接实行拍卖机制会给它们带来巨大的经济压力，这不利于政策的推行。而实施委托拍卖基本不增加企业负担，保证了企业参与度从而可以加快碳市场的建立。

第四，委托拍卖可以做到收入专款专用。委托拍卖可以通过规定收入用途，进一步助力低碳经济发展。当前，中国碳市场拍卖的收益（排污权出让收入）纳入一般公共预算账户（2015年《排污权出让收入管理暂行办法》），执行机构（以前是国家发展改革委，现在是生态环境部）无权处理拍卖收入。而委托拍卖的收益由企业收取，不进入国家一般预算，从而可以将拍卖收入专项用于企业减排技术升级改造等低碳发展领域，从根本上降低碳排放。

4. 中美建立碳市场的环境差异及启示

需要注意的是，中国碳市场与美国加州碳市场的国家意识形态、所处的经济环境、法律基础及政策对象不同，因此不能直接照搬加州的分配制度。表6.22总结了中国碳市场和美国加州建立碳市场的环境差异，可以看出中国建立碳市场的经济产业特征、法律制度体系、能源市场化程度、配套设施建设等与发达经济体有显著差异。

表 6.22　美国加州和中国建立碳市场的环境差异

项目	美国加州	中国
发展阶段和经济产业特征	发达国家，第三产业为主	发展中国家，第二产业占比较大
碳市场主要目标	节能减排	节能减排，发展经济
法律制度基础	政府相对独立，享有立法权和执法权	需协调全国情况，立法难度大
主管机构	加州公共事业委员会	生态环境部
碳市场运行经验	经验成熟（2012年建立）	起步阶段（2017年建立全国碳市场）
碳市场基础	有偿拍卖	免费分配
体系覆盖范围	行业广泛	个别试点行业
能源市场化程度	能源企业数量较多，市场化程度较高	多为垄断行业，市场化程度较低
检测和检查体系	较为完善	初步建立
有偿收入去向	收入与政府账户分开，企业支配	国家收缴和分配

因此，中国的碳市场政策制定者需要对引进的新制度进行改良，如设计者要权衡政治、社会和经济目标，关注项目的覆盖范围、配额发放的松紧程度、配额分配的具体方法、市场价格监管的方式、委托拍卖收入的用途，以及竞争性和重叠性政策等，使之符合中国的现有国情，从而有效地推进中国碳市场发展。

6.3.5　委托拍卖建模

本章自下而上地建立包含政府、控排企业的委托拍卖模型，该模型考虑了碳市场的一级市场、二级市场和商品市场，并基于中国的数据进行实证分析，以分析新兴碳市场实施委托拍卖的可能性。模型得到主要结论如下：第一，从总减排量、GDP、企业碳成本、企业产量、企业技术进步的大部分情况来看，委托拍卖都是介于免费分配和拍卖之间的一种温和分配制度。第二，从短期来看，委托拍卖的实行效果最好，它是包括中国在内的未来很多碳市场建立初期可以考虑的碳配额分配方式；从长期来看，碳市场成熟后的发展目标仍是拍卖。

1. 模型构建

首先，介绍委托拍卖模型主体间的关系。参与碳市场委托拍卖的市场有一级市场、二级市场、商品市场、海外市场。参与碳市场委托拍卖的主体有企业、政府、居民。其中，企业在系统中扮演着重要角色。企业收到配额的数量由政府制定的配额分配方式决定，并在配额履约时向政府支付配额不足而带来的罚金；企业的拍卖策略影响碳市场运行结果，碳市场运行结果又决定着企业的碳成本；企业的产量影响商品市场的供给，企业的原料投入量影响商品市场的需求，商品市场的供求关系决定产品的价格、企业的销量，这些影响着企业的利润和决策。此外，模型中其他主体之间也存在影响关系。例如，商品市场的总需求不仅受企业需求的影响，也受政府消费需求、居民消费需求、净出口需求（出口减去进口）的影响。委托拍卖模型主体间作用机制图见图6.52。

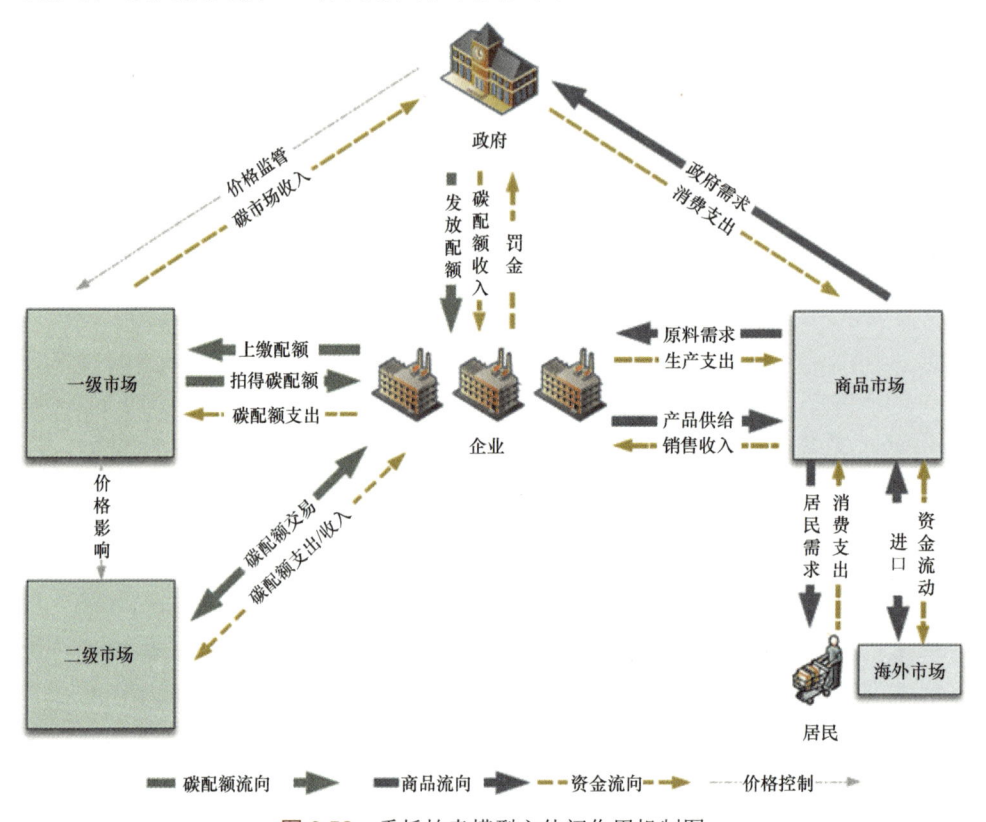

图 6.52 委托拍卖模型主体间作用机制图

进一步，我们根据主体间的作用关系，建立碳市场委托拍卖模型。模型主要存在三个模块：碳市场、企业和商品市场。该模型框架见图 6.53，其中碳市场的具体细节见图 6.54。

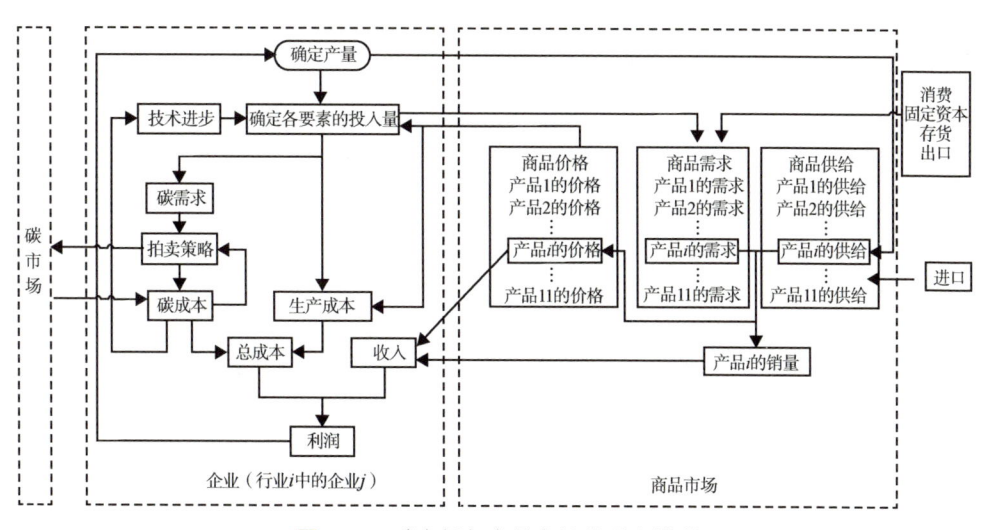

图 6.53　碳市场与商品市场的联合模型

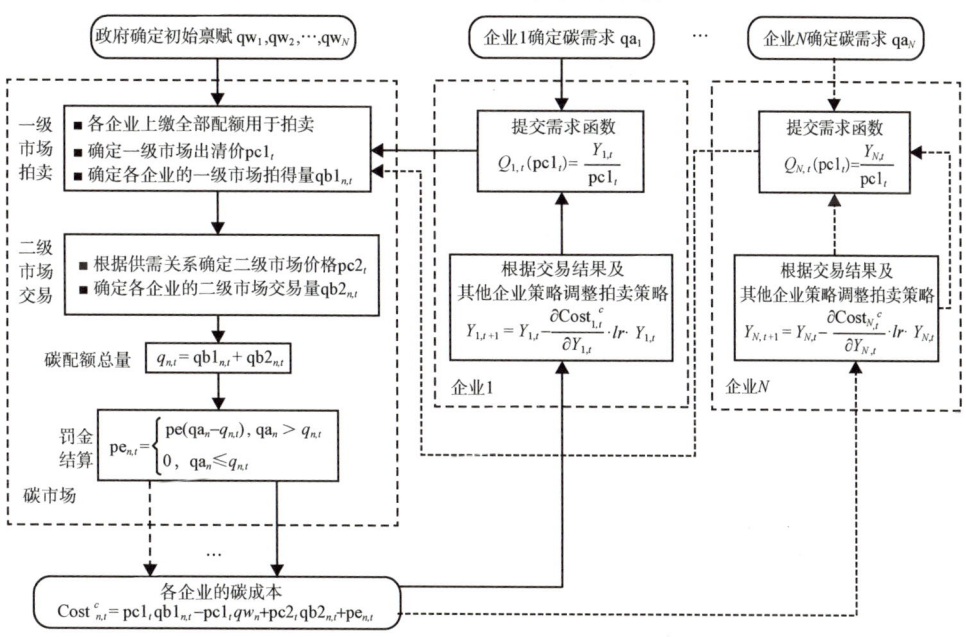

图 6.54　基于委托拍卖的碳交易流程图

Y 为每个企业愿意为碳配额支付的点金额；lr 是企业的学习率，可以衡量企业行为调整的快慢

图 6.52 描述的是碳市场运行规则。首先，政府基于某种标准向企业发放配额。其次，政府要求企业上缴所有配额用于一级市场交易。一级市场根据各个企业提交的需求函数和配额总量，确定一级市场出清价和每个企业的拍得量。企业缴纳所购得配额的购买金，同时也会收到其上缴配额部分对应的收入，这是委托拍卖的独特之处。再次，企业会到二级市场进行交易。最后，企业提交足额配额，如

果配额不足将面临罚金。

图 6.53 中间描述的是企业的行为规则。首先，企业确定本期产量，这也就确定了各要素的投入量。企业根据生产要素投入量计算出本期碳需求，然后根据碳需求制定拍卖策略。其次，在碳市场模型中输入拍卖策略，便可输出成交量和碳成本。企业加总碳成本和商品的生产成本，算出总成本。企业再根据总成本和商品市场带来的收入，计算出本期利润。最后，企业根据本期结果调整下一期的生产和碳交易策略。

图 6.53 右侧描述的是商品市场的运行规则。商品市场交易规则包括总供给和总需求的形成、销量规则、定价规则等。企业需要一定原料来生产产品，同时该企业的产出又是其他企业生产的投入。某商品的价格由商品的供给方和需求方共同决定，产出商品的价格和其投入产品的价格影响企业的生产决策。某商品的供给来源于国内企业的生产和对国外商品的进口，某商品的需求来源于其他企业对该商品的消费、居民和政府消费、存货、固定资本及进出口。

2. 仿真结果

基于本节建立的模型，我们研究了不同分配制度（委托拍卖、免费分配、标准拍卖）对企业和社会的影响。从企业来说，本节主要关注企业的碳成本、能源技术进步率和产量。从社会角度来说，本节重点关注不同分配方式下的碳减排量和 GDP。

1）总碳成本

总碳成本指所有企业的碳成本之和，图 6.55 展示了不同分配方式的总碳成本

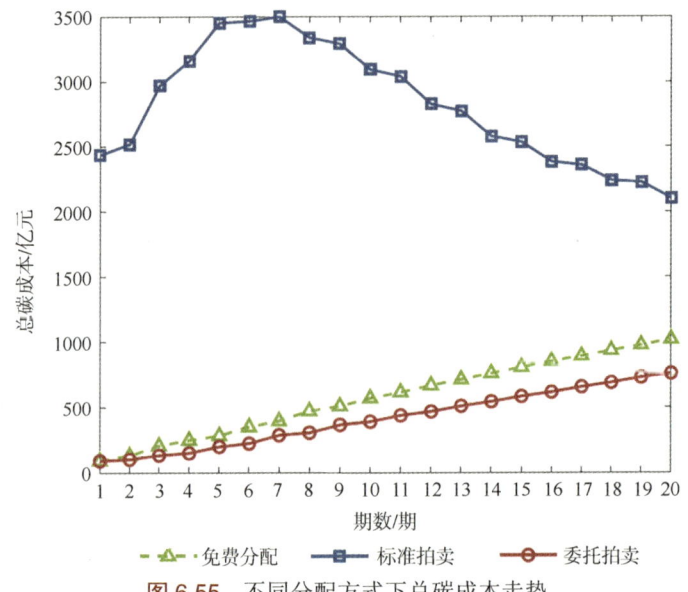

图 6.55 不同分配方式下总碳成本走势

走势。可以看出，标准拍卖的总碳成本远高于免费分配和委托拍卖，免费分配的总碳成本略高于委托拍卖。标准拍卖的碳成本曲线且先上升后下降，免费分配和委托拍卖的企业总碳成本都呈缓慢上升趋势。

标准拍卖机制下的企业由于没有国家补贴，其总碳成本显著高于收入中性的免费分配和委托拍卖。在交易的中后期，标准拍卖总碳成本下降的原因在于，企业由于高额总碳成本提高了能源技术进步率（图 6.56），节约了能源投入量和所需碳配额，因此总碳成本降低。委托拍卖相比于免费分配引入了拍卖制度，竞争更加激烈，因此企业的技术进步速率更快，因此其碳成本略低。

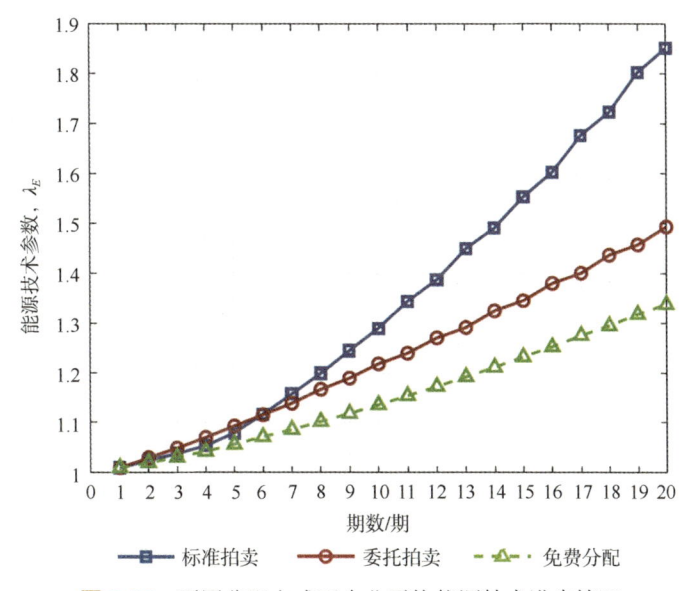

图 6.56 不同分配方式下企业平均能源技术进步情况

从另一个角度来看，考虑到企业的总碳成本等于政府的碳收入，政府可以从拍卖中获得更大的收益，这也是经济学家支持拍卖的原因之一[77]。

2）能源技术进步率

能源技术进步率对企业和社会长期发展起着重要作用，也是评价政策好坏的重要指标。图 6.56 为三种分配方式下的企业能源技术进步率变化图。在本模型中，能源技术进步率由商品市场、碳市场共同驱动。可以看出，三种碳交易形式的能源技术进步率都在不断提高。长期来看，标准拍卖对技术进步刺激最大，免费分配对技术进步刺激最小，委托拍卖介于二者之间。特别地，在碳市场初期，委托拍卖对技术进步刺激最大。

这是由于能源技术进步主要由成本刺激，标准拍卖的成本最高因而技术进步率最大。委托拍卖相比于免费分配引入了拍卖制度，竞争更加激烈，因此企业的技术进步速率更快。在碳市场初期，标准拍卖的能源技术进步略低于委托拍卖，是因为标准拍卖的初期成本过高，无法通过技术进步达到利润最大化，只能进行大量减产。

3）企业产值

社会总产值反映经济的发展水平，是政策制定者重点关注的指标之一。模型结果发现，不管是哪种分配政策，在碳市场初期都会使总产值下降（图 6.57），但在中长期仍能促进产值的提高。短期来看，委托拍卖对企业生产的副作用最小。长期来看，标准拍卖对企业生产能力的促进效应最强，委托拍卖对产值的影响介于标准拍卖和免费分配之间。

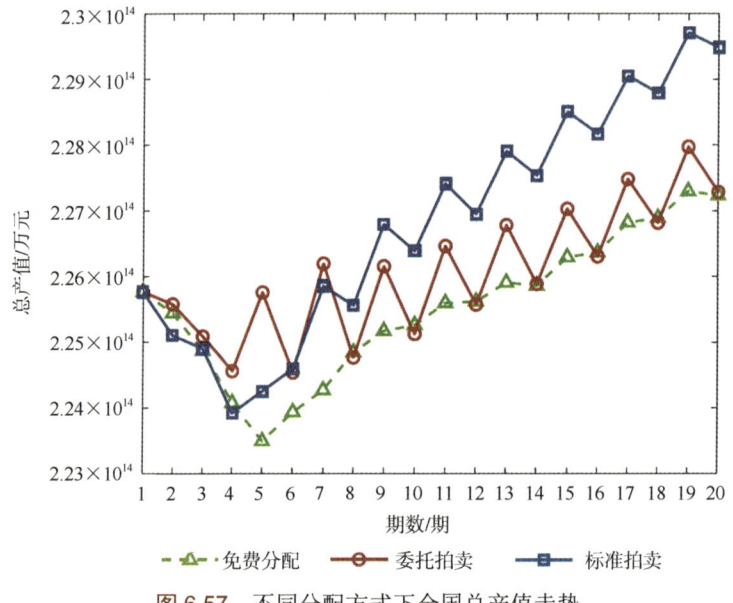

图 6.57　不同分配方式下全国总产值走势

出现以上现象的原因在于，在碳交易初期，能源技术进步速率赶不上碳配额的高成本，因而企业选择减少产量来减少所需要的碳配额。在碳交易中后期，企业的能源技术进步上升至较高水平，碳价格也不再升高，企业提高产量可以增加企业的利润，因此全国总产值会不断提高。

4）碳减排量

实施碳市场最主要目的是完成国家的碳减排目标。从图 6.58 可以看出，三种分配方式都使社会总碳排放量明显下降，其中标准拍卖的减排量最高，免费分配的减排量最少。特别地，只有标准拍卖制度达到了既定的碳减排目标。因此长期

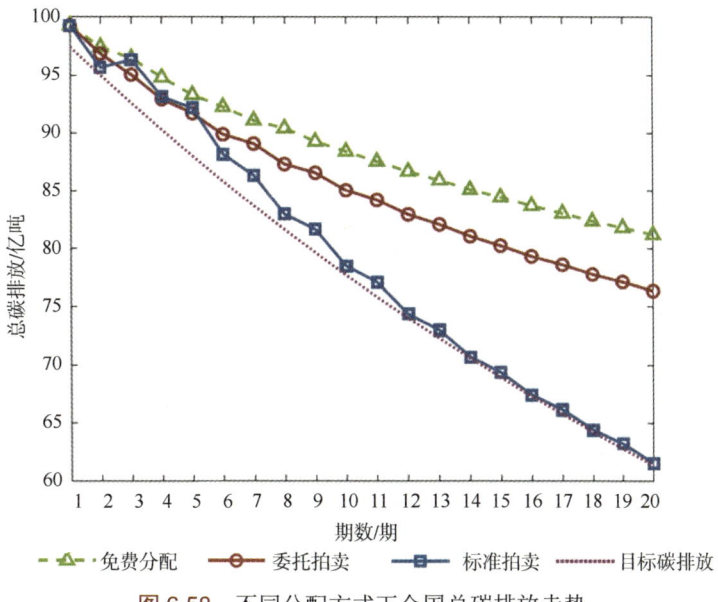

来看分配制度仍要向标准拍卖发展。

图 6.58　不同分配方式下全国总碳排放走势

5）GDP

GDP 反映一个国家或地区一定时期内生产活动的最终成果，被公认为是衡量国家经济状况的最佳指标，也是评价政策实施效果的重要指标。从图 6.59 可以看

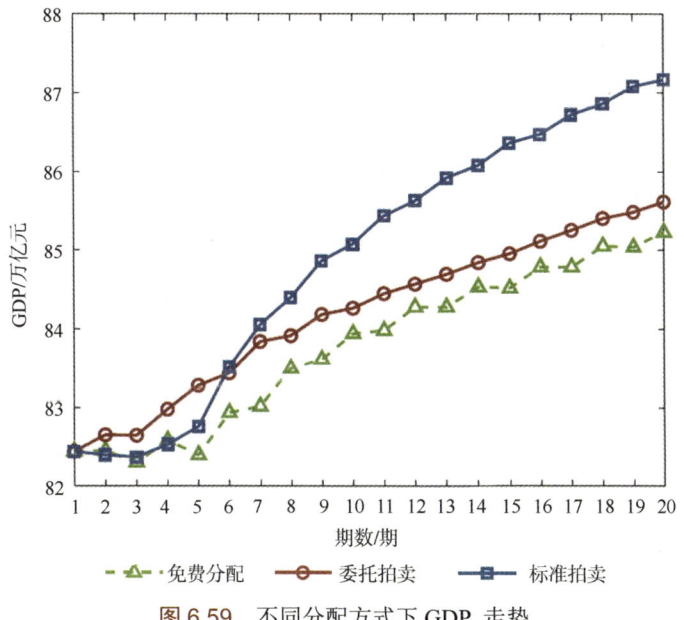

图 6.59　不同分配方式下 GDP 走势

出，长期来看，标准拍卖对国家经济的促进作用最强，其次是委托拍卖。而短期来看，标准拍卖和免费分配都会使经济停滞甚至略微退步，只有委托拍卖对经济有轻微的促进作用。

3. 模型结论

本模型得到的主要结论如下。

综合来看，委托拍卖确实是介于免费分配和标准拍卖之间的一种分配制度。委托拍卖既暗含免费分配的国家补贴，又囊括标准拍卖的拍卖制度，兼具了碳成本低和促进社会减排的优点。从模型仿真结果来看，委托拍卖在碳减排量、GDP、能源技术进步率、产量等方面的表现均处于免费分配和标准拍卖之间。

从短期来看，委托拍卖的实行效果最好。对企业来说，委托拍卖的碳成本最小，对企业技术进步激励效果较为明显，对企业产量负面影响最小。对社会来说，委托拍卖在总减排量的表现与另外两者相当，但对 GDP 的影响最为积极。因此，委托拍卖是未来很多国家和地区在碳市场建立初期可以考虑的碳配额分配方式。

从长期来看，标准拍卖的实行效果最好。虽然标准拍卖的企业碳成本最大，但是在碳市场中后期，标准拍卖对企业技术进步刺激最大，对碳减排刺激和 GDP 的促进也最大。此外，政府还可从中获得收入，以用于特定的减排领域。因此，标准拍卖仍是碳市场成熟之后发展的方向。

6.3.6 委托拍卖模拟交易

1. 模拟交易背景

为了在接近真实的交易环境中模拟参与碳市场的企业在委托拍卖、标准拍卖和免费分配等各类不同配额分配机制下的交易行为，清华大学能源环境经济研究所与厦门大学经济学院合作，利用实验经济学的经典方法，依托碳市场配额分配和管理系列培训，于 2019 年 11 月至 12 月组织了五场基于微信小程序平台的模拟交易。模拟交易结果显示了不同配额分配机制对于碳市场中企业履约、价格发现、成交数量等指标的影响，为相关政策设计提供了有益参考。

每场模拟交易中，系统自动将参与人员随机分成以 20 人为一组、互相独立的若干组。每组内设置了 10 种不同类型煤电企业，代表不同规模、不同单位发电排放（主要反映发电效率不同）的煤电机组。系统进一步将组内 20 人随机分配各扮演一家企业，保证 10 种不同类型煤电企业每种均有 2 家企业。每组的 20 位参与人员扮演发电企业完成一轮分三年的碳交易模拟，每年包括获得免费配额、一级市场交易（如有）、二级市场交易、履约、配额和资金结转等关键活动。每年免费配额发放量逐渐减少，反映碳市场配额分配逐渐从严的趋势。每场模拟交易共完成两轮模拟。各场次模拟交易的基本情况如表 6.23 所示，共计有 780 人次重点排放企业及省级生态环境主管部门人员参加了 39 组模拟。受网络等技术性因素影响，部分场次数据未能有效生成，我们最终整理分析了 25 组共 500 人的有效模拟数据。

表 6.23　各场次模拟交易基本情况

培训时间	培训地点	配额分配机制	有效参与人次（参与人次）	有效模拟组数（模拟组数）
2019 年 11 月 19 日	南昌	委托拍卖（10%）	60（100）	3（5）
2019 年 11 月 22 日	郑州	委托拍卖（20%）	0（240）	0（12）
2019 年 11 月 28 日	杭州	委托拍卖（10%）	200（200）	10（10）
2019 年 12 月 6 日	青岛（两场）	标准拍卖（10%）	120（120）	6（6）
		全部免费分配	120（120）	6（6）
合计			500（780）	25（39）

2. 模拟交易流程

每轮模拟交易共模拟三年碳市场的交易运行情况，每年模拟交易流程基本一致。系统在每年开始时给 20 家企业按照机组类型自动分配发电产生的资金收益、发电产生的排放量和按基准线计算的免费配额。若配额分配方式为免费分配，则所有企业直接免费获得所有按基准线核算的应得配额；若分配方式为（部分）标准拍卖，则企业将免费获得按基准线核算的部分（90%）应得配额，总配额的剩余部分（10%）将通过单一成交价格拍卖[①]的形式出售给企业，拍卖收入不返还；若分配方式为（部分）委托拍卖，则企业同样将免费获得按基准线核算的部分（90%）应得配额，总配额的剩余部分（10%）将通过单一成交价格拍卖的形式出售给企业，拍卖收入全部返还给企业。上述一级市场交易结束后进行二级市场交易，企业通过挂单交易的方式买入或卖出配额。每年结束时，系统自动完成配额上缴履约和资金结转。若企业拥有配额少于当年排放量，系统将按超额排放量对企业进行罚款；若企业拥有配额高于当年排放量，系统将剩余配额结转至下一年[②]，第三年底总资金排名较高的参与人员将获得奖励。以配额分配方式为委托拍卖为例，每年模拟交易流程如图 6.60 所示。

[①] 每个企业首先提交购买配额的数量和单价，报价结束后计算得出统一的成交价格和每个企业的成交量。交易对报价设最高价和最低价限制，成交规则如下：当企业申购总量小于或等于拍卖配额总量时，企业申购价格最低价为成交价；当企业申购总量大于拍卖配额总量时，将申购价格从高到低排序，总申购量等于拍卖总量所对应的最低价格为成交价。对于成交价格点上对应的需求量，按各企业申购需求量比例成交。

[②] 第三年剩余配额量按最低价自动结算。

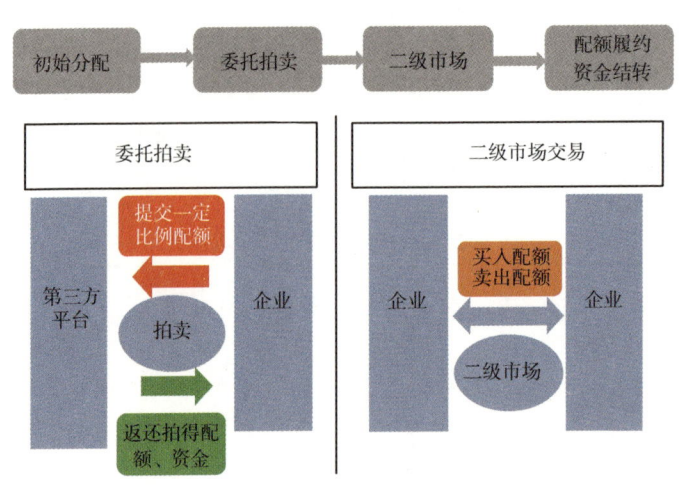

图 6.60　每年模拟交易流程

　　模拟交易在微信小程序平台完成。经过研究团队的反复迭代开发测试，小程序能够完全实现上述模拟交易涉及的全部功能。与现有的常见模拟交易培训方式，如现场举牌模拟、电脑或平板电脑程序模拟等相比，微信小程序模拟的兼容性、易用性和参与感均有明显提高。所有参与人员均能通过手机便捷地参与模拟交易的全部流程，并直观学习了解每个流程的关键步骤，感知不同交易策略产生的直接影响（配额变动、资金排名变化），互动参与感很强。模拟交易结束后，参与人员还能通过查看交易详细记录复盘每个模拟交易步骤，加深对交易规则的理解。模拟交易小程序界面示例见图 6.61。

图 6.61　模拟交易小程序主界面（左）、委托交易界面（中）与二级市场界面（右）

3. 模拟交易主要发现

模拟结束后，研究团队通过深入分析交易记录数据，对比委托拍卖与免费分配、标准拍卖的交易结果，形成以下主要发现。

1）拍卖能够帮助配额相对紧缺企业完成履约，避免罚款

拍卖创造的一级市场能够保证一定比例的配额强制进入市场交易，避免部分企业惜售使得初始配额相对紧缺企业无法购买足够配额造成不能履约产生罚款，从而降低企业履约成本，保障交易市场良性运行。

图 6.62 对比了不同配额分配方式下，每年各企业在履约阶段的缺口配额量加总占总排放量比例。三种分配方式下，配额缺口比例均呈随年份递减趋势，反映了企业在初始交易年份容易惜售。相比于免费分配，委托拍卖和标准拍卖下的缺口比例有明显下降。

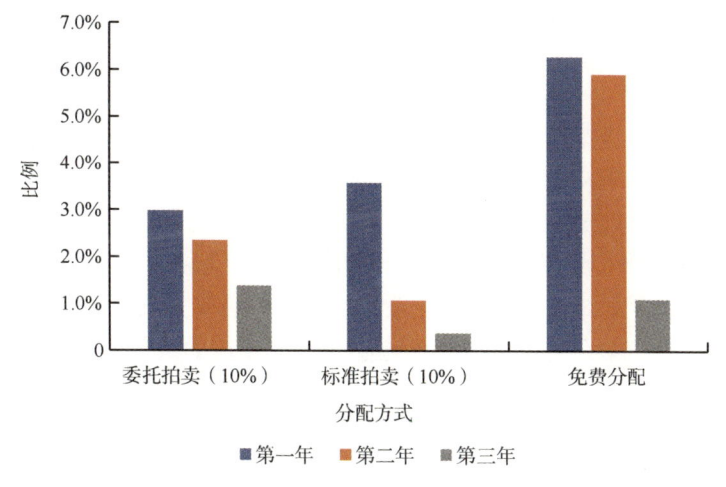

图 6.62　履约阶段缺口配额量加总占总排放量比例

图 6.63 对比了不同配额分配方式下，发生配额缺口企业的缺口量分布情况。免费分配下发生配额缺口的企业平均缺口量要显著高于委托拍卖和标准拍卖。免费分配下平均缺口量约是委托拍卖下的三倍，约是标准拍卖下的两倍。免费分配下，个别企业还出现了配额的大量缺口。

我们认为，避免大量企业因履约时发生配额缺口而缴纳罚款对于碳市场启动阶段的良性运行非常重要。若配额缺口量较大，则会反映出碳市场交易效率不高，且会对配额缺口企业产生较大的财务负担，影响其对碳市场的认同度和参与积极性。因此，有必要在免费分配配额的基础上，通过预留一定比例配额进行拍卖创造一级市场。

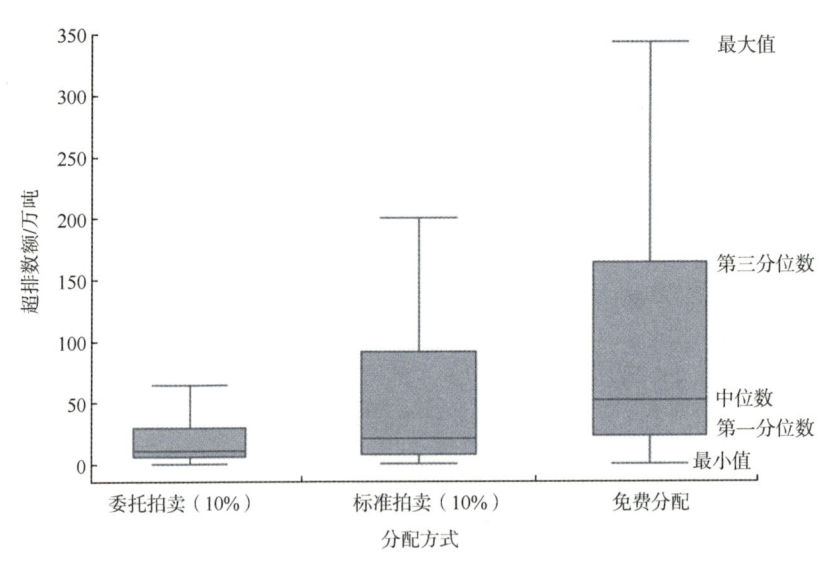

图 6.63　履约阶段发生配额缺口企业的缺口量分布

2）拍卖有助于二级市场的价格发现，使得成交价更接近于有效价格

拍卖创造的一级市场一方面能够使得配额需求和供给双方通过竞价申购初步实现市场出清，缩小初始配额相对紧缺企业的缺口；另一方面也能使得企业对于配额价格的合理区间形成一定认识，在之后二级市场交易过程中的挂单报价更为合理，提高了二级市场的运行效率。

相对于免费分配，委托拍卖下企业在二级市场的成交价格更接近于我们理论推导的市场最低有效价格（企业从单位配额可以获得的最低边际收益）。图 6.64

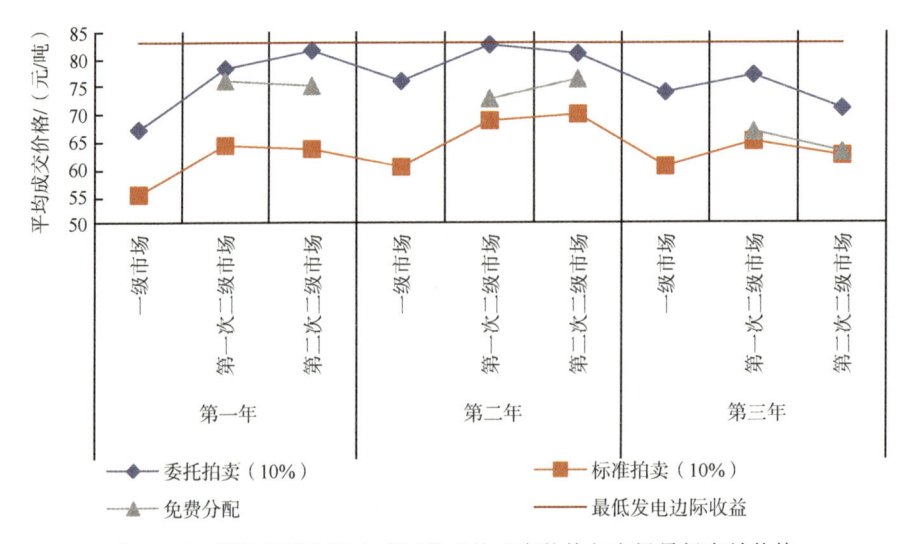

图 6.64　不同配额分配方式下的平均成交价格与市场最低有效价格

对比了不同配额分配方式的三年平均成交价格。委托拍卖呈现出二级市场成交价在一级市场基础上有所提高并更接近市场最低有效价格的趋势。免费分配下二级市场均价始终低于委托拍卖，并在后两年有所下降，明显低于市场最低有效价格。

相对于免费分配，委托拍卖下的市场成交价格相对更加稳定。图 6.65 对比不同配额分配方式下的成交价格分布。由于一级市场的价格发现信号支撑，委托拍卖前两年的价格中位离散程度（四分位距）明显小于免费分配。标准拍卖虽然成交价的离散程度最小，但主要因为其成交价格偏低、远离市场最低有效价格。

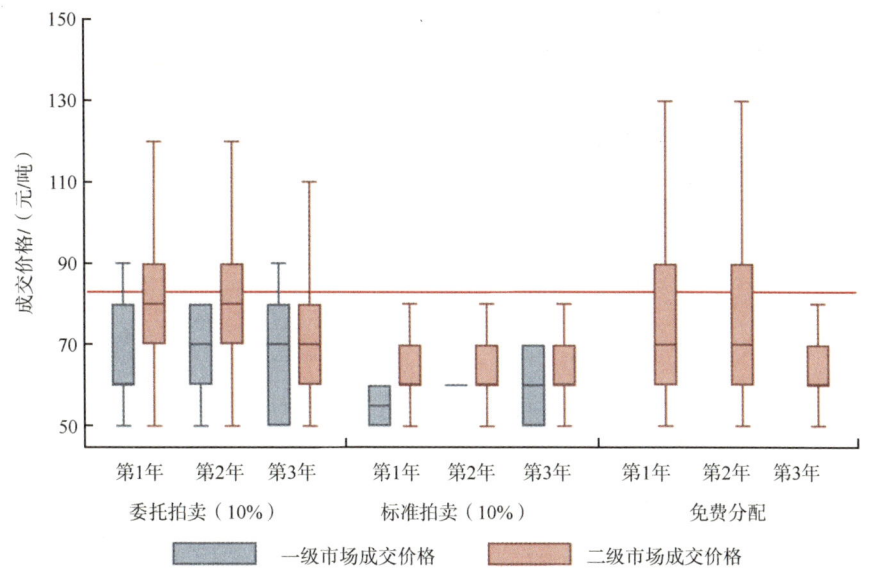

图 6.65 不同配额分配方式下的成交价格分布与市场最低有效价格

3）委托拍卖能够促进成交量提升

由于委托拍卖具有拍卖收入全部返还的特点，相对于标准拍卖，企业参与一级市场的积极性更高。我们发现，同等拍卖比例（10%）下，委托拍卖的平均成交价（71 元/吨）显著高于标准拍卖平均成交价（58 元/吨）。由于一级市场拍卖大多以高于底价出清，委托拍卖和标准拍卖的成交量基本相同。

而对于二级市场，委托拍卖下平均每个企业成交量（18 万吨）要显著高于标准拍卖（12 万吨），同时也高于免费分配（15 万吨）。成交量的提升一方面反映出市场活跃、有效运行；另一方面也能支持配额缺口企业以合理价格购买配额完成履约、避免罚款。

4. 作用机制分析

委托拍卖通过一级市场委托配额的交易建立较强的价格信号，促进二级市场成交量，从而帮助配额相对紧缺企业完成履约，避免罚款。

1）委托拍卖通过控制一级市场有效交易量，提升价格信号

图 6.66 对比委托拍卖和标准拍卖每年一级市场的总需求曲线，委托拍卖的市场平均需求曲线均高于标准拍卖，即对于相同数量的配额，企业在委托拍卖的支付意愿高于标准拍卖。原因是企业在委托拍卖中可以获得委托配额的返还收益，即企业净购买量要小于交易量。

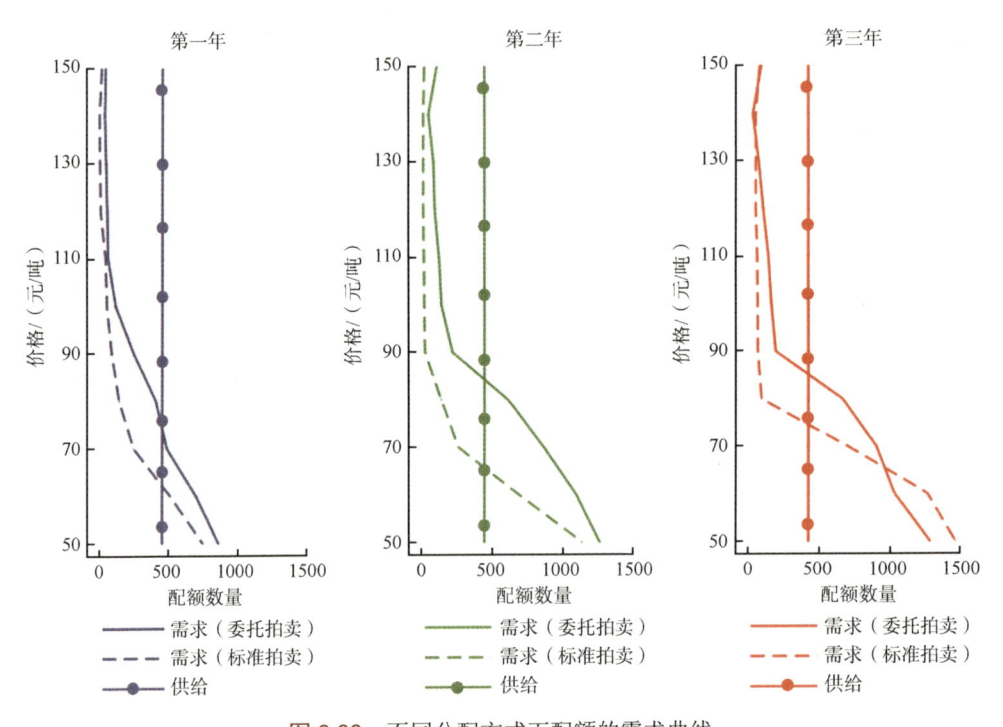

图 6.66　不同分配方式下配额的需求曲线

图 6.67 对比委托拍卖中净购买量和标准拍卖中的净购买量。其中空心圆点表示不同拍卖机制下单个市场的净购买量和成交价，实心点对应平均净购买量和成交价，委托拍卖和标准拍卖分别由红色和蓝色代表。从图 6.67 中可以看出，委托拍卖的平均净购买量小于标准拍卖，同时对应更高的出清价格。具体而言，委托拍卖中企业实际上需要支付的配额数量较小，单位配额支付意愿就相对较高；而标准拍卖中企业需要全额支付所有购买配额，给定支付能力，购买的配额数量多，单位配额支付意愿就越低。

图 6.67　成交价格与净购买量

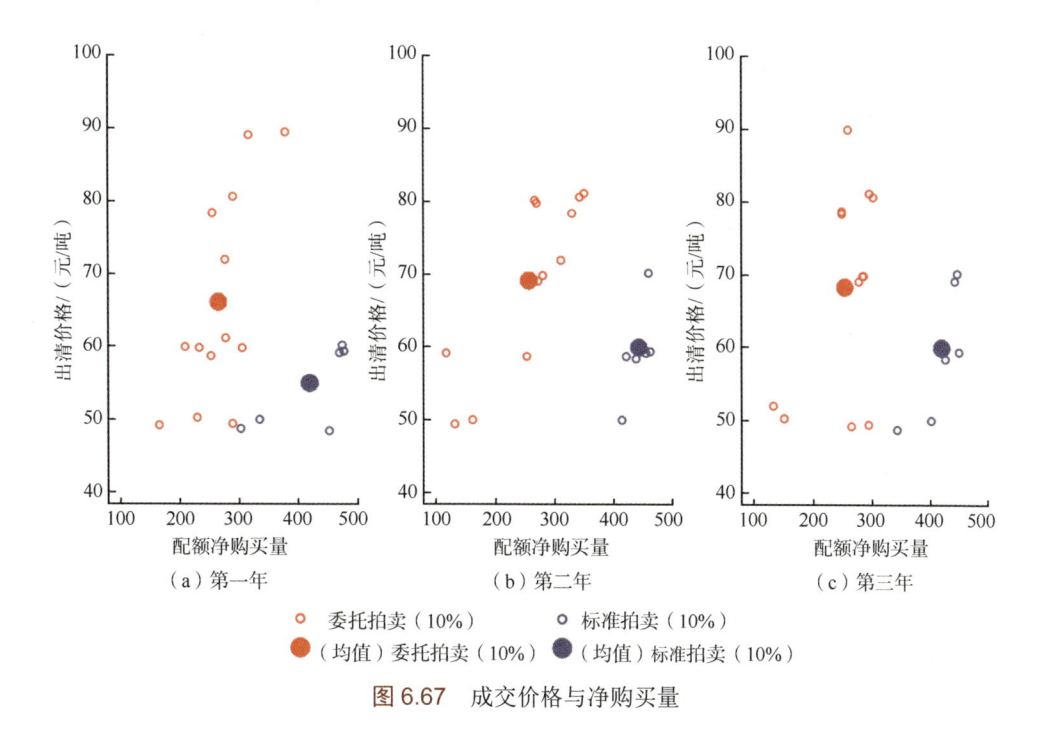

分析显示，委托拍卖通过返还委托配额控制了实际交易量，提高了交易价格，使得出清价格更接近于企业的边际配额收益，为二级市场提供了较强的价格信号。

2）委托拍卖促进了二级市场的供给量、需求量及有效成交量

图 6.64 和图 6.65 显示一级市场对二级市场有明显的价格信号作用。图 6.68 利用二级市场实际成交的市场需求和供给揭示二级市场交易价格和数量的形成原因。

图 6.68 中委托拍卖的需求曲线在三年中都高于标准拍卖，而供给曲线在高价部分（大于 80 元/吨）都在标准拍卖右侧，代表委托拍卖在二级市场促成了更多有效成交的需求和供给，并实现更高的交易价格和数量。具体而言，标准拍卖在一级市场相对满足了更多企业的配额需求，使得二级市场的需求量小于委托拍卖，同时向二级市场传递了较低的价格信号，使得二级市场的供给也略显不足。

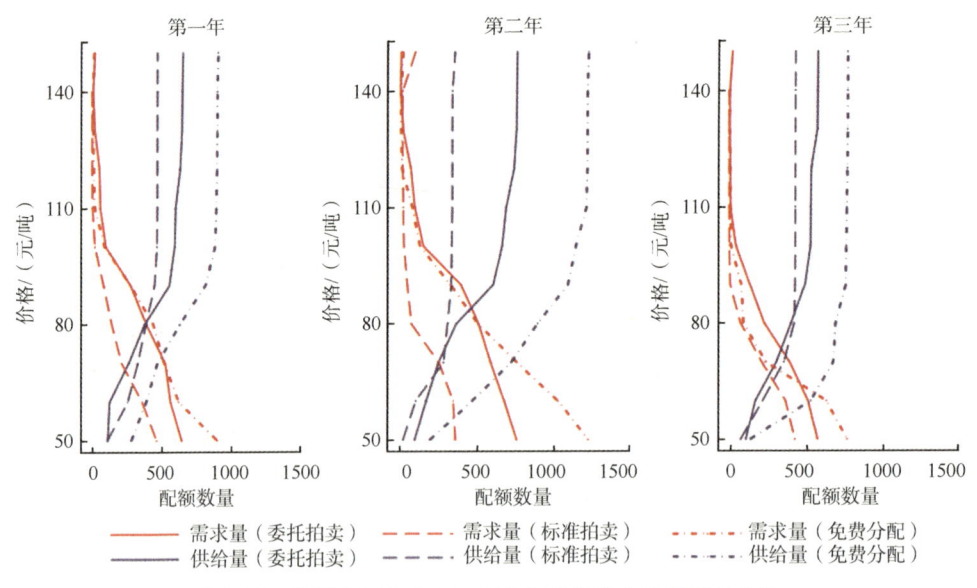

图 6.68　不同分配方式在二级市场的供给曲线和需求曲线

对于免费分配，由于没有一级市场的交易过程，整体上市场的供给都明显高于两种拍卖机制，成交价格低于委托拍卖。

图 6.69 和图 6.70 总结了一级、二级市场和总市场的成交额。对比委托拍卖与标准拍卖，委托拍卖下的二级市场总交易量在三年内都高于标准拍卖。由于免费分配设置缺少一级市场，因此二级市场交易量在三者中最高。但是合并两个市场交易量，委托拍卖总体上占优，从而更有效地帮助配额相对紧缺企业完成了履约。

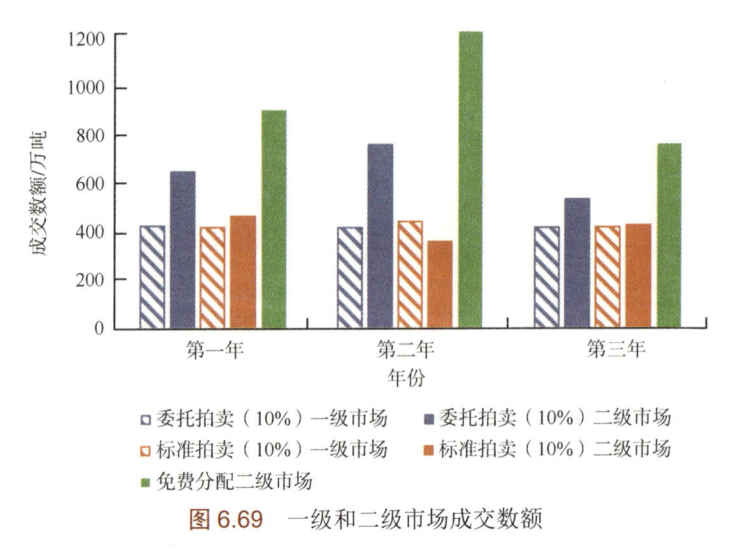

图 6.69　一级和二级市场成交数额

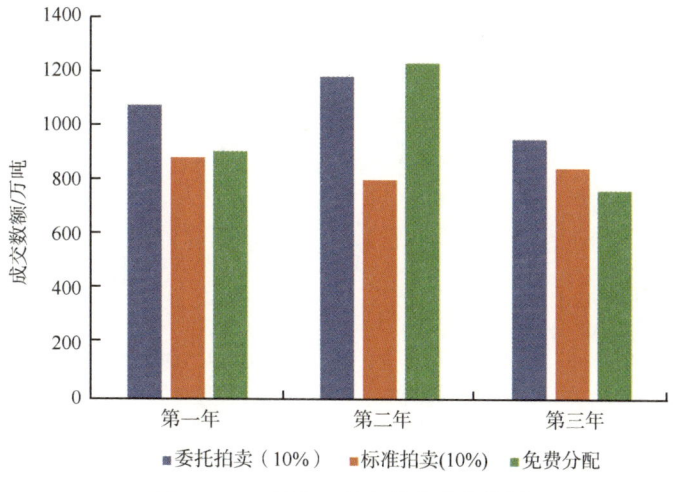

图 6.70　一级和二级市场总成交数额

5. 模拟交易小结

以上分析可以看出，委托拍卖具有以下三方面重要作用：①帮助配额相对紧缺企业完成履约，避免罚款；②有助于二级市场的价格发现，使得成交价更接近于有效价格；③促进成交量提升。由于委托拍卖相对于标准拍卖还具有收益中性的特点，在碳市场建设初期，无论从企业接受程度还是政策可操作性的角度，委托拍卖均有明显优势。

6.3.7　结论与建议

目前中国碳市场配额分配制度改革（从免费分配到标准拍卖）已经进入瓶颈期，基于本书的研究结论，本书建议中国政策制定者密切关注加州的实施进展和委托拍卖研究进展，在理论完善、制度配套、时机成熟时可以尝试委托拍卖这一新的分配方式。

虽然从长期来看，碳市场仍要向标准统一价格拍卖发展，但是对于处于碳市场运行初期的中国来说，委托拍卖是一个良好的过渡政策。委托拍卖可以在不增加企业负担的前提下，实现刺激社会技术进步、降低碳排放的效果，且对国家经济运行也最为友好。需要注意的是，中国碳市场与美国加州碳市场所处的经济环境、法律基础、政策对象、配套制度等存在很大不同，不能直接照搬美国加州的分配制度。一方面，中国的碳市场设计和建设需要积极借鉴国外已有碳市场建设的经验教训；另一方面，中国也要关注我国经济低碳转型的阶段性特点，权衡政治、社会和经济目标，实施符合我国国情的碳市场拍卖制度。

中国碳市场是国际碳市场的重要组成部分，中国政府在碳市场方面的积极努力必将有效推动全球应对气候变化的进程。委托拍卖可根据中国现实国情进行改良，它的应用有希望推进中国碳市场的发展进程。本书同时也为其他国家和地区的碳市场的政策制定者提供理论依据和应用参考指南。

参 考 文 献

[1] Qi T，Winchester N，Zhang D，et al. An analysis of China's climate policy using the China-in-global energy model[J]. Economic Modelling，2015，52：650-660.

[2] Qi T Y，Zhang X L，Karplus V J. The energy and CO_2 emissions impact of renewable energy development in China [J]. Energy Policy，2014，68：60-69.

[3] Qi T Y，Winchester N，Karplus V，et al. The energy and economic impacts of expanding international emissions trading [R]. Cambridge：MIT Joint Program on the Science and Policy of Global Change，2013.

[4] Armington P S. A theory of demand for products distinguished by place of production [J]. IMF Staff Papers，1969，16：159-178.

[5] Wing I S. Computable general equilibrium models and their use in economy-wide policy analysis [R]. Cambridge：MIT Joint Program on the Science and Policy of Global Change，2004.

[6] Williams R H，Larson E D，Ross M H. Materials，affluence，and industrial energy use [J]. Annual Review of Energy，1987，12（1）：99-144.

[7] Weyant J. An introduction to the economics of climate change policy [R]. Arlington：Pew Center on Global Climate Change，2000.

[8] Wing I S，Eckaus R S. Explaining long-run changes in the energy intensity of the US economy [R]. Cambridge：MIT Joint Program on the Science and Policy of Global Change，2004.

[9] Wing I S，Eckaus R S. The decline in U. S. energy intensity：its origins and implications for long-run CO_2 emission projections [R]. Cambridge：MIT Joint Program on the Science and Policy of Global Change，2005.

[10] Edmonds J，Barns D W，McDonald S. Estimating the marginal cost of reducing global fossil fuel CO_2 emissions [R]. Washington D.C.：Pacific Northwest Laboratory，1992.

[11] Aguiar A，Chepeliev M，Corong E，et al. The GTAP data base：version 10[J]. Journal of Global Economic Analysis，2019，4（1）：1-27.

[12] 习近平. 在省部级主要领导干部学习贯彻党的十八届五中全会精神专题研讨班上的讲话[EB/OL]. http://politics.people.com.cn/n1/2016/0510/c1001-28336908.html[2021-08-03].

[13] 王金照. 典型国家工业化历程比较与启示[M]. 北京：中国发展出版社，2010.

[14] 陈佳贵，黄群慧，吕铁，等. 《中国工业化进程报告（1995～2010）》之二——中国工业化进程评价[J]. 学术动态（北京），2012,（32）：2-28.

[15] 王一鸣，CFP. 中国高质量增长靠什么[J]. 企业观察家，2018,（1）：22-23.

[16] 张希良，黄晓丹，张达，等. 碳中和目标下的能源经济转型路径与政策研究[J]. 管理世界，

2022，38（1）：35-53.

[17] 翁玉艳. 碳市场在全球碳减排中的作用研究[D]. 北京：清华大学，2018.

[18] 黄晓丹. 碳中和转型路径的经济分析[D]. 北京：清华大学，2022.

[19] United Nations. World population prospects2019[EB/OL]. https://www.un.org/zh/node/89774/ [2022-12-03].

[20] World Bank. Global Economic Prospects：the 2020 Revision[M]. Washington：World Bank Publications，2021.

[21] World Bank. Global economic prospects，June 2020[EB/OL]. https://openknowledge.worldbank.org/handle/10986/33748 [2020-09-25].

[22] OECD. OECD economic outlook：statistics and projections[EB/OL].https://doi.org/10.1787/68465614-en[2020-09-25].

[23] IEA.World Energy Outlook 2019[R]. Paris：IEA，2019.

[24] International Monetary Fund. World economic outlook，october 2020：a long and difficult ascent[EB/OL].https://www.imf.org/en/Publications/WEO/Issues/2020/09/30/world-economic-outlook-october-2020 [2020-09-25].

[25] Oxford Economics. World economy[EB/OL]. https://onlinelibrary. wiley.com/doi/10.1111/1468-0319. 12502 [2020-09-25].

[26] U.S. Energy Information Administration. Annual energy outlook 2019[EB/OL]. https://www.eia.gov/outlooks/archive/aeo19[2020-09-25].

[27] Luderer G，Vrontisi Z，Bertram C，et al. Residual fossil CO_2 emissions in 1.5-2°C pathways[J]. Nature Climate Change，2018，8（7）：626-633.

[28] 张旭. 中国分区综合评估模型（REACH）开发与应用[D]. 北京：清华大学，2016.

[29] Karplus V J，Paltsev S，Babiker M，et al. Should a vehicle fuel economy standard be combined with an economy-wide greenhouse gas emissions constraint？Implications for energy and climate policy in the United States[J]. Energy Economics，2013，36：322-333.

[30] 张达. 中国分区能源经济模型（C-REM）的开发与应用[D]. 北京：清华大学，2014.

[31] 罗小虎. 城市化对我国家庭能源消费的影响研究[D]. 北京：清华大学，2016.

[32] 国家统计局国民经济核算司. 2007年分省投入产出表[M]. 北京：中国统计出版社，2011.

[33] 国家统计局能源统计司，国家能源局综合司. 中国能源统计年鉴2008[M]. 北京：中国统计出版社，2008.

[34] 齐天宇. 全球多区域动态能源经济模型C-GEM开发与应用[D]. 北京：清华大学，2014.

[35] World Bank and Institute for Health Metrics and Evaluation. The cost of air pollution：strengthening the economic case for action[R]. Washington D. C. ：World Bank，2016.

[36] Dockery D W，Schwartz J，Spengler J D. Air pollution and daily mortality：associations with particulates and acid aerosols[J]. Environmental Research，1992，59（2）：362-373.

[37] Dockery D W，Pope C A. Acute respiratory effects of particulate air pollution[J]. Annual Review of Public Health，1994，15：107-132.

[38] Pope C A，Kanner R E. Acute effects of PM10 pollution on pulmonary function of smokers with mild to moderate chronic obstructive pulmonary disease[J]. American Review of Respiratory Diesae，1993，147（6）：1336-1340.

[39] Pope C A，Dockery D W，Schwartz J. Review of epidemiological evidence of health effects of particulate air pollution[J]. Inhalation Toxicology，1995，7（1）：1-18.

[40] Pope C A. Adverse health effects of air pollutants in a nonsmoking population[J]. Toxicology，1996，111（1-3）：149-155.

[41] Pope C A. Invited commentary：particulate matter-mortality exposure-response relations and threshold[J]. American Journal of Epidemiology，2000，152（5）：407-412.

[42] Pope C A，Burnett R T，Thurston G D，et al. Cardiovascular mortality and long-term exposure to particulate air pollution - epidemiological evidence of general pathophysiological pathways of disease[J]. Circulation，2004，109（1）：71-77.

[43] McCubbin D，Hallberg A，Davison K. Assessment of urban air pollution impacts using the environmental benefits mapping and analysis program（BenMAP）[J]. Epidemiology，2004，15（4）：209.

[44] Park J I，Bae H J. Assessing the health benefits of the Seoul air quality management plan using BenMAP[J].Journal of Environmental Health，2006，32（6）：571-577.

[45] Davidson K，Hallberg A，McCubbin D，et al. Analysis of $PM_{2.5}$ using the environmental benefits mapping and analysis program（BenMAP）[J]. Journal of Toxicology and Environmental Health.Part A，2007，70（3/4）：332-346.

[46] Stanaway J D，Shepard D S，Undurraga E A，et al. The global burden of dengue：an analysis from the global burden of disease study 2013[J]. The Lancet.Infectious Diseases，2016，16（6）：712-723.

[47] Kassebaum N J，Bertozzi-Villa A，Coggeshall M S，et al. Global，regional，and national levels and causes of maternal mortality during 1990-2013：a systematic analysis for the global burden of disease study 2013[J]. The Lancet，2014，384（9947）：980-1004.

[48] GBD MAPS工作组. 燃煤和其他主要大气污染源所致的中国疾病负担[R]. 波士顿：健康影响研究所，2016.

[49] Zhang X，Ou X M，Yang X，et al. Socioeconomic burden of air pollution in China：province-level analysis based on energy economic model[J]. Energy Economics，2017，68：478-489.

[50] Xie P，Liu X Y，Liu Z R，et al. Human health impact of exposure to airborne particulate matter in Pearl River Delta，China[J]. Water，Air & Soil Pollution，2011，215：349-363.

[51] Chen R J，Chu C，Tan J G，et al. Ambient air pollution and hospital admission in Shanghai，China[J]. Journal of Hazardous Materials，2010，181（1-3）：234-240.

[52] Qiu H，Yu I T，Tian L W，et al. Effects of coarse particulate matter on emergency hospital admissions for respiratory diseases：a time-series analysis in Hong Kong[J]. Environmental Health Perspectives，2012，120（4）：572-576.

[53] Qiu H，Yu I T，Wang X R，et al. Differential effects of fine and coarse particles on daily emergency cardiovascular hospitalizations in Hong Kong[J]. Atmospheric Environment，2013，64：296-302.

[54] 王旭英，李国星，金晓滨，等. 2012—2013 年北京市大气 PM2.5浓度与某三级甲等医院急诊人次相关性研究[J]. 中华预防医学杂志，2016，（1）：73-78.

[55] Su C, Breitner S, Schneider A, et al. Short-term effects of fine particulate air pollution on cardiovascular hospital emergency room visits: a time-series study in Beijing, China[J]. International Archives of Occupational and Environmental Health, 2016, 89（4）: 641-657.

[56] Li P, Xin J Y, Wang Y S, et al. The acute effects of fine particles on respiratory mortality and morbidity in Beijing, 2004-2009[J]. Environmental Science and Pollution Research International, 2013, 20（9）: 6433-6444.

[57] Atkinson R W, Kang S, Anderson H R, et al. Epidemiological time series studies of PM2.5 and daily mortality and hospital admissions: a systematic review and meta-analysis[J]. Thorax, 2014, 69（7）: 660-665.

[58] Zhang S Q, Li G X, Tian L, et al. Short-term exposure to air pollution and morbidity of COPD and asthma in East Asian area: a systematic review and meta-analysis[J]. Environmental Research, 2016, 148: 15-23.

[59] Nam K M, Zhang X, Zhong M, et al. Health effects of ozone and particulate matter pollution in China: a province-level CGE analysis[J]. The Annals of Regional Science, 2019, 63: 269-293.

[60] Vandyck T, Keramidas K, Kitous A, et al. Air quality co-benefits for human health and agriculture counterbalance costs to meet Paris Agreement pledges[J]. Nature Communications, 2018, 9（1）: 4939.

[61] Markandya A, Sampedro J, Smith S J, et al. Health co-benefits from air pollution and mitigation costs of the Paris Agreement: a modelling study[J]. The Lancet Planetary Health, 2018, 2（3）: 126-133.

[62] Hoffmann S, Krupnick A, Qin P. Building a set of internationally comparable value of statistical life studies: estimates of Chinese willingness to pay to reduce mortality risk[J]. Journal of Benefit-Cost Analysis, 2017, 8（2）: 1-39.

[63] ABaCAS. [EB/OL]. http://www.abacas-dss.com/abacas/Default.aspx [2022-05-24].

[64] Wang S X, Zhao B, Cai S Y, et al. Emission trends and mitigation options for air pollutants in East Asia[J]. Atmospheric Chemistry and Physics, 2014, 14（13）: 6571-6603.

[65] Zheng H T, Zhao B, Wang S X, et al. Transition in source contributions of PM2.5 exposure and associated premature mortality in China during 2005-2015[J]. Environment International, 2019, 132: 105111.

[66] Zhao B, Wang S X, Liu H, et al. NO_x emissions in China: historical trends and future perspectives[J]. Atmospheric Chemistry and Physics, 2013, 13（19）: 9869-9897.

[67] 何建坤. 《巴黎协定》新机制及其影响[J]. 世界环境, 2016, （1）: 16-18.

[68] McCollum D L, Zhou W J, Bertram C, et al. Energy investment needs for fulfilling the Paris Agreement and achieving the sustainable development goals[J]. Nature Energy, 2018, 3（7）: 589-599.

[69] 国务院. 国务院关于印发"十三五"控制温室气体排放工作方案的通知[EB/OL]. http://www.gov.cn/zhengce/content/2016-11/04/content_5128619.htm [2017-09-11].

[70] Busch C, Harvey H, Min H, et al. Consignment auctioning of carbon allowances in cap-and-trade program design[R]. San Francisco: Energy Innovation: Policy and Technology LLC, 2018.

[71] Stavins R N. Transaction costs and tradeable permits[J]. Journal of Environmental Economics and Management，1995，29（2）：133-148.

[72] Burtraw D，McCormack K. Consignment auctions of free emissions allowances[J]. Energy Policy，2017，107：337-344.

[73] Holt C，Shobe W，Burtraw D，et al. Auction design for selling CO_2 emission allowances under the regional greenhouse gas initiative[R]. New York：Regional Greenhouse Gas Initiative，2007.

[74] Binmore K，Klemperer P. The biggest auction ever：the sale of the British 3G telecom licences[J]. The Economic Journal，2002，112（478）：74-96.

[75] Ringquist E J. A question of justice：equity in environmental litigation，1974-1991[J]. The Journal of Politics，1998，60（4）：1148-1165.

[76] Ellerman A D，Joskow P L，Schmalensee R，et al. Markets for Clean Air：the US Acid Rain Program[M]. Cambridge：Cambridge University Press，2000.

[77] Cramton P，Kerr S. Tradeable carbon permit auctions：how and why to auction not grandfather[J]. Energy Policy，2002，30（4）：333-345.

[78] Burtraw D，Sekar S. Two world views on carbon revenues[J]. Journal of Environmental Studies and Sciences，2014，4（1）：110-120.

[79] Hahn R W，Noll R G. Designing a market for tradable emissions permits[R]. Pasadena：California Institute of Technology，1981.

[80] Hahn R W，Noll R G. Barriers to implementing tradable air pollution permits：problems of regulatory interactions[J]. Yale Journal on Regulation，1983，1：63-91.

[81] Franciosi R，Isaac R M，Pingry D E，et al. An experimental investigation of the Hahn-Noll revenue neutral auction for emissions licenses[J]. Journal of Environmental Economics and Management，1993，24（1）：1-24.

[82] Güler K，Plott C R，Vuong Q H. A study of zero-out auctions：testbed experiments of a process of allocating private rights to the use of public property[J]. Economic Theory，1994，4：67-104.

[83] Ledyard J O，Szakaly-Moore K. Designing organizations for trading pollution rights[J]. Journal of Economic Behavior & Organization，1994，25（2）：167-196.

[84] Joskow P L，Schmalensee R，Bailey E M. The market for sulfur dioxide emissions[J]. The American Economic Review，1998，88（4）：669-685.

[85] Cason T N. Seller incentive properties of EPA's emission trading auction[J]. Journal of Environmental Economics and Management，1993，25（2）：177-195.

[86] Khezr P，MacKenzie I A. Consignment auctions[J]. Journal of Environmental Economics and Management，2018，87：42-51.

[87] Dormady N，Healy P J. The consignment mechanism in carbon markets：a laboratory investigation[J]. Journal of Commodity Markets，2019，14：51-65.

[88] Burtraw D，Linn J，Palmer K，et al. Approaches to address potential CO_2 emissions leakage to new sources under the clean power plan[R]. Washington D.C.：Resources for the Future，2016.

[89] Koch N，Fuss S，Grosjean G，et al. Causes of the EU ETS price drop：recession，CDM，renewable policies or a bit of everything？New evidence[J]. Energy Policy，2014，73：676-685.

[90] Baumol W J，Oates W E.The theory of environmental policy[J]. Cambridge Books，1988，

27（1）：127-128.
- [91] Pizer W A. Combining price and quantity controls to mitigate global climate change[J]. Journal of Public Economics，2002，85（3）：409-434.
- [92] Peskoe A. Designing emission budget trading programs under existing state law[R]. Cambridge：Harvard Environmental Policy Initiative，2016.
- [93] Jaraite-Kazukauske J，Kazukauskas A. Do transaction costs influence firm trading behaviour in the European emissions trading system？[J]. Environmental and Resource Economics，2015，62：583-613.
- [94] Liu B B，He P，Zhang B，et al. Impacts of alternative allowance allocation methods under a cap-and-trade program in power sector[J]. Energy Policy，2012，47：405-415.
- [95] Burtraw D，Mclaughlin D，Szambelan S J F. For the benefit of California electricity ratepayers：electricity sector options for the use of allowance value created under California's cap-and-trade program[R]. Washington D.C.：Resources for the Future，2012.